DESCRIPTION
DU
MUSÉE LAPIDAIRE
DE LA VILLE DE LYON.

ÉPIGRAPHIE ANTIQUE DU DÉPARTEMENT DU RHONE,

Par le Dʳ A. COMARMOND,

CONSERVATEUR DES MUSÉES ARCHÉOLOGIQUES DE LA VILLE DE LYON ;

MEMBRE TITULAIRE DE L'ACADÉMIE DE LYON,
MEMBRE CORRESPONDANT DES MINISTÈRES DE L'INTÉRIEUR ET DE L'INSTRUCTION PUBLIQUE ;
INSPECTEUR DES MONUMENTS HISTORIQUES DES DÉPARTEMENTS DU RHÔNE ET DE L'ARDÈCHE ;
INSPECTEUR DIVISIONNAIRE DE LA SOCIÉTÉ FRANÇAISE POUR LA CONSERVATION DES MONUMENTS HISTORIQUES ;
MEMBRE CORRESPONDANT DES ACADÉMIES DE ROME, DE TURIN, DE DIJON ;
DE L'INSTITUT DES PROVINCES ;
DES SOCIÉTÉS ARCHÉOLOGIQUES DE LONDRES, D'ATHÈNES, D'AUTUN, DE L'ORLÉANAIS,
DE CHALON, DE DIJON, ETC., ETC.

LYON.

IMPRIMERIE DE F. DUMOULIN, LIBRAIRE,
rue Centrale 20.

1846. — 1854.

DESCRIPTION

DU

MUSÉE LAPIDAIRE

DE LA VILLE DE LYON.

ÉPIGRAPHIE ANTIQUE DU DÉPARTEMENT DU RHONE.

Monsieur Le curé,

J'ai l'honneur de vous adresser, au nom de la ville de Lyon, un long travail, sur la description du musée lapidaire et sur l'épigraphie antique du département du Rhône.

Je devais à de nombreux titres, inscrire votre nom, sur la liste officielle pour la distribution de ouvrages.

Au milieu des défunts que vous pourrez y rencontrer, si vous prenez la peine de le parcourir, j'ose espérer qu'il lui restera, du moins le mérite, de combler une lacune dans nos annales archéologiques; de donner à la ville, un vrai titre de propriété, pour cette importante collection, qui est en quelque sorte, l'état civil monumental du vieux Lugdunum; enfin d'offrir aux savants

qui s'occupent d'épigraphie, le texte
rigoureusement exact, de toutes nos inscrip.
qui ont été souvent défigurées, par ceux qui
ont parlé, sans les avoir examinées et ce ne
j'aurais souhaité, monsieur le curé, pour
faire disparaître, la malheureuse tache, qui
se trouve dans le postcriptum, à la fin d'un
ouvrage aussi sérieux ; mais il m'a été d'
toute impossibilité, de rester sous le poids
d'une accusation grave et aussi injuste,
mensongère, j'ai dû me justifier, sur pied
du vert de l'attaque et de la défense.

J'ose, monsieur le curé, placer ce nouve
qui débute dans le monde, sous votre
bienveillante protection, en sollicité
pour lui votre indulgence.

C'est peut être une indiscrétion
de ma part ; mais dans l'accusé
de réception, que je vous demander

pour me mettre en règle envers la
ville, aux frais de laquelle ce volume est
édité, je serais heureux, si vous vouviez cet
ouvrage, que j'joignez au ligne ci-joué qui
vos appréciations, qu'elles me soient défavorables
ou bienveillantes, seront reçues avec la
même reconnaissance.
Excusez cette trop longue lettre où je
parle beaucoup trop de moi.

Je suis avec un Respectueux Dévouement

Monsieur Lecné

9bre 1854.

x. ce volume se va suivi   Votre très humble et
" second ou seront décrits   très obéissant serviteur,

AUX AUTORITÉS DE LA VILLE DE LYON

QUI M'ONT HONORÉ DE LEUR APPUI BIENVEILLANT.

𝕿émoignage de respect et de reconnaissance.

Le Dr A. Comarmond.

CONSERVATEUR DES MUSÉES ARCHÉOLOGIQUES DE LA VILLE DE LYON.

Il paraîtra sans doute singulier que l'impression de cet ouvrage qui a été commencée en 1846, n'ait été terminée qu'au milieu de 1854, et ce retard sera d'autant moins compris, lorsqu'on saura que les manuscrits ont été achevés dans les derniers jours de 1847.

Entreprise sous la mairie de M. Terme, M. Jayr étant préfet, elle fut continuée jusqu'aux événements du 24 février. Ces événements nous ayant fermé la caisse de la ville, ce n'est qu'à l'arrivée de M. de Vincent et ensuite de M. Bret, comme préfet, que la commission municipale a voté les fonds nécessaires pour l'achèvement de cette publication. Après eux, M. le conseiller d'Etat Waïsse, administrateur habile et zélé, ayant compris l'importance pour la ville d'avoir une description de ses Musées, a bien voulu continuer à protéger et à encourager notre œuvre.

Si ce long et pénible travail pèche sous le rapport des développements qui auraient pu y entrer et plaire davantage aux lecteurs, notre tâche étant bornée par des limites que nous ne pouvions franchir, nous nous sommes efforcé de remplir le but essentiel, celui de faire une description minutieuse et vraie, qui soit pour la ville une garantie de sa propriété, et donne aux savants qui s'occupent d'archéologie l'assurance qu'ils peuvent compter sur l'exactitude du relevé textuel de toutes les inscriptions qui se trouvent dans le Musée ou éparses dans le département du Rhône, et de celles qui ont disparu et qui sont citées par les auteurs.

Pour compléter ce travail épigraphique nous avons donné une liste de tous les noms d'ouvriers, d'artistes et les marques de fabriques, que nous avons trouvés au Musée et dans les collections particulières. Nous avons placé à la suite une table par ordre alphabétique de tous les noms des personnages en l'honneur desquels nos monuments ont été élevés, et nous terminons par un tableau synoptique où les numéros de ces derniers se trouvent groupés par catégories basées sur leur destination ou sur les titres, dignités, professions qu'ils rappellent. Nous avons pensé aussi qu'il était convenable de donner la liste de tous les hommes généreux qui ont fait des dons au Musée Lapidaire.

Si la tâche que nous avons entreprise est imparfaite, nous espérons que nos efforts persévérants pour l'accomplir nous mériteront l'indulgence des savants habitués aux difficultés qui entravent de pareils travaux, où l'inconnu apparaît si souvent, où les mutilations égarent quelquefois sur le vrai sens des mots, et où la critique trouve un si vaste champ pour la controverse.

Je ne puis clore ce travail sans témoigner ma reconnaissance aux autorités locales, pour la bienveillance dont elles ont bien voulu m'entourer, et à toutes les personnes qui m'ont fourni des renseignements ou dont les conseils m'ont éclairé sur plusieurs points.

A la fin de cet ouvrage sont placées 19 planches reproduisant l'aspect de ceux de nos monuments qui offrent le plus d'intérêt sous le rapport épigraphique et sous celui de l'art. Pour faciliter les recherches, nous avons fait placer à côté du numéro que porte chacun d'eux la page où il se trouve décrit.

Les manuscrits qui se rattachent aux collections qui sont renfermées dans la salle des Antiques, dans celles ou se trouvent exposés des objets d'art du moyen-âge et ceux qui appartiennent à divers peuples étrangers, sont entièrement terminés et seront livrés à l'impression pour former un second volume dans le format de celui-ci et accompagné de planches.

AVANT-PROPOS.

Installé, vers la fin de 1841, dans la place de conservateur des Musées archéologiques de Lyon et des monuments antiques du département du Rhône, je ne tardai pas à être instruit des intentions des deux hommes éminents par leur savoir, non moins que par leur haute position, qui m'avaient appelé à ces fonctions.

Le premier, M. Jayr, pair de France, préfet du département du Rhône, désirait ardemment que l'on s'occupât d'une statistique archéologique qui embrassât toute l'étendue de la contrée soumise à son administration. J'ai déjà entrepris cet ouvrage, et je m'y livre assidûment, mais on comprendra aisément combien ce travail est long et difficile, à raison des renseignements nombreux et épars qu'il faut recueillir; ensuite, comme les principaux monuments seront gravés sur planches, un certain temps est nécessaire soit à l'architecte qui exécute les dessins géométriques, soit au graveur chargé de les reproduire.

Le second, M. Terme, député du Rhône et maire de la ville de Lyon, pensait qu'il était indispensable d'avoir une description aussi complète que possible de tous les monuments anciens déposés au Musée, et qu'une simple notice sous forme d'inventaire approximatif était insuffisante.

Administrateur sage et prévoyant, en même temps que profond érudit, il voulait qu'une telle œuvre fût tout à la fois un titre de possession pour la ville, et une description instructive pour les personnes auxquelles la langue latine est peu familière.

Désirant, autant qu'il est en moi, remplir ces louables intentions, j'ai accepté cette tâche et achevé le travail que je livre aujourd'hui à l'impression. Le cadre d'un ouvrage de ce genre m'a forcé à me restreindre dans de courts développements, et cependant mes lecteurs trouveront peut-être que j'ai été trop minutieux, que je me suis trop appesanti sur la partie descriptive; mais ces détails étaient indispensables pour remplir les vues de l'administration, qui veut que la propriété publique soit connue de tout le monde, qu'elle soit surveillée par tous les hommes qui y portent intérêt, et que ceux-ci soient à même de connaître, au moyen d'une description minutieuse, nos richesses archéologiques.

Il m'a donc fallu constater avec soin la nature de la matière, les formes, les beautés, les mutilations, les couleurs, les dimensions, le poids même de tous les objets faciles à transporter, et toutes les autres particularités caractéristiques, afin de créer à la ville un titre contenant la preuve que tel ou tel objet qui sorti du Musée par une cause quelconque et n'y aurait pas été réintégré, a été en sa possession.

Quelques personnes ont pu croire indispensable de classer chronologiquement les monuments lapidaires; telle était notre opinion, mais nous avons reconnu bientôt qu'il faudrait de trop grands frais pour déplacer et replacer les pierres énormes qui les composent; ensuite, malgré tous les conseils qu'on pourrait puiser dans l'érudition, il serait encore impossible de ne pas commettre quelques erreurs. Les inscriptions qui ne renferment pas des noms historiques bien connus ou des faits dont la date est certaine, seraient exposées à être interverties; on sait que dans tous les siècles il y a eu de bons et de mauvais ouvriers, et que les artistes habiles du IVe ou du Ve siècle ont souvent mieux fait que ceux des premiers siècles. Ce n'est donc, en général, qu'au style des lettres, à la forme de certaines d'entre elles, aux expressions adoptées, aux abréviations, au genre de formules et à certaines particularités, qu'on peut assigner une époque, encore n'est-elle qu'approximative entre tel ou tel siècle.

Enfin, le musée lapidaire d'une ville telle que Lyon, n'est point comme celui d'un simple particulier, il est appelé à vivre autant qu'elle; bien mieux, il doit s'accroître, et nécessairement un mélange doit en résulter. Pour éviter ce mélange il faudrait à chaque nouvelle acquisition, remanier l'ensemble de toutes ces masses, pour les placer à leur rang et renouveler la série des numéros chaque fois qu'il arriverait un objet sous les portiques. D'après ces considérations, nous avons cru prudent de laisser les choses dans leur état primitif, en faisant seulement les changements obligés pour le placement de nos nouvelles richesses.

On nous blâmera peut-être d'avoir fait peindre les lettres en rouge, mais en cela nous nous sommes conformé à cet usage adopté en Italie; d'ailleurs, les anciens peignaient également leurs lettres de cette manière pour qu'elles fussent d'une couleur tranchée et plus facile à lire ; nous en avons un exemple dans des inscriptions découvertes à Bourbon-Lancy, dont les lettres sont empreintes d'un beau rouge fait avec le minium de plomb ou le cinabre.

Sans cette opération indispensable, les neuf-dixièmes de nos inscriptions eussent été illisibles et il eût fallu beaucoup de temps pour les déchiffrer, et souvent d'une manière infidèle, aux amateurs qui visitent nos portiques. Le procédé que nous avons employé ne nuit aucunement à la conservation des lettres et les rend visibles à tous les yeux.

Il en est de même du reproche qu'on pourrait nous adresser pour certaines restaurations ; nous y répondrons en disant que nous n'avons fait que celles obligées pour la solidité et pour corriger les plus grandes défectuosités qui choquaient l'œil, sans rien ôter au mérite de l'antiquité ; d'ailleurs ces restaurations sont apparentes : nous n'avons point cherché à les dissimuler, et l'on juge toujours des mutilations qui existaient lors de leur découverte.

Quant à la collection d'objets antiques renfermés dans les armoires et les salles du Musée, nous aurions désiré ne rien changer à l'ordre établi par Artaud, notre prédécesseur ; mais, une nouvelle salle ayant été créée pour les antiquités, et d'ailleurs, voulant nous placer à la hauteur de la science actuelle, nous avons été obligé d'opérer de nombreux déplacements.

Il se présentait plusieurs moyens de classer d'une manière absolue les pièces qui composent cette collection : chronologiquement, par peuples, ou par genre de matière.

Si nous avions cherché à les classer chronologiquement ou par peuples, nous aurions rencontré trop de pauvreté pour certaines époques ou pour certaines nations, et le placement dans les armoires eût été souvent difficile ou même impossible, à raison du volume de quelques pièces.

Nous avons donc cru devoir former d'abord deux grandes catégories : la première comprend ce que nous possédons en égyptien ; la seconde, les antiquités gauloises, grecques, étrusques, romaines, celles d'autres peuples anciens, et quelques pièces barbares difficiles à classer.

Ensuite, pour chacune de ces catégories, nous avons adopté la division par nature de matière, argile, pierre, bronze, or, argent, etc. Une série de numéros existant pour chacune d'elles, il sera facile de trouver dans les salles l'objet qu'on veut examiner.

Pour faciliter encore les recherches, nous avons rassemblé provisoirement en un groupe tout ce qui se rattache aux formes humaines, en commençant par les sujets mythologiques : les dieux, les demi-dieux, les héros, les hommes illustres ou peu connus, les bustes, masques, débris de statues, d'animaux. Dans un second groupe se trouvent les armes, ustensiles pour la toilette ou pour l'usage domestique et autres, ornements, débris divers, etc.

Ce catalogue descriptif se composera de deux volumes ornés de planches. Dans le premier, nous nous occuperons de tous les monuments réunis sous les portiques ; nous rapporterons dans l'appendice qui se trouve à la fin du volume, toutes les inscriptions existantes à notre connaissance dans le département du Rhône, ainsi que celles qui ont disparu et qui sont citées par les auteurs ; nous y joindrons une liste des noms des potiers qui figurent sur les vases, briques, etc., etc. Dans le second volume, nous passerons en revue toutes les pièces renfermées dans les salles du Musée.

Dans la description du Musée lapidaire, nous avons donné à chacun des monuments un numéro d'ordre, après les avoir séparés par groupes dans les espaces compris entre des pilastres dont le couronnement est carré ou en arcade, et que nous désignerons indistinctement sous le nom de portiques.

Chaque portique est numéroté en chiffres. romains, de I à LXII ; en entrant dans le Palais et tournant à gauche, se trouve le numéro I ; en suivant et faisant le tour de la cour, on arrive au dernier numéro qui n'est séparé du premier que par la porte d'entrée. Les numéros LXIII et LXIV se trouvent à chaque extrémité des portiques qui forment avant-corps et font face au midi ; à droite le n° LXIII, et à gauche le n° LXIV. Le centre du bassin, où sont réunis quelques objets, porte le n° LXV. Ainsi les groupes sont classés dans un espace portant un numéro qui ne peut être interrompu dans sa série, et dont l'ensemble comprend toute la place destinée à la collection du Musée lapidaire.

Il ne peut en être de même pour les numéros en chiffres *arabes* qui s'appliquent à chaque pièce de ce Musée ; pour le moment, nous leur avons donné une suite naturelle, portique par portique, en commençant par le bas et remontant en allant de droite à gauche et de gauche à droite ; mais dans l'avenir cette série de numéros successifs sera interrompue, et dès que de nouvelles richesses arriveront au Musée, nous serons obligés d'intercaler ces objets dans les différents groupes où ils pouvaient trouver une place convenable, et de leur donner des numéros à chiffres multiples qui viendront souvent se ranger sous des portiques où il n'y a maintenant que des unités. Ainsi, lors même que le numéro d'un objet ne sera plus en rapport avec ceux que portent les antiquités de ce groupe, il sera néanmoins très-facile de le retrouver, quand on verra que tel ou tel numéro se trouve placé sous tel ou tel portique.

Nous avons suivi la même marche pour les numéros des pièces de la salle des antiques, qui, à raison de leur volume et de leur poids, ne peuvent être placées chronologiquement et dérangées chaque fois qu'une découverte nouvelle nous amène une antiquité à placer dans le rang qu'elle devrait occuper. Les collections archéologiques de cette nature entraînent après elles ces inconvénients et ne peuvent se classer comme un médaillier, une bibliothèque ou un muséum d'histoire naturelle.

Pour faciliter le lecteur dans ses recherches nous avons cru devoir adopter, pour le numérotage des objets représentés sur les planches, un ordre tout autre que celui qui est en usage dans les ouvrages de ce genre.

Au lieu de les désigner par séries de numéros qui se suivent par ordre successif de 1 à 10, par exemple, nous avons conservé à chaque monument le numéro qu'il porte dans le texte de l'ouvrage.

Ainsi, le lecteur qui parcourt les planches et qui veut connaitre la description de tel ou tel objet, la trouve avec facilité en recherchant le numéro descriptif qui est le même que celui de l'objet gravé.

Ce nouveau mode de classification nous a été inspiré par la difficulté et la perte de temps que nécessite une pareille recherche pour la découverte de la partie du texte qui traite de l'objet.

Dans ce volume, qui surtout a pour but la description du Musée lapidaire de Lyon, j'ai, en quelque sorte, planté le premier jalon de la statistique archéologique et monumentale du département du Rhône à laquelle je travaille. On comprendra toute l'utilité qu'il y avait à combler cette lacune pour arriver à composer l'histoire ancienne et moderne d'un lieu si célèbre dans les temps anciens, et dont l'importance actuelle mérite d'être signalée.

INTRODUCTION.

Les commencements de l'écriture et du style épigraphique sont demeurés jusqu'à ce jour fort obscurs. Il devient donc très-difficile, pour ne pas dire impossible, d'en préciser l'origine.

Dans les premiers âges du monde, l'art de reproduire la pensée devait être symbolique, et, par cela même, incomplet. Plus tard, lorsque la civilisation commença à se répandre, on sentit le besoin de donner à l'expression de cette même pensée une forme plus saisissable et plus régulière. Chaque peuple eut alors son alphabet.

L'usage de confier à l'argile, à la pierre, au marbre ou aux métaux, la consécration solennelle et vivante à tous les yeux d'un fait glorieux ou d'un événement important pour l'histoire du pays, vint ensuite. La civilisation était entrée dans la voie du progrès et l'art l'avait suivie.

Une fois que la pensée humaine eut ainsi trouvé les moyens de se reproduire et de se vulgariser sous toutes les formes, elle étendit son action non plus seulement aux faits glorieux et de quelque importance, mais aux actes les plus simples de la vie civile. Aussi devons-nous déplorer la disparition complète de tant de bas-reliefs, d'inscriptions, d'objets d'art et de monnaies diverses, que le temps et les révolutions ont détruits, et à l'aide desquels nous possèderions reproduite, en style lapidaire seulement, l'histoire complète et authentique des peuples qui nous ont précédés.

Ce n'est malheureusement que très-tard que quelques hommes, voués aux rudes et difficiles labeurs de l'intelligence, ont compris combien il était essentiel, pour l'histoire et pour l'art, de réunir, de coordonner et de conserver ces objets divers comme des témoins retraçant avec exactitude les diverses phases de l'histoire d'un peuple, de ses mœurs, et même de sa vie privée, jusqu'au moment où il a disparu comme nation.

Tous les peuples, en effet, ont eu soin de signaler à la postérité leurs faits mémorables ; c'est, en quelque sorte, un besoin pour le cœur de l'homme. Ainsi, dans la Genèse, nous voyons Jacob, après sa réconciliation avec Laban, dresser une pierre en forme de colonne pour en perpétuer le souvenir. Xénophon rapporte qu'après la retraite célèbre des dix mille, les soldats, à la vue du Pont-Euxin, élevèrent, en signe de joie, une colonne grossière construite avec des pierres brutes ramassées çà et là. Hérodote parle de trois inscriptions en lettres cadméennes gravées sur des trépieds sacrés qu'on voyait à Thèbes, dans le temple d'Apollon.

Sans pouvoir en déterminer l'époque, la coutume de graver sur la pierre et sur les métaux remonte à la plus haute antiquité ; les Egyptiens, les Phéniciens, les Grecs, les Romains, confiaient à ces matières le souvenir de leurs actes publics et celui des événements remarquables qui leur étaient arrivés. Dans les ruines de Babylone nous trouvons la preuve que l'on se servait de briques ; les fouilles de Ninive viendront sans doute nous fournir d'autres témoins de cet emploi de l'argile à cette époque reculée.

Si, pendant les temps orageux de la République, les Romains s'occupèrent peu de réunir les monuments historiques, plus tard ils se dédommagèrent amplement, dans les moments de paix. Suétone nous apprend que, sous Vespasien, un incendie du Capitole dévora 5,000 tables de bronze qu'on y avait réunies et qui contenaient les lois de la république et les traités avec les nations étrangères. Cette perte immense fut comprise et réparée par cet empereur, qui rechercha activement dans tout le monde romain les copies qui s'y trouvaient éparses ; il parvint ainsi à reconstituer les archives de l'empire et à retrouver des actes dont plusieurs remontaient presque à la fondation de Rome. Nous devons regretter pour l'histoire qu'un Gruter romain ne nous ait pas transmis ce précieux recueil, qui nous apprendrait bien des choses et en rectifierait beaucoup d'autres.

Lorsque le christianisme se propagea dans toutes les parties de l'empire, tous les objets, sans exception, qui étaient l'œuvre du paganisme, encoururent la haine et le mépris des nouveaux sectateurs ; les monuments de tout genre furent détruits ou renversés, le métal trouva un nouvel emploi, et la pierre resta exposée aux injures des hommes et du temps, ou fut employée à de nouvelles constructions.

Pendant une longue série de siècles, les chrétiens restèrent fidèles à leur aversion pour tout ce qui était païen; les hommes les plus éclairés suivirent ces errements, et ce ne fut que dans le XVIe siècle qu'on revint à des idées plus justes sur la valeur artistique et historique des monuments antiques.

Le président de Bellièvre et Paradin sont les premiers qui s'occupèrent de recueillir et de publier les inscriptions lyonnaises; plus tard, le docteur Spon a signalé toutes celles qui existaient encore dans notre ville.

Au XVe siècle, les Florentins firent renaître les beautés de l'art antique, en prenant pour type les beaux modèles qui avaient survécu aux orages des temps passés. Sous François Ier, ce goût passa d'Italie en France, et quelques savants commencèrent à recueillir des antiquités et à reconnaître leur valeur sous plus d'un rapport.

Sous Louis XIV, Menestrier composa l'*Histoire de la ville de Lyon*, dans laquelle il énuméra et décrivit de son mieux quelques antiquités dont la plupart l'avaient été avant lui.

Plus tard, le corps des jésuites rassembla une collection d'antiquités qui fut dispersée en partie pendant la révolution de 95. Après cet orage destructeur, le calme s'étant rétabli, deux magistrats éclairés, MM. d'Herbouville, préfet, et Fay de Sathonay, maire, sentirent le besoin de sauver de nouveau et de réunir les antiquités lyonnaises qui avaient échappé au naufrage; ils créèrent le Musée actuel, et Artaud, zélé archéologue, fut placé à la tête de cet établissement.

L'abbé Chalier, dans un travail très-remarquable sur les antiquités du département de la Drôme, s'exprime ainsi :

« Un de mes souhaits serait qu'il y eût, dans chaque département, un dépôt
« public pour les monuments anciens découverts et ceux à découvrir, quand ils
« seraient de nature à être transportés. »

Millin, d'autre part, dit :

« Tous ces témoignages historiques de l'antique splendeur de Lyon ont
« disparu, et ceux qui depuis peu ont été enlevés de la terre, disparaîtront
« bientôt, si l'administration ne prend une mesure pour s'y opposer. »

Le gouvernement et les autorités départementales exaucent, dans le moment actuel, les vœux de ces savants qui ont devancé de très-peu notre époque.

Placé par le gouvernement et par la ville de Lyon pour surveiller et conserver les monuments antiques découverts et à découvrir, selon l'expression de l'abbé Chalier, nous ferons tous nos efforts pour mériter la confiance dont on nous a honoré, en nous opposant à la destruction ou à l'enfouissement des monuments que le hasard fait découvrir et qui peuvent enrichir notre Musée. Déjà nous avons été assez heureux pour voir nos richesses s'accroître de monuments importants qui placent notre Musée lapidaire au premier rang parmi ceux des capitales de l'Europe; s'il n'a point encore acquis, dans l'esprit de tous les habitants de notre ville industrielle, l'estime et l'intérêt qu'il doit faire naître, les savants étrangers qui viendront le visiter et qui jugeront de son mérite, propageront les sentiments qu'ils auront éprouvés à son examen.

Si quelques personnes, même instruites, attachent un faible prix à cette riche collection, et la considèrent comme un amas de pierres insignifiantes et monotones ; si elles se sont donné peu de peine pour se rendre compte de cette longue série d'épitaphes funéraires ; d'autres, moins dédaigneuses, n'ont point été insensibles aux sentiments exprimés sur ces pierres froides et muettes, qui, semblables à celles de Deucalion, se sont animées et ont inspiré des pages pleines d'éloquence et de poésie.

Sans parler ici des inscriptions honorifiques, ou qui ont un rapport spécial avec l'histoire proprement dite, celles qui sont simplement funéraires offrent aussi de l'intérêt. Les séparations cruelles développaient à cette époque, comme de nos jours, chez les parents et les amis du défunt, des idées religieuses et morales ; la pensée d'un nouvel avenir était présente à l'esprit du mourant et préoccupait ceux qui pleuraient sa perte (1). Le tableau résumant toutes ces pensées et toutes ces douleurs ne nous peint-il pas en couleurs variées les mœurs du temps, une foule d'usages, et la valeur des regrets des survivants pour les personnes qu'ils avaient perdues ? Aujourd'hui même, serait-il sans intérêt de réunir, demi-siècle par demi-siècle, toutes les inscriptions que nous lisons sur les tombeaux de nos cimetières les plus somptueux, où tant de nullités cherchent à passer à l'immortalité à l'ombre de fastueux monuments ? Pense-t-on qu'un semblable travail serait sans enseignements sous le point de vue religieux, philosophique et moral ? Que de réflexions ne ferait-il pas naître ! Et puis, sous le rapport du style, ne servirait-il pas à caractériser chaque époque ?

Sans établir ici de comparaison entre les inscriptions modernes et les inscriptions antiques, nous devons dire que, le plus souvent, les premières manquent de goût et que, unies au faste qui se rattache aux monuments, on y trouve plutôt un sentiment de vanité que l'expression du cœur. Elles sont presque toujours plus correctes, il est vrai, sous le rapport de l'orthographe, que celles des temps anciens ; mais les fautes qui se rencontrent si souvent dans les vieilles inscriptions n'affaiblissent en rien les sentiments qu'on a voulu exprimer ; elles deviennent même d'une haute importance pour l'archéologue, car à certaines époques, le simple ouvrier, peu fort en grammaire, écrivait toujours le même mot avec la faute qu'il avait adoptée, et qui représentait ordinairement la manière dont il prononçait ce mot.

En admettant que, chez tous les peuples, le sentiment du cœur a une même manière de s'exprimer, sauf les modifications que peuvent y apporter le climat, les mœurs, l'éducation, il n'en reste pas moins vrai que la langue latine en a favorisé l'expression au point de vue de la concision, de la simplicité, de l'élégance

---

(1) Les Égyptiens appelaient leur domicile habituel *une hôtellerie*, et leur tombeau *la maison éternelle* ; les Romains ont emprunté d'eux cette dernière locution, en parlant de leur tombe, comme on le remarque dans une ou deux des inscriptions réunies sous les portiques de notre Palais-des-Arts, qui se terminent par ces mots : « ET SIBI ELEGIT DOMVM AETERNAM. »

et de l'énergie. Quelques mots rendaient mieux une pensée que nous ne pourrions le faire dans une périphrase. Les traductions viennent nous en donner la mesure.

Autrefois, on ne jugeait dignes de figurer dans les collections archéologiques que les pièces remarquables par leur importance, le faire de l'artiste, ou des particularités curieuses. Aujourd'hui il est reconnu que souvent un petit ustensile ou un débris, relégué jadis dans quelque coin obscur d'un Musée, comme chose de peu de valeur, méritait de prendre rang parmi les monuments les plus rares.

Il faut que l'archéologue mette en première ligne les monuments qui ont un langage positif. Si le philologue puise dans les idiomes, dans la racine des mots d'une nation, des documents précieux pour l'histoire des peuples dont il ne reste que des traditions obscures, il faut que l'archéologue recherche l'histoire des peuples anciens par les monuments, et que chacun de ces derniers devienne une expression ; il faut aussi que les connaissances du philologue lui viennent en aide. La description des temps passés ne saurait s'étayer de meilleures preuves que celles qu'on peut trouver dans les monuments et les idiomes des peuples, etc., etc.

Le plus grand nombre des monuments épigraphiques qui se trouvent réunis dans notre Musée, appartiennent au sol lyonnais ; quelques-uns nous sont venus de Vienne, capitale des Allobroges, de Sainte-Colombe et des communes environnantes de Lyon. Autant qu'il nous a été possible, nous nous sommes appliqué à indiquer le lieu et l'époque de leurs découvertes, en ayant soin de citer les auteurs qui ont parlé de ces diverses inscriptions dans leurs ouvrages.

Comme un certain nombre de ces inscriptions rappellent des hommes importants de l'époque et les fonctions qu'ils avaient été appelés à remplir, nous donnerons, avant d'entrer en matière, quelques renseignements sur ces anciennes dignités, afin d'initier à ces connaissances la population et de faire germer en elle le goût d'une étude qui pourra occuper ses loisirs, et donner à son esprit une direction qui modère des passions ruineuses en donnant plus de rectitude à son jugement.

Nous remarquons avec plaisir que, même dans les classes populaires, ce goût se développe, qu'on y aime à se rendre compte des objets qu'on observe, et qu'un penchant naturel les entraîne à connaître l'histoire des temps passés. Journellement, nous sommes consulté par des gens peu lettrés, pour leur donner des renseignements sur l'usage et sur la valeur des objets découverts dans la terre. Déjà la manie de les détruire ou de les dédaigner s'est beaucoup affaiblie. Que, dans un grand nombre des cas, la plupart de ces hommes soient guidés par un motif d'intérêt ou une simple curiosité, cela est hors de doute ; mais il est déjà d'une haute importance que les antiquités soient conservées. Combien nos Musées seraient plus riches si, depuis deux siècles seulement, la science, l'intérêt ou la mode, les eussent préservées depuis cette époque jusqu'à nous !

Si ce recueil n'eût eu pour objet que de signaler au monde savant les inscriptions latines découvertes à Lyon et dans le département du Rhône, nous nous serions contenté de les reproduire. Mais cette description étant destinée à passer dans toutes les mains, à éclairer tous ceux qui, peu versés dans la langue latine, sont bien aises cependant de connaître le sens de ces inscriptions, nous n'avons pu nous dispenser d'en donner la traduction textuelle, aussi consciencieusement que possible.

Nous serons blâmé peut-être par quelques personnes d'avoir voulu donner une traduction littérale; nous l'aurions été par un plus grand nombre, d'avoir laissé des phrases entières ou des mots sans interprétation. Il est vrai qu'il y a une foule de ces derniers dont nous comprenons le sens, mais auxquels il est impossible, même en se servant d'une périphrase, de donner dans notre langue la valeur qu'ils ont en latin; ainsi en traduisant, par exemple, les adjectifs *sanctissima*, *pientissima*, par *très-sainte*, *très-pieuse*, il est évident que ce n'est point le sens latin; ces épithètes païennes qu'on mettait à la suite du nom d'une épouse, d'une fille, exprimaient une qualité différente de celle d'une chrétienne à laquelle on a pu, depuis, donner ces mêmes titres. Ces mots, au superlatif, doivent nous indiquer une femme d'un caractère parfait, une excellente épouse; ou bien une fille d'une grande douceur et d'un cœur très-aimant.

Si quelquefois nous venions à changer le sens textuel des mots, et que leur signification ne se rapportât point au sens actuel de notre latin, le lecteur en comprendra la raison, lors même que nous ne parviendrions que très-difficilement à exprimer le sens qu'on a eu l'intention d'appliquer à certains mots qui ne peuvent être traduits en français.

Je sais combien perdra par la traduction la valeur du texte latin, sous le rapport de l'expression et de la pensée; elle n'aura plus cette suavité et cette énergie, caractères distinctifs de la langue romaine, qui font tout à la fois les délices de ceux qui la connaissent et le tourment des traducteurs qui veulent faire passer ses beautés dans nos langues modernes.

Malgré toutes ces difficultés, et la non opportunité d'une traduction pour la classe des savants et des hommes lettrés, j'ai dû me soumettre à cette nécessité de la place que j'occupe.

NOTICE SUR LE PALAIS-DES-ARTS.

I.

ORIGINE DU PALAIS-DES-ARTS.

Avant de donner la description des objets qui sont renfermés dans le Palais-des-Arts, il ne sera peut-être point sans intérêt de dire quelques mots sur l'origine de ce monument et les différentes transformations qu'il a subies.

Comme monastère, son origine est plus ancienne que celle de la monarchie française; il fut fondé, d'après diverses chroniques, par un seigneur nommé Albert, qui s'étant converti à la foi chrétienne après le martyre de saint Irénée, y consacra ses deux filles et sa nièce, au commencement du IVe siècle, sous le règne de Constantin, 150 ans avant que Clovis fût élevé sur le trône des Francs. Dans les premières années du VIe siècle, Godegiselle, roi de Bourgogne, et Teudelinde, son épouse, firent reconstruire le cloître. Un siècle plus tard saint Ennemond l'augmenta et lui assura une dotation.

Vers le milieu du VIIe siècle, les Sarrazins renversèrent de fond en comble le cloître et l'église. Ce couvent comptait alors 52 religieuses, et il était loin de couvrir tout l'emplacement occupé aujourd'hui par le Palais-des-Arts.

Il fut reconstruit, par l'archevêque Leydrade, sur un périmètre plus étendu, mais qui laissait encore un vaste espace entre la place des Terreaux, la rue Clermont et la rue Saint-Pierre.

Les bâtiments que nous voyons aujourd'hui furent élevés en 1667, d'après les plans et dessins de M. de la Valfinière, gentilhomme d'Avignon, architecte du roi, par les soins d'Anne d'Albert de Chaulnes, et le monastère fut converti en une somptueuse abbaye, dont la plupart des abbesses ont été des princesses du sang de France et de Lorraine, ou des plus illustres familles du royaume. Ce monument, contemporain de l'Hôtel-de-Ville, fut habité par ces religieuses jusqu'à la révolution de 95. Il subit le sort de la plupart des édifices de ce genre : les religieuses en furent chassées et leur abbaye devint propriété nationale.

M. Cochard, l'un de nos chroniqueurs distingués, dit en parlant de l'abbaye de Saint-Pierre :

« Le roi Lothaire donna aux religieuses de Saint-Pierre, en l'année 864, « des biens dans la comté *Mauriensis*, que l'on a cru être Morancé. La charte qui « renferme cette libéralité nous apprend que le monastère était situé dans le « bourg de Lyon, entre le Rhône et la Saône, et que le roi Charles, frère du « donateur, avait été inhumé dans leur église. Le corps de saint Ennemond y « reposait aussi.

« Cette abbaye, l'une des plus riches de France, jouissait anciennement de « très-grands privilèges ; l'abbesse, en qualité de dame suzeraine du fief de la Tour- « du-Pin, a reçu plusieurs fois, dans le treizième siècle, l'hommage des sires de « la Tour-du-Pin, *d'où sont descendus les dauphins de Viennois* (1), et celui des « comtes de Savoie : aussi prenait-elle le titre d'*Abbesse par la grâce de Dieu*, « et pour marque de sa dignité son chapelain portait devant elle une crosse dans « les processions.

« Dans ces temps reculés, les religieuses de cette abbaye étaient tenues, avant « leur admission, de prouver leur noblesse. On y voyait fréquemment des « princesses des maisons de France, de Lorraine, de Savoie, de Beaujeu, prendre « l'habit : ce qui prouve la considération dont ce monastère jouissait.

« La clôture n'y était point observée, une trop grande liberté dégénère toujours « en licence ; le désordre s'introduisit dans la maison. Alors l'archevêque François « de Rohan, voulant ramener la vie régulière, défendit aux religieuses d'assister « aux processions et de sortir du couvent, sous peine d'encourir les censures « ecclésiastiques. Les ordres du prélat furent méconnus ; l'abbesse et les nonnains « soutinrent qu'elles étaient exemptes de sa juridiction ; et se pourvurent devant « le pape contre les entreprises de l'archevêque. Sa Sainteté nomma, en l'année « 1511, un commissaire pour connaître de ce différend. Celui-ci excommunia « l'archevêque. Le roi et le parlement intervinrent pour soutenir les droits du

---

(1) Nous ferons remarquer ici que M. Cochard a commis une erreur ; les dauphins de Viennois ne descendent point des sires de la Tour-du-Pin, mais, au contraire, les sires de la Tour-du-Pin descendaient des dauphins de Viennois, ou du moins formaient une branche collatérale de cette maison princière.

« prélat. L'excommunication fut levée, la paix rétablie, et la réforme s'effectua
« sans aucun obstacle. »

Le Palais-des-Arts se compose de quatre vastes corps de bâtiments formant un carré vide qui sert de cour; cette dernière est bordée de longs corridors à portiques qui formaient le cloître au-dessus duquel règne une terrasse.

La façade du nord, qui fait face à la place des Terreaux, est la principale; elle est décorée de pilastres d'ordres dorique et corinthien. Les fenêtres du premier étage sont ornées de balcons à balustres et couronnées de frontons; celles du second étage sont à bandeaux profilés; deux colonnes d'ordre dorique sont placées à l'entrée du portique. L'entablement est surmonté d'une balustrade, du centre de laquelle s'élève un belvéder à l'italienne.

II.

RESTAURATION INTÉRIEURE DU PALAIS DES-ARTS.

En 1804, la ville devint propriétaire de l'abbaye de St-Pierre qui, pendant la Révolution, avait servi d'entrepôt de séquestre au gouvernement, et de lieu de réunion aux sections ou aux assemblées électorales de cette époque. Dès-lors, M. Fay de Sathonay, maire de Lyon, conçut le projet d'y créer un Musée. En effet, ce magistrat éclairé y fit transporter tous les débris épars qu'avait épargnés la tourmente révolutionnaire; on y réunit des tableaux, des antiquités, on y forma même un conservatoire des arts et métiers. En 1806, il fut tout-à-fait érigé en Musée. Ces vastes bâtiments, construits et distribués en nombreuses cellules, en salles diverses pour l'usage des religieuses, devaient subir de nombreuses transformations et d'importantes restaurations; ces travaux, auxquels chacun des maires de Lyon a successivement concouru, ont duré de longues années et touchent maintenant à leur fin. Voici dans quel ordre ils ont été exécutés par les différents architectes qui les ont dirigés; nous ne citerons ici que les principaux, voulant seulement donner une idée des grands changements qui ont été opérés.

En 1805, M. Fay de Sathonay ayant approuvé les plans qui lui furent présentés par M. Gay, architecte, créa la grande salle des tableaux dans le corps de bâtiment situé au midi; les cellules de cette partie disparurent et tout l'espace qu'elles occupaient fut transformé en une seule pièce d'une vaste étendue, dont le plafond est décoré de peintures à fresque. Les tableaux anciens et modernes, appartenant à la ville, y furent successivement placés par les soins de feu Artaud, directeur du Musée.

En 1825, sous la mairie de M. Rambaud, la partie centrale du corps de bâtiment nord, formant avant-corps dans la cour, fut choisie pour en faire la

Chambre de Commerce; c'est d'après les plans et sous la direction de M. Flachéron, architecte, que ce changement s'opéra.

En 1827, sous la mairie de M. de Lacroix-Laval, la galerie où se trouve actuellement la minéralogie, fut arrangée d'après les plans et sous la direction du même architecte. On y déposa un rudiment de muséum d'histoire naturelle, qui se composait des restes du cabinet de M. Imbert-Colomès, d'objets appartenant à la ville, de ceux qui furent achetés, et d'autres enfin dont on lui fit don. Depuis, cette collection a pris un vaste développement sous la direction de M. Jourdan, professeur à la Faculté des Sciences.

En 1831, M. Prunelle, étant maire de Lyon, conçut l'heureuse idée de créer une seconde bibliothèque destinée spécialement à servir de dépôt aux ouvrages scientifiques et artistiques; il choisit, pour y placer cette bibliothèque, l'emplacement du palais qui existe entre l'Académie et l'avant-corps du bâtiment où est la Chambre de Commerce; cette transformation a été faite d'après les plans et sous le direction de M. Dardel, architecte de la ville.

En 1852, on procéda à la grave et importante restauration du grand belvéder, de l'escalier qui conduit dans la salle de l'école de dessin, et de différentes parties centrales de ce grand corps de bâtiment qui, sous le rapport de la solidité, inspirait des inquiétudes fondées; ce travail difficile fut exécuté avec art par M. Dardel, qui surmonta les obstacles qui s'opposaient à ces réparations indispensables.

En 1834, toujours sous la mairie de M. Prunelle, des travaux importants furent commencés dans l'aile orientale du Palais, et furent continués et achevés sous la mairie de M. Martin.

M. Dardel fit une seule salle du premier étage; une autre galerie de la même étendue fut établie au second.

La première de ces galeries sert aujourd'hui de dépôt aux plâtres modelés sur l'antique; cette salle est décorée avec simplicité et le goût qui convient à sa destination.

La salle du second, éclairée par le haut, contient nos tableaux anciens les plus précieux.

En 1836 et 1837, M. Martin étant maire, l'intérieur des bâtiments de l'aile ouest fut entièrement changé : on donna un nouveau développement à la galerie qui contient aujourd'hui les collections géologiques et minéralogiques, et l'on créa au second étage une galerie pour la zoologie. Dans ces deux longues galeries, M. Dardel a masqué avec talent une sorte d'irrégularité produite par les gros murs, qui formaient anciennement des cellules et qu'il ne pouvait détruire sans nuire à la solidité; il a su mettre à profit ces défectuosités, en plaçant contre chaque paroi des galeries des placards non interrompus, destinés aux collections; les longues séries d'ameublement qui garnissent ces deux galeries sont d'un très-bon goût, et leur ensemble, sous tous les rapports, fait honneur à celui qui en a conçu le plan et dirigé les travaux. Les collections qui y sont réunies ne sont pas moins remarquables sous le rapport de la science.

Pendant ces mêmes années, la trop somptueuse salle des marbres modernes fut créée; elle occupe l'angle nord-ouest des bâtiments; les caissons du plafond resplendissent d'or sur un fond rouge et bleu, les murs sont revêtus d'un stuc rouge foncé sombre, veiné en brun; cette salle serait plus digne d'une maison royale que convenable à l'usage auquel on l'a destinée.

La galerie des antiques présente aussi un luxe trop prétentieux, elle occupe l'espace du corps de bâtiment qui existe entre la salle dont nous venons de parler et l'avant-corps du centre.

Le plafond colorié est riche en ornementations, et les hauteurs-d'appui sont éblouissantes de placages en stuc qui simulent des porphyres de couleurs variées; les armoires, de dimensions très-convenables, pèchent par leur défaut de simplicité. Ici, nous n'avons point la prétention de nous placer en critique ou en admirateur, mais nous voulons seulement émettre une opinion générale, c'est que dans les galeries de cette nature, destinées à recevoir des objets curieux, rares, emportant avec eux des idées graves, rien dans le contenant ne doit distraire les regards, qui doivent être portés exclusivement sur les objets contenus; par cette raison il est essentiel que toutes les galeries destinées à un pareil usage soient décorées avec une noble simplicité, et que les teintes des couleurs soient d'un ton sévère.

III.

RESTAURATION EXTÉRIEURE DU PALAIS-DES-ARTS.

En 1838, 1839 et 1840, sous la mairie de M. Martin, d'immenses et utiles travaux, pour la restauration extérieure du palais, furent entrepris et poussés avec activité, d'après les plans et par les soins de M. Dardel, architecte de la ville.

La base des nombreux piliers qui soutiennent les voûtes des portiques et l'ensemble de la terrasse, étaient en calcaire de Seyssel; ces bases, minées par le temps, fendues et décomposées, étaient ornées de moulures mutilées; il fallait, par mesure de solidité, remplacer, dans une certaine épaisseur, les contours de ces bases. Le remplacement des parties enlevées fut fait en calcaire de Villebois. Cet important travail fut exécuté avec d'autant plus d'art, que l'architecte s'est astreint à suivre, dans cette belle restauration, les mêmes profils de moulures que ceux qui existaient auparavant.

De nombreuses réparations furent faites, tant à l'extérieur qu'à l'intérieur des portiques; une foule de pierres, surtout celles qui se trouvaient dans le haut des piliers, furent remplacées, et tout le dallage a été remis à neuf. La façade des murs qui remplissent l'intervalle entre la corniche de la terrasse et le haut des arcades des portiques, a été démolie et refaite entièrement; leur longue étendue est garnie d'encadrements, en calcaire de Villebois, ornés de moulures, et dans l'intérieur de ces cadres sont placés des bas-reliefs en plâtre moulés sur l'antique et peints en couleur à l'huile pour les préserver des injures de l'atmosphère.

Avant de passer à une autre partie du bâtiment, je crois devoir signaler l'emplacement de deux caveaux sépulcraux, dont l'un était destiné à la sépulture des abbesses, et l'autre à celle des simples chanoinesses.

Le premier se trouve sous les portiques, à droite de l'entrée du grand escalier ; son ouverture se trouve au pied du chambranle de cette porte ; on y descend par un escalier de 14 marches. Ce caveau est voûté, il a plus de 2 mètres d'élévation sur 5 mètres 40 cent. de longueur et 4 mètres de largeur. Lors de sa découverte, en 1845, nous y avons trouvé 5 squelettes étendus dans leurs châsses en bois plus ou moins vermoulu, et sur lesquels existaient quelques lambeaux d'étoffes.

Le second, destiné sans doute aux simples chanoinesses ou aux sœurs servantes, avait été découvert en 1859 ; il est situé à droite de l'escalier de descente qui se trouve à l'angle nord-est du Palais. On y descend par une rampe de 14 marches. Ce caveau est beaucoup plus vaste que le premier ; voûté comme lui, il a la même hauteur et 10 mètres de long sur 4 de large ; le sol de tout son périmètre est recouvert d'une couche, de plus de 50 centimètres d'épaisseur, d'ossements et de débris du bois des bières mêlés aux lambeaux des linceuls. Il serait difficile d'évaluer le nombre des corps qui y ont été déposés. Nous pensons, qu'il doit exister encore d'autres caveaux dépositaires des restes de ces religieuses, attendu qu'une hiérarchie était sévèrement observée pour leurs funérailles : les abbesses avaient leurs caveaux distincts ; il en était de même pour les simples chanoinesses, et pour les sœurs servantes. Or, nous n'en connaissons que deux : celui des supérieures, qui ne contenait que cinq dépouilles mortelles, et certainement le nombre en a été bien plus considérable ; et le second qui, à raison du nombre des squelettes et des ossements entassés, devait être destiné aux sœurs domestiques.

La corniche du pourtour de la terrasse était en calcaire blanc de Seyssel ; elle était ornée de riches moulures et couronnée d'une gracieuse balustrade en fer ouvragé, simulant une immense dentelle d'un très-bon goût ; les corniches ont été remplacées par d'autres du même style, en pierres de Villebois. Malheureusement le mauvais état des balustrades, rongées par l'oxydation, a forcé M. Dardel de remplacer ce bel ornement par de lourds balustres en fonte, surmontés d'une rampe en calcaire de Villebois ; cette solide restauration enlève à cet édifice son cachet; et masque, au spectateur placé dans la cour, la base des chambranles des croisées.

Les deux belvédères des angles sud du Palais ont été également réparés. Ils sont décorés de colonnes et entourés d'une balustrade en fonte.

Chacune des façades intérieures a été complètement remise à neuf ; les pierres de taille ont été grattées et les murs récrépis et repeints.

En 1838, 1839 et 1840, sous la mairie de M. Martin, ce travail a été exécuté pour les façades au midi et à l'ouest de la cour, et en 1841, 1842, 1843 et 1844, sous la mairie de M. Terme, pour les façades au nord et à l'est.

En 1845, sous la mairie de M. Terme, la façade nord, donnant sur la place des Terreaux, a été terminée par les soins de M. Dardel. Des pierres d'attente, destinées à représenter des mascarons, des guirlandes, des couronnes, ont été sculptées; les balustres, qui couronnaient seulement le haut du centre de l'édifice, ont été étendus jusqu'à l'extrémité de ses ailes.

Pendant qu'on était occupé de la restauration de cette belle façade, il est bien regrettable qu'on n'ait pas fait disparaître les deux ignobles statues en bas-reliefs qui sont placées au-dessus de la porte d'entrée du Palais.

Dans la même année, quelques restaurations ont eu lieu aux façades extérieures est et ouest, telles que la sculpture de niches et de chapiteaux de pilastres.

NOTA. — Avant de parler des nombreuses inscriptions qui composent le beau Musée lapidaire de Lyon, nous dirons quelques mots sur le *Diis Manibus* des anciens comme invocation, et sur leur dédicace *Sub Ascia*; non que nous prétendions éclaircir cette dernière question, sur laquelle on a tant écrit et qui, sans doute, restera comme non résolue jusqu'à ce qu'une inscription explicite sur cette énigme vienne nous en donner l'explication positive, ou qu'un manuscrit qui se rapproche de cette époque nous indique la valeur de cette formule.

Nous y joindrons de courtes explications sur le culte des Romains, et sur quelques-unes des dignités, fonctions publiques, ou professions dont les titres se retrouvent souvent sur les monuments funéraires, et jettent quelque jour sur la hiérarchie sacerdotale, judiciaire ou administrative, et sur différentes corporations qui existaient dans les cités.

Nous avons pensé qu'il n'était pas sans intérêt de parler du mythe de quelques divinités dont nous rencontrons les noms dans nos inscriptions; nous finirons par quelques mots sur la nature des pierres des monuments, et sur les carrières d'où elles étaient extraites.

EXPLICATIONS PRÉLIMINAIRES.

DIIS MANIBUS. — INITIALES *D. M.*

Menestrier, Lupi et d'autres auteurs, avaient pensé que les sigles D. M. répondaient aux deux mots *Deo Maximo;* mais cette opinion n'a point prévalu, surtout depuis que dans le même genre d'inscriptions on a trouvé le *Diis Manibus* écrit en toutes lettres. Nous devons donc aujourd'hui considérer ces deux initiales, généralement figurées en majuscules, comme une invocation aux Dieux Mânes, pour solliciter leur protection en faveur du défunt. On sait d'ailleurs que ces sortes de divinités étaient très-nombreuses, et que les âmes des hommes dont la vie avait été irréprochable étaient appelées à l'honneur de figurer parmi elles. On reconnaissait à ces Dieux terrestres ou Mânes une très-grande puissance, qui s'étendait dans l'univers entier excepté les lieux où Jupiter, le roi de tous les Dieux, tenait sa cour ; mais ils ne pouvaient l'exercer que pendant la durée de la nuit ; l'aurore et le chant du coq mettaient fin à leur empire. Aussi les anciens avaient soin de faire graver sur les tombeaux la vie privée et les vertus des défunts, pour réclamer, en quelque sorte, les droits que le mort pouvait avoir d'être placé au rang des Dieux Mânes.

L'âme d'un mortel, arrivée aux Enfers, passait au tribunal des Dieux ; si sa vertu était reconnue, Proserpine accueillait l'âme avec bienveillance et la faisait passer aux Champs-Elysées.

D'après la croyance des anciens, les Dieux Mânes avaient la connaissance de l'avenir; on les consultait pour connaître sa destinée, on leur dévouait ses ennemis, ils étaient les coopérateurs des Furies et les vengeurs du crime.

L'invocation qui leur était faite, comme promesse, était le plus redoutable des serments.

Ces divinités tutélaires des sépultures étaient priées de poursuivre et chasser de ce lieu de repos ceux qui avaient mené une vie criminelle, les ingrats et ceux qui pouvaient se rendre coupables de profanations envers les morts. Avec de semblables croyances dans le rit funéraire, on comprend quelle portée avaient les cérémonies funèbres et quel respect on avait pour les morts dans les temps anciens.

SUB ASCIA.

L'ancien sol ségusien est l'un de ceux où l'on rencontre le plus fréquemment cet instrument figuré sur les tombeaux que l'on y découvre.

En général, l'instrument qui s'y trouve représenté est un outil à manche très-court et droit; sa forme est plus ou moins courbe, sa courbure est quelquefois telle qu'on ne peut raisonnablement considérer cet outil comme ayant pu servir de hache; le plus souvent il est coudé dans la partie moyenne qui se trouve entre le tranchant et le manche; la partie opposée est une espèce de talon en forme de marteau, mais fréquemment se terminant en pointe.

Sa configuration la plus ordinaire se rapproche de celle d'une pioche et de l'herminette du charron, à laquelle on donne le nom vulgaire d'*essette*, dont quelques personnes ont cru voir l'étymologie dans celui d'*ascia*. Cette dernière question fut soulevée au Congrès scientifique de France, 9ᵉ session, dans laquelle plusieurs orateurs distingués, tels que MM. Grégorj, Guillard et l'abbé Pavy, prirent successivement la parole.

Comme, parmi les inscriptions que nous publions, un assez grand nombre se terminent par la formule *S A D. sub ascia dedicavit, posuit, fecit, faciendum curavit; ab ascia fecit*, ou *dedicaverunt*, etc., suivant que le monument funéraire était élevé par un ou plusieurs des parents, amis ou héritiers du défunt, nous consacrerons quelques lignes aux diverses opinions qui ont été émises sur cette formule qui a occupé tant de savants, qui a fait naître tant de dissertations, et qui, malgré tous ces efforts d'imagination, de recherches et de conjectures plus ou moins ingénieuses, n'est point encore résolue. Nous ferons remarquer que la formule de *Sub ascia posuit* est beaucoup plus rare, et que le Musée ne possède aucun monument sur lequel elle se trouve.

Avant de citer les opinions émises par les archéologues anciens et modernes, nous dirons que si les explications données à cette formule ont été différentes, l'*ascia*, comme instrument, n'a point le même type dans l'esprit des auteurs; si les uns l'ont pris pour une hache, d'autres en ont fait un sarcloir, une doloire, une hachette pour tailler la pierre, un pic, une truelle, une pioche, une herminette.

Quoi qu'il en soit de l'instrument lui-même, nous ne devons voir en lui qu'un outil capable de couper, d'entamer la pierre ou la terre, afin de rentrer dans les différents systèmes d'explications émis par ceux qui se sont occupés de cette question et dont nous citerons les principales, en laissant au lecteur le soin de les apprécier à leur juste valeur.

Menestrier considère l'*ascia* qu'on voit figurée sur les tombeaux, comme une truelle ou la gâche employée à broyer le mortier destiné à leur construction.

Fabretti pense que l'*ascia* est un instrument destiné à couper les briques et à tailler les pierres des tombeaux des gens du peuple.

Le père Monet base son opinion sur l'*ascia* en interprétant la loi des Douze-Tables : « On ne façonne point, dit-il, les bois des bûchers avec des instruments : *Rogum ascia ne polito*. »

Le père Colonia dit que l'*ascia* était un instrument de charpentier et non de maçon.

Dom Jacques Martin prétend que l'*ascia* est une espèce de houe ou de pioche, propre à travailler la terre, par conséquent destinée à creuser la fosse, et que le mot *rogus* doit être pris ici pour une fosse établie dans le sol, et non pour le bûcher, comme le pense le père Monet.

L'abbé Le Bœuf pense que le *Sub ascia dedicavit* n'est qu'une consécration du monument, du lieu choisi pour la sépulture d'un défunt, en frappant avec l'*ascia*, la pierre qui devait servir de monument sépulcral ; il dit, en parlant de cette cérémonie païenne, qu'on doit la regarder non point comme une simple dédicace, mais comme une espèce d'investiture ou de prise de possession.

Le père Mabillon se rapproche de l'opinion d'un assez grand nombre d'auteurs. Il croit voir dans l'*ascia* un instrument protecteur contre la violation des tombeaux et une menace contre les profanateurs de ces monuments sacrés, voués au respect des générations présentes et futures. Cet érudit semble baser son opinion sur l'assertion de Palladius qui nous dit qu'une coutume des paysans du *Latium* était d'élever vers le ciel des haches ensanglantées pour détourner de leur terre la grêle et tous les fléaux destructeurs qui pouvaient fondre sur elle.

Le marquis de Mafféi prétend que l'*ascia* n'était placé sur les tombeaux que lorsque ces constructions funéraires avaient reçu leur dernier degré de perfection par l'ouvrier qui les avaient construites (1).

Muratori, après Mazzocchi (2), s'est sérieusement occupé de cette question. Il a d'abord rapporté les opinions des Italiens qui ont écrit sur cette matière, et il s'est

---

(1) *Mafféi, Galliæ antiquitates selectæ*, epist. XI.
(2) *Mazzocchi, Epist. de dedicatione* Sub ascia.

attaché à les réfuter avec l'érudition qu'on lui connaît. Cet archéologue sachant très-bien que les anciens consacraient de grands soins au corps après la cessation de la vie, et se basant sur la formule ou salutation propitiatoire : *Sit tibi terra levis*, n'a pas hésité à croire que l'*ascia*, qu'il considère comme une doloire (*dolubra*), était destinée à remuer la terre pour la rendre plus légère et la dégager des ronces et broussailles qui auraient pu masquer le tombeau (1) ; il répond par cette opinion à la crainte des anciens qui redoutaient sur les corps un fardeau massif et lourd, et tout ce qui pouvait nuire à la décence d'un lieu de sépulture qui devait être sacré.

Pitiscus pense, j'ose dire avec assez de bonhomie, que, les tombeaux devant être garantis, d'après l'ordre de quelques défunts, de parents ou d'amis, par un ouvrage de menuiserie, l'*ascia* était l'outil dont on s'était servi pour façonner cette espèce d'auvent qui devait protéger le monument contre les profanations.

M. de Nolhac, dans un Mémoire plein d'érudition sur cette question ardue, a cherché l'interprétation de l'*ascia* dans la mythologie scandinave ; il la considère comme un symbole de cette grande divinité des peuples du Nord, qui était choisie comme protectrice des tombeaux.

Dans un second Mémoire, lu dernièrement à l'Académie de Lyon, ce savant modeste se livre avec ardeur et conscience à la recherche de la vérité sur cet emblème, jusqu'ici considéré comme inexplicable d'une manière définitive ; une interprétation vraie semble lui apparaître ; le Mercure gaulois remplace chez ce peuple le dieu Odin du nord. « Ce Mercure, dit-il, était le conducteur des âmes à leur demeure dernière, était le protecteur des morts. Il était quelquefois armé de la hache ; un bas-relief découvert à Autun le représente ainsi. » — « On trouve, ajoute-t-il, fréquemment à côté de squelettes gaulois, des haches en pierre. Les dernières découvertes faites à Meudon viennent à l'appui de mon système. En résumé, la hache était un attribut du Mercure gaulois. » Il considère ce symbole placé sur les tombeaux comme celui de la permanence de l'âme.

M. Anatole de Barthélemy, dans un Mémoire plein de recherches savantes sur cette question, après avoir cité diverses opinions, exprime ainsi la sienne : « Il « me semble tout naturel de voir dans la formule : *Sub ascia dedicavit* ou « *dedicatum*, une consécration par laquelle le monument et le défunt sont mis « sous la protection des Dieux infernaux. La représentation de l'*ascia* est le « symbole de la puissance des Dieux, sous l'empire desquels le défunt a passé en « rendant le dernier soupir ; ici le marteau a le caractère léthifère qui lui est « propre....

« Ce raisonnement explique la présence de la formule près l'invocation aux « Dieux Mânes, dont elle est en quelque sorte le complément ; et, quand elle

---

(1) *Saggi di dissertazioni dell' accademia di Cortona*, tom. 2, pag. 133.

« est gravée à la fin de l'inscription, elle semble indiquer le dernier devoir rendu
« au défunt. Le signe de l'*ascia* n'est point sans quelque analogie avec la faulx
« que postérieurement et maintenant encore on représente sur les tombeaux.
« L'idée du marteau qui frappe de mort est la même que celle de la faulx qui
« tranche les jours des mortels. »

M. Grégorj, conseiller à la Cour royale de Lyon, après avoir examiné ces différents systèmes, faisant la part de chacun d'eux avec son érudition accoutumée, penche pour l'opinion de Muratori. Comme lui, il pense que le bien-être du corps du défunt étant, chez les anciens, l'objet principal de leurs soins, et que le *Sit tibi terra levis* ayant une grande importance dans leur esprit, ils devaient tenir à ce que la terre qui couvrait leur corps fût remuée souvent et entretenue dans un état de propreté permanente. Il cite à l'appui de cette opinion une inscription rapportée par Vermiglioli, relative à une affranchie appelée Fortunata, où il est fait mention d'un legs de 600 sesterces avec la condition *ut monumentum remundetur*, et une autre inscription où l'on trouve les mots suivants : *Ne patiare meum tumulum increscere silvis.* « L'encombrement des ronces et des épines, ajoute M. Grégorj, était une imprécation que les anciens poètes adressaient quelquefois aux personnes qu'ils n'aimaient pas. Properce dit, en parlant d'une femme dont il avait eu à se plaindre : *Terra tuum spinis obducat, Lena, sepulchrum.* »

Nous nous sommes contenté de citer les principales opinions émises par les savants sur cette question, qui à nos yeux reste insoluble, attendu qu'aucune tradition certaine, aucune preuve écrite ne vient nous éclairer d'une manière convaincante sur le symbolisme et la valeur de cette formule funéraire. Si nous étions appelé à en adopter une, nous nous rangerions du côté de Muratori : l'idée d'être oppressé, comprimé sous le poids d'une terre durcie par le temps, excitait naturellement, chez les anciens, le désir de voir remuer souvent celle qui devait les couvrir un jour.

TRES PROVINCIÆ GALLIARUM. — LES TROIS PROVINCES DES GAULES.

Nous rencontrons très-souvent dans nos inscriptions cette phrase en abrégé, soit pour indiquer que tel ou tel personnage occupait une dignité dans les trois provinces des Gaules, soit que ces provinces s'associassent entre elles pour rendre un honneur à un grand citoyen qui avait mérité leur reconnaissance.

Cette indication de province a été un sujet de discussion pour quelques savants, en devenant pour quelques personnes du monde un motif d'équivoque. Les uns élaguaient la Belgique et divisaient les Gaules en Narbonnaise, Celtique et Aquitanique ; d'autres comprenaient par *tres prov. Galliar.*, les trois provinces Lyonnaises.

Mais l'histoire nous apprend d'une manière positive que César fit lui-même la division des Gaules en trois vastes provinces : la Celtique, qui était centrale ; l'Aquitanique, qui était placée au sud-ouest ; la Belgique, au nord-est.

Déjà, à cette époque, la Basse-Narbonnaise, une partie de la Provence et du Bas-Languedoc, étaient provinces de la république. Quant à la division de la Celtique en trois Lyonnaises, elle fut faite par l'empereur Constantin.

Nous devons rapporter l'abréviation de ces mots, *tres provinciæ Galliarum* ou *Galliæ*, à une époque antérieure à Constantin ; aussi ferons-nous remarquer, qu'en général, toutes les inscriptions qui portent cette indication, sont d'un beau style et d'une meilleure latinité. Le lecteur peut facilement se convaincre de cette vérité en parcourant nos portiques ; elle devient même un moyen de classement pour les inscriptions qui appartiennent aux premiers siècles de l'empire.

TRIBUS. — TRIBU.

La tribu, chez les Romains, était, dans le principe, une division de la ville en quartiers, ou du territoire en arrondissements. On donna à chaque tribu un nom particulier ; de là les tribus des *Rhamnenses*, des *Tatienses*, des *Luceres*. Ces tribus qui n'étaient d'abord qu'au nombre de trois, s'élevèrent successivement jusqu'à trente-cinq. Elles empruntèrent des noms de peuples, de lieux, de fleuves et de familles romaines importantes qui avaient le droit de frapper monnaie.

Le nombre de ces tribus est trop grand pour l'insérer ici ; nous en parlons pour annoncer que souvent dans les inscriptions on rencontre des noms de tribus auxquelles appartenait celui en l'honneur duquel on faisait graver une inscription. Celles dont on rencontre les noms dans les inscriptions lyonnaises sont les tribus *Quirina*, *Galeria*, *Voltinia*, *Aniensis*, qu'il ne faut pas confondre avec une autre nommée *Arniensis*. En général, le nom de la tribu était toujours placé entre le *nomen* et le *cognomen*. Dans le courant de cet ouvrage on en rencontrera de nombreux exemples. L'individu qui appartenait à une tribu avait le droit de suffrage. Dans toute l'étendue de l'empire, colonie ou municipe, le titre de citoyen romain ne donnait point ce droit. Nous voyons dans les Tables de Claude que le discours de cet empereur avait pour but de réclamer le droit de suffrage pour une partie de la Gaule, et surtout pour la ville de *Lugdunum* (Lyon). Dans la Gaule narbonnaise déjà certaines cités avaient obtenu ce droit.

On sait aussi que, d'après certaines concessions, il existait hors des tribus beaucoup de citoyens qui avaient obtenu le droit de suffrage. Il ne faut donc point s'étonner si nous voyons une foule d'hommes qui sont arrivés à de hautes dignités, sans être citoyens de Rome ni membres d'une tribu. La fortune, le mérite et les grandes actions vinrent aplanir les difficultés, et l'on créa des catégories exceptionnelles où la faveur joua un grand rôle.

LEGIO. — LÉGION.

Ce mot se trouve très-souvent dans nos inscriptions ; rarement on le rencontre en entier, mais dans un très-grand nombre de cas il est exprimé en abrégé par les trois premières lettres LEG., à la suite desquelles on faisait suivre le numéro, le nom et les titres de cette même légion.

Nous ne pouvons point précisément comparer la légion romaine à l'un de nos régiments d'infanterie, attendu que dans sa composition il entrait toujours un corps de cavalerie, plus ou moins considérable, qui y était incorporé.

A l'origine de la république, pour entrer dans une légion il fallait faire partie d'une tribu.

Le nombre des militaires qui concouraient à former une légion a été très-variable, et cela souvent par politique, pour masquer aux yeux de l'ennemi le nombre des combattants.

Romulus, qui est considéré comme le créateur de ce corps, forma les légions de 3,000 hommes d'infanterie qui étaient soutenus par 300 cavaliers. Sous les consuls elles furent portées à 4,500 fantassins et 300 cavaliers ; Jules César dans ses guerres adopta, à peu de chose près, le même chiffre ; Auguste augmenta ce nombre et l'éleva à 6,000 fantassins et 726 cavaliers ; plus tard, suivant le gré des différents empereurs, elles varièrent dans la proportion de 5 à 6,000 fantassins et de 5 à 600 cavaliers.

Septime-Sévère, dont la victoire coûta cher à notre cité, avait, à l'exemple des Macédoniens, créé une phalange dont l'ensemble formait 50,000 combattants.

Ces légions furent formées de citoyens romains inscrits dans les tribus, jusqu'à la dernière guerre punique. Alors la plus grande discipline régnait dans ces corps d'élite, mais le luxe étant passé dans l'armée, les sentiments d'honneur se relâchèrent. L'intrigue et l'ambition vinrent s'immiscer dans ses rangs.

Les légions devinrent ensuite l'appui des grands capitaines et des chefs de parti toujours prêts à s'emparer de l'armée en se faisant proclamer par leurs soldats souverains de l'empire. Ces exemples sont nombreux dans les annales de ce peuple, et il n'était même pas rare de voir surgir à la fois deux ou trois compétiteurs, se faire élire par leurs troupes et aspirer au titre d'empereur en forçant le peuple et le sénat, par la voie des armes, à les reconnaître.

Nous voyons que ces légions qui, dans les premiers siècles de Rome, ne comptaient dans leurs rangs que des citoyens, furent appelées plus tard à se former de soldats pris dans toute l'étendue de l'empire ; qu'il y eut des légions de toutes les provinces, et qu'en général, par politique, les Romains eurent le soin de dépayser ces différents corps pour les rendre, d'une part, plus serviles, et de l'autre, pour qu'ils pussent agir avec plus de certitude dans la répression de peuples qui n'avaient ni la même langue, ni les mêmes usages qu'eux. Alors on les distribua dans toute l'étendue de l'empire, sur les frontières surtout, et dans les colonies. Elles étaient distribuées en cantonnements; on leur assigna des camps (*castra*) où leur séjour était plus ou moins long, suivant que l'exigeait la conquête ou l'occupation des territoires.

L'histoire fourmille d'exemples de ces sortes de stations militaires, de noms défigurés, qui tirent leur origine du séjour qu'y a fait telle ou telle légion. Ainsi, sans aller bien loin chercher ces étymologies, dans une vallée à l'est de Vienne (Isère), nous trouvons trois villages, distants les uns des autres de quelques kilomètres, qui portent encore le nom des numéros de légions romaines qui y avaient leurs camps; ce sont: *Septème*, *Ouatier* et *Dième*, dérivant de la 7e, 8e et 10e légion. D'anciennes traditions, qui ont passé de bouche en bouche parmi les habitants actuels du pays, assignent l'emplacement des camps, et de nombreux débris romains trouvés en fouillant les terres, viennent à l'appui de cette opinion. Cependant d'autres savants pensent que ces noms proviennent des pierres *milliaires* placées sur les voies romaines pour marquer les distances.

Non loin de Bourgoin on a découvert une casserole en argent sur le manche de laquelle se trouve inscrit le nom d'un centurion de la 1re légion Augusta qui sans doute avait stationné dans cet endroit.

La légion fut divisée en dix parties qu'on nommait cohortes, dont chacune était commandée par un tribun; cette dernière division est attribuée à Marius. La première cohorte était à peu près du double plus nombreuse que les neuf autres; on la formait de tous les hommes les plus vigoureux et de haute taille. Cette cohorte d'élite remplaçait, comme on le voit, nos compagnies de grenadiers.

Elle marchait en tête du corps de bataille, comme pouvant résister avec plus d'avantages au premier choc de l'armée ennemie.

Le manipule était composé de 200 hommes et subdivisé en deux centuries, commandées chacune par un centurion. Ici nous trouvons l'image d'une de nos compagnies ayant pour chef son capitaine. Nous ferons remarquer aussi que ces légions étaient désignées, comme nos régiments, par des numéros d'ordre; mais, d'après la volonté de l'empereur ou du sénat, suivant les services qu'elles avaient rendus à l'Etat, on leur donnait des surnoms honorifiques; ainsi nous trouvons les légions Augusta, Martia, Fulvia, Ulpia, Trajana, Gordiana, Victrix, Piissima, Fidelis, Minervia, etc.

Quant à la cavalerie qui entrait dans la composition des légions, elle flanquait le corps auquel elle appartenait; elle prenait le nom d'*aile*; chaque aile ou brigade était divisée en deux turmes; la turme (*turma*) se subdivisait en trois décuries commandées chacune par un décurion dont le premier était colonel ou chef de corps. Nous n'entrerons pas dans les détails nombreux qu'entrainait l'équipement de ces différents corps.

Toujours les étendards de ces corps étaient placés dans le lieu le plus sûr et confiés à la garde du premier centurion.

Sous les empereurs, les légions participèrent au bénéfice des conquêtes ; on fit aux soldats des pensions et des distributions en terres et en argent. Nous devons nous borner ici à ces généralités.

NONÆ. — NONES.

Quoiqu'il y ait peu de personnes qui ne sachent très-bien ce qu'étaient les nones dans l'ancien temps, j'ai cru devoir reproduire cette fixation de jours du calendrier romain.

Les nones étaient le cinquième jour, pour les mois de janvier, février, avril, juin, août, septembre, novembre et décembre, et le septième jour pour les mois de mars, mai, juillet et octobre.

Le jour des nones étant neuf jours avant les ides, on a pensé que son nom dérivait de là.

Les nones étaient un jour néfaste chez les Romains; il était consacré aux morts. On ne se mariait point, on n'entreprenait ni long voyage, ni affaire sérieuse ce jour-là. Auguste même se conduisait d'après ce préjugé.

Les nones de juillet étaient les plus redoutées : elles étaient nommées *caprotines*. Comme la délivrance de Rome, prise par les Gaulois, eut lieu le jour des nones de juillet, comme ce jour-là fut très-malheureux pour des ennemis dont on fit un grand massacre, on en conclut sans doute que ce devait être un jour malheureux pour le commun des citoyens romains. On avait donné le nom de caprotines à ces nones parce que le signal de l'attaque fut donné du haut d'un figuier sauvage nommé *caprificus*, et, en l'honneur de ce figuier, on institua une fête à Junon, en lui donnant le surnom de Caprotine qui devint celui des nones de juillet.

CALENDÆ. — CALENDES.

Cette époque mensuelle, chez les Romains, était une époque importante fixée au premier jour de chaque mois.

Ce jour était consacré à Junon. Il était d'usage que le pontife annonçât à haute voix à quel jour tomberaient les nones, le 5 ou le 7 du mois ; il en était de même pour l'entrée de la nouvelle lune qu'il annonçait au peuple.

C'était aux calendes qu'était fixée l'époque des paiements ; aussi Horace appelle-t-il ces jours *tristes et incommodes*.

Si, de nos jours, quelques débiteurs renvoient leurs paiements aux calendes grecques, c'est qu'il n'en existait pas dans le calendrier de ce peuple. Ce proverbe est bien vieux puisque l'empereur Auguste en est l'auteur (1).

---

(1) *Sueton.*, in *Augusto*, cap. 87.

IDUS. — IDES.

Les ides venaient le treizième jour de chaque mois, excepté pour ceux de mars, mai, juillet et octobre, où elles arrivaient le quinzième jour, parce que ces quatre mois avaient six jours avant les nones et les autres quatre seulement. On donnait huit jours aux ides.

Les ides de mai étaient consacrées à Mercure; celles de mars devinrent un jour néfaste, César ayant été assassiné ce jour-là.

Le temps qui suivait les ides de juin était réputé favorable aux noces.

Les ides d'août étaient consacrées à Diane, et les esclaves les chômaient comme une fête.

A celles de septembre on consultait les augures pour nommer les magistrats qui entraient en charge aux ides de mai; de nos jours elles sont consacrées à leurs vacances.

A la chancellerie romaine ce mode de supputer les jours est encore employé, ainsi que dans le calendrier du bréviaire.

TAUROBOLIUM. — TAUROBOLE.

Cette cérémonie bizarre ne remonte point au-delà de notre ère; quelques auteurs pensaient que les sacrifices de ce genre ne furent imaginés par les païens que sous le règne de Marc-Aurèle; de Boze est de cette opinion dans sa *Dissertation sur le taurobole* dans les *Mémoires de l'Académie des inscriptions*; mais nous avons sous nos portiques une preuve convaincante qu'il était en usage sous le siècle d'Antonin (1). Prudence a fait la description du taurobole en vers latins, et Fontenelle, dans son *Histoire des Oracles*, en parle d'après lui.

Voici en quoi consistait cette singulière cérémonie : on creusait une fosse profonde, on la recouvrait d'un plancher percé de trous nombreux; ce genre d'autel étant préparé, le personnage qui devait être purifié pour faire le vœu, descendait dans la fosse, la tête décorée d'une couronne et de bandelettes sacrées. Aussitôt après, le taureau, aux cornes dorées, le front orné de bandelettes, était amené avec pompe sur le plancher qui couvrait la fosse; là, le sacrificateur, vêtu de ses habits sacerdotaux, armé de la harpé, couteau victimaire, égorgeait sa victime. Le sang coulant à flots sur cette cloison à jour inondait le néophyte choisi pour faire le vœu et qui se joignait au sacrificateur pour adresser aux Dieux les prières d'usage; il se tenait debout, présentant successivement le front, les joues, les épaules, les bras, et recevant avec respect, sur tout son corps, le sang qui

---

(1) Voy. portique 33, n. 235.

découlait du plancher dans cette fosse. Ce baptême sanglant terminé, il sortait de là, se montrait au peuple, hideux, échevelé, sa barbe et ses habits dégoûtants du sang écumeux qui venait de l'inonder.

Alors il paraissait pur et sanctifié, purgé de tous ses crimes, et il avait obtenu par là une régénération mystique et éternelle (1); mais il devait le renouveler tous les vingt ans, autrement le sacrifice perdait sa puissance sur les siècles à venir (2).

En général, c'était pour le salut des empereurs qu'on faisait ces sacrifices, pour celui de leur famille, pour la prospérité d'une province.

Les femmes pouvaient recevoir cette régénération comme les hommes; des villes entières la recevaient par députés; une province, pour faire sa cour au souverain et obtenir ses faveurs, envoyait un individu se couvrir du sang du taureau, et demander pour l'empereur et sa famille de longs et heureux jours.

Les sacrifices tiraient leurs noms de celui de la victime qu'on immolait, et l'on sculptait sur les cippes commémoratifs de cette cérémonie la tête de l'animal qui était sacrifié.

Nous voyons sur la plupart de nos pierres taurobollques figurer de chaque côté une tête de taureau ou de bélier en relief, ce qui indiquerait qu'il y a eu le double sacrifice d'un taureau et d'un bélier, et que la victime principale était le taureau, sans quoi nous lirions *taurobolium* et *criobolium*.

Mais, si l'on ne sacrifiait qu'un bélier, c'était un criobole, une chèvre un œgobole, et un suovetaurilia quand on faisait le sacrifice d'un porc, d'une brebis et d'un taureau. Nous possédons sous les portiques un bas-relief où est représenté ce triple sacrifice (3).

Nous voyons figurer assez souvent dans les taurobolies le nom de la grande déesse Idéenne, nom qui lui venait du culte qu'on lui rendait au mont Ida où elle avait un temple célèbre, où elle recevait des invocations et des sacrifices. Lorsqu'on remonte au culte primitif de cette divinité, au rang qu'elle occupait dans la mythologie des anciens et à la puissance dont elle était revêtue, ainsi qu'au prestige qu'elle inspirait comme mère des Dieux, il ne faut point s'étonner des honneurs qu'on lui rendait. Ainsi cette divinité était qualifiée par les peuples qui l'honoraient, de fille du ciel, de Vesta, de sœur, d'épouse de Saturne, de mère de Jupiter le roi du Parnasse et de tous les Dieux, elle était la grande mère. Cybèle appelée par les Grecs Κυϐέλη reçut des Romains la dénomination de *Ops*, *Terra*, *Tellus*, *Berecynthia*, *Rhea*, *Dindymene*, *Mater Idæa*, *vel Phrygia*, *vel Pessimuntia*, *Mater Deorum*, *Mater Magna*, etc., etc.

---

(1) Dans une inscription publiée par Gruter, au sujet d'un taurobole (28-2), nous lisons, en effet, ces mots : *Taurobolium in æternum renato*.
(2) Ibidem, n. 5. *Iterato viginti annis ex perpetuis tauroboliis aram constituit*.
(3) Voy. portique xxxiii, n. 235.

On voit par plusieurs de nos inscriptions que, dans les Gaules comme dans le reste de l'Empire, son culte y était en faveur, qu'on lui faisait des taurobolies et qu'elle était invoquée comme une protectrice puissante, dans les circonstances graves de la vie et de la stabilité des états.

SPORTULA. — SPORTULE.

La sportule était chez les anciens une espèce de panier dans lequel on portait des vivres, ce panier ou corbeille était fait de jonc ou d'osier.

On étendit la signification de ce mot et l'on nomma sportule des vases ou des mesures destinés à contenir du pain, de la viande et d'autres subsistances que l'on distribuait dans quelques circonstances.

Certains repas publics prenaient le nom de *sportula*; les sportules furent quelquefois remplacées par de l'argent (1); on faisait une distribution de pièces de monnaies aux assistants.

Les grands de l'Empire firent des distributions de sportules aux gens du peuple et aux pauvres. Plus tard, ils participèrent eux-mêmes à ce genre de distribution; Trebellius Pollio, en parlant de Gallien, dit que cet empereur, à son consulat, donna à chaque sénateur une sportule et à chaque dame romaine quatre pièces d'or.

Les consuls, à leur entrée en fonctions, envoyaient à leurs amis une petite corbeille *(sportula)*, dans laquelle ils mettaient des présents; ils avaient aussi l'habitude d'y joindre de petites tablettes d'argent ou d'ivoire sur lesquelles étaient gravés leurs noms; ces tablettes se nommaient *fasti* (fastes). M. Aimard, inspecteur des monuments historiques du département de la Haute-Loire, possède une de ces tablettes en ivoire.

Du reste, le nom de sportule devint générique et s'appliqua à toute espèce de présents, de gratifications, de distributions.

SENATOR. — SÉNATEUR. — SENATUS. — SÉNAT.

Les sénateurs formaient, à Rome, le premier corps de l'État, *Ordo amplissimus*.

D'après les historiens, Romulus choisit parmi les patriciens cent personnes des plus marquantes et en composa un corps auquel on donna le nom de sénat. Ils étaient appelés *Patres*. Après l'alliance des Sabins, le nombre des sénateurs fut doublé et Tarquin-l'Ancien l'éleva à trois cents. Après la mort de César, qui avait porté leur nombre à sept cents, les triumvirs l'élevèrent à mille. Auguste réforma ce corps et le réduisit à six cents.

Pour être sénateur, il fallait appartenir à une famille patricienne, ou arriver par soi-même dans cette haute aristocratie. L'état de pauvreté ne fut point dans les premiers temps un obstacle; on avait surtout égard à la bonne conduite, à la capacité et à l'instruction. Pendant longtemps on fixa à 45 ans l'âge où l'on pouvait entrer au sénat, et ceux qui se présentaient devaient avoir passé dans d'autres charges pour lesquelles il fallait avoir au moins 25 ans. Par la suite on se relâcha beaucoup de cet usage, nous en trouvons la preuve dans la belle inscription de Celsus, trouvée à Lyon et appartenant à M. le marquis de Belbœuf, où il est dit que le nommé Maximus Celsus, fils adoptif de Celsus, fut élevé au rang de sénateur (1) à l'âge de 4 ans. Dans les beaux jours de la république, on exigeait une certaine fortune; on était forcé de justifier de 80,000 sesterces de rente, 40,000 francs de notre monnaie. Sous Auguste on éleva au double le chiffre de ce revenu, et comme, depuis la création de cette dignité suprême, on avait dérogé dans beaucoup de circonstances, il fallait n'avoir exercé aucune profession basse, surtout celle de comédien. Il n'était pas permis aux sénateurs de faire le moindre commerce. L'empereur Adrien leur défendit de prendre la ferme des impôts publics, ni sous leur nom, ni sous celui d'autrui.

Malgré l'ordre établi dans le corps du sénat, il n'y eut point de règles bien certaines; à chaque série de siècle il y eut des variantes, soit pour le nombre, le choix, l'âge, la fortune obligée, et les défenses d'occuper certaines places.

La marque distinctive des sénateurs était la tunique à large bande pourpre appelée laticlave, et une espèce de brodequin noir pour chaussure; ils avaient droit à la chaise curule et aux places les plus honorables dans les spectacles.

Lorsqu'ils allaient aux voix, après une discussion, on commençait par les plus âgés ou par ceux qui avaient rempli des places éminentes avant d'être sénateurs. Mais les empereurs, qui étaient chefs du sénat, s'écartèrent de cet usage et ne consultèrent que leur propre volonté. L'histoire et les inscriptions antiques nous ont transmis le grand nombre d'emplois supérieurs en dehors de leurs fonctions ordinaires, auxquels étaient appelés les sénateurs.

Outre le nom de *Patres* on leur donnait le titre de *Seniores*, et celui de *Patres conscripti* à ceux qui étaient tirés de l'ordre des chevaliers.

Avant de passer aux autres dignités romaines, nous croyons utile de donner quelques explications sur les colonies et les municipes, qui avaient aussi leur sénat et d'autres dignités calquées sur celles de Rome.

COLONIÆ. — COLONIES. — *MUNICIPIA.* — MUNICIPES.

Les colonies étaient des villes soit fondées par la mère-patrie, pour y verser l'exubérance de sa population; soit des villes déjà existantes où elle envoyait un certain nombre de citoyens pour concourir à l'agrandissement et à la sûreté de l'empire. Aulugelle en parlant des premières colonies s'exprime ainsi : *Colonias*

---

(1) *Ad amplissimum ordinem.*

fuisse civitates ex civitate romanâ quodammodo propagatas. Elles s'organisaient un gouvernement particulier en tout semblable à celui de la capitale ; elles avaient un sénat, un peuple, des décemvirs, des questeurs, des censeurs, des pontifes, des édiles, des augures, etc., etc.

C'est ainsi que l'Afrique, les Gaules, l'Espagne, la Germanie furent appelées à la civilisation par le mélange des vainqueurs avec les vaincus. Les médailles frappées par les colonies nous indiqué leur multiplicité.

Les municipes étaient les villes alliées de Rome, se gouvernant d'après leurs coutumes et leurs lois particulières, et choisissant elles-mêmes leurs autorités ; ils étaient appelés municipes parce qu'ils ne jouissaient de leurs priviléges que par une concession de la république romaine.

Les citoyens des colonies et des municipes avaient le droit de citoyen romain, mais ils n'avaient pas le droit de suffrage et par conséquent celui d'occuper à Rome des charges de la république : cependant ils n'étaient pas exclus pour cela de certaines dignités accordées aux citoyens de Rome. Par une faveur toute particulière à quelques-unes des colonies et des municipes, des citoyens marquants de ces mêmes lieux étaient admis au droit de suffrage. Les Porcius, les Pompeius, les Tullius, les Marius, etc., et d'autres familles illustres, étaient originaires de villes municipales et ont été élevés aux plus hautes dignités de l'empire.

Les citoyens romains avaient toujours deux patries, le lieu de la naissance et la grande patrie qui était Rome, c'est pourquoi le même homme pouvait occuper à la fois, une place à Rome et une dans sa cité natale, nous voyons en effet une foule de grands hommes cumuler des emplois dans leurs deux patries.

Dans les villes municipales comme Bordeaux, par exemple, le conseil des décurions prenait le titre de sénat, et le duumvir prenait celui de consul ; c'est pour cela qu'Ausonne a dit qu'il était consul à Rome et consul à *Burdigala* (Bordeaux).

Nous avons cru devoir donner ces renseignements pour faciliter la distinction qu'on doit faire entre les titres de consul, de sénateur, etc., à Rome ou dans les autres villes, titres qui se rencontrent sur nos inscriptions, et pour l'explication de cette phrase annonçant que l'homme auquel on a consacré un monument « a été élevé à tous les honneurs chez les siens, dans la colonie et à Rome : *Omnibus honoribus apud suos, in colonia et in Roma.* »

EQUES ROMANUS. — CHEVALIER ROMAIN.

L'ordre équestre chez les Romains fut institué dès les premiers temps de la république ; il marchait après celui des sénateurs et, par conséquent, était la seconde des catégories de citoyens dont se composait le peuple Romain. Pour être reçu dans cet ordre, le mérite et les avantages physiques ne suffisaient pas. Il fallait constituer une espèce de majorat et justifier d'une fortune considérable, dont le chiffre a varié à différentes époques. Pline dit que sous Tibère ce n'était pas assez de donner la preuve qu'on était possesseur de la fortune exigée, mais qu'il fallait encore constater que le père et l'aïeul l'avaient aussi été! Si ce majorat, appelé *census equestris*, venait à diminuer, et qu'un chevalier se trouvât hors d'état de pouvoir justifier le cens, quelle qu'en fût la cause, il était rayé par les censeurs du nombre des chevaliers. Ces mesures nous prouvent combien on tenait à écarter de cet ordre les nouveaux parvenus qui, sous le rapport de leur famille ou de leur éducation, pouvaient laisser beaucoup à désirer.

Les chevaliers avaient des caractères distinctifs : ils avaient le droit de porter l'anneau d'or, qui était lisse, sans ciselure, et de la forme de nos bagues actuelles à la chevalière; quelquefois il était orné de pierres gravées et servait de cachet. On les reconnaissait encore à l'angusticlave, bande de pourpre adaptée à la tunique, mais plus étroite que le laticlave des sénateurs; ils portaient la trabea, espèce de manteau qui avait quelque analogie avec le paludamentum et la chlamys des militaires. Quelques auteurs, en parlant d'un escadron de chevaliers, l'appellent *agmina trabeata*. Tacite, dans les funérailles de Germanicus, dit que les chevaliers y assistaient vêtus de l'habit de leur ordre : *trabeati equites*.

Le récit de la bataille de Cannes nous prouve combien leur nombre était considérable, même en réduisant celui de leurs anneaux ramassés sur le champ de bataille et envoyés à Carthage, que les historiens évaluent à trois boisseaux.

Une espèce de fête, *transvectio*, promenade pompeuse, fut établie par Q. Fabius Rullianus; elle se célébrait le jour des ides de juillet. Tout l'ordre équestre partait en grand costume du temple d'Honneur, disent quelques auteurs, et du temple de Mars, selon d'autres, défilait devant le peuple, traversait le Forum et se rendait au Capitole. Cette cavalcade, divisée par centurie ou par escadron, marchait en ordre, chaque cavalier ayant la tête couronnée de lauriers; ceux qui avaient reçu des récompenses militaires les portaient comme témoignages de leurs services.

A son entrée dans l'ordre on donnait au récipiendaire un cheval d'honneur qu'il rendait si dans la suite il sortait du corps par une cause quelconque.

Tant que les familles plébéiennes ne purent entrer dans le sénat, ce dernier ne se recruta que dans l'ordre équestre, car les fils de sénateurs n'étaient que chevaliers jusqu'à ce qu'ils parvinssent à être élevés au rang de sénateur. Plus tard, cet ordre partagea les fonctions de la magistrature avec le sénat. Un grand nombre de chevaliers s'éloignant des armées, le lustre de ce corps ne fut plus aussi brillant, mais il pâlit bien davantage lorsqu'on les vit présider à la levée des impôts et occuper d'autres emplois plus lucratifs qu'honorables.

CONSUL. — CONSUL. — *PROCONSUL.* — PROCONSUL.

Après la chute de Tarquin-le-Superbe qui fut le dernier des rois de Rome, le peuple institua le consulat pour remplacer le chef du gouvernement monarchique.

L. Junius Brutus fut le premier des consuls et se choisit pour collègue Lucius Tarquinius Collatinus. On peut consulter les fastes consulaires et juger de la longue série de leurs successeurs. Les consuls étaient élus pour un an. Le peuple, assemblé en comices, les nommait dans le mois de juillet; comme ils n'entraient point en place de suite, à moins de vacances imprévues, on les appelait *consules designati*. A l'expiration de leur charge ils pouvaient être réélus; aussi voyons-nous qu'un grand nombre de consuls furent élevés plusieurs fois à cette dignité. Quelques auteurs prétendent qu'on les appelait d'abord *préteurs*, nom commun à beaucoup de dignités, mais, selon eux, particulièrement attribué aux consuls : *Initio prætores erant, qui nunc consules*, dit Festus. Ils se faisaient accompagner par douze licteurs portant devant eux les faisceaux. Ils avaient pour signes distinctifs la prétexte, le sceptre d'ivoire et la chaise curule. Aux faisceaux, qui étaient un symbole de force et de victoire, on joignait quelquefois des branches de laurier qui étaient un signe de quelques avantages éclatants obtenus par eux dans leurs campagnes.

Les consuls, aussitôt après leur élection, se partageaient le gouvernement des provinces, et cela d'après les dispositions du sort; mais lorsque l'Etat prit un accroissement considérable et que les guerres furent plus multipliées, le nombre des consuls ne pouvant plus suffire, on nomma des hommes pour les remplacer auxquels on donna le nom de proconsuls. Suivant que la mission était plus ou moins importante, on envoyait un proconsul ou un préteur, ou même un proprételur, pour administrer la province et commander les troupes; on adjoignait un questeur pour la levée des impôts. Les proconsuls, malgré leur grande autorité, n'obtenaient jamais les honneurs du triomphe.

Dès les premiers temps de la république les provinces qui eurent à se louer de l'administration des consuls ou des proconsuls, instituèrent des fêtes en leur honneur, leur élevèrent des statues, des autels et même des temples.

Jules César créa des consuls honoraires en accordant à certains hommes qui s'étaient distingués, les honneurs et le costume de ce rang, sans qu'ils eussent été nommés par le peuple.

L'homme consulaire était un homme important à toutes les époques romaines; le gouvernement impérial ne détruisit point cette dignité; le consul était, en quelque sorte, l'un des lieutenants de l'empereur et son remplaçant dans les hautes fonctions de l'administration. Les empereurs conservèrent constamment ce titre; les médailles et les inscriptions nous montrent le même personnage tout à la fois empereur, consul et tribun.

Sous l'empire le faste des consuls augmenta : ils portèrent la toge ornée de fleurs et de bandes de pourpre; leur sceptre fut surmonté d'un aigle.

Les consuls ou proconsuls, gouverneurs des provinces, qui étaient tirés du sénat, étaient payés sur l'ærarium, trésor de l'Etat; ceux des provinces impériales, sur le fisc, qui était un des revenus du souverain.

D'après l'importance et l'étendue qu'avaient les pouvoirs des consuls et des proconsuls, nous ne devons point nous étonner de voir si souvent ces hommes, gouverneurs de provinces éloignées de Rome, être désignés pour monter sur le trône des César après la mort de celui qui l'occupait.

Les consuls dans les municipes, et les duumvirs (*jurisdicundo*) des colonies, étaient les chefs du conseil des décurions de ces mêmes cités, et ils avaient le titre de magistrat. Ils présidaient le conseil décurional ; ils veillaient à l'administration du bien de la cité et à la justice civile jusqu'à une certaine somme, et quelquefois, par délégation des gouverneurs, ils exerçaient même une certaine juridiction criminelle. Les charges qui pesaient sur eux étaient immenses ainsi que la dépense qu'ils étaient obligés de faire ; dans plusieurs solennités ils donnaient, à leurs frais, des fêtes publiques au peuple. C'est ce qui amena si souvent la ruine de ces hauts fonctionnaires.

QUESTOR. — QUESTEUR.

La création de cette charge, chez les Romains, remonte à leurs rois. D'après quelques historiens néanmoins, Juste Lipse prétend que les questeurs ne furent établis qu'après la chute de la royauté, et que Valerius Publicola ayant placé le trésor dans le temple de Saturne, on nomma deux questeurs, pris parmi les sénateurs et nommés par le peuple. Ces hommes correspondaient à nos receveurs-généraux ; ils veillaient à la garde du trésor et présidaient au recouvrement des impôts.

Plus tard on en porta le nombre à quatre : deux pour Rome et deux pour les provinces, qui accompagnaient les consuls dans les expéditions et faisaient rentrer ce qui revenait au trésor du gouvernement.

Le nombre en augmenta dans la suite et devint illimité sous les empereurs, qui en nommaient une partie, tandis que l'autre l'était par le peuple.

Cette augmentation les fit diviser en plusieurs catégories :

Les *questores ærarii* étaient toujours chargés de veiller à la garde du trésor déposé dans le temple de Saturne.

Les *questores urbani*, en outre de la garde du trésor, étaient chargés de la recette des impôts et d'enregistrer les dépenses des domaines de l'Etat.

Les *questores provinciales* étaient des espèces d'intendants militaires, de payeurs, de fournisseurs, qui suivaient les armées.

Il existait aussi des *questores candidati*, qui remplissaient au sénat les fonctions de lecteurs et lui communiquaient les correspondances de l'empereur.

Quant aux *questores palatii*, ils furent institués par Constantin, et leurs fonctions répondaient à celles de chancelier.

Les inscriptions qui renferment ce titre dénotent l'importance de l'homme auquel on en avait fait les honneurs.

TRIBUNUS. — TRIBUN.

Chez les Romains le titre de tribun avait des acceptions différentes sous le rapport des fonctions qu'ils avaient à remplir : c'étaient des chefs de corps. Ainsi, le tribun des célères (*tribunus celerum*) était le commandant de la garde de Romulus, qui était composée de cent hommes pris dans les premières et les plus riches familles.

Végèce nous dit que ce fut aussi Romulus qui créa les tribuns militaires (*tribuni militum*); ils commandaient une légion, et leur grade équivalait à peu près à celui de colonel. Mais plus tard les légions étant portées à un nombre très-considérable de soldats, on en nomma six par légion. Ce furent les rois de Rome qui les nommèrent; ensuite ils le furent par les consuls, et, enfin, par les empereurs et par le peuple.

Les tribuns du peuple (*tribuni plebis*) furent institués l'an 260 de Rome, époque où le peuple, opprimé par les grands, se souleva et se retira sur le Mont-Sacré, et ne voulut rentrer dans Rome que lorsqu'on lui eut accordé le droit de se nommer des magistrats de cette nature, pour défendre ses droits.

Les tribuns du trésor (*tribuni ærarii*) étaient des officiers qu'on tirait de la classe du peuple et qui étaient préposés au trésor de la guerre, pour faire les paiements aux troupes d'après les réclamations des questeurs.

Les tribuns jouirent, pendant une longue série de siècles, d'une grande considération, et les empereurs comprenant toute l'importance de cette charge, ne dédaignèrent point d'accepter l'honneur de la puissance tribunitienne pour se rendre plus populaires et s'éclairer sur les intentions de ce corps de magistrats très-influents, puisque sa création émanait du peuple et que son devoir était de défendre ses intérêts.

Les monuments antiques, soit les médailles, soit les inscriptions lapidaires, indiquent le nombre de fois dont le personnage, qui figure sur tel ou tel monument écrit, a été revêtu de la puissance tribunitienne.

Cette charge devint moins importante aux yeux des empereurs du Bas-Empire, et perdant de sa valeur comme moyen de gouverner, elle fut entièrement négligée par Constantin. Aussi ne voyons-nous plus sur ses médailles ni sur celles de ses successeurs, les mots abrégés TR. POT. I. II. III. IV. V., etc., etc.

PRÆTOR. — PRÉTEUR. — PROPRÆTOR. — PROPRÉTEUR.

Le préteur remplissait à Rome une charge des plus importantes : il rendait la justice, et, en l'absence du consul, il se mettait à la tête des troupes et devenait commandant de la place. Il était magistrat et général tout à la fois.

Publius Furius Camillus fut le premier préteur élu par les comices assemblés par centurie ; on en créa d'abord un seul, mais plus tard on en nomma deux : le second fut nommé *prætor peregrinus*, pour le distinguer du premier qu'on nommait *prætor urbis*. Mais au fur et à mesure des conquêtes et de l'agrandissement de l'État le nombre en fut accru.

Les préteurs remplaçaient les consuls, les proconsuls, et les accompagnaient à l'armée ; ils étaient chargés des soins financiers. Les propréteurs remplaçaient les préteurs.

Il existait de plus à Rome deux préteurs des céréales, *prætor cerealis*, chargés de veiller à l'approvisionnement des blés. On fait remonter leur origine à Jules César.

Les préteurs provinciaux, *prætor provincialis*, étaient envoyés dans les provinces pour gouverner. La Sardaigne et la Sicile étaient gouvernées chacune par un préteur.

Les préteurs du fisc, *prætor fiscalis*, furent établis par l'empereur Nerva.

L'empereur Claude créa les *prætores fidei-commissarii* pour juger en dernier ressort des fidéi-commis jusqu'à une certaine somme.

Le *prætor tutelaris* fut créé par Marc-Aurèle pour surveiller les affaires de tutelle.

Ces hommes, haut placés et jouissant de grandes prérogatives, suscitèrent souvent à Rome et dans les provinces de graves embarras au gouvernement impérial, et plusieurs même aspirèrent au pouvoir.

SACERDOS. — PRÊTRE.

Le corps sacerdotal fut, à Rome, comme chez tous les autres peuples, un corps très-influent, entouré de la plus haute considération, et jouissant des plus grandes prérogatives. Dans le principe il était composé de soixante prêtres élus au nombre de deux dans chaque curie, et choisis parmi les patriciens ; dans la suite ils furent beaucoup plus nombreux et on les prit indistinctement dans toutes les classes. Ils étaient divisés, d'après un ordre hiérarchique, en plusieurs catégories dont les fonctions étaient très-différentes. Ainsi, le souverain pontife et les pontifes, les flamines, les augures, les aruspices, les saliens, les arvales, les luperces, les galles, les vestales, formaient autant de classes sacerdotales, sur lesquelles nous allons donner quelques notions, selon leur importance.

PONTIFICES. — PONTIFES. — *PONTIFEX MAXIMUS.* — SOUVERAIN PONTIFE.

Les prêtres du collège des pontifes avaient la prééminence sur les autres corps sacerdotaux ; leurs personnes étaient considérées comme sacrées ; ils présidaient à une foule de cérémonies publiques célébrées en l'honneur des diverses divinités et formaient un tribunal suprême qui jugeait les différends qui pouvaient s'élever dans les autres colléges de prêtres ou de prêtresses. Ils avaient le pas sur tous les magistrats, et portaient la toge blanche brodée de pourpre.

Leur institution remonte à Numa Pompilius. D'abord ce collége ne fut composé que de quatre pontifes, pris parmi les patriciens; plus tard il fut augmenté de quatre, choisis parmi les plébéiens; sous la dictature de Sylla le nombre en fut porté à quinze. Les huit premiers avaient le titre de grands pontifes. Malgré cette dénomination ils ne formaient entre eux qu'un seul et même corps, dont le chef fut appelé souverain pontife, *pontifex maximus*.

Le souverain pontife réglait les jours de repos, faisait les sacrifices solennels et présidait aux jeux qui étaient institués en l'honneur des Dieux; dans les moments difficiles, il ordonnait aux oracles de s'expliquer et prescrivait toutes les cérémonies exigées pour rassurer le peuple et influencer ses opinions pour le salut de l'État, la continuation d'un règne ou d'un système gouvernemental; il surveillait la discipline sacerdotale, donnait des dispenses pour l'exemption de certaines règles religieuses, et punissait les sacriléges.

Le souverain pontife, *pontifex maximus*, *rex sacrorum*, le roi des sacrifices, avait donc une haute puissance; aussi les empereurs ne dédaignèrent point d'être revêtus de cette dignité qui leur donnait le droit de dominer toute la hiérarchie sacerdotale et de renforcer leur puissance du prestige que leurs rapports prétendus avec les Dieux pouvait y ajouter. On peut même dire que lorsqu'ils assemblaient le collége pontifical pour le consulter, c'était afin de mieux lui imposer leurs volontés.

Nous voyons presque toujours, depuis Auguste jusqu'à Gratien, sur les monnaies qui portent leur effigie, le titre de *pontifex maximus* annexé à ceux d'empereur, d'auguste, de tribun, de consul, de même que sur les bornes milliaires et dans beaucoup d'inscriptions.

Ce qu'il nous importe de constater ici, c'est que toute les fois qu'on rencontre ce titre dans une inscription, on peut en conclure que le personnage auquel il était accordé était un homme éminent.

FLAMEN. — FLAMINE.

Selon Forcellini, le nom de cette classe de prêtres tirait son étymologie du mot *filum* (fil), parce qu'ils avaient toujours la tête voilée et entourée de fil. Il cite, à l'appui de cette opinion, une inscription recueillie par Gruter, page 227-6 : DIVO AUGUSTO ALBINUS ALB. FIL. FILAMEN DIVAE AVG. PROVINCIAE LVSITANIAE. D'autres prétendent qu'ils étaient ainsi appelés *(a pileo quem gestabant, quasi pileamines)* du chapeau ou bonnet qu'ils portaient et qu'on nommait *pileus*, d'où l'on tirait l'adjectif *pileamines*. Plutarque en attribue la création à Romulus, et Tacite ne les fait remonter qu'au règne de Numa Pompilius. Pendant longtemps ils ne furent que trois, le premier pour le culte de Jupiter, le second pour celui de Mars, le troisième pour celui de Quirinus. Leur nombre s'augmenta par la suite et fut porté à quinze, et toujours on ajoutait à leur nom de flamines celui de la divinité au culte de laquelle ils étaient spécialement attachés. Ainsi, les mots *Jovis* ou *dialis*, *martialis*, *quirinalis* furent joints au titre des trois premiers flamines. Vinrent ensuite ceux d'*augustalis*, *carmentalis*, *falacer*, *floralis*, *hadrianalis*, *Julii Cæsaris*, etc. Plus tard Commode en créa un sous le titre de *flamen herculaneus commodianus* pour son propre culte, et en raison de l'habitude qu'il avait de se comparer à Hercule; mais ce sacerdoce finit avec lui.

Les flamines avaient un costume particulier. Le *flamen dialis* avait seul le droit de se couvrir de la prétexte, les autres revêtaient la toge; ils portaient un bonnet que les uns nomment *pilos*, les autres *apex*, qui était de couleur blanche et se rapprochait pour la forme du *pilos* des Grecs. Le *flamen dialis*, attaché au culte de Jupiter, avait le privilége de s'en coiffer en tout temps, tandis que les autres flamines ne pouvaient le porter que pendant les cérémonies, à moins toutefois qu'il n'y eût guerre civile, circonstance grave pendant laquelle ils étaient autorisés à s'en couvrir continuellement la tête.

Les flamines étaient nommés par le peuple assemblé en curies, et installés par le grand pontife ou son subrogé. Ils étaient choisis parmi les citoyens les plus honorables, et leur dignité attirait sur eux une considération si grande qu'elle les faisait arriver aux premières charges de l'empire. Ainsi, dans un grand nombre d'inscriptions, parmi les titres de ceux auxquels ont été élevés des monuments, soit honorifiques, soit funéraires, nous voyons le titre de flamine être associé à ceux de préfet, de questeur, de duumvir, etc., etc.; nous en trouvons un exemple dans l'inscription, portique xxxix, n. 272.

Les colonies et les municipes, qui cherchaient à imiter les institutions romaines, se créèrent aussi des flamines.

AUGURIA. — AUGURES. — ARUSPICES. — ARUSPICES.

Romulus fut le premier qui exerça à Rome les fonctions d'augure, lesquelles existaient déjà en Etrurie. A sa création, ce corps était composé de trois membres, chaque tribu en fournissait un. Sous la république le nombre en fut porté à neuf, cinq plébéiens et quatre patriciens. Ils se choisirent plus tard des collègues, mais les empereurs s'emparèrent de ce droit.

Le plus ancien était le président du collége. Ils étaient vêtus de la prétexte et portaient le bâton augural ou lituus, espèce de crosse à tige lisse, recourbée dans le haut et sans ornement.

Leurs fonctions étaient d'étudier, de scruter ou d'expliquer à leur manière, ou plutôt d'après les vues des gouvernements ou des conspirateurs, le vol, le chant des oiseaux, la marche de certaines bêtes fauves et domestiques, les vents, les tempêtes, les astres, les cours de l'eau, le feu, enfin tout ce qui se meut dans l'espace, et d'en tirer des conclusions favorables d'une part, et funestes de l'autre, selon le sens désiré, dans les moments où il fallait remonter les esprits ou détruire des espérances.

Les aruspices, peu nombreux dans le début de leur création, formèrent plus tard un collége particulier; ils étaient spécialement chargés du soin de consulter les entrailles des victimes. On formait dès l'enfance les sujets qui étaient destinés à cette carrière. Tous les ans, douze enfants des premières familles allaient faire leurs études chez les étrangers, principalement en Etrurie. Ils examinaient, d'après certaines règles, les intestins, le cœur, la rate, le foie, l'écoulement de la bile, du sang, de l'urine, la position normale ou anormale des viscères; ils apprenaient à les détacher de leurs propres mains; ils examinaient les flammes qui les consumaient, et de là en déduisaient des conséquences pour formuler une prédiction. Ils s'occupaient aussi de l'inspection du ciel.

Ils portaient, comme les augures, le lituus et la prétexte.

SALII. — SALIENS. — LUPERCI. — LUPERQUES. — ARVALES. — ARVALES.

Les saliens étaient un ordre de prêtres consacrés à Mars, ainsi appelés parce que dans leurs cérémonies ils dansaient et chantaient. Les saliennes étaient des vierges chargées de servir le pontife à l'autel.

Les luperques, institués dès la fondation de Rome, étaient consacrés au culte de Pan, et célébraient les lupercales, fêtes instituées en l'honneur de ce dieu.

Les arvales formaient un collége de douze prêtres choisis parmi les familles les plus distinguées de Rome. Ils célébraient le sacrifice des ambarvales qu'on faisait pour obtenir une bonne récolte. On immolait une génisse, une truie pleine et une brebis. Les victimes étaient promenées autour des champs, d'où vient le nom d'ambarvale, *ambire arva*.

GALLI. — GALLES. — ARCHIGALLUS. — ARCHIGALLE.

Les galles n'étaient point des prêtres gaulois, comme l'ont pensé quelques historiens, c'étaient des prêtres de Cybèle; ils tiraient leur nom d'un fleuve de Phrygie nommé *Gallus*, contrée dans laquelle ce culte prit naissance, et d'où il se répandit dans la Grèce et ensuite dans l'empire romain.

Ces prêtres rendaient des oracles et célébraient des mystères en l'honneur de la déesse dans ses temples. Ils portaient une longue tunique blanche serrée d'une ceinture, et un bonnet de feutre. Leur chef était nommé archigalle. Son rang devait être considéré puisqu'il portait la tunique de pourpre et une tiare en or.

Mais les galles dégénérèrent et devinrent des coureurs, des mendiants, des diseurs de bonne fortune, parcourant les villes et les campagnes avec l'image de leur déesse pour faire des quêtes au son de la flûte, du tambourin et des crotales, aux dépens de la crédulité populaire.

Alors ils tombèrent dans le mépris à Rome. Cicéron dit qu'il leur était permis, à l'exclusion des autres mendiants, par la loi des Douze-Tables, de demander l'aumône certains jours seulement.

Ils conduisaient avec eux de vieilles sibylles qui récitaient des vers et jetaient des sorts pour troubler les familles si on n'adhérait pas à leur demande.

Nous avons un archigalle nommé Pusonus Julianus qui figure dans un taurobole offert en l'honneur de Commode, par les dendrophores.

VESTALES. — VESTALES.

Les vestales étaient des prêtresses consacrées au culte de Vesta; on les choisissait depuis l'âge de 6 ans jusqu'à 10, parmi les familles distinguées de Rome même, à l'exclusion des autres villes de l'empire; mais Auguste voyant que ces familles étaient peu empressées d'offrir leurs enfants pour ce sacerdoce, fit admettre les filles d'affranchis. Les vestales ne devaient avoir aucun vice corporel et rester vierges pendant les 30 années que durait leur consécration à Vesta; passé ce terme elles pouvaient se marier; elles étaient, dans le principe, au nombre de quatre; par la suite ce nombre fut porté à sept; la plus ancienne s'appelait *Maxima*. C'était le souverain pontife qui les recevait sur une présentation de vingt. Leurs fonctions consistaient à faire des vœux, des prières et des sacrifices pour la prospérité de l'État, à entretenir le feu sacré et à garder le Palladium; celle qui laissait éteindre le feu sacré subissait la peine du fouet, et celle qui manquait au vœu de chasteté était punie de mort. Tous les ans, aux calendes de mars, ce feu se renouvelait aux rayons du soleil.

SIBYLLÆ. — SIBYLLES.

En Grèce et à Rome on donnait le nom de sibylles à certaines femmes qu'on disait inspirées de l'esprit prophétique, et que l'on croyait en rapport avec les Dieux.

Les auteurs sont peu d'accord sur leur nombre. Platon, l'un des premiers qui aient parlé de sibylle, semble n'en reconnaître qu'une, il la cite toujours au singulier : c'était celle d'Erythrée, en Ionie, qui avait vécu un grand nombre d'années et avait beaucoup voyagé. Ausone en cite trois : l'Erythréenne, la Sardienne, et celle de Cumes. Elien ajoute l'Egyptienne à celles dont nous venons de parler. Lactance en nomme dix qu'il classe ainsi : la Persique, qui se disait la belle-fille de Noé, on la nommait Sambèthe; la Lybienne, fille de Jupiter et de Lamia; la Delphique, fille du thébain Tirésias; la Cuméenne, qui résidait à

Cumes en Italie (1); l'Erythréenne, qui avait prédit le succès de la guerre de Troie; la Samienne; la Cumane, née à Cumes en Eolide, celle qui apporta, pour les vendre, ses vers à Tarquin-l'Ancien; l'Hellespontique, née à Marpèze en Troade; la Phrygienne, qui habitait Ancyre, et enfin la Tiburtine, appelée Albunéa, qui fut honorée comme divinité à Tibur, aujourd'hui Tivoli.

Lorsque Tarquin eut fait l'acquisition des livres sibyllins, il en confia la garde à deux prêtres nommés duumvirs. Ces livres n'étaient consultés que dans les grandes calamités publiques; il fallait un décret du sénat pour pouvoir les ouvrir, et il y avait peine de mort pour le duumvir qui les aurait laissé voir en toute autre circonstance. Conservé au Capitole, ce dépôt sacré périt dans l'incendie qui consuma ce monument sous la dictature de Sylla. Le sénat, pour réparer cette perte, envoya aussitôt des députés pour recueillir des vers sibyllins dans toutes les villes de la Grèce, de l'Asie et d'Italie, où il en existait des dépôts. On reconstruisit ainsi les livres sibyllins. Il n'y eut que les vers de la sibylle de Cumes dont le secret resta inviolable (2); quant à celui des autres vers sibyllins il le fut moins, et dès que le public en eut quelque connaissance, il fut exploité dans un grand nombre de circonstances. Les hommes politiques, les ambitieux, s'en servirent souvent dans leur intérêt personnel.

Plus tard on créa un collége de quinze personnes nommé quindécimvirs, pour la conservation des vers de la sibylle de Cumes, célèbre entre toutes chez les Romains.

DUUMVIR. — DUUMVIR.

Ce titre était un nom générique que l'on donnait à deux hommes pour l'exercice d'une même fonction. Mais ces charges, qui toutes furent honorables, eurent des attributions bien différentes, et varièrent sous le rapport de l'importance et

---

(1) Virgile, dans l'*Enéide*, liv. III, dit en parlant de la sibylle de Cumes :

    Huc ubi delatus Cumæam acceseris urbem,
    Divinosque lacus, et Averna sonantia sylvis ;
    Insanam vatem aspicies, quæ rupe sub ima
    Fata canit, foliisque notas et nomina mandat.
    Quæcunque in foliis descripsit carmina virgo,
    Degerit in numerum, atque antro seclusa relinquit :
    Illa manent immota locis, neque ab ordine cedunt.
    Verum eadem verso tenuis cum cardine ventus
    Impulit, et teneras turbavit janua frondes ;
    Nunquam deinde cavo volitantia prendere saxo
    Nec revocare situs, aut jungere carmina curat.
    Inconsulti abeunt, sedemque odere sibyllæ.

(2) Forcellini, d'après Varron, dit page 104 :

« Celebris item fuit sibylla Cumæa, cujus libri a Romanis occulebantur, nec eos ab alio nisi a quindecimviris inspici fas erat.

de la durée. Elles s'appliquaient au sacerdoce, à la magistrature, à des subdélégués et à des inspecteurs. Ainsi, il y eut des duumvirs chargés de surveiller la construction des temples, leurs réparations, la garde des autels, le service de la marine, etc. Tarquin créa les duumvirs préposés à la garde des livres sybillins, dont les fonctions étaient à vie.

Les duumvirs capitaux, *capitales*, étaient nommés, dans certains cas, pour juger les crimes de lèse-majesté, et ceux qui entrainaient la peine de mort ou autres peines afflictives : ils étaient tirés des décurions.

Les duumvirs municipaux, *municipales*, occupèrent dans les colonies le même rang que les consuls à Rome ; ils portaient la toge bordée de pourpre. Cette magistrature durait cinq ans.

On a découvert nouvellement dans la commune de Marclop (Loire), non loin de Feurs, ancienne capitale de la Ségusie, un monument sur lequel est inscrit le titre de duumvir, se rapportant à cette dignité municipale. C'est une plaque de bronze, en forme de carré-long, ornée de moulures d'un bon style, et se terminant dans le haut par une espèce de croissant. Dans la partie plane du carré est l'inscription suivante gravée au burin :

```
    SEX . IVL . LUCANO . IIVIR
      CIVITAT . SEGVSIAVOR
         APPARITORES . LIB
TITTIUS                      CETTINUS
COCILIUS     SACERDOTALI     CASVRINVS
ARDA                         ATTICVS
```

Il est très-présumable que cette inscription était apposée au bas d'un monument qui avait été élevé en l'honneur d'un duumvir municipal de la cité ségusienne, par les six appariteurs affranchis sacerdotaux dont les noms y figurent. Cette plaque a été achetée par M. l'abbé Renon, vicaire à Montbrison.

QUINQUENNALIS. — QUINQUENNAL.

Le quinquennal était, chez les Romains, un magistrat des colonies et des villes municipales qui était élu tous les cinq ans, à la fin de la dernière année, pour présider au cens des villes municipales, faire le dénombrement des biens de chaque citoyen et recevoir une déclaration de la valeur et de l'étendue de leurs propriétés. Cette place équivalait à celle de nos recenseurs, et leur travail servait à établir l'impôt et à l'équilibrer entre les différents propriétaires.

Cette fonction était honorable et exigeait de la part du quinquennal une grande probité pour que l'impôt fût réparti avec justice entre les citoyens.

SEXVIR AUGUSTALIS. — SÉVIR AUGUSTAL.

Les *sexviri augustales*, sévirs augustaux, furent institués à Rome, et dans les principales villes de l'empire, après la mort d'Auguste, par Tibère, son successeur. Ce prince se créa ainsi dans les provinces un parti puissant qui devenait un appui pour la monarchie.

Il ne faut point confondre les sévirs augustaux avec les flamines chargés du culte dans les temples consacrés à Auguste : les fonctions des sévirs étaient toutes civiles et non sacerdotales. Le savant cardinal Noris, dans un travail consciencieux, établit cette distinction jusqu'à l'évidence.

Les augustaux servaient d'intermédiaires entre les décurions et la plèbe ; c'était une charge transitoire entre les plébéiens et la noblesse, répondant à peu près à notre échevinage.

Cet emploi fut brigué avec chaleur dans les municipes et les colonies ; c'était le premier échelon à franchir pour arriver ensuite aux plus hautes dignités. Les nombreuses inscriptions que nous possédons et qui sont consacrées à cette classe d'hommes, prouvent qu'ils étaient choisis dans le peuple, parmi les hommes estimés et arrivés à la fortune dans les diverses branches d'industrie ; que souvent ils faisaient partie d'une corporation d'ouvriers, et qu'arrivés au sévirat, ils avaient été élevés à tous les honneurs, dans la colonie ou le municipe, et à Rome même. Il en existait dans les cités les moins considérables ; leur nombre était indéterminé, mais toujours proportionné à la population. Dans les grandes villes, les six premiers augustaux étaient inscrits en tête du tableau et portaient le nom de sévirs augustaux ; ils étaient, en général, les plus riches et les plus distingués du corps. C'était une imitation de ce qui avait lieu dans le conseil des décurions où les premiers inscrits, désignés sous le nom de *quinque primi*, *duum primi*, étaient toujours les plus considérés d'entre eux (1).

Dans les villes importantes, les augustaux étaient divisés en deux catégories, celle des anciens et celle des jeunes.

Cet ordre civil exerçait des fonctions distinctes de celles des décurions, toujours dans l'intérêt de la cité et des corporations d'artisans auxquelles ils appartenaient. Le plus souvent on leur confiait exclusivement le droit de remplir des fonctions

---

(1) Voici l'article des sévirs du Dictionnaire de Forcellini :

« Sevir et sexvir, unus ex sex viris, quibus aliquis magistratus, aut aliquod collegium constat ; ut *decemvir* unus ex decem, *duumvir* ex duobus. In municipiis et coloniis erat suum corpus decurionum, ut senatus Romæ. Ex eo erant qui ceteris civibus majori censu præstabant, quique etiam *sexprimi* vocabantur, etc. — qui vero sevir, et sevir augustalis simul appellatur, is et unus ex sexprimis, *h. e.* e ditioribus civibus fuit, et simul unus ex seviris augustalibus. Inscr. ap. Gud. 5, n. M. FLOCIUS IIIII vir municipii Æquicol., et sevir augustalis, etc. Alia ap. GAUT. 471-5, etc. »

publiques, soit auprès du gouverneur de la province, soit près de l'empereur. Ils étaient des représentants et des administrateurs délégués.

DECEMVIRI. — DÉCEMVIRS.

Ce fut dans l'année 301 de la fondation de Rome, que ce corps de magistrats législateurs fut créé. Il était composé de dix personnes auxquelles on donna le droit de faire les lois, et, pour ainsi dire, de gouverner la république. En effet, à la suite des luttes, des discussions orageuses et permanentes qui avaient lieu entre les patriciens et les plébéiens, ces derniers, pour faire cesser l'oppression dont ils étaient victimes, demandèrent des lois écrites, afin que les jugements ne fussent en aucun cas le résultat de la haine ou du caprice de magistrats influencés par les hommes puissants. Le sénat acquiesça à cette demande, et on accorda aux décemvirs de très-grands pouvoirs dans l'intention d'établir une justice meilleure et de faire cesser les haines des partis.

En les créant, on suspendit les fonctions des autres magistrats, et dans les comices ils furent élus seuls administrateurs de la république ; ils se trouvèrent ainsi revêtus tout à la fois de la double puissance consulaire et tribunitienne. Cependant un empire aussi absolu inspira des craintes ; Montesquieu dit, en parlant des décemvirs, que Rome fut étonnée du pouvoir qu'elle leur avait donné. On fixa la durée de leurs fonctions à une année ; mais, dès qu'ils eurent exercé quelque temps le pouvoir suprême, ils se concertèrent entre eux et s'engagèrent par serment à faire tout ce qui serait nécessaire pour se maintenir indéfiniment dans leur charge.

Ces magistrats ne tardèrent pas à s'éloigner du but de leur institution ; ils étalèrent en public le révoltant appareil d'un luxe extraordinaire, se faisant précéder chacun par douze licteurs portant la hache et les faisceaux. Ils se laissèrent souvent égarer et furent toujours environnés d'une multitude de gens perdus de dettes et de crimes, qui se firent leurs Séides pour profiter des troubles de l'Etat et obtenir leur faveur par les plus basses intrigues. Une foule de jeunes patriciens vinrent se grouper autour d'eux pour assouvir plus commodément leurs passions et arriver aux honneurs. Pendant cette domination monstrueuse, on vit la république s'affaiblir, et même des sénateurs, de grands citoyens, se démettre de leurs charges ou s'exiler volontairement pour échapper à la proscription. Les décemvirs se livrèrent alors à tous les excès et portèrent la tyrannie au plus haut degré.

Rome se repentit amèrement d'avoir créé cette magistrature oppressive, dont les crimes multipliés firent renaître le sentiment de la liberté. L'un d'entre eux, Appius Claudius, porta l'indignation publique à son comble par le meurtre de Lucius Siccius Dentatus, vieux et brave militaire qui avait assisté à vingt batailles, et par l'infâme jugement qu'il rendit contre une jeune fille appelée Virginie sur laquelle il voulait assouvir ses infâmes passions. Un soulèvement général se manifesta : le décemvirat fut aboli. Appius et l'un de ses collègues se donnèrent la mort pour éviter le supplice. Les huit autres cherchèrent leur salut dans la fuite.

Ainsi finit cette institution qui, à son début, fit des choses utiles, mais qui plus tard devint une cruelle tyrannie entre les mains d'hommes immoraux, sans principes, abusant du pouvoir, songeant moins à consulter les règles de la justice qu'à satisfaire leur orgueil, leurs haines ou leurs passions effrénées.

On doit à cette magistrature le corps du droit romain connu sous la dénomination de Lois Décemvirales, et plus encore sous celle de Lois des Douze-Tables.

Il ne faut point confondre les décemvirs dont nous venons de parler avec les décemvirs tirés du corps des centumvirs, qui rendaient la justice avec le préteur. Il y avait aussi les décemvirs *sacrorum* qui veillaient à la garde des livres sybillins et à la célébration des jeux apollinaires; des décemvirs militaires, chargés de régler certaines affaires contentieuses se rapportant à l'armée; des décemvirs pour les affaires d'une colonie; des décemvirs pour préparer les festins des Dieux, des décemvirs pour surveiller les sacrifices, etc.

QUINDECIMVIRI. — QUINDÉCIMVIRS.

On fait remonter l'origine des quindécimvirs à la dictature de Sylla. Ils étaient ainsi nommés parce qu'ils étaient au nombre de quinze. Celui qui les présidait prenait le titre de *magister collegii quindecim*.

On doit les considérer comme des officiers sacerdotaux, chargés des choses qui concernaient la religion; ils étaient, comme les duumvirs, préposés à la garde des livres sibyllins. Par ordre du sénat, ils consultaient, dans certaines occasions, les oracles; ils présidaient à la célébration des jeux séculaires.

Les quindécimvirs jouissaient d'une grande considération venant de l'importance de leurs fonctions qui les appelaient à proclamer les paroles des oracles, et parce qu'il entrait dans leurs attributions d'expliquer à leur gré le sens des oracles eux-mêmes.

PROCURATOR. — ESPÈCE DE MINISTRE, D'INTENDANT.

Sous l'empire, les revenus appartenants à l'empereur étaient très-distincts de ceux qui faisaient partie du trésor public, placé sous la surveillance du sénat. Les empereurs avaient le soin, autant qu'ils le pouvaient, à la suite d'une conquête, d'agrandir leur apanage; ainsi, ils confisquaient à leur profit une province entière ou se réservaient des revenus particuliers. Ils nommèrent des *procuratores*, des intendants, pour surveiller leurs intérêts épars dans de petites provinces incorporées à leur domaine, et qui y exerçaient un pouvoir suprême et les remplaçaient sous tous les rapports. Dans d'autres provinces plus importantes, ces intendants étaient chargés d'y recueillir les impôts et autres revenus. En général l'empereur choisissait, pour remplir ces fonctions, des favoris, de bons comptables ou même des capitaines distingués. Les *procuratores* devinrent souvent pour le peuple de véritables sangsues qui le pressuraient.

Il existait des *procuratores* pour les impôts, pour les mines, pour les chemins, pour le trésor de l'empereur, pour la milice, etc., etc. Nous voyons dans la belle inscription que possède M. de Belbœuf, premier président de la Cour royale de Lyon, qu'un nommé Celsus, conseiller intime d'Antonin-le-Pieux, était *procurator* pour le 20e des héritages dans les Gaules, pour les mines de fer, pour une voie romaine, et, qu'enfin, sa puissance s'étendant en Afrique, il était intendant du mausolée d'Alexandre, etc.

Ces hommes avaient une grande puissance, sous tous les rapports. Claude ordonna que les jugements rendus par ses *procuratores* auraient la même valeur que ceux de l'empereur lui-même.

Les *procuratores* prenaient encore le nom de *præsides*.

CURATOR. — CURATEUR.

Le *curator*, chez les anciens, était chargé de l'inspection d'un département. Il existait dans l'empire des *curatores classis*, curateurs, inspecteurs de la flotte, des nautes des fleuves, des rivières.

Le *curator viarum* était l'inspecteur des rues et des voies romaines.

Le *curator aquarum* inspectait les aqueducs, les fontaines.

Le *curator kalendarii* était un homme de finance chargé de faire valoir les fonds de l'Etat, de gérer les revenus des villes, etc.

Les *curatores tribuum* étaient les syndics des tribus.

Le *curator statuarum* était une espèce d'inspecteur des beaux-arts.

Le *curator regionum* était l'inspecteur ou commissaire d'un quartier.

Le *curator reipublicæ* était un préposé aux revenus d'une municipalité. Il existait aussi des curateurs pour les provinces.

Les *curatores vicorum*, officiers en juridiction, avaient à peu près le même emploi.

Il y avait encore des inspecteurs *curatores* préposés pour les monuments publics, les tombeaux, les vivres, les différentes corporations, les objets de campement, d'habillement; pour juger les contestations qui s'élevaient à propos des terres, entre le fisc et les citoyens; pour les jeux, les pontifes, etc.

Tibère créa un *curator alvei Tiberis*, chargé de surveiller et d'empêcher les encombrements du Tibre. Il y eut aussi un inspecteur des greffiers des tribuns, *curator corniculariorum tribuni*.

Il existait bien certainement d'autres inspecteurs, que nous passons sous silence, ne voulant citer ici que ceux dont les fonctions sont les plus connues.

ADJUTOR. — AIDE.

Cette dénomination, chez les Romains, se donnait à celui qui était l'aide, l'adjoint, le remplaçant d'un fonctionnaire quelconque. Ainsi l'*adjutor* suppléait, en cas d'absence ou de maladie, celui au-dessous duquel il se trouvait, ou l'aidait dans les travaux qu'exigeait sa place.

Il existait par conséquent un grand nombre de personnages qui portaient ce titre et qu'on désignait plus particulièrement par l'addition du nom de la dignité à celui d'*adjutor*.

Ainsi on appelait *adjutor principis*, une espèce d'adjudant ou aide-de-camp; *adjutor prætorianæ sedis*, celui qui suppléait le préfet du prétoire; *adjutor aruspicium*, l'aide des aruspices, dans les cérémonies du cirque il occupait le neuvième rang parmi les prêtres; *adjutor actoris*, celui qui suppléait un intendant, etc.

Il est inutile de s'étendre plus longuement sur ce sujet, on comprendra par ces exemples quelle différence naturelle devait exister parmi ces aides portant le titre d'*adjutor*, depuis le geôlier de la prison (*adjutor commentariensis*), jusqu'à celui qui suppléait dans de plus hautes dignités, tel que l'*adjutor admissionum*, qui remplaçait l'introducteur des ambassadeurs.

ADLECTOR. — ADLECTEUR.

L'*adlector* était un homme délégué par l'empereur pour la levée des impôts, dans les provinces qui faisaient partie de sa fortune particulière, car il ne faut pas confondre *fiscus* avec *ærarium*. Ce dernier était le trésor de l'État [1]. Nous avons trouvé dans les auteurs peu de renseignements sur ce genre de places; mais comme le domaine de l'empereur se composait de recettes diverses, telles que celles relatives aux terres, aux mines, etc., etc., il devait y avoir des adlecteurs spéciaux pour chaque redevance.

Ainsi, dans la belle inscription de Celsus, que possède M. le marquis de Belbœuf, trouvée à Lyon en 1835, et que nous avons déjà eu l'occasion de mentionner, nous voyons qu'un Apianus était contrôleur des mines de l'empereur Antonin-le-Pieux, et nous devons en conclure qu'il existait pour cette recette un *adlector ferrarius*.

---

[1] Forcellini, Dict. verbo adlector: — « His locis significantur ii qui suscipiendis tributis fiscalibus à Romanis imperatoribus allegabantur in provincias. »

INQUISITOR. — INQUISITEUR.

L'*inquisitor* était une espèce de contrôleur, d'inspecteur, d'intendant. Ce titre paraît se rapprocher beaucoup de celui de *procurator*. Quelques auteurs pensent que cette charge se rapportait aux impôts. Ducange, pag. 1454, s'exprime ainsi, en parlant des inquisiteurs des Gaules : « *Inquisitores, appellati extra ordinem in provincias delegati de tributis ac vectigalibus cogniti.*

Ces employés du fisc avaient un mandat spécial pour examiner et contrôler les registres des receveurs, des répartiteurs de l'impôt.

Cet emploi devait être très-relevé, puisque celui qui en était chargé venait mettre la dernière main à une œuvre achevée, et vérifier si les autres employés avaient réparti l'impôt avec impartialité, et si rien n'avait échappé au droit du fisc.

PRÆPOSITUS. — PRÉPOSÉ.

L'emploi qui répond au mot *præpositus* équivaut à celui de commis, d'employé, de sous-intendant, et quelquefois même de surnuméraire. Ainsi nous voyons que le *præpositus cursorum* était un intendant des postes; que le *præpositus labari* portait la bannière devant l'empereur; le *præpositus lætorum* était un régisseur de biens fonds appartenant à l'Etat; le *præpositus largitionum* était le trésorier des largesses de l'empereur; le *præpositus mensæ* un maître d'hôtel attaché à la cour de l'empereur; le *præpositus tyrii textrini* était un inspecteur de la fabrique des tissus de couleur pourpre ou écarlate; le *præpositus fibulæ* était l'homme chargé du soin et de la garde des ceintures, agrafes et habits de l'empereur : c'était une espèce de maître de la garde-robe; le *præpositus domûs regis* était intendant de la maison impériale; le *præpositus regalis cameræ* était comme un valet de chambre de nos jours ; le *præpositus bastagæ* était une espèce d'officier, de garde-meuble de l'empereur; le *præpositus argenti potorii et argenti escarii* était le gardien de la vaisselle plate des empereurs; enfin, le *præpositus vectigalium* était un préposé à la levée des impôts, un receveur ; cet emploi se rapporte à l'inscription d'Aurelius Cæcilianus, portant le n. 15. Il existait des *præpositi* qui n'étaient, comme on le voit, que des employés des *procuratores*.

APPARITOR. — APPARITEUR.

Les appariteurs, chez les Romains, étaient des agents de l'autorité que nous pouvons assimiler à nos huissiers, ils faisaient exécuter les ordres des magistrats. On leur donnait différents noms, tels que *sacerdotali*, *scribæ*, *accensi*, *interpretes*, *præcones*, *viatores*, *lictores*, *servi publici* et *carnifices*, selon les fonctions différentes qu'ils remplissaient ; ils étaient choisis parmi les affranchis et les enfants de ces derniers.

Ils portaient le casque, le manteau à couleurs mélangées, et ils étaient distingués par une bande rouge descendant de l'épaule droite sur le côté gauche, en forme de baudrier.

Les appariteurs sacerdotaux précédaient le cortége des pontifes, dans les cérémonies, veillaient au maintien de l'ordre, pendant les sacrifices. Les appariteurs prétoriens précédaient le préfet du prétoire, lorsqu'il se rendait au tribunal et lorsqu'il en sortait ; ils étaient chargés d'inscrire les actes, les jugements, de recevoir le serment au tribunal, ou même chez les citoyens, près des lits des malades.

Il existait sur la voie Appienne l'inscription suivante gravée sur le marbre en l'honneur d'un appariteur sacerdotal nommé Parmularius :

APPARITORI
PONTIFICUM
PARMULARIO

Nous avons déjà cité un exemple d'appariteurs sacerdotaux, dans l'inscription trouvée à Marclop, près de Feurs (Loire).

EXACTOR. — EXACTEUR.

Il existait chez les Romains plusieurs sortes d'exacteurs ; les uns étaient des serviteurs spécialement chargés de faire les rentrées et les remboursements, de liquider la fortune de son maître ; d'autres, semblables à nos piqueurs, avaient l'emploi de surveiller les ouvriers et de les diriger dans leurs travaux.

L'*exactor* qui opérait le recouvrement des droits appelés *pecuniarum fiscalium* était un officier de l'empereur.

L'*exactor procuratoris* était un agent du procurateur chargé de recevoir l'impôt.

L'*exactor supplicii* était un délégué des juges criminels, qui veillait à ce que le jugement rendu fût exécuté dans toutes les formes voulues par la loi.

DECURIO. — DÉCURION.

Ce mot présente différentes acceptions ; ainsi, la centurie était composée de dix décuries, pour les tribus du peuple, et chaque décurie, formée de dix hommes, était sous l'inspection d'un décurion. Dans l'armée, un décurion commandait dix soldats. Dans les colonies, on donnait le nom de décurion à dix personnes qui formaient, dans les villes principales, un tribunal remplissant, comme à Rome, les fonctions du sénat ; aussi voyons-nous dans les inscriptions que les mots *decreto decurionum* équivalaient, pour les provinces, à ceux de *senatus consulto* pour Rome. Il y avait aussi le décurion des pontifes, comme le prouve une inscription trouvée à Milan. D'autres décurions étaient des espèces prêtres chargés de faire des sacrifices et des cérémonies pour des familles.

Du reste, dans ces variantes, le titre de décurion tirait sa véritable signification des différentes épithètes qui l'accompagnaient, et laisse rarement du doute sur le genre de décurion qui figure dans une inscription.

CENTURIO VEL CENTENARIUS. — CENTURION OU CENTENIER.

Le *centurio* ou *centenarius*, car ces deux mots sont synonymes, était dans l'armée un officier dont le grade équivalait à celui de nos capitaines d'infanterie ; il commandait cent soldats, outre les dix chefs de décurie ou décurions.

Il fallait deux centuries pour former un manipule ; aussi les tribuns chargés de l'élection de ces officiers, nommaient-ils deux centurions par manipule, afin qu'en cas de mort de l'un des deux, le survivant prit le commandement du manipule (1).

Les auteurs ne sont point complètement d'accord sur le nombre de centuries qui composaient une légion ; les uns le font monter à cinquante-cinq, les autres à soixante.

Le centurion portait sur son casque une marque distinctive, mais cette marque n'est point désignée d'une manière positive ; les uns, et Vegèce est du nombre, disent que c'étaient des lettres ; les autres, et Spon parmi eux, prétendent qu'elle consistait en une espèce de chevron en forme de 7. Cette marque existe pour un militaire de la légion Augusta ; elle est gravée sous le manche d'une casserole en argent que nous possédons au Musée.

Le caractère le plus distinctif du centurion, tel qu'on peut le remarquer sur la colonne Trajane, à Rome, est un bâton en bois de vigne. Il était, en effet, nommé *vitis* ; Boissard et Muratori rappellent cet exemple que l'on voit sur des bas-reliefs de tombeaux. Le centurion se servait de cette canne pour frapper les soldats, pour les rappeler à l'ordre ou pour activer leur travail, lorsqu'ils le faisaient trop mollement.

Il était chargé de surveiller l'aigle de sa légion ; il posait des sentinelles, faisait des rondes, et distribuait des récompenses aux soldats. Cet officier, outre sa paie ordinaire, avait des droits lucratifs, comme les congés et les exemptions du service militaire, qu'il vendait aux soldats : *Hinc sævitiam centurionum et vocationes munerum redimi*, dit Tacite.

---

(1) Cependant, on appelait plus ordinairement manipulaire l'officier qui commandait le manipule, grade qui équivalait à celui de chef de bataillon, à peu près.

Il était choisi parmi les militaires qui avaient fait preuve de courage et d'intelligence ; celui de la première cohorte prenait le titre de 1er centurion ; la première cohorte étant composée de 1,105 hommes, tandis que les autres ne l'étaient que de 555, le chef qui la commandait avait par là une prééminence réelle sur ses collègues.

SIGNIFER. — PORTE-ENSEIGNE.

Le *signifer* ou porte-enseigne, était l'officier auquel on confiait l'étendard de la légion les jours de combat ou dans les cérémonies : il était, en outre, trésorier de la légion. Ces deux titres indiquent combien il était essentiel de faire choix d'un homme qui eût fait ses preuves sous le rapport de la probité, de la bravoure et même de l'instruction ; ce qui fait dire à Vegèce : « *Et ideo signiferi non solum* « *fideles, sed etiam litterati homines deligebantur, qui et servare deposita et* « *scirent singulis reddere rationem.* »

Outre le costume militaire propre aux officiers de sa légion, il portait un collier comme signe distinctif, et son casque représentait la tête d'une bête féroce, sans doute pour lui donner un air plus terrible et effrayer celui qui osait l'attaquer. Nous possédons au Musée plusieurs monuments élevés à la mémoire de *signiferi*.

EMERITUS. — ÉMÉRITE.

Le titre d'*emeritus*, chez les Romains, équivalait souvent à celui de *veteranus*.

Ce titre était une espèce de récompense accordée au soldat qui avait fait quelque action d'éclat ou qui avait bien servi sa patrie pendant un certain nombre d'années, et qui s'était fait remarquer dans son corps par sa bonne conduite.

On n'est point encore d'accord si cette retraite honorable (1) était accompagnée d'une gratification en argent ou en terre, ou bien de ces deux genres de récompense. Auguste, d'après l'histoire, régla le nombre d'années de service nécessaires pour obtenir le rang d'émérite, et en établit de diverses classes ; il donna 5,000 drachmes aux prétoriens, et 500 aux soldats. Plus tard, Caligula réduisit de moitié le traitement des émérites du prétoire.

Quel que fût le rang de l'émérite, il était considéré par toutes les classes de la société, et on lui fit un devoir de ne point accepter de charge avilissante, lors même que le besoin eût pu l'exiger ; ainsi, par exemple, il ne pouvait servir d'espion.

---

(1) On remarque dans quelques inscriptions tumulaires les mots : MISSUS HON. MISSIONE, qui indiquent que la personne qui a fait élever le monument avait obtenu un congé honorable.

VETERANUS. — VÉTÉRAN.

On nommait vétéran le soldat qui, après 25 ans de service militaire, temps fixé par la loi, continuait à rester dans les rangs de l'armée. Le corps des vétérans était en général composé d'hommes aguerris et disciplinés.

Ils étaient estimés et respectés par les autres troupes, et jouissaient de certains priviléges : ils étaient exempts des factions et des travaux, excepté dans un cas pressant, en face de l'ennemi.

Auguste abrégea le temps de service pour entrer dans ce corps, et le réduisit à 20 ans pour les fantassins, et à 10 pour ceux qui servaient dans la cavalerie. On leur accordait, dans la distribution des pensions et des faveurs militaires, plus de droits qu'à ceux dont les services étaient moins anciens. Rentrés dans leurs foyers, ils étaient entourés de la considération de leurs concitoyens.

PATRONUS. — PATRON.

Cette qualification, chez les Romains, avait plusieurs acceptions.

On appelait *patronus sodalitii* le chef du grand collége de sylvains, à Rome. On appelait encore *patronus*, l'avocat chargé de défendre les causes et de représenter un autre citoyen devant les tribunaux. On appelait aussi *patronus* le protecteur gratuit, le tuteur, en quelque sorte le père de son protégé ou client : *Patronus est dictus quasi pater, et sunt correlativa, patronus et cliens, sicut pater et filius.*

Pitiscus dit que l'origine du patronage est aussi ancienne que Rome : *Origo patronorum et clientium defluxit primum in urbem à Romulo mutuata ex vicinis populis sabinis et latinis.*

L'esclave affranchi avait son patron auquel il devait toujours une grande soumission ; il y était en quelque sorte forcé, puisque le patron avait le droit de châtier son affranchi et même de le remettre en état de servitude. Il n'était point permis à l'affranchi d'intenter un procès à son patron sans une permission du préteur.

Non seulement les plaideurs, les affranchis eurent des patrons, mais les autres citoyens s'en choisissaient dans les hautes classes de la société.

Les différents corps de métiers prenaient pour patrons de riches négociants habitués à juger les questions de commerce, revêtus de dignités élevées, jouissant d'une grande considération, et qui, au besoin, les protégeaient auprès du gouvernement.

Les colonies, les villes alliées, les nations vaincues avaient leurs patrons qu'ils choisissaient parmi les patriciens, pour être leurs médiateurs auprès du sénat.

LIBERTUS. — AFFRANCHI.

Peu de personnes ignorent ce que signifiait le mot *libertus* chez les Romains ; néanmoins, comme cette qualification est exprimée fréquemment dans nos inscriptions, nous avons pensé qu'il ne serait point inutile, pour quelques lecteurs, de donner une brève explication sur cette classe de citoyens.

Les esclaves étaient très-nombreux dans l'empire ; ils formaient la classe la plus abjecte et la plus méprisée. Malgré leur vile position à l'égard de leurs maîtres particuliers, et même du peuple et de la république, ceux qui se faisaient distinguer par leur bonne conduite, leur attachement à leurs maîtres ou par des services rendus à la patrie, pouvaient être élevés au rang des *liberti* ou affranchis. Il existait plusieurs sortes d'affranchis ; ceux qui l'étaient par leur maître ou patron, et ceux qui l'étaient par la république. Cette dernière classe était la plus considérée. Mis en liberté par l'affranchissement, qui était une espèce de cérémonie solennelle, ils prenaient rang parmi les citoyens et jouissaient d'une partie de leurs droits. Dans le commencement de l'empire, ils ne purent arriver à aucune dignité de l'Etat, ni dans les armées parvenir au grade de décurion ; mais sous le règne de Dioclétien, ils furent admis même dans les rangs du sénat.

Les affranchis prenaient les nom et prénoms de leur patron et étaient compris dans leur famille ; cet usage a servi plus tard à indiquer que tel affranchi ou affranchie devait sa liberté et celle de sa famille à tel homme de grande illustration ; ainsi, nous trouvons des affranchis des empereurs, des consuls, des sénateurs, etc., etc. Les affranchis des princes et des grands se subdivisaient en plusieurs classes qui étaient en rapport avec les services qu'ils leur avaient rendus.

Ils marchaient aux funérailles de leur patron, en tête du cortége, portant le bonnet des hommes libres, mais ils ne pouvaient se faire placer dans le tombeau de leurs maîtres que s'ils en étaient les héritiers.

L'affranchissement pouvait être révoqué, si l'affranchi s'en rendait indigne par une mauvaise conduite et par de l'ingratitude envers son ancien maître ; il rentrait alors dans la classe des esclaves ordinaires.

L'histoire romaine nous cite de nombreux affranchis qui, dans diverses carrières, arrivèrent à acquérir une immense fortune qui souvent dépassait de beaucoup les richesses de leur ancien maître ; dans ce cas, si l'affranchi mourait sans enfants et sans avoir fait son testament, son patron en héritait de droit.

Les Romains, qui souvent avaient pris pour modèles les Grecs, avaient en quelque sorte suivi, pour leurs affranchis, les mêmes règles que l'on observait à Athènes pour les métoètes.

MATRONA. — MATRONE.

Différentes opinions se sont élevées sur le mot *matrona*. Plusieurs auteurs, Aulugelle ainsi que Nonnius Marcellus, pensent que ce nom était donné à la femme qui, quoique mariée légitimement, n'avait pas d'enfant ; que le mot *matrona* dérivait de *matrimonium* et indiquait un mariage stérile. D'autre part, Servius, en expliquant la valeur de ce mot, qu'il trouve dans le 11ᵉ livre de Virgile, dit que la matrone est celle qui n'a qu'un enfant, et que la mère de famille est celle qui en a plusieurs.

Cette dernière explication nous paraît peu plausible, attendu que la famille peut se composer d'un individu ou d'un plus grand nombre, et nous pencherions plutôt pour la première opinion.

On donnait cette épithète à Junon, parce que cette déesse était la protectrice des femmes nubiles, en âge de devenir mère ; mais cette acception est toute mythologique et ne peut, sous ce rapport, éclairer la question.

TIBICINES. — JOUEURS DE FLUTE.

Les *tibicines* ou joueurs de flûte avaient le droit, chez les Romains, d'aller exercer leur art dans les festins, les fêtes, les cérémonies publiques. Ils formaient un corps sous le nom de *collége*, et se tenaient sur la place publique, comme le font aujourd'hui nos vendangeurs et nos moissonneurs. Leur grand nombre étant devenu une charge lourde dans les frais des funérailles, les décemvirs défendirent qu'on en employât plus de dix dans un convoi funèbre.

Mongès nous dit, d'après Tite-Live, que le privilége de jouer dans les festins et les cérémonies ayant été enlevé au corps des joueurs de flûtes par Appius l'Aveugle, on fut obligé plus tard de le leur rendre et, de plus, d'établir une fête en leur faveur.

Les joueurs de flûte figuraient aussi dans les sacrifices ; ainsi, dans le bas-relief en marbre blanc que nous possédons et qui représente un *suovetaurillia*, on voit derrière l'autel un personnage debout qui joue de la flûte à deux becs ; et dans d'autres monuments tauroboliques, un joueur de flûte y figure nominativement.

NAUTA, *NAUTICUS*. — MATELOT, MARINIER, NAUTE.

Cette profession se trouve souvent relatée dans nos inscriptions, et il ne pouvait en être autrement. *Lugdunum* était non seulement un point militaire important, mais encore une cité des plus commerçantes, grâce à sa situation entre deux fleuves qui ont toujours servi de voie de transport pour les marchandises qu'elle exportait au dehors ou qu'elle recevait de différents pays. Les flottilles qui les sillonnaient étaient aussi employées à transporter les troupes.

Nos inscriptions nous apprennent qu'il existait des corporations de nautes pour le Rhône, d'autres pour la Saône, d'autres enfin pour les deux fleuves à la fois. Dans chaque corporation il y avait une hiérarchie de grades. Parmi leurs chefs nous voyons figurer des hommes qui ont rempli la charge de sévir augustal et d'autres fonctions élevées ; cette classe de citoyens était estimée en raison des services importants qu'elle rendait au grand commerce de la Celtique avec l'Italie, la Grèce, l'Afrique.

Les empereurs accordaient leur protection à ce corps de citoyens utiles.

UTRICULARII. — UTRICULAIRES.

Les auteurs ne sont point d'accord sur les attributions qu'avaient les utriculaires ; les uns en ont fait un corps de musiciens, de joueurs de cornemuse, ou de concertants qui se servaient d'une espèce de tambour semblable à nos tambours de basque ; d'autres ont cru que c'était un corps d'ouvriers qui s'occupaient exclusivement à faire des outres en peau pour transporter le vin ; d'autres enfin, dont l'opinion plus rationnelle est généralement adoptée, ont considéré le collége des utriculaires (*collegium utriculariorum*) comme un corps de mariniers se servant de barques appropriées à transporter les marchandises, et se rapprochant par leur forme renflée des outres dont nous venons de parler. Ainsi Ducange dit, en parlant des utriculaires : *Nautarum genus, ab utriculis qui forma navium erat;* Spon, dans ses *Mélanges d'antiquités*, s'exprime ainsi : *Utricularii erant nautarum genus à naviculorum genere, quæ utriculi dicebantur* (pag. 171) ; et Pitiscus dans son Dictionnaire, page 764, dit : *Utricularii erant species nautarum, ita dicti ab utriculis, sive naviculis in utris formam fabrefactis.*

D'après de telles autorités et la lecture des inscriptions anciennes qui parlent des utriculaires, nous pensons avec ces auteurs que le corps des utriculaires (*collegium utriculariorum*) était un corps de mariniers, qui nommaient pour leur patron, pour leur chef, un homme important et qui était même souvent élevé à de hautes dignités.

DENDROPHORI. — DENDROPHORES.

Le mot dendrophores dérive de δενδροφόρος (porte arbre). Ce mot, rapporté sur les inscriptions, peut avoir deux acceptions ; ainsi on appelait dendrophores des prêtres qui, dans les cérémonies, dans les processions religieuses, portaient des branches d'arbres, des arbrisseaux ou de petits arbres entiers ; mais, comme le dit Commodianus, on donnait encore ce nom de dendrophores à des gens de métier qui faisaient le trafic du bois, suivaient les armées, et façonnaient les poutres destinées aux machines de guerre. Ces artisans formaient une corporation (*collegium dendrophororum*).

M. Rabanis, doyen des lettres de Bordeaux, en décrivant un bas-relief antique qui a rapport aux dendrophores, a fait à leur sujet un mémoire qui ne laisse rien à désirer (1).

CENTONARII. — CENTONAIRES.

Les anciens auteurs n'ont pas tous été d'accord sur les attributions des centonaires, ni sur la signification de ce mot. Dans les anciennes inscriptions, il est toujours donné à des charpentiers, à des serruriers, ou à des dendrophores; ces artisans formaient un seul corps qui, ainsi que le dit Gruter, portait le nom de *collegium fabrorum et centonariorum*.

Chez les Romains, on appelait *centons* les pièces de cuir ou d'étoffes mouillées dont on couvrait les galeries de bois sous lesquelles se tenaient les assiégeants lorsqu'ils s'approchaient des murailles; elles étaient construites par ces corps d'ouvriers. Dès lors, le nom de centonaire pourrait très-bien dériver du mot *centon*, et l'on a désigné sous ce nom les autres artisans qui travaillaient conjointement avec eux à construire ces galeries, tels que les charpentiers, *tignarii*; les dendrophores, *dendrophori*; les serruriers, *ferrarii*.

ARGENTARII. — ARGENTIERS.

Les *argentarii* exerçaient une profession assez répandue, puisqu'on avait donné leur nom, dans le vieux *Lugdunum*, à une rue située près de l'église de Saint-Irénée, et habitée en partie par ceux qui travaillaient l'or et l'argent. Cependant le mot *argentarius* avait plusieurs acceptions; il pouvait signifier orfèvre, changeur et usurier. Les *argentarii* remplissaient quelquefois les fonctions de notaire et de receveur.

En général, pour désigner un orfèvre, les Romains joignaient au mot *argentarius* celui de *faber*. Lorsque le mot *argentarius* était seul ou qu'il était remplacé par celui de *nummularius*, il désignait un changeur. Cette profession consistait à échanger de mauvaises monnaies usées contre des pièces neuves, en prenant un bénéfice, plus ou moins grand, en raison du poids ou du titre de la monnaie. Quelques auteurs ont cru que les *argentarii* pouvaient être aussi des banquiers, mais ce genre de commerce n'existait point encore, puisqu'on en attribue l'origine à des juifs chassés de France sous Philippe-le-Bel.

La profession des *argentarii* ne fut point méprisée, tant qu'ils s'en tinrent à

(1) Voy. ce mémoire, in-8°. Bordeaux 1841.

un commerce légitime, mais la plupart devinrent des usuriers et prêtaient à un taux exorbitant. Dans Suétone, Marc-Antoine, en signe de mépris, reproche à Octavien d'avoir pour aïeul un *argentarius*. Juvénal dit que les bureaux de ces hommes étaient au *forum romanum*, qu'ils étaient inspectés par le préfet de la ville, et que s'ils faisaient banqueroute, celle-ci était déclarée par ces mots : *Foro cessit*.

MYTHES.

Les mythes, en général, se composent d'anciennes croyances, de dogmes religieux, de leçons, de préceptes; ils rappellent de grands événements et rentrent dans la tradition de la vie des anciens peuples. Un étranger arrivant de loin, s'établit parmi des hordes barbares, il y répand des germes de civilisation ; son souvenir reste, grandit, et bientôt on en fait un héros, un législateur. Un chef se fait remarquer dans sa tribu par sa force, par son courage, par ses qualités morales, il rend de grands services; on le fait passer au rang des dieux. C'est ainsi que s'établirent les mythes traditionnels. Quant aux mythes divins, les hautes régions de l'Asie en ont fourni de nombreux éléments. Ne pouvant et ne voulant qu'effleurer ici une pareille matière nous nous bornerons à de simples considérations générales. Nous pourrons entrer dans quelques détails lorsque nous arriverons à la description des nombreuses divinités qui composent le Panthéon de notre musée archéologique.

ZÉUS OU JUPITER.

Selon les dogmes des prêtres de l'antiquité, Jupiter était le principe et l'unité du monde réel, le dispensateur du temps et de la destinée. Le langage poétique, les sculptures, et une foule de monuments antiques nous rappellent le père des Dieux dans sa mystérieuse grandeur, régnant en maître sur la terre et dans les cieux, présidant à tous les phénomènes atmosphériques, étant lui-même en quelque sorte la nature extérieure, en général, avec ses différentes propriétés, en bien comme en mal.

Pausanias dit qu'il existait à Larisse une antique statue de Jupiter ayant un troisième œil au milieu du front; il en tire la conséquence que ce maître de l'univers, organisé ainsi, était une indication de sa puissance sur les cieux, sur la terre et sur la mer.

L'hymne que Stobée nous a conservé, et qui est rapporté par Creuzer, nous donne une idée des antiques croyances et de la grandeur de Jupiter :

« Jupiter fut le premier et le dernier; Jupiter, la tête et le milieu; de lui
« sont provenues toutes choses. Jupiter fut homme et vierge immortelle; Jupiter
« est le fondement de la terre et des cieux; Jupiter, le souffle qui anime les

« êtres ; Jupiter, l'essor du feu, la racine de la mer ; Jupiter, le soleil et la lune ;
« Jupiter est roi, seul il a créé toutes choses ; il est une force, un Dieu, grand
« principe de tout ; un seul corps excellent qui embrasse tous les êtres, le feu,
« l'eau, la terre et l'éther, la nuit et le jour, et Métis, la créatrice première,
« et l'amour plein de charmes. Tous les êtres sont contenus dans le corps immense
« de Jupiter. »

Jupiter, étant suprême par excellence, présidant à tout, étant le principe et la fin de toutes choses, dut nécessairement avoir un culte des plus étendus et recevoir de nombreuses dénominations qui varièrent, en Grèce, selon les idées diverses des philosophes, ou qui s'appliquèrent à des événements particuliers.

Il en fut de même chez les Romains : tout en conservant à cette grande divinité sa puissance primitive, on modifia son culte et on adjoignit à son nom une foule d'épithètes qui tiennent à des circonstances locales ou à des faits importants. Varron parle de trois cents Jupiter : ainsi nous connaissons le Jupiter *Feretrius*, le Jupiter *Stator*, le Jupiter *Latialis* ou du *Latium*, le Jupiter *Capitolinus* qui avait sa demeure au Capitole, le Jupiter *Picus*, divinité douce et sévère à la fois ; le Jupiter *Optimus*, *Maximus*, très-bon et très-grand. On lui éleva des temples fastueux et de nombreux autels ; des colléges sacerdotaux fournirent à son culte des prêtres qui firent couler le sang des victimes, et brûler des parfums en son honneur ; des offrandes et des vœux innombrables lui furent adressés. Ses représentations plastiques exercèrent le ciseau et l'imagination des sculpteurs les plus habiles, et le roi des Dieux apparut à Athènes, comme à Rome, avec une noble majesté et avec tous les traits qui doivent caractériser celui qu'on qualifiait d'Etre-Suprême. Le type que les Grecs avait adopté pour sa figure fut religieusement conservé, et on le retrouve encore dans le Jupiter *Taranus* des Gaulois, le Jupiter *Pœninus* du grand Saint-Bernard. Il était représenté dans des poses différentes ; ses attributs principaux étaient l'aigle, la haste, la foudre, le boisseau, l'urne, etc., etc.

Près de Mégalopolis, il existait un temple élevé à Jupiter-*Philius*, où l'on voyait sa statue exécutée par Polyctète d'Argos, et qui avait une grande ressemblance avec celle de Bacchus. Le Dieu était chaussé du cothurne, tenait d'une main le thyrse et de l'autre une coupe de vin ; sur le thyrse était posé un aigle, symbole du roi des Dieux. Cette confusion d'attributs indique le mélange antique de ces deux divinités.

APOLLON.

Le culte d'Apollon est né dans la haute Asie ; les Egyptiens, les Grecs puisèrent à cette source, et établirent, d'après leurs idées théogoniques, leur croyance sur cette divinité. Ce culte florissait déjà en Lycie dans le milieu du xive siècle avant notre ère, et il était étroitement lié à celui de sa sœur Artémis ou Diane.

Le sang des victimes ne ruisselait point sur les autels d'Apollon ; on lui offrait les prémices des productions de la terre, des fruits, du blé, de l'orge, du miel, des gâteaux sacrés.

Apollon était le dieu du jour, la source de la lumière, le dieu soleil, l'archer divin. Il était aussi l'interprète des oracles de Jupiter, le dieu de l'harmonie, de l'éloquence et de la poésie. Les Grecs le considéraient encore, au rapport de Pausanias, comme le père d'Esculape. Apollon, dieu soleil, astre vivifiant, dans sa course annuelle purifiait l'air si essentiel à la santé, à la vie de l'homme et à celles des animaux. Ce dieu, rayonnant d'attributs divers, excita l'imagination des poètes et particulièrement celle d'Homère.

Nous rencontrons dans les médailles les attributs de cette grande divinité ; ainsi, sur une médaille de Crotone où existait un temple d'Apollon Pythien, se trouve le trépied, symbole du dieu des oracles ; sur une autre, de Métaponte, un personnage surmonté d'un casque, armé d'un arc et de flèches, et portant à la main une branche d'arbrisseau ; il a l'ancien costume asiatique et se rapproche de l'Apollon Assyrien, armé de toutes pièces, qui tient un bouquet de fleurs. Nous voyons également figurer sur les médailles l'épi, la mouche, l'abeille, qui étaient, ainsi que la cigale, consacrés comme symboles au Dieu de la lumière, de la chaleur et de la musique.

ARTÉMIS OU DIANE.

Le culte d'Artémis ou Diane, sœur d'Apollon, a pris naissance chez les peuples de la haute Asie, d'où il s'est répandu en Grèce, en Phénicie, en Egypte, et dans les autres contrées connues des anciens.

Callimaque fait arriver des régions hyperboréennes à Ephèse les Amazones, apportant avec elles le culte d'Artémis et d'Hélios. Hérodote et Pausanias racontent qu'Olen, prêtre de la grande déesse, vint de Lycie à Délos, avec une colonie sacerdotale, et y établit le culte d'Artémis et d'Apollon : le prêtre Olen était lui-même hyperboréen. C'est pourquoi les Grecs l'appelèrent *Eleutho*, c'est-à-dire *celle qui vient*. De Délos, ce culte passa dans l'île de Crète ; là, Diane chasseresse, à laquelle on donnait aussi le nom de *Dictyna*, conservait l'idée d'une divinité qui porte la lumière. On l'invoquait également sous le nom de Lucine, comme présidant aux naissances ; on la représentait alors entourée de petits enfants.

Les interprètes du *zendavesta* voient dans l'ancien culte persan du feu mâle et du feu femelle, tout à la fois le culte du soleil et celui de la lune, une dérivation de celui d'Apollon et d'Artémis. Le même culte fut adopté en Egypte sous les noms des dieux *Helios* et *Luna*, qui, transportés chez les Grecs, reçurent les noms d'Apollon et de Diane. Hérodote assimile la Bubastès égyptienne à Artémis.

La plus antique représentation de Diane à Ephèse était une idole que l'on conservait précieusement, comme ayant été envoyée du ciel. Ses statues étaient spécialement faites en bois d'ébène, comme symbole de l'obscurité de la nuit ; rarement en cèdre ou en bois de vigne ; cependant Xénophon cite une statue d'or de cette déesse. Les Grecs ont représenté Diane avec une foule d'attributs reproduisant une multitude de traits mythiques qui se rapportent à l'origine de son culte dans la haute Asie. Ainsi, elle a été représentée la tête voilée en arrière ou couronnée de tours, ou bien portant le *modius* (boisseau), symbole de fertilité. Elle a été figurée avec de nombreuses mamelles, et la tête surmontée tantôt du croissant de la lune, tantôt de têtes d'animaux réels, de lions, de vaches, de cerfs, des abeilles, des écrevisses de mer, etc.; quelquefois ornée d'animaux fantastiques, comme des tigres ailés, ou des panthères avec des cornes et des mamelles; des chimères, des sphynx, des dragons, des griffons, etc., etc. Elle portait aussi des colliers de fruits et de fleurs.

Ces différents attributs avaient trait aux nombreuses fonctions qu'exerçait cette puissante divinité ; ils se rapportaient parfois au cours des astres. Ainsi la tête de lion indique un signe du zodiaque et la position du soleil dans ce signe ; de même les quatre têtes de cerfs indiquaient les quatre phases lunaires. Chaque attribut a une valeur symbolique que nous ne pouvons expliquer ici, à raison des longueurs que cette dissertation entraînerait. Selon les anciens Perses et les Égyptiens, cette divinité communiquait à la terre les germes producteurs qu'elle avait reçus du soleil. C'était la déesse favorite des Éphésiens qui la considéraient comme une source de fécondité, rafraîchissant l'air, donnant une douce clarté et humectant les plantes d'une bienfaisante rosée. Les auteurs mythologiques disent qu'elle fut adorée sous trois noms : Diane sur la terre, Phœbé ou Lune dans le ciel, et Hécate ou Proserpine dans les enfers.

HESTIA OU VESTA.

Suivant Hérodote, les noms de cette déesse, grecs et latins, ont une même racine qui signifie *base solide* ; il est à présumer que son culte est né en Perse. Les écrivains grecs parlent, en effet, d'une Hestia persane.

Principe du feu central terrestre et du feu céleste, regardé comme éternel et inextinguible, on lui consacrait un feu pur dont la flamme ne devait jamais s'éteindre. Au foyer domestique, Vesta était considérée comme le centre tutélaire de la maison, le garant mystérieux de tous les liens domestiques et civils. Elle était invoquée dans les mariages, dans tous les traités publics ou particuliers. Elle était donc non seulement le sanctuaire de la maison, du foyer, mais encore celui de la ville, de la patrie elle-même. Sa demeure était l'asile inviolable des malheureux.

Dans chaque ville elle avait un temple. Ses prêtresses faisaient vœu de virginité ; en Grèce, seulement, les veuves pouvaient entrer dans cet ordre sacré. On lui offrait des herbes vertes dont on parait son autel ; à Rome on lui faisait des libations de vin ; plus tard on lui substitua l'encens, et l'on finit par lui immoler des animaux comme aux autres divinités. On s'accorde à faire remonter, chez les Romains, le culte de cette déesse à Numa, qui lui éleva un temple des plus simples, de forme ronde, et construit en osier ; un autel, sans image de la déesse, en garnissait l'intérieur. Servius Tullius donna plus d'extension à ce culte et augmenta le nombre des vierges sacrées, qui furent d'abord choisies dans les familles des patriciens ; mais, plus tard, la loi *papiria* permit qu'elles fussent prises dans toutes les classes du peuple. On sait quelle importance on mit à l'entretien du feu sacré, dont l'extinction était d'un sinistre présage ; aussi le grand-pontife avait-il la surveillance des vestales et l'inspection suprême du culte de cette déesse. C'était dans le temple de Vesta qu'était conservé religieusement le Palladium, gage du salut de l'Etat.

Dans le mélange des différents cultes anciens des nombreuses divinités de l'antique panthéon de toutes les nations, nous remarquons des analogies entre le culte de Vesta et ceux de Mithra, de Cybèle, de Proserpine, de Rhéa, de Diane et de Cérès. Le chantre d'Ilion place cette déesse au centre du feu éternel, et Platon l'a considérée comme l'âme du monde, chose identique avec le feu central de Philolaüs ; tandis que Plotin dit que Hestia ou Vesta était l'esprit, l'intelligence de la terre. Vesta, fidèle à son vœu de virginité, était un principe de stabilité, de constance. Sa puissance, qui intéressait à un si haut degré le foyer domestique, la famille, les cités et la population romaine, fit qu'on lui rendit de constants et nombreux hommages pour obtenir sa protection ; son culte devint si général dans toute l'étendue de l'empire, que dans les lieux même de peu d'importance on sacrifiait en son honneur. Si, dans le principe, on lui éleva des temples et des autels d'une grande simplicité, sans aucun simulacre, plus tard le luxe s'introduisit dans leur construction, et de fastueux monuments furent élevés pour célébrer son culte révéré.

Ses statues ont été souvent confondues avec celles de simples vestales, à raison de la similitude du costume, mais des attributs plus certains la faisaient distinguer d'avec ses prêtresses. En général, elle est représentée sous la forme d'une jeune femme, la tête couverte en arrière d'un long voile, tenant le Palladium ou une clef dans l'une de ses mains et un sceptre dans l'autre. Les Grecs l'ont aussi figurée assise auprès d'un foyer ardent, pour exprimer la puissance génératrice de la chaleur pour tous les êtres organisés, et avec des mamelles pendantes, pour exprimer l'idée d'une mère nourricière. Un grand nombre de médailles frappées en l'honneur des empereurs portent au revers l'image de cette déesse avec la légende *Vesta* ou *Vesta mater*.

ARÈS OU MARS.

Arès ou Mars est d'origine septentrionale. Homère raconte qu'il s'enfuit de l'Olympe et se retira dans la Thrace. Les habitants de cette région et les Scythes, peuples guerriers par excellence, le considéraient comme le Dieu des combats. Chez eux, son image était un cimeterre de fer qu'ils plantaient sur un immense amas de bois placé au milieu de leur camp ; c'est à cette arme symbolique qu'ils faisaient de nombreux sacrifices d'animaux parmi lesquels figurait le cheval. Des victimes humaines étaient aussi immolées en son honneur : le centième des prisonniers qu'ils faisaient à leurs ennemis était égorgé. Le Mars Sabin était représenté par une lance ; on lui offrait aussi des victimes humaines.

Homère dépeint ce dieu comme l'amant de Vénus ; aussi Mars figure-t-il dans la mythologie des anciens peuples, tout à la fois, comme un principe fécondant, générateur et destructeur. Le Mars du Latium complète cette idée, puisqu'on lui avait consacré le mois qui ouvre à la fois, au printemps, le développement de la nature et la saison des combats.

D'après les idées astronomiques et religieuses qui se rattachaient à ce dieu, le Mars planète était nommé *étoile de feu* chez les Grecs. Sa conjonction avec Vénus était le symbole de leur union comme divinités mâle et femelle. Cependant son culte ne fut point général en Grèce ; il eut un temple à Sparte ; les Lacédémoniens lui en élevèrent un à Géronthres où il était interdit aux femmes d'entrer pendant la célébration des fêtes. Les Grecs le représentaient sous la forme d'un guerrier marchant et combattant, portant le casque et la lance, quelquefois décoré d'une étroite et légère chlamyde flottante au gré des vents ; il était figuré très-rarement assis ou debout en station.

Nulle part le culte de Mars n'a été plus répandu que chez les Romains, peuple essentiellement belliqueux ; ils le représentaient toujours brandissant sa lance et marchant avec vaillance au combat.

LA FORTUNE.

Cette divinité, à raison de ses attributions, a trouvé toujours un grand nombre d'adorateurs ; son culte était devenu général, et dans l'empire romain on lui a élevé plus de temples et rendu plus d'honneurs, qu'à tous les autres dieux ensemble. Nous pouvons ajouter que si son culte matériel a péri avec le paganisme, le cœur humain n'a point oublié le culte mental de cette déesse.

De la Grèce, son culte se répandit à Rome, et plus tard dans toutes les provinces de l'empire. Cette divinité plaisait facilement à tous les cœurs, et l'ambition lui assura un culte journalier qu'on lui rendit sous les formes les plus variées. Grande dispensatrice des biens de ce monde, arbitre souveraine des richesses ou de la misère qu'elle pouvait départir à son gré aux derniers citoyens comme aux grands, on lui donna de nombreuses dénominations : la Fortune privée, *Fortuna privata ;* la Fortune publique, *Fortuna publica ;* la Fortune de retour, *Fortuna redux.* Une foule de médailles nous présentent à leur revers la statue de la Fortune avec ces deux dernières légendes. Il y avait aussi la Fortune libre, la Fortune affermie, la Fortune équestre, la Fortune aux mamelles, la Fortune bonne, la Fortune mauvaise, etc., etc. : *Fortuna respiciens, manens, viscosa, obsequens,* etc., etc.

Les Grecs avaient des idées particulières sur la Fortune ; Pindare disait qu'elle était une des Parques, plus puissante que ses sœurs ; Dion nous apprend que la Fortune et Némésis n'étaient qu'une seule et même divinité.

La Fortune était aussi considérée comme une divinité tutélaire de plusieurs villes ; ainsi l'abbé Belley en cite deux exemples, il parle d'une médaille de la ville d'Attia, en Phrygie, sur le revers de laquelle on avait représenté une tête de femme couronnée de tours avec cette légende : ΤΥΧΗ ΠΟΛΕΩΣ. Sur une médaille de Tarse on voit une femme couronnée de tours, assise sur un rocher, tenant des épis d'une main, ayant à ses pieds un fleuve avec cette légende : ΤΥΧΗ ΜΕΤΡΟΠΟΛΕΩΣ.

Les attributs de la Fortune sont le soleil accompagné du croissant de la lune ; comme ces deux astres, elle préside aux destinées de la nature ; on la représente avec deux cornes d'abondance, tenant un timon ou un gouvernail, le pied appuyé sur une proue de vaisseau ou sur une roue. On lui donne aussi pour attribut le globe céleste. La Fortune victorieuse tient la branche de laurier et le timon ; les poètes la dépeignent chauve, debout, ayant des ailes aux deux pieds. Mais à côté des qualités qui la rendaient bonne déesse, figuraient l'inconstance et le mauvais vouloir ; en sorte que si elle était pour les uns une divinité protectrice, dispensatrice des biens, elle devenait pour les autres une puissance malfaisante, injuste et avare de ses faveurs. Elle eut des temples, des autels et des statues célèbres, qui prenaient une épithète indiquant une puissance spéciale. Les plus célèbres de ses temples, en Italie, étaient ceux d'Antium et de Préneste, et celui qui lui fut élevé à Rome par Néron. A Thèbes, elle était représentée portant Plutus enfant, pour indiquer qu'elle était comme la nourrice du dieu des richesses. A Egine, sa statue portait la corne d'Amalthée, et auprès d'elle était un Cupidon, pour indiquer, selon Pindare, qu'en amour la fortune vaut mieux que la bonne mine.

Peu de cultes, sous le rapport des offrandes et des sacrifices, ont été aussi variés que celui de la Fortune ; les besoins de la vie, l'ambition et l'ensemble de toutes les passions sacrifièrent à cette divinité. Tous les ans, le 1er avril, les jeunes filles romaines qui voulaient se marier, imploraient sa protection, lui offraient des parfums, se déshabillaient devant sa statue, et montraient à la déesse les défauts de leurs corps, en la priant de vouloir les dissimuler à leurs maris. C'est dans le temple de la Fortune virile, qui subsiste encore à Rome, qu'avait lieu cette cérémonie.

DIEUX MANES.

Ces divinités sont celles dont nous retrouvons le plus souvent les noms gravés sur nos inscriptions ; ils sont indiqués généralement par les deux lettres initiales majuscules D. M., au lieu de *Diis Manibus* qu'on rencontre plus rarement.

On a beaucoup écrit sur la valeur théogonique de ces divinités, et les auteurs ont varié sur leurs attributions ; le fait est que leur culte est des plus anciens, et que les croyances à leur égard, comme celles relatives à la plupart des autres dieux, nous sont arrivées de l'Asie. En effet, nous voyons que les peuples de cette contrée les ont pris pour des génies célestes, des ombres, des fantômes et des divinités infernales tutélaires des morts. Les anciens leur donnaient la déesse Mania pour mère, et Hésiode indique les hommes qui vivaient sous le siècle d'argent comme leurs pères. Orphée fut le premier qui introduisit chez les Grecs le culte de ces génies tutélaires, de ces divinités bienfaisantes qui veillaient sur l'homme pendant sa vie et l'accompagnaient encore après sa mort.

Le mot mânes fut employé quelquefois pour désigner les enfers ; on l'a fait aussi dériver du verbe *manare*, découler, parce que les mânes descendent des régions célestes en parcourant l'immensité des airs, et qu'on leur attribuait les biens dont jouissaient les hommes, comme les maux qui les assiégeaient.

L'idée de la puissance bienfaisante ou malfaisante de ces divinités entraîna chez les peuples qui adoptaient ces croyances, la création d'un culte qui leur fut spécial ; on leur éleva des temples, des autels, et on leur offrit des sacrifices. Les Thesprotes élevèrent un temple dans le lieu où l'ombre d'Eurydice avait été rappelée au jour. Dans le Péloponèse, on leur rendait de fastueux honneurs et on les invoquait dans les malheurs publics ; les Athéniens célébraient une fête solennelle en l'honneur des Mânes. Ulysse, suivant Homère, leur offrit un sacrifice pour obtenir un heureux retour dans ses Etats. Les Platéens leur offraient, sur les tombeaux, des sacrifices sanglants, et la victime, ornée de myrthe et de fleurs, y était immolée au son de la flûte et des instruments les plus lugubres.

En Italie, comme en Grèce, les Mânes étaient invoqués, non seulement pour les morts, mais encore pour la conservation des fruits de la terre ; on leur sacrifiait des taureaux pour obtenir leur protection en faveur des récoltes et épouvanter les voleurs ; partout on leur éleva des autels et on mit les tombeaux sous leur surveillance. Dans certains pays, comme la Lucanie, l'Etrurie, les autels étaient toujours au nombre de deux, placés l'un à côté de l'autre, et l'on avait le soin, dans les sacrifices, de n'égorger la victime que lorsque ses yeux étaient fixés à terre. La cérémonie ne devait commencer qu'à l'entrée de la nuit, et les entrailles de la victime immolée étaient traînées trois fois autour de l'enceinte sacrée ; l'animal, les liens qui lui avaient servi, et tout le bois du sacrifice, devaient être arrosés d'huile et consumés par les flammes.

Si l'on voulait avoir des relations plus directes avec les dieux Mânes et obtenir auprès d'eux plus d'influence, il fallait dormir près des tombeaux. La fève qui, d'après les anciens, simulait la forme des clous de la porte des enfers, leur était consacrée. La vue du feu était considérée comme leur étant agréable, mais le son du fer et de l'airain les épouvantait et les mettait en fuite. Dans les temps héroïques, c'était une idée reçue que les mânes de celui qui était mort sur une terre étrangère erraient et cherchaient à retourner dans sa patrie. Les Lapons de nos jours ont encore un culte en l'honneur des ombres, des dieux Ombres; ils leur immolent des victimes qu'ils mangent dans un festin public, après le sacrifice. Les préjugés qui nous sont restés en fait de revenants, de farfadets, de follets, d'ombres, de fantômes, dérivent bien certainement de l'ancien culte des dieux Mânes.

SYLVANUS. — SYLVAIN.

Le mot *sylvanus* était une dénomination générale qui comprenait les Faunes, les Silènes, les Satyres, les Ægipans, et d'autres divinités pastorales. Mais le dieu Sylvain, proprement dit, était le dieu des forêts. Son origine est controversée; Macrobe parle de trois Sylvains très-distincts : l'un était une divinité orientale, le dieu Terme, auquel on attribuait l'invention de la délimitation des terres; il présidait à la pose des limites qui bornaient les Etats et les propriétés particulières; il était le garant de ces bornes et veillait à ce qu'aucune spoliation ne pût avoir lieu par leur changement. L'autre était une divinité domestique protectrice, et l'on en avait fait un Lare; enfin, le troisième était le dieu des forêts, et il était confondu avec Faune. Sylvain était aussi considéré comme le dieu de la matière, de tout ce qu'il y avait de plus grossier dans la composition des quatre éléments. Son culte fut très-répandu, surtout en Italie. On lui éleva plusieurs temples à Rome où il avait un collége sacerdotal important; on en cite un célèbre qui lui fut dédié sur les bords de la mer sous le nom de *Sylvanus littoralis*. Les hommes seuls pouvaient sacrifier en son honneur. On lui offrait du lait, on parait ses autels de branches d'arbres, et plus particulièrement de pin et de cyprès, dont il passait pour avoir introduit la culture en Italie; c'est pourquoi on lui donnait aussi le nom de dendrophore. Plus tard, on lui sacrifia le porc. On le regardait comme l'ennemi des enfants à raison de leur esprit destructeur qui les portait à briser les branches d'arbres, à mutiler les plantes. Etant considéré comme incube, il faisait la terreur des femmes en couche qui invoquaient contre lui d'autres divinités protectrices. Quelques auteurs ont pensé que le Sylvain des Romains se rapportait au Pan des Grecs qu'ils appelaient Ægipan aux pieds de chèvre, divinité qui figure dans le culte Dionysien.

On l'a représenté tantôt avec le bas du corps d'une chèvre, avec ou sans cornes; tantôt sous une forme toute humaine, mais alors des attributs particuliers le font reconnaître : il est couronné de feuilles et de pommes de pin; il tient à la main une serpe figurée en feuillage ; quelquefois ses oreilles sont celles du bouc ; on le voit aussi avec un chien et des arbres à ses côtés. La connaissance de ses attributs spéciaux est indispensable pour ne point le confondre avec d'autres divinités champêtres, dont le culte et les errements théogoniques avaient de la ressemblance avec les siens.

DIEUX LARES.

Ces divinités avaient une puissance fort bornée ; elle ne s'étendait qu'à la maison et à la famille : c'étaient leurs dieux tutélaires, les gardiens protecteurs qui veillaient aux soins et au bonheur du ménage. Apulée les considérait comme les âmes des hommes vertueux qui étaient morts après une vie laborieuse et sage ; platoniciens les regardaient comme émanant des âmes des bons; de même qu'ils faisaient des âmes des méchants les dieux lémures. On plaçait les images de ces divinités vers le foyer ou derrière la porte d'entrée; dans les grandes maisons on les réunissait dans un lieu secret, et un domestique particulier était chargé de les tenir toujours dans un grand état de propreté; chez les empereurs, c'était un affranchi qui était chargé de ce soin. Les vaisseaux mêmes avaient leurs dieux lares.

Les dieux lares avaient un temple à Rome, dans le Champ-de-Mars ; Denis d'Halycarnasse cite un autre temple qui leur était consacré près du *Forum*. Comme l'essence divine paraissait émaner des grandes divinités, on pensait qu'Apollon, Diane, Mercure, etc., étaient les lares de la ville de Rome ; de même que Neptune, Thétis et Glaucus étaient ceux des vaisseaux.

Il existait une infinité de lares protecteurs, non seulement pour les villes, les maisons, les vaisseaux, mais encore pour les campagnes, les fontaines, les carrefours, et pour tous les lieux publics; c'étaient les *lares familiares*. Les anciens reconnaissaient aussi des lares hostiles qui favorisaient l'ennemi. Dans leurs idées religieuses, ils attribuaient aux mêmes divinités deux pouvoirs opposés dans leur principe, celui du bien et celui du mal.

On faisait des sacrifices publics aux dieux lares, dans lesquels on leur immolait un porc ; mais dans les maisons particulières on leur rendait des hommages journaliers qui consistaient en libations de vin, et à faire brûler devant leurs images de l'encens, des fleurs de myrthe et de romarin.

Dans les premiers temps de l'empire on les représentait sous la forme d'un chien, symbole de la fidélité du gardien de la maison. Plutarque nous apprend qu'on couvrait leurs statues de la peau d'un de ces animaux. Les lares ont aussi été représentés avec une lance et un bouclier, pour indiquer qu'ils étaient prêts à défendre la maison dont ils étaient les gardiens, les protecteurs.

Les historiens racontent que Caligula fit un jour jeter tous ses dieux lares, parce que, disait-il, il était très-mécontent de leurs services et qu'ils avaient mal veillé au soin de sa conservation.

DÉESSES MÈRES OU AUGUSTES.

Ces déesses présidaient aux campagnes, à la prospérité des fruits de la terre, ce qui avait pu les faire confondre avec Latone, Cybèle et Junon.

Le culte des déesses mères suivit la marche de celui de la plupart des autres divinités païennes arrivées d'Egypte chez les Grecs. Il s'introduisit ensuite à Rome et se répandit d'une manière universelle dans les provinces soumises à sa domination. Nous possédons au Musée plusieurs inscriptions où sont invoquées ces divinités.

Leur puissance touchait de trop près les intérêts des propriétaires et les besoins de la vie humaine pour qu'on ne leur élevât pas des temples et des autels. Elles avaient en Sicile un temple somptueux et célèbre dans la ville d'Enguia, où on leur rendait des honneurs extraordinaires. On leur offrait du lait, du miel, et on leur sacrifiait le cochon comme animal destructeur des récoltes. Elles sont représentées avec des fleurs et des fruits dans les mains, et souvent portant une corne d'abondance.

Quelques mythologues, à raison de la généralité de leur culte et des nombreux vestiges qu'on trouve de leurs images, pensent que ce sont les femmes célèbres d'une contrée qui se sont distinguées par de grandes vertus et des actions d'éclat qu'on a honorées sous le nom de déesses mères. Banier a longuement discuté sur cette matière dans un savant mémoire inséré au 6ᵉ volume des *Mémoires de l'Académie des inscriptions et belles-lettres*.

Nous ne confondrons point avec les déesses mères ces divinités moins anciennes qui étaient prises dans les familles impériales, que le peuple romain honorait le plus souvent par adulation, et qu'on représentait fréquemment sous les traits d'une grande déesse, comme Vénus, Junon, etc., pour flatter l'orgueil d'un tyran ou d'une princesse influente.

D'après ce que nous venons de dire sur les mythes de quelques divinités dont nous n'avons fait qu'effleurer les traits principaux, on doit conclure que l'idée mère de toutes les religions nous est arrivée du berceau de l'humanité, et qu'elle a suivi les flots de la population qui, de proche en proche, a colonisé le monde. Elle a toujours survécu, mais les noms des grandes divinités, les symboles, le culte, les attributions, ont varié d'après les idées philosophiques chez les anciens peuples qui se sont succédé. Qu'on parte de la Perse, qu'on arrive en Egypte, en Grèce et à Rome, on retrouve partout cette progression et ces mutations religieuses; si ces corps de croyances ont été pour de grands empires une cause de stabilité, plus tard leur diversité est devenue une cause incessante de guerre et de ruine; les idées de conquête étaient souvent soutenues par des croyances religieuses opposées à celles du peuple qu'on était appelé à combattre.

CARRIÈRES.

Carrière de Fay dit *Choin-de-Fay*. — Cette carrière est encore exploitée aujourd'hui ; c'est une continuation de la masse calcaire qui forme la chaîne jurassique. Elle est nommée Choin-de-Fay et Vieux-Choin par nos entrepreneurs, qui donnent le nom générique de Choin aux roches calcaires dures qu'on extrait sur les bords du Rhône dans le département de l'Ain. La commune de Fay est située au-dessous de Cordon, sur la rive droite du Rhône. Le calcaire qu'on en extrait est plus compact, plus dur, d'une couleur plus sombre que celui de Villebois, sa cassure est plus conchoïde, et il est moins veiné et moins stratifié. Les Romains en faisaient un grand cas ; ils l'employaient surtout dans les monolithes et dans tous les ouvrages où la pierre présentait plusieurs faces à l'action de l'air extérieur ; presque tous les cippes funéraires que nous possédons sont faits en cette matière. Parmi les nombreuses couches de cette roche calcaire, il se trouve un filon noirâtre, plus dense, qui prend le beau poli du marbre, qui fut également exploité par les Romains.

Ici se trouve la place d'une observation qui me paraît nouvelle et importante sur le gisement de ce calcaire jurassique. Je dois, en grande partie, les renseignements qui suivent, à M. Quenin, architecte distingué, demeurant à la Verpillière (Isère). Chargé de la construction d'une église dans le canton de Morestel (Isère), il s'appliqua à rechercher des matériaux sur la rive gauche du Rhône. Il trouva dans la commune de Brangues, sur les bords du fleuve, les restes d'un ancien banc calcaire exploité très-anciennement et recouvert par des éboulements, des broussailles, et une terre devenue végétale. Ayant reconnu ce calcaire très-convenable pour sa construction, il s'est occupé du déblaiement de cette carrière ; il a retrouvé un grand nombre de pierres dont la taille indiquait une époque antique, qui avaient été délaissées à raison de leurs défectuosités, et beaucoup d'autres dont la taille n'était pas achevée ; ce calcaire présentait la plus grande conformité avec le calcaire de Fay. En visitant les matériaux du pont du Change et les monuments de nos portiques, il a reconnu le même calcaire que celui qui existe à Brangues et à Fay. Cette identité de matière, qui semble indiquer un dépôt de même nature, nous a fait penser que Fay n'étant qu'à quelques kilomètres de Brangues, le dépôt était le même ; que Fay étant plus élevé, les couches allaient en s'abaissant du nord au midi, et que plus tard le Rhône vint séparer en deux parties ce dépôt calcaire ; que les Romains ayant reconnu le calcaire de Brangues de bonne qualité, ils l'exploitèrent, mais n'ayant point les mêmes moyens que nous, et surtout l'aide de la poudre à canon, ils l'abandonnèrent du moment où il fallut faire des excavations coûteuses, et se rejetèrent sur la carrière de Fay qui n'offrait point les mêmes difficultés d'exploitation.

Il résulte de ces observations que le calcaire jurassique étant identique, de même formation, il nous serait bien difficile de pouvoir donner aux monuments provenant de ces deux carrières une origine positive; d'ailleurs, on peut mal explorer une roche dont la cassure n'est point fraîche. Comme le fait est peu important sous le rapport géologique, nous nous bornerons à désigner les pierres des monuments qui peuvent venir de ces deux carrières, sous le nom de calcaire jurassique de Fay, lors même qu'un grand nombre ont pu être extraites à Brangues.

Carrière de Seyssel. — Le calcaire oolithique blanc, de Seyssel, a été d'un emploi fréquent dans les premiers temps de la conquête. Cette roche est tendre, facile à travailler; elle se durcit à l'air, et se prête avec un grand avantage à la sculpture des bas-reliefs et de l'ornementation du revêtement des monuments. Les temps anciens et les temps modernes nous donnent de nombreuses preuves de l'usage que l'on en faisait. Ce gisement est placé en dessus de Seyssel, non loin du Rhône qui en facilitait le transport.

Carrière de Tournus. — Avant nous, les Romains ont beaucoup employé le calcaire oolithique qui se trouve aux environs de Tournus. Cette roche a beaucoup d'analogie avec celle de Seyssel, elle est un peu plus dense et d'un blanc moins éclatant. Les deux principaux gisements sont ceux de Dulphi et de Ducros, communes voisines. Presque toutes les sculptures en calcaire oolithique qui se trouvent sous les portiques, sont de ces deux localités.

Granites. — A l'époque romaine, le granite de nos environs fut également exploité, soit comme moellon, soit comme assise, soit enfin pour en faire des colonnes, des chambranles, des architraves, etc., etc. Ceux de Dommartin, Francheville, de Messimy, de Chaponost, des bords de la Saône, furent employés.

Carrière de Lucenay. — Cette carrière ne fut point employée dans les premiers temps de l'ère chrétienne, mais depuis le XIIe siècle, elle prit une grande faveur, et la plupart de nos édifices religieux sont construits avec cette roche calcaire qui est plus dense que l'oolithique blanc de Seyssel et de Tournus; il durcit à l'air, résiste à l'action atmosphérique, et se taille avec facilité. L'ornementation sculptée de nos églises est exécutée sur cette matière. Lorsque la taille de cette roche est fraîche elle est d'un blanc roussâtre.

Roches, marbres, porphyres divers qui proviennent de monuments romains lyonnais. — Dans les ruines et parmi les débris romains qui nous restent, on peut affirmer que le calcaire du Mont-d'Or, de Dardilly, de Couzon, n'était employé que sur les lieux mêmes où existaient ces gisements, ainsi que quelques autres des environs de Lyon. Mais on rencontre fréquemment des marbres, des albâtres, des porphyres, des granites venant d'Afrique, d'Italie, des Pyrénées; il serait beaucoup trop long d'en donner ici la nomenclature. Des fragments de porphyres vert et rouge, qui servaient de placages, se rencontrent en grande quantité. Le gisement de ce dernier vient d'être retrouvé près de Constantine, et le pont de cette ville, construit à l'époque romaine, est fait en grande partie avec ce porphyre granitoïde rouge.

DESCRIPTION

DU

MUSÉE LAPIDAIRE

DE LA VILLE DE LYON.

DESCRIPTION
DU
MUSÉE LAPIDAIRE
DE LA VILLE DE LYON.

PORTIQUE I.

N. 1.

```
      D           M
ET MEMORIAE AETERN
E SECVNDI OCTAVI TREVERI
ACERBISSIMA MORTE DE
FVNCTI QVI CVM EX INCEN
DIO SEMINVDVS EFFVGIS
SET POSTHABITA CVRA SALVTS
DVM ALIQVID E FLAMMIS ERI
PERE CONATVS RVINA PARIE
TIS OPPRESSVS NATVRAE SOCIA
LEM SPIRITVM CORPVSQVE ORI
GINI REDDIDIT CVIVS EXCES
SV GRAVIORE DAMNO QVAM
REI AMISSIONE ADFLICTI
ROMANIVS SOLEMNIS ET SECVN
DI IANVARIVS ET ANTIOCHVS
CONLIBERTI MERITA EIVS
ERGA SE OMNIBVS EXEMPLIS
NOBILISSIMA TITVLO SEPV
CHRI SACRAVERVNT   ET
PRODILLIVS IN MODVM FRAER
NAE ADFEC IONIS ET ABIN
EVN·TE AETA CONDISCIPV
LATV ET OMNIB BONIS ARTIBVS
COPVLATISSIMVS AMICVS ET
   SUB ASCIA DEDICAVERUNT
```

(*Inédite.*)

Aux Dieux Mânes (1)
et à la mémoire éternelle de Secundus Octavius, de Trèves, enlevé par la mort la plus cruelle; lequel, après s'être sauvé à demi-nu d'un incendie, ayant négligé le soin de sa vie pour s'efforcer d'arracher quelque chose aux flammes, fut écrasé par la chute d'une muraille, et rendit à la nature son âme bienveillante et son corps à son origine. Plus affligés de sa mort que de la perte de leurs biens, Romanius Solemnis, et Januarius et Antiochus, affranchis de Secundus, ont consacré par l'inscription de ce tombeau les nobles qualités dont il leur avait donné toutes sortes de preuves; de concert avec Prodillius lié avec lui d'une affection en quelque sorte fraternelle, ayant été son condisciple dès son enfance, et étroitement uni avec lui dans ses goûts pour tous les arts utiles, et ils ont dédié ce monument *Sub ascia* (2).

Cette inscription latine, qui remonte aux premiers siècles de l'Empire, est écrite avec une grande pureté de style qui dénote l'une des belles époques de

---

(1) Voir Explications préliminaires, *Diis Manibus*, pag. xxi. — (2) Ibid. *Sub ascia*, p. xxii.

cette langue; l'on remarque également à la lecture de cet hommage funèbre le développement de sentiments exprimés avec âme et d'une manière très-philosophique. Cette longue et curieuse inscription méritait de prendre rang parmi celles du Musée, puisqu'elle nous donne le nom d'un homme généreux, aimé et révéré par ses affranchis, qui proclament eux-mêmes ses vertus.

Elle nous fait aussi connaître le nom d'un personnage nommé Prodillius qui lui était attaché par les liens de la plus étroite amitié, et professait comme lui un grand amour pour les arts utiles, à moins toutefois qu'on ne veuille traduire les mots *bonis artibus* par ceux de beaux-arts, ce qui pourrait être; car nulle part on ne rencontre dans les auteurs les beaux-arts indiqués par un autre adjectif, l'adjectif *pulcher* par exemple. Il serait donc bien difficile d'affirmer quels sont les arts dont cette inscription nous parle, et si les beaux-arts n'en faisaient point partie.

Ce monument a été découvert au commencement de l'année 1845, dans la ville de Vaise, près Lyon, en creusant les fondations de la nouvelle église que l'on édifie sur l'emplacement de celle qui servait, avant celle-ci, au culte de cette paroisse.

Il paraît certain que cette vieille église fut fondée vers le 10e siècle, et qu'à cette époque, Lyon étant gouverné par les archevêques, ceux-ci permirent aux architectes de prendre pour leur usage toutes les pierres païennes qui étaient encore debout. Cette permission fut largement mise à profit: nous avons pu en juger en examinant les tranchées entreprises pour asseoir les fondations nouvelles, et d'après les fouilles ordonnées par le gouvernement; les 9/10es de ces anciennes fondations ont été faits avec des matériaux semblables; ainsi, nous y avons remarqué des tronçons de fûts de colonnes, des chapiteaux, des débris de bas reliefs, des cippes funéraires, des sarcophages, des entablements ornés de moulures, de vastes profils, des corniches, et une foule de débris qui tous avaient déjà servi à des édifices divers et à des usages funéraires. On comprend qu'à cette époque, comme à toute autre, il y avait économie à se servir de pierres toute taillées et de grande dimension, qui exigeaient peu de main-d'œuvre et de frais de transport; ce lieu était tout près de la voie romaine établie par Agrippa le long de la Saône, et qui allait de Lugudunum à Gessoriacum (Boulogne-sur-Mer). L'on connaît le goût et l'usage des premiers siècles qui consistaient à placer les sépultures sur les bords des grands chemins. Cette partie de route était voisine d'une grande cité, près d'un fleuve, où il existait des *villa* et des édifices publics; toutes ces circonstances nous expliquent l'amas de débris jeté dans ces fondations. Ceux qui sont restés sur place, à raison de leur peu d'intérêt et de leur immense dimension, servent de nouveau à l'église en construction et sont replacés dans les fondations dont ils forment la plus grande partie.

Description. — Cette inscription est composée de 25 lignes; les lettres qui en composent le corps ont 25 millim. de hauteur, et sont d'un bon style; quelques-unes ont été mutilées ou ont subi quelques altérations; le plus grand nombre présente une usure telle, qu'il a fallu de grands soins pour rétablir cette inscription qui, d'abord, paraissait illisible; nous prévenons néanmoins que pour celle-ci, comme pour toutes celles qui suivent, nous n'avons point aidé à la lettre, et que toujours nous avons suivi consciencieusement les traces qui pouvaient indiquer les caractères d'une manière certaine, en laissant aux visiteurs le soin de les interpréter toutes les fois qu'elles manquaient entièrement ou qu'une mutilation trop grande pouvait laisser un doute sur leur valeur réelle. (*Voyez planche* X, *n*. 1.)

Je ferai observer ici qu'à la 4ᵉ ligne dans le QVI, à la 10ᵉ dans la syllabe NI du mot ORIGINI, dans la 13ᵉ le premier I du mot ADFLICTI, à la 17ᵉ l'I du mot EXEMPLIS, et à la 23ᵉ dans le mot BONIS, cette lettre I dépasse d'un tiers en hauteur les autres lettres, sans doute pour marquer le ton grave de cette voyelle dans la prononciation; à la 7ᵉ ligne, dans le mot SALUTIS le T et l'I sont réunis, et cette deuxième lettre est indiquée par l'allongement supérieur du jambage du T. On trouve de nombreux exemples de ces sortes d'abréviations dans le style lapidaire. Les ouvriers adoptèrent cette méthode, soit pour abréger leur travail, soit à raison de la longueur des lignes qui étaient déterminées par la dimension de la pierre, soit enfin par l'usage.

Je ferai aussi remarquer que les sigles D-M signifiant DIIS MANIBUS, qui dominaient l'inscription et formaient la première ligne, ont disparu sous le marteau du vandalisme, ainsi que *l'ascia* qui devait y figurer, à en juger par la formule qui termine cette inscription; dans le mot ÆTATE, à la 22ᵉ ligne, la deuxième syllabe a subi le même sort, ainsi que le T dans la ligne qui est au-dessus, dans le mot ADFECTIONIS.

Ce beau cippe funéraire est en calcaire jurassique dit Choin-de-Fay (1); il était orné d'une base et d'un couronnement à moulures, abattus dans le temps pour en faire une assise plus régulière.

Hauteur : 1 mèt. 62 cent. — Largeur : 61 cent. 5 mill. — Epaisseur : 57 cent.

N. 2.

```
D    M
ET MEMORIAE
DVLCISSIMAEANIMAE
VALERIAE·TROPHIMES
QVAEVIXITANNIS·XXX
MINVS · VNO   DIE
M·AVRELIVS·TROPHIMVS
MARITVS·DESOLATVS
VXORI·CARISSIMAE·ET
VALERIAE·HELPIDIMATRI
EIVS·HIC·CONDITAE
```

Aux Dieux Mànes (2) et à la mémoire éternelle de sa chère âme, Valeria Trophimes, qui a vécu 30 ans moins un jour. M. Aurelius Trophimus, son mari désolé, à son épouse chérie, et à Valeria Helpis, mère de Valeria Trophimes, ici renfermées.

(Publiée par Artaud, sous le n. 1, *Notice du Musée de Lyon*, pag. 1. Lyon, 1818.)

Cette inscription nous donne les noms de trois personnages dont la famille était d'origine grecque, et qui plus tard ont ajouté à leurs noms des prénoms latins;

---

(1) Voir pag. LXXI. — (2) Voir pag. XXI.

peut-être ceux de M. Aurelius doivent-ils nous faire présumer que Trophimes avait été affranchi par l'empereur Marc-Aurèle, ou par l'un de ceux qui avaient obtenu de lui cette faveur. Cette circonstance, si elle était réelle, pourrait servir, ainsi que le style des lettres, à déterminer approximativement, la date de ce monument.

L'expression *hic conditae* est ici assez importante, puisqu'elle nous a fait découvrir à la base de ce cippe une cavité assez grande pour recevoir les ossuaires qui contenaient les cendres de Valeria Trophimes et de Valeria Helpis. Sans cette circonstance, on était en droit de supposer que ce cippe n'était qu'une partie du monument et qu'il était placé sur la tombe de ces deux personnages.

Description. — Cette inscription est composée de 11 lignes, le D et l'M majuscules forment la première; les lettres sont d'un beau style; celles de la première ligne ont 37 millim. de hauteur, et celles du corps de l'inscription 28 millim. (*Voyez planche* XIV, *n.* 2.)

Dans les mots MARITUS et HIC, l'I présente un tiers de longueur de plus dans sa partie supérieure; ici on n'a pas voulu, comme nous le verrons dans d'autres inscriptions, indiquer un double I, en l'allongeant ainsi; mais comme les anciens faisaient rarement une chose sans motif nous pensons qu'ils ont voulu indiquer simplement une syllabe longue.

Ce cippe est en calcaire jurassique (dit Choin-de-Fay) (1). Il a été découvert, en juin 1802, sur la rive droite de la Saône, près la place de l'Ancienne-Douane, en creusant les fondations du quai Humbert. Il est décoré d'une base à moulures, sur le devant de laquelle on aperçoit la cavité dont nous venons de parler et qui servait de réceptacle aux deux urnes cinéraires.

Son couronnement est également orné de moulures et d'un fronton qui se termine en rouleau sur les côtés. L'ascia est figurée en creux entre les deux sigles qui forment la première ligne.

Ici nous ferons remarquer que le symbole est isolé de la formule ordinaire et que l'on n'aperçoit aucune trace de cette formule. Les angles de ce monument présentent quelques brèches.

Hauteur : 1 mèt. 24 cent. — Largeur : 55 cent. — Epaisseur : 56 cent.

N. 3.

(*Inédite.*)

```
    D         M
 P. VELITI . RVFINI
 P.VELITIVS QVIETVS. ET
   VELITIA QVIETILLA
 FRATRI SIBI KARISSIM
 ET VELITIVS HYLARVS LIB
 ET CORNEL . POLYCARPVS
   HEREDES POSVERVNT
     VIXIT ANNIS XVI
  MENSIBVS IIII DIEBVS V
```

Aux Dieux Mânes (2) de P. Velitius Rufinus.

P. Velitius Quietus et Velitia Quietilla, à leur frère bien-aimé; et Velitius Hylarus, son affranchi, et Cornelius Polycarpus, ses héritiers, lui ont fait élever ce monument.

Il a vécu 16 ans, 4 mois, 5 jours.

Ce monument vient de Saint-Irénée, où il a été découvert, en 1824, en creusant

---

(1) Voir pag. LXXI. — (2) Voir pag. XXI.

les fondations de l'escalier qui mène à l'église, mais il n'a été transporté au Musée qu'en 1845. A propos de cette pierre, nous ferons observer que la plupart des monuments épigraphiques provenant de cette localité, furent découverts en creusant autour de l'église de St-Irénée, lors de sa restauration, en 1824; qu'à cette époque, le clergé et les fabriciens de cette paroisse voulant utiliser ces matériaux et leur conserver l'intérêt qu'ils présentaient, les firent entrer comme objets de curiosité ou comme ornements dans le mur de la rampe qui conduit à l'église; d'autres servirent de montants aux barrières qui séparent la grande cour de deux petites cours latérales. En 1843, M. Terme, maire de la ville de Lyon, sentant l'importance de sauver ces pierres des dégradations continuelles auxquelles elles étaient exposées par les attouchements des passants, l'action du soleil, de la gelée et de la pluie, ordonna qu'elles fussent extraites de cette construction et transportées au Musée de la ville où nous les avons fait placer sous les portiques. Les monuments antiques auraient sans doute un degré d'intérêt plus grand s'ils restaient à l'abri sur le lieu de leur découverte; mais la chose étant impossible, le seul moyen d'assurer leur conservation est de leur donner un asile dans les musées.

L'inscription du monument qui nous occupe annonce qu'il a été élevé par quatre personnages auxquels le défunt avait donné une part dans ses biens; le nom des deux derniers semble indiquer qu'ils étaient d'origine grecque.

Description. — Cette épitaphe, très-simple, n'exprimant qu'un sentiment de tendresse, est composée de 10 lignes en lettres d'un beau style; celles de la première ont 46 millim. de haut, et celles du corps de l'inscription 34 millim. (*Voyez planche* XIV, *n.* 3.)

Nous ferons remarquer ici que, comme dans la précédente inscription, l'I allongé de la syllabe LI, qui se trouve dans les noms (quatre fois répétés) de VELITIVS ou VELITIA, cette forme a été adoptée pour marquer la consonnance grave de cette voyelle. Dans les deux lettres Q qui s'y remarquent, la queue est très-allongée; dans le mot KARISSIM, le c est remplacé par un K, et dans les mots HYLARUS et POLYCARPUS, nous y voyons figurer l'Y voyelle qui se trouve souvent dans l'orthographe des Grecs. Cette circonstance nous a amené à l'opinion que les deux personnages portant ce nom étaient Grecs d'origine.

Ce cippe, en calcaire jurassique de Fay (1), est orné d'un couronnement et d'une base à moulure; le premier est abattu sur les côtés, la base l'est aussi du côté gauche.

Hauteur : 1 mèt. 50 cent. — Largeur : 63 cent. — Epaisseur : 52 cent.

N. 4.

Partie supérieure du fût d'une colonne antique en marbre d'un blanc tirant sur le rose tendre; l'astragale de cette portion de colonne est en partie conservé.

Nous sommes sans renseignements sur le lieu et l'époque de la découverte.

Hauteur : 56 cent. — Diamètre : 35 cent.

---

(1) Voir pag. LXXI.

N. 5. — AMPHORE.

Ce genre de vase avait été adopté par les anciens pour contenir le vin et le conserver dans les caves ou tout autre lieu. Leur forme a varié à l'infini, depuis l'élégance grecque jusqu'au galbe le plus ignoble imaginé par des ouvriers barbares, depuis la forme allongée en fuseau, jusqu'à l'ovoïde et au sphéroïde. En général les amphores étaient pointues à la base pour les fixer dans le sable ou la maçonnerie, dans des pierres ou des plateaux en bois. Les Romains les plaçaient quelquefois en manière de bibliothèque, par rangées disposées les unes au-dessus des autres. Ils les employaient aussi pour conserver les fruits secs, l'huile, les céréales. De là vient la différence de l'ouverture et de la forme de la panse. Les îles de Samos et de Chio étaient renommées par leurs manufactures d'amphores. Elles étaient ordinairement à deux anses, on les reconnaît sur les bas-reliefs et les médailles antiques; le *diota* grec, qui est une espèce d'amphore, s'y rencontre souvent. Quelquefois ces vases étaient sans couverte (1), mais ordinairement c'était le contraire. Ce vernis alors masquait la véritable couleur de l'argile; c'est pourquoi dans la plupart des amphores que nous possédons, ce vernis décomposé préserve encore le coloris argileux.

On a trouvé à Herculanum et à Pompeï des amphores chargées d'inscriptions; d'autres qui portent le nom du potier ou la marque de la fabrique.

Celles de pierre ou de marbre sont plus rares; celles en métal le sont encore davantage et n'étaient point destinées aux liquides; l'immense quantité qu'on a trouvée est en argile de toutes qualités et d'une grande variété pour les dimensions et pour la forme : on en a rencontré depuis quelques centimètres de hauteur jusqu'à deux mètres. Caylus parle d'une amphore de 5 pieds 6 pouces de hauteur; il en existe au Musée d'Avignon qui ont une taille gigantesque.

Celle que nous décrivons ici est en argile rose, de forme élancée, d'un galbe élégant; elle a un col allongé et deux anses latérales; son ouverture, légèrement évasée, est à bourrelet; sa panse presque cylindrique se termine en pointe vers le bas. Elle était destinée à contenir du vin. Elle est d'une bonne conservation.

Découverte, en 1844, à la Manutention des vivres, quai Sainte-Marie-des-Chaînes, à Lyon; elle a été donnée à la ville par le génie militaire.

Hauteur : 95 cent. — Diamètre : 24 cent.

---

(1) Dans la céramique on donne le nom de couverte à l'enduit ou vernis que l'on étendait à la surface du vase, soit comme ornement, soit pour le rendre moins perméable. On ne peut que difficilement déterminer la couleur primitive de ces vernis, dont les teintes se sont altérées. Le plomb sulfuré et le manganèse étaient, comme aujourd'hui, très-employés dans la couverte de l'époque. M. Brongniart donne de longs et savants détails sur cet art antique, dans son *Nouveau traité sur la céramique*, relatifs à la description du Musée de Sèvres.

N. 6.

Amphore en argile rose, même forme que la précédente. Panse sphérique; une des deux anses manque; col mutilé (1).

Hauteur : 69 cent. — Diamètre : 48 cent.

N. 7.

Cette amphore vinaire est en argile rose, d'un galbe élégant, le col est élancé et flanqué de deux anses; la panse est un piriforme gracieux et allongé; la pointe de sa base est brisée; elle est ébréchée au goulot. Elle a été trouvée avec le n. 6 (2).

Hauteur : 93 cent. — Diamètre : 26 cent.

PORTIQUE II.

N. 8.

```
VLIAE · FELICISS MAE
SCHOLASTICAE · IAAPЄ
QVAE · VIXIT · ANN · VII · M · V
P · IVL · P · F GAL · FELIX · ET · IVI
NOVELLA · PARENT ES · FIL
DVLCISSIMAE · ET · SIBI · VIVI
FECERVNT · ET · SVB · ASCIA · DE DICAVERUNT
```

A Julia Félicissima, *lectrice aimable*, qui a vécu 7 ans 5 mois. P. Julius Félix, fils de Publius, de la tribu Galeria, et Julia Novella, ses père et mère, ont fait élever ce monument à leur fille chérie et pour eux-même, de leur vivant, et ils l'ont dédié *Sub ascia* (3).

(Publiée par Chorier, *Recherches sur les antiquités de Vienne*, pag. 176, Lyon, 1828. Il indique qu'elle a été publiée par Gruter, le célestin Dubois, et Millin. — Artaud, *Notice du Musée de Lyon*, p. 4.)

Tous les auteurs qui ont publié cette inscription n'ont point considéré le mot *scholasticæ* comme un nom propre, mais bien comme un adjectif ayant rapport à l'étude, ils l'ont traduit par *écolière* ou *élève*. Si nous lui attribuons le sens de *lectrice*, c'est que l'on donnait le nom de *scholastici*, *scholasticæ*, à ceux ou celles qui faisaient des lectures en public. Il paraît que celle-ci, toute jeune qu'elle était, s'était distinguée, et que pour honorer sa mémoire on a indiqué ce talent dans son épitaphe.

(1-2) Voyez le n. 5. — (3) Voir Explications préliminaires : *Sub ascia*, pag. XXII.

Description. — Cette inscription est composée de 7 lignes en lettres onciales d'un très-beau style ; chaque mot est séparé par un point triangulaire, en forme de feuille, se rapprochant de celle du lierre ; à la 2ᵉ ligne nous remarquons le mot grec IAAPE. Au sujet de ce mot, qui est bien composé de ces cinq lettres, Gruter a lu : IIAAPE, et le célestin Dubois AAPE. Ce mot ibride paraît assez bizarrement placé parmi ces mots latins ; néanmoins on trouve de ces exemples parmi les inscriptions. Peut-être cette singularité vient-elle de ce que la famille de cette jeune personne appartenait à des parents d'origine grecque, ou de la manie qui régnait à Rome de mêler le grec au latin, à l'époque où fut gravée cette inscription, que nous faisons remonter au règne des Antonins, à raison de la forme de l'E grec, de celle des lettres des autres mots, des points de séparation, et des liaisons qui unissent les jambages des consonnes. Lucien raconte que, de son temps, on apprenait, même aux perroquets, à prononcer quelques mots grecs; et Juvénal critique la fureur que les Romains avaient de vouloir parler en grec.

A la 3ᵉ ligne, dans le mot VIXIT nous voyons un croisillon qui semble figurer les lettres conjointes FT ; est-ce une erreur de l'ouvrier, ou aurait-on voulu par la lettre F, initiale de Félix, indiquer qu'elle avait vécu heureuse ; il nous paraît extraordinaire que le graveur ait joint la lettre initiale d'un mot avec celle qui termine un autre mot. Nous laissons au lecteur le soin de juger cet arrangement. A la même ligne, dans le mot ANN, nous voyons les deux N accouplées.

A la 6ᵉ ligne, dans le mot ET, les deux lettres sont accouplées, et dans le mot VIVI le premier I est allongé dans le haut, ainsi qu'à la 5ᵉ ligne dans le mot FIL.

A la 7ᵉ ligne, l'N et le T qui terminent le mot FECERUNT sont accouplés ; il en est de même pour les deux lettres du mot ET, et pour l'A, le V, l'E et l'R du mot DEDICAVERUNT.

Les lettres ont 13 cent. de haut ; pour la dernière ligne elles n'ont que 85 millim.

Ce monument funéraire, d'une grande dimension, est de forme carré-long, en calcaire jurassique (Choin-de-Fay) (1) ; il fut signalé par M. Cochard à M. d'Herbouville, alors préfet, qui le fit transporter au Musée. Il figurait dans les murs de l'église de Saint-Romain-en-Gal. Cette pierre a été brisée en trois pièces qui ont été réunies ; quelques lettres ont subi des mutilations ; les bords présentent des écornures. A la 1ʳᵉ ligne, le bas de l'F a disparu ; à la 3ᵉ ligne, le premier jambage du chiffre V manque ; à la 4ᵉ ligne, le bas d'un jambage de l'X, dans le mot FELIX, est mutilé ; dans le mot ET qui suit, le bas de l'E a été détruit ; à la 6ᵉ ligne, dans le mot SIBI, le bas du B manque ; et dans le mot DEDICAVERUNT le premier E, le D et l'I qui suivent sont détruits. (*Voyez planche* XVI, n. 8.)

Hauteur : 1 mèt. 23 cent. — Largeur : 2 mèt. 36 cent. — Epaisseur : 29 cent.

N. 9.

Fragment de corniche en calcaire oolithique blanc de Tournus (2) ; la sculpture représente une rangée de feuilles-d'eau, et en dessous une ligne d'entrelacs. Ces ornements sont d'un assez bon style du bas-empire. Ce fragment a été taillé carrément. Nous sommes sans données sur le lieu et l'époque de sa découverte.

Hauteur : 15 cent. — Longueur : 36 cent. — Epaisseur : 27 cent.

---

(1) Voir pag. LXXI. — (2) Voir pag. LXXII.

N. 10.

```
    D        M
ET MEMORIAE
AET · A.... PROFVT
RAE · AELIPIV....
VTVRVS IN...
ϙ. V. AN X...I
DXXVII · CVI
IVS INGEN
CIVES TREV
   CONIVGI
DVLCISSIM
P. C. ET SVB A
    DEDIC
```

Aux Dieux Mânes (1) et à la mémoire éternelle d'A... Profutura, qui vécut x...i ans 27 jours. Ælipius Profuturus Inn... à qui les habitants de Trèves ont accordé le droit des citoyens libres, a élevé ce monument à son épouse chérie, et il l'a dédié *Sub ascia* (2).

(Publiée par Artaud, *Notice du Musée de Lyon*, p. 5. Lyon, 1818.)

Dans cette inscription, très-simple, nous voyons un époux qui élève un monument funéraire à la mémoire d'une femme qu'il aimait.

Si nous ne rencontrons point ce nom dans nos autres inscriptions, on ne retrouve pas davantage les noms de Profuturus et de Profutura dans Gruter; au rapport de Fabretti, Bouche parle seulement d'une inscription existante à Castellane où l'on voit le nom d'un Helvius Profuturus. Chorier cite un Profuturus qui était marchand de sayes, à Vienne, ce qui semble indiquer que déjà, à cette époque reculée, Vienne fabriquait des draps. Ælipius Profuturus, dont il est ici question, trouve dans les inscriptions du Musée plusieurs compatriotes; Trèves était une ville importante, qui avait de nombreuses relations commerciales avec Lugdunum; Auguste la créa métropole de la seconde Belgique, en lui donnant le titre d'*Augusta*.

Ce cippe a été découvert au commencement de ce siècle, dans la rue Saint-Irénée (3); il servait de banc à la porte d'un cordonnier, quand il a été transporté au Musée.

Description. — Cette épitaphe est composée de 12 lignes, les lettres sont d'un style médiocre, elles ont 21 millim. de haut. Au centre du rouleau droit est gravé le D majuscule, et l'M dans celui de gauche.

Ce cippe est en calcaire jurassique (Choin-de-Fay) (4), il est décoré d'une base et d'un couronnement à moulures; ce dernier est surmonté d'un fronton à rouleau.

(1) Voir pag. xxi. — (2) Voir pag. xxii. — (3) Voir le n. 3. pag. 5. — (4) Voir pag. lxxi.

Les parties anguleuses de ce monument sont mutilées, ainsi que plusieurs lettres vers la terminaison des lignes et presque toutes celles de la 5ᵉ ; d'autres manquent entièrement.

Hauteur : 68 cent. — Largeur : 23 cent. — Epaisseur : 16 cent.

N. 11.

Ce fragment de corniche provient du même monument que celui décrit au n. 9. Il faisait partie de la même corniche. Même état de conservation.

Largeur : 39 cent. — Epaisseur : 16 cent.

N. 12.

Cette amphore à deux anses est de forme ovoïde, renflée dans le bas, et se termine en pointe. Elle est en argile d'un rose pâle, avec couverte jaunâtre ; le goulot s'évase vers son ouverture dont les bords sont épais et arrondis. Elle servait à contenir du vin. Elle est d'une bonne conservation (1).

Hauteur : 78 cent. — Diamètre : 36 cent.

N. 13.

Amphore vinaire en argile rouge. Sa forme est régulière ; sa panse représente un ovoïde allongé qui se termine par une pointe dans le bas, et dans le haut par un goulot à ouverture évasée ; elle porte deux anses plates verticales et cannelées en dehors ; son travail est soigné. Sa pointe est mutilée (2).

Hauteur : 72 cent. — Diamètre : 33 cent.

N. 14.

Buste de femme en calcaire oolithique de Tournus (3), d'un travail assez fin, mais qui ne peut être considéré comme antique ; les traits sont jeunes, sans caractère, et d'un ciseau mou ; les cheveux sont ondoyants et liés derrière la tête en un seul faisceau qui descend sur le bas du cou.

Ce buste repose sur un socle rond, à moulures ; il est évasé dans le centre.

Il vient de Nîmes, du cabinet Pichard. Il fut acheté pour le Musée par Artaud.

Hauteur totale : 48 cent.

(1-2) Voy. le n. 5, pag. 6. — (3) Voir pag. LXXII.

PORTIQUE III.

N. 15.

```
MEMORIAE
. AVRELI ..CAE
CILIANI . PRAE
POSITI VECTIG
ALIVM POSVIT
EPICTETVS
. ALVMNVS
```

A la mémoire de Marcus Aurelius Cæcilianus, préposé des impôts,

Epictetus, son élève, lui a fait ériger ce monument.

(Publiée par Artaud, *Notice du Musée de Lyon*, pag. 5. Lyon, 1818.)

Cette inscription très-laconique et de la plus grande simplicité, contient l'expression d'un sentiment de reconnaissance ou signale l'accomplissement d'un devoir.

En effet, nous voyons qu'Aurelius Cæcilianus était un préposé de l'impôt (1) dans la Celtique, poste assez distingué qu'il occupait probablement à Lugdunum; qu'Epictetus, était d'origine grecque, à raison du nom qu'il porte, et son élève, peut-être un enfant malheureux ou délaissé par ses parents; qu'Aurelius en avait pris soin, car les *alumni* n'étaient pas seulement des nourrissons, mais encore des enfants abandonnés, qui étaient recueillis et élevés par des personnes charitables; ils étaient pris dans toutes les classes de la société, esclaves, affranchis ou citoyens de Rome ou des colonies; plus tard ils pouvaient mériter les faveurs de leurs patrons, devenir leurs héritiers et être chargés de la sépulture de leur bienfaiteur. Ici Epictetus n'ayant d'autre titre que celui d'*alumnus*, nous laissons à d'autres le soin d'éclaircir cette question. Il en est de même du genre d'impôt que prélevait Cæcilianus, seulement il ressortait du fisc. Dans les premiers temps de l'empire, le tribut était distingué de l'impôt; l'un se prélevait sur les marchandises importées et exportées, il se rapporte à notre système de douane et de droits réunis; l'autre ne se prélevait que sur les propriétés territoriales; il répond à notre impôt foncier. A Rome, comme en France, les impôts étaient régulièrement établis; rien n'échappait à la rigueur du fisc; on payait tout, même l'air qu'on respirait. Le mot de *præpositus* étant peu employé dans les premiers siècles, et très-usité sous l'empire d'Orient, les caractères de cette inscription étant d'un style médiocre, nous serions porté à penser qu'elle date du commencement du bas-empire.

Ce monument a été trouvé dans un mur du couvent des Génovéfains, aujourd'hui couvent de St-Michel. M. d'Albon, maire de Lyon, le fit transporter au Musée de la ville. Il était engagé dans la corniche du premier étage de ce monastère situé près de l'église de St-Irénée, à Lyon.

(1) Voir pag. LI.

Description. — Cette inscription est composée de 7 lignes, les lettres ont 40 millim.

Ce monument, en forme de cippe, est en calcaire jurassique (Choin-de-Fay) (1), il était décoré d'une base et d'un couronnement à moulures, ces dernières ont été abattues sur le devant et sur le côté droit, elles n'existent que du côté gauche.

Hauteur : 1 mètre 50 cent. — Largeur : 59 cent. — Epaisseur : 40 cent.

N. 16.

Cette amphore à deux anses est d'une forme bizarre et peu commune; la panse est un piriforme et repose sur une pointe massive et volumineuse; le goulot est allongé, très-large, et semble n'être que la continuation de la panse; il s'évase près de son embouchure, dont les bords se renversent. Deux longues anses verticales sont placées de chaque côté du goulot et laissent très-peu de jour entre elles et le col du vase. Elle est en argile blanchâtre, d'une pâte fine (2).

Hauteur : 90 cent. — Diamètre : 29 cent.

PORTIQUE IV.
N. 17.

```
  D   AVE AMABILIS NISTIO..    M
          VE   Rr   I

     ET QVIETI AETERNAE TERTINI...
  ...SSI VETERANI . LEG VIII . AVG
  ET TERTINIAE . AMABILIS . SIVE CY... (5)
  ...LE . NATIONE . GRAECA . NICOM...
  DEA . CONIVGI . KARISSIMAE . ET PIE
  NTISSIMAE CASTISSIMAE CONSE
  RVATRICI MEAE PIENTISSIMAE . FOR
  TVNAE . PRESENTI . QVAE . MIHI
  NVLLAM CONTVMELIAM . NEC ANI
  MI LESIONEM FECIT . QVAE . MECVM
  VIXIT . IN . MATRIMONIO . ANNIS XVIII
  DIEBVS XX . SINE . VLLA LAESVRA . NEC AN
  MI MEI OFFENSIONE . QVAE . DVM . EGO
  IN PEREGRE ERAM SVBITA MORTE DIE
  TERTIO MIHI EREPTA EST ET IDEO HVNC TITV
  LVM MIHI ET ILLI VIVS POSVI ET POSTERISQVE
     MEIS . ET SVB ASCIA DEDICAVI
```

(*Inédite.*)

Salut, aimable Nistio...

. . . .

Aux Dieux Mânes (3)

et au repos éternel de Tertinius ...ssi, vétéran de la 8ᵉ légion Augusta, et de l'aimable (et féconde?) Tertinia, grecque de nation, de Nicomédie, mon épouse bien aimée, très-tendre et très-vertueuse, ma conservatrice fidèle et affectionnée, ma fortune en cette vie, qui ne me fit jamais aucun affront et ne me causa aucun trouble d'esprit. Elle a vécu avec moi dans le mariage 18 ans 20 jours, dans une parfaite union, sans m'offenser. Elle m'a été enlevée en 3 jours par une mort subite, pendant que j'étais en voyage; et c'est pourquoi j'ai fait faire cette inscription pour elle et pour moi, de mon vivant, ainsi que pour mes descendants, et je l'ai dédiée *Sub ascia* (4).

Cette longue épitaphe est pleine des sentiments les plus tendres et les plus dévoués d'un mari envers une femme qui les méritait sans doute, puisqu'après tous les

---

(1) Voir pag. LXXI — (2) Voir le n. 5, pag. 6. — (3) Voir pag. XXI. — (4) Voir pag. XXII. — (5) Ce mot, auquel il manque deux lettres, ne peut-être que *Cybele*, et signifie en grec *féconde*, la déesse de ce nom étant un symbole de fécondité.

PORTIQUE IV.   15

témoignages d'amitié qu'il lui prodigue, il dit qu'elle était sa fortune en cette vie.
Elle peint la vive douleur de Tertinius, mais elle perd par la traduction une partie
de la force des sentiments qui l'ont dictée. Le style en est peu élégant et sent un
peu le soldat. Le mot PEREGRE devait s'employer seul; réuni à la préposition *in* il
constitue un solécisme. Le vétéran romain avait épousé une femme grecque, dont
il avait eu des enfants, puisqu'il fit faire ce monument pour Tertinia, pour lui et ses
descendants. Ce monument a été trouvé à Lyon, en 1824, en construisant la
nouvelle église de Saint-Irénée (1), et transporté au Musée en 1845.

Description. — Le corps de cette inscription est composé de 17 lignes; les lettres sont d'un
assez bon style, elles ont 26 millim. de haut. (*Voyez planche* XII, *n.* 17.)

Sur la bande qui forme le milieu du couronnement, entre le D et l'M majuscules, on aperçoit deux lignes de mots incomplets qu'on ne peut restituer à raison de l'usure et de la
mutilation des lettres; on voit seulement par les deux premiers mots que c'est un tendre adieu
que Tertinius adresse à sa femme; ce prélude vient encore confirmer la vérité et la force des
sentiments que Tertinius portait à l'épouse qu'il venait de perdre. Dans cette inscription le K
remplace le c dans le mot KARISSIMAE. L'E qui terminait la 4ᵉ ligne a été détruit. Le second
jambage de l'N qui termine la 12ᵉ ligne est prolongé en haut pour former l'I.

Ce cippe funéraire est en calcaire jurassique (Choin-de-Fay) (2). Le couronnement et la base sont
ornés de moulures; le premier a été abattu de chaque côté; la base l'a été du côté droit seulement.
Hauteur : 1 mètre 42 millim. — Largeur : 71 cent. — Epaisseur : 58 cent.

N. 18.

```
        D              M
    ET QVIETI PER...
    TVAE . C . RVSON...
    SECVNDI . IIIII VIR..
    C . C . C . AVG . LVG . ITE.
    SAGARIO . C . RVSON.....
    MYRON IIIII VIR . A...
    LVG . HONORATVS . ? ...
    CENTONARIVS . HO ....
    RATVS . ET . SAGARIV . .
    PORATVS COLLIBE. . .
    BONORVM . EXEMP...
    ERGA ME . HERES . EX . I.
    SV EINS . SOLVS . POS. ..
              ET
    SVB ASCIA DE. . .
         CAVI . . .
```

Aux Dieux Mânes (3)
et au repos perpétuel de Caius Rusonius Secundus, sévir augustal (4) de la
colonie Claudia Copia Augusta de
Lyon, et marchand de sayes (*sagum*).
Moi, Caius Rusonius Myron, sévir augustal, de Lyon, et centonaire (5) honoré, de Lyon, et marchand de sayes
incorporé, son co-affranchi, héritier de
ses bons exemples, j'ai posé seul ce
monument, par son ordre, et l'ai
dédié *Sub ascia* (6).

(Publiée par Artaud, *Notice du Musée de Lyon*, pag. 6. Lyon, 1818.)

Cette inscription d'un négociant distingué de Lugdunum ne manque point

---

(1) Voir n. 3, p 5 — (2) V. p. LXXI. — (3) V. p. XXI. — (4) V. p. XLVI. — (5) V. p. LIX. — (6) V. p. XXII.

d'intérêt ; le nom de Rusonius se trouve plusieurs fois répété dans notre Musée lapidaire, et on le rencontre assez souvent dans le recueil de Gruter. On avait pensé pendant longtemps que les initiales c. c. c. a. signifiaient *trois cents augures*; mais la leçon donnée par le taurobole découvert à Tain, département de la Drôme, a réformé cette erreur, on y lit en toutes lettres, pris dans la même acception, les mots *Colonia Copia Claudia Augusta*.

La ville ou colonie de Lyon était un vaste entrepôt de vivres pour toutes les Gaules; elle fut appelée *Copia* à raison de l'abondance qui y régnait ainsi que dans les pays voisins; bientôt le nom de *Copia* devint celui d'une déesse tutélaire qui fut la patronne de Lyon, on lui éleva des autels et des statues; nous possédons, dans la salle des antiques, deux statuettes, une en pierre et une en bronze, de cette divinité topique; Auguste, la divinité spéciale du pays, y joignit son nom, et celui de l'empereur Claude qui était né à Lyon fut placé dans cette légende, à raison des soins et de l'extension qu'il donna à cette métropole des Gaules.

Le commerce des draps était des plus importants dans cette partie de la Gaule, il y était exercé en grande partie par une compagnie militaire qui portait le nom de *Sagarii* :

« Les Gaulois (dit Strabon) possèdent un si grand nombre de troupeaux de mou-
« tons et de cochons, qu'ils fournissent non-seulement Rome, mais l'Italie presque
« entière de sayes et de porc salé; ils laissent croître leurs cheveux, portent des
« sayes et couvrent leurs extrémités inférieures de haut-de-chausses. Leurs tuniques
« ne ressemblent point aux nôtres, elles descendent jusqu'au bas du tronc, et ont des
« manches. La laine des moutons de la Gaule est rude, mais longue, on en fabrique
« cette espèce de saye à poils que les Romains appellent *lanes*; néanmoins, on
« entretient, même dans les parties les plus septentrionales, des troupeaux de
« moutons qui donnent une assez belle laine, par les soins que l'on a de les couvrir
« de peaux. »

Arras, Lyon et Vienne étaient renommées pour la qualité de leurs draps. Les teintures gauloises, selon Vopiscus, passaient pour être merveilleuses. Lyon, depuis cette époque, n'a point dégénéré. Les sayes si renommées de Lyon, de Vienne et de Langres, étaient, en général, d'un drap roux. Le Cantal, dont les mœurs ont peut-être encore conservé des vestiges de l'époque celtique, fournit encore des sayes dans le genre de celles des Gaulois.

Caius Rusonius Myron était vraisemblablement d'origine grecque; co-affranchi de Secundus Rusonius, il fut à son tour sévir augustal honoré, centonaire honoré, et marchand de sayes incorporé, ce qui fait présumer qu'il fut associé à son patron.

On appelait *augustaux* ceux qui, dans les corporations, étaient attachés au service de l'empereur, dans l'ordre civil, religieux ou militaire ; les autres formaient différentes corporations à la tête desquelles il y avait quelques personnages d'un rang élevé pour les régir.

Le sévirat augustal (1) en province était le premier échelon pour arriver aux grandes charges de l'Etat. Il ne faut néanmoins point le confondre avec le sacerdoce, les flamines augustaux, etc., etc. Dans sa harangue aux Lyonnais, l'empereur Claude recommande au sénat de Rome les enfants d'un citoyen de Vienne auquel il portait une grande affection :

« N'y a-t-il pas déjà longtemps (dit-il) que la florissante et très-puissante colonie
« de Vienne fournit des sénateurs à cette cour? N'est-ce pas de là qu'est venu Lucius
« Vestinus, mon intime ami, qui fait honneur à l'ordre des chevaliers, et que
« j'emploie même actuellement à mes propres affaires? Je vous recommande ses
« enfants : honorez-les dès à présent, je vous prie, des premières fonctions du
« sacerdoce, afin qu'avec le temps ils puissent parvenir à de plus hautes dignités. »

Les fonctions annuelles du sévirat furent d'abord remplies par des personnages d'un rang très-distingué, mais il paraît que plus tard elles furent données à de riches affranchis, et même à des personnages peu fortunés ; car, on voit à Narbonne, dans une inscription en l'honneur de Trajan, un sévir dont la fortune était plus que médiocre. On ne peut cependant prendre ce mot à la lettre, car de tous temps les chefs des corps de métiers, dans les villes marchandes, ont occupé des places élevées ; on voit à Nîmes l'inscription d'un de ces magistrats qui était marchand d'habits, et un autre qui était épicier-droguiste.

Le docteur Spon s'est attaché à relever cette dignité, parce qu'elle avait été exercée par des médecins ; mais la médecine a eu ses moments d'éclat et de disgrâces ; une multitude de charlatans et d'empiriques ignorants se sont cramponnés à cet art par cupidité, et en ont terni le lustre à plusieurs époques. Chez les Romains elle fut moins considérée que chez les Grecs et les Egyptiens où elle s'alliait au sacerdoce et à la royauté. Sénèque nous apprend que les grands seigneurs de l'empire avaient chez eux des médecins dont la plupart étaient des affranchis et des esclaves.

Rusonius Myron était centonaire honoré. Il nous paraît utile de rappeler ici que le collége des *Centonarii* (2) était surtout établi pour la confection des voiles, des cuirs, et des laines propres au service des armées. Il y avait dans ce collége deux catégories, celle des *honorés* et celle des *incorporés*. Quelques auteurs pensent que les *honorati collegii* étaient des hommes d'un rang plus élevé, qui n'étaient plus attachés au corps par aucun devoir, mais qui jouissaient néanmoins de ses priviléges ; après s'être acquittés honorablement de leurs fonctions, ils devenaient des membres purement honoraires, ils avaient le droit de faire porter dans les cérémonies publiques une espèce de chaise à deux places, et de revêtir les ornements dont ils avaient été décorés pendant leurs fonctions.

Gruter cite (*Appendix magistratuum*, page MXCIX, n. 2) l'inscription d'un augustal honoré du bisellium et des ornements du décurionat.

(1) Voir pag. XLVI. — (2) Voir pag. LIX.

PORTIQUE IV.

```
C N . PLAETORIO VI VIRO
         AVGVSTALI
        BISELLIARIO
    HONORATO ORNAMENTIS
        DECURIONAL...
```

Millin, en parlant du bisellium, cite un bas-relief trouvé à Pompeï où l'on voit un sévir augustal honoré du siége.

D'après tout ce que nous venons de dire, il paraîtrait que Caius Rusonius, co-affranchi, était membre honoraire parmi les sévirs augustaux de Lyon, que ses fonctions avaient cessé, et qu'il était membre actif dans le collége des marchands de sayes ou de draps.

Ce monument épigraphique existait dans l'église de Saint-Romain-lès-Vienne, canton de Sainte-Colombe (Rhône). Il fut découvert par M. Cochard, conseiller de préfecture, et sur sa demande, M. d'Herbouville, alors préfet du département, le fit transporter au Musée de Lyon.

Description. — Cette inscription, en lettres d'un beau style, est composée de 17 lignes. Les lettres de la 1re ligne ont 54 millim. de haut, celles des 12 lignes suivantes ont 40 millim., et celles des 3 dernières 62 millim. La première ligne est formée des sigles D-M. Le P et l'E qui terminaient la 2e ligne, sont détruits, ainsi que l'M qui finissait la 3e. En général, toutes les lettres ou syllabes finales des lignes suivantes sont mutilées ou détruites. (*V. pl.* XIII, *n.* 18.)

Ce beau cippe funéraire est en calcaire jurassique de Fay (1). Il était décoré d'une base et d'un couronnement qui ont été abattus pour en faire une assise plus régulière. La partie gauche de l'inscription a souffert.

Hauteur : 2 mètres 5 cent. — Largeur : 59 cent. — Epaisseur : 10 cent.

N. 19.

Cette statue est en marbre blanc; la tête, les pieds et les deux avant-bras, qui étaient en pièces de rapport, manquent entièrement. Le corps de cette femme est richement drapé, il est vêtu de la tunique talaire, qui est couverte en devant du large pan oblique d'une espèce de pallium; les seins sont proéminents au travers de cette draperie qui est artistement plissée, et dont l'ensemble est assez gracieux. Ce personnage est difficile à déterminer par son manque d'attributs.

Elle a été trouvée à Lyon, en 1843, dans un égout de la vieille ville, qui a été retrouvé en creusant celui de la Platière; elle a été retirée de cet endroit, rue Lanterne, où elle gisait au milieu de nombreux débris romains, qui malheureusement ont été laissés sur place. Je signale ici cette observation, parce que, d'après le rapport qui m'a été fait par les ouvriers qui ont débouché ce canal, on ne peut douter qu'en cet endroit une fouille serait très-fructueuse.

---

(1) Voir pag. LXXI.

PORTIQUE IV.

Outre la perte de la tête et de l'extrémité des membres de cette statue, on remarque quelques brèches aux plis saillants des draperies. (*Voyez pl.* IX, *n.* 19.)

Hauteur : 90 cent.

N. 20.

Ce fragment, en calcaire oolithique de Tournus, dépend sans doute de la corniche d'un monument considérable, à en juger par le travail grossier des ornements qui étaient destinés à être vus à une certaine distance.

Ce débris a été coupé carrément ; il présente un rang d'oves et de perles séparées par un listel.

Hauteur : 15 cent. — Largeur : 25 cent. — Epaisseur : 18 cent.

N. 21.

```
D ⚒ ⚒ M
ET MEMORIAE
PRIME CON
VGI CARIS
SIME ALCIDE
S . CONIVX . FE
CIT . ET . SVB
CIA . DEDI
```

(*Inédite.*)

Aux Dieux Mânes (2) et à la mémoire éternelle de Prima, épouse chérie, Alcides, son mari, a élevé ce monument, et l'a dédié *Sub ascia* (3).

Description. — Cette inscription, simple et laconique, qui exprime la tendresse d'un mari pour son épouse, est composée de 7 lignes, en comprenant la ligne supérieure formée par un D et un M majuscules, où l'*ascia* se trouve gravée deux fois entre ces deux sigles. Le nom du mari, Alcides, est évidemment d'origine grecque. Les lettres sont d'un style médiocre ; celles du corps de l'inscription ont 16 millim. de hauteur. La moitié inférieure de la dernière ligne, où l'on devait lire ASCIA DEDICAVIT, manque entièrement. Nous ferons remarquer que dans PRIMAE l'A a été supprimé, ainsi que dans CARISSIMAE.

Ce petit cippe funéraire est en calcaire oolithique blanc de Tournus (4) ; il est décoré d'un couronnement à moulures qui est surmonté d'un fronton à rouleau de chaque côté ; la face du dessus est creusée dans son centre d'une cavité simulant le fond d'une coupe.

La base a été brisée horizontalement au niveau de l'avant-dernière ligne et a été perdue.

Cette pierre a été trouvée à Champvert, banlieue de Lyon, dans le clos de M. Marduel, il y a quelques années, et cet honorable propriétaire, qui déjà a enrichi le Musée de plusieurs monuments antiques, en a fait don à la ville de Lyon, en 1844, époque où elle a été transportée sous les portiques.

Hauteur : 28 cent. — Largeur : 20 cent. — Epaisseur : 16 cent.

---

(1) Voir pag. LXXII. — (2) Voir pag. XXI. — (3) Voir pag. XXII. — (4) Voir pag. LXXII.

N. 22.

Cette tête de Jupiter, en marbre blanc de Paros, ornait l'abaque d'un chapiteau du temple de Jupiter *Férétrien* (1), à Vienne. Le masque de cette divinité est du ciseau d'un ouvrier habile; il est d'un style grandiose et sculpté de manière à produire de l'effet, vu dans la position et à la hauteur où il était placé. Ceux qui le voient de trop près le jugent souvent mal; du reste, les débris des ruines de ce temple, qui ornent le Musée de Vienne, indiquent assez la valeur artistique et l'importance qu'avait ce monument.

Cette tête a été trouvée près de l'amphithéâtre, à Vienne, à l'abattoir actuel, construit sur l'emplacement de l'ancien temple. Elle est d'une très-bonne conservation.

Elle faisait partie du cabinet Chavernod, acquis par la ville de Lyon.

Longueur : 26 cent. — Poids : 11 kilog. 500 gr.

N. 23.

Cette tête, en calcaire oolithique blanc, vient de Nimes, où Artaud l'avait achetée pour le Musée de Lyon. Le front est chauve, le bas de la face est couvert d'une barbe épaisse. Cette sculpture est postérieure aux deux premiers siècles de l'empire, le nez est mutilé en partie, ainsi que le menton.

Hauteur : 31 cent. — Largeur : 18 cent. 6 millim.

N. 24.

Mascaron barbu, en marbre, orné de feuilles, d'un style du bas-temps. Il est très-mutilé. Nous sommes sans renseignements sur son origine.

Hauteur : 19 cent. 6 millim. — Largeur : 10 cent.

N. 25.

La tête que nous décrivons sous ce numéro est en marbre blanc. Elle a été donnée par M. Saunier, propriétaire, à Ainay (Lyon), qui l'a trouvée dans son jardin (même paroisse). Elle représente la tête d'un jeune homme coiffé en cheveux. Le travail est d'un beau style romain; le nez et les lèvres sont mutilés. Elle a appartenu à une statue plus grande que nature. Elle est brisée à la base du col.

Hauteur : 38 cent. 5 millim. — Diamètre : 29 cent.

---

(1) Voir pag. LXI.

PORTIQUE V.

N. 26. — SARCOPHAGE DÉCOUVERT A SAINT-IRÉNÉE.

A l'époque de la reconstruction de l'église Saint-Irénée, en creusant les fondations du mur gauche de la rampe des escaliers qui conduisent au grand portique, on aperçut les bords supérieurs d'une tombe en marbre blanc; comme la sculpture faisait saillie sur le devant, deux têtes en furent détachées, l'une d'elles fut conservée par M. Durand, curé de cette paroisse, et l'autre emportée par un sculpteur distingué de cette ville, qui l'envoya à Paris pour en faire hommage au Musée royal; la première nous a été rendue par l'honorable pasteur, ainsi que plusieurs fragments du couronnement qui ont retrouvé leur place; quant à la seconde, aurons-nous le bonheur de la retrouver?

Les fonds destinés à la restauration de cette vieille église n'étant pas suffisants pour entreprendre des travaux qui lui étaient étrangers, on recouvrit ce monument, mais le souvenir de son existence ne s'était point effacé. M. le Maire ayant ordonné la translation au Musée des pierres à inscription qui bordaient la rampe dont nous venons de parler, nous lui demandâmes l'autorisation de faire une fouille dans l'endroit où l'on avait vu ce sacorphage; il accéda à cette demande, et les travaux furent aussitôt commencés. On fit une tranchée dans un espace en forme de parallélogramme qui se trouve entre le côté gauche de l'escalier de l'église et la maison de M. Tête qui lui fait face. Sur certaines indications du gisement du tombeau, on creusa trop à l'ouest: cet essai fut infructueux; mais, en se rapprochant du côté opposé, on arriva sur le lieu où il avait été aperçu il y a environ 25 ans. On voit par là combien, en peu d'années, les souvenirs deviennent déjà incertains, et combien il est utile, en pareil cas, de constater les lieux par des mesures exactes aboutissant à d'autres points.

Arrivé sur l'emplacement du sarcophage, celui-ci fut dégagé des terres qui l'entouraient et dont il était comblé. Il reposait dans le sol à une profondeur d'environ 4 mètres, dans le milieu de l'espace compris entre l'escalier de l'église et la maison de M. Tête; le devant faisant face à cette dernière était tourné vers le nord.

Dans cet état, nous reconnûmes de nombreuses fentes qui firent craindre sa division en plusieurs pièces, attendu qu'elles traversaient toute l'épaisseur du marbre; en effet, dès qu'on voulut l'ébranler, la division s'opéra et toutes les pièces furent enlevées et soigneusement emballées pour être transportées au Musée. Malgré toutes les précautions prises pour le transport de cette énorme masse, le devant présentait une fissure qui régnait tout le long de sa base, il se détacha d'une partie du fond auquel il adhérait sur un point, et se divisa en plusieurs pièces sans aucune espèce d'écornure. Arrivé ainsi au Musée, nous l'avons fait placer sous les portiques et rajuster toutes les pièces au moyen du ciment des marbriers et de goujons en fer ; aujourd'hui il paraît intact, moins les mutilations anciennes dont nous parlerons plus bas.

Ce magnifique sarcophage est en marbre blanc de Paros à larges facettes saccharoïdes ; le devant et les côtés sont ornés de sculptures ; celles des côtés sont d'un ciseau moins habile que celles du devant qui représentent le principal sujet. On sait, en général, que ces parties, moins en vue, étaient confiées à des ouvriers secondaires.

Le bas-relief, qui est exécuté sur le devant, est en ronde-bosse, profondément fouillé, et de style grec ; je n'entends point par là en conclure qu'il a été sculpté à Sparte ou à Athènes, et qu'il a été ainsi transporté à Lugdunum, la question serait difficile à résoudre. Après la conquête, une foule d'artistes grecs vinrent s'établir dans les Gaules où ils apportèrent leur goût et leur génie. Ainsi, il n'est pas rare de découvrir dans les principales villes anciennes de cette colonie des monuments où l'on reconnaît le style de cette nation ; Lyon et Vienne, sans citer les anciennes villes du midi de la France, nous en ont fourni de nombreux exemples.

Ce beau travail, d'une savante composition, a été exécuté largement ; il n'était point destiné à être examiné à la loupe, une balustrade devait l'entourer pour le préserver des attouchements et soustraire à toute profanation les cendres qu'il renfermait. Sans doute on y rencontre quelques imperfections, mais elles disparaissent à une faible distance ; le sculpteur habile a complètement atteint son but, en nous montrant un bas-relief qui impressionne par l'importance du sujet, la pose des personnages, le caractère des figures, la variété de leurs costumes, et la représentation d'un fait où il a peint avec vérité, énergie et grâce, un ensemble dont toutes les parties sont en harmonie avec la scène mythologique qu'il voulait offrir aux regards et à l'esprit.

Cette vaste composition comprend dans son ensemble vingt-neuf personnages, dix animaux divers et une foule d'attributs.

Le sujet est le triomphe de Bacchus (1) revenant de sa conquête de l'Inde.

---

(1) MYTHES DE BACCHUS. — Dionysius ou Bacchus, était un être merveilleux, qui jouissait d'un rang élevé dans les religions orientales ; en Grèce, il fut un héros pour le peuple et un démon pour les théoriciens systématiques qui le considéraient comme un élément divin qui avait subi le mélange des passions et des affections humaines ; d'après Plutarque, on faisait bien de rendre à Bacchus, ainsi qu'à Hercule, les honneurs divins et les honneurs dus aux héros ; dans la poésie populaire, Bacchus et Hercule étaient simplement deux héros fils de Jupiter, également haïs et persécutés par Junon ; Bacchus, dieu victorieux et triomphant, fut, ainsi qu'Hercule, le descendant d'une antique race royale, le fils de Sémélé, fille de Cadmus, rendue mère par Jupiter.

Les Eléens adoraient Dionysius comme le soleil ; ils honoraient Bacchus comme héros et demi-dieu, et comme taureau solaire. Nous trouvons, dans le culte primitif, la racine étrangère de cette branche religieuse importante des anciens.

Une foule de traits nous indiquent ses rapports avec l'Orient, avec la Phénicie et l'Egypte, avec la Lybie et l'antique sanctuaire de Jupiter Ammon. D'après la légende de la naissance de Dionysius,

Nous plaçant en face du tombeau, et partant de gauche et allant à droite, nous décrirons successivement chacun des personnages dans l'ordre qu'ils occupent, et nous laisserons pour la fin la description des deux côtés. (*Voyez pl.* I, *n*. 26.)

Tout-à-fait à notre gauche et sur le premier plan, se présente une bacchante

il serait né à Thèbes en Béotie; nous trouvons dans cette origine des circonstances miraculeuses; ainsi Dionysius serait né du feu, il serait descendu du ciel avec la foudre, Sémélé l'aurait mis au monde au milieu des tonnerres et des éclairs; c'est pourquoi il reçut les épithètes de *Fulminant*, de *Flamboyant*, on l'appelle encore *Bromius* ou le *Retentissement*.

Les Grecs, héritiers des antiques traditions de la Thèbes égyptienne sur le divin héros du soleil, les développèrent à leur manière; Ammon avait eu, disaient-ils, Bacchus de la chèvre Amalthée, qu'il tua d'un coup de foudre, redoutant la jalousie de Rhéa, son épouse. Jupiter, d'après Hérodote, porta ce jeune enfant, cousu dans sa cuisse, à la nymphe Nisa, en Ethiopie, où il fut élevé par Aristée avec l'assistance de Minerve.

Bacchus ou Dionysius, selon l'un des systèmes orphiques qui se fondaient sur le dogme égyptien, était le dieu des Dieux. D'après Suidas, il n'est pas seulement le fils de Ptha, il est Ptha lui-même; il est en conséquence, le grand, l'éternel arbitre de toutes choses, le maître de la destinée, son interprète, et le premier des prophètes.

Le mythe de Bacchus, comme celui des autres divinités, a subi de nombreuses transformations en passant de l'Orient en Egypte, en Grèce, et chez les peuples Italiques.

Le Dionysius à la mamelle, de Suidas, se nommait aussi *Iacchus*, et tout concourt à établir que le Dionysius d'Athènes, le divin nourrisson, était regardé comme fils de Demeter, qui, d'après Sophocle, le tient sur son sein; Diodore parle, en effet, d'un Dionysius, fils de Jupiter et de Démeter, ce qui explique l'épithète de *Demetrios*, donnée à Iacchus; la plupart des Hellènes donnent à Dionysius, les noms de Iacchus et de chef des mystères et de démon (génie) de Demeter. Bacchus, Dionysius, ou Iacchus était encore distingué d'un autre Dionysius mystique appelé Zagréus, fils de Jupiter et de Proserpine.

Guigniaut, d'après Creuzer, dit, page 285 tome III :

« Quoi qu'il en soit, le fils de Proserpine est bien Zagréus ; on explique ce nom par *fort chasseur*,
« étymologie qui peut être admise, pourvu que l'on ne veuille pas, avec Bochart, voir dans ce fort
« chasseur le Nemrod de l'Ecriture. En effet, Zagréus n'est pas autre, au fond, que Dis ou Pluton,
« le riche, l'avide, qui dresse incessamment des embûches à tout ce qui respire et qui fait sa proie
« de tous les êtres vivants. Hésychius l'appelle expressément le Dionysius souterrain ; sa mère Pro-
« serpine aurait été, d'après une généalogie, la fille de Jupiter et de Styx. Ne retrouve-t-on pas ici
« l'Osiris de l'Egypte, descendu au tombeau, ce chasseur infernal de l'Amenthès armé de son fouet
« ou fléau, dont il rassemble les troupeaux des morts, et dans lequel Hérodote reconnaît Dionysius
« gouvernant le sombre empire avec Demeter. »

Plus loin, page 287 :

« A peine Proserpine avait-elle vu le jour, que tous les Dieux ambitionnèrent sa main. Demeter
« ou Cérès, craignant qu'une sanglante querelle ne vînt à s'élever parmi les prétendants, prit le parti
« de cacher sa fille dans un caveau dont elle confia la garde aux serpents qui traînent son char. Ce-
« pendant Jupiter lui-même se change en un serpent et a commerce avec Proserpine. De cette
« union provint Zagréus, né avec une tête de taureau, il fut le favori de son père, qui lui accorda
« même le pouvoir de lancer la foudre. »

Tels sont en partie les différents mythes de Bacchus et les diverses croyances qui ont fait naître son culte. Rome plus tard, et les Gaules ensuite, empruntèrent à leurs devanciers toutes les idées qui pouvaient se rattacher à sa puissance.

debout, à droite du char triomphal qui porte Bacchus et Ariane; malheureusement la tête, le bras droit et le bas de l'avant-bras gauche, ainsi que la main, manquent totalement; on voit encore au-devant de l'épaule gauche une partie de la tige de l'espèce de lituus qu'elle tenait de cette main et dont l'extrémité inférieure touche le côté droit du char, et l'extrémité supérieure est plaquée contre la branche de laurier qui s'élève à droite de Bacchus. Cette bacchante est richement drapée; les plis de ses vêtements sont gracieux et ondoyants; le sein droit est découvert; sa tunique, relevée sur le devant, laisse apercevoir la cuisse, la jambe et le pied droit. La pose et le travail de ce nu annoncent une main habile qui sait reproduire les belles formes; son peplum flotte en arrière.

Bacchus, l'acteur principal de cette scène, est placé en arrière de cette bacchante qui masque le bas de son corps légèrement penché sur la droite. Le haut du buste est découvert du même côté; Bacchus tient un sceptre à pomme de pin de la main gauche; sa tête est tournée vers Ariane qu'il fixe avec une complaisante attention. Coiffé d'une chevelure ondoyante artistement fouillée, il porte une couronne en faisceau de feuilles de laurier étroitement serré, et sur le devant de la couronne, on voit un fleuron lisse et ovale; le Dieu est debout sur son char; au-devant de lui et à sa gauche est Ariane, dans la même pose; elle tient de la main droite la base du lituus dont le haut est mutilé et manque, ainsi que le bras et l'avant-bras de ce côté; la main gauche manque également. Elle est vêtue de la tunique talaire; son corps est ceint d'une bande qui s'élargit, au centre et sur le devant, en forme de diadème; les bouts de cette ceinture, qui sont noués en dessous, descendent en avant au-dessous du niveau du tronc; l'un d'eux se termine par une tête de bouc; il est présumable que l'autre bout qui se dirigeait à gauche et qui est brisé présentait la même image. Ariane a la tête tournée vers Bacchus qu'elle regarde; elle est couronnée de pampres et de lierres; deux masses de raisins et de feuilles de vigne descendent de chaque côté; les têtes de Bacchus et d'Ariane, presque en regard et au même niveau, sont de profil grec et d'un bon travail; nous constatons avec peine que le nez de ces deux personnages importants, ainsi que tous ceux des grandes figures qui sont représentées sur ce bas relief, sont brisés.

Le char du triomphateur est conduit par deux panthères accouplées qui sont montées chacune par un enfant. La partie visible de ce char présente une bande formant la courbe, ornée de moulures dans le haut et le bas, et décorée sur sa paroi extérieure de larges feuilles à bords dentelés, dont les extrémités se replient en forme de rinceau; la roue droite, placée de face sur la ligne de cette scène, a été mutilée; la partie droite des jantes est seule restée. La panthère femelle, placée au premier plan, offre à la vue tout le flanc du côté droit, elle est dans l'action de marcher; sa tête est tournée de face, sa gueule béante semble rugir et avide de dévorer, à la vue d'un bouc qu'elle vient d'immoler et dont on n'aperçoit que la tête qui exprime encore la douleur; elle a le regard farouche et animé, les narines gonflées; de sa queue, dont une partie a été mutilée, elle fouette son flanc droit. Ce tableau est plein de vigueur et de style. La seconde panthère, dont le corps est masqué en grande partie par celle que nous venons de décrire, élève et retourne la tête ; elle regarde en menaçant les personnages placés derrière elle. Toutes les deux paraissent impatientes du joug.

Les deux enfants ou génies qui montent ces panthères sont assis sur leur dos, ils sont vêtus d'une tunique courte et légère qui laisse apercevoir toutes les formes de leurs corps, mais la tête et le bras droit manquent au premier, ainsi que le bras du même côté, l'avant-bras gauche et la tête au second ; ils tiennent chacun de la main gauche une branche de laurier, celui du premier plan en tient encore la partie inférieure, on aperçoit la partie supérieure du rameau que tenait celui du deuxième plan.

Sous le ventre de la première panthère, on voit un petit groupe dont le sujet est connu, c'est un faune agenouillé, courbé en avant, qui s'applique à arracher une épine du pied d'un satyre qui est assis devant lui ; les nombreuses mutilations qu'a subies cette scène lui font perdre une grande partie de son intérêt ; le faune est sans tête, la plus grande portion de son bras droit manque, ainsi que les deux bras et la jambe gauche du satyre, dont la figure toute mutilée semble encore exprimer un sentiment de douleur.

Entre les pattes de devant de la même panthère, on aperçoit un jeune enfant nu, coiffé en cheveux, assis sur le sol, s'appuyant sur la main gauche et tenant de la droite un chalumeau dont il joue ; cette sculpture gracieuse est en relief mi-plat, elle n'a subi aucune mutilation, étant protégée par d'autres reliefs très-avancés ; aux pieds de cet enfant, et derrière le dos du petit satyre, on voit la tête d'un bouc dont le corps est inaperçu ; ce cadavre qui se trouve sur la marche du cortége indique le passage des panthères, dont la dent meurtrière a fait succomber ce bouc, sans avoir eu le temps de le dévorer.

Sur l'arrière plan de cette scène, une Victoire ailée est placée debout à la gauche d'Ariane, elle tient une palme de la main gauche, le bras droit est masqué par Ariane et semble se diriger vers Bacchus ; elle est vêtue d'une longue tunique sans manche, ses ailes sont éployées, sa tête tournée du côté droit ; elle fixe les deux triomphateurs, sa chevelure est ondoyante, un nœud de ruban flotte en arrière et une mèche de cheveux descend sur chaque épaule. Ce profil gracieux est l'un des plus remarquables qui figurent sur ce monument ; sur le sein droit de cette victoire, on aperçoit un tronçon mutilé sur lequel venait s'appuyer le haut du lituus que tient Ariane.

A la gauche de cette Victoire, une bacchante debout, vêtue d'une tunique talaire dont le haut laisse à découvert l'épaule droite, est placée derrière les deux jeunes enfants portés sur les deux panthères ; sa tête est coiffée d'une longue chevelure ondoyante qui laisse flotter et descendre sur les épaules une longue mèche à contours gracieux. Le nez et la joue gauche ont subi des mutilations ; le bras droit a été brisé jusqu'au-dessus du coude et manque ainsi que les attributs de cette prêtresse. A gauche de ce dernier personnage, est une autre bacchante, d'origine nègre, élégamment costumée ; son peplum, qui forme un cercle derrière sa tête, flotte au gré des vents. Le travail de cette belle draperie révèle la tradition de la belle époque de l'art chez les Grecs. Cette négresse, placée derrière la tête de la seconde panthère, tourne le dos au char de triomphe ; elle a la tête levée et regarde le ciel en gonflant ses joues et tirant la langue ; elle semble faire ces grimaces en signe de dédain pour un satyre qui la regarde avec colère ; une longue chevelure flotte en arrière, une mèche descend sur chaque épaule, et une touffe de lierre couvre le dessus de sa tête. Ici nous ferons remarquer que le sculpteur, sans doute pour donner plus de grâce à son sujet, ne s'est point conformé à la nature de la race nègre dont la chevelure est une espèce de lainage frisé, et cependant l'on ne peut méconnaître dans les traits caractérisés de cette prêtresse de Bacchus le type nègre ; c'est bien sans doute une erreur volontaire et une licence artistique ; la figure a éprouvé de nombreuses mutilations, et le bras droit manque. Probablement de ce bras elle agaçait le satyre qui la regarde d'un air courroucé.

Devant cette bacchante se trouve le satyre, dont nous venons de parler ; il est debout, dans l'action de marcher ; ses formes sont fortement prononcées et herculéennes, il tourne la tête vers la négresse, jette sur elle un regard d'horreur, ouvre la bouche, tire la langue en faisant des grimaces qui indiquent toute la répugnance qu'il éprouve pour le sang nègre ; il porte une peau de bouc en sautoir et une ceinture en peau du même animal ; il est coiffé et couronné d'un faisceau de feuillages étroitement serré ; de longues moustaches ombragent la lèvre supérieure et les côtés de la face, et descendent sur sa poitrine ; le haut des cuisses et le bas de la jambe gauche portent de longues mèches de poils. Il tenait sans doute de la main gauche le bâton courbe et noueux ; il n'en reste que le haut, encore est-il mutilé ; la main manque aussi ainsi que le bras droit qui est brisé au niveau du sein. Les lèvres, le nez, et quelques parties de la chevelure, sont également mutilés ; le bas de la jambe gauche manque ; il existe un intervalle vide entre le haut de cette jambe et son pied fourchu qui repose sur la base de ce monument.

Entre les jambes de ce grand satyre il en existe un second qui est nu et dont les formes annoncent l'âge mûr, quoiqu'il soit d'une petite taille ; il est debout, reposant sur la jambe droite, la gauche élevée dans une position forcée. Il tient de la main gauche le bâton noueux, et de la main droite un chalumeau dont il jouait. La tête de ce personnage manque ainsi qu'une partie de l'avant-bras droit et la plus grande portion de la jambe gauche ; à ses pieds est une espèce de panier natté qui contient des fruits et dont le couvercle est renversé sur le sol du côté gauche.

Derrière l'épaule gauche du grand satyre on voit s'élever le col d'un chameau. Le corps de cet animal est entièrement masqué ; son museau a été brisé et manque.

Ce chameau est précédé par un éléphant dont on n'aperçoit que le train de devant vu de côté ; il est monté par un personnage imberbe, coiffé de longs cheveux frisés, divisés en boudins étagés sur le derrière. Ce cavalier regarde attentivement la scène qui forme la tête du cortége et qui termine ce bas-relief; il est vêtu d'une tunique à manche courte et qui s'arrête au-dessus du genou, il porte un pantalon collant qui présente dans le bas de la jambe des plis longitudinaux, une chlamyde fixée par un bouton sur l'épaule droite flotte sur son dos; la partie antérieure du pied droit, le bras droit, l'avant-bras gauche, le bas de la chevelure et le bout du nez ont été brisés et manquent. Un tronc d'arbre s'élève au niveau de la tête du côté gauche. L'oreille de l'éléphant, la défense droite et le bout de la trompe sont mutilés; cet animal porte un étroit collier où pend une clochette, le dessus du crâne est orné de deux fleurons. La tête est modelée avec art, mais le reste du corps est d'un travail négligé; la peau simule une espèce de réseau dans lequel il serait enveloppé, ou bien l'artiste a-t-il voulu figurer à grands traits les losanges rugueuses de la peau; la patte, dont le pied manque, est peu en rapport avec celle de l'éléphant.

A gauche du cou de ce pachyderme un personnage, vêtu et coiffé comme celui que porte cet animal, est monté sur une girafe; il fixe, comme le précédent, la scène qui se passe devant lui; le museau et la corne droite de la girafe sont brisés; un jeune enfant coiffé en cheveux, à la manière du cavalier qui est derrière lui, est à cheval sur le cou, il tient de la main droite une espèce de harpon. Qui sont ces deux grands personnages? Sont-ce des prisonniers de marque qui précèdent le triomphateur? La position de leurs bras derrière le dos semblerait l'indiquer.

Au-dessous de l'éléphant il existe un lion dans l'action de courir, il était monté par un amour dont il ne reste qu'une faible partie du corps du côté gauche et le bras, il tient de cette main la crinière de sa monture et semble vouloir la dompter. La tête du lion est vue de face, son cou est couvert d'une longue crinière. Le travail de cette partie du bas-relief est plein de style et très-soigné; le bas de la patte de devant a été brisé, il reste un vide entre la griffe qui repose sur le sol et le haut de ce membre. On aperçoit aussi dans cet endroit une portion des pieds du personnage qui le montait, il paraît qu'il était assis et vu de face.

Au-dessous de la tête de l'éléphant un petit personnage, drapé, debout, coiffé à la manière de celui qui monte l'éléphant, soutient une outre que porte sur ses épaules un silène, dont le corps est sculpté en plein relief; il est à regretter que la tête et le bras manquent.

Entre la tête de l'éléphant et le cou de la girafe, un bacchant, personnage de haute taille, debout, vêtu d'une longue tunique, tourne la tête et regarde d'un air pensif et soucieux le cortége triomphal; il est barbu, à oreille de bouc; son front est ridé, le dessus de la tête est chauve, et il est couronné d'une bandelette ornée de fleurons, de fruits, de lierre. Il porte un oliphan dont on aperçoit la base qui se lève au-dessus de l'épaule droite. Ici la scène change tout-à-fait; Bacchus et son cortége semblent ne devoir plus nous occuper; tout se rapporte à une autre divinité : c'est Hercule ivre et amoureux qui se penche vers Hébé; il se dispose à entrer dans une grotte, il est soutenu par un satyre qui le tient à brasse-corps ; aux pieds d'Hercule est un personnage agenouillé dans une pose suppliante, c'est sans doute l'Amour qui implore Hébé pour qu'elle accorde ses faveurs au vainqueur du lion de Némée. Au-dessus de ce groupe se trouve la voûte irrégulière de la grotte qui tient à la montagne sur laquelle on voit un personnage allégorique couché, dont les bras, les jambes et la tête sont mutilés ; à ses pieds est une chèvre debout, et près de sa tête une autre chèvre couchée qui a la tête tournée de son côté.

Hercule est nu et debout ; sa jambe gauche fléchit sous le poids de son corps ; la droite est tendue, la pointe du pied basse semble chercher le sol pour appui ; dans cette pose il a besoin, pour ne pas tomber, du satyre qui embrasse son corps, et dont les mains s'entre-croisent légèrement entre les seins et le nombril. Ce satyre, dont le corps est masqué par celui d'Hercule, avance sa tête au-dessus de l'épaule droite du héros, il regarde tristement du côté opposé et semble déplorer l'état de celui qu'il soutient avec peine. La tête de ce satyre est coiffée en cheveux, elle est ceinte d'un faisceau de feuillages serré par des liens également espacés. Une partie de la chevelure, le nez et la lèvre supérieure ont éprouvé des mutilations.

Les traits de la figure d'Hercule sont bien caractérisés et expriment parfaitement son état d'ivresse et les sentiments que lui inspire la belle Hébé ; il a le bras gauche pendant qui se rapproche de l'objet de ses amours ; la peau du lion de Némée est jetée sur ses épaules, la partie correspondante à la tête couvre la sienne, et celle qui couvrait les pattes de devant est nouée sur le devant de sa poitrine. Le petit Amour qui est agenouillé à ses pieds et en face d'Hébé, était sans doute très-expressif, mais il n'en reste que le bas du tronc qui indique sa pose ; derrière lui deux crotales accouplées par leur lien sont déposées sur le sol.

Hébé est le dernier personnage de cette scène qui termine ce côté du monument : elle est debout, dans une pose gracieuse ; une légère draperie repose sur l'épaule droite, descend le long du corps, se replie en arrière pour recouvrir les cuisses et le haut des jambes. La tête manque, ainsi que le haut du corps qui est brisé en diagonale en suivant une ligne de droite à gauche, qui partirait de la base du cou et arriverait au côté gauche en dessous du sein. Ce qui reste d'Hébé indique combien l'habile sculpteur de ce bas-relief avait pris de soin pour rendre les belles formes d'une femme qui, sans doute, ne repoussait point les vœux d'Hercule à en juger par son attitude et surtout par sa main droite qui repose avec calme sur l'épaule de celui qui l'invite à l'aimer. Le corps d'Hébé est la partie nue la mieux traitée de cette belle composition dont la plus grande partie des figures est en plein relief et souvent détachée. Aux pieds d'Hébé se trouve un petit bouc couché (1).

Cet immense travail est fouillé profondément et avec hardiesse ; il révèle toutes les traditions de l'art grec ; comme dans toutes les grandes pages on y remarque des

(1) Une scène à peu près semblable se trouve représentée dans un des caissons de la belle mosaïque qui a été découverte à Vienne pendant la session du congrès scientifique de France, à Lyon, en 1841.

imperfections, mais elles disparaissent en grande partie lorsque cette œuvre est vue et jugée à la distance convenable.

D'autre part, les nombreuses mutilations que nous avons signalées sont peu faites pour en rehausser le style, attendu qu'un nez mutilé, une tête manquante, des bras cassés, détruisent une grande partie de l'intérêt en ôtant l'expression et la grâce des gestes et des poses. Malgré cette défiguration il n'en reste pas moins constant que ce sarcophage est l'un de nos monuments antiques les plus précieux, et qu'il est l'ouvrage d'un artiste habile du second ou du troisième siècle de l'empire.

CÔTÉ DROIT.

Les deux côtés de ce sarcophage sont ornés de sculptures, mais le sujet en est simple et le travail bien inférieur à celui de devant. En général, ces côtés étaient confiés à des artistes d'un mérite secondaire, auxquels on donnait le dessin des sujets à sculpter, et qui les exécutaient plus ou moins bien; le genre de travail est tout différent, il est plus grossier et beaucoup moins en saillie.

Sur la partie la plus éloignée du devant, on voit un satyre placé de face, il est debout et nu; son corps repose sur la jambe gauche, la droite est écartée et relevée, un pan de draperie couvre l'épaule et le bras gauche, il tient un chalumeau de la main droite et le bâton noueux et crochu de la gauche. Sa tête est tournée du côté gauche, il regarde une bacchante placée près de lui, son menton est barbu, il est coiffé en cheveux, deux cornes s'élèvent au-dessus de son front, une longue oreille de bouc retombe en arrière.

Entre ses jambes la boîte cistique repose sur le sol, elle est ouverte, le couvercle à charnière est abattu sur la droite, un long serpent s'élance de cette boîte pour mordre les parties génitales du satyre. Une bacchante, debout dans l'action de marcher, la jambe droite portée en avant, est vêtue d'une tunique talaire sans manche, et du peplum qui forme un cercle irrégulier et flotte au gré du vent; sa tunique s'ouvre sur le côté droit et laisse à découvert la cuisse et la jambe droite, l'épaule et le bras du même côté sont également nus; elle tient de ses deux mains un tambour de basque dont elle joue; sa tête est tournée en arrière, elle regarde en souriant le satyre dont nous venons de parler, elle est coiffée en cheveux qui sont entremêlés de pampre et de lierre, une longue mèche ondoyante descend de chaque côté du cou.

CÔTÉ GAUCHE.

Le côté gauche de ce sarcophage est du même style que celui du côté droit, il représente sur la partie la plus rapprochée du devant un faune, nu, debout, vu de face, la tête tournée en arrière, regardant sur sa droite, il est coiffé en cheveux et a des oreilles de bouc, il est dans l'action de marcher; d'après sa pose, il doit tenir embrassé, de son bras qui est masqué, la bacchante qui est devant, sa main droite s'avance pour la saisir. En avant de lui est la bacchante dont nous parlons, elle marche, le pied droit porté en avant; elle est vêtue absolument de même que celle sculptée sur le côté opposé; la tête tournée à droite, elle regarde le faune qui la suit; sa tête est diadèmée, coiffée en cheveux mêlés de feuilles de lierre, le côté gauche du front est orné d'une rosace; elle porte devant elle une lyre, et tient de la main droite le plectrum. A ses pieds est une espèce d'autel de forme cylindrique, simulant un vase qui est orné de moulures dans le haut et le bas, ainsi que d'une guirlande de fleurs en sautoir ; sur cet autel sont entassés de petits fruits, une pomme, et deux fruits de pin; vers le centre il s'élève un faisceau de flammes qui indique le moment du sacrifice. Le bas-relief est terminé sur cette face par un pin, dont une branche est coupée près du tronc, et les autres s'élèvent en forme d'éventail, dont la résection du feuillage donne une ressemblance à la feuille du palmier.

Nous le répétons, ce travail est celui d'un ouvrier secondaire, et n'approche point du mérite d'exécution du grand bas-relief qui figure sur le devant.

La présence d'un tel sujet sur un tombeau nous paraît assez difficile à expliquer sous plus d'un rapport. Bien certainement cette scène mythologique n'a point été choisie comme une simple décoration, toujours les anciens avaient des motifs qu'ils puisaient dans leurs croyances religieuses. Nous pouvons à juste titre présumer que, dans l'esprit qui a présidé au choix du sujet de ce bas-relief, si on a représenté le Dieu du vin en vainqueur, entouré d'un cortége triomphal, cette sculpture n'avait pas seulement pour but de peindre Bacchus dans toute sa gloire, c'était plutôt celui d'invoquer sa puissance chez les morts, dans les enfers. La scène bachique et amoureuse d'Hercule est ici un complément de l'invocation. Tous deux frères, tous deux fils de Jupiter, on a voulu rendre hommage à la famille divine pour implorer ses faveurs. En Argolide, où l'on adorait un Dionysius descendu aux enfers, l'on célébrait en son honneur des cérémonies funèbres. A Delphes, pareillement, Bacchus était regardé comme un pouvoir tellurique, comme un prophète divin, producteur des émanations souterraines du gouffre sacré.

Dimensions. — Longueur du sarcophage : 2 mètres 27 cent. — Hauteur : 1 mètre 12 cent. — Epaisseur : 1 mètre 3 cent., en comprenant l'épaisseur de la sculpture.

Profondeur de la tombe : 1 mètre 05 cent. — Longueur : 2 mètres 04 cent. — Largeur : 88 centimètres.

La hauteur des grands personnages varie de 1 mètre à 80 cent.; celle des petits de 40 à 20 cent.

Les grandes figures sont au nombre de 17, les petites à celui de 12, celui des animaux est de 11.

Les panthères, le chameau, la girafe, l'éléphant, le lion, sont dans de plus grandes proportions que les chèvres et les boucs.

Toutes les mutilations qui ont été exercées sur ce monument sont de date ancienne. Les cassures, du reste, indiquent par leur aspect que les pièces qui manquent et qui s'y rapportaient, ont été abattues depuis longtemps, et que les mutilateurs en voulaient surtout aux figures, car ce sont les parties qui ont le plus souffert, surtout les nez qui sont tous plus ou moins brisés, même ceux qui se trouvaient abrités par des reliefs proéminents.

N. 27. TABLES DE CLAUDE.

Les Tables sur lesquelles est gravé le discours de l'empereur Claude sont en bronze ; elles furent découvertes à Lyon, en 1528, d'après Ménestrier, Colonia et Artaud ; en 1529, selon Paradin et Spon, sur le versant sud de la colline de Saint-Sébastien, en creusant un canal pour y faire passer les eaux d'une fontaine. Elles furent recueillies par les ordres du consulat lyonnais et exposées dans l'ancien Hôtel-de-Ville, derrière l'église de Saint-Nizier. En 1657, elles furent placées au nouvel Hôtel-de-Ville dans le vestibule, où elles restèrent plaquées contre l'un des piliers de cette vaste salle qui communique par des arceaux dans la grande cour, jusqu'au moment où Artaud les mit dans la grande salle du Musée des tableaux, sous la mairie de M. d'Albon. Nous les avons fait transporter sous les portiques du Palais-des-Arts, parce qu'il était convenable de réunir les monuments épigraphiques et de créer à ces Tables une place d'honneur. Elles étaient reléguées dans un réduit obscur, au dessus d'une foyère, et privées de lumière par deux épais corps d'armoire. Mais il existait encore une raison plus grave : c'était celle de leur conservation. Placées comme elles le sont aujourd'hui, elles se trouvent à l'abri d'un incendie et d'un écroulement de murailles, puisqu'elles occupent un endroit voûté, l'un des plus solides du Palais. Exposées à une hauteur convenable, à un beau jour, elles sont garanties de toute approche dangereuse, par un vaste sarcophage qui méritait aussi de figurer près d'elles. Si, à cette hauteur, elles sont difficiles à lire pour ceux qui n'ont pas l'habitude de s'occuper d'épigraphie antique, c'est que les lettres sont très-rapprochées les unes des autres, et que le plus souvent il n'existe pas entre les mots les intervalles que nous admettons aujourd'hui pour les différencier ; pour beaucoup de personnes, une série de mots leur apparait comme une longue suite de lettres placées à la file les unes des autres ; ajoutons que la surface gravée du bronze, en s'oxydant, se trouve parsemée de zônes plus ou moins brunes qui nuisent à la clarté des lettres et à la lecture déjà difficile du texte.

La partie creuse des lettres avait été dorée dans l'origine, mais le temps qui déjà avait détruit en partie cette légère couche de métal, trouva un aide bien plus puissant à l'époque de la découverte. Par un zèle empressé et ignorant, elles furent nettoyées à fond, en sorte qu'actuellement on n'aperçoit plus que quelques légères et rares traces de dorure. Nous savons qu'en les faisant redorer, on leur donnerait un éclat qu'un grand nombre de curieux réclament, et qu'en agissant ainsi, la lecture en deviendrait plus facile ; mais, c'est ici une des questions les plus graves en archéologie, et il faudrait, avant d'en venir à l'exécution, que cette question fût décidée affirmativement par l'Académie des Inscriptions et Belles-Lettres. Nous ajouterons que le lieu où fut faite cette importante découverte, est aujourd'hui un quartier couvert de belles habitations occupées par le commerce, et que l'une des rues a reçu le nom de *rue des Tables-Claudiennes*.

PORTIQUE V.

PREMIÈRE TABLE.

```
.  .  .  .  .  .  .  .  .  .  .  .  .  .
NAE RERVM NO . . SI I V . . . . . . . . .
EQVIDEM PRIMAM OMNIVM ILLAM COGITATIONEM HOMINVM QVAM
MAXIME PRIMAM OCCVRSVRAM MIHI PROVIDEO DEPRECOR NE
QVASI NOVAM ISTAM REM INTRODVCI EXHORRESCATIS SED ILLA
POTIVS COGITETIS QVAM MVLTA IN HAC CIVITATE NOVATA SINT ET
QVIDEM STATIM AB ORIGINE VRBIS NOSTRAE IN QVOD FORMAS
STATVSQVE RES P. NOSTRA DIDVCTA SIT
QVONDAM REGES HANC TENVERE VRBEM NEC TAMEN DOMESTICIS SVCC..
SORIBVS EAM TRADERE CONTIGIT SVPERVENERE ALIENI ET QVIDAM EX...
NI VT NVMA ROMVLO SVCCESSERIT EX SABINIS VENIENS VICINVS QV..
DEM SED TVNC EXTERNVS VT ANCO MARCIO PRISCVS TARQVINIVS
PROPTER TEMERATVM SANGVINEM QVOD PATRE DEMARATHO . .
RINTHIO NATVS ERAT. ET TARQVINIENSI MATRE GENEROSA SED INO..
VT QVAE TALI MARITO NECESSE HABVERIT SVCCVMBERE CVM DOMI RE
PELLERETVR A GERENDIS HONORIBVS POSTQVAM ROMAM MIGRAVIT
REGNVM ADEPTVS EST HVIC QVOQVE ET FILIO NEPOTIVE EIVS NAM ET
HOC INTER AVCTORES DISCREPAT INSERTVS SERVIVS TVLLIVS SI NOSTROS
SEQVIMVR CAPTIVA NATVS OCRESIA SI TVSCOS CAELI QVONDAM V.
VENNAE SODALIS FIDELISSIMVS OMNISQVE EIVS CASVS COMES POST
QVAM VARIA FORTVNA EXACTVS CVM OMNIBVS RELIQVIS CAELIAN.
EXERCITVS ETRVRIA EXCESSIT MONTEM CAELIVM OCCVPAVIT ET A DVCE SVO
CAELIO ITA APPELLITATVS MVTATOQVE NOMINE NAM TVSCE MASTARNA
EI NOMEN ERAT ITA APPELLATVS EST VT DIXI ET REGNVM SVMMA CVM REI
P. VTILITATE OPTINVIT DEINDE POSTQVAM TARQVINI SVPERBI MORES . .
VISI CIVITATI NOSTRAE ESSE COEPERVNT QVA IPSIVS QVA FILIORVM E...
NEMPE PERTAESVM EST MENTES REGNI ET AD CONSVLES ANNVOS MAG..
TRATVS ADMINISTRATIO REI P. TRANSLATA EST
QVID NVNC COMMEMOREM DICTATVRAE HOC IPSO CONSVLARI I..E
RIVS VALENTIVS REPERTVM APVD MAIORES NOSTROS QVO IN A.
PERIORIBVS BELLIS AVT IN CIVILI MOTV DIFFICILIORE VTERENTVR.
AVT IN AVXILIVM PLEBIS CREATOS TRIBVNOS PLEBEI QVID A CONSV
LIBVS AD DECEMVIROS TRANSLATVM IMPERIVM SOLVTOQVE PO..EA
DECEMVIRALI REGNO AD CONSVLES RVSVS REDITVM QVID I. .V
RIS DISTRIBVTVM CONSVLARE IMPERIVM TRIBVNOSQVE MI...
CONSVLARI IMPERIO APPELLATOS QVI SENI ET SAEPE OCTONI CREAREN
TVR QVID COMMVNICATOS POSTREMO CVM PLEBE HONORES NON IMPERI
SOLVM SED SACERDOTIORVM QVOQVE IAM SI NARREM BELLA A QVIBV.
COEPERINT MAIORES NOSTRI ET QVO PROCESSERIMVS VEREOR NE NIM. O
INSOLENTIOR ESSE VIDEAR ET QVAESISSE IACTATIONEM GLORIAE PRO
LATI IMPERI VLTRA OCEANVM SED ILLOC POTIVS REVERTAR CIVITAT.. (1)
```

SECONDE TABLE.

```
.  .  .  .  .  .  .  .  .  .  .  .  .  .  . IESI SANE
NOV . . . . DIVVS AVG . . . ONC . . . LVS ET PATRVVS TI
CAESAR OMNEM FLOREM VBIQVE COLONIARVM AC MVNICIPIORVM BO
NORVM SCILICET VIRORVM ET LOCVPLETIVM IN HAC CVRIA ESSE VOLVIT
QVID ERGO NON ITALICVS SENATOR PROVINCIALI POTIOR EST IAM
VOBIS CVM HANC PARTEM CENSVRAE MEAE ADPROBARE COEPERO QVID
DE EA RE SENTIAM REBVS OSTENDAM SED NE PROVINCIALES QVIDEM
SI MODO ORNARE CVRIAM POTERINT REICIENDOS PVTO
ORNATISSIMA ECCE COLONIA VALENTISSIMAQVE VIENNENSIVM QVAM
LONGO IAM TEMPORE SENATORES HVIC CVRIAE CONFERT EX QVA COLO
NIA INTER PAVCOS EQVESTRIS ORDINIS ORNAMENTVM L. VESTINVM FA
MILIARISSIME DILIGO ET HODIEQVE IN REBVS MEIS DETINEO CVIVS LIBE
RI FRVANTVR QVAESO PRIMO SACERDOTIORVM GRADV POST MODO CVM
ANNIS PROMOTVRI DIGNITATIS SVAE INCREMENTA VT DIRVM NOMEN LA
TRONIS TACEAM ET ODI ILLVD PALAESTRICVM PRODIGIVM QVOD ANTE IN DO
MVM CONSVLATVM INTVLIT QVAM COLONIA SVA SOLIDVM CIVITATIS ROMA
NAE BENIFICIVM CONSECVTA EST IDEM DE FRATRE EIVS POSSVM DICERE
MISERABILI QVIDEM INDIGNISSIMOQVE HOC CASV VT VOBIS VTILIS
SENATOR ESSE NON POSSIT
TEMPVS EST IAM TI CAESAR GERMANICE DETEGERE TE PATRIBVS CONSCRIPTIS
QVO TENDAT ORATIO TVA IAM ENIM AD EXTREMOS FINES GALLIAE NAR
BONENSIS VENISTI
TOT ECCE INSIGNES IVVENES QVOT INTVEOR NON MAGIS SVNT PAENITENDI
SENATORES QVAM PAENITET PERSICVM NOBILISSIMVM VIRVM AMI
CVM MEVM INTER IMAGINES MAIORVM SVORVM ALLOBROGICI NO
MEN LEGERE QVOD SI HAEC ITA ESSE CONSENTITIS QVID VLTRA DESIDERA
TIS QVAM VT VOBIS DIGITO DEMONSTREM SOLVM IPSVM VLTRA FINES
PROVINCIAE NARBONENSIS IAM VOBIS SENATORES MITTERE QVANDO
EX LVGVDVNO HABERE NOS NOSTRI ORDINIS VIROS NON PAENITET
TIMIDE QVIDEM P. C EGRESSVS ADSVETOS FAMILIARES QVE VOBIS PRO
VINCIARVM TERMINOS SVM SED DESTRICTE IAM COMATAE GALLIAE
CAVSA AGENDA EST IN QVA SI QVIS HOC INTVETVR QVOD BELLO PER DE
CEM ANNOS EXERCVERVNT DIVOM IVLIVM IDEM OPPONAT CENTVM
ANNORVM IMMOBILEM FIDEM OBSEQVIMQVE MVLTIS TREPIDIS RE
BVS NOSTRIS PLVSQVAM EXPERTVM ILLI PATRI MEO DRVSO GERMANIAM
SVBIGENTI TVTAM QVIETE SVA SECVRAMQVE A TERGO PACEM PRAES
TITERVNT ET QVIDEM CVM AD CENSVS NOVO TVM OPERE ET IN AD SVE
TO GALLIS AD BELLVM AVOCATVS ESSET QVOD OPVS QVAM AR
DVVM SIT NOBIS NVNC CVM MAXIME QVAM VIS NIHIL VLTRA QVAM
VT PVBLICE NOTAE SINT FACVLTATES NOSTRAE EXQVIRATVR NIMIS
MAGNO EXPERIMENTO COGNOSCIMVS
```

Il est bien positif que cette belle inscription n'était point un monument isolé, mais qu'elle appartenait à un palais, à un temple, ou à tout autre édifice considérable. L'aqueduc qui, partant de Neyron (Ain), conduisait les eaux du Rhône dans la naumachie qui existait sur l'emplacement du Jardin-des-Plantes actuel, passait au-dessus, à une distance peu éloignée; la jambe d'un cheval colossal, en bronze doré, a été trouvée non loin de là; ces circonstances nous portent à penser qu'il existait sur ce point un monument important où se trouvaient encastrées ces tables épigraphiques, qui sont un des plus beaux titres de l'ancienne gloire de Lugdunum.

---

(1) Nous n'avons point figuré de ponctuation dans le texte des Tables; on la trouvera reproduite d'une manière parfaitement exacte sur la planche gravée.

PORTIQUE V.

PREMIÈRE TABLE.

Certes je prévois que la première pensée de tout le monde sera celle qui principalement a dû se présenter à moi la première. Je vous prie, ne répugnez point à introduire cet usage comme étant nouveau, mais pensez plutôt combien, dans cette cité, on a admis d'innovations, et même aussitôt après la fondation de notre ville, par combien de formes et de situations notre État a passé.

Dans le principe, des rois gouvernèrent notre ville; et cependant il n'est pas arrivé qu'ils aient laissé le pouvoir à leurs successeurs naturels; d'autres les remplacèrent et quelques-uns même étaient étrangers. C'est ainsi qu'à Romulus a succédé Numa venant des Sabins, nos voisins à la vérité, mais alors étrangers pour nous; c'est ainsi qu'après Ancus Martius vint Tarquin-l'Ancien. Comme il était exclus des affaires publiques, dans sa patrie, à cause de sa naissance dégénérée, puisqu'il était né de Demarathe de Corinthe son père et d'une mère Tarquinienne, noble, mais si pauvre, qu'elle fut dans la nécessité d'épouser un tel mari, il vint demeurer à Rome et fut élevé à la royauté. Entre lui et son fils ou son petit-fils, car c'est un sujet de dispute entre les auteurs, se trouve, comme roi, Servius Tullius, qui, si nous en croyons nos historiens, était né d'une esclave nommée Ocrésia; si nous en croyons les historiens Toscans, il fut d'abord le compagnon le plus fidèle de Cælius Vivenna et partagea tous ses malheurs; après que, poursuivi par l'inconstance de la fortune, il sortit de l'Étrurie avec tous les débris de l'armée de Cælius, il s'empara du mont Cælius, l'appela ainsi du nom de Cælius son chef, et ayant changé le nom, car le nom toscan était Mastarna. Il fut donc ainsi appelé comme je viens de dire, et il parvint à la royauté pour le plus grand avantage de l'État. Ensuite, après que les déréglements de Tarquin-le-Superbe furent devenus odieux à notre cité, soit les siens, soit ceux de ses fils, sans doute les esprits furent las de la royauté, et l'administration de la République fut confiée aux consuls qui étaient des magistrats annuels.

Que vous rappellerai-je maintenant de la dictature, ce pouvoir plus énergique que le pouvoir consulaire lui-même, inventé par nos ancêtres, pour s'en servir dans les guerres les plus malheureuses, ou dans les agitations les plus critiques de la guerre civile? que dirai-je des tribuns du peuple créés pour venir au secours des classes populaires. Rappellerai-je que le pouvoir des consuls fut transféré aux décemvirs, et qu'ensuite le décemvirat ayant été aboli, il fut rendu de nouveau aux consuls; que dirai-je du pouvoir consulaire délégué aux tribunaux, et des tribuns militaires appelés au pouvoir consulaire, qu'ils fussent créés au nombre de six et souvent de huit; que dirai-je enfin de l'admission du peuple aux honneurs non-seulement de l'administration mais encore du sacerdoce. Maintenant je pourrais raconter les guerres entreprises par nos ancêtres, et celles que nous aurions conduites, si je ne craignais de paraître par trop orgueilleux, et d'avoir fait parade de la gloire d'avoir étendu l'empire au-delà de l'Océan, mais j'aime mieux revenir à ce qui regarde cette ville.

SECONDE TABLE.

L'empereur Auguste . . . . . et mon oncle Tibère Cæsar a voulu que l'élite des colonies et des municipes quelles qu'elles soient, c'est-à-dire l'élite des hommes distingués par leur probité et leur richesses, fût reçue dans cette assemblée. — Eh quoi donc! un sénateur né en Italie, n'est-il pas préférable à celui qui est né en province? — Lorsque j'aurai commencé à vous faire adopter cet acte de ma censure, je montrerai, par les faits, mes sentiments à cet égard, mais je pense qu'il ne faut pas repousser les citoyens des provinces qui pourraient illustrer le sénat.

Voyez depuis combien de temps la colonie si florissante et si puissante de Vienne fournit des sénateurs à cette assemblée. Parmi le petit nombre de ceux de cette colonie je chéris comme un intime ami L. Vestinus qui fait honneur à l'ordre des chevaliers, et je l'emploie actuellement à mes propres affaires. Que ses enfants soient pourvus, je vous en prie, du premier échelon du sacerdoce, afin qu'avec les années ils puissent être élevés aux plus hautes fonctions de cette dignité. Laissez-moi taire, comme sinistre, le nom d'un brigand; je hais ce lutteur-monstre, qui a introduit le consulat dans sa famille avant que sa colonie ait obtenu le privilége de cité romaine. Je puis en dire autant de son frère, digne de pitié peut-être, mais devenu indigne par ce malheur de pouvoir être un sénateur en état de vous seconder.

Il est temps enfin, Tibère Cæsar Germanicus, de faire connaître aux sénateurs où tend ton discours, car déjà tu es arrivé aux confins les plus reculés de la Gaule Narbonnaise.

Nous ne devons pas plus regretter de voir sénateurs tant d'illustres jeunes gens que je contemple ici, que Persicus, cet homme si distingué et mon ami, ne regrette de lire parmi les titres de ses ancêtres le nom d'Allobrogicus. Que si vous en demeurez d'accord, que désirez-vous de plus pour vous faire toucher au doigt que le pays même situé au-delà des confins de la province narbonnaise peut vous envoyer des sénateurs, quand nous n'avons aucun repentir d'avoir des hommes de notre ordre qui viennent de Lugudunum. C'est avec appréhension, il est vrai, P. C., que je suis sorti des limites des provinces qui vous sont connues et familières. Mais c'est précisément aujourd'hui qu'il faut plaider avec force la cause de la Gaule-Chevelue, à l'égard de laquelle, si quelqu'un considère que ces peuples, pendant dix ans, ont soutenu la guerre contre Jules Cæsar, il faut qu'il mette dans la balance depuis une centaine d'années, ils ont montré une fidélité constante et une soumission plus qu'éprouvée dans un grand nombre de circonstances critiques où nous nous sommes trouvés; et pendant que mon père Drusus soumettait la Germanie, ils ont maintenu une paix assurée par leur tranquillité dans les pays qu'il laissait derrière lui, et même lorsque, dans l'ardeur d'un travail alors nouveau et inusité dans les Gaules, il l'eut rappelé pour cette guerre, travail que nous savons trop par une longue expérience, être si difficile maintenant pour nous quoiqu'il ne s'agisse de rien autre que de rechercher comment nos revenus publics sont établis.

Description. — Cette inscription, que Lyon doit s'enorgueillir de posséder, était gravée sur une seule table en bronze qui se brisa en plusieurs pièces lors de la destruction de l'édifice où elle était placée; nous possédons les deux principales, et il est présumable que la partie supérieure de cette plaque, ayant été fracturée dans le même sens, formait deux pièces qui sont restées dans les décombres où elles ont été ensevelies avant la découverte de celles qui nous occupent. Il est essentiel, pour la description que nous allons faire, de signaler la forme de la cassure supérieure et de la cassure centrale qui divisent les deux corps d'inscription. La première est horizontale et frangée et n'a laissé subsister que des lettres isolées ou des mots sans suite à la première ligne de chaque colonne. La cassure centrale a une direction également irrégulière qui a détruit ou mutilé un assez grand nombre des lettres qui terminent les lignes de la première colonne. Dans le bas de cette colonne, on remarque l'emplacement d'une pièce de rapport, qui est perdue, sur laquelle étaient gravées plusieurs lettres.

Ces tables sont d'un bronze contenant très-peu d'alliage, et se rapprochant beaucoup du cuivre rouge où l'entaille du métal par le burin pouvait se faire d'une manière plus facile. Cette matière, plus souple et plus malléable, n'exposait pas le graveur à fracturer les arêtes fragiles du jambage des lettres et de leurs liaisons.

Nous suivrons ligne par ligne ce qui nous reste du discours de Claude, en indiquant les mots dont certaines lettres sont accentuées ou ponctuées dans leur centre. Nous devons faire observer que ce ne sont jamais que les lettres arrondies finales qui sont ainsi ponctuées. Il faut attribuer cette circonstance soit à un bizarre caprice du graveur, ou bien encore à une combinaison pour ménager la place, ou bien enfin a-t-il voulu réparer un oubli de ponctuation, et ne s'étant pas réservé l'espace nécessaire entre les deux mots, a-t-il eu l'idée d'y suppléer en gravant le point dans l'intérieur de la lettre arrondie. Les points sont de forme triangulaire; les accents sont aigus, très-allongés, flexueux, peu profondément gravés, et ont à leur sommet un trait horizontal, légèrement oblique. Quelques *i* dépassent en hauteur le niveau des autres lettres; les *q* ont la queue très-allongée. Le caractère des lettres n'est point uniforme; quelques-unes sont d'un beau style et les autres d'un style médiocre; il n'y a pas non plus une grande régularité dans leur distance ni dans celle des mots; la plupart de ceux-ci sont séparés par un point, mais parfois ils semblent confondus et n'en former qu'un seul, ce qui rend la lecture difficile. Les alinéas sont indiqués par une lettre ou deux qui dépassent en dehors l'alignement de celles qui commencent les autres lignes. Nous avons, autant qu'il est possible, reproduit tous ces détails dans la gravure de cette inscription. (*Voyez planche II, n. 27.*)

Nous signalons avec la plus scrupuleuse attention les lettres qui existent et celles qui sont détruites ou mutilées. C'est descendre sans doute dans des détails bien minutieux, mais nous devions donner au lecteur, qui n'a pas sous les yeux cette importante inscription, une idée exacte de son faciès.

La première colonne contient 40 lignes, et la seconde est composée de 41.

Hauteur des Tables : 1 mètre 95 cent., la largeur des deux pièces réunies est de 1 mètre 95 cent.; séparées elles sont à peu près d'égales dimensions en hauteur et largeur.

L'épaisseur moyenne est de 17 millim., elle varie sur certains points d'un à deux millimètres, soit en plus, soit en moins. Cette différence, pour une plaque qui n'est point laminée au cylindre, tient au refroidissement inégal de la matière dans le moule qui l'a reçue lors de sa fusion; la face qui a été gravée a été dressée et polie ; le revers présente l'imperfection de la fonte et du moulage.

PREMIÈRE TABLE.

1re Ligne. On aperçoit au commencement de cette ligne dix lettres, dont on ne voit que la moitié inférieure; dans le mot *rerum* le premier *r* et l'*m* sont mutilés; et aux deux cinquièmes de la ligne cinq lettres mutilées dont il ne reste que le quart inférieur : la première pouvant être *e* ou *l*, la seconde évidemment *s*, la troisième *i*, la quatrième *i* ou *t*, la cinquième évidemment *v*. Cette dernière pouvait être le commencement d'un autre mot.

2e L'*e* du premier mot *equidem* est en dehors des autres lignes et figure un alinéa; dans *primam* l'*i* dépasse de moitié la hauteur des autres lettres; la première *m* et l'*i* du mot *omnium* sont presque entièrement mutilés, et il ne reste rien de l'*n*; quelques lettres des mots *cogitationem hominum* sont mutilées dans le haut; l'*m* de *quam*, qui termine la ligne, est mutilée.

3° Dans *primam* l'*i* est plus allongé.

4° Rien à signaler.

5° Dans le mot *hac* l'*a* porte un accent aigu ; le *c* est ponctué au milieu , et dans le mot *civitate* le premier *i* est plus allongé ; le *t* du bout de la ligne est mutilé.

(Dans la *Notice* Artaud , le mot *cogitetis* est écrit *gogitetis* sans doute par erreur de l'imprimeur, car on voit parfaitement gravé sur le bronze le *c* qui commence ce mot.)

6° L'inscription porte *quod formas*, tandis qu'il faudrait *quot*.

7° Dans *status* l'*u* est accentué, ainsi que l'*e* dans le mot *res* ; dans *diducta* l'*i* dépasse en hauteur le niveau des autres lettres.

8° Le *q* du premier mot *quondam*, dépasse les autres lignes et forme un alinéa ; dans le mot *reges* le premier *e*, et le second *e* dans *tenvere* sont accentués ; dans *domestici* le *t* est plus élevé que les autres lettres ; dans la portion de mot *svcces* l'*s* est mutilée, l'*e* est détruit.

9° Dans la portion de mot *exter*, qui termine cette ligne, le *t* de la dernière syllabe *ter* est mutilé, l'*e* et l'*r* sont détruits.

10° Dans la syllabe *ni* qui commence la ligne, l'*i* est plus élevé, et dans le mot *Romvlo* on voit un point dans le dernier *o* ; dans *sabinis* le dernier *i* est plus allongé que les autres lettres ; dans *veniens* le second *e* est accentué ; dans *vicinus* le premier *i* dépasse le niveau des autres lettres, et dans la syllabe *qui*, terminant la ligne, l'*u* est mutilé et l'*i* manque.

11° Dans le mot *Anco* l'*o* est accentué et ponctué au centre ; l'*a* de *Marcio* est accentué ; dans *Priscus* l'*i* est plus long.

12° Dans la syllabe *co*, qui terminait cette ligne, le *c* est mutilé et l'*o* est détruit.

13° Dans *rinthio* on voit un point au centre de l'*o* ; dans *matre* l'*a* est accentué, ainsi que dans *generosa* ; la syllabe *pi*, qui termine cette ligne, est mutilée.

14° Rien à signaler.

15° La particule *a* est accentuée, et dans *gerendis* l'*i* est plus élevé.

16° Le *c* de *huic* est ponctué au centre ; dans *filio* le premier *i* est allongé.

17° Le *c* de *hoc* est ponctué au centre ; dans *nostros*, qui termine la ligne, l'*s* final est mutilé.

18° Dans *Ocresia* l'*a* est accentué ; dans la syllabe *si* qui vient après, l'*i* est plus allongé, et la syllabe *Vi* qui termine la ligne est mutilée.

19° Dans *casus* l'*a* et l'*u* sont accentués, et dans *post*, qui termine la ligne, le *t* est mutilé.

20° Dans *varia* le second *a* est accentué, ainsi que celui de *exactus* ; dans *reliquis* le second *i* est plus allongé ; dans *caeliani*, qui termine cette ligne, l'*a* est accentué et l'*i* final est détruit.

21° Dans *exercitus* l'*u* est accentué ; dans *Etruria* l'*u* et l'*a* le sont aussi.

22° Dans *Caelio* l'*o* est ponctué au centre ; dans *mutato* l'*o* est accentué, et dans *Mastarna*, qui finit cette ligne, le dernier *a* est mutilé.

23° Dans *ei*, qui commence la ligne, l'*i* est allongé ainsi que le premier *i* dans *dixi* ; dans le mot *summa* l'*a* est accentué ; l'*r* du mot *rei*, qui termine cette ligne, est mutilé, et l'*i* est plus allongé.

24° Dans *utilitate* l'*u* est accentué ; dans *superbi* l'*i* est très-légèrement plus allongé que les autres lettres ; l'*o* de *mores* est accentué, et la syllabe *in*, qui terminait cette ligne, est détruite.

25° Dans *visi*, qui commence la ligne, le premier *i* est plus allongé, ainsi que le premier *i* dans *civitati* ; la dernière syllabe du mot *ejus*, qui termine cette ligne, est détruite.

26° Dans *mentes* le second *e* est accentué, ainsi que l'*e* de *regni*, et l'*o* dans *annuos* ; dans *magis*, qui termine la ligne, les deux lettres *is* sont détruites.

TOM. I.

27° Dans *tratus* l'*a* et l'*u* sont accentués ; dans *rei* l'*i* dépasse en hauteur le niveau des autres lettres ; dans *translata* le premier *a* est accentué.

28° Le *q* de *quid*, premier mot de la ligne, est en dehors et forme un alinéa ; dans *nunc* le *c* est ponctué au centre ; dans les mots *hoc* et *ipso* l'*o* est accentué, ainsi que l'*a* dans *consulari* ; dans *ipso* l'*o* est ponctué au centre ; dans *impe*, qui termine la ligne, l'*m* et le *p* sont détruits.

29° Dans *as*, qui termine cette ligne, l'*a* est mutilé et l'*s* est détruit.

30° Dans *bellis* l'*i* est plus allongé ; il en est de même du premier *i* dans *civili* ; dans *motu* l'*u* est accentué, et dans le dernier mot de cette ligne, *uterentur*, l'*u* de la syllabe *tur* est mutilé et l'*r* est détruit.

31° Dans *creatos* l'*o* est accentué, ainsi que le premier *e* dans le mot *plebei*, et la particule *a* ; dans *consu*, qui termine la ligne, l'*s* est presque entièrement détruit et l'*u* est un peu mutilé.

32° Dans le mot *translatum* le second *a* est accentué ; dans le mot *postea*, qui termine cette ligne, l'*s* et le *t* sont détruits, et l'*e* est mutilé.

33° Dans le mot *regno* l'*e* est accentué ; le *d* du mot *ad* est ponctué au centre ; dans *rusus* (pour *rursus*) le premier *u* est accentué et le second *r* a été omis par le graveur sur le bronze ; à la fin de la ligne, entre les lettres *i* et *v*, il manque plusieurs lettres qui étaient gravées sur une pièce de rapport qui s'est détachée de la table et qui a été perdue ; cependant on aperçoit après l'*i* l'angle du jambage perpendiculaire et du jambage diagonal d'une *n*.

34° Dans la syllabe *ris* l'*i* est plus élevé que le niveau des autres lettres, et après la syllabe *mi* la fin de la ligne est détruite.

35° Dans le mot *appellatos* l'*o* est accentué, ainsi que l'*e* dans *seni* ; dans la portion de mot *crearen*, qui termine la ligne, la moitié supérieure des 4 dernières lettres qui étaient gravées sur la pièce de rapport dont nous venons de parler, n'existe plus.

36° Dans *quid* le *d* est ponctué au centre ; dans le mot *communicatos* l'*a* est accentué, ainsi que l'*e* dans *postremo*, et le second *o* dans *honores* ; l'*o* final de *postremo* est ponctué au centre ; dans *imperi* le dernier *i* dépasse le niveau des autres lettres.

37° Dans le mot *narrem* l'*a* est accentué, ainsi que la particule *a* ; dans *quibus*, qui termine la ligne, l'*s* est mutilé.

38° L'*o* du mot *quo* est ponctué au centre ; l'*e* de *ne* est accentué ; dans *nimio*, dernier mot de la ligne, le second *i* est presque détruit, et l'*o* est mutilé.

39° Dans le mot *gloriae* l'*o* est accentué, ainsi que celui du mot *jactationem* ; l'*o* de la dernière syllabe *pro* est mutilé.

40° Dans *ultra* l'*a* est accentué, ainsi que l'*o* dans *oceanum* ; dans *illoc* le *c* est ponctué au centre ; entre *revertar* et *civitatem*, il y a un accent aigu ; dans *civitatem*, qui termine cette ligne, le premier *i* est plus allongé et l'*e* et l'*m* sont détruits.

DEUXIÈME TABLE.

1re ligne. On voit le bas des lettres *iesi* ou *tesi* et le mot *sane*, qui terminent la ligne ; ce qui précède est détruit.

2° On lit : *nov. . divvs. Avg... onc... lvs. et. patrvvs. Ti* ; le reste des lettres n'existe plus ; dans *divvs* l'*i* est plus allongé ; le *g* de *Avg* est mutilé ; les deux tiers supérieurs de l'*o* et du *c* de *onc* sont détruits ; l'*l* et le *v* de *lvs* sont mutilés dans le haut.

3° Dans *omnem* l'*n* et l'*e* sont mutilés dans le haut ; dans le mot *florem* l'*o* est accentué ; dans *coloniarum* le tiers supérieur des quatre premières lettres est détruit ; l'*a* est accentué ; dans *ac* le *c* est ponctué au centre.

4° Dans *norum*, qui commence la ligne, l'*o* est accentué ; dans le mot *hac* l'*a* est accentué et il existe un point au centre du *c*; dans le mot *curia* l'*u* est accentué.

5° Au mot *quid* il existe un point dans le *d*; il en est de même pour l'*o* de *ergo*.

6° Dans le mot *vobis* l'*i* dépasse en hauteur le niveau des autres lettres ; dans *adprobare* le second *a* est accentué, et dans *coepero* on voit un point dans le centre du dernier *o*.

7° Dans le mot *ea* l'*a* est accentué, ainsi que l'*e* dans le mot *re* qui suit ; dans le mot *sed* le point a été placé par le graveur entre l'*e* et le *d*, au lieu de l'avoir été après le *d*, ce qui constitue une faute de ponctuation.

8° On lit *reiciendos* pour *rejiciendos*; on voit que le graveur a omis un *i*. Cependant Virgile a employé *reicio* pour *rejicio*.

       Tityre, pascentes à flumine reice capellas. (Bucol. egl. iii, v. 96)

et l'on trouve dans Silius Italicus :

       .... reicitque cadavera fumans
       Aufidus...

9° Dans *ornatissima* l'*o* est en dehors des lignes pour figurer l'alinéa, et le premier *a* est accentué.

10° Dans le mot *longo* il existe un point dans le dernier *o*; l'*a* de *senatores* n'est pas barré transversalement ; le *c* de *huic* est ponctué au centre.

11° Dans les mots *ordinis* et *ornamentum*, l'*o* est accentué, et dans *Vestinum* l'*i* est plus élevé que les autres lettres.

12° Dans le mot *diligo* le premier *i* est plus allongé que les autres lettres, et l'*o* est ponctué dans son centre ; dans *meis* et dans *libe*, qui termine cette ligne, l'*i* est aussi plus allongé.

13° Dans la syllabe *ri*, qui commence cette ligne, l'*i* est plus élevé que les autres lettres ; dans *quaeso* l'*o* est accentué et ponctué dans son centre ; dans *primo* l'*o* est ponctué au centre ; dans *gradu* l'*u* est accentué ; dans *modo* le second *o* est ponctué au centre.

14° Dans *annis* l'*i* est plus allongé que les autres lettres, ainsi que dans *dirum*.

15° Dans *illud* le *d* est ponctué dans son centre ; l'*o* de *prodigium* est accentué.

16° Dans le mot *civitatis* le premier *i* dépasse en hauteur les autres lettres.

17° On lit *benificium* pour *beneficium* ; dans *consecuta* l'*o* est accentué ; dans *idem* l'*i* dépasse en hauteur les autres lettres ; dans le mot *de* l'*e* est accentué ; dans *fratre* l'*a* est accentué, et dans *dicere* l'*i* est plus allongé que les autres lettres.

18° Dans le mot *hoc* l'*o* est accentué et le *c* est ponctué dans son intérieur ; dans *casu* l'*a* et l'*u* sont accentués, et dans *vobis* l'*i* est plus allongé que les autres lettres.

19° Rien à signaler.

20° Le *t* et l'*e* de *tempus* sont gravés en dehors de la ligne pour figurer un alinéa ; dans *te* l'*e* est accentué, et dans *conscriptis* le dernier *i* est plus allongé que les autres lettres.

21° Dans *oratio* le dernier *o* est ponctué au centre ; dans *ad* le *d* est aussi ponctué au centre, et dans *fines* l'*i* est plus allongé.

22° Dans *venisti* le dernier *i* est plus élevé que le niveau des autres lettres.

23° Le *t* et l'*o* de *tot* sont en dehors de la ligne pour former l'alinéa ; le second *i* de *paenitendi* est plus élevé que les autres lettres ; *paenitendi* est écrit avec *ae*.

24° *Paenitet* est également écrit par *ae*.

25° Rien à signaler.

26° Dans *quod* le *d* est ponctué au le centre; dans *haec* le *c* est également ponctué, et dans *ultra* l'*a* est accentué.

27° Dans *vobis* l'*i* est plus allongé, et dans *digito* l'*o* est ponctué au centre; dans *fines* l'*i* est plus allongé que les autres lettres de ce mot.

28° Dans *vobis* l'*i* dépasse en hauteur les autres lettres.

29° Dans *Luguduno* l'*o* est ponctué dans son centre.

30° Dans l'abréviation *P. C.* le *c* est ponctué au centre; dans *vobis* l'*i* est plus allongé que les autres lettres.

31° Rien à signaler.

32° Dans le mot *hoc* le *c* est ponctué dans son centre; dans *bello* l'*o* est ponctué de même.

33° Dans *divom* et dans *idem* l'*i* est plus allongé que les autres lettres de cette ligne. Nous ferons remarquer que le graveur a fait un barbarisme en substituant l'*o* à l'*u* dans *divom*.

34° Dans *immobilem* l'*o* est accentué; dans *multis* l'*i* est plus allongé, ainsi que le second *i* de *trepidis*.

35° Dans *nostri* l'*i* dépasse le niveau des autres lettres, et dans *meo* l'*o* est ponctué au centre.

35° Dans *securam* l'*u* est accentué; il en est de même pour la particule *a* et pour l'*a* dans *pacem*.

37° *Adcensus* ne forme qu'un seul mot au lieu de deux comme l'ont écrit tous les auteurs. (*Voir notes pag. 39.*)

38° L'*o* de la syllabe *to*, qui commence la ligne, est ponctué au centre; dans *Gallis* l'*i* est plus allongé que les autres lettres.

39° Dans *nobis* et dans *quamvis* l'*i* dépasse le niveau des autres lettres.

40° Rien à signaler.

41° Dans les mots *magno* et *experimento* l'*o* est ponctué au centre.

Nous avons publié ces minutieux détails, afin de fixer, d'une manière définitive, l'opinion des savants sur une inscription qui les a tant occupés, et pour en finir avec toutes les versions que pourraient adopter ceux qui sont obligés de s'en rapporter à des transcriptions souvent infidèles.

NOTES SUR LE DISCOURS DE L'EMPEREUR CLAUDE.

1ʳᵉ COLONNE DES TABLES CLAUDIENNES.

Ligne 1ʳᵉ. — Spon ne donne pour la 1ʳᵉ ligne que la syllabe sɪ; Paradin, Gruter, Colonia, Artaud et Zell l'ont donnée ainsi : ᴍᴀᴇ ʀᴇʀᴠᴍ ɴᴏꜱᴛʀ.... sɪɪ.... Il existe réellement ᴍᴀᴇ ʀᴇʀᴠᴍ ɴᴏ... ʟꜱɪɪ ᴠ. Comme la partie supérieure des cinq dernières lettres est mutilée, que l'on ne peut savoir si la première de ces cinq lettres est un ʟ ou un ᴇ, et que l'espace entre les deux *i* tronqués est plus fort, on peut croire qu'il y avait ᴇꜱɪᴛ ou ʟꜱɪᴛ et non sɪɪ. Les auteurs n'ont jamais parlé du ᴠ ou ᴜ qui est à la suite.

Ligne 6. — Tous les auteurs ont écrit ǫᴠᴏᴅ, sans doute, dit Zell, pour montrer que cette faute existe sur l'airain, car il faudrait ǫᴠᴏᴛ.

Ligne 8. — Zell prétend que Spon seul a écrit NEC, que tous les autres ont écrit NE, ce qui est une faute évidente, soit du graveur soit des éditeurs. Il a voulu parler de Paradin, de Gruter, et de quelques auteurs allemands, car on trouve NEC dans Colonia, Artaud, Brotier, Burnouf, etc.

Ligne 12. — Le même auteur prétend que tous écrivent DEMARATO, excepté Spon qui a écrit DEMARATHO, tandis que dans un grand nombre d'autres ouvrages on lit DAMARATVS; ce même nom Δημαρατος se trouve dans Denys d'Halicar., III, 46. — Colonia et Artaud ont suivi l'orthographe de Spon, qui est réellement celle des Tables. Paradin, Gruter, Zell, Brotier et Burnouf, et probablement quelques auteurs allemands, ont adopté DEMARATO. — Zell (*Adnotatio ad Tabulam* I) fait observer que Denys d'Halicarnasse nous apprend que la mère de Tarquin était de famille noble, mais que Claude est le seul qui ait avancé qu'elle eût été forcée par la misère d'épouser un étranger; que, quant à ce qu'il dit du sang dégénéré de Tarquin, il ne peut être question ni de la condition d'étranger, ni de la profession de marchand de son père, puisque le commerce était en honneur chez les Etrusques.

Ligne 16. — FILIO NEPOTIVE EIVS. Les écrivains des *Annales*, Cicéron, Tite-Live, excepté Pison, disent que Tarquin-le-Superbe était fils de Tarquin-l'Ancien. Pison et Denys d'Halicarnasse, le donnent comme le neveu de Tarquin-l'Ancien. — Voy. sur cette controverse, Niebuhr (*Hist. Roman.*, t. I, p. 384), etc.

Ligne 18. — CAPTIVA NATVS OCRESIA. Voy. Dionys. Halicarn., IV, 1, où la manière dont est écrit le nom de cette esclave diffère un peu, car on y lit : Οκρισία, etc.

Ligne 20. — RELIQVIS, Spon; Ménestrier (*Simplici litteræ*, I, Lipsius), RELIQVIIS.

Ligne 21. — Artaud a écrit EXCESIT au lieu de EXCESSIT.

Ligne 22. — APPELLITATVS. Niebuhr est le premier qui ait signalé qu'il fallût APPELLITAVIT. Zell s'est rangé à son avis en attribuant cette faute à une distraction du graveur.

Ligne 24. — OPTINVIT pour OBTINVIT.

Ligne 33. — Paradin, Gruter, Spon, Colonia et Zell ont rétabli RVRSVS au lieu de RVSVS, faute qui existe sur la Table. Artaud a copié fidèlement RVSVS.

Juste Lipse écrit la fin de cette ligne : QVID IMP... VRIS. Mais, comme Spon et Ménestrier n'ont point ajouté la lettre P, Zell l'a omise; il aurait pu citer avec eux Paradin et Gruter; en effet, ce P n'existe pas, ni même la lettre M que ces auteurs ont ajoutée; on ne voit que QVID. I et l'angle que forme en haut le premier jambage perpendiculaire et le jambage diagonal d'une N.; si cette seconde lettre eût été une M, ce qui reste du premier jambage paraîtrait incliné, et il ne l'est pas. Niebuhr rétablit INTER PLVRIS, et Zell adopte son avis; cependant la place manquerait sur les Tables pour toutes les lettres. Brotier, et après lui Burnouf et Pankouke, ne sont pas plus dans le vrai quand ils donnent le texte QVID IN PLVRIS (*lege* PLVRES) en supposant une faute. Colonia a écrit en rétablissant QVID IN DECVRIS, mais la place manquerait aussi pour cette version. Pour nous, notre opinion est qu'il faut lire IN CVRIIS; l'allongement de l'I dans ce dernier mot semblerait en indiquer le redoublement, et en mesurant l'espace restant entre l'angle supérieur de l'N et V; il n'y a que la place de la fin de l'N, d'un point, et d'un c; ce passage aurait trait aux diverses fonctions du pouvoir consulaire, déléguées soit aux sénateurs de Rome ou des colonies, soit aux tribunaux proconsulaires.

Ligne 34. — TRIBVNOSQVE MILITVM. Zell fait observer que Haubold a écrit mal à propos TRIBVNOS MILITVM, et convient qu'il est fâché d'avoir fait la même faute qui consiste à avoir omis la syllabe QVE. Artaud a écrit TRIBVNOSQVE, mais il n'a ajouté ensuite que MI....M., tandis que on aperçoit après MI une L mutilée, et qu'il n'existe point d'M à la fin de la ligne; elle est détruite.

Ligne 39. — Le latin porte INSOLENTIOR ESSE et QVAESISSE IACTATIONEM ; un des verbes est à l'indicatif présent et le second au plus-que-parfait ; nous avons conservé dans notre traduction cette différence.

Ligne 40. — PROLATI IMPERII VLTRA OCEANVM, signifie que Claude avait agrandi l'enceinte de Rome en ajoutant la Bretagne à l'empire romain. Ceux qui avaient conquis une province, un royaume, avaient seuls le droit d'augmenter l'enceinte sacrée de Rome, enceinte nommée *Pomœrium*. Voy. *Annales* de Tacite (XII, 23), Gruter, inscription du siècle de Claude, p. CXCVI, 4 ; Orelli (*Inscrip. collectio.*, t. I, n. 710). — ILLOC pour ILLVC, c'est ce qu'on trouve dans tous les éditeurs de ces Tables, quoique Ménestrier ait écrit ainsi : ILLO. C. POTIVS.

Brotier, et d'après lui Burnouf et Pankouke, finissent le texte de la première Table à REVERTAR, et reportent le mot CIVITATEM au commencement de la seconde. Nous ne pouvons adopter cette transposition, quel qu'en soit le motif, ayant les Tables sous les yeux.

2e COLONNE.

Ligne 1re. — Paradin, Gruter, Spon, Colonia, Artaud, Zell, et probablement tous les autres auteurs omettent la fin de mot IESI ou TESI.

Ligne 2. — Spon omet le commencement de mot NOV. Paradin, Gruter, Colonia, Artaud et Zell, complètent le mot en écrivant NOVO, mais rien ne le prouve. Les Tables ne portent que les trois lettres NOV. Ce pourrait être NOVVM ou NOVVS tout aussi bien que NOVO.

Ces mêmes auteurs et Spon, ont tous ainsi donné la suite de cette ligne : DIVVS... AVG... NO... LVS ET PATRVVS TI ; au lieu de la syllabe NO, les Tables portent la portion de mot ONC, que l'on pourrait interpréter par CONCESSIT.

Ligne 6. — ADPROBARE pour APPROBARE. Paradin, Gruter, Spon et Zell ont écrit APPROBARE Artaud a imprimé AD PROBARE en deux mots par erreur. Colonia s'est conformé au texte des Tables en publiant ADPROBARE, le D est substitué au premier P.

Ligne 8. — Paradin, Gruter et Spon ont écrit RECIPIENDOS PVTO. Plusieurs auteurs, entre autres Lipse et Haubold, ont suivi cette version. Zell a publié REIICIENDOS. Colonia et Artaud se sont conformés au texte des Tables en transcrivant REICIENDOS (*voir description*, page 35).

Ligne 13. — POST MODO. Zell supprime le mot POST. Spon, Colonia, Artaud et Burnouf, d'après Brotier, ont suivi le texte des Tables.

Ligne 15. — Paradin, Gruter et Zell ont écrit PALESTRICVM au lieu de PALAESTRICVM, orthographe des Tables. Cette phrase est un trait lancé contre Valerius Asiaticus, né à Vienne, et qui avait été deux fois consul (Tacite, *Annal.* XI, 1.). Zell fait observer que Claude appelle ce personnage PALAESTRICVM PRODIGIVM, parce qu'il se livrait avec passion aux exercices des lutteurs et qu'il y excellait. Il est probable, ajoute-t-il, que Claude fait allusion à ce que Valerius Asiaticus voulut se livrer à ces exercices un moment avant de mourir, ainsi que le rapporte Tacite, *Annal.* XI, III. Les motifs réels de la haine de Claude étaient l'envie qu'il avait de s'emparer des jardins de Lucullus que possédait Asiaticus, et de plus les relations intimes qu'il croyait exister entre Poppée et lui. Pour le faire périr il lui suscita des accusateurs qui déposèrent que Valerius avait été le principal auteur du meurtre de l'empereur, qu'il n'avait pas craint de s'en vanter, et qu'il se disposait à faire alliance avec les Germains, et à soulever les provinces voisines de Vienne sur lesquelles il avait de l'influence. (Tacite, *Annal.* XI, 1.)

Ligne 17. — BENIFICIVM pour BENEFICIVM. Tous les auteurs ont écrit BENEFICIVM, ce qui n'est pas conforme aux Tables.

Ligne 30. — ADSVETOS pour ASSVETOS, le D à la place de l's. — Entre FAMILIARES et QVE il existe un point; c'est le seul endroit où la conjonction QVE se trouve séparée du mot qui précède.

Ligne 37. — CVM ADCENSVS NOVO TVM OPERE. —Les anciens auteurs, Paradin, Spon, Brossette dont Colonia a adopté la traduction, le P. Ménestrier, etc., ont tous publié ce passage, en écrivant AD CENSVS en deux mots, au lieu de n'en faire qu'un seul, comme le portent les Tables, et tous, sans signaler dans ces mots une faute du graveur, l'ont traduit par *occupé à exiger des impôts* ou *des subsides*. Zell, Brotier, Burnouf et Pankouke d'après Brotier, ont aussi publié AD CENSVS en deux mots; mais ils ont cru devoir corriger ce passage, le premier en voulant qu'on lût A CENSVS NOVO TVM OPERE, les autres en disant CVM AD CENSVS (*certo certius emendandum est* AB CENSV) NOVO TVM OPERE. Nous osons croire que si ces savants eussent vu et étudié nos Tables originales, ils eussent formulé les premiers l'opinion que nous allons émettre : nous pensons que ADCENSVS est ici pour ACCENSVS, participe d'ACCENDO, qui a pour régime NOVO TVM OPERE, ce qui veut dire, *enflammé*, *échauffé par un travail nouveau*, ou plutôt, *dans l'ardeur d'un travail nouveau*. Il est vrai que ce travail était le recensement pour établir les impôts, comme l'explique la suite de la phrase.

Même ligne. — INADSVETVM pour INASSVETVM. Ici ce D remplace l's, comme dans ADCENSVS il remplace le c, et le P dans ADPROBARE.

Ligne 38. — Zell a écrit ADVOCATVS, au lieu de AVOCATVS que portent les Tables, et que l'on trouve dans Paradin, Gruter, Spon, Colonia, Artaud, etc.

Nous ferons observer ici que pour les Tables de Claude et pour beaucoup d'inscriptions qui ont été commentées par de nombreux auteurs, la plupart de ceux qui étaient sur les lieux et tous ceux qui en ont parlé sans avoir vu de leurs propres yeux ces monuments épigraphiques, se sont, en général, basés sur le travail du premier écrivain qui avait relevé l'inscription, surtout lorsqu'ils pensaient, d'après sa réputation, qu'il devait avoir bien lu; ils s'en rapportaient à son examen, et reproduisaient la faute qu'il avait faite. Ces sortes d'erreurs sont faciles à commettre lorsqu'une inscription est relevée trop précipitamment, que les lettres sont usées, mutilées, les mots confondus, ou que l'intérieur des lettres n'a point été vidé avec soin des matières qui les oblitéraient; enfin, lorsqu'on n'a point à sa disposition les monuments pour les étudier et les revoir chaque fois qu'il s'élève un doute.

Pour complaire à certains lecteurs nous avons cru devoir ajouter ici le discours que l'on trouve dans les *Annales* de Tacite, qui sans doute est loin d'être conforme aux paroles de Claude gravées sur notre monument authentique. Nous citerons à cette occasion ce que dit Burnouf (Tacite, *Annales*, t. 2, p. 514, notes sur le livre XI). On verra, dit-il, par la comparaison de cette pièce, combien dans les harangues ce grand historien (Tacite) est fidèle à la vérité historique, tout en prêtant aux personnages qu'il fait parler son style et son éloquence.

Paradin a cru que ce discours était une partie de celui qui est gravé sur nos deux Tables, mais en lisant attentivement, on voit qu'il ne peut en être ainsi, ce sont les mêmes idées générales qui s'y trouvent répandues.

Ménestrier pense que ce sont deux discours prononcés en deux circonstances différentes. Selon lui, celui inscrit sur nos Tables avait pour but de faire entrer au sénat des hommes distingués de la Gaule-Chevelue, et de transformer la ville de Lyon, de municipe qu'elle était, en colonie romaine; tandis que le discours rapporté par Tacite serait celui que Claude prononça pour demander en faveur des Autunois la faculté d'être admis aux charges de la république.

DISCOURS DE L'EMPEREUR CLAUDE, TIRÉ DES ANNALES DE TACITE.

« Majores mei (quorum antiquissimus Clausus, origine sabinâ, simul in civitatem Romanam, et in familias patriciorum adscitus est) hortantur uti paribus consiliis rempublicam capessam, transferendo huc quod usquàm egregium fuerit. Neque enim ignoro Julios Albâ, Coruncanios Camerio, Porcios Tusculo, et, ne vetera scrutemur, Etruriâ Lucaniâque et omni Italiâ in senatum accitos. Postremò ipsam ad Alpes promotam, ut non modò singuli viritim, sed terræ gentesque in nomen nostrum coalescerent. Tunc solida domi quies, et adversùs externa floruimus, cùm Transpadani in civitatem recepti, cùm, specie deductarum per orbem terræ legionum, additis provincialium validissimis, fesso imperio subventum est. Nùm pœnitet Balbos ex Hispaniâ, nec minùs insignes viros è Galliâ Narbonensi transivisse? Manent posteri eorum, nec amore in hanc patriam nobis concedunt. Quid aliud exitio Lacedæmoniis et Atheniensibus fuit, quanquam armis pollerent, nisi quòd victos pro alienigenis arcebant? At conditor noster Romulus tantùm sapientiâ valuit, ut plerosque populos eodem die hostes, dein cives habuerit. Advenæ in nos regnaverunt. Libertinorum filiis magistratus mandari, non, ut plerique falluntur, repens, sed priori populo factitatum est. At cum Senonibus pugnavimus: scilicet Volsci et Æqui, nunquàm adversam nobis aciem instruxère! Capti à Gallis sumus: sed et Tuscis obsides dedimus, et Samnitium jugum subivimus. Attamen si cuncta bella recenseas, nullum breviore spatio, quàm adversùs Gallos, confectum: continua indè ac fida pax. Jam moribus, artibus, affinitatibus nostris mixti, aurum et opes suas inferant potiùs, quàm separati habeant. Omnia, patres conscripti, quæ nunc vetustissima creduntur, nova fuêre: plebei magistratus post patricios: Latini post plebeios: ceterarum Italiæ gentium post Latinos. Inveterascet hoc quoque: et quod hodiè exemplis tuemur, inter exempla erit. »

Mes ancêtres (dont Clausus le plus ancien, Sabin d'origine, fut admis en même temps parmi les citoyens Romains et parmi les familles patriciennes) m'encouragent à gouverner l'Etat d'après le même plan, en transportant ici tout ce que chaque pays aura de plus illustre. Car je n'ignore pas que les Julius d'Albe, les Coruncanius de Camerium, les Porcius de Tusculum, et, sans fouiller l'antiquité, d'autres de l'Etrurie et de la Lucanie, et de l'Italie entière ont été admis dans le sénat. Qu'enfin l'Italie a été prolongée jusqu'aux Alpes, afin que, non-seulement des citoyens isolés, mais encore des contrées et des nations, fussent associées à notre nom. Alors la tranquillité fut profonde au-dedans, et nous fûmes florissants au-dehors, lorsque les peuples au delà du Pô firent partie de la cité, lorsque, sous l'apparence de légions conduites dans tout l'univers, on remédia à l'épuisement de l'empire par l'incorporation des meilleurs guerriers des provinces. Regrettons-nous que les Balbus soient venus d'Espagne, et d'autres hommes non moins illustres de la Gaule Narbonnaise? Leurs descendants subsistent et ne nous le cèdent point dans l'amour pour cette patrie. Quelle autre cause il y a-t-il eu à la ruine des Lacédémoniens et des Athéniens, quoiqu'ils fussent puissants par les armes, si ce n'est qu'ils repoussaient les vaincus comme des étrangers? Tandis que notre fondateur Romulus usa de tant de sagesse, qu'il eut la plupart des peuples pendant le même jour pour ennemis et pour concitoyens Des étrangers ont régné sur nous. Il a été d'usage de confier des magistratures à des fils d'affranchis, non pas récemment, comme presque tous le croient à tort, mais dès les premiers temps. Nous nous sommes battus avec les Sénonais; sans doute que les Volsques et les Eques ne rangèrent jamais contre nous une armée en bataille! Nous avons été pris par les Gaulois: mais, et nous avons donné des ôtages aux Toscans, et nous avons subi le joug des Samnites. Toutefois, si on passe en revue toutes les guerres, nulle n'a été plus promptement terminée que celle contre les Gaulois: depuis lors, paix constante et solide. Déjà confondus avec nous par les mœurs, les arts, les alliances, qu'ils nous apportent leur or et leurs richesses plutôt que d'en jouir seuls. Tout ce que nous croyons de plus ancien, Pères Conscripts, a été nouveau; le peuple est parvenu aux magistratures après les patriciens; les Latins après les plébéiens; les autres nations de l'Italie après les Latins. Ce que je propose vieillira également, et ce que nous soutenons aujourd'hui par des exemples, se classera parmi les exemples.

PORTIQUE VI.

N. 28.

```
      D        M
   SEX   COSSVTIO
   SEX . FIL QVIRIN
   PRIMO . EMERITO
   EX COH XIII . VRB
   T.. SILIVS HOSPES
   SIGNIFER  COH
   EIVSD . AMICO
      POS  VIT
```

Aux Dieux Mânes (1)
à Sextus Cossutius Primus, fils de Sextus, de la tribu Quirina, soldat émérite (2) de la 13ᵉ cohorte urbaine. T. Silius Hospes, porte-enseigne (3) de la même cohorte, a élevé ce monument à son ami.

(Publiée par Gruter, p. 530, fig. 4; Paradin, p. 433; Bellièvre, p. 55 (4); Artaud, *Notice du Musée*, p 6, n. 5. B.)

Cette inscription offre l'expression des sentiments d'une vieille amitié qui existait entre deux militaires longtemps réunis sous le même drapeau. Sex. Cossutius était de la tribu Quirina, la 35ᵉ de Rome, et laquelle, suivant Festus, tirait son nom de Cures,

(1) Voir pag. xxi. — (2) Voir pag. liv. — (3) Voir pag. liv.
(4) Nous possédons au Musée un assez grand nombre d'inscriptions qui faisaient autrefois partie de la collection du président Pomponne de Bellièvre ; il nous paraît donc utile de placer ici une note relative à celui qui, le premier, à Lyon, s'occupa de réunir nos monuments épigraphiques de l'époque gallo-romaine pour en décorer son jardin, afin d'y renvoyer lorsque nous décrirons une inscription qui dépendait de sa collection.
De Bellièvre, ancien président du parlement de Grenoble, composa un manuscrit sur l'histoire de Lyon qui est conservé à la bibliothèque de Montpellier ; Artaud en a légué une copie à l'Académie de Lyon : ce travail qui avait été composé par l'auteur pour sa propre satisfaction, et non dans le but d'être imprimé, ne manque point d'intérêt pour les annales de notre ville, il rapporte les choses telles qu'il les avait vues alors. Nous y trouvons une assez grande quantité d'inscriptions dont une partie existe sous nos portiques, et l'autre a été perdue ou subsiste encore dans les lieux où elles sont indiquées. L'espèce d'épigraphe qu'il a placée en tête de son livre nous montre quel attachement il portait à Lyon ; en voici les termes : *Lugdunum patria mea cui vehementer adficior ; Lugdunum deliciæ meæ.*
Le président de Bellièvre possédait à Lyon une maison au bas du versant oriental de St-Just, dans le quartier St-George, près de la place de la Trinité ; à cette maison était contigu un jardin, dans lequel il se plut à réunir les antiquités qu'il put se procurer à prix d'argent ou qu'il accepta des propriétaires qui lui en firent don. Ce lieu conserva longtemps le nom de jardin des antiques, et plus tard, lorsque cet espace passa en d'autres mains, et qu'il se couvrit d'habitations, on donna à l'une des rues de ce quartier le nom de Bellièvre ; cette rue existe encore aujourd'hui ; et a conservé sa même dénomination.

ville des Sabins; il était émérite ou vétéran. Lié d'amitié avec T. Silius Hospes, ce dernier voulut l'honorer en élevant un monument à sa mémoire ; l'inscription nous le désigne comme porte-enseigne de la même cohorte.

Nous avons pensé que *Primus* pourrait être ici le *cognomen* plutôt que de signifier *premier*. Cossutius n'a été ni le *premier* ni le *dernier* émérite de cette cohorte. Cependant cette dénomination pouvait être un titre d'honneur accordé à un des émérites. Quant au mot *Hospes*, est-ce un nom propre ou signifie-t-il que Silius était l'*hôte* de son ami défunt? Cette dernière conjecture est la moins probable.

Ce fut Auguste qui institua les cohortes urbaines auxquelles la garde des villes fut confiée; ces cohortes étaient composées, en grande partie, de vétérans ou émérites auxquels on distribuait des terres en récompense des services qu'ils avaient rendus à la patrie.

Nous possédons plusieurs inscriptions relatives à la 15e cohorte urbaine. Artaud pensait que cette cohorte fut aussi employée aux travaux publics, tels que les voies romaines et les aqueducs, où l'on occupait les autres divisions de l'armée. Nous ignorons sur quelle base il a fondé cette opinion.

Nous avons, comme souvenir des chemins ouverts par Agrippa, l'inscription funéraire d'un sous-officier, payeur de sa compagnie.

Quelques savants ont avancé que le nom de Villeurbanne, village situé près de Lyon, sur la rive gauche du Rhône, dérivait de *villa urbana*, et que ce lieu, en raison de cette dénomination, avait servi de station aux cohortes préposées à la garde de Lugdunum.

Description. — Cette épitaphe est composée de 9 lignes, en y comprenant la première qui n'est formée que du D et de l'M majuscules, les lettres onciales du corps de l'inscription sont d'un beau style, elles ont 33 millim. de haut. (*Voyez planche* XI, n. 28.)

Nous citerons dans notre ouvrage toutes les inscriptions dont cet archéologue a parlé dans son manuscrit et qui existaient alors.

La maison de campagne connue aujourd'hui sous la désignation de château Guinet, du nom d'un de ses derniers acquéreurs, était la maison de plaisance du président de Bellièvre; elle fut construite sous ses ordres, elle est située sur les confins de la commune de Ste-Foy, chemin de Lyon à Francheville. Cette propriété avait une très-grande étendue, puisque presque tout le plateau du lieu dit les Bruyères et la plus grande partie de la plaine de Champagne lui appartenaient; on marchait sur ses terres depuis la porte de Lyon jusqu'à la montée Barbier, commune de Francheville.

Si la vie du président de Grenoble fut modeste et sans éclat, il eut un fils qui devint célèbre en faveur et en disgrâce à la cour de France et qui occupa les premières dignités du royaume sous Henri III; il fut exilé pour avoir mis de la négligence à transmettre un ordre important de Sa Majesté. En 1599, il rentra en grâce et fut nommé chancelier par Henri IV en récompense de ses services, et remplaça Hurault de Chiverny, mais plus tard les sceaux lui furent retirés en lui laissant le titre de chef du Conseil; triste consolation, qui lui fit dire « qu'un chancelier sans sceau était un corps sans âme. »

Il avait hérité de son père d'un goût marqué pour l'histoire et les belles lettres.

PORTIQUE VI. 45

Ce cippe funéraire est en calcaire jurassique (Choin de Fay) (1), il est décoré d'une base et d'un couronnement à moulures, ce dernier a été abattu sur le devant par le maçon qui en avait voulu faire une assise; Paradin dit qu'il existait à Saint-Irénée; en effet, lorsque Artaud le fit apporter au Musée, sous la mairie de M. de Fargues, il servait de support au bénitier près de l'autel de la Vierge dans l'église de Saint-Irénée.

Les angles de ce cippe présentent quelques mutilations.

Hauteur : 96 cent. — Largeur : 47 cent. — Epaisseur : 35 cent.

Spon, dans ses *Recherches d'Antiquités*, p. 193, cite cette inscription ainsi qu'une autre qui s'en rapproche beaucoup, érigée en l'honneur d'un porte-enseigne de la même cohorte, ainsi conçue :

D   M
SEXTI FLAVI SVCCESSI
SIGNIF. COH. XIII VRB.
C. EGNATIVS BASSVS
AMICO OPTIMO

Le même auteur annonce qu'il ignore ce que sont devenus ces deux cippes funéraires.

N. 29.

D   M
P . OCTAVIO . PRIM
MIL . COH . XIII.
VRB
QVI . VIXIT . AN . XLII
MILIT . AN . XXI
HER . BENE . MER
P   C

Aux Dieux Mânes (2) à P. Octavius Primus, soldat de la 13ᵉ cohorte urbaine (3), qui vécut 42 ans et servit 21 ans; ses héritiers ont fait ériger ce monument à leur bienfaiteur.

(Publiée par Spon, p. 192, Paradin, Gruter, Ménestrier, Bellièvre, Artaud, *Notice du Musée de Lyon*, p. 5, n. V.)

Nous rendons les mots abrégés BEN. MER qui doivent être ici au datif et pris pour BENE MERENTI (4), par : *à leur bienfaiteur*, parce qu'il nous paraît peu probable que les héritiers de P. Octavius Primus aient eu l'intention de se qualifier de l'épithète de BENE MERENTES ou d'*obligeants*, pour avoir élevé un tombeau à celui qui leur avait laissé un héritage; cette qualification, interprétée ainsi par Artaud, nous paraît une erreur. D'ailleurs, cette expression qui se retrouve dans un grand nombre d'inscriptions, a toujours été interprétée comme nous le faisons ici.

---

(1) Voir pag. LXXI. — (2) Voir pag. XXI. — (3) Voir pag. 42.
(4) *Bene meritus* s'appliquait à un militaire qui avait bien servi la patrie.

44 PORTIQUE VI.

Ce cippe a été trouvé à la Ferrandière, château dépendant de la commune de Villeurbanne, et fut donné au Musée de Lyon par M. Artaud de La Ferrière, propriétaire de cette terre qui, depuis, a passé en d'autres mains.

Description. — Cette inscription, en lettres onciales du 1er siècle, est gravée sur un cippe en calcaire jurassique (Choin de Fay) (1), orné d'une base et d'un couronnement à moulures, ces deux parties ont été abattues au niveau du corps du cippe du côté gauche, pour en faire une assise. (*Voyez planche* X, *n.* 29.)

L'inscription se compose de 8 lignes, les lettres sont d'un beau style, celle du corps ont 48 millim. de haut.

Les angles de ce cippe présentent quelques mutilations.

Hauteur : 1 mètre 43 millim. — Largeur : 54 cent. — Epaisseur : 50 cent.

N. 30.

```
D    ⚒    M
ET . MEMORIAE . AETE
RNAE . OLIAE . TRIBVTAE
FEMINAE . SANCTISSI
MAE . ARVESCIVS
AMANDVS . FRATER
SORORI . KARISSIMAE
SIBI . QVE . AMANTISSI
MAE.P.C.ET.SVB.ASCIA
DEDICAVIT
```

Aux Dieux Mânes (2). et à la mémoire éternelle d'Olia Tributa, femme très-vertueuse; Arvescius Amandus, son frère, a pris soin de faire ériger ce monument pour sa sœur chérie et dont il était aimé avec tendresse, il l'a dédié *Sub ascia* (3).

(Publiée par Colonia, pag. 290. — Spon, pag. 123. — Artaud, *Notice du Musée*, pag. 123.)

Cette inscription où est peinte la plus vive tendresse fraternelle, a acquis une sorte de célébrité dans l'histoire de Lyon, par son rapport avec le tombeau des Deux-Amants. On connaît les nombreuses opinions qui ont été émises à ce sujet par les écrivains Lyonnais : Paradin présume que c'était le tombeau d'Hérode et d'Hérodias, exilés dans les Gaules; de Rubys pense qu'il appartenait à deux époux chrétiens qui avaient vécu dans la continence; Spon croit que c'était un de ces petits édicules ou temples que l'on construisait à l'entrée des villes; Ménestrier émet l'opinion que ce monument avait été le tombeau de deux sévirs augustaux de la famille Amanda, parents de l'empereur Tibère; enfin, Colonia et Brossette avancent, avec raison, que cette inscription ayant été trouvée à Vaise près du tombeau des Deux-Amants, elle devait en faire partie, mais que ce monument funéraire était celui d'un frère et d'une sœur nommés Amandus.

(1) Voir pag. LXXI. — (2) Voir pag. XXI. — (3) Voir pag. XXII.

M. Delandine, homme d'esprit et d'une imagination brillante, dans une description poétique, cherche à attendrir ses lecteurs sur le sort de deux amants malheureux, qui ne sont, comme nous venons de le dire, qu'un frère et une sœur de la famille Amanda, nom propre que le vulgaire a confondu avec celui d'un amant, venant par corruption du mot Amandus. De là est dérivée vraisemblablement l'histoire du tombeau des Deux-Amants, si généralement répandue.

Nous signalerons ici une inscription en l'honneur d'un sévir augustal du nom d'Amandus; elle était gravée sur un cippe qui servait de montant à la porte d'une chapelle de l'ancien cloître, vis-à-vis l'église de Saint-Jean. On a prétendu qu'il provenait de la démolition du tombeau des Deux-Amants qui gênait la voie publique; mais c'est une erreur que Colonia a réfutée en publiant cette inscription pag. 289. Elle est ainsi conçue :

T. CLAVD. AMAND.
IıııI VIR. AVG. LVGVD.
PATRONO
SANCTISSIMO
CLAVD.
PEREGRINVS ET
PRIMIGENIVS
LIBERTI ET HEREDES
P. C.

Nous rencontrons encore dans une inscription trouvée à Saint-Irénée, lors de la construction de l'église, en 1824, le nom d'un Sabinus Amandus, qui était vétéran de la 1re légion Minervienne (*Voy. le n.* 43.). Gruter, dans son *Recueil*, cite deux inscriptions, étrangères à Lyon, où l'on retrouve le nom d'Amandus, et une où l'on voit celui d'Amanda.

Quant à l'inscription qui nous occupe, lorsqu'elle fut trouvée à l'extrémité du faubourg de Vaise, elle fut donnée par M. Alexandre à M. Chapuis, son gendre, qui à son tour l'offrit à l'historien Brossette. Elle fut transportée à Thisy (Rhône), et resta longtemps dans cette famille ; on en perdait le souvenir, lorsque M. Villermoz, médecin distingué, qui en avait fait la recherche, la retrouva et l'obtint avec peine pour en faire hommage au Musée, sous la mairie de M. Fay de Sathonnay.

Description. — Cette épitaphe est composée de 10 lignes; l'*ascia* est figurée en creux, entre le D et l'M majuscules qui forment la 1re ligne placée sur le couronnement; les lettres du corps de l'inscription sont d'un bon style, elles ont 25 millim. de hauteur. Dans le mot TRIBVTAE l'I et l'R sont conjoints, c'est le premier jambage de l'R qui est allongé dans le haut pour indiquer l'I ; au mot KARISSIMAE le C est remplacé par un K.

Ce cippe funéraire est en calcaire jurassique (Choin de Fay) (1); il est décoré d'une base et d'un couronnement ornés de moulures ; ce dernier est surmonté d'un fronton à rouleau ou volute

---

(1) Voir pag. LXXI.

46   PORTIQUE VI.

de chaque côté. La base du côté gauche a été abattue au niveau du cippe. Les parties anguleuses du monument ont subi quelques mutilations. L'inscription est d'une bonne conservation.

Hauteur : 1 mètre. — Largeur : 41 cent. — Epaisseur : 39 cent.

N. 31.

Amphore en argile rose blanchâtre, toujours dans les formes en fuseau comme les précédentes; les deux anses sont cannelées; la panse se termine brusquement par une petite pointe; le bord de l'ouverture est ébréché (1).

Découverte en 1815, rue des Remparts-d'Ainay.

Hauteur : 81 cent. — Diamètre : 31 cent.

N. 32.

Amphore à deux anses, en argile rose pâle; les anses sont cannelées; l'ouverture est mutilée. Sa panse a été brisée en deux pièces. Elle est d'un travail très-grossier (2).

Découverte avec la précédente.

Hauteur : 79 cent. — Diamètre : 32 cent.

N. 33.

```
ET . MEMORI
AETERNAE
POTITIO
ROMVLO
QVI . VI . ANN . XXXV
DEFVNCT
ARTIS  ARG
EXCLVSSOR
MARTINIA
LEA CONIV . KA
RISSI . ET SIBI
P. C. ET S D I
```

Aux Dieux Mânes (3) et à la mémoire éternelle de Potitius Romulus, forgeur (ou artiste) en orfèvrerie (4) (ou batteur d'or), qui vécut 35 ans. Martinia Lea a fait élever ce monument pour son époux chéri et pour elle-même, et l'a dédié *Sub ascia* (5).

(Publiée par Artaud, sous le n. 5, C., *Notice du Musée de Lyon*, pag. 9. Lyon, 1818.)

Dans cet hommage rendu par une femme à la mémoire d'un mari qu'elle aimait tendrement, nous voyons aussi que celui auquel est élevé ce monument était un ouvrier ou un artiste qui travaillait sur les métaux précieux. Le mot *exclussor* ne fait aucun sens et n'est pas même latin. Il faut nécessairement lire *excusor*, ce qui signifie forgeur ou artiste en orfèvrerie. (*Voyez pl.* XI., *n.* 33.)

Ce monument a été trouvé à Saint-Irénée en construisant le couvent des Génovéfains, et apporté au Musée sous la mairie de M. de Fargues.

(1-2) Voy. le n. 5, pag. 6. — (3) Voir pag. xxi. — (4) Voir pag. lix. — (5) Voir pag. xxii.

Description. — Cette inscription est composée de 12 lignes ; probablement une première ligne, formée d'un D et d'un M majuscules, et gravée sur le couronnement, a été détruite.

Les lettres sont d'un style médiocre ; elles ont 30 millim. de haut.

Nous ferons remarquer que le graveur ayant sans doute oublié l'âge du défunt, il l'a placé en petits caractères entre la 4ᵉ et la 5ᵉ ligne.

Ce cippe, en calcaire jurassique dit Choin-de-Fay (1), est de forme élancée ; son couronnement et sa base étaient ornés de moulures et ont été abattus.

Hauteur : 95 cent. — Largeur : 30 cent. — Epaisseur : 32 cent.

N. 34.

Cette statuette antique en marbre blanc de Paros, nous représente l'Abondance. Elle est debout, vêtue de la tunique talaire ; l'épaule et le sein droit sont découverts ; elle tient la corne d'abondance de la main gauche ; elle repose sur un piédestal carré en plâtre d'un assez mauvais style. Malheureusement elle a subi de nombreuses mutilations ; le bas de la statue a été divisé en deux parties au niveau des genoux et restaurée ; l'avant-bras a été brisé au niveau de l'articulation du coude et manque, ainsi que la tête qui lui appartenait ; on l'a remplacée par une tête en calcaire de Tournus (1), qui a été mal ajustée ; elle est coiffée en cheveux.

Le travail de cette sculpture n'est point sans mérite, mais à raison de l'usure et de ses nombreuses mutilations il est difficile de le juger ; les draperies annoncent du goût et qu'un ciseau habile les a fouillées avec soin. (*Voyez pl.* VII, *n.* 54.)

Cette antiquité vient du cabinet Artaud, acquis par la ville, mais ce savant ne nous a laissé aucun renseignement sur l'époque et le lieu de la découverte.

Hauteur de la statuette : 60 cent. — Hauteur totale : 63 cent.

PORTIQUE VII.

N. 35.

```
     ET . MEMORIAE . AETERNAE LANINAE GALATIAE
     N. GRAEC . FEMIN . SANCTISSIMAE . QVAE . VIXIT ANN
     XXX . SINE VLLA ANIMI LAESION . Q. IVLIVS HYLAS
D    CONIVGI PIISSIMAE QVEM TVMVLVM                      M
     DVPLICEM POSVIT ET SIBI VIVS POSTERISQ
     SVIS ET     SVB    ASCIA    DEDICAVIT
```

Aux Dieux Mânes (3) et à la mémoire éternelle de Lanina Galatia, d'origine grecque, femme très-vertueuse qui vécut 30 ans sans aucun trouble de l'âme.

Q. Julius Hylas a élevé de son vivant ce double tombeau, pour sa très-tendre épouse, pour lui-même et pour ses descendants, et il l'a dédié *Sub ascia* (4).

(Publiée par Gruter, pag. DCCXCIX. — Ménestrier, p. 40, — Spon, *Recherches d'antiquités*, p. 197. — Artaud, *Notice du Musée de Lyon*, p. 9, n. 6.)

(1) Voir pag. LXXI. — (2) Voir pag. LXXII. — (3) Voir pag. XXI. — (4) Voir pag. XXII.

Ce sarcophage à deux compartiments, destiné à renfermer deux corps, est du genre de ceux qu'on appelait *bisomum*.

Il a été trouvé dans un jardin, à Saint-Irénée ; il fut acheté par un teinturier de Lyon, demeurant quai de Bourgneuf. M. Artaud de la Ferrière en fit plus tard l'acquisition, et le conservait dans son château de la Ferrandière, à Villeurbanne ; sur la demande de M. Fay de Sathonay, maire de Lyon, il en fit don au Musée de la ville.

Cette tombe, à double châsse, a une très-grande longueur, ce qui a fait dire par plusieurs personnes qu'elle avait été creusée pour deux géants ; mais, à cette époque, on introduisait des vases funéraires dans les tombeaux, et pour ne point gêner les morts, par respect pour eux, on les y plaçait sans toucher le corps du défunt. Deux creux circulaires et concaves de 17 centimètres de diamètre et de 2 centimètres de profondeur sont taillés dans le fond au milieu de chaque tombe.

Description. — Ce cippe est en calcaire jurassique (Choin de Fay) (1) ; sur la face antérieure on voit un vaste cartouche, à queue d'aronde, dans lequel est gravée l'inscription. Le D et l'M sont placés au centre de la queue d'aronde. Ce cartouche est entouré de moulures ; les lettres sont d'un beau style ; celles du corps de l'inscription ont 55 millim. de haut. Cette inscription se compose de 6 lignes. (*Voyez planche* VIII, n. 35.)

Ce sarcophage, l'une des plus belles pièces de notre Musée lapidaire, présente quelques brèches sur les angles, sur les bords, et sur le devant, une fente sinueuse qui part du haut et se prolonge jusqu'à la cloison qui sépare les deux tombes.

Hauteur : 65 cent. — Longeur : 2 mètres 60 cent. — Largeur de chaque châsse : 45 cent. — Profondeur : 1 mètre 32 cent.

N. 36.

Fragment de corniche en marbre blanc, orné de moulures, d'une rangée de petites feuilles d'eau et de dentricules, de travail romain.

Nous manquons de renseignements sur le lieu de la découverte.

Largeur : 32 cent. — Epaisseur : 10 cent.

N. 37.

Fragment de corniche en marbre blanc, décoré d'oves, de moulures et d'une torsade. Il est mutilé en plusieurs endroits.

Nous ignorons le lieu de la découverte.

Hauteur : 15 cent. — Largeur : 30 cent. — Epaisseur : 20 cent.

---

(1) Voir pag. LXXI.

PORTIQUE VII.

N. 38.

Amphore vinaire en argile rougeâtre, de forme ovoïde allongée, à deux anses; ouverture évasée à bandes plates sur ses parois ; la base se termine en pointe dont l'extrémité est mutilée (1).

Hauteur : 1 mètre 01 cent. — Diamètre : 25 cent.

N. 39.

```
        D     M
    IAE    PLACIDAE
    I APHRODISI FILIAE
    VARI ARGENTARI
    AVG LVG CLAVDIA
    IDA MATER MISERRIMA
    E SVPERVIXIT
    POSVIT
```

Aux Dieux Mânes. (2)

A Claudia Placida, fille de Claudius Aphrodisius Januarius, changeur ou banquier (3), et sévir augustal (4) de Lyon, Claudia Placida sa malheureuse mère qui lui a survécu, a fait élever ce monument.

(Publiée par Spon, *Recherches d'antiquités*, p. 73. — Muratori, p. 944-9. — Artaud; p. 10.)

La partie gauche de cette inscription, par rapport au lecteur, a été mutilée ; nous pensons qu'on peut la rétablir ainsi, en confrontant les différents noms qui se trouvent dans l'inscription ;

CLAVDIAE PLACIDAE
CLAVDII APHRODISI FILIAE
IANVARI ARGENTARI
IIIIII AVG. LVG CLAVDIA
PLACIDA MATER MISERRIMA
QVAE SVPER VIXIT
POSVIT

Nous pensons qu'ici le mot *argentari* signifie changeur ou banquier, ou attaché à la monnaie, quoique Spon le traduise par celui d'orfèvre ; dans ce dernier cas on avait le soin d'y ajouter l'adjectif *faber*.

L'arc du *forum boarium*, à Rome, qui a été surnommé mal à propos l'arc des orfèvres, porte *argentarii* et *negotiantes*, les banquiers et les changeurs.

(1) Voy. le n. 5, pag. 6. — (2) Voir pag. xxi. — (3) Voir pag. lix. — (4) Voir pag. xlvi.

TOM. I.

M. Millin, qui s'est occupé de cette inscription, a fait d'Aphrodisius un trésorier de la ville, et n'ayant point fait attention que la 5ᵉ ligne était tronquée au commencement, il a nommé Ida la femme d'Aphrodisius.

Cette inscription funéraire est gravée sur une plaque de forme carré-long, en marbre blanc, sans aucun ornement.

Elle a été trouvée à Saint-Irénée lorsqu'on a construit le couvent des Génovéfains. Spon fait remarquer que c'est dans ce quartier de l'ancienne ville qu'on a découvert la plupart des inscriptions relatives aux argentiers, orfèvres, et à des individus attachés à la monnaie. Il dit aussi qu'il existait une rue, près de l'église de Saint-Irénée, qui portait le nom de rue des orfèvres.

Description. Cette inscription se compose de 8 lignes en comprenant la première qui ne compte que les lettres D et M. (*Voyez planche* XVII, n. 39.)

Les lettres du corps de l'inscription sont d'un assez bon style; elles ont 26 millim. de haut.
La partie droite de cette pierre est mutilée, les autres bords sont ébréchés.

N. 40.

Amphore en argile d'un rouge pâle, à peu de chose près conforme à la précédente (n. 38), à deux anses. Le bord doublé sur lui-même a 10 centimètres. La pointe de la base est fracturée (1).

Hauteur : 1 mètre 2 cent. — Diamètre : 30 cent.

N. 41.

Morceau de corniche en calcaire blanc oolithique de Tournus (2), dépendant du même monument antique que ceux décrits aux n. 11 et 12, ayant comme eux pour ornements des entre-lacs, des feuilles d'eau et une moulure. Cette portion de corniche est assez bien conservée. Elle sert de support au buste suivant (n. 42).

Hauteur : 16 cent. — Largeur : 53 cent. — Epaisseur : 13 cent.

N. 42.

Ce buste de femme, en marbre blanc, est de travail moderne, la tête seule est antique ; elle est coiffée en cheveux, couronnée de pampres et de lierre ; ses traits et sa pose n'étant point ceux d'une bacchante, nous n'avons osé lui donner cette qualification. Le travail est d'un assez bon style ; le nez, les lèvres et le menton ont été mutilés et restaurés, ce qui ôte à cette figure tout son caractère.

Hauteur : 56 cent. — Largeur du buste : 43 cent.

---

(1) Voir n. 5, pag. 6. — (2) Voir pag. LXXII.

PORTIQUE VIII.

n. 43.

```
D    ⌒    M
ET MEMORIAE AETE
RNAE . L. SABINI . AMA
NDI VETER . LEG . I . MINE
RVE . IANVARINIA
VERINA . CONIVNX
ET . SABIN . VICTOR
LIVS . HEREDES
      ET S A D D
```

(*Inédite.*)

Aux Dieux Mânes (1) et à la mémoire éternelle de L. Sabinus Amandus, vétéran (2) de la 1re légion Minervienne, Januarinia Verina, son épouse, et Sabinus Victor, son fils, ses héritiers, ont fait élever ce monument, et l'ont dédié *Sub ascia* (3).

Dans cette inscription l'épouse s'unit à son fils pour élever un monument funèbre à la mémoire d'un vieux militaire de la première légion Minervienne.

Nous ferons observer que le graveur a fait un barbarisme en écrivant MINERVE au lieu de MINERVIAE.

Ce monument a été trouvé à Saint-Irénée, en 1824, en creusant les fondations de la nouvelle église, et transporté au Musée en 1845.

Description. — Cette épitaphe est composée de 9 lignes en lettres d'un beau style; à la 1re l'*ascia* est figurée en creux entre le D et l'M majuscules.

Les lettres de la seconde ligne ont 28 millim. de haut; celles de la 3e, 26 millim., et celles du reste de l'inscription, 24 millim.

A la 4e ligne les deux premières lettres sont conjointes et forment une lettre double composée d'une N et d'un D; à la même ligne le chiffre I est plus allongé que les lettres, et les deux dernières lettres de cette ligne N E sont conjointes, de même que les deux premières.

Nous ferons aussi remarquer qu'à l'avant-dernière ligne dans le mot FILIVS les premières lettres ont été détruites, ainsi qu'à la dernière le P et le C qui devaient précéder la formule *Sub ascia*; malgré leur disparition nous pouvons affirmer que ces initiales des mots PONENDVM CVRAVERVNT existaient. Les deux D qui terminent cette épitaphe nous indiquent que le verbe DEDICARE était mis au pluriel et signifient DEDICAVERVNT.

Ce cippe funéraire est en calcaire jurassique (Choin-de-Fay) (4), il est décoré d'une base et d'un couronnement à moulures d'un bon goût et d'un profil élégant. Il a été brisé transversalement en deux pièces qui ont été réunies.

---

(1) Voir pag. XXI. — (2) Voir pag. LV. — (3) Voir pag. XXII. — (4) Voir pag. LXXI.

N. 44.

```
          ET  QVIETI  A  ETERNAE
        HERENNAE            NNIS IN
        FANTIS  DVLCISSIMAE  QVAE
  D     VIXIT ANNIS III MENSIBVS XI    M
        D . IIII . CALLIPPILLIE ET VERECVN
        DINIVS M CRINVS  PARENTES DESOLA
        TI . P . C . ET SVB ASCIA DEDICAVERVNT
```

Aux Dieux Mânes (1) et au repos éternel d'Herennia Perennis, enfant chéri qui vécut 3 ans, 11 mois, 4 jours, Callipillie et Verecundinius Macrinus ses père et mère désolés lui ont fait élever ce tombeau et l'ont dédié *Sub ascia* (2).

(Publiée par Artaud comme inédite, *Notice du Musée de Lyon*, p. 11.)

Ce monument, élevé à la mémoire d'une fille chérie par des parents affligés, indique non-seulement une profonde douleur, mais une aisance dans cette famille qui lui permettait de déposer dans un sarcophage, creusé dans la pierre, le corps de leur enfant.

Si cette sépulture date de l'époque où l'incinération était encore en usage, nous ferons observer, avec Pline, que le corps des enfants en bas-âge n'était point brûlé : *Terrâ clauditur infans minor rogi*. Quelques auteurs, sans indiquer l'âge du défunt, ajoutent qu'il fallait pour avoir les honneurs du bûcher que la bouche fût garnie de ses dents. Aussi la formule de *Sit tibi terra levis* est-elle appropriée à l'enfance jusqu'à la fin du second siècle, époque où l'incinération fut abolie ou tomba en désuétude.

Nous pensons, que Callipillie, d'après le nom qu'elle porte, était d'origine grecque. Il est remarquable qu'elle soit nommée avant le père. Quant au nom de la défunte, nous avons suivi la manière dont Artaud l'a rétabli; cependant l'espace qui existe entre HERENNAE et NNIS nous paraît trop grand pour supposer qu'il n'existait que les quatre lettres PERE qui ont été détruites, nous pensons au contraire qu'un autre nom y figurait encore.

Ce monument a été trouvé au commencement de ce siècle, à Lyon, quai de Serin, à Sainte-Marie-des-Chaînes, et transporté au Musée sous la mairie de M. Fay de Sathonay.

Description. — Cette inscription est gravée sur le devant du sarcophage dans un cartouche à queue d'aronde, le D et l'M majuscules sont gravés dans le centre du triangle qui forme de chaque côté la queue d'aronde du cartouche.

Le corps de l'inscription est composé de 7 lignes dont les lettres sont d'un bon style et qui ont 40 millim. de haut; à la 3ᵉ ligne, dans la terminaison du mot INFANTIS, nous voyons que l'N et le T sont conjoints, il en est de même à la 4ᵉ pour les deux N du mot ANNIS; à la 5ᵉ le mot ET est formé d'un E et d'un T conjoints; à la 6ᵉ on voit 4 lettres doubles, dans DINIVS qui termine le mot VERECVNDINIVS, le dernier I est conjoint avec l'N; dans MACRINVS, il en est de même pour l'M et l'A,

(1) Voir pag. XXI. — (2) Voir pag. XXII.

et pour l'ı et l'ɴ; dans le mot PARENTES, le premier E est conjoint à l'R et le second E au T et à l'ɴ; à la 7°, le mot ET présente le même exemple, ainsi que l'A et le V dans DEDICAVERVNT.

Les anciens adoptaient ce système d'abréviation par deux raisons, l'une pour diminuer le travail du graveur, et l'autre, qui était quelquefois d'une obligation forcée, afin de pouvoir faire entrer l'inscription dans le cadre qui lui était réservé.

Ce sarcophage est en calcaire jurassique (Choin-de-Fay) (1); la châsse creusée pour recevoir le corps, présente dans son fond, du côté de la tête, une espèce de chevet ayant dans son centre une cavité dont la forme était modelée sur celle de la tête du défunt, et lui servait de support. Nous avons remarqué cette particularité dans plusieurs sarcophages antiques. Celui-ci a 21 cent. de profondeur; 1 mètre 44 millim. de longueur et 32 cent. de largeur dans œuvre.

L'angle supérieur gauche a été mutilé et brisé, ainsi que le haut de la queue d'aronde qui lui correspond, les bords offrent aussi quelques brèches accidentelles.

Hauteur : 52 cent. — Longueur : 1 mèt. 35 cent. — Epaisseur : 60 cent.

N. 45.

```
D  ⚒  M
ET MEMORIAE
AELIAE . FILETAE
AVR . PVSINNIO
  CONIVGI
KARISSIMAE
ET SIBI VIVOS
 PONENDVM
CVRAVIT . ET
 SVB AS CIA
 DEDICAVIT
```

Aux Dieux Mânes (2) et à la mémoire d'Ælia Fileta, Aurelius Pusinnio a pris soin de faire ériger ce cippe, de son vivant, pour son épouse chérie et pour lui-même, et il l'a dédié *Sub ascia* (3).

(Publiée comme inédite, par Artaud, *Notice du Musée*, pag. 17.)

Dans cette inscription, qui est un simple hommage de tendresse d'un mari à son épouse, nous ferons remarquer une chose très-habituelle chez les anciens, c'est que celui qui faisait ériger le monument le faisait exécuter pour lui-même, pendant sa vie, en l'utilisant d'abord pour un membre de sa famille qui lui était cher et auquel il désirait être réuni après sa mort.

Il a été trouvé, à Lyon, faubourg de la Quarantaine, et signalé à Artaud, sous la mairie de M. de Sathonay, par M. Latombe, ingénieur des ponts-et-chaussées; il était enfoui dans le sol d'une maison de l'hôpital construite par M. Serlio.

Description. — Cette épitaphe est composée de 11 lignes en lettres onciales d'un beau style, elles ont 29 millim. de haut.

A la 1ʳᵉ ligne, on a figuré l'*ascia* en creux, entre le D et l'M majuscules; à la 4ᵉ ligne, les deux

---

(1) Voir pag. LXXI. — (2) Voir pag. XXI. — (3) Voir pag. XXII.

n et l'ï, dans le mot PVSINNIO, sont conjoints; à la 6e, dans le mot KARISSIMÆ, on a remplacé le c par le K; à la 7e, l'ouvrier graveur a évidemment fait un archaïsme dans le mot VIVOS et mis un o à la place d'un V; le P de PONENDVM est détruit; à la 11e et dernière ligne, dans le mot DEDICAVIT, le dernier I est uni au T.

Ce beau cippe funéraire est un calcaire jurassique (Choin-de-Fay) (1), il est décoré d'une base et d'un couronnement à moulures d'un bon style, le couronnement est surmonté d'un fronton.

Le dessus est creusé pour recevoir une urne cinéraire; cette circonstance et la beauté des lettres semblent nous indiquer que ce cippe remonte au premier siècle.

Les angles présentent quelques brèches.

Hauteur : 1 mèt. 18 cent. — Largeur : 35 cent. — Epaisseur : 38 cent.

N. 46.

Amphore en argile blanche se rapprochant de celles que nous avons décrites plus haut, ayant une forme allongée; sa longue panse se termine en cône pointu; ses deux anses sont coudées dans le haut, à angle aigu; le goulot, renflé dans le bas, prend tout-à-coup la forme d'un cylindre de même dimension, jusqu'à son ouverture qui présente un très-petit bourrelet (2).

Elle vient du cabinet Artaud, sans indication du lieu lieu où elle a été trouvée.

Hauteur : 99 cent. — Diamètre : 25 cent. 4 millim.

N. 47.

```
    DIS
  MANIBVS
LABIENAESEVERAE
LABIENVS VICTOR
   FILIAE
```

Aux Dieux Manes (3)
à Labiena Severa, Labienus
Victor à sa fille.

(Publiée comme inédite, par Artaud, *Notice du Musée* pag. 11.)

Dans cette inscription, des plus laconiques, nous voyons que celui qui a élevé ce monument n'exprime qu'une intention, en passant sous silence ses sentiments et les qualités de la défunte.

Le nom de Labienus rappelle un lieutenant de César pendant la guerre des Gaules; il faisait le siége de Lutetia (Paris) avec quatre légions, pendant que le grand capitaine était sur les bords de la Loire avec son armée. Dans la guerre civile il abandonna César pour se joindre à Pompée. Il est très-possible que celui qui a fait élever ce monument fût de la même famille.

(1) Voir pag. LXXI. — (2) Voir le n. 5, pag. 6. — (3) Voir pag. XXI.

Ce monument a été trouvé à l'époque de la construction du couvent des Génovéfains, à Saint-Irénée.

Description. — Cette épitaphe est composée de 5 lignes, les lettres sont d'un bon style, elles ont 8 cent. 4 millim. de haut. à la 1re ligne, 5 cent. 8 millim. à la 2e, et 4 cent. 4 millim. aux trois dernières.

A la 1re ligne le mot DIIS est écrit en toutes lettres ainsi que le mot MANIBVS à la 2e, tandis que dans presque toutes les inscriptions ces deux mots ne sont indiqués que par leurs initiales D et M sur la même ligne. Dans le mot DIIS il n'y a qu'un I d'une grande dimension sans doute pour marquer le redoublement de la lettre; à la 5me ligne le premier I de FILIAE est un peu allongé.

Cette épitaphe est gravée sur une plaque épaisse de forme carré-long en calcaire jurassique (Choin-de-Fay) (1), elle est entourée de moulures et surmontée d'un fronton encastré.

La base a été mutilée et manque en partie, elle a été restaurée en plâtre.

Hauteur : 1 mèt. 50 cent. — Largeur : 85 cent. — Epaisseur : 26 cent.

N. 48.

Cette amphore est en argile blanche à deux anses, en forme de fuseau, d'un galbe élancé, élégant. Elle a une forte brèche à son ouverture (2).

Elle faisait partie de la collection Artaud.

Hauteur : 95 cent. — Diamètre : 25 cent. 5 millim.

N. 49. — URNE CINÉRAIRE.

En parlant de cette urne cinéraire nous n'avons point l'intention de discuter ici sur les différents modes de sépultures anciennes, seulement nous dirons quelques mots sur les ossuaires et vases cinéraires qui se rattachent à l'époque de l'incinération des corps. Cet usage, qui date d'une haute antiquité, tomba en désuétude à Rome vers la fin du premier siècle, et disparut dans toute l'étendue de l'empire vers le milieu et la fin du second. Cette remarque n'est point sans intérêt sous le rapport des dates, car si elle ne les fixe point d'une manière positive, on ne peut varier beaucoup sur l'origine approximative de ces monuments. Je ne veux parler ici que de ceux que nous possédons au Musée, qui sont presque tous de travail gallo-romain, et ne sont par conséquent point antérieurs au premier siècle ni postérieurs au second. Nos cippes funéraires où l'on remarque des cavités pour loger des urnes cinéraires sont donc de cette époque.

Ces genres de vases, destinés à conserver une partie des ossements calcinés du défunt, à l'époque où ce mode de sépulture était en faveur, devinrent d'un usage

---

(1) Voir pag. LXXI. — (2) Voir n. 5, pag. 6.

général. On fit des ossuaires ou urnes cinéraires en toute espèce de matière, depuis la pierre, l'argile la plus grossière, jusqu'aux matières les plus précieuses. Les formes varièrent également, ainsi que les dimensions. Le plus grand nombre fut fait avec simplicité; parmi quelques-uns le luxe les enrichit d'ornements, de sculptures et d'inscriptions. Nous n'entreprendrons pas d'entrer dans les longs détails qu'exigerait une dissertation de ce genre. Nous dirons seulement que lorsque les parents, les héritiers ou les amis d'un défunt choisissaient ce mode de sépulture, son corps était brûlé sur un bûcher, que les parties osseuses étant calcinées on les brisait pour qu'elles pussent entrer dans l'ossuaire, et qu'en général nous avons remarqué qu'on y plaçait toujours quelques fragments du crâne et d'autre portion de la charpente osseuse; que le reste n'était point recueilli et était jeté ailleurs ou placé dans un charnier commun à cet égard. Dans un ancien cimetière, près de Lyon, commune de Tassin, nous avons vu un charnier antique, semblable à un puits de 2 mètres de diamètre, qui était rempli d'ossements calcinés qui avaient été délaissés lors de l'incinération des corps. Nous ne sommes pas du nombre des archéologues qui pensent que les cendres d'un mort pouvaient tenir dans le creux de la main ou même être contenues dans un ossuaire de dimension ordinaire. On n'a qu'à examiner le poids et le volume d'un squelette de stature commune, et le peu de déchet que subit cette masse, composée en grande partie de chaux phosphatée et carbonatée, et l'on se convaincra que les ossuaires remplis ne contenaient qu'à peine un 15e ou un 20e de la masse calcinée.

Les ossements étaient placés incandescents dans ces espèces d'urnes; aussitôt après, les parents et amis du défunt y déposaient des vases à parfums, des objets de toilette ayant appartenu au mort, et une foule de choses auxquelles il avait été attaché pendant sa vie. Nous avons dit qu'on plaçait les os incandescents dans les ossuaires; ce qui nous le prouve, c'est la déformation d'une foule de ces vases à parfums en verre, qui atteste l'action de cette chaleur. En général, ces sortes de vases étaient munis d'un couvercle et étaient ainsi déposés dans la terre, dans un autre monument ou dans un *columbarium*, espèce de sépulture de famille où les cendres de chaque membre étaient placées comme le sont les nids de pigeons dans un colombier.

L'urne cinéraire placée sous ce numéro, est en argile noirâtre; la panse est un piriforme aplati à sa base; l'ouverture est large, le bord est arrondi et présente une brèche. Elle a été découverte à Lyon, en 1843, dans le clos Nouvellet, lieu dit des Brugeons, commune de Saint-Irénée, où nous présumons qu'il existait un cimetière à l'époque romaine. Les nombreux débris que l'on y a rencontrés attestent que, lors de l'incinération des corps, des dépôts considérables de ce genre y avaient été faits, et les différents points où l'on a fouillé pour la culture indiquent que ce cimetière de l'ancien Lugdunum avait une grande étendue. Il était placé sur la gauche de la voie romaine qui, partant de Saint-Just, allait dans le pays des Arvernes.

Hauteur de l'urne : 15 cent. — Diamètre de la panse : 19 cent. 5 millim.

PORTIQUE VIII.   57

N. 50.

Ce vase en terre cuite, d'une argile peu fine, tirant sur le rose, est d'une forme assez bizarre; nous n'osons lui assigner aucun usage trop spécial. Est ce un ossuaire? Est-ce un vase pour l'usage domestique dont on se servait pour le sel, les fruits secs, ou pour contenir des céréales ou un liquide particulier? Nous laissons ce problème à résoudre.

Nous dirons seulement que cette forme n'est point représentée dans les ouvrages où les auteurs se sont occupés de céramique; qu'il a la forme d'un cône tronqué, que la petite extrémité sert de base à ce vase qui, près de sa large ouverture, offre une moulure composée d'un sillon profond et d'une doucine en retrait. La cavité du vase est également conique. Nous ferons observer que sur le derrière il est aplati longitudinalement dans toute son étendue, ce qui nous fait supposer qu'il était destiné à être adossé à un mur ou à tout autre corps.

Ce vase, curieux de construction, est d'une parfaite conservation; il ne présente aucune trace de vernis. Il vient de la collection de Gérando, acquise par la ville de Lyon.

Hauteur : 47 cent. — Grand diamètre : 36 cent. — Diamètre de l'ouverture : 23 cent. 3 millim. — Poids : 18 kilog. 600 gr.

N. 51.

Vase cinéraire, en argile de même nature que le n. 49, d'une dimension plus petite, se rapprochant de lui pour la forme; trouvé aussi dans le clos Nouvellet, à St-Irénée. Il est ébréché à son ouverture (1).

Hauteur : 16 cent. 5 millim. — Diamètre de la panse : 18 cent.

N. 52.

Urne cinéraire en plomb, ayant la forme d'un demi-sphéroïde; elle a un couvercle plat à recouvrement. Les parois de ce vase sont déformées dans le haut, mais l'oxydation ne les a point détruites.

Elle contenait des vases à baume en verre, et des os calcinés (2).

Découverte au même lieu et à la même époque que le vase précédent.

Diamètre : 27 cent. 8 millim.— Hauteur : 14 cent. 7 millim. — Poids : 4 kilog. 550 gr.

(1-2) Voir n. 49, pag. 55.
TOM. I.

PORTIQUE IX.

N. 53.

Sarcophage en marbre blanc, d'une très-grande dimension, et assez grossièrement taillé. Pour tout ornement il présente sur le devant et dans le haut un cordon en relief, formant une ligne droite composée de feuilles de chêne ou de laurier, divisée en compartiments par des liens placés à distances égales.

Cette sculpture usée offre peu d'intérêt sous le rapport de l'art; il est possible que d'autres ornements et même une inscription aient figuré sur ce monument et qu'ils aient été détruits pour le faire servir à une sépulture chrétienne. Nous pourrions à cet égard citer de nombreux exemples; il est très-probable aussi que, plus tard, on en ait fait un bassin de fontaine, car l'on voit au centre de la paroi de derrière une entaille destinée, sans doute au passage d'un conduit qui y amenait les eaux, et vers l'un des angles du bas il existe une ouverture pour leur écoulement.

Nous n'avons aucune donnée sur l'époque de la découverte de ce monument ; nous savons seulement qu'il a été apporté, lors de la formation du Musée, du monastère de Sainte-Marie-des-Chaînes, situé à Lyon sur le quai de la rive gauche de la Saône ; nous savons aussi que plusieurs tombeaux ont été découverts sur l'emplacement de ce couvent. Ce lieu a fourni de nombreuses et remarquables antiquités : M. l'abbé de Tersan possédait un congé militaire, sur bronze, du règne de Gordien-Pie ; M. Grivaud, de Paris, un sanglier en bronze d'un très-beau style ; et M. le baron Roger, un magnifique camée en agate saphirine représentant l'effigie de Domitien.

Profondeur dans œuvre de la tombe : 74 cent. 5 millim. — Longueur : 2 mètres 13 cent. — Largeur : 75 cent.

Hauteur du sarcophage : 88 cent. — Longueur : 2 mèt. 30 cent. — Epaisseur : 93 cent.

N. 54.

```
† HICCONTE
BRASEPVLCR
DEVITAPERPETV/
RADIVM S oLISC
VTINTERELECT
AÑS VI ET    DIES
```
(Inédite.)

Nous laissons au lecteur le soin d'interpréter cette inscription mutilée à sa partie gauche ; néanmoins nous dirons que, toute incomplète qu'elle est, on pourrait lui donner ce sens :

PORTIQUE IX.

« Ici est renfermé dans les ténèbres du tombeau (un tel dont le nom manque),
« attendant un rayon du soleil de la vie éternelle pour être placé parmi les élus.
« Il vécut 6 ans.... jours. »

Il vient du cabinet Artaud sans aucun renseignements.

Description. — Cette épitaphe est gravée sur une plaque en marbre blanc de forme carrée. Elle est composée de 6 lignes; les lettres sont d'un mauvais style. Elle commence par une croix, symbole chrétien. Plusieurs lettres sont mutilées et manquent du côté gauche. La hauteur des lettres est de 20 millim. Les bords de ce monument ont éprouvé quelques mutilations.

Hauteur : 16 cent. — Largeur : 26 cent. — Epaisseur : 28 cent.

N. 55.

Fragment de corniche en marbre blanc, travail du bas-empire, orné de feuilles d'eau, de denticules, d'olives, de feuillages, d'onglets et de moulures. Il est mutilé en plusieurs endroits.

Nous sommes sans renseignements sur le lieu et l'époque de sa découverte.

Hauteur : 25 cent. — Largeur : 26 cent. — Epaisseur : 20 cent.

N. 56.

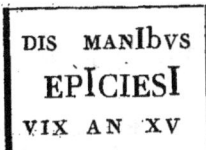

(*Inédite.*)
Aux Dieux Mânes (1)
d'Epiciesus.
Il a vécu 15 ans.

Cette brève inscription ne nous donne que le nom et l'âge du défunt; elle ne présente à l'esprit qu'un souvenir indifférent.

Elle vient du cabinet Artaud. Ce dernier n'a laissé aucune note à son égard.

Description. — Cette épitaphe est composée de 3 lignes qui sont entourées d'un trait en creux. Les lettres sont d'un style barbare; elles ont 20 millim. en moyenne.

A la 1re ligne le DIIS MANIBVS est en toute lettres moins la suppression d'un I au mot DIIS, et dans MANIBVS le B est en lettre minuscule.

A la 3e ligne, le premier et le troisième I sont également d'une grande élévation.

Ce monument en calcaire oolitique de Tournus (2), est du temps de la décadence; il est carré-long en forme de plaque. Il présente quelques brèches sur ses bords.

Hauteur : 28 cent. — Largeur : 23 cent. — Epaisseur : 4 cent.

(1) Voir pag. XXII. — (2) Voir pag. LXXII.

N. 57.

```
REQVII SCITINNO
/RSVS QVIVIX
VVS QVAT TVO
4ENSES HOCT
'ENERISSEPTE
CEM OKALEND
CONEVVCC
ARIAS POSTE MIAN
```

(Publiée par Artaud, *Notice du Musée*, pag. 12, n. 8 B.)

Voici le sens que nous avons cru pouvoir donner aux six premières lignes, les dernières ne pouvant se traduire, plusieurs mots étant incomplets :

« Ici repose l'innocent Ursus, qui vécut 4 ans 8 mois; il mourut un vendredi
« le 17e jour avant les calendes (*peut-être*) de janvier ou de février. (1). »

On pourrait conjecturer par l'avant-dernière ligne que les deux hommes illustres qui y sont indiqués étaient consuls, et que la terminaison CONE indiquerait peut-être le célèbre Stilicon.

Nous manquons de documents sur le lieu et l'époque de la découverte de cette pierre tumulaire.

Description. — Cette inscription chrétienne du bas-empire est gravée sur une plaque en marbre blanc de forme carré-long; dans le haut on a réservé un espace où l'on a figuré un arbre qui est placé entre deux colombes en regard.

L'inscription est composée de 8 lignes dont les lettres sont d'un mauvais style.

Hauteur : 36 cent. — Largeur : 25 cent. — Epaisseur : 3 cent.

N. 58.

Amphore vinaire en argile rouge; sa panse est ovoïde; les deux anses sont cannelées. L'ouverture est mutilée (2).

Nous sommes sans renseignements sur le lieu et l'époque de sa découverte.

Hauteur : 80 cent. — Diamètre : 35 cent.

---

(1) Voir pag. xxix. — (2) Voir n. 5, pag. 6.

N. 59.

```
IN HOC TV
MVLOREQV
IISCITINC
RISTO BELLAV
SVS QVI VIXS
ET ANNOS XLII
OBITS B DNO
NAS IVLIAS
```

Dans ce tombeau repose en Jésus-Christ Bellausus, qui a vécu 42 ans. Il mourut le jour avant les nones (1) de juillet.

(Publiée par Artaud, *Notice du Musée*, pag. 12, n. 8 c.)

Cette inscription chrétienne, écrite en lettres d'un style barbare des bas temps de la latinité, n'est qu'une simple et sèche indication. On y remarque des abréviations en usage à cette époque.

Nous manquons de renseignements sur le lieu et l'époque de sa découverte.

Description. — Ce monument funéraire est en marbre blanc, de forme carré-long. Au bas de l'inscription on voit une croix gravée au trait entre deux colombes.

Les lettres ont 20 millim. de haut.

Hauteur : 40 cent. — Largeur : 27 cent. — Epaisseur : 3 cent.

N. 60.

Fragment de bas-relief en marbre blanc, représentant la base du tronc et les membres inférieurs d'un jeune homme en bas-âge. Cette antiquité est usée et mutilée.

Hauteur : 19 cent. — Largeur : 15 cent.

N. 61.

Fragment d'un bas-relief en marbre blanc, sur lequel il est difficile d'asseoir une opinion sur la nature du sujet. Il ne reste d'entier que la jambe droite d'un personnage et un vase contenant des raisins. Le travail est en ronde bosse.

Longueur : 28 cent.

---

(1) Voir pag. xxix.

N. 62.

```
HIRE QVIES CIT IN
PACE EVNOMIOLA
QVAE VIXIT FIS DE
NISET NOVEM SI
MVLABENTIBVS ANNS
```

(*Inédite.*)

Ici repose en paix
Eunomiola qui mourut
pendant sa vingt-neu-
vième année.

Nous avons préféré ce sens à celui-ci qu'on pourrait encore lui donner : « Ici « repose en paix Eunomiola qui vécut vingt-neuf ans, nos années s'écoulant « ensemble. » Mais alors est-ce un père, une mère, un mari, un frère, une sœur, une amie, qui a fait élever ce monument à sa fille, à sa femme, à sa sœur, à son amie ? c'est ce que rien n'indique. En adoptant ce sens pour SIMVL LABENTIBVS ANNIS, il est surprenant que cette personne n'ait pas fait graver son nom à côté de celui de la défunte, et cependant l'inscription est complète. Les deux colombes becquetant dans le même vase gravées au-dessous de l'inscription, peuvent donner quelque poids à cette interprétation.

Mais SIMVL ne signifie pas seulement *ensemble*, il se prend aussi dans le sens de *en même temps que*, *aussitôt que*, et alors il faut ne voir dans cette phrase que l'indication de la mort d'Eunomiola arrivée aussitôt que ses vingt-neuf ans finissaient.

Cette inscription a été trouvée à Vienne, et provient du cabinet Chavernod, acheté par la ville en 1844.

Description. — Cette inscription chrétienne, composée de 5 lignes en lettres d'un mauvais style du bas-empire, est gravée sur une plaque en marbre de forme carré-long irrégulier.

Les lettres ont 18 millim. de haut.

La base de cette pierre a été brisée diagonalement. On aperçoit les restes de figuration d'un vase qui était placé entre deux colombes.

Hauteur : 17 cent. — Largeur : 26 cent. — Epaisseur : 4 cent.

N. 63.

Ce fragment de corniche du bas-empire est orné d'oves, de larges feuilles arrangées par médaillons et séparées par d'autres feuilles réunies à leur base par un lien, et se dirigeant en sens inverse ; de denticules. (*Voyez pl.* VII, *n.* 65.).

Ce débris est d'une belle sculpture de l'époque et d'une bonne conservation ; le calcaire est grisâtre, à grain fin, se rapprochant de celui de Lucenay (Rhône) (1).

Longueur : 84 cent. — Hauteur : 24 cent. — Epaisseur : 25 cent.

---

(1) Voir pag. LXXII.

N. 64.

```
IIII : IDr : IVNII : OB :
PONCIVS RECLV
SVS : X : S : DE :
MAYSEV : † :
```

(*Inédite.*)

Cette inscription, qui appartient au moyen-âge, est gravée sur une plaque en marbre de forme carré long. Elle nous apprend qu'un nommé Poncius, religieux, est mort le 4 des ides de juin (1). Il serait difficile d'expliquer les abréviations X . S . sans inventer. Le nom de Mayseu se rapproche beaucoup de Meyzieu; existait-il un monastère dans cet endroit?

Nous n'avons aucun document sur le lieu et l'époque de sa découverte.

Description. — L'inscription se termine par une croix figurée en creux. Les lettres sont d'un mauvais style, elles ont 22 millim. de haut.

Les E sont de forme grecque; des traits en travers des lettres indiquent les abréviations; les N prennent la forme gothique. Les bords sont mutilés.

Hauteur : 13 cent. 5 millim. — Largeur : 26 cent. 5 millim. — Epaisseur : 3 cent.

N. 65.

Masque cyclopéen ou larve, en calcaire de Tournus (2). Il a dû appartenir à un monument funéraire d'une grande importance. M. Sedy, propriétaire aux Massues, qui en a fait don au Musée, nous a affirmé qu'un grand nombre de pierres de taille, d'un volume considérable, ont été découvertes et déterrées près de l'endroit où il a été trouvé.

Cette larve est d'un caractère magnifique, elle figure dans notre Musée comme l'un des morceaux de sculpture les plus remarquables, soit à raison de sa singularité, soit à raison de son expression et de son style grandiose; sa haute chevelure, divisée par mèches artistement bouclées, qui retombe et vient se mêler à sa barbe ondoyante, nous semble ici caractériser le fils du dieu des mers, le géant Polyphème. Cette représentation nous paraît d'une grande rareté; cette manière de caractériser un cyclope ne nuit point à la beauté des traits de la face; les yeux expriment très-bien ceux d'un aveugle; les deux sourcils viennent se joindre pour couronner l'œil

---

(1) Voir pag. xxx. — (2) Voir pag. LXXII.

cyclopéen, et donnent à cette figure une expression qui convient à la douleur. Le trou profond qu'on remarque dans la prunelle semble rappeler la blessure que lui fit Ulysse avec un pieu brûlant (*Voyez pl.* VII, *n.* 65.).

Il est d'une belle conservation moins quelques brèches. La robe antique est grisâtre et poreuse.

Hauteur : 77 cent. — Largeur : 61 cent. — Epaisseur : 21 cent.

PORTIQUE X.

n. 66.

```
      D       M
   ET MEMORIAE
   ÆMILIAE  HON
   RATAE . QVAEVIXIT
   ANNIS      XIII
   MENSES . II . D . V
   P . SEXTIL SECVND
   EMERITVS DATE
   RATVS FILIAST
        SVAE
   ET . MANILIVSQVIN
   TINVS . MIL . COH
   XIII VRB . FRATER
   SORORI . KARISS
   ET MERIT SVBASC
   FACIEND . CVRAVE
        RVNT
```

Aux Dieux Mânes (1) et à la mémoire d'Æmilia Honorata, qui a vécu XIII ans, 2 mois, 5 jours. P. Sextilius Secundus Dateratus, émérite (2), à sa belle-fille; et Manilius Quintinus, soldat de la 13ᵉ cohorte urbaine (3), son frère à sa sœur chérie, pleine de bonté envers lui. Ils ont pris soin de faire élever ce monument et l'ont dédié *Sub ascia* (4).

(Publiée par Artaud, *Notice du Musée*, pag. 13, n. 9.)

On voit dans cette inscription que le beau-père de la défunte s'est uni au frère de cette dernière, pour lui élever le monument qui nous occupe.

Nous ferons remarquer que si Æmilia Honorata n'avait que 13 ans, et si elle était la belle-fille de Dateratus, c'est que sa mère aurait épousé ce dernier après la mort de son premier mari; mais il est à peu près certain qu'elle avait 23 ans au lieu de 13, attendu qu'il existe un espace vide et usé, entre le mot ANNIS et le chiffre XIII, et il est probable que le chiffre X figurait dans cette lacune, ce qui, ajouté à XIII, indiquerait les 23 ans.

(1) Voir pag. XXI. — (2) Voir pag. LIV. — (3) Voir pag. 4?. — (4) Voir pag. XXII.

PORTIQUE X.

Nous ferons remarquer que c'est la seule fois, jusqu'à ce jour, que nous voyons le mot FILIASTER employé au féminin dans nos inscriptions lyonnaises. Fabretti en rapporte un exemple, n° 503. On trouve dans Forcellini les mots *Filiaster* et *Filiastra*, mais il fait observer que ces expressions, qui signifient beau-fils ou belle-fille, n'étaient employées chez les Romains que dans le style populaire. Nous n'avons point vu le nom de Dateratus figurer dans d'autres inscriptions.

Ce monument existait sur la terrasse de la grande bibliothèque, et a été transporté au Musée à l'époque de sa formation.

Description. — Cette inscription est composée de 17 lignes, les lettres sont d'un assez bon style, elles ont 30 millim. de hauteur.

L'*ascia* qui devait être figurée sur le couronnement, a été détruite. Les deux lettres initiales majuscules D et M forment la 1re ligne.

A la 4e ligne, dans le mot QUAE, l'U est conjoint avec l'A, et dans VIXIT, le dernier I l'est avec le T. Dans le reste de l'inscription, on remarquera aussi plusieurs I qui dépassent en hauteur le niveau des autres lettres.

Ce cippe funéraire est en calcaire jurassique (Choin de Fay) (1), il était décoré d'une base et d'un couronnement à moulures, ils ont été abattus sur le devant et du côté droit.

Hauteur : 1 mèt. 15 cent. — Largeur : 35 cent. — Epaisseur : 26 cent.

N. 67.

ET . MEM . A
VIVENTIS
PRIMITIVIAE . ME
CATILLAE . SIVE
MASTICHI . ET
M . PRIMITIVI
MERCATORISQV
VIX.ANN.III.M.XI.D.X
M.MATERNIVS PRIM
TIVS.PATER.FECIT
ET.SVB.ASC. DED

Aux Dieux Mânes (2) et à la mémoire de Vivens Primitivia Mercatilla, de Mastichus et de M. Primitivus Mercator, qui vécut 3 ans, 11 mois, 10 jours; M. Maternius Primitivus, leur père, a fait élever ce monument et l'a dédié *Sub ascia* (3).

(Publiée par Artaud, *Notice du Musée*, pag. 14, n. 9 a.)

Dans cette épitaphe, nous voyons un père élever un monument à la mémoire de trois enfants; l'âge des deux premiers est passé sous silence, ainsi que les qualités qu'ils avaient et les sentiments de douleur qui sont presque toujours exprimés dans ces sortes d'hommages. Quant au mot SIVE qui se trouve avant MASTICHI, il doit être

(1) Voir pag. LXXII. (2) — Voir pag. XXI. — (3) Voir pag. XXII.
TOM. I.

pris pour *soit encore*, et pour, *soit pour*. Nous ne pensons pas que ce soit les premières syllabes d'un nom propre. Artaud dit qu'on voyait autrefois ce monument dans les murs de l'église Saint-Laurent.

Description. — Cette inscription est composée de 11 lignes, les lettres sont d'un bon style et ont 40 millim. de haut. Il existait, bien certainement, une ligne en tête de l'inscription où figuraient un D et un M majuscules, ainsi que l'*ascia*, à en juger par la formule qui termine ; mais la partie où ils étaient gravés a été détruite.

A la 3° ligne, dans le mot PRIMITIVIAE, le T et l'I qui devait le suivre sont conjoints.

A la 9° ligne, dans MATERNIUS, les lettres T et E sont conjointes, ainsi que les lettres N et I. On voit quelques points de forme triangulaire qui séparent des mots.

Ce cippe est en calcaire jurassique (Choin de Fay) (1), il est décoré d'une base et d'un couronnement à moulures qui ont été abattus sur le devant pour en faire une assise plus régulière, quelques lettres finales de la partie gauche ont été mutilées par le marteau du tailleur de pierre.

Le dessus de ce monument offre une cavité profonde qui recélait sans doute une urne cinéraire, mais elle est masquée par l'amphore qu'il supporte.

Hauteur : 1 mètre 13 cent. — Largeur : 33 cent. — Epaisseur : 37 cent.

N. 68.

Amphore en argile blanche, de même forme que le n. 58 ; ses deux anses sont cannelées ; elle est d'un galbe peu gracieux. Sa pointe est fracturée (2).

Nous sommes sans renseignements sur le lieu et l'époque de sa découverte.

Hauteur : 78 cent. — Diamètre : 29 cent.

N. 69.

Amphore en argile rouge, à deux anses, d'un galbe assez élégant ; sa forme se rapproche de celle du n. 40. Elle porte sur le haut de la panse une marque de la fabrique. Elle est d'un assez bonne conservation (3)

Le lieu et l'époque de la découverte sont inconnus.

Hauteur : 85 cent. — Diamètre : 28 cent.

N. 70.

Ce fragment de corniche en marbre est orné de moulures dont le profil est correct. Il a été trouvé à Lyon, en 1843, en creusant l'égout qui conduit les eaux de la place Saint-Pierre à la Saône.

Hauteur : 29 cent. — Largeur : 10 cent. — Epaisseur : 17 cent.

(1) Voir pag. LXXI. — (2-3) Voir n. 5, pag. 6.

N. 71.

Pied gauche, en marbre blanc, d'une statue colossale. Ce qui reste de cette sculpture nous révèle le travail d'un bon artiste de l'époque, et l'on peut rapporter cet ouvrage à l'un des deux premiers siècles de notre ère. Malheureusement ce pied d'homme en beau marbre de Paros, est horriblement mutilé; le gros orteil manque, ainsi que le petit doigt; les trois autres ont souffert à leur extrémité; le pied a été séparé de la jambe au niveau des malléoles, la plante faisait corps avec le socle sur lequel il reposait.

Il a été trouvé dans un mur, à Pipet (Vienne), où il figurait comme moëllon. Il faisait partie du cabinet Chavernod.

Longueur : 39 cent. — Poids : 13 kilogr.

N. 72.

Extrémité d'un modillon en marbre blanc orné en dessous de feuillages sculptés. Ce travail sent la décadence de l'art.

Découvert à Lyon, en 1846, dans les travaux qui ont été faits au pied de la colline à l'ouest de l'église de l'Observance.

L'agrandissement de l'Ecole vétérinaire ayant été ordonné par le gouvernement, non seulement une partie du sol qu'occupait l'église des cordeliers de l'Observance a été prise pour les constructions nouvelles, mais encore l'espace qui se trouvait entre cet édifice et la base du versant de la colline; c'est surtout vers cette base que de grands travaux de terrassement ont été faits pour se mettre à l'abri des éboulements et agrandir la place dont on voulait disposer. En conséquence, on a déblayé toutes les terres qui depuis des siècles étaient descendues de la montagne et avaient insensiblement élevé le sol. Ces travaux, exécutés sur une longue étendue, ont remis au jour l'ancien sol romain. C'est là, que sur toute la ligne on a découvert une longue série de constructions romaines ruinées et ensevelies sous les atterrissements, comme nous l'avons dit dans un rapport que nous avons fait à ce sujet à l'Académie de Lyon, rapport où nous avons consigné les détails relatifs à cette découverte.

Ces constructions étaient des habitations privées ou des édifices publics, et faisaient face à la Saône; elles bordaient la voie romaine, ouverte par Agrippa, qui passait sur cette rive, et reliait Lyon à Boulogne-sur-mer, en passant par Anse, Belleville, jadis *Lunna*, Mâcon, etc. Nous y avons remarqué une longue suite de mosaïques bouleversées ou détruites en partie, des pans de murailles, des tronçons de colonnes, des chapiteaux, des fragments de corniches, des tessons de poteries romaines, et une foule de débris appartenant à cette époque. Les dimensions de la base d'une colonne et de quelques chapiteaux nous ont donné la certitude de l'existence d'édifices vastes et somptueux.

Les déblais de cet emplacement nous permettent de juger des différentes époques de cette formation d'alluvion ou d'atterrissement : à la base de ce versant tous les objets étaient d'époque romaine, et en se rapprochant de la surface du sol on a rencontré des tombes du moyen-âge, des inscriptions et des monnaies des temps plus rapprochés de nous.

Hauteur : 7 cent. — Largeur : 14 cent. — Epaisseur : 11 cent.

N. 73.

Ces trois morceaux, en marbre blanc pentélique (1), dépendent évidemment de la même tête ; elle était coiffée en cheveux divisés par mèches ; au sommet, les cheveux étaient lisses, et cette partie était entourée d'une tresse.

L'un de ces fragments représente une partie du cou du côté gauche de la tête, et l'oreille entière. Le second présente le haut du côté droit ; il est brisé au-dessous de l'œil et rajusté. Le troisième nous montre une partie du derrière de cette tête.

Cette sculpture est soignée et d'un bon style.

Ces trois fragments ont été trouvés ensemble, en 1842, à 4 mètres de profondeur, sur l'emplacement du jardin Chinard, quai de Pierre-Scize, à Lyon.

Hauteur du premier morceau : 25 cent. ; du deuxième, 28 cent.; du troisième, 24 cent.

N. 74.

Ce fragment, en porphyre rouge granitoïde d'Afrique, dépend du haut d'une colonne d'ordre corinthien à fût cannelé.

Nous ignorons le lieu et l'époque de sa découverte.

Longueur : 38 cent.

N. 75.

Ce fragment de corniche, d'un petit module, est en calcaire oolithique blanc, d'un grain très-fin. Le travail est d'un excellent style ; on y remarque une rangée de denticules et d'ornements en relief, d'un très-bon goût, peints en rouge.

Ce débris a été trouvé à Saint-Irénée, en 1845, en faisant les fouilles pour extraire le beau sarcophage en marbre blanc, dont le bas-relief représente le Triomphe de Bacchus (2).

Hauteur : 10 cent. — Largeur : 19 cent. — Epaisseur : 17.

---

(1) Marbre statuaire, qui se tirait du mont Penteliko, près d'Athènes. — (2) Voir page 19.

N. 76.

Fragment de corniche en marbre blanc, présentant pour ornement des denticules, des perles et des feuillages. La sculpture est de bon goût et d'un travail soigné.

Il a été découvert à Sainte-Colombe (Rhône), et provient du cabinet Chavernod, acquis par la ville de Lyon.

Hauteur : 15 cent. — Largeur : 14 cent. — Epaisseur : 16 cent.

N. 77.

Ce bas-relief est un surmoule en plâtre dont l'original en marbre existe au portique XVI, n. 142.

N. 78.

Fragment de corniche en marbre blanc, d'un beau style, décoré de feuilles d'acanthe, de denticules, d'un modillon à feuilles de chêne, d'oves et de feuillages. Les ornements sont mutilés en plusieurs endroits.

Il a été découvert à Sainte-Colombe (Rhône), et provient du cabinet Chavernod.

Hauteur : 18 cent. 6 millim. — Poids : 9 kilog. 200 gr.

N. 79.

Fragment de corniche en marbre blanc, ornée d'oves, d'onglets et de feuillages d'un bon style.

Il a été découvert à Sainte-Colombe (Rhône), et provient du cabinet Chavernod.

Longueur : 32 cent. — Poids : 5 kilogr. 600 gr.

N. 80.

Fragment en marbre blanc, représentant une partie du devant du corps d'un personnage drapé. On aperçoit encore une partie de sa main gauche.

Nous sommes sans renseignements à son égard.

Hauteur : 26 cent. — Longueur : 19 cent. — Epaisseur : 7 cent.

N. 81.

Cette statuette de Vénus pudique a été trouvée au dessous de Vienne, dans le Rhône, en 1843. La tête manque ainsi que le bras gauche; les extrémités inférieures ont été brisées au milieu des cuisses; la main droite, ainsi que toutes les parties où se sont opérées des fractures, ont été usées et arrondies à la manière des cailloux roulés qu'on rencontre dans les rivières. On voit par ce qui nous reste de cette statuette qu'elle était l'ouvrage d'un habile ouvrier et appartenait à une belle époque de l'art.

Hauteur : 27 cent.

N. 82.

Fragment d'une statue en marbre blanc, représentant le bas de la cuisse, le genou et le haut de la jambe du côté droit, d'une statue vraisemblablement de Bacchus. A droite du genou sont accolées une tête de panthère, dont le cou est brisé près de sa base, et une tige de pampres et de raisins. Ce débris fait regretter le reste de la statue. Il est d'un travail soigné et d'un bon style.

Il a été trouvé à Lyon, en 1844, rue des Bouchers, en creusant une fosse d'aisance.

Hauteur : 24 cent.

N. 83.

Ce fragment en marbre blanc représente une partie d'un personnage drapé, brisé dans le haut, près de la base du cou, et dans le bas au-dessous des genoux.

Nous manquons de renseignements sur sa découverte.

Hauteur : 22 cent. — Largeur : 17 cent. — Épaisseur : 4 cent.

N. 84.

Ce fragment en marbre blanc présente des restes de moulures circulaires. Nous sommes sans indices sur le lieu et l'époque de sa découverte.

Hauteur : 19 cent. — Largeur : 20 cent. — Epaisseur : 4 cent.

N. 85.

Cette petite tête, en calcaire de Lucenay (1), est d'un assez bon travail du moyen-âge ; elle est barbue, coiffée en cheveux. Elle nous paraît avoir appartenu à une statuette de saint Pierre. Elle est brisée au niveau du cou.

Elle a été trouvée à la Quarantaine, clos de M. Rougniard, et offerte par ce dernier au Musée de la ville, en 1845.

Hauteur : 11 cent.

N. 86.

Ce débris de bas-relief en marbre blanc, présente à droite la tête d'un personnage coiffé en cheveux, et sur la gauche le haut du corps et la tête d'un second personnage, drapé et coiffé en cheveux.

(1) Voir pag. LXXII.

Cette sculpture grossière n'est qu'une ébauche qui nous paraît appartenir à l'art chrétien du vi^e siècle.

Hauteur : 16 cent. — Largeur : 21 cent. — Epaisseur : 3 cent.

N. 87.

Ce médaillon en marbre blanc est de forme ovale ; il représente une tête barbue coiffée en cheveux ; la tête est ceinte d'un bandeau. Ce travail est moderne et peu fin. C'est probablement un philosophe grec qu'on a voulu représenter.

Hauteur : 32 cent. — Largeur : 21 cent.

N. 88.

Ce fragment de mosaïque, de forme carré-long, dépend d'une bordure de grande mosaïque. L'ornement simule des espèces de chapiteaux superposés les uns sur les autres. Les cubes sont blancs, rouges et noirs ; ils sont assez fins.

Hauteur : 27 cent. — Longueur : 17 cent. — Epaisseur : 3 cent.

N. 89.

Ce fragment est en marbre blanc. La sculpture représente un trophée dans lequel on remarque une cuirasse et diverses armes. Le travail est d'un style médiocre.

Hauteur : 10 cent. — Largeur : 38 cent. — Epaisseur : 5 cent.

PORTIQUE XI.

N. 90.

MATRIS AVGVSTIS C . TITIVS SEDVLVS EX VOTO

Aux Mères Augustes (1).
C. Titius Sedulus,
en exécution de son vœu.

(Publiée par Gruter, p. xc, n. 5. — Spon, *Recherches d'antiquités*, p. 88. — Ménestrier, p. 129. — Artaud, *Notice du Musée de Lyon*, p. 65, n. 46.)

Le mot SEDULUS qui signifie *empressé* est-il le surnom de C. Titius, ou bien est-il là pour exprimer l'*empressement* avec lequel C. Titius s'est acquitté de son vœu ? C'est une question que nous abandonnons à nos lecteurs.

Cette inscription ne nous parle point de l'objet du vœu fait par C. Titius ; mais nous voyons par d'autres inscriptions que c'était, alors comme de nos jours, pour

(1) Voir pag. LXX.

la santé, pour l'accroissement de la fortune, ou l'accomplissement d'un projet dont on désirait la réussite, que l'on adressait des prières aux Dieux.

Spon, Dom Martin, Mongès et d'autres auteurs ont tous plus ou moins disserté sur la valeur théogonique des Mères Augustes ou Déesses Mères; ils les ont considérées comme des divinités topiques, invoquées dans certains lieux avec plus de ferveur; c'étaient aussi des espèces de Junons, des génies familiers pour les femmes et dont le culte primitif eut lieu surtout dans les campagnes. Chorier pense que leur culte ne fut introduit dans les villes que sous le règne de Septime-Sévère et que ces divinités veillaient principalement à la conservation de la famille impériale; il s'est sans doute fondé sur le taurobole que nous possédons de cet empereur, nous pourrions lui opposer celui d'Antonin. D'autres auteurs, et Dom Martin en particulier, prouvent clairement que le culte de ces déesses date d'une plus haute antiquité.

Gruter cite cette inscription, p. xc, n.5, d'après Scaliger, mais il a publié *Augustus* pour *Augustis* et *Titüs* pour *Titius*. Spon a commis une erreur en blâmant Gruter d'avoir publié *C. Titius*, et en voulant rétablir *Catitius* d'un seul mot. Il a pris pour un A, une fissure oblique qui se trouve dans la pierre, et qui se combine avec le point. Menestrier a suivi la même leçon. Artaud a publié *C. Titius*. Calvet, d'Avignon, dans son *Spicilegium*, n. xxi, parle d'un vœu fait à Mercure par un personnage du même nom.

Ce monument nous vient de la collection du président de Bellièvre (1); il a été transporté au Musée lors de sa formation.

Description. — Cette inscription, composée de 5 lignes, est en lettres d'un bon style, elles ont 34 millim. de haut; les I dépassent en élévation le niveau des autres lettres.

Ce cippe est en calcaire jurassique (Choin-de-Fay) (2). Il est décoré d'un couronnement et d'une base à moulures; le premier est abattu sur le devant. (*Voyez planche* XIII, n. 90.)

Hauteur : 77 cent. — Largeur : 41 cent. — Epaisseur : 37 cent.

N. 91.

| MATR . AVG . PHLEGN . MED |

Aux Mères Augustes (3),
Phlegnus, médecin.

(Publiée par Ménestrier, pag. 7; Colonia, pag. 249.)

Le dernier mot MED peut s'interpréter aussi *Mediomatricus*, et alors il signifierait que Phlegnus était du pays Messin. L'intention du vœu fait par Phlegnus n'est point expliquée.

---

(1) Voir pag. 41. — (2) Voir pag. LXXI. — (3) Voir pag. LXX.

Longtemps avant d'arriver au Musée, ce monument avait acquis une sorte de célébrité; Millin assure qu'on pourrait former une bibliothèque avec ce qu'on a écrit à son sujet. Menestrier et Colonia ont donné la figure de ce bas-relief; mais le premier a fait graver PHE. EGN. qu'il a interprété par *Philenus Egnatius*, en séparant en deux mots des lettres qui n'en forment qu'un, car on lit sur le marbre PHLEGN. Ce qui a pu l'induire en erreur, c'est que les deux premières lettres sont conjointes, et que l'L étant sans doute obstrué, il l'a pris pour un point de séparation; mais depuis que cette lettre a été lavée, elle est visible et incontestable. Colonia s'est servi dans son ouvrage de la même vignette employée dans celui de Menestrier, il a dû commettre la même erreur. (*Voyez planche* VI, *n.* 91.)

L'absence de prénoms au nom de Phlegnus nous fait pencher à croire que c'était un esclave devenu affranchi et médecin.

Il est vraisemblable que ce bas-relief a été découvert lors de la construction de l'église d'Ainay sur les ruines du temple d'Auguste, et que les ouvriers le placèrent au-dessus du portail de cet édifice. Menestrier et Colonia disent l'avoir vu en cet endroit; plus tard il a été enlevé de la muraille où il était encastré, pour être transporté au Musée de la ville.

Description. — Dans ce bas-relief qui est en marbre peu dense, granuleux et à facettes sacharoïdes, nous voyons les trois déesses assises dans un espace de la forme d'un carré-long orné de moulures dans le haut; il est limité de chaque côté par un pilastre dont le chapiteau est décoré de feuilles en forme d'onglets; elles sont vêtues de la tunique talaire à manches courtes, celle du centre tient une corne d'abondance de la main droite et une patère de la gauche, les deux autres tiennent sur leurs genoux une corbeille pleine de fruits, elles sont coiffées d'une épaisse chevelure dont les lourdes mèches en spirales descendent sur les épaules. Cet intéressant bas-relief n'est point l'œuvre d'un habile sculpteur. L'inscription qui se trouve placée au bas est composée d'une seule ligne, les lettres sont d'un assez bon style, elles ont 24 millim. de haut. La conservation en est bonne.

Hauteur : 36 cent. — Largeur : 48 cent. — Epaisseur : 6 cent.

N. 92.

Espèce de modillon du moyen-âge en calcaire de Lucenay (1), ayant sans doute appartenu à une ancienne église. Il représente la partie antérieure du corps d'un personnage barbu, coiffé en cheveux, et les épaules couvertes d'un pan de draperie en guise de manteau. Le travail est du XVe siècle.

Nous sommes sans indication sur le lieu et l'époque de sa découverte.

Hauteur : 20 cent. — Epaisseur : 18 cent.

---

(1) Voir pag. LXXII.

N. 93.

			(*Inédite*.)	
NAE	IVLIAE	M . TVLLIO	na	A Julia	A Marcus Tullius
ORA	THERMIOLAE	THERMIANO	ora	Thermiola,	Thermianus
⸵I	FILIAE	NEPOTI		fille.	petit-fils.

Cette inscription, dont le commencement est incomplet, est gravée sur deux blocs de pierre de grande dimension, en forme d'un carré-long, et dont celle de droite ne présente que le tiers de ce qu'elle était.

Il ne reste que deux dédicaces placées l'une à côté de l'autre comme celles qui se trouvent sur le monument que nous décrirons sous le n. 95.

Il serait difficile d'expliquer les bouts de lignes qui se lisent à la droite du monument. On peut attribuer la syllabe NAE de la première ligne à un nom propre tout comme à la formule MEMORIAE AETERNAE. La fin du mot ORA de la seconde ligne, n'appartient au datif d'aucune langue sans supposer une faute du graveur; si c'est un nom grec il faudrait ajouter à l'*alpha* un *iota* souscrit; ou un *e* après l'*a* si c'est un nom latin. Quant à la dernière syllabe TI de la 3e ligne, on peut aisément supposer que c'est la fin du mot NEPOTI, alors on pourrait croire que le père de Julia Thermiola a érigé ce monument à sa fille et à deux petits-fils.

La beauté du style des lettres, leur grandeur, la similitude des pierres, ont suggéré l'idée à quelques personnes que ces pierres dépendaient du même monument que celle du n. 95, et de suite ils ont fait de Julia Thermiola une flamine, une prêtresse attachée au temple de Vesta, et de Marcus Thermianus un prêtre de Vulcain. Nous n'oserions soutenir cette opinion, d'autant plus que nous n'avons aucun renseignement qui nous indique le lieu et l'époque de la découverte de cette inscription arrivée au Musée sous Artaud, qui garde le silence à son égard.

Description. — A la première ligne, pour l'inscription de droite qui se trouve à gauche pour le lecteur, nous n'avons que la terminaison NAE; à la seconde ligne, il en est de même pour ORA, et à la troisième ligne, on aperçoit un I précédé du débris d'un T. Quant à l'inscription du milieu et à celle de gauche, elles sont complètes. Les noms THERMIOLA et THERMIANVS qui sont d'origine grecque, par leur analogie et leur rapprochement, sembleraient établir un degré de parenté entre ces deux personnages; peut-être est-ce la mère et le fils.

Les lettres ont 12 cent. de haut; le premier I de IVLIA et le premier I de FILIAE sont plus élevés que le niveau des autres lettres.

Les deux blocs qui composent ce monument sont en calcaire jurassique (Choin-de-Fay) (1). Le bloc portant l'inscription de droite a été coupé du même côté.

Hauteur : 70 cent. — Longueur totale : 2 mèt. 78 cent. — Epaisseur : 95 cent.

(1) Voir pag. LXXI.

N. 94.

```
D ⚒  \ ⚒ M
ET MEMORIAE
    AETERNAE
SATRIAE  VRSAE
FEMINE  DVLCIS
SIME  VERECVN
DIN  SENILIS
VET LEG XXXV V
CONIVG ET SIBI
vIvvs  PONEN
M  CVRAVIT
ET  SVB ASCIA
    DEDI
```

(*Inédite.*)

Aux Dieux Mânes (1) et à la mémoire éternelle de Satria Ursa, femme tendrement chérie. Verecundinus Senilis, vétéran (2) de la 35me légion victorieuse, a pris soin de faire ériger de son vivant ce tombeau pour son épouse et pour lui-même et l'a dédié *Sub ascia* (3).

Dans ce simple hommage d'un mari à son épouse, nous voyons un vieux militaire qui a désiré qu'une même tombe servît à réunir les dépouilles mortelles de deux personnes qui avaient été unies par le cœur pendant leur vie.

En examinant les mutilations du haut du couronnement, on serait tenté de croire que ce cippe servait de piédestal à une statue qui peut-être était l'image de la défunte.

Il a été trouvé à Lyon, en 1824, près du chevet de l'église de Saint-Irénée, lors de l'établissement du Calvaire (4).

Description. — Cette inscription est composée de 13 lignes, dont les lettres, d'un assez bon style, ont 30 millim. de haut.

La 1re ligne se trouve placée en dessus des moulures du couronnement, elle est formée du D et de l'M majuscules; entre ces deux lettres on voit deux *ascia* figurées en creux, entre lesquelles se trouve le jambage d'une lettre dont le reste est mutilé.

Dans le mot vivus à la 10e ligne, l'ɪ dépasse en hauteur le niveau des autres lettres.

Dans les mots FEMINAE et DULCISSIMAE, on voit évidemment que l'ouvrier a omis un A dans la dernière syllabe de ces deux mots.

Ce monument est en calcaire jurassique (Choin-de-Fay) (5), il est décoré d'une base et d'un couronnement à moulures; il a été brisé en deux pièces qui ont été réunies; le D et le V du commencement de la 11e ligne ont été mutilés.

Hauteur : 1 mètre 15 cent. — Largeur : 40 cent. — Epaisseur : 26 cent.

---

(1) Voir pag. xxi. — (2) Voir pag. lv — (3) Voir pag. xxii. — (4) Voir pag. 4. (5) Voir pag. lxxi.

N. 95.

AVGVSTAE	AVG
DEAE	D
VESTAE	VOL

A l'auguste déesse Vesta (1).   A l'auguste dieu Vulcain (ou Volianus).

(Publiée par Ménestrier, pag. 32. — Colonia, pag. 276.)

Ménestrier et Colonia ont parlé de cette inscription, et ils ont pensé avec raison qu'elle a dû appartenir à un temple de Vesta. Mais elle a été expliquée diversement. Sur la partie droite, relativement à l'inscription, le sens n'est point douteux ; tout le monde y lit : A l'auguste déesse Vesta ; mais l'auteur de l'*Histoire consulaire de Lyon* explique les trois mots tronqués AVG. D. VOL., qui se trouvent sur la partie gauche, par ceux-ci : *Augusti divi filii votum*. D'autres personnes ont pensé, sans doute à raison d'une inscription qui existe à Nantes (2) et publiée par Gruter page MLXXIV, où on lit : *Numini. Augustor. deo Voliano*, que cette partie se rapportait au dieu Volianus, dont le nom et la puissance ont beaucoup d'analogie avec Vulcain, puisque Volianus était une divinité gauloise, et que ce mot en langue celtique signifie *fournaise ardente*.

Cette inscription étant d'une époque où déjà le culte gaulois avait cédé sa place à celui des Romains, et le culte de Vesta étant, pour ainsi dire, associé à celui de Vulcain, il n'est pas étonnant qu'on ait réuni leurs noms sur la même pierre. Du reste, le nom de Vulcain, dans les anciennes inscriptions, se trouve le plus souvent écrit Volcanus.

Festus nous dit que l'image de Stata Mater ou de Vesta la sainte était portée solennellement sur le pulvinar avec celle de Vulcain. Ce culte fut établi à Rome peu après sa fondation, et Romulus fit élever un temple à Vulcain hors des murs de cette capitale peut-être pour le préserver des incendies qui y étaient très-fréquents. Dans la suite, Vulcain devint la divinité tutélaire des empereurs et de leurs palais ; Ces maîtres du monde, qui tous prenaient le titre d'Auguste, et dont la plupart étaient élevés au rang des Dieux après leur mort, adoptèrent l'usage de donner aux grands Dieux le titre d'*augustes*. Ainsi sur les médailles romaines nous voyons un grand nombre de divinités qui y sont représentées avec ce titre : IOVI AVGVSTO, APOLLINI AVGVSTO, DIANÆ AVGVSTÆ, IVNONI AVG., VESTA AVG., etc. Par ce titre commun aux dieux et aux princes, on amenait le peuple à respecter ces derniers et à honorer leur culte. Auguste qui avait une grande vénération pour Vesta lui fit construire un temple près de son palais qu'on appela temple de Vesta-Palatine.

---

(1) Voir pag. LXIII. — (2) Voir *Encyclopédie méthodique*, t. V, pag. 873, où il est question du dieu Volianus, adoré par les Gaulois, d'après une inscription trouvée à Nantes.

Vulcain et Vesta ayant une puissance tutélaire contre les ravages du feu, on pourrait admettre que le temple qui existait à Lyon et où figurait cette inscription, fut construit immédiatement après le terrible incendie qui dévora en une nuit la ville sous l'empereur Néron.

D'après les indications des anciens auteurs, cette inscription existait dans la cave d'une maison faisant face à l'église de Saint-Pierre. Le souvenir s'en était perdu, lorsque Artaud la découvrit dans les fondations de la même maison qu'on a reconstruite et qui appartient à M. de Cazenove. Elle fut alors transportée au Musée.

Description. — Cette inscription est composée de 3 lignes; elle est gravée sur un bloc de pierre de forme carré-long, de grande dimension qui devait être placé au-dessus de l'entrée d'un temple; les lettres sont d'un très-beau style et sont bien plus grandes que celles auxquelles on donne le nom d'onciales, dont l'élévation se rapproche de celle de la douzième partie du pied romain; elles ont en hauteur 12 cent., par conséquent plus du quadruple en hauteur que les onciales. (*Voyez planche* III, *n.* 95.)

Ce monument est en calcaire jurassique (Choin-de-Fay) (1), il présente entre les deux corps d'inscription, une fissure verticale qui traverse l'étendue de la pierre qui a été recoupée pour en faire une assise, puisque le jambage transversal de l'L dans la syllabe VOL a presque disparu en totalité.

Hauteur : 70 cent. — Largeur : 1 mètre 49 cent. — Epaisseur : 95 cent.

N. 96.

```
     MERVLA ET    CA
       D   ☧   M
     ET . MEMORIAE
       AETERNAE
    SVTIAE . ANTHIDIS
    QVAE.VIXIT ANNIS.XXV
    M.IX.D .  V. QVE.DVM
    NIMIA . PIA . FVIT . FACTA
    EST.INPIA.ET ATTIO.PRO
    BATIOLO  CERIALIVS CA
       LISTIO  . CONIVX ET
    PATER          ET SIBI
    VIVO         PONENDVM
    CVRAVIT      ET SVB AS
    CIA   DEDICAVIT
```

Aux Dieux Mânes (2) et à la mémoire éternelle de Sutia Anthis, qui vécut 25 ans, 9 mois, 5 jours; qui pour avoir été trop pieuse est devenue impie et à Attius Probatiolus. Cerialius Calistio, leur mari et père, a eu soin de faire ériger ce monument pour eux et pour lui, de son vivant et l'a dédié *Sub ascia* (3).

(Publié par Gruter, p. DCCCXXXI, n. 6. — Colonia, p. 264. — Spon, p. 86. — Artaud, *Notice du Musée*, p. 17, n. X B)

(1) Voir pag. LXXI. — (2) Voir pag. XXI. — (3) Voir pag. XXII.

Nous n'entreprendrons point de donner une explication sur la valeur de la première ligne où l'on voit le mot MERVLA suivi de la conjonction ET, et d'un nom où se trouve la syllabe CA, dont la suite est mutilée. Artaud avait pensé que MERVLA signifiant *merle*, le chien devait s'appeler Merle, et que l'animal qui est placé sous le mot mutilé était une chienne qui devait porter le nom dont il ne reste que deux lettres. Nous ne pouvons admettre cette explication.

D'autres auteurs qui ont parlé de cette sculpture n'ont pas essayé d'en donner l'interprétation ; nous serions disposé à être aussi timide qu'eux, nous osons pourtant émettre une opinion qui plus tard pourra être développée d'une manière plus formelle. D'abord, nous distinguons deux chiens placés l'un en face de l'autre, et, entre ces deux animaux, une espèce d'autel, peut-être d'ossuaire carré, sur lequel est étendu un lien, un cordon ondulé. Le chien de gauche tient à la gueule l'une des extrémités de ce cordon ; celui de droite, loin de tenir l'autre extrémité, détourne la tête avec une sorte de répugnance. Cette représentation symbolique ne pourrait-elle pas faire penser que le lien qui unissait étroitement les deux époux a été rompu par le changement de religion de l'un des deux ; que la femme qui a embrassé une nouvelle croyance est représentée par le chien qui détourne la tête avec mépris, tandis que le mari est figuré par celui qui tient encore le lien avec force ? Cette opinion n'aurait rien d'invraisemblable ; la dissidence de religion dut jeter du trouble dans le ménage sans éteindre cependant entre les époux l'affection conjugale. Cerialius Calistio, tout en donnant à Sutia Anthis l'épithète d'impie, exprimée avec amertume, a voulu que son corps, celui de sa femme, et celui de son fils aient une sépulture commune.

Quant à l'inscription dont nous avons donné la traduction littérale, elle a donné lieu à une foule de conjectures ; la phrase de : QVAE DVM NIMIA PIA FVIT FACTA EST IMPIA, a ouvert un vaste champ aux suppositions ; les uns ont regardé cette épitaphe comme étant chrétienne ; d'autres ont pensé qu'on pouvait rendre ici le sens du mot PIA par celui de chaste et celui d'IMPIA par le vice opposé à cette vertu ; Artaud, croyant que le nom de Cerialius dérivait de Cérès, dit que Calistio l'avait pris en raison de sa ferveur pour le culte de cette déesse, et qu'Anthis, qui avait d'abord pratiqué ce culte avec ardeur, l'avait abandonné plus tard.

Lors même que quelques auteurs ont considéré cette épitaphe comme étant chrétienne, et avant d'avoir lu la savante notice de M. l'abbé Greppo sur cette inscription, nous avions toujours eu la pensée qu'elle était païenne, à en juger par la nature de l'invocation et de la formule qui la termine ; par là nous étions naturellement amené à cette conviction que Calistio étant païen fervent, reprochait à son épouse qui, dans les premiers temps de leur union, adorait avec ardeur les mêmes dieux que lui, d'avoir renié leur culte pour embrasser une foi nouvelle. La lecture du travail de M. Greppo, si plein d'érudition, est venue renforcer notre conviction, et ne pouvant entrer dans de plus longs détails pour une œuvre de cette nature, nous renvoyons le lecteur, qui voudrait en connaître les développements, à la lettre écrite à ce sujet au docteur Labus, par M. Greppo, et imprimée à Lyon, en 1858.

Gruter en citant cette inscription, d'après Scaliger, l'a altérée dans plusieurs endroits : ainsi il a écrit ANT. III. PIS pour ANTHIDIS; NIMIARIA pour NIMIA PIA; CEREALIUS pour CERIALIVS; VIVVS pour VIVOS.

Description. — Cette épitaphe est composée de 14 lignes; l'*ascia* est figurée entre le D et l'M de la première ligne, les lettres sont d'un assez bon style; celles des deux premières lignes ont 34 millim. de haut, celles du reste du corps de l'inscription ont en moyenne 24 millim.; à la 5° ligne les deux N dans le mot ANNIS sont conjoints; à la 6° ligne dans le mot QVE l'A est supprimé; à la 8° ligne dans le mot IMPIA l'ouvrier graveur a substitué un N à une M; enfin, à la 12° ligne il a écrit VIVOS pour VIVVS; cette singularité se retrouve plusieurs fois dans nos inscriptions; à la même ligne l'N est conjointe au D dans le mot PONENDVM.

Ces anomalies et d'autres plus fortes encore qu'on rencontre si fréquemment dans les inscriptions de la basse latinité, comme transition obligée de l'écriture, sont plus rares dans celles qui se rapportent à l'époque de celle dont nous parlons.

Ce monument, remarquable sous plusieurs rapports, est en calcaire jurassique (Choin-de-Fay) (1), il est orné d'une base et d'un couronnement à moulures et à bas-relief; ce dernier est usé; quelques lettres offrent des mutilations, ainsi que les angles et les moulures.

Hauteur : 1 mètre 20 cent. — Largeur : 48 cent. — Epaisseur : 25 cent.

N. 97.

(Inédite.)

```
D    M
C MANSVETI
  BRAS I
  C I V
  T R E
```

Aux Dieux Mânes (2)
de C. Mansuetus Brasus,
citoyen de Trèves ou de
Troyes.

Cette inscription est un simple hommage rendu à la mémoire d'un citoyen de la ville de Trèves ou de Troyes, car on peut lire également Treveri ou Trecassi. La non terminaison du dernier mot qui commence par TRE, et dont la fin est mutilée, laisse quelque doute; nous pensons néanmoins qu'il appartenait à la ville de Trèves, à raison des nombreux rapports commerciaux qui existaient alors entre Lugdunum

---

(1) Voir pag. LXXI. — (2) Voir pag. XXI.

et Treviri (aujourd'hui Trèves). Ce qui fortifie cette opinion c'est que déjà nous possédons plusieurs inscriptions de personnages originaires de cette dernière ville.

Cette pierre funéraire a été trouvée à Vaise (1), en 1845.

Description. — Cette inscription est gravée sur un bloc énorme, de calcaire jurassique (Choin-de-Fay) (2) dans un carré-long, entouré de moulures ; elle est composée de cinq lignes. Les lettres sont d'un bon style et d'une grande dimension, les deux initiales de la première ligne sont colossales, elles ont 29 cent. de haut ; les lettres des quatre autres lignes ont 10 cent. Dans le mot MANSVETI l'E et le T sont conjoints.

L'angle gauche inférieur a été brisé, nous l'avons fait restaurer en maçonnerie pour qu'il pût se soutenir sur sa base.

Hauteur : 1 mètre 89 cent. — Largeur : 1 mètre 30 cent. — Epaisseur : 57 cent.

N. 98.

Vase cinéraire de la forme d'un ovoïde. Il est d'une parfaite conservation et renferme encore des os calcinés.

Il a été trouvé au lieu dit des bruyères, clos Nouvellet, territoire de St-Irénée (5), et acheté par la ville, en 1845.

Hauteur : 24 cent. 7 millim. — Diamètre de la panse : 27 cent. 5 millim. — Poids : 1 kil. 827 grammes.

N. 99.

Antefixe d'une parfaite conservation, en argile rouge ; pour ornement un mascaron dans le centre, entouré de feuilles courbes à forts reliefs ; au dessous du menton une éminence, au dessus de la tête une longue feuille droite terminant le sommet de cet antefixe ; à la base un cordon en relief.

Il provient du cabinet Artaud qui n'a laissé aucun renseignement à son égard.

Hauteur : 20 cent. — Largeur : 16 cent.

N. 100.

Vase cinéraire, d'une forme élégante, se rapprochant du n. 98 ; la gorge moins marquée n'est point décorée de sillons comme dans ceux que nous avons décrits. Il a été découvert en même temps et il est d'une parfaite conservation (4).

Il a été acheté par la ville en 1843.

Hauteur : 24 cent. 4 millim. — Diamètre : 23 cent.

---

(1) Voir page 2. — (2) Voir page LXXI. — (3-4) Voir n. 49, pag. 55.

N. 101.

OS   SA   (*Inédite.*)
ATTICI   Ossements
MAI   d'Atticus Maius.

Cet ossuaire a été apporté d'Italie par M. de Gérando, dont la ville a acheté le cabinet. Il contenait les cendres ou les os de ATTICVS MAIVS.

Description. — Sur le devant de cet ossuaire les noms de MAIVS ATTICVS sont gravés en creux, et au-dessus du couvercle est figuré de la même manière le mot OSSA séparé en deux parties, OS et SA, par une tête de femme. Les lettres de cette inscription sont d'un style très-médiocre, elles ont 40 cent. de haut.

Ce monument qui date de l'époque des sépultures à incinération est d'un travail grossier, en calcaire dur, blanchâtre, se rapprochant du grès ; il est de forme cylindrique, surmonté d'un couvercle à dôme qui présente à son sommet le haut du col et l'embouchure d'un vase à bec en trèfle ; sur le devant du couvercle est la tête de femme en relief dont nous venons de parler, coiffée en cheveux et d'un mauvais style.

Hauteur totale : 50 cent. — Diamètre : 35 cent.

N. 102.

Vase cinéraire (1), en argile de même couleur et de même nature que les précédents. Il a été trouvé avec les n. 98 et 100. Il est fendu, troué et ébréché légèrement. Il a été acheté par la ville en 1843.

Hauteur : 23 cent. 2 millim. — Diamètre de la panse : 25 cent. — Poids : 1 kil. 422 gr.

N. 103.

Antefixe en argile blanche ; même genre d'ornement que le n. 99, sans mascaron. Au-dessous du cordon on lit le nom du potier mis au génitif : RVFI. Il est parfaitement conservé.

Il vient du cabinet Artaud.

Hauteur : 23 cent. — Largeur : 15 cent. 3 millim.

N. 104.

Ce vase cinéraire (2), en argile noirâtre, qui laisse apercevoir des parcelles de mica, est d'une assez grande dimension ; il est de forme ovoïde tronquée, d'un

(1-2) Voir n. 49, page 55.

galbe élégant. La base est plane, l'ouverture large, le col orné de sillons faits au tour; les bords sont arrondis et légèrement renversés ; il est surmonté d'un couvercle à dôme qui se termine par un bouton plat.

Cet ossuaire était rempli d'os calcinés et contenait plusieurs vases à parfums en verre. Il présente deux brèches à l'ouverture, et à son couvercle une semblable mais plus large. Il a été trouvé, ainsi que les précédents, à Saint-Irénée, dans le clos de M. Nouvellet. Acheté par la ville en 1843.

Hauteur : 25 cent. 2 millim. — Diamètre de l'ouverture : 20 cent. 3 millim.— Poids : 1 kil. 848 gr. — Diamètre du couvercle : 19 cent. 5 millim. — Poids : 377 gr.

PORTIQUE XII.
N. 105.

```
D        M
HERACLIDAE
 MARITIMI
HERMADIONIS
PVDENS  ET
 MATVRVS
 CONSERVI
```

(*Inédite.*)

Aux Dieux Mânes (2)

d'Heraclide Maritimus Hermadion.

Pudens et Maturus, ses compagnons d'esclavage.

Cette brève épitaphe ne présente à notre esprit qu'une seule pensée, c'est que deux esclaves, Pudens et Maturus, compagnons d'esclavage d'Heraclide, lui avaient fait ériger ce cippe comme témoignage de leur amitié. Les mots de *ponendum curaverunt* sont sous-entendus. Cette épitaphe, œuvre de deux malheureux esclaves, a quelque chose de touchant dans sa simplicité.

Ce monument a été trouvé, en 1824, lors de la reconstruction de l'église de Saint-Irénée, et placé dans la rampe de l'escalier de cet édifice où il est resté jusqu'en 1845, époque à laquelle il a été transporté au Musée de la ville (1).

Description. — Cette inscription est composée de 7 lignes, le D et l'M majuscules forment la première. Dans chaque ligne qui suit, il n'existe qu'un seul mot, excepté à la 5° qui est formée du mot PUDENS et la particule ET.

A la 2° ligne, le D est conjoint à l'I et à la 4° l'N est conjointe à l'I. Ces deux I sont allongés et dépassent le niveau de la ligne.

(1) Voir n. 3, pag. 4. — (2) Voir pag. LXXI.

Les lettres de cette épitaphe sont d'un très-bon style, elles ont 57 millim. de haut.

Ce cippe est en calcaire jurassique (Choin-de-Fay) (1). Il est décoré d'une base et d'un couronnement, qui ont été abattus sur toutes les faces, pour en faire une assise régulière.

Hauteur : 1 mèt. 78 cent. — Largeur : 60 cent. — Epaisseur : 61 cent.

N. 106.

```
TIB . POMPEIO
POMPEI . IVSTI . FIl.
PRISCO . CADVR
CO . OMNIBVS . HO
NORIBAPVD . SVOS
FVNCT . TRIB . LEG . V
MACEDONICAE
IVDICI . ARCAE
GALLIARVM . III
PROVINC . GALLIAE
```

A Tiberius Pompeius Priscus, citoyen de Cahors, fils de Pompeius Justus, qui fut élevé à tous les honneurs parmi ses concitoyens, tribun de la 5ᵉ légion macédonienne, juge du trésor particulier des Gaules (2), les trois provinces des Gaules (3).

(Publiée par Gruter, pag. ccccLv, n. 10. — Spon, *Recherches des antiquités*, pag. 127. — Ménestrier, *Histoire de Lyon* pag. 29 et 96.)

On doit considérer ce monument non point comme funéraire, mais comme un témoignage d'honneur rendu à un homme remplissant une fonction éminente. A l'appui de cette opinion nous ferons remarquer l'absence de la formule *Diis Manibus* et de *Sub ascia*, qui n'y ont jamais existé. Il se pourrait même que cette pierre ait servi de base à une statue de Pompeius. (*Voy. pl.* III, *n.* 106.)

Cette sorte de monument se plaçait ordinairement sur la voie publique devant la maison du personnage qu'il concernait. Chez les Romains, lorsqu'une ville, une ou plusieurs provinces voulaient honorer par un monument funéraire la mémoire d'un homme éminent, on se contentait d'énumérer ses titres sur la pierre, sans louer ses vertus ni exprimer de regrets; on laissait à la famille l'expression de ces sentiments; mais nous pensons que c'est à tort que quelques archéologues ont considéré cette inscription comme une épitaphe en appuyant leur opinion sur cet usage.

Les Romains accordaient ordinairement à celui qui avait été élevé dans sa patrie à tous les honneurs le titre de citoyen romain et le droit de suffrage à Rome; de

---

(1) Voir page LXXI. — (2) Nous ne pensons pas qu'on puisse entendre par *judici arcae*, un juge criminel, en donnant au mot *arcae* le sens de prison ou cachot. — (3) Voir page xxv.

là le soin avec lequel on rappelait sur un monument lapidaire cette circonstance : *Omnibus honoribus apud suos functo*. Nous pouvons présumer que Tiberius Pompeius a été citoyen romain et qu'il a eu ce droit de suffrage.

La charge de *Judex arcæ* était particulière à l'organisation financière des Romains dans les Gaules. Indépendamment de l'*ærarium*, trésor public, de l'*ærarium militare*, le trésor de l'empereur, il y avait l'*arca Galliarum* dans lequel s'opérait le versement de certains impôts particuliers aux trois provinces des Gaules. Lyon, siège de l'*arca*, était le centre de l'administration financière de ces provinces; aussi trouvons-nous dans nos inscriptions des *inquisitores*, des *allectores*. Le *Judex arcæ* était probablement un intendant supérieur, chargé aussi de juger les contestations relatives au trésor des trois provinces. On n'a trouvé nulle autre part des inscriptions qui fassent mention de cette charge.

Les impôts ne se percevaient pas seulement en argent, ils se percevaient aussi en nature; cette particularité fait supposer qu'à Lyon, centre des Gaules, il devait y avoir des établissements considérables pour recevoir les objets en nature que les peuples étaient obligés de fournir. Cette vaste administration se composait de nombreux employés dont la plupart étaient de vieux militaires qui jouissaient dans ces postes d'une retraite honorable et lucrative. Il est très-présumable que Pompeius qui avait été tribun de la 5ᵉ légion macédonienne, dont les cantonnements étaient en Mésie, eut pour retraite la place de *Judex arcæ* dans les trois provinces qui lui ont élevé ce monument en mémoire de sa bonne administration.

Paradin, Spon et Ménestrier, ont cité cette inscription; ils l'avaient vue près du maître-autel de l'église Saint-Pierre. Plus tard, en faisant des réparations à cet édifice, on la trouva au-dessous du sol du chœur, engagée sous un pilier. Sur la demande d'Artaud elle fut transportée au Musée par les ordres de M. le baron Rambaud, alors maire de Lyon.

Description. — L'inscription importante dont nous nous occupons appartient aux premiers siècles de l'empire; elle est composée de 10 lignes, les lettres sont d'un beau style, elles ont en moyenne 67 millim. de hauteur. Quelques mots sont séparés par des points de forme triangulaire.

A la 2ᵉ ligne, le premier i dans le mot JUSTI et celui du mot FIL, dépassent en haut le niveau des autres lettres.

A la 5ᵉ ligne, dans la fin du mot HONORIB, l'I est conjoint avec le B.

A la 10ᵉ et dernière ligne, dans le mot PROVINC, l'I est conjoint avec l'N.

Ce beau cippe est en calcaire jurassique (Choin-de-Fay) (1), le couronnement et la base sont ornés de moulures, sur le devant et du côté gauche; ces dernières ont été abattues, ainsi que le couronnement du côté droit.

L'inscription est intacte.

Hauteur : 2 mètre 17 cent. — Largeur : 82 cent. — Epaisseur : 73 cent.

(1) Voir pag. LXXI.

N. 107.

```
      D  ⌧  M
  C. TALLONI PERV
  NCI VETERANI LE
  VIII . AVG . MISS . HON
  ESTA MISSIONᴀE ET
  PACATᴀE CONIVGI
  VIVI SIBI POSVER
  VNT ET VRSᴀE FILI
  AE EORVM DVLC
  ISSIMᴀE QVAE VıXIT AN
  NIS XXIIII . M . II D . X

      ET SVB ASCIA
       DEDICAVERVNT
```

(*Inédite.*)

Aux Dieux Mânes (1) de C. Tallonus Pervincus (2), vétéran (3) de la 8ᵉ légion Augusta, qui a obtenu un congé honorable, et de Pacata, son épouse.

Ils ont fait ériger ce monument de leur vivant pour eux et pour Ursa, leur fille chérie, qui a vécu 24 ans, 2 mois, 10 jours.

Et ils l'ont dédié *Sub ascia* (4).

Ce monument est celui d'une famille composée de trois personnes ; la plus jeune de toutes a succombé la première ; le père et la mère qui ont survécu ont élevé ce cippe à leur fille bien-aimée, en se conservant le droit d'avoir près d'elle une sépulture commune.

Il a été trouvé à Lyon, en 1824, en faisant les fondations de l'église actuelle de Saint-Irénée, et a été transporté au Musée en 1843. (*Voyez pl.* XI, *n.* 107.)

Description. — Cette inscription est composée de 13 lignes ; la 1ʳᵉ est formée du D et de l'M majuscule ; entre ces deux lettres initiales, l'*ascia* est figurée en creux.

La formule dédicatoire *sub ascia* est placée au-dessus de la base à une distance de 32 cent. 7 millim. du corps de l'inscription. Les lettres sont d'un bon style et ont 45 millim. de haut.

A la 5ᵉ ligne, dans le mot MISSIONAE, l'A est gravé en très-petit caractère. A la 6ᵉ ligne, dans PACATAE, le dernier A est figuré de même, ainsi qu'au mot VRSAE, à la 8ᵉ, et dans DULCISSIMAE à la 10ᵉ ligne ; il en est de même pour le premier I dans VIXIT ; à cette dernière ligne les lettres V, A et E de QUAE sont conjointes. Probablement l'ouvrier a intercallé ces petites lettres pour réparer l'omission qu'il en avait faite.

Ce cippe funéraire est en calcaire jurassique (Choin-de-Fay) (5), il est orné d'une base et d'un couronnement à moulures, qui ont été abattus pour en faire une assise plus régulière ; du côté droit, il en reste un vestige à la base.

---

(1) Voir pag. XXI. — (2) Peut-être faut-il lire *Peruncus*. — (3) Voir pag. LV. — (4) Voir pag. XXII. — (5) Voir pag. LXXI.

N. 108.

Partie inférieure de la statue d'une femme, en marbre blanc. La tête, la poitrine et les deux bras manquent ; le bas de la statue est également mutilé.

Cette sculpture est d'un assez bon style ; les draperies présentent quelques mutilations en plusieurs endroits. Il est difficile de déterminer le reste de cette statue ; on serait porté à croire par l'arrangement des draperies qu'elle appartenait à la statue d'une prêtresse.

Elle a été donné au Musée de la ville par M. Foyatier, sculpteur distingué.

Hauteur : 1 mètre 14 cent.

PORTIQUE XIII.
N. 109.

| P MAGLIO PRISCIAN |
| SEGVSIAVO |
| PATRI PAMAE PRISCIAN |
| LIAE |

(Inédite.)
A P. Maglius Priscianus,

Ségusiave,

père de Pama Prisciana.

Cette inscription, gravée sur un énorme bloc, n'est qu'un accessoire d'un monument beaucoup plus important ; ce qui nous le prouve, ce sont les quatre lettres colossales qui sont gravées en bas et à la droite de cette inscription, et qui peuvent être la fin du mot FILIAE ou d'un nom propre tel que IVLIAE, AEMILIAE, etc., ou bien la fin de TRES PROV. GALLIAE qu'on retrouve au bas de nos inscriptions honorifiques et souvent en plus gros caractères. Ce mot appartenait à une ligne qui était gravée sur plusieurs pierres réunies.

Il n'y a sans doute rien de remarquable dans la laconique dédicace que nous présentons, mais nous appelons l'attention du lecteur sur le mot SEGVSIAVO qui forme la seconde ligne. (*Voyez planche* III, n. 109.)

Ce mot est gravé avec soin et les lettres sont d'une parfaite conservation ; on lit de la manière la plus claire *Segusiavo*. Le v est très-bien formé et ne peut donner l'ombre d'équivoque pour la valeur de ce caractère : c'est bien un v et non un N que le graveur a voulu figurer. Cependant, jusqu'à ce jour, les auteurs en parlant du peuple dont la capitale était Forum Seg. (Feurs), en ont appelé les habitants *Segusiani* et non *Segusiavi*. Il existe donc une erreur, il s'agit de savoir si elle vient des graveurs de l'époque, ou des nombreux copistes et traducteurs d'ouvrages qui ont parlé de cette partie de la Gaule. Tant que nous n'avions, pour établir l'orthographe du nom de ce peuple écrit avec un v, que l'inscription qui existe au Musée de Toulouse, bien certainement on devait balancer peu pour considérer cette orthographe comme un barbarisme. On regardait cette inscription comme rare, à raison du mot *Segusiavi*, mais on pensait avec quelque raison, que le graveur s'était trompé, puisque tous les auteurs avaient écrit *Segusiani*. Mais, depuis peu, deux exemples sont venus en aide pour la justification du graveur de l'inscription de Toulouse.

Le premier est une inscription sur bronze que M. l'abbé Renon, ecclésiastique distingué, de Montbrison, a eu la bonté de me soumettre. Ce monument épigraphique venait d'être découvert à Marclop, non loin de Feurs, département de la Loire; il avait rapport à un duumvir, et ce ne fut point sans surprise que nous y vîmes gravés ces mots : *Civitat. Segusiavor.*, pour *Civitatis Segusiavorum* (1). Le second est l'inscription qui nous occupe, que l'on a découverte en démolissant une des piles du pont du Change. Ainsi, à Toulouse nous trouvons *Segusiavi*, à Marclop *Segusiavorum*, et à Lyon *Segusiavo*.

Les anciens savaient écrire leurs noms, il est donc probable que celui du peuple dont nous parlons a été altéré par les nombreux copistes plutôt que par les graveurs de l'époque qui ont écrit *Segusiavi* et non *Segusiani*. Nous n'avons, il est vrai, pour appuyer cette opinion, que ces trois exemples, mais ils paraissent assez concluants pour faire naître de nouvelles opinions.

En effet, les pierres épigraphiques qui nous offrent le nom de ce peuple sont rares et ne nous le donnent toujours qu'en abrégé, la terminaison manque; l'on ne peut citer aucune inscription pour prouver que ce nom était *Segusiani*. Nous trouvons dans Spon, chapitre 11, page 55, ce fragment d'inscription :

    CVLAT...
    ASPR...
    SEGVSIA...
    HONO...
    FV...
    CVLATI...

« C'est dommage, dit Spon, que nous ne puissions pas la lire entière, car il « était icy parlé des Ségusiens dans la province desquels Lyon avait été bâty et « Strabon dit qu'elle en était la capitale. »

Nous pensons comme cet auteur que le mot de *Segusia* se rapporte aux Ségusiens, mais ce mot est incomplet, et qui peut nous affirmer qu'il y avait à la suite de l'A un N plutôt qu'un V? Nous penchons pour l'existence de cette dernière lettre, puisque les exemples connus sont en sa faveur.

(1) Voir pag. XLV.

88 PORTIQUE XIII.

Plus loin, page 56, Spon parle d'une inscription qui existait à Feurs : NVMINI AUG. DEO SYLVANO FABRI TIGNVARI QVI FORO SEGVS. CONSISTVNT D. S. P. P.

Ici encore le nom des habitants du pays de Feurs est incomplet ; la terminaison a été omise.

A la même page Spon ajoute : « De plus, un curieux de Montbrison, nommé « M. de la Mure, possède un poids antique trouvé dans ce pays-là, avec cette « inscription relevée en lettres d'argent :

DEAE SEG. F

PONDO

X

« Ce qui se doit, s'il me semble, expliquer : DEAE SEGVSIANORVM FORI, *à la déesse de* « *Feurs*, qui était ou quelque déité particulière ou même Diane, la déesse des bois. « PONDO X marque que le poids est de dix livres romaines. »

Nous pensons comme Spon, que la syllabe SEG. est une abréviation du nom de ce peuple ; il le traduit par *Segusianorum*, et il s'en rapporte sur ce point aux versions des anciens auteurs qui l'écrivent ainsi ; n'ayant aucun des exemples que nous produisons aujourd'hui, il n'avait pas de raison pour les appeler plutôt *Segusiavi* que *Segusiani*.

Les monuments viennent, ici comme ailleurs, redresser un point historique : ils nous apprennent que les habitants de l'ancienne contrée dont Feurs était la capitale, s'appelaient *Segusiavi* et non *Segusiani*, et qu'ils doivent se nommer *Ségusiaves* et non *Ségusiens*.

Une autre question importante découle de la découverte de ces inscriptions ; si elles ont rétabli le vrai nom d'un peuple que les écrivains avaient dénaturé, il est possible que nous retrouvions ailleurs les *Segusiani*, non que nous ayons l'intention de confondre l'histoire de ces deux peuples et de faire penser que les habitants du pays de Feurs soient autres que ceux cités par César, Pline et Strabon, et placés par ces auteurs entre le Rhône et la Loire. Spon, page 55, dit que « ce pays « comprenait Forests, Lyonnais, Beaujolais, Bresse et Dombes. Il est vrai, dit-il, « que quelques-uns ont cru que ceux de Bresse étaient appelés *Sebusiani*, fondés « sur un passage de Jules César qui peut avoir été aisément corrompu pour « *Segusiani*. »

Cette remarque du changement d'un G contre un B, nous confirme dans notre opinion que les copistes ont pu facilement substituer un N à la place du V qui existe dans nos inscriptions, et dont on ne peut révoquer en doute l'existence et la valeur épigraphique comme lettre de l'alphabet latin.

Nous venons de dire qu'on pourrait peut-être retrouver ailleurs un peuple qui portait le nom de *Segusiani*. En effet, Suze, en Piémont, s'appelait anciennement *Segusia*, elle était la capitale de cette vallée des Alpes, et fut fondée par une colonie de Ligures qui vinrent s'établir au milieu de cette chaîne de montagnes. Le nom de

Segusia qu'ils donnèrent à leur ville semble nous faire pressentir que les habitants pouvaient très-bien s'appeler *Segusiani*. En admettant ce système, les *Segusiani* auraient habité le pays de l'ancienne *Segusia*, et les *Segusiavi* celui de *Forum Segusiavorum*.

Nous n'avons pu, malgré nos recherches, trouver des autorités soit dans l'histoire, soit dans les monuments épigraphiques se rattachant à *Segusia*, qui nous permettent de donner notre opinion comme une affirmation.

Ce monument épigraphique, d'une grande valeur historique, a été découvert à Lyon, en 1846, dans la seconde arche, rive gauche de la Saône, du pont du Change (1), où il servait de voussoir.

(1) Ce pont fut commencé au milieu et terminé vers la fin du XIe siècle ; nos chroniqueurs nous ont laissé quelques détails sur sa fondation et nous n'entreprendrons point de les répéter. Nous ferons observer seulement que les produits des dons particuliers et des indulgences n'ayant pu suffire à sa construction en matériaux neufs puisés dans les carrières de Fay en Bugey, on se servit de pierres provenant d'anciens monuments romains déjà ruinés en partie ; ainsi, le temple d'Auguste, le forum de Trajan, le palais des Empereurs, le théâtre et plusieurs édifices antiques, devinrent des carrières pour la construction de ce pont. On choisit d'abord les pierres d'un grand volume, celles qui formaient déjà des assises régulières, et on abattit les parties proéminentes de toutes celles qui présentaient des sculptures, des moulures faisant relief ; il en fut de même pour quelques monuments isolés tels que des cippes funéraires dont la base et le couronnement furent nivelés, on remarque assez peu de soin dans la taille de ces matériaux.

Ce pont, à la démolition duquel nous avons assisté, présentait des particularités qu'il est bon de signaler pour en conserver le souvenir. Ainsi : le pont ayant été dépavé et démantelé de ses parapets, on n'est point arrivé sur la maçonnerie, mais bien sur un sol terreux, qui recouvrait le sommet des voûtes et plongeait profondément dans l'encaissement formé par les parois latérales du pont et celles des voussoirs de la voûte ; cette circonstance nous explique l'excavation pratiquée par les eaux en 1840 dans l'un des piliers du centre de ce pont, où elles délayèrent et entraînèrent une partie de cette terre de remplissage.

En examinant l'ensemble des matériaux qui composaient la carcasse solide de ce pont, il a été facile de se convaincre, que la presque totalité de ces pierres formait une masse hétérogène provenant d'édifices anciens et où presque toutes les carrières des environs avaient secondairement fourni leur contingent.

Le calcaire jurassique, appelé par nos entrepreneurs vieux Choin ou Choin-de-Fay, y jouait le rôle le plus important comme solidité, c'est lui qui formait le cintre des arches, le revêtement des éperons qui défendaient en amont les piles du pont ; ces deux parties essentielles étaient construites en pierres d'un plus grand volume et mieux appareillées. Quant au reste des parements, ils étaient construits en pierres de toute nature ; les roches calcaires du Mont-d'Or, de Lucenay, les granites, les roches schisteuses de nos environs s'y trouvaient mêlés ; pour le blocage de l'intérieur des piles, c'était un mélange informe de moëllons, de brèches et de galets de toute espèce.

En outre des inscriptions que nous avons fait transporter au Musée de la ville, nous avons remarqué d'énormes débris de corniches à vaste profil, de longues files de gouttières avec moulures en-dessus, ce qui indiquait qu'elles étaient placées au faîte d'un édifice, des bas-reliefs rasés dont il ne restait que quelques traces, des gargouilles, des fragments de colonnes, et une foule de débris mutilés provenants d'édifices publics ou privés ; un grand nombre de ces pierres présentaient des rainures, des trous pour le logement des crampons qui les unissaient entre elles. Parmi ces matériaux

Description. — Cette inscription est composée de 5 lignes et d'une fin de ligne dans le bas, dépendant d'une autre inscription. Les lettres sont d'un bon style et ont 51 millim. de haut. Dans la ligne incomplète du bas elles ont 27 cent. A la 1re ligne, dans PRISCIANO, le premier I dépasse d'un tiers en hauteur le niveau des autres lettres. A la 5e ligne, il en est de même dans PRISCIAN.

Ce monument est de forme carré-long, en calcaire jurassique (Choin-de-Fay) (1).

Hauteur : 1 mètre 58 cent. — Largeur : 1 mètre. — Epaisseur : 50 cent.

N. 110.

| L. BE   RIOR |
| VIROMA |
| OM |
| A |
| PA |
| AR |
| DAN |
| ND |
| |
| CONS |
| ALLECTARI |
| OB ALLECTVR |
| E   DI |
| ROVI |

L. BESIO SVPERIORI
VIROMAND. EQ. R.
OMNIBVS HONORIBVS
APVD SVOS FVNCTO
PATRONO NAVTARVM
ARARICOR ET RHO
DANICOR PATRONO
COND...
.... ARTORI LVGVD
CONSISTENTIVM
ALLECTARIAE GALLIARVM
OB ALLECTVRAM FIDELI
TER ADMINISTRATAM
TRES PROVINC. GALLIAR.

A L. Besius Superior, du Vermandois, chevalier romain (2), élevé à tous les honneurs dans sa patrie, patron des nautonniers (3) de la Saône et du Rhône, patron de ... séjournant à Lyon attachés à l'*allectaria* des Gaules, allecteur (4) des Gaules, pour la fidélité apportée dans l'administration de la charge d'allecteur, les trois provinces des Gaules (5).

(Publiée par Spon, *Recherches d'antiquités*, p. 127. — Gruter, p. CCCLXXV. — Ménestrier, p. 117.)

Cette inscription est importante pour notre cité puisqu'elle rappelle le souvenir d'un homme probe et distingué qui avait été élevé dans sa patrie à tous les honneurs que pouvait envier un citoyen, et que les provinces des Gaules, pour honorer sa

---

la partie la plus médiocre a été utilisée à combler le gouffre de la *Mort-qui-Trompe*, et l'autre a subi une nouvelle taille pour servir à la construction du quai Villeroy et de maisons particulières.

Ce vieux pont était composé de 7 arches; la plus rapprochée du quai rive gauche était appelée *arche merveilleuse*, à raison d'une fête appelée *Merveilleuse*, où les bouchers, après avoir promené dans la ville un bœuf pompeusement paré, venaient terminer leur promenade en cet endroit, en précipitant l'animal dans la Saône. Cette arche était à double cintre; le supérieur, d'une époque bien moins ancienne, était en pierre de Couzon et avait été construit après coup, par mesure de prudence, pour aider à soutenir le poids des maisons que supportait cette arcade.

Les arches n'étaient point solidaires entre elles; aussi l'histoire nous apprend-elle que les deux premières furent construites sur la rive droite, que plus tard on en construisit d'isolées sur les rochers du centre de la Saône, et que, pendant quelques années, ce fut au moyen de traverses en bois qu'on établit un passage d'une rive à l'autre, en attendant les constructions intermédiaires qui devaient compléter ce pont.

(1) Voir pag. LXXI. — (2) Voir pag. LV. — (3) Voir pag. LVII. — (4) Voir pag. L. — (5) Voir pag. XXV.

mémoire, s'étaient associées pour lui élever ce monument. Il était natif du pays des Viromandins, ainsi nommés par César dans ses *Commentaires*, qui avait pour capitale *Augusta Viromanduorum*, aujourd'hui Saint-Quentin.

Relativement à l'explication de la syllabe *cond*, Spon complète le mot et pense que ce pourrait être *Condeatium*, nom d'un peuple qui existait près de la Garonne. Artaud pense, au contraire, qu'on doit lire *Condriacum* (Condrieu), et peut-être *Condate* (confluent). Cette dernière opinion nous semble la plus probable. Ce nom gaulois paraît avoir été celui d'un bourg marchand existant au confluent de nos deux rivières et habité probablement par les mariniers. Quant au mot ARTORI, que Ménestrier complète en ajoutant un s au commencement, pour en faire *sartori* ; ne pouvant admettre cette opinion, nous en laissons l'interprétation à nos lecteurs.

Nous rapportons ici cette inscription telle que Spon nous la donne dans ses *Recherches sur les antiquités de Lyon*, chapitre VI, page 127, et nous devons en croire cet archéologue érudit et consciencieux.

Lorsque Spon l'a vue, elle existait où nous l'avons trouvée, elle figurait dans la construction de la base de la première arche, rive gauche du pont du Change du côté du quai Villeroy (1), où l'inscription faisait face à la rivière ; à cette époque elle avait sans doute été garantie du frottement des graviers dans les crues de la Saône.

Elle était placée sur champ, la fin des lignes tournée du côté du sol, ce qui nous explique pourquoi quelques fragments des mots commençant les lignes sont restés visibles. Nous avouons que tout le reste de l'inscription est dans un tel état d'usure, que, même avec l'ouvrage de Spon à la main, nous n'avons pu la déchiffrer, mais, d'après l'engagement que nous avons pris de ne représenter que les lettres qui avaient des caractères certains d'existence, nous avons dû laisser au lecteur le soin de les interpréter. Nous présumons qu'un affouillement s'étant fait dans cet endroit, le courant étant plus fort, l'usure en a été plus rapide ; car dans le XVIIIe siècle on fit un chemin de hallage qui la couvrit au trois quart, et qui l'aurait préservée du roulis des graviers ; mais le mal était déjà fait.

Cette pierre était restée dans les remblais du quai, lorsque M. Terme, maire de Lyon, donna l'ordre de l'extraire à la fin de 1847, époque où elle fut apportée au Musée Lapidaire ; dans son extraction, un coup de mine tiré dans les blocs de pierres qui se trouvaient au-dessus d'elle, en fit partir un large éclat dont nous avons fait cimenter les fragments.

Description. — Cette inscription est composée de 14 lignes ; les lettres sont d'un bon style et ont 61 millim. de haut.

En suivant la transcription donnée par Spon, nous voyons à la 1re ligne que les syllabes SIO et SVPE manquent, ainsi que l'I qui la terminait.

(1) Voir page 89.

A la 2ᵉ ligne, dans viromand, le n et le d sont détruits ainsi que les initiales eq. et r.

A la 3ᵉ ligne, composée des mots omnibvs honoribvs, il ne reste que les deux premières lettres om qui la commencent.

A la 4ᵉ ligne, apvd svos fvncto, il ne reste que l'a du commencement de la ligne.

A la 5ᵉ ligne il ne reste que la syllabe pa qui la commence.

A la 6ᵉ ligne il ne reste que la syllabe ar qui la commence.

La 7ᵉ ligne commence par da et la première moitié d'un n ; le reste de cette ligne manque

A la 8ᵉ ligne il ne reste de visible que les lettres nd.

A la 9ᵉ ligne on ne voit que les traces incertaines de quelques lettres.

A la 10ᵉ ligne on lit cons au commencement ; le reste est détruit.

A la 11ᵉ ligne on lit au commencement allectari.

A la 12ᵉ ligne on lit ob allectvr.

A la 13ᵉ ligne les lettres e dm sont les seules lisibles.

A la 14ᵉ ligne on lit rovi, milieu du mot abrégé provinc., qu'on trouve dans Spon.

Par cette description on juge des mutilations qu'a subies cette inscription depuis qu'elle a été relevée par Spon.

Ce monument de la forme d'un carré-long, est en calcaire jurassique (Choin-de-Fay) (1). Les deux profondes rainures que l'on voit dans le bas de la pierre, encore incrustées de l'oxyde des crampons en fer, viennent attester que déjà ce monument avait servi à quelque construction particulière avant son emploi à celle du pont du Change ; on aperçoit à droite et sur le devant quelques éclats qui manquent, et de nombreuses fentes qui résultent de la réunion des pièces qui ont été rajustées à la suite du coup de mine dont nous avons parlé.

Hauteur : 1 mètre 59 cent. — Largeur : 82 cent. — Epaisseur : 60 cent.

N. 111.

(Inédite.)

```
VLIAE        V
 BILLAE
 ILIAE
VS  BALBVS BITVRIX
      E   X   S
```

Balbus de Bourges.

Il est impossible de donner un sens satisfaisant au fragment épigraphique qui existe sur cet énorme bloc. Le nom de Balbus est l'un des motifs qui nous ont engagé à faire transporter ce débris de monument dans notre Musée ; il est à regretter que le nom qui le précédait nous manque, peut-être nous aurait-il mis

---

(1) Voir page lxxi.

sur la voie pour rechercher l'importance de celui qui a fait élever ce monument. Nous voyons seulement qu'il était originaire du pays des Bituriges, c'est-à-dire du Berry. Le nom ou plutôt le surnom de *Balbus* est synonyme de *blaesus*, qui signifie bègue ; Forcellini, page 507 : BALBUS—BLÆSUS, *hoc est qui propter hæsitantium linguæ verba profert inarticulata et indistincta.*

Cette épithète fut sans doute donnée pour surnom à certains personnages qui avaient de la difficulté dans la prononciation. Nous voyons chez les Romains quelle quantité d'hommes célèbres reçurent des surnoms qui leur furent donnés comme marque distinctive à raison d'infirmités ou de qualités bonnes ou mauvaises. Le surnom de Balbus a appartenu à de nombreuses illustrations, et sans faire le dénombrement de toutes celles qui l'ont porté, nous voyons que c'était le surnom des familles consulaires Acilia, Atia, Antonia, Nœvia et Thoria.

Tacite, dans le discours qu'il prête à Claude, cite les Balbus d'Espagne. Nous ne prétendons point que le Balbus dont il est ici question tînt à cette famille célèbre, la chose étant pourtant possible ; mais nous pouvons penser néanmoins que c'était un homme riche et distingué de l'époque, à en juger par le monument important qu'il a fait élever à une femme dont il a voulu honorer la mémoire, et nous ne possédons de cet hommage qu'une bien faible partie.

Ce fragment d'inscription a été découvert, en 1847, à Lyon, dans les fondations de la seconde pile du pont du Change (1), rive gauche.

Description. — Cette portion d'inscription est composée de 4 lignes incomplètes et d'une dernière ligne formée par trois lettres largement espacées ; les caractères en sont d'un bon style, ceux des trois premières et de la dernière ligne ont 65 millim., ceux de la 4ᵉ en ont 80.

La 1ʳᵉ ligne nous donne le nom ou plutôt le prénom de IVLIAE dont la première lettre manque.

La 2ᵉ ligne, le nom de BILLAE, ou peut-être n'est-ce que la fin d'un nom.

La 3ᵉ ligne, la terminaison d'un nom de femme, comme par exemple celui d'AEMILIAE ; ou bien la qualification de fille, FILIAE.

A la 4ᵉ ligne les lettres E . X . S sont placées comme formules très-en-dessous du corps de l'inscription ; l'explication de ce qu'elles signifient est assez embarrassante. On n'en trouve aucun exemple dans les auteurs. A-t-on voulu indiquer que Balbus faisait partie du sénat. S'il existait un C après l'S ou un D, nous pourrions croire qu'on a voulu indiquer que c'était par ordre ou décret du sénat.

Près du bord gauche de la pierre, à la hauteur des deux premières lignes, il existe un V isolé, de 11 cent. 5 millim. de hauteur ; nous n'osons à son égard donner aucune explication ne sachant pas même si c'est un U ou un V, ces deux lettres dans l'alphabet romain ayant la même forme, et cette forme représentant encore le nombre cinq.

Cette pierre est en calcaire jurassique (Choin-de-Fay) (2) de forme presque carrée.

Hauteur : 1 mètre 52 cent. — Largeur : 1 mètre 13 cent. — Epaisseur : 68 cent.

---

(1) Voir page 89. — (2) Voir page LXXI.

N. 112.

```
    D  ⚒  M
ET MEMORIAE
   AETERNAE
   ACIDIPERVINCI
ET LEG XXIII ET
TIBVRIAE ABBVLA
PERVINCIA PLACID
NA FILIA PARENTIBVS
CARISSIMIS PONENDVM
CVRAVIT ET SVB ASC. DED
    CAVIT
```

(*Inédite.*)

Aux Dieux Mânes (1) et à la mémoire éternelle de Placidus Pervincius, vétéran (2) de la 23ᵉ légion, et à Tiburia Abbula.

Pervincia Placidina, leur fille, a eu soin de faire ériger ce monument à ses parents chéris, et l'a dédié *Sub ascia* (3).

Ce cippe est élevé par la tendresse filiale à un père et à une mère.

Nous ferons remarquer ici que le nom de PERVINCIVS se retrouve sur plusieurs de nos cippes, et que la 23ᵉ légion, qui mérita le nom de *pieuse* et *fidèle*, a fourni à notre Musée lapidaire plusieurs militaires qui ont figuré dans ce corps d'armée.

Nous pensons que ce cippe funéraire appartient au sol lyonnais, mais nous n'avons trouvé aucun renseignement sur le lieu et l'époque de sa découverte. Nous la considérons comme inédite.

Description. — L'épitaphe est composée de 11 lignes, à la 1ʳᵉ, l'*ascia* est figurée en creux entre les initiales majuscules D et M.

Les lettres PL qui commençaient la 4ᵉ ligne sont détruites.

Au commencement de la 5ᵉ ligne, on ne peut douter que la première lettre qui était mutilée ne fût V, qui, ajouté à ET faisait VET pour VETERANUS; à la 6ᵉ ligne le E final de ABBVLAE est détruit; à la 8ᵉ ligne, le dernier I l'est aussi, et à la 9ᵉ le V est conjoint à l'M dans le mot PONENDUM.

Les lettres sont d'un beau style des premiers siècles, elles ont 40 millim. de haut aux trois premières lignes, les cinq lignes suivantes ont en moyenne 35 millim., et les trois dernières 30 millim.

Ce monument est en calcaire jurassique (Choin-de-Fay) (4), il est décoré d'une base et d'un couronnement à moulures; le côté droit du couronnement est écorné.

Hauteur : 1 mètre 7 cent. — Largeur : 49 cent. — Epaisseur : 34 cent.

(1) Voir p. XXI. — (2) Voir p. LV. — (3) Voir p. XXII. — (4) Voir p. LXXI.

N. 113.

Ce fût de colonne, en granit des environs de Tain, département de la Drôme, est de même nature que celui des colonnes de l'église d'Ainay, qu'on dit avoir appartenues au temple d'Auguste et qu'on croyait avoir été apportées du Nil. Mais on est revenu de cette erreur lorsqu'on a reconnu la carrière qui les a fournies. Ce tronçon représente le haut de la colonne; il est de travail uni; la plus grande partie de l'astragale existe encore.

Ce débris est d'une bonne conservation. Il a été découvert, en 1847, rue de la Bombarde, d'aplomb sur un cube en pierre dans le creusement des fondations de la maison appartenant à M. Carville, ancien notaire, à Lyon.

Cette portion de colonne avait fait sans doute partie d'un édifice qui existait dans le voisinage ; elle fut prise dans ses ruines pour être employée à une construction nouvelle, qui elle-même a été détruite et couverte par les atterrissements de la colline de Fourvières.

Elle a été offerte au Musée de Lyon, par M. Carville, propriétaire.

Hauteur : 2 mètres 57 cent. — Diamètre à la base ; 78 cent.

N. 114.

```
      D       M
   L  MATERNI  MATVRI
         VOCONTI
   L. MATERNIVS SERVANDVS
       LIB ET HERES
     PATRONO PIISSIMO
          POSVIT
```

(*Inédite.*)

Aux Dieux Mânes (1) de L. Maternus Maturus, du pays des Voconces, L. Maternus Servandus, son affranchi (2) et son héritier, a élevé ce monument à son patron (3) très-vertueux.

Ici, c'est un affranchi qui honore la mémoire de son ancien maître, à qui il avait plus d'une obligation, puisque ce dernier l'avait affranchi, comme l'indique son nom, et l'avait fait son héritier.

Il a été trouvé à Lyon, en 1824, en creusant les fondations de l'église actuelle de Saint-Irénée, et transporté au Musée en 1845.

Description. — Cette inscription est composée de 6 lignes, la 1re est formée par les deux initiales majuscules D et M. Les lettres sont d'un beau style, elles ont 28 millim. de haut.

---

(1) Voir pag. XXI. — (2) Voir pag. LVI. — (3) Voir pag. LV.

96   PORTIQUE XIII.

A la 6ᵉ ligne, dans le mot piissimo, le second i dépasse de beaucoup en haut le niveau des autres lettres.

Ce cippe est en calcaire jurassique (Choin-de-Fay) (1) orné d'une base et d'un couronnement à moulures d'un galbe élégant. Le couronnement est surmonté d'un fronton à rouleau sur les côtés; au-dessus et dans le centre, il existe une éminence ronde tronquée semblable à la naissance d'un fût de colonne ; l'angle droit du couronnement est mutilé.

Hauteur : 1 mètre 32 cent. — Largeur : 54 cent. — Epaisseur : 34 cent.

N. 115.

```
CORN
SVRIJ
QVI
EIVS
DESTVS LI
BERT . POS
```

(Publiée par Artaud, comme inédite, *Description du Musée*, page 20, n. xiii b.)

Cette inscription est trop incomplète pour oser lui donner un sens littéral absolu. On voit seulement, par les deux dernières lignes, que c'est un affranchi, qui se nommait vraisemblablement Modestus, qui a élevé ce monument à son ancien maître.

Artaud l'a publiée de la manière suivante, soit que de son temps elle fût moins endommagée, soit qu'il ait cherché à lui trouver un sens : corneli svrtiliae qvietae eivs modestvs libert . posvit. Nous ferons observer seulement qu'à la seconde ligne la première lettre qui suit le r est un i et non un t, et la seconde serait plutôt un l mutilé.

Il a été trouvé au commencement de ce siècle dans le creusement qui a été fait pour élever la chapelle à l'entrée du monastère des Génovéfains, à Saint-Irénée.

Description. — Cette inscription est composée de 6 lignes, dont la terminaison est détruite, les lettres sont d'un style médiocre et ont 33 millim. de hauteur.

Ce monument en calcaire jurassique (Choin-de-Fay) (2) est d'une forme carré-long, le corps de l'inscription est gravé dans un fond creux entouré de moulures.

Hauteur : 46 cent. — Largeur : 29 cent. — Epaisseur : 16 cent.

(1-2) Voir page lxxi.

PORTIQUE XIII.

N. 116.

Ce débris de chapiteau colossal, en calcaire oolithique de Tournus (1), fait supposer que le monument auquel il appartenait était d'un grandiose peu commun.

Les ornements que l'on peut encore distinguer sont des feuilles d'acanthe mutilées et des portions de collier de perles. Il pouvait avoir 1 mètre de diamètre.

Il a été trouvé dans les fondations de la seconde pile du pont du Change (2).

Hauteur : 68 cent. — Diamètre : 95 cent.

N. 117.

```
HIC CVIV IN HoC
  CoNDVN     ABRA SEPVLCHRo
SARAGA       VS EST NoMINE QVI     C
VMoM
  ET APVT    o VIXIT A
  VT NoMI    VoCABo    L
  VITAE MERITIS    CoMMENDARET
  QVI VIXIT ANNoS    oBIIT
IIII NoNAS DECEMBRIS
PoST CoNSoLATo INPoR
TVNo VV CC LE
```

(Publiée comme inédite par Artaud, *Notice du Musée*, pag. 19, n. XII B.)

Cette inscription chrétienne est tellement mutilée qu'elle est très-difficile à expliquer. Voici le sens qu'on peut en tirer dans l'état où elle se trouve : « Celui dont les membres sont renfermés dans ce sépulcre, se nommait Saraga....us. » Après cette phrase suivent quatre lignes interrompues qui offrent un sens incomplet ; les quatre suivantes signifient qu'il mourut le 4e jour avant les nones de décembre, après le consulat d'Importunus et peut-être d'un autre personnage qui sans doute était aussi consul, mais dont le nom n'est point gravé ; car le double V et le double C indiquent ordinairement deux personnages illustres. Cependant la syllabe LE, qui termine l'inscription, semblerait être la fin du mot CONSVLE. Ce monument remonte au commencement du VIe siècle (509), puisque dans les Tables consulaires on ne trouve qu'un Importunus appelé par erreur Opportunus par quelques-uns, et qui a été une fois consul l'an de Rome 1262. Comme latinité et orthographe, cette inscription pèche ainsi que toutes celles de cette époque.

Ce monument a été découvert, en 1816, à Lyon, paroisse de Saint-Just, dans une tombe en pierre d'un travail grossier.

(1) Voir pag. LXXII. — (2) Voir pag. 89.

Description. — Cette inscription est composée de 12 lignes, les lettres sont d'un style barbare, irrégulières dans leur forme et leur dimension, tous les o sont d'une extrême petitesse comparativement aux autres lettres, les caractères ont en moyenne de 3 à 20 millim. de haut.

Elle est gravée sur une plaque carrée, en marbre blanc ; les bords sont décorés d'ornements au trait, d'un style grossier et barbare, où figurent des colombes, des feuilles de lierre, des rosaces, des monogrammes, et d'autres signes que nous laisserons interpréter au lecteur.

Cette pierre funéraire est mutilée et fendue en plusieurs endroits.

Hauteur : 41 cent. — Largeur : 51 cent. — Epaisseur : 5 cent.

PORTIQUE XIV.

N. 118.

DIIS MANIBVS
ET QVIETI . AETERNAE

(*Inédite.*)

Aux Dieux Mânes (1)
et au repos éternel.

Ici l'invocation aux Dieux Mânes est écrite en toutes lettres et n'est point comme d'habitude représentée par les deux sigles D. M.

On ne peut savoir pour quel personnage ont été adressés ces vœux, il y a absence de nom ; seulement cette lacune paraît tout-à-fait volontaire, puisque les deux lignes qui forment cette inscription sont placées sur le devant, au centre du sarcophage. Est-ce par un sentiment de modestie ou par un motif d'une toute autre nature que l'on doit expliquer cette absence ? ou bien cette pierre faisait-elle partie d'un monument où se trouvait gravée une épitaphe qui rappelait les noms, titres et qualités du défunt ? Il est permis de faire toutes ces suppositions.

Ce sarcophage a été découvert, en 1847, dans les fouilles faites à Vaise (2) par ordre du gouvernement. Il était sans couvercle.

Description. — Cette épitaphe est composée de deux lignes qui sont gravées dans un cartouche à queue d'arronde, entouré de moulures. Les lettres sont d'un bon style et ont 75 millim. de hauteur.

A la 1ʳᵉ ligne, dans DIIS, le second I dépasse de moitié en hauteur le niveau des autres lettres. Dans MANIBUS, la partie supérieure de l'N, de l'I et du B est mutilée.

Ce monument funèbre est en calcaire jurassique (Choin-de-Fay) (1). Sa forme est un carré très-allongé, la tombe qu'on y a creusée est longue de 1 mètre 31 cent., profonde de 37 cent. et large de 54 cent. Il est d'une bonne conservation.

Hauteur : 69 cent. — Largeur : 2 mètres 31 cent. — Epaisseur : 90 cent.

(1) Voir page XXI. — (2) Voir page 2. — (3) Voir page LXXI.

N. 119.

```
   D   ✶   M
CATVLLIAE
 SAMILLAE
VALE   SEN
 IVS CONIVG
ARISSIM . CVM
QVA . VIXIT . ANN
XIIII.M.V.SINE.V
A . ANIMI . LAESI
ET . SIBI . VIVVS
..CIT . ID QVE
    S. A. D.
```

Aux Dieux Mânes (1) et à Catullia Samilla. Valerius Sen..ius a fait élever ce monument à son épouse chérie, avec laquelle il vécut 14 ans, 5 mois, dans la plus parfaite union, et pour lui-même, de son vivant. Il l'a dédié *Sub ascia* (2).

(Publiée par Artaud, *Notice du Musée*, pag. 18, n°. XI. — Spon, *Recherches des antiquités*, p. 76.)

Ici, c'est un époux, Valerius Sen..ius, qui ayant vécu en parfaite harmonie avec sa femme Catullia Samilla, n'a point voulu être séparé d'elle après sa mort.

Ce monument servait anciennement de banc à l'hôtel du Bœuf-Couronné, rue des Farges, où se trouvait autrefois l'église des Machabées. Il a été transporté au Musée lors de sa formation ; il présente de nombreuses mutilations.

Description. — Cette inscription est composée de 12 lignes ; à la première on a figuré l'*ascia* en creux entre les deux initiales D et M.

A la 4e ligne, il existait sans doute un R à la suite du mot VALE, mais il a été détruit.

A la 5e ligne, la première lettre, qui sans doute était un T, a été également détruite par le marteau.

A la 6e ligne, la première lettre qui est un C a été mutilée en partie.

A la 8e ligne, on ne voit que le premier jambage de l'V ; les deux L qui suivaient manquent. A la même ligne, dans le mot SINE, l'N et l'E sont conjoints.

A la 10e ligne, l'I dans VIVVS est très-allongé.

A la 11e ligne, il faut rétablir FECIT, dont il ne reste que les trois dernières lettres.

La dernière ligne, composant la formule, est formée par les trois initiales S A D.

Les lettres sont d'un assez bon style, elles ont 57 millim. de haut.

Ce cippe funéraire est en calcaire jurassique (Choin-de-Fay) (3). Il est décoré d'une base et d'un couronnement à moulures qui ont été abattus en grande partie ; les côtés de la base ont seuls été épargnés.

Hauteur : 1 mètre 4 cent. — Largeur : 49 cent. — Epaisseur : 40 cent.

(1) Voir pag. XXI. — (2) Voir pag. XXII. — (3) Voir page LXXI.

N. 120.

```
Q . IVLIO . SEVERINO
   SEQVANO . OMNIB
   HONORIBVS  IN
TER SVOS . FVNCTO
PATRONO . SPLENDI
DISSIMI . CORPORIS
N̄ . RHODANICOR . ET
ARAR . CVI OB . INNOC
MORVM . ORDO . CIVI
TATIS.SVAE.BIS.STATVAS
DECREVIT . INQVISITO
RI . GALLIARVM . TRES
   PROVINCIAE  GALL
```

A Q. Julius Severinus, séquanien, qui a été élevé parmi ses compatriotes à tous les honneurs, patron du très-honorable corps des nautes (1) du Rhône et de la Saône; auquel, pour l'intégrité de ses mœurs, les magistrats de sa ville ont décerné deux fois des statues ; inquisiteur (2) des Gaules, les trois provinces des Gaules (3) lui ont élevé ce monument.

(Spon, *Recherches des antiquités*, page 130. — Gruter, page ccccxxv.)

D'après cette inscription Severinus était un homme haut placé à Lugdunum, puisque indépendamment de son titre de patron des nautes du Rhône et de la Saône, il était *inquisitor* des Gaules, et que les magistrats de son pays lui avaient décerné deux fois les honneurs d'une statue, honneur qui n'était accordé qu'aux hommes qui avaient rendu de grands services à leur patrie. (*Voyez planche* III, n. 120.)

Elle a été trouvée dans l'église Saint-Pierre, avec celle qui porte le n. 106, portique XII (4).

Description. — Cette importante inscription est composée de 13 lignes ; les lettres sont d'un beau style qui se rapportent aux premiers siècles de l'empire. Elles ont 52 millim.

Tous les mots sont séparés par des points triangulaires.

A la 1re ligne, le grand I du mot IVLIVS est d'une plus grande dimension que les autres lettres; dans le mot SEVERINVS, l'I est conjoint avec l'R par l'allongement du premier jambage de cette lettre.

A la 7e ligne, la première lettre N est surmontée d'un trait transversal pour indiquer le titre et l'abréviation du mot NAVTARVM.

A la 8e ligne, dans le mot INNOC, les deux N sont conjoints.

Ce beau monument honorifique est en calcaire jurassique (Choin-de-Fay) (5); il était décoré d'une base et d'un couronnement à moulures, la base a été abattue sur le devant et du côté droit; le couronnement l'est du côté gauche. L'inscription est intacte.

Hauteur : 1 mètre 75 cent. — Largeur ; 75 cent. — Epaisseur : 75 cent.

(1) Voir p. LVII. — (2) Voir p. LI. — (3) Voir p. XXV. — (4) Voir p. 83. — (5) Voir p. LXXI.

n. 121.

```
D   ✳   M
  M  SECVNDI
  SATVR NINI
  M . SECVNDIVS
  ACCEP T VSNE
  POTI . ET . LIBERTo
  P. C. ET SVB ASC. D
```

Aux Dieux Mânes (1)
de M. Secundius Saturninus.
M. Secundius Acceptus a fait
élever ce monument à son
petit-fils et affranchi (2), et il
l'a dédié *Sub ascia* (3).

(Publiée par Artaud, *Notice du Musée*, pag. 20, n. 13.)

Cette inscription semble nous apprendre que Secundius avait eu un enfant d'une esclave; que cet enfant avait eu un fils que M. Secundius Acceptus avait affranchi et auquel il avait fait élever ce monument.

Elle a été trouvée par Artaud dans un mur de la terrasse du jardin des Génovéfains, à Saint-Irénée, et apportée au Musée dans les premières années de sa création. L'inscription est intacte.

Description. — Cette inscription est composée de 7 lignes. A la 1ʳᵉ l'*ascia* est figurée en creux entre les initiales majuscules D et M.

A la 2ᵉ ligne, au mot SECVNDI, qui est au génitif, il manque un I; il devait y avoir SECVNDII; puisque à la 4ᵉ ligne nous lisons SECVNDIVS, l'usage étant établi de donner son nom à celui qu'on affranchissait.

Les lettres sont d'un bon style et ont 50 millim. de hauteur.

Ce cippe funéraire est en calcaire jurassique (Choin-de-Fay) (4), il était orné d'une base et d'un couronnement qui ont été abattus dans toute leur étendue.

Hauteur: 1 mètre. — Largeur: 54 cent. — Epaisseur: 40 cent.

n. 122. — 123.

Le bas-relief n. 122 se trouve placé à l'extrémité d'un lourd architrave ou chambranle de portique. Il représente un personnage debout, coiffé en cheveux courts et lisses, vêtu d'une tunique plissée simulant le surplis ecclésiastique; il a les mains croisées devant lui.

La figure n. 123 qui se trouve du côté opposé est parfaitement semblable.

Afin de pouvoir placer ces deux bas-reliefs nous avons été obligé de faire couper ces blocs qui avaient chacun près de 2 mètres de longueur.

(1) Voir pag. XXI. — (2) Voir pag. LVI. — (3) Voir pag. XXII. — (4) Voir pag. LXXI.

102   PORTIQUE XIV.

Le travail de ces bas-reliefs mutilés est d'un style barbare. Ils ont été trouvés enfouis dans les fondations de la vieille église des Cordeliers de l'Observance (1).

Hauteur : 82 cent. — Largeur : 58 cent. — Epaisseur : 34 cent.

N. 124. — 125.

Le chapiteau de colonne n. 124, est décoré dans le bas d'une rangée de feuilles lancéolées (feuilles d'eau), et en dessus d'une bande d'ornements simulant des espèces de petits trépieds, séparés entre eux par deux feuilles conjointes et irrégulières dans leur forme. Cette sculpture qui entoure le chapiteau est surmontée d'une plaque carrée qui, en dessous, vers les angles, présente une feuille, et sur son listel un rang de denticules, et au-dessus une autre rangée de feuilles d'olivier conjugènes.

Cette sculpture est d'un bon style. Le chapiteau est mutilé sur plusieurs points de son étendue ; trois des angles du couronnement sont abattus. Il est en calcaire oolithique blanc de Tournus (2).

Le chapiteau n. 125, en même matière, est parfaitement conforme au n. 124. Ils ont été trouvés dans les travaux de l'Ecole vétérinaire, en 1847 (3).

Hauteur : 21 cent. — Diamètre du bas : 30 cent. — Diamètre du haut : 40 cent.

N. 126.

```
† L'AN : M : CCC : LII : FIT : MICHELES : PACSVS : CI
TIENS : DE : LIAN : EDIFIER : CETA : CHAPEL
LA : LOVTAR : ET LO CRVCIFIS : PLOREMEIO : DE : SAR
MA : MATHEV : ACHERT : MARIETAN : SIMVLIER : ET
GVILLERMETAN : LEVR : FILI : MVLIER : SAY : EN : ARE
RES : DVDIT : MICHELET : LIQVAX : MARE : ET FILLI : MVRI
RENT : EL : TEMS : DE : LA : MORTALITA : L'AN : M : CCC :
XLVIII : LIQVAX : MICHELES : A : CONSTITVI : ET : HORDE
NA : QVE : VNA : MESSA : PPETVAL : QVE : LI : DITTA : MA
RIETA : ORDENIET : EN : SGN : TESTAMEN : QVE : EL
ET : LISIN : LA DITA : MESSA : EL : DIT : HOVTAR : I : CHAS
CVN IOVR : PPETVALMENT : FASANT : CELEBRAR
NOSTRES : SIRES : P SA MISERICORDI : LES : ARMES : DE
RLLOS : ET DE : TOS : AVTRES : FEAX : TRAPASSAS
METET : EN : BON : REPOS : AMEN : : ITEM : LO : XVII
IOVR : DE : DECEMBRO : L'AN : M : CCC : LV : FVT : SA
CRAS : LI : DIS : HOTARS : ET : BENEIS : LI : DIS : CRVCIFIS.
M H                                                         MP
```

L'an 1352, Michel Pacsus, citoyen de Lyon, a fait édifier cette chapelle, l'autel et le crucifix, pour le remède de son âme, de celles de Mathieu Achert, de Mariette, sa femme, et de Guillermette leur fille, femme ci-devant dudit Michel.

Lesquelles, mère et fille, moururent au temps de la mortalité, l'an 1348. Lequel Michel a constitué et ordonné qu'une messe perpétuelle, que ladite Mariette avait ordonnée en son testament, que lui et les siens fissent célébrer audit autel, chaque jour, perpétuellement.

Que Notre-Seigneur, par sa miséricorde, mette en bon repos leurs âmes et celles de tous autres fidèles trépassés, amen.

Item, le 17e jour de décembre, l'an 1355, ledit autel a été consacré et ledit crucifix a été béni.

M H   M P

(Publiée par Artaud, *Description du Musée*, page 21, n. 13 c.)

Cette inscription, du milieu du XIVe siècle, est dans un latin dégénéré qui se rapproche beaucoup du patois des montagnes qui nous séparent du département de

---

(1) Voir page 67, n. 72. — (2) Voir page LXXII. — (1) Voir page 67, n° 72.

la Loire, ainsi qu'on le voit par les mots : CETA CHAPELLA, LOVTAR, LO CRVCIFIS, PLORE-MEIO, LA MORTALITA, UNA MESSA, LI DITTA MARIETA, FASANT CELEBRAR, TRAPASSAS, EN BON REPOS, IOVR DE DECEMBRO.

Nous ferons remarquer que ce monument n'a été érigé que quatre ans après la mort des deux défuntes auxquelles Michel Pacsus l'a consacré. On voit aussi qu'il a survécu à l'épidémie pestilentielle qui lui a enlevé sa belle-mère et sa femme.

Les inscriptions de cette époque ne sont point communes, et celle-ci nous paraît assez curieuse ; aussi l'avons-nous fait graver. (*Voyez pl. X, n. 126.*)

Elle a été donnée au Musée de la ville par M. Dutilleul, qui la possédait dans une maison au-dessus du Jardin-des-Plantes ; elle servait à la terrasse de son parterre.

Description. — Cette épitaphe est composée de 17 lignes, séparées entre elles par un trait continu en creux ; tous les mots sont séparés par deux points. Au bas de l'inscription on voit d'un côté le monogramme de la fondatrice, et de l'autre celui de l'exécuteur testamentaire ; ils sont renfermés dans un quatrilobe, et les initiales sont séparées par une croix.

Les lettres du corps de cette épitaphe ont un style incertain, elles ne tiennent ni du romain du Bas-Empire, ni du gothique pur. La forme des caractères nous démontre une époque de transition, et le passage du bysantin au gothique ; ces lettres ont 20 millim. de hauteur.

Ce monument épigraphique est d'une bonne conservation. Il est de forme carré, en calcaire oolithique de Tournus (1).

Hauteur : 76 cent. — Largeur : 85 cent. — Epaisseur : 5 cent.

PORTIQUE XV.

N. 127.

† HIC IACENT HVMBERTVS MAGNINI DE MOYRENCO CLERICVS ET IOHANNETA EIVS VXOR AC LIBERI EORVMDEM CIVES LVGDVNI QVI HVMBERTVS OBIIT DIE XVII MENSIS AVGVSTI ANNO DOMINI M.CCCC.VIII. ANIMAE EORVM PER MISERICORDIAM DEI REQVIESCANT IN PACE AMEN.

Ci-gisent Humbert Magnin de Moyrenc, clerc, et Jeannette, son épouse, et leurs enfants, citoyens de Lyon ; lequel Humbert mourut le 17e jour du mois d'août, l'an du Seigneur 1408. Que leurs âmes, par la miséricorde de Dieu, reposent en paix. Ainsi soit-il.

(Publiée par Artaud, *Notice du Musée*, pag. 22, n. XIV.)

Cette inscription, du commencement du XVe siècle, est écrite en lettres de forme gothique qui ont 54 millim. de hauteur ; elle forme un cadre sur une longue pierre tombale en calcaire noir de nos carrières du Mont-d'Or, au milieu de

---

(1) Voir pag. LXXII.

laquelle Humbert est représenté au trait, debout, les mains jointes, et vêtu d'une longue tunique. Les armoiries d'Humbert y sont aussi représentées.

Le titre de CLERICVS que nous avons traduit par clerc, semble indiquer un homme attaché au barreau, un notaire ou un avocat ; nous n'osons donner aucune affirmation à cet égard.

Après le millésime les mots : ANIMAE EORVM PER MISERICORDIAM DEI, sont formulés par abréviations.

Cette pierre tumulaire a été découverte dans la chapelle de Saint-Alban lors de sa démolition. Elle est d'une parfaite conservation.

Hauteur : 1 mètre 98 cent. — Largeur : 68 cent. — Epaisseur : 21 cent.

N. 128.

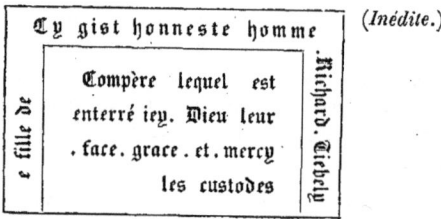

(Inédite.)

Cette épitaphe du XVe siècle est gravée sur une pierre tumulaire ; malheureusement elle n'est pas assez complète pour en tirer un sens satisfaisant ; toutefois nous y retrouvons le style et la formule de cette époque. Elle est composée d'un encadrement où sont inscrits les qualités et les noms du défunt. L'époque de sa mort était indiquée peut-être sur la partie qui manque dans le bas.

Elle a été découverte au commencement de ce siècle dans les démolitions de l'église Sainte-Croix, à Lyon.

Description. — Les lettres de cette épitaphe sont de la fin du XVe siècle, elles sont rapprochées les unes des autres et difficiles à lire, mais elles ont bien le caractère de leur époque ; celles de la bordure ont 40 millim. de haut, celles du corps de l'inscription en ont 45.

Une seule ligne bordée, placée entre deux traits en creux, entoure le corps de l'inscription. Le bas de cette bordure a été détruit ; nous n'avons pu déchiffrer les mots qui suivent FILLE DE...

Le corps de l'épitaphe est composé de 4 lignes ; à la dernière nous n'avons pu trouver le sens du mot qui précède LES CUSTODES.

Ce monument funéraire est en calcaire jurassique (1) noirâtre, de la forme d'un carré long.

Hauteur : 52 cent. — Largeur : 67 cent. — Epaisseur : 13 cent.

(1) Voir pag. LXXI.

N. 129.

```
Oc iVMoLO REQVI
ISCIT BoNE MEMoRIAE
/IALENTiNA oIcIXITANVS
O CTVGENTA QIQE †
```

(Inédite.)

Dans ce tombeau repose Valentine, de bonne mémoire, qui vécut 85 ans.

Ce marbre funéraire vient du cabinet Artaud, acheté par la ville. Nous manquons de toute espèce de renseignements sur le lieu où il a été découvert.

Description. — Cette inscription chrétienne est composée de 4 lignes; les lettres sont de style barbare et de grandeurs inégales, elles ont en moyenne 22 millim. de hauteur. On y voit des E de forme grecque du bas-empire; l'ouvrier ne s'est point piqué d'y mettre l'orthographe: il a écrit TVMOLO pour TVMVLO, BONE pour BONAE, ANVS pour ANNIS, OCTVGENTA pour OCTOGENTA, et QIQE pour QVINQVE. A la fin de la dernière ligne il a figuré une croix en creux.

Cette épitaphe est gravée sur une plaque en marbre blanc, de forme carré-long. Au bas, on voit deux colombes en regard gravées au trait, et entre elles un arbre figuré de même.

L'angle supérieur droit de ce monument est brisé et manque, ainsi que le mot IN et la première lettre du mot HOC qui commençait l'inscription.

Hauteur : 20 cent. — Largeur : 29 cent. — Epaisseur : 8 cent.

PORTIQUE XVI.

N. 130.

```
CI-GIST HONESTE HOMME GUILLAUME DE LA
FOREST, MARÉCHAL, LEQUEL TRESPASSA LE 10ᵉ
DE L'AN m vᵉ et, ET AUSSI GIST GLAUDE
SA FEMME, LAQUELLE TRESPASSA LE 10ᵉ
DE L'AN m vᵉ et.
```

(Inédite.)

Ce monument est d'une parfaite conservation; il servait de dalle dans une maison de la place de la Boucherie-des-Terreaux. Il a été découvert et donné à la ville, en 1842, par M. Jaquemond, entrepreneur de bâtiments.

Description. — Cette inscription, qui date du commencement du XVIᵉ siècle, est gravée en bordure autour de la pierre tumulaire qui est en calcaire jaunâtre et présente la forme d'un carré allongé; au centre se trouve un écusson dans l'intérieur duquel on remarque une croix et les initiales G. D. F. Au-dessous sont figurés les principaux outils de sa profession : les tenailles, le marteau, le butavent et l'enclume.

Hauteur : 1 mètre 81 cent. — Largeur : 85 cent. — Epaisseur : 28 cent.

N. 131.

```
MARTI
T  IVL
SATVRNINVS
```

A Mars (1)

T. Julius

Saturninus.

(Publiée par Artaud, *Notice du Musée*, pag. 23, n. xv.)

Dans cette inscription brève, composée de 3 lignes, on voit l'accomplissement d'un vœu que T. Julius Saturninus avait fait au dieu Mars.

Elle a été trouvée au chemin des Etroits, près de la tannerie Renard.

Description. — Dans MARTI et SATVRNINVS, l'I dépasse en hauteur le niveau des autres lettres; celles-ci sont d'un beau style et ont 75 millim. de haut.

Ce monument avait une base et un couronnement qui ont été abattus pour en faire une assise régulière. Il est en calcaire jurassique (Choin-de-Fay) (2).

Hauteur : 95 cent. — Largeur : 55 cent. — Epaisseur : 43 cent.

N. 132.

```
D       M
ALSONII  ELICION
LSONIA  M  IA
LIO  CARISSIMO
DEFVNCTO ANNO I
XXIII
```

(*Inédite.*)

Aux Dieux Mânes (3)

d'Alsonius Elicion..., Alsonia M..ia à son fils chéri mort à l'âge de 23 ans.

Bien que cette épitaphe présente des mots incomplets, il n'en reste pas moins constant pour nous que c'est une mère qui l'a fait graver pour son fils chéri; elle est de la plus grande simplicité, et le monument est peu somptueux.

Il a été découvert à Lyon, en 1847, dans les fondations de la première pile du pont du Change (4), rive gauche.

Description. — Cette inscription est composée de 6 lignes; les lettres sont d'un style médiocre; celles du corps de l'inscription ont 26 millim. de haut.

La 1re ligne est composée des deux sigles D M.

A la 2e ligne nous pensons qu'il manque un I à la fin du dernier nom.

---

(1) Voir page LXV. — (2) Voir page LXXI. — (3) Voir page XXI. — (4) Voir page 89.

PORTIQUE XVI.   107

A la 3ᵉ ligne le premier jambage de l'A qui commence la ligne est détruit, et le nom qui suit celui d'ALSONIA est en partie détruit, il ne reste de visible que les lettres M IA.

A la 4ᵉ ligne, dans FILIO, l'F et l'I sont détruits, et dans CARISSIMO l'O est mutilé.

A la 5ᵉ ligne, après le mot ANNO, se trouve un I; c'est sans doute une erreur du graveur. Nous ne saurions en déterminer la valeur.

La 6ᵉ ligne est formée par le nombre XXIII.

Ce monument funéraire est en calcaire jurassique (Choin-de-Fay) (1); il est en forme de cippe; la base a été détruite; le couronnement est orné de moulures qui sont mutilées.

Hauteur : 72 cent. — Largeur : 39 cent. — Epaisseur : 30 cent.

N. 133.

```
D  ⚒  ⚒  M
ET MEMORIAE
   AETERNAE
CONSTANTINIAE . IV
LIAE . FEMINAE . IN
COMPARABIL . QVAE
VIXIT . ANN . XXII . MEN
II . D . XV . PROCLINIVS
...VINVS . CONIVGI
...RISS . ET . ANIMAE
...CISSIMAE . ET
```

Aux Dieux Mânes (2) et à la mémoire éternelle de Constantinia Julia, femme incomparable, qui vécut 22 ans, 2 mois, 15 jours; Proclinius...vinus a fait ériger ce monument à une épouse tendrement aimée, et d'un caractère plein de douceur, et...

(Publiée par Spon, *Recherches des antiquités*, pag. 76. — Artaud, *Notice du Musée*, , p. 23, n. XV B.)

Ce monument a été trouvé à Lyon, rue des Farges, paroisse de Saint-Irénée, dans la cour de l'hôtel du Bœuf-Couronné. Il était engagé dans le bas de la muraille de cette cour, qui existe sur l'emplacement de l'ancienne église des Machabées.

Description. — Cette inscription était composée de 12 lignes, mais la dernière où était inscrite la formule *Sub ascia*, est entièrement détruite.

La 1ʳᵉ ligne est formée par le D et l'M majuscules, entre lesquels se trouvent deux *ascia* figurées en creux.

A la 7ᵉ ligne, dans le mot VIXIT, le premier I dépasse en hauteur les autres lettres, et dans le mot ANN. les deux N sont conjoints.

A la 9ᵉ ligne les deux ou trois premières lettres ont été détruites, de manière qu'il ne reste que la terminaison d'un nom; dans cette fin de nom, VINVS, l'I est aussi très-allongé.

A la 10ᵉ ligne les premières lettres, qui étaient évidemment un C et un A, ont été détruites.

A la 11ᵉ ligne il en est de même des trois premières lettres, la syllabe DVL manque.

Les lettres sont d'un style assez bon; elles ont 34 millim. de haut.

(1) Voir pag. LXXI. — (2) Voir pag. XXI.

Ce cippe funéraire est en calcaire jurassique (Choin-de-Fay (1). Il était orné d'une base et d'un couronnement qui ont été abattus ; il n'en reste qu'un vestige dans le haut du côté gauche.

Hauteur : 85 cent. — Largeur : 44 cent. — Epaisseur : 43 cent.

N. 134.

(*Inédite.*)

```
C IVLIO M
CARNVT . S
OMAE ET AV
MNIBVS HO
VOS FVNCTO
TOT  S CENS
    DEDI
  PRO INC
```

Il nous est impossible de donner entièrement le sens de cette inscription incomplète, et même d'affirmer qu'elle est honorifique ou funéraire. Il paraît seulement que C. Julius M..., du pays des Carnutes (pays Chartrain), avait été élevé à tous les honneurs parmi les siens; qu'il avait occupé une place dans l'administration financière, et, qu'enfin les trois provinces des Gaules lui ont dédié ce monument. L's qui suit CARNVT devait être probablement le commencement du mot SACERDOTI; la formule ROMAE ET AVGVSTI qui vient après, et dont on aperçoit .OMAE ET AV....., vient à l'appui de cette opinion, et semble indiquer qu'il était prêtre du temple élevé en l'honneur de Rome et d'Auguste dans le quartier d'Ainay. Toutes les médailles au revers desquelles nous voyons figurer l'autel d'Auguste, portent la même formule en abrégé : ROM ET AVG. Ainsi, Julius M... devait être un homme important et dont les services avaient bien mérité de sa patrie.

Ce débris épigraphique a été découvert en 1847, à Lyon, dans les fondations de la deuxième pile, rive gauche, du pont du Change (2).

Description. — Cette inscription est composée de 8 fragments de lignes ; les lettres sont d'un bon style. A la 1re ligne elles ont 80 millimètres de haut, 70 millimètres à la 2e, aux autres 62 millimètres.

A la 1re ligne il n'existe que le prénom et l'M qui commence le nom.

A la 2e ligne nous voyons que le mot CARNVT est suivi d'un s qui commençait un mot.

A la 3e ligne on ne voit que la fin d'un mot OMAE, la conjonction ET, et la syllabe AV qui commençait un autre mot.

A la 4e ligne l'O qui la commençait est détruit, il ne reste d'HONORIBVS que la première syllabe.

A la 5e ligne l's qui commence le mot SVOS manque.

(1) Voir page LXXI. — (2) Voir page 89.

A la 6ᵉ ligne, dans le mot TOTIVS, l'I et l'V sont détruits, et il ne reste que les lettres CENS du mot CENSVS.

A la 7ᵉ ligne on ne voit que les deux premières syllabes du mot DEDICAVERVNT.

A la 8ᵉ ligne il ne reste du mot PROVINCIAE que PRO..INC.

Ce monument est en calcaire jurassique (Choin-de-Fay) (1), de forme carré-long. La face sur laquelle est gravée l'inscription est taillée légèrement concave dans sa longueur. Il était probablement composé de l'assemblage de plusieurs pierres.

Hauteur : 1 mèt. 24 cent. — Largeur : 64 cent. — Epaisseur : 35 cent.

N. 135.

```
I A N
NARI · C
```

(Publiée par Artaud, *Notice du Musée*, pag. 25, n. XV D.)

Ce débris d'inscription, composé de 2 lignes incomplètes, dont la première a 3 lettres seulement et la seconde 6, ouvre le champ aux interprétations. Les 3 lettres IAN qui se trouvent dans *Dianae*, ont fait présumer à Artaud que cette inscription appartenait à un édifice élevé en l'honneur de cette déesse, près des rives de la Saône, sur l'emplacement du couvent de Sainte-Claire; mais ces lettres se trouven également dans Janus. Il a pensé encore que ce bloc pouvait provenir d'un édifice consacré à quelque divinité impériale, et que cette pierre était surmontée de coussins et d'autres ornements destinés à faire reposer les idoles; et enfin, il interprète ces portions de mots NARI. C, par *exornari censuerunt*, ou *pulvinari Cæsarum*. Cette opinion nous paraît appuyée sur de trop faibles bases pour l'admettre. Sans vouloir critiquer les efforts de ceux qui ont voulu donner une explication de ce débris, nous pensons qu'il est trop incomplet pour qu'ils y réussissent.

Cette inscription, en beaux caractères et d'une grande dimension, était gravée sur plusieurs pierres réunies ensemble, et figurait sans doute dans le frontispice d'un édifice, à une certaine élévation.

Ce bloc a été découvert à Lyon, sous la mairie de M. de Sathonay, au couvent de Sainte-Claire, et transporté au Musée.

Description. — Ce débris antique est en calcaire jurassique (Choin-de-Fay) (2), de forme carré-long; toutes les lettres de la première ligne ont été mutilées dans le haut; l'N et le C

(1-2) Voir page LXXI.

de la seconde ligne le sont aussi. Elles ont à la 1re ligne 28 cent. de haut, et à la 2e ligne 20 centimètres.

Hauteur : 54 cent. — Largeur : 1 mètre 20 cent. — Epaisseur : 47 cent.

N. 136.

IN HoC TVMVLoRE REQVIIS
CET BoNAE MEMoRIAE
SIQVANA QVAE VIXIT
ANNoS XXX oBIIT IN
PACE XV KAL. IVNIAS
ABIENo V CoNS

Dans ce tombeau repose Siquana, de bonne mémoire, qui vécut 30 ans. Elle mourut en paix le 15e jour avant les calendes de juin, Abienus étant consul.

(Publiée par Artaud, *Notice du Musée*, pag. 26, n. xv f.)

Artaud traduit ABIENVS par AVIENVS ; l'ouvrier a sans doute gravé la lettre B d'après la prononciation ; car, après la décadence de l'empire, souvent on trouve BIBVS pour VIVVS, etc., etc. Dans le Languedoc cette manière de prononcer le B existe encore dans le peuple.

On trouve dans les Tables Consulaires Gennadius Avienus, qui était consul en 450; Faustus Avienus, en 501, et Fl. Avienus Junior, en 502.

Cette inscription a été trouvée, par un maçon, dans le quartier Saint-Just, à Lyon.

Description. — Cette inscription chrétienne est composée de 6 lignes. Les lettres sont d'un mauvais style de la décadence, elles ont 25 millim. de haut ; les o sont de moitié plus petits que les autres lettres. Comme on le voit assez souvent dans le latin de cette époque, l'ouvrier a écrit REQVIISCET pour REQVIESCIT.

Cette épitaphe est gravée sur une plaque en marbre blanc, de forme carrée ; le bas est orné d'un feston.

Hauteur : 23 cent. — Largeur : 30 cent. — Epaisseur : 6.

N. 137.

ACET DECORA
MERCVRINA QVE
VIXIT ANNOS XX
OVIIT XIII kALMA
IAS VIGELIA PASCE
CAL^IP^IO V̄C̄ CON̄S

Ci-gît Decora Mercurina, qui vécut 20 ans. Elle mourut le 13e jour avant les calendes de mai, la veille de Pâques, Calipius, homme illustre étant consul.

(Publiée par Artaud, *Notice du Musée*, page 26, n. xv g.)

Mongès a fait une notice sur cette inscription, dont le but principal était de prouver que la fête de Pâques a toujours été célébrée à la même époque. Callipius ou Alypius était consul en 447.

Nous n'avons aucun renseignement sur le lieu et l'époque de la découverte de ce monument.

Description. — Cette inscription chrétienne du bas-empire, est composée de 6 lignes ; les lettres sont de forme romaine d'un assez bon style pour l'époque. Déjà les L empruntent le caractère de celles du VIII° au XI° siècle ; les deux jambages forment l'angle obtus. Les lettres ont en moyenne 29 millim. de haut.

A la 1re ligne le mot HIC a été détruit.

A la 2e ligne le premier M est mutilé ainsi que le Q dans le mot QVAE où le graveur a omis l'A.

A la 4e ligne on a gravé le mot OVIIT pour OBIIT, sans doute à raison de la prononciation de cette époque où le B se prononçait comme le V.

A la 6e ligne l'abréviation des mots VIR CLARISSIMVS est indiquée par les deux initiales V et C, surmontées d'un trait horizontal. Le même signe se trouve placé au-dessus de CONS par la même raison.

Un trait onduleux est figuré au bas de cette inscription.

Cette épitaphe est gravée sur une plaque de forme carrée, en calcaire oolithique blanc ; les bords sont mutilés, l'angle supérieur droit a été brisé et manque.

Hauteur : 16 cent. — Largeur : 19 cent. — Epaisseur : 5 cent.

N. 138.

Ce fragment en marbre blanc, de forme carré-long, dépend d'une inscription chrétienne du moyen-âge.

On a figuré au trait deux colombes en regard, entre lesquelles se trouve un arbre (l'arbre de vie).

Hauteur : 14 cent. — Largeur : 25 cent. — Epaisseur : 4 cent.

N. 139.

(*Inédite.*)

```
† : III : K : OCTO
Ƀ : ☧ : MARTIN
Ā : DE : FUER · X :
          ⸫
```

Cette inscription nous paraît appartenir au XIII° ou XIV° siècle. Elle nous apprend qu'un nommé Martin de Fuer est mort le 3e jour avant les calendes d'octobre.

Nous n'avons aucun document sur le lieu et l'époque de sa découverte.

112 PORTIQUE XVI.

Description. — Cette inscription est composée de 3 lignes dont les lettres sont tantôt romaines, tantôt gothiques.

Les lettres ont de 7 à 8 cent. de haut.

On s'est servi pour graver cette épitaphe d'un débris antique qui présente, sur la face qui lui est opposée, des moulures d'une époque antérieure.

Ce débris est en marbre blanc et de la forme d'un parallélogramme.

Hauteur : 9 cent. — Largeur : 10 cent. — Epaisseur : 4 cent.

N. 140.

(*Inédite*)

Ce reste d'inscription, en lettres d'un style barbare, est composé de 3 lignes incomplètes dont on ne peut tirer aucun sens.

Les lettres ont 26 millim. de haut.

Ce fragment de forme irrégulière, est en marbre blanc. Il a été trouvé à Lyon, en 1842, en creusant les fondations d'une maison située rue de la Boucherie-Saint-George, portant le n. 21.

Hauteur : 8 cent. — Largeur : 9 cent. — Epaisseur : 4 cent.

N. 141.

```
HICIAC
OQViVIX
VNODIE
NSIE T¹
```

(*Inédite.*)

Cette inscription incomplète, et dont on ne peut tirer aucun sens, est composée de quatre commencements de lignes qui sont gravées en lettres inégales d'un style du VIIe siècle; elles ont en moyenne 17 millim. de haut.

Ce fragment est en marbre blanc, il est de forme carré-long. Il vient du cabinet Chavernod, acheté par la ville.

Hauteur : 16 cent. — Largeur : 10 cent. — Epaisseur : 4 cent.

PORTIQUE XVI.

N. 142.

```
P. PAVLO  PTE         PAVLVS EI      PETO DO
MECV SVP ASTRA        NA DEI         REGE QI
FERO . TE                            POLORV
                A        Ω
†XPE REI MISERE MEI
MEDICINA , REORV.

RIC           HARD
```

(Publiée par Artaud, *Notice du Musée*, page 25, n. xv e.)

Ce monument, connu sous le nom de bas-relief du comte Richard, présente un assemblage assez curieux de sculpture et de légendes religieuses.

Ce bas-relief est intéressant, plein de naïveté, et nous paraît remonter au viiie ou ixe siècle. Ce qui vient fortifier cette opinion, c'est que dans les vieux titres relatifs à l'église de Saint-Paul, on trouve que, quelque temps après que l'archevêque Leidrade eut fait réparer cette église aux frais de Charlemagne, le comte Richard fit construire à ses frais le cloître de Saint-Paul. C'est sans doute en mémoire de cette munificence de sa part que ce bas-relief fut fait en son honneur et placé dans le cloître ; il était enchâssé dans l'un des murs où on le voyait autrefois.

M. d'Albon, maire de la ville de Lyon, en ayant fait la demande, il fut transporté au Musée.

Description. — Le comte Richard est vêtu d'une tunique et d'un pallium, le genou droit fixé sur la terre, dans une pose suppliante aux pieds du Christ qui est accompagné de saint Paul ; il élève ses bras vers le Seigneur et lui demande pardon de ses péchés, et pour qu'on ne puisse révoquer en doute cette intention on a gravé des vers carlovingiens dans le champ même du bas-relief de manière à indiquer celui qui parle. Au dessus de sa tête on lit : CHRISTE, REI MISERERE MEI, MEDICINA REORVM. — « Christ, remède des pécheurs, ayez pitié de moi, pécheur. »

Saint Paul, debout, a la tête barbue et nimbée ; il est nu-pieds, son corps est couvert d'une longue tunique ; il tient de la main gauche un volume, la droite est élevée vers le Christ qu'il invoque en faveur de Richard. Une légende, divisée en deux parties par le nimbe de saint Paul, est placée au dessus et de chaque côté de sa tête ; on y lit ces mots : PAVLVS EI PETO DONA DEI REQVIEMQVE POLORVM pour COELORVM. — « Moi Paul, je demande pour lui les dons de Dieu et le repos des cieux. »

Jésus-Christ est coiffé d'une longue chevelure, sa tête est nimbée ; il est nu-pieds, debout, vêtu d'une longue tunique et d'une toge ; il tient devant lui le livre de l'Evangile de la main gauche, et la droite est élevée au-dessus du comte Richard pour lui donner sa bénédiction en prononçant ces paroles qui sont gravées sur le côté droit de la tête du Christ dans le champ

TOM. I.

du bas-relief : PRO PAVLO , PRO TE , MECVM SVPER ASTRA FERO TE. — « Pour Paul, pour toi-même, je te porte dans les cieux avec moi. »

Du côté droit de la tête du Christ on a gravé l'*alpha*, et du côté gauche l'*oméga*, symbole du commencement et de la fin de toutes choses.

Le nom de Richard est divisé en deux portions au niveau de la poitrine de ce personnage, d'un côté on lit RIC et de l'autre HARD.

Ces légendes parlées sont en lettres romaines, quelques E ont la forme grecque du bas-empire ; elles sont d'un bon style de cette époque, elles ont en moyenne 24 millim. de haut. On remarque beaucoup d'abréviations et de lettres conjointes.

Ce monument, dont le travail se rapproche beaucoup du style bysantin, est une plaque de forme carrée en marbre blanc.

Il est d'une bonne conservation.

Hauteur : 61 cent. — Largeur : 56 cent. — Epaisseur : 4 cent.

N. 143.

```
          M
    E . DVLCISSIMAE
    EM.IVL MARC
    TVM
        SANCTI
        SERVANDVS
        ARABILEM
        E PIETATEM
    VB ASCIA DEDICAVIT
```

(Publiée par Artaud, *Notice du Musée*, p. 19, n. XII.)

Cette inscription incomplète est gravée sur une pierre de forme carré-long, très-épaisse, qui sans doute était encastrée dans les murs d'un monument funèbre appartenant à la famille Servanda. Toute la partie droite de cette épitaphe manque entièrement ; nous n'osons en donner la traduction. Voici néanmoins le sens que lui a donné Artaud dans sa *Notice du Musée de Lyon* :

« Aux Dieux Mânes et à la mémoire très-chère de Julia Marcia, fille de M. Julius.
« Julius Servandus a pris soin de faire faire cette inscription pour son épouse très-
« fidèle, à cause de son incomparable piété envers lui, et il l'a dédié *Sub ascia*. »

Elle a été trouvée avec d'autres débris antiques, en 1812, en faisant l'élargissement du chemin des Etroits, sur le bord de la Saône, après la Quarantaine, non loin de la tannerie de M. Rainard.

PORTIQUE XVII.

Description. — Ce monument est en calcaire jurassique (Choin-de-Fay) (1), en forme de dalle épaisse, dont on a coupé environ le tiers pour en faire une assise dans une construction plus moderne

Ce reste d'inscription est composé de 8 lignes dont le commencement de chacune d'elles manque ; les lettres sont d'un beau style et ont 67 millim. de haut, celles de la dernière ligne n'en ont que 55.

Hauteur : 1 mètre 51 cent. — Largeur : 72 cent. — Epaisseur : 31 cent.

N. 144.

Médaillon du moyen-âge en marbre blanc, représentant dans son centre, gravé au trait, un personnage drapé d'une manière simple, dont la tête est nimbée ; c'est le Christ probablement, à raison du globe qu'il tient dans ses mains ; du côté droit on voit trois ornements en forme de triangles, composés de trois petites boules ; le même ornement est répété au-dessus du globe. Une espèce de listel circulaire borde ce médaillon. On voit qu'il faisait partie d'un monument plus grand par l'appendice qui est dans le bas et qui est mutilé. Le côté gauche a été brisé et manque.

Diamètre : 25 cent. — Epaisseur : 4 cent.

PORTIQUE XVII.

N. 145.

HIC JACET DNS PONCIVS DE VALLIBVS CVSTOS QVONDAM ECCLESIÆ SANCTÆ CRVCIS ET PENITENCIARIVS DOMINI ARCHIEPISCOPI LVGDVNENSIS QVI OBIIT VII K L SEPTEMBRIS ANNO DOMINI MCCCVII ANIMA EIVS REQVIESCAT IN PACE AMEN.

Ci-gît seigneur Ponce de Vaux, autrefois custode de l'église de Sainte-Croix, et pénitencier de Mgr l'archevêque de Lyon, qui mourut le 7ᵉ jour avant les calendes de septembre, l'an du Seigneur 1307. Que son âme repose en paix !
Ainsi soit-il.

(Publiée par Artaud, *Notice du Musée*, page 27, n. XVI.)

Ponce de Vaux est représenté sur cette pierre tumulaire debout, vêtu de la robe sacerdotale, tenant un livre de la main gauche, et de la droite un faisceau de verges pour frapper un jeune pénitent agenouillé devant lui. La figure de ces deux personnages fait contraste : le prêtre a l'air courroucé, et le pénitent exprime le sentiment

---

(1) Voir page LXXI.

de la crainte et du repentir. Au-dessus de ce dernier, un ange tient la navette de la main gauche, et encense de la droite Ponce de Vaux.

Cette scène, pleine de naïveté, est représentée au trait et ne manque point d'expression.

Dans l'ancienne Eglise, l'usage était reçu de châtier ainsi les ecclésiastiques qui avaient encouru la censure de leur supérieur; les abbés de Cluny s'étaient conservé le droit de punir par le fouet les délinquants dans leur monastère. On voit encore à Rome, le grand-pénitencier frapper d'une baguette les pénitents des différentes nations qui viennent s'accuser de leurs fautes devant lui.

Ce singulier monument a été trouvé vers le XVIe siècle et encastré dans l'un des murs de l'église de Sainte-Croix, à l'occasion d'un procès que les custodes de cette église avaient avec le chapitre de Saint-Jean, qui leur contestait le droit de juridiction dans leur paroisse qui touchait Saint-Jean; ils pensèrent que ce monument prouverait la légitimité de leurs prétentions et en firent dresser acte en 1754, pardevant Me Aubernon, notaire à Lyon, comme le portait une inscription qui se trouvait au-dessus de cette pierre tombale.

Il fut transporté au Musée à l'époque de sa formation.

Description. — Cette inscription, du commencement du XIVe siècle, est gravée en lettres de forme gothique d'un bon style, ayant 43 millim. de haut, sur un carré-long en calcaire noirâtre du Mont-d'Or, près Lyon; elle est placée, en manière de légende, sur une bande bordée d'un trait de chaque côté, et entoure le sujet dont nous venons de parler. Elle est d'une parfaite conservation.

Hauteur : 1 mètre 20 cent. — Largeur : 96 cent. — Epaisseur : 29 cent.

N. 146.

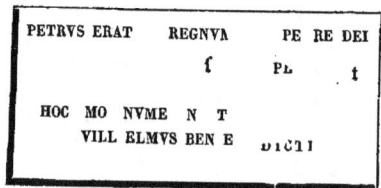

(Publiée par Artaud, comme inédite, *Description du Musée*, page 27, n. XVI B.)

Ce monument, du XIIe ou XIIIe siècle, présente un sujet assez bizarre et d'une explication difficile. On y voit sur la droite la figuration d'un temple octostyle, à colonnes libres, à plein-cintre et à dôme étagé; sur la gauche, un personnage assis, à tête nimbée, vêtu d'une longue tunique, tenant de la main droite des clefs; c'est saint Pierre tenant les clefs du Paradis. Devant lui est agenouillé un autre personnage jeune, dont la face est découverte et la tête voilée en arrière; le reste du corps est enveloppé de draperies. Près du bord supérieur de cette pierre on lit la première ligne d'une légende : PETRVS ERAT REGNVM ... PETRE DEI. La seconde ligne est irrégulièrement placée ; elle consiste en un signe qui représenterait un F ou un s barré placé derrière le corps du saint ; devant ce dernier un P et une lettre mutilée dans le haut, et qui pouvait être un E ou un L, et sur le bord à gauche un I ou un T de forme gothique.

Une autre légende, composée de deux lignes, est placée dans l'intervalle des colonnes du temple. La fin de la dernière ligne se termine au-dessous de saint Pierre ; cette légende est ainsi conçue : HOC MONVMENT VILLELMVS BENEDICTI.

Artaud avait ainsi complété cette inscription : PETRVS ERAT REGNVM DA SIBI PETRE DEI HOC MONVMENTVM SANCTVS PETRVS VILLELMVS BENEDICTI FECIT. *Il était Pierre, Pierre donne-lui le royaume de Dieu. Ce monument est saint Pierre. Guillaume fils de Benoit l'a fait.* — Nous ne pouvons admettre cette interprétation ; les mots DA et SIBI n'existent pas ; d'ailleurs, il faudrait MIHI ou EI et non SIBI, selon la personne qui est censée parler à saint Pierre. Nous ne pouvons admettre comme certain non plus que Villelmus fût fils de Benedictus, quoique ce dernier nom se trouve au génitif.

Cette pierre figurait autrefois au-dessus de la porte de l'église de Saint-Pierre-le-Vieux, quartier Saint-George, à Lyon.

Description. — L'ensemble des lettres est de forme romaine. A la 1re ligne, dans PETRVS le T et l'R sont conjoints.

Les lettres sont d'un style ordinaire ; elles ont 32 millim. de haut.

Hauteur : 28 cent. — Largeur : 98 cent. — Epaisseur : 5 cent.

N, 147.

† EPYTAFIVM HVNC Q HINTVIS LECT R
BONE RECORDACIONI S AGAPI NEGVTIATORIS
MEMBRA QVIESCVNT . NAM FVIT ISTE STACIO
MISERIS ET PORTVS EGINIS . OMNE BS . APTS
FVIT PRAECIPVAE LOCASCORVM ADSE
DVE . ET ELEMOSINAM ET ORACIONEM
STVDVIT . VIXIT IN PACE ANNS LXXXV . OB
VIII KAL APRILIS LXI PC IVSTINI INDICT. QVARTA

† Cette épitaphe que tu vois, lecteur, est celle d'Agapus, négociant, de bonne mémoire dont les membres reposent ici. Car il fut le refuge des malheureux et un port ouvert aux indigents. Entièrement appliqué à faire le bien, il visita assidument les tombeaux des saints, et s'adonna à l'aumône et à la prière. Il vécut en paix 85 ans, et mourut le 8e jour des calendes d'avril, 61 ans après le consulat de Justin, indiction quatrième.

(Publiée par Spon, *Recherches d'antiquités*, p. 48.)

Les trois premières lignes de cette inscription ont été publiées ainsi par Spon :

EPYTAFIVM HVNC QV^TINTVIS LECTOR
BONE RECORDACIONIS AGAPI NEGVCIATORIS
MEMBRA QVIESCVNT.

et il fait remarquer combien le latin avait déjà déchu de sa beauté par le débordement des Goths en Italie : *Epytafium hunc quintuis* pour dire *epytaphium hoc quod intueris* ; *neguciatoris* pour *negociatoris*, *eginis* pour *egenis*, *adseduè* pour *assiduè*. Il ajoute que « cette inscription témoigne que cet Agapus dont les os repo-
« saient dessous, était un négociant qui avait été fort charitable envers les
« pauvres, etc. »

Nous ferons remarquer que dans la première ligne, après la lettre Q, il n'y a pas un v mais un H; qu'il rétablit *intueris* pour *intuis*; qu'à la seconde ligne il attribue l's à *recordacioni* pour en faire le véritable génitif *recordacionis*, tandis que sur la pierre elle se lie au mot suivant; enfin, qu'il regarde le mot AGAPI comme le nom du défunt. Nous admettons cette interprétation, quoiqu'il soit difficile d'établir régulièrement la construction grammaticale de la phrase, plutôt que d'adopter les rectifications suivantes : *hunc* pour *hìc*. Q. Hintvs serait le nom du défunt; *bone* pour *bonæ*; *recordacioni* pour *recordacionis*; *sagapi* pour *sagari*; ce qui signifierait : Ici lecteur reposent les membres de Hintus, marchand de sayes, de bonne mémoire.

La troisième phrase, par son latin barbare et ses abréviations, offre des difficultés : *Omne bs apts fuit præcipuae loca scorum adsedue*, etc. Cependant on peut l'interpréter par : *Omnè bonis aptus fuit, præcipuè loca sanctorum assiduè*, etc., comme nous l'avons adopté dans notre traduction.

Ce monument date de la fin du vi[e] siècle, puisque d'après les Tables Consulaires on trouve un Justin consul en 519, et en 524 pour la seconde fois. Cependant nous penserions plutôt qu'il s'agit ici de Justinus Junior, qui fut l'avant-dernier consul, en 540, et le dernier consul d'Occident; après son successeur Basilius on désigna habituellement les années par leur nombre après le consulat, *post consulatum*, et en se servant de l'indiction, qui comprenait l'espace de quinze ans. Cependant on avait déjà, en plusieurs circonstances, adopté ce mode d'indiquer les années.

Spon avait vu ce marbre incrusté dans la façade d'une maison située sur la place Saint-Just, et qui appartenait aux Minimes. Artaud l'avait retrouvé et en avait enrichi son cabinet, acheté par la ville.

Description. — Cette inscription chrétienne est composée de 8 lignes, en lettres d'un assez bon style du bas-temps, qui ont 20 millimètres de hauteur. On y remarque plusieurs lettres conjointes, des abréviations et des fautes très-communes dans les inscriptions de basse latinité. La première ligne commence par une croix gravée en creux.

Cette inscription funéraire est gravée sur une plaque épaisse de marbre blanc, ayant la forme d'un parallélogramme ; elle a été brisée dans le sens vertical en deux pièces qui ont été réunies.

Hauteur : 26 cent. — Largeur : 53 cent. — Epaisseur : 8 cent.

N. 148.

```
HIC REQHSCIT IN PA(
TVLA IN NOX NOMENE
ELARINA FNIA MVRI
QVI VIXIT ANNVS III
```

(*Inédite.*)

Ici repose en paix
. . . .
. . . .
qui a vécu 3 ans.

Nous n'avons osé mettre en regard la traduction de cette inscription, dont les lettres sont d'un style aussi barbare que le latin. Cependant on pourrait lui attribuer ce sens : « Ici repose en paix l'innocente ...tula, surnommée Elarina, fille de « Murius, qui vécut 3 ans. »

Ce monument a été trouvé en creusant les fondations du monastère des sœurs de Saint-Joseph, en 1845, situé à Lyon au coin de la rue Pisse-Truie et de la rue de la Boucherie-de-Saint-George.

Description. — Ce débris d'inscription est de forme carré-long et en marbre blanc. L'inscription est composée de 4 lignes ; à la 3ᵉ ce qui nous parait être un N est probablement un I et un L conjoints. Ces fautes de graveurs se rencontrent fréquemment. Les lettres ont en moyenne 25 millim. de haut.

Hauteur : 16 cent. — Largeur : 35 cent. — Epaisseur : 7 cent.

N. 149.

```
      ՍԻՊԼ
EDERE NECEM
ORIS CVRA REDEMTI
I FLEND VM MANV
CYTHEo VC CONS
```

(*Inédite.*)

Cette inscription est trop mutilée pour qu'on puisse lui donner un sens régulier. On voit seulement par le mot NECEM que le défunt a dû mourir d'une manière violente, sous le consulat de Scytha, homme illustre. Nous n'avons trouvé dans les Tables Consulaires aucun nom dont Cytheo puisse se rapprocher si ce n'est Scytha, qui était consul en 498. La première lettre était gravée probablement sur la partie brisée de ce marbre.

Il a été trouvé, il y a quelques années, dans le clos Marduel, à Champvert, banlieue de Lyon, et donné au Musée, en 1845, par le propriétaire qui a fait de nombreux dons à sa ville natale.

Description. — Cette inscription est composée de 4 lignes incomplètes dont les lettres, en style du bas-temps, ont 25 millim. de haut.

Ce monument est en marbre blanc, de forme carré-long irrégulier. Le contour en est mutilé.

Hauteur : 16 cent. — Largeur : 22 cent. — Epaisseur : 8 cent.

PORTIQUE XVIII.

N. 150.

```
      D    M
L . METTI FIRMI
EMER      LEG
XXX       V V
L . METTIVS
HILARVS . FRAT
CARISSIMO
```

Aux Dieux Mânes (1) de L. Mettius Firmius, émérite (2), de la 30ᵉ légion (3), vaillante, victorieuse ; L. Mettius Hilarus a fait ériger ce monument à son frère chéri.

(Publiée par Artaud, *Notice du Musée*, pag. 32, n. xix.)

Ce monument a été trouvé, il y a quelques années, dans le clos Marduel, à Champvert, banlieue de Lyon; M. Marduel en a fait don au Musée de la ville.

Description. — Cette inscription est composée de 7 lignes, en lettres d'un bon style ; elles ont 34 millim. de haut.

La 1ʳᵉ ligne est formée par les initiales majuscules D et M.

A la 2ᵉ ligne, dans le mot FIRMI, le dernier I dépassé en hauteur le niveau des autres lettres.

Ce cippe funéraire est en calcaire jurassique (Choin-de-Fay) (4), est décoré d'une base et d'un couronnement à moulures qui ont été abattus sur le devant.

Le couronnement était à fronton, et dans le dessus on apercevait la naissance d'un fût de colonne qui a été mutilé. Peut-être ce cippe servait-il de piédestal à une statue du défunt, ou supportait-il un vase ou un autre ornement que nous ne saurions déterminer.

Hauteur : 1 mètre 14 cent. — Largeur : 45 cent. — Epaisseur : 40 cent.

N. 151.

```
IOM ET N
 AV  G T
V. S.   M.
```

(*Inédite.*)

A Jupiter très-bon et très-grand, et aux divinités Augustes.

J'ai accompli librement mon vœu.

Quoique cette inscription soit mutilée par la brisure de la pierre, nous avons cru y voir un vœu à Jupiter. Cependant, nous n'oserions pas imposer cette opinion au lecteur.

---

(1) Voir pag. xxi. — (2) Voir pag. liv. — (3) Voir page xxvii. — (4) Voir page lxxi.

PORTIQUE XVIII.   121

Il est difficile d'affirmer que cette inscription appartint à un monolithe isolé ou qu'il fût encastré dans un monument plus important.

Cette pierre a été trouvée, en 1847, brisée en deux pièces, qui étaient à peu de distance l'une de l'autre dans la 5ᵉ pile du pont du Change (1), rive gauche ; elles ont été réunies.

Description. — Cette inscription est composée de 3 lignes espacées, et entourée de moulures ; les lettres sont d'un style médiocre, elles ont 95 millim. de haut.

A la 1ʳᵉ ligne l'м est mutilé par la cassure.

A la 2ᵉ ligne le second jambage de l'v est mutilé.

A la 3ᵉ ligne l'ʟ manque entièrement.

Ce monument votif est en calcaire jurassique (Choin-de-Fay) (2), il est de forme à peu près carrée ; il n'existe aucune trace de base ni de couronnement.

Hauteur : 95 cent. — Largeur : 98 cent. — Epaisseur : 50 cent.

N. 152.

```
D  𝕂  M
P PRIMIV
EGLECTIAN\
P . PRIMI . CVPIT
LIB QVI . VT . HA
RET VIVVS . SIB
POSVIT . ET . SV
ASCIA . DEDIC
DOMVI . AETERNAE
```

Aux Dieux Mânes (3)

P. Primius Eglectianus, affranchi de P. Primius Cupitus, afin d'avoir une demeure éternelle, s'est fait construire ce tombeau de son vivant, et l'a dédié *Sub ascia* (4).

(Publiée par Ménestrier, pag. 60. — Gruter, pag. DCCCCLXXXXI. — Spon, *Recherches des antiquités*, pag. 98. — Artaud, *Notice du Musée*, pag. 38, n. xxii b.)

Cette inscription témoigne de la part d'Eglectianus, d'une grande prévoyance pour l'avenir, quant à ses restes mortels ; car, dans les inscriptions où nous rencontrons *sibi vivus*, c'était presque toujours un survivant qui, en élevant un monument pour la personne défunte, émettait sa volonté d'être inhumé dans le même lieu.

Ce monument vient de la collection du président de Bellièvre (5).

Description. — Cette inscription est composée de 9 lignes ; les lettres sont d'un bon style, elles ont 46 millim. de haut, moins la dernière ligne où elles n'ont que 18 millim.

La 1ʳᵉ ligne est composée des initiales D et M ; entre elles deux on a figuré l'*ascia* en creux.

(1) Voir pag. 89. — (2) Voir pag. LXXI. — (3) Voir pag. XXI. — (4) Voir pag. XXII. — (5) Voir pag. 41.

A la 2ᵉ ligne, dans le mot PRIMIVS, l'v est mutilé et l's est détruite.

A la 3ᵉ ligne, dans le mot EGLECTIANVS, les deux dernières lettres manquent, sauf le premier jambage du v.

A la 4ᵉ ligne le dernier i de CVPIT est détruit.

A la 5ᵉ ligne, dans la syllabe LIB, l'i dépasse en hauteur les autres lettres, ainsi que dans le mot vIvvs à la 6ᵉ ligne. Dans le mot HABERET, les lettres BE qui terminaient la 5ᵉ ligne sont détruites.

A la 7ᵉ ligne, dans le mot SVB, l'v et le B sont mutilés.

Ce cippe funéraire est en calcaire jurassique (Choin-de-Fay) (1). Il est décoré d'une base et d'un couronnement à moulures; il ne reste que quelques traces du couronnement.

Hauteur : 1 mètre 8 cent. — Largeur : 48 cent. — Epaisseur : 47 cent.

N. 153.

IN HOC TOMVLO R
BONAE MEMORIAE
QVI VIXIT IN PACE M
DIAE IDV IANVARIA
IVNIORE VV CON

(Publiée par Artaud, *Notice du Musée*, pag. 30, n. XVII c.)

Dans cette inscription très-incomplète le nom du défunt manque entièrement, il ne reste que la première lettre de REQVIESCIT; le mot OBIIT, qui figure toujours dans les inscriptions de ce genre, n'existe plus. Ce que l'on peut en comprendre se réduit à ceci :

« Dans ce tombeau repose ....., de bonne mémoire, qui vécut en paix, et mourut
« le jour des ides de janvier, ... Junior, homme très-illustre, étant consul. »

Le mot Junior ne se trouve pas dans les Tables Consulaires comme nom d'un consul; il est donc qualificatif. Voici la nomenclature des personnages consulaires auxquels il est ajouté, depuis l'an 400 jusqu'à 540 :

Théodosius (3 fois consul) en 403, 407, 409; Basilius en 480; Severinus en 482; Faustus en 490; Olybrius en 491; Avienus en 502; Venantius en 508; Anicius Probus en 525; Decius en 529; Theod. Paulinus en 534; Justinus en 540; Basilius en 542.

Nous n'avons aucune espèce de renseignement sur le lieu et l'époque de la découverte de ce marbre.

Description. — Cette inscription est composée de 5 lignes dont la fin de chacune manque; les lettres sont d'un assez bon style de la basse époque latine, elles ont 35 millim. de haut.

(1) Voir page LXXI.

PORTIQUE XVIII.   125

A la 1re ligne on a gravé TOMVLO pour TVMVLO ; la 4e ligne commence par DIAE, peut-être pour DIE, en supposant un barbarisme ; peut-être encore est-ce la fin d'un mot dont le commencement était à la ligne précédente ; à la dernière ligne les deux VV après IVNIORE sembleraient indiquer que les noms des deux consuls étaient inscrits dans cette épitaphe ; autrement, ce serait une erreur du graveur, car il devrait y avoir un c à la place du second v pour signifier le VIR CLARVS que nous trouvons presque toujours dans ces sortes d'inscriptions.

Ce monument est en marbre blanc, en forme de plaque carré-long. Les quatre bords, moins le droit, sont mutilés.

Hauteur : 25 cent. — Largeur : 40 cent. — Epaisseur : 3 cent.

N. 154.

```
   D            M
ET QV       AETERN
SICV        AE PLA
D A         INAE S
TISS    AE QVAE VIX
MECVM ANNIS XV
IIIII DIEBVS . XI
SINE VLA . ANIM
AE SIONE . G . TIPVR
IVS SACRVNA NAV
ARARIC CONIVG
KARISSIMAE ET SIB
VIVS PONENDVM
CVRAVIT ET . SVB
ASCIA DEDICAVIT
```

(*Inédite.*)

Aux Dieux Mânes (1) et au repos éternel de Siculina Placida, femme très-vertueuse, qui a vécu avec moi 15 ans, 3 mois, 11 jours, dans une parfaite union. G. Tipur..usSacruna, naute (2) de la Saône, a fait élever, de son vivant, ce monument pour son épouse bien-aimée et pour lui-même, et l'a dédié *Sub ascia* (3).

Ce cippe a été découvert à Lyon, il y a quelques années, en faisant le glacis qui borde le quai de Bourgneuf.

Description. — Cette inscription est composée de 15 lignes dont les lettres sont d'un assez bon style et ont 40 millim. de haut ; elles ont souffert de nombreuses mutilations.

A la 2e ligne, dans le mot QVIETI, les quatre dernières lettres sont détruites.

A la 3e ligne, si nous admettons les noms de SICVLINA PLACIDA, au premier mot la syllabe LIN est détruite, et au second mot la syllabe CI l'est également.

A la 4e ligne l'E qui termine la syllabe DAE est détruit, ainsi que les trois premières lettres du mot FEMINAE ; plus encore l'A l'N et le c dans le commencement du mot SANCTISSIMAE.

A la 5e ligne, dans la portion de mot TISSIMAE, le second I, l'M et l'A sont détruits.

A la 6e ligne le second jambage du chiffre v est détruit.

A la 8e ligne, dans le mot ANIMI, l'M est mutilé et l'I qui suit manque.

A la 9e ligne, dans le mot LAESIONE, l'L est détruit et l'A est mutilé. Le nom du mari est

---

(1) Voir pag. XXI. — (2) Voir pag. LVII. — (3) Voir pag. XXII.

incomplet ; on peut conjecturer que ce nom était Tipurinius ou Tipuritius. Il est à peu près certain que c'était un gaulois qui avait donné à son nom une terminaison romaine.

A la 10ᵉ ligne, dans le mot NAVT, l'v est mutilé et le T est détruit.

A la 12ᵉ ligne, dans le mot CARISSIMAE, le K a été substitué au C ; à la fin de cette ligne, dans le mot SIBI, le B est mutilé et l'I qui suit est détruit.

A la 14ᵉ ligne, dans CVRAVIT, le C est détruit.

Enfin, à la 15ᵉ ligne, dans le mot ASCIA, le premier A est détruit à sa partie supérieure.

Ce cippe, en calcaire jurassique (Choin-de-Fay) (1), était décoré d'une base et d'un couronnement à moulures, surmonté d'un fronton. Une partie du couronnement a échappé au marteau du maçon, tout le reste a été abattu.

Hauteur : 1 mètre 75 cent. — Largeur : 65 cent. — Epaisseur : 54 cent.

N. 155.

```
IN HOC TVMVLO REQV
IISCET BONAE MEMO
RIAE THALASIA QVI VI
IIT ANNVS XI
OBIIT IN PACE S III
KL  SEPTEM
BRIS  AVIEN
```

Dans ce tombeau repose Thalasia, de bonne mémoire, qui vécut 11 ans ; elle mourut en paix le 3 des calendes de septembre, Avienus étant consul.

(Publiée par Spon, *Recherches des antiquités*, pag. 66. — Ménestrier, page 204. — Artaud, *Notice du Musée*, pag. 30, D. XVII B.)

Ce marbre vient du couvent des Génovéfains, à Saint-Irénée.

Description. — Cette inscription est composée de 7 lignes dont les lettres sont d'un style barbare et ont en moyenne 32 millim.

A la 1ʳᵉ ligne toutes les lettres ont été coupées horizontalement vers leur tiers supérieur.

A la 2ᵉ ligne on a écrit REQVIISCET pour REQVIESCIT.

A la 3ᵉ ligne VIXIIT pour VIXIT ; ANNVS pour ANNIS, et QVI pour QVAE, car il est probable qu'il s'agit d'une femme.

A la 7ᵉ ligne on lit le nom d'Avienus, consul, que nous trouvons plusieurs fois dans nos inscriptions chrétiennes ; son titre était vraisemblablement énoncé sur une 8ᵉ ligne qui a été détruite.

Cette épitaphe est gravée sur une plaque de marbre blanc de forme carré-long. Sur la partie droite du monument on a représenté au trait deux colombes opposées, et entre elles une rosace cruciforme ; sur la partie gauche une rangée de festons enlacés ; en haut et en bas la plaque a été recoupée.

Hauteur : 22 cent. — Largeur : 41 cent. — Epaisseur : 5 cent.

(1) Voir pag. LXXI.

N. 156.

```
STATIONARI
  V S L M
```

(*Inédite.*)
Stationnaire.

a accompli librement son vœu.

Nous voyons sur la base de ce cippe la terminaison d'une inscription. Ces deux lignes nous indiquent qu'un Stationnaire, dont le nom devait se trouver au-dessus, ainsi que celui de la divinité à laquelle il avait élevé ce monument, a librement accompli son vœu. Il est impossible aussi de déterminer la nature de ce vœu.

Dès le commencement du bas-empire on donna le nom de *Stationarii* à des fonctionnaires qui avaient, en quelque sorte, remplacé les *Curiosi*, qui eux-mêmes avaient succédé aux *Frumentarii*.

Le nom de *Frumentarii*, dans les premiers temps de Rome, fut donné à de simples marchands de blé; mais on fait remonter à Auguste l'organisation du corps des *Frumentarii* qui était composé de jeunes gens disposés sur tous les grands chemins, dans les provinces, pour avertir très-promptement l'empereur de tout ce qui se passait. Pour cela ils avaient une espèce d'intendance sur toutes les voitures, c'est pourquoi ils étaient chargés de faire porter le blé aux armées, et c'est de là que vient leur nom. Les *Frumentarii* ne faisaient point un corps distingué des autres troupes, mais il y en avait un certain nombre dans chaque légion. Hadrien s'en servait pour s'instruire curieusement de tout. Dioclétien détruisit cette espèce de corps et le remplaça par les *Curiosi*.

Les *Curiosi*, sous les empereurs du bas-empire, étaient des officiers commis pour veiller aux fraudes et malversations, surtout en ce qui concernait les voitures publiques, et de prévenir l'autorité supérieure de tout ce qui se passait dans les provinces. Cette espèce de contrôle les rendait redoutables aux yeux des populations, attendu qu'ils étaient chargés d'instruire les juges des crimes commis dans l'étendue de leur inspection, et leur puissance leur donnait le moyen de faire autant de mal que de bien; aussi Honorius les supprima sur les côtes de Dalmatie, l'an 415. Quelques-uns font dériver leur nom *Curiosi* du mot *Cura*, à cause du soin qu'ils apportaient dans leur surveillance.

Les *Stationarii* succédèrent, dans le bas-empire, aux *Curiosi*. On changea leur nom, mais ils remplirent à peu près les mêmes fonctions : ils exerçaient une surveillance, un contrôle sur les postes, les voitures publiques, sur les fraudes et les crimes qui pouvaient se commettre dans la province soumise à leur inspection. Ils étaient comme des commissaires de police attachés au gouvernement du bas-empire.

Cette épigraphe votive n'offre d'autre intérêt que la présence du titre de Stationnaire dont nous manquions d'exemple dans notre Musée.

126 PORTIQUE XVIII.

On peut rapporter cette inscription au vi^e siècle; le style des lettres en est beau pour cette époque.

Ce débris de monument a été découvert à Lyon, en 1847, dans les démolitions du pont du Change (1), 2e arche, rive gauche.

Description. — Ce monument est en calcaire jurassique (Choin-de-Fay) (2); la base est ornée de moulures.

A la 1re ligne il n'existe que le mot STATIONARI; mais on peut juger par l'espace restant qu'il devait y avoir un v et une s, à la fin, gravés sur le morceau qui a été détaché par un éclat.

Le 2e ligne se compose de la formule V. S. L. M., VOTVM SOLVIT LIBENS MERITO.

Hauteur : 45 cent. — Largeur : 37 cent. — Epaisseur : 30 cent.

N. 157.

Ce chapiteau du moyen-âge est décoré, dans toute son étendue, de deux rangées de grandes feuilles dont les nervures sont largement espacées; les pointes se recourbent et se rapprochent pour affecter la forme de la feuille d'acanthe.

Ce débris de monument est en calcaire oolithique de Tournus (3), il est mutilé dans une partie de son couronnement et sur plusieurs points de sa surface.

Il a été découvert dans les fondations de l'église de l'Observance (4).

Hauteur : 43 cent. — Diamètre du haut : 45 cent. — Diamètre du bas : 36 cent.

N. 158.

```
HIC IVNCTAE SAEPVLCHRIS
IACENT MARIA VENERABELIS
RELIGIONE ET EIVS EVGENIA NEPTES
SED MARIA LONGVM VITAE C̄R S M̄
CENTENO CONSOLE DVXIT OB͞ DIDS
IANS EVGENIA XVIII AN͞NS HABENS
IVVENTATIS FLOREM AMISIT DVRAE
VIOLENTIA MORTIS OB͞ D͞ III KALS
IANVARIAS XII P C IVSTINI IND͞ PRIM
```

Ici, réunies dans leurs tombeaux, reposent Marie, vénérable par sa piété, et Eugénie, sa petite-fille; mais Marie, après avoir fourni une longue carrière de 100 ans, mourut aux ides de janvier. Eugénie, ayant 18 ans, perdit la fleur de sa jeunesse par la violence d'une mort cruelle. Elle succomba le 3e jour avant les calendes de janvier, 12 ans après le consulat de Justin (5), indiction première.

(Publiée par Artaud, *Notice du Musée*, pag. 29, n. XVII B.)

Ce marbre a été trouvé, en 1790, dans le terrain de l'ancien Arsenal, et donné à la ville par le commandant de l'artillerie. Il resta déposé dans la grande Bibliothèque, et arriva au Musée à l'époque de sa formation.

Description. — Cette inscription est composée de 9 lignes, en lettres de style barbare, ayant 32 millim. de haut.

---

(1) Voir p. 89. — (2) Voir p. LXXI. — (3) Voir p. LXXII. — (4) Voir p. 67, n. 72. — (5) V. p. 118, n. 147.

L'ouvrier a commis quelques barbarismes peut-être fort en usage à cette basse époque de la latinité, comme SAEPVLCHRIS pour SEPVLCHRIS, VENERABELIS pour VENERABILIS. Les abréviations sont indiquées par un trait horizontal, C R S M pour CVRSVM.

Cette inscription est d'une bonne conservation, à l'exception du seul mot IANVARIAS au commencement de la dernière ligne, dont les lettres sont un peu rognées dans le bas.

Cette épitaphe est gravée sur une plaque en marbre blanc, dans un carré creux entouré de moulures plus ou moins mutilées; celles de la base le sont entièrement. Ce monument a été brisé en deux pièces au niveau de la 5ᵉ ligne; ces deux parties ont été remises en place.

Hauteur : 53 cent. — Largeur : 58 cent. — Epaisseur : 5 cent.

PORTIQUE XIX.

N. 159.

```
    ET  QVIETI AETERNAE
VERINIAE . INGENVAE
LIBERTAE  QVONDAM
ET . CONVGI . CARISSIME
QVAE . VIXSIT . MECVM . ANNIS
XXII . M.V.D. III. SINE VLLA
ANIMI . LAESVRA . C . VERECV
NDINIVS . VERINVS . VETER
LEG . XXII . R P F CONIVXS
ET . PATRONVS ET VERECV
NDINIAE VERINA . ET
VERA  FILIE MATRI PI
ISSIMAE ET SIBI VIVI
PONENDVM  CVRAVE
RVNT  ET SVB ASCIA
    DEDICAVERVNT
```

et au repos éternel de Verinia Ingenua, autrefois affranchie, et épouse chérie, qui vécut avec moi 22 ans, 5 mois et 3 jours, sans que notre union ait jamais été troublée. C. Verecundinius Verinus, vétéran (1) de la 22ᵉ légion (2), pieuse et fidèle, son mari et patron; Verina et Vera Verecundinia, ses filles, ont eu soin de faire ériger ce monument pour leur tendre mère, de leur vivant, et pour eux-mêmes, et l'ont dédié *Sub ascia* (3).

(Gruter, page DXVII. — Spon, *Recherches des antiquités*, page 97. — Ménestrier, page 28.)

Nous voyons dans cette inscription un hommage simple et touchant rendu à la mémoire d'une affranchie, par son patron, vétéran de la 22ᵉ légion, qui l'avait épousée, et à celle d'une mère par ses deux filles.

Ce monument vient de la collection Bellièvre (4). Artaud l'a retrouvé par hasard au moment où les maçons l'élevaient pour le placer dans le haut d'une muraille, et l'a fait transporter au Musée.

(1) Voir p. LV. — (2) Voir p. XXVII. — (3) Voir p. XXII. — (4) Voir p. 41.

PORTIQUE XIX.

Description. — Cette inscription était composée de 17 lignes. La 1re, qui était formée des initiales D et M, a été détruite ainsi que l'*ascia* qui devait y figurer. Les lettres sont assez finement gravées, et elles ont 24 millim. de haut. L'orthographe se ressent déjà de la décadence.

A la 4e ligne, dans le mot carissimae, l'a de la dernière syllabe est supprimé.
A la 5e ligne, dans le mot vixit, un s figure après l'x.
A la 12e ligne, dans le mot filiae, il manque un a.

Ce monument est en calcaire jurassique (Vieux-Choin) (1). Le couronnement, qui était orné de moulures, a été abattu, et la base l'a été sur le devant. Le corps de l'inscription est d'une bonne conservation.

Hauteur : 1 mètre 16 cent. — Largeur : 51 cent. — Epaisseur : 40 cent.

N. 160.

(*Inédite.*)

```
NVMINIB AVG TOTIVS QVE
DOMVS DIVINAE ET SITV CCC
   AVG      LVGVD
TAVRIBOLIVM     FECE
RVNT DENDROPHORI
LVGVDVNI CONSISTENTES
    XV KAL I'LIAS
. . . . . . . . .
MARCO SVRA SEPTIMIANO
  COS EX VATICINATIONE
PVSONI IVLIANI ARCHI
GALLI      SACERDOTE
AELIO      CASTRENSE
TIBICINE FL. RESTITVTO
HONORI     OMNIVM
CL SILVANVS PERPETVVS
QVINQVENNALIS INPEN
DIVM HVIVS ARAE REMISIT
L.    D    D    D
```

Aux divinités des Augustes et de toute leur maison divine et du lieu occupé par la Colonie Copia Claudia Augusta, de Lyon.

Les dendrophores (2), établis à Lyon, ont fait un taurobole (3) le 15e jour avant les calendes de juillet.

Marcus Sura Septimianus étant consuls, d'après l'oracle de Pusonus Julianus archigalle (4), Aelius Castrensis remplissant les fonctions de prêtre-sacrificateur, Fl. Restitutus celles de joueur de flûte (5). Claudius Silvanus Perpetuus, quinquennal (6), a fait ériger cet autel à ses frais, en l'honneur de tous.

L'emplacement a été donné par un décret des décurions.

Cette inscription est l'une des plus importantes que nous possédions dans notre Musée lapidaire ; elle remonte au temps de l'empereur Commode, en l'honneur de qui ce monument a été érigé, et nous ne pensons pas qu'il puisse y avoir de doute à cet égard, Marcus Sura Septimianus ayant été le collègue de cet empereur cruel, auquel on éleva, par crainte ou pour gagner sa faveur, de nombreux

---

(1) Voir pag. LXXI. — (2) Voir pag. LVIII. — (3) Voir pag. XXX — (4) Voir pag. XLVII. — (5) Voir pag. LVII. — (6) Voir pag. XLV.

monuments. Ce qui vient encore corroborer notre opinion, c'est qu'après l'assassinat de ce monstre on s'empressa de renverser ses statues et de mutiler son nom partout où il figurait. Il n'est donc point étonnant qu'ici on ait soigneusement effacé la ligne qui rappelait sa mémoire. (*Voyez planche* III, n. 160.)

M. Donat, propriétaire du clos de l'ancien couvent des Minimes, qui possédait cette pierre dans sa cour, en fit don au Musée il y a quelques années.

Description. — Cette inscription est composée de 18 lignes en lettres d'un bon style, ayant 38 millim. de haut; les initiales de la dernière ligne ont 45 millim.

La 8ᵉ ligne est entièrement mutilée. C'était celle où était gravé le nom de l'empereur.

A la 11ᵉ ligne, dans le mot VATICINATIONE, les deux dernières lettres sont conjointes.

A la 17ᵉ ligne, dans le mot HVIVS, l'I dépasse en hauteur les autres lettres.

Il n'existe dans cette inscription aucune trace de ponctuation.

Ce monument taurobolique est en forme de cippe élevé, en calcaire jurassique (Choin-de-Fay) (1). L'inscription, qui est la chose principale, est assez bien conservée; moins la ligne dont nous venons de parler, et l'V du mot IVLIVS qui est en partie mutilé.

Malheureusement la base et le couronnement ont été plus tard abattus par le marteau des maçons pour en faire une assise régulière; il en est de même sur les côtés pour les représentations en bas-relief qui caractérisent ces sortes de pierres commémoratives; on voit du côté droit les contours d'une tête de taureau, les traces des cornes, des oreilles, et des pendentifs perlés qui décoraient ce bucrâne. Du côté gauche on aperçoit de semblables mutilations; la harpe ou couteau victimaire se trouve de chaque côté, elle est conservée parce qu'elle offrait moins de saillie.

Hauteur : 2 mètre 19 cent. — Largeur : 74 cent. — Epaisseur : 70 cent.

N. 161.

```
CRASSIAE
DEMINCILIAE FIL
)LLI HELIODORI IIIIII
VIR . AVGVSTALIS
PRIMIA PRIMA MA
TRI KARISSIMAE ET
CONIVGI PIENTIS
SIMO PONENDVM
CVRAVIT ET SVB
ASCIA DEDICA
VIT
```

A Crassia Demincilia, fille de Pollus Heliodorus, sévir augustal (2), Primia Prima a pris soin de faire ériger ce monument à une mère chérie et à un excellent époux, et l'a dédié *Sub ascia* (3).

(Publiée par Gruter, page CCCCXVIII. — Spon, *Recherches des antiquités*, page 95. — Artaud, *Notice du Musée*, page 30, n. XVIII.)

(1) Voir page LXXI. — (2) Voir page XLVI. — (3) Voir page XXII.

Ce monument faisait partie de la collection du jardin des antiques du président de Bellièvre (1).

Description. — Cette inscription est composée de 11 lignes en lettres d'un bon style, qui ont 44 millim. de haut à la 1re ligne, et 30 millim. aux lignes suivantes.

A la 3e ligne la première et la deuxième lettre sont en partie mutilées; dans le mot HELIODORI l'H et l'E sont conjoints; après ce mot les six traits verticaux qui précèdent le mot VIR sont tous d'égale grandeur, tandis que dans le plus grand nombre d'inscriptions le premier et le dernier ont le double de hauteur des quatre qui se trouvent dans le centre.

A la 6e ligne, dans le mot KARISSIMAE, le K remplace le C.

Le nom d'Héliodore, de racine grecque, qui signifie *donné par le soleil*, était un nom commun dans la Grèce.

Cette inscription, d'un style simple et sentimental, est gravée sur un cippe funéraire en calcaire jurassique (Choin-de-Fay) (2); les moulures de la base, ainsi qu'une partie de celles du couronnement, où sans doute étaient figurés l'*ascia* et les initiales D M, ont été brisées.

Il existe sur le plat supérieur du monument une cavité cylindrique qui a dû servir à recevoir un ossuaire et était recouverte par une pierre ornementée qui terminait ce monument funèbre.

Hauteur : 1 mètre. — Largeur : 43 cent. — Epaisseur : 43 cent.

N. 162.

```
T IN PACE BON
QUI VIXIT ANN
                    OS
DEFVNCTVS ES
                   T
  P C ANAsTAS
                IETR
     C SS         V
```

(Publiée par Artaud, *Notice du Musée de Lyon*, p. 31, n. XVIII B.)

Cette inscription, en lettres d'un mauvais style, est composée de 6 lignes incomplètes; les mots IN PACE et BONAE MEMORIAE, qui se retrouvent dans presque toutes les inscriptions chrétiennes, indiquent qu'il s'agit ici d'un chrétien qui mourut pendant le consulat d'Anastasius et de Rufus, que quelques historiens appellent Rufinus; ces personnages étaient consuls en 482. Le nom du défunt manque ainsi que son âge.

En dessous de cette inscription on voit la moitié d'un médaillon ou sorte de roue dont les rayons représentent une croix, et dans lequel on a gravé le *labarum* du Christ.

Ce marbre a été donné au Musée de la ville par M. Cochard, ancien conseiller de préfecture, sans indication du lieu de sa découverte.

(1) Voir pag. 41. — (2) Voir pag. LXXI.

Description. — Ce fragment chrétien est en marbre blanc, il est de la forme d'un carré-long. Les lettres ont 30 millim. de haut.

Hauteur : 42 cent. — Largeur : 21 cent. — Epaisseur : 5 cent.

N. 163.

```
      ☧
  AVXILIVS
  VIX XIT . AEN .
  NOS . XXXVII ET
  MESIS . VI . ET DIES
  III
```

Auxilius a vécu 37 ans, et 6 mois, et 3 jours.

(Publiée comme inédite, par Artaud, *Notice du Musée*, pag. 31, n. xviii c.)

Ce marbre a été donné au Musée de la ville par Mme Puzin, de Sainte-Colombe (Rhône).

Description. — Cette brève inscription chrétienne, en lettres du vi^e ou viie siècle, est composée de 5 lignes; elle est surmontée du monogramme du Christ. Les lettres ont 55 millim. de haut. A la 2e ligne on lit vixxit pour vixit, et aenos pour annos.

Ce monument est en marbre blanc; il a été brisé verticalement en deux pièces qui ont été réunies; c'est une tablette de forme carré-long.

Hauteur : 45 cent. — Largeur : 28 cent. — Epaisseur : 5 cent.

N. 164.

```
  IN HOC TVMoLo
  REqVIIscIT BoNAE
  MEMoRIAE RoMANvs
  PRESBITER qVI VIXIT
  IN PACE ANNIS LXIII
  oBIIT NoNVM K FEB
  RARIAS .
```

Dans ce tombeau repose Romanus, prêtre, de bonne mémoire, qui vécut en paix 63 ans, et mourut le 9 avant les calendes de février.

(Publiée par Artaud, *Notice du Musée*, page 32, n. xviii d.)

Au bas de cette inscription chrétienne on a gravé deux paons placés en regard ; entre eux est figuré un corps difficile à déterminer et qui se rapproche, pour la forme, de la carapace de certains crustacés; probablement on a voulu représenter un vase.

L'image du paon accompagne plus rarement les inscriptions chrétiennes que celle de la colombe, symbole de la divinité du Christ; mais néanmoins il en existe des exemples.

Les anciens considéraient le paon comme l'image du printemps, à cause de la variété des couleurs de son plumage. Dans le calendrier de Lambecius le paon figure au mois de mai.

Saint Augustin dit que la chair de cet oiseau est incorruptible; de là les chrétiens ont pu considérer le paon comme un symbole de la résurrection des corps.

Saint Epiphane dit que cet oiseau est un symbole de pénitence. On pourrait interpréter dans ce sens sa présence sur l'inscription de Romanus.

Le tombeau en marbre du prêtre Léonien, que possède le Musée de Vienne, est orné de chaque côté de deux paons et de tiges de lierre.

Boldetti donne la gravure d'une inscription où figure le paon ; il cite aussi l'inscription d'Aelia Victorina où se trouve gravé un paon en regard d'un agneau.

Tout le monde sait qu'avant l'époque chrétienne cet oiseau a joué un rôle mythologique ; il était l'un des attributs de Junon. Les pythagoriciens avaient fait passer l'âme d'Homère dans un paon ; les Romains le faisaient figurer dans leurs médailles de consécration.

Ce marbre vient du couvent des Génovéfains, à Saint-Irénée.

Description. — Cette inscription est composée de 7 lignes dont les lettres sont d'un style barbare, elles sont inégales et de formes défectueuses; tous les o sont beaucoup plus petits que les autres lettres. Le mot TVMVLO est écrit TVMOLO.

Les lettres ont en moyenne 28 millim. de haut.

Ce monument est en marbre blanc de forme carré-long ; il est d'une assez bonne conservation. On remarquera que les paons sont figurés les pieds en haut et la tête en bas.

Hauteur : 43 cent. — Largeur : 33 cent. — Epaisseur : 4.

N. 165.

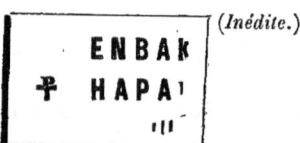

(*Inédite.*)

Ce fragment d'inscription chrétienne, en lettres barbares grecques du bas-empire, ne nous offre que trois portions de lignes incomplètes, dont on ne peut tirer aucun sens. En tête de la seconde ligne on voit le monogramme du Christ où l'on a joint l'*alpha* et l'*oméga*. Les lettres ont 7 cent. 7 millim. de haut.

Ce débris est en marbre blanc de forme carré-long ; il est brisé verticalement en deux pièces qui ont été réunies.

Il vient du cabinet de M. de Gérando, acheté par la ville.

Hauteur : 29 cent. — Largeur : 66 cent. — Epaisseur : 6 cent.

PORTIQUE XIX.

N. 166.

```
 UC  TVMVLO RE
VIESCIT PCNAE  ME
ORIAE Fᵀ     ⅡINO
ENS QⅡI VⅠXIT ANNVS
ⅠI ET PIES XX OB IN
     PACE SEPTEM
RIS VI PC IVSTINI VC
N F ⅤNONA
```

(Inédite.)

Dans ce tombeau repose, de bonne mémoire, Fi.... Innocens, qui a vécu 4 ans et 20 jours. Il mourut en paix, le 6 septembre, la 9ᵉ année après le consulat de Justin, homme illustre....

Le commencement et la fin de chaque ligne de cette inscription chrétienne étant brisés, et plusieurs mots étant effacés dans l'intérieur de la 5ᵉ ligne et des deux dernières, on ignore le nom de l'enfant pour lequel on a gravé cette inscription.

Ce monument a été découvert à Lyon, près de l'église des Cordeliers de l'Observance (1), lors des travaux faits pour l'agrandissement de l'Ecole vétérinaire.

Description. — Cette épitaphe est composée de 8 lignes incomplètes et mutilées; les lettres sont d'un mauvais style de l'époque, elles ont 25 millim. de haut.

Cette inscription est gravée sur une plaque de forme carré-long en calcaire oolithique blanc de Tournus (2).

Hauteur : 27 cent. — Largeur : 35 cent. — Epaisseur : 6 cent.

N. 167.

```
IIII:Kt:IAN:⊖:VM
   BERTVS : EL
  DINI : XXV :S
        †
```

(Inédite.)

Le 4 avant les calendes de janvier est mort Umbert..... ..... âgé de 25 ans.

La mutilation de ce débris épigraphique est un obstacle pour donner une explication plus complète que nous ne l'avons donnée.

Il a été découvert à Lyon, près de l'église des Cordeliers de l'Observance (3), lors des travaux faits pour l'agrandissement de l'Ecole vétérinaire, en 1847.

Description. — Cette inscription est composée de 3 lignes incomplètes, dont le style de quelques lettres affectent déjà un peu la forme gothique. On peut la faire remonter du XIIᵉ au XIIIᵉ siècle. Les lettres ont 20 millim. de haut en moyenne. Ce fragment est en marbre blanc.

Hauteur : 15 cent. — Largeur : 28 cent. — Epaisseur : 48 cent.

(1-3) Voir page 67, n. 72. — (2) Voir page LXXII.

PORTIQUE XX.

N. 168.

D | ET MEMORIAE . AETERNAE
G . TITIAE . FORTVNATAE . ANIMAE
DVLCISSIMAE. QVAE. VIXIT. ANNIS.XV
DIAEBVS. XI. SINAE. VLIVS. ANIMI. LAE
SIONE. TITIVS. FORTVNATVS. PATER. IN
FELICISSIMVS. FILIAE. KARISSIME. PONE
NDVM. CVRAVIT. ET. SVB. ASCIA. DEDIC | M

(*Inédite.*)

Aux Dieux Mânes (1) et à la mémoire éternelle de G. Titia Fortunatá, tendrement aimée, qui vécut 15 ans et 11 jours, sans inégalité dans le caractère. Titius Fortunatus, son père infortuné, a eu le soin de faire élever ce monument à sa fille chérie, et l'a dédié *Sub ascia* (2).

Nous voyons dans cette inscription l'expression touchante de la douleur d'un malheureux père, qui a perdu sa fille chérie, morte à l'âge de 15 ans.

Ce tombeau antique a été trouvé à Vaise, en 1847, dans les fouilles opérées par ordre du gouvernement, lorsqu'on a reconstruit l'église de cette commune (3).

Description. — Cette inscription est gravée dans un cartouche orné de moulures, et à queues d'aronde, les sigles D M sont placés chacun au centre de l'une d'elles ; une *ascia* est représentée dans celle de gauche. Les lettres sont d'un assez bon style. Les initiales D M ont 14 cent. de haut, les autres lettres ont 48 millim.

Cette tombe a été brisée transversalement en deux pièces qui ont été rapprochées et cimentées. Quelques lettres ont souffert de cette cassure ; telles sont : à la 2ᵉ ligne l'E qui termine FORTV-NATAE ; à la 3ᵉ le bas du second jambage de l'A dans ANNIS ; à la 4ᵉ l'N dans ANIMI ; à la 7ᵉ le C dans ASCIA.

Dans la quatrième ligne, on peut remarquer que l'on a écrit DIEBUS par DIAEBUS, SINE par SINAE, ULLIUS par ULIUS, qui se trouve ici pour ULLA ; cela peut venir autant du graveur, que de la décadence de la langue latine.

Ce tombeau en calcaire jurassique (Choin-de-Fay) (4), a son couvercle orné de trois éminences sur chaque côté ; il est à pignon. Les éminences sont percées, dans leur milieu, de trous pour le logement des crampons qui scellaient le couvercle à la tombe. (*Voir planche* XVII, *n.* 168.)

Dimension de la tombe. — Profondeur dans œuvre ; 57 cent. — Longueur : 2 mètres. — Largeur : 70 cent.

Dimension du sarcophage. — Hauteur : 72 cent. — Longueur : 2 mètres 30 cent. — Epaisseur : 1 mètre.

Le couvercle dépasse de chaque côté la tombe de 2 cent. 1/2 ; son épaisseur vers le pignon est de 42 cent.

---

(1) Voir page XXI. — (2) Voir page XXII. — (3) Voir page 2. — (4) Voir page LXXI.

N. 169.

```
D  ⚒  M
ET . MEMORIAE . AET
ADIVTORIAE . PERP
ETVE . FEMINE . DVL
CISSIME . CIVITRAI
ANESI . QVE . VIXIT . ANNIS
XXXXVII . IVLIVS . VALLIO
CONIVGI . kARISSIME
PONENDVM CVRAVIT
ET SIBI VIVVS PONENDVM
CVRAVIT ET SVB ASCIA
DEDICAVIT
```

Aux Dieux Mânes (1) et à la mémoire éternelle d'Adjutoria Perpetua, femme tendrement chérie, citoyenne de la Colonie Trajane, qui vécut 47 ans. Julius Vallio a pris soin d'élever ce monument pour son épouse si chère et pour lui, de son vivant, et l'a dédié *Sub ascia* (2).

(Publiée par Artaud, *Notice du Musée*, pag. 34, n. xx.)

Cette inscription funéraire, dédiée par un mari à son épouse chérie, comme souvenir de sa douleur, rappelle une citoyenne de la Colonie Trajane. Cette Colonie était située sur les bords du Rhin, au lieu où est maintenant Kellen. Il existe plusieurs inscriptions qui en font mention.

Ce monument vient du couvent des Génovéfains, à Saint-Irénée ; il servait de jambage à une porte du jardin.

Description. — Cette inscription est composée de 12 lignes.

A la 1re ligne l'*ascia* est figurée en creux entre les deux initiales majuscules D et M.

A la 4e ligne il manque un a entre l'v et l'e de perpetvae, et entre l'n et l'e de feminae qu'on a écrit par femine ; les mots dvlcissimae à la 5e ligne, qvae à la 6e, et carissimae à la 8e, son écrits de même. Dans le dernier mot le c est remplacé par un k. Ces fautes peuvent tenir autant à la décadence du latin qu'à une erreur du graveur ; néanmoins les lettres de cette inscription ne sont point du bas-temps ; elles ont aux quatre premières lignes 34 millim. de haut en commune, et pour le reste de l'inscription 25 millim.

A la 9e ligne, dans le mot ponendvm, l'v et l'm sont conjoints.

Ce cippe funéraire, qui est d'une bonne conservation, est en calcaire jurassique des carrières de Choin-de-Fay (3). Il est orné d'une base et d'un couronnement à moulures qui présentent quelques brèches.

Hauteur : 95 cent. — Largeur : 48 cent. — Epaisseur : 41 cent.

(1) Voir page xxi. — (2) Voir page xxii. — (3) Voir page lxxi.

N. 170.

```
       D     M
   LVCRETIA VALERIAE
   SEX AVIVS HERMEROS
   CONIVGI SIBI MERIT
   ET SIBI VIVVS POSVIT
   ET SVB ASCIA DEDICA
              VIT

   Ο ΦΘΟΝΟΣ ΩΣ ΚΑΚΟΝ ΕΣΤΙΝ
   ΕΧΙ ΓΑΡ ΤΙ ΚΑΛΟΝ ΑΥΤΩ
   ΤΗΚΙΓΑΡ ΦΘΟΝΕΡΩΝ
   ΟΜΜΑΤΑ·ΚΑΙ ΚΡΑΔΙΗΝ
```

(*Inédite.*)
Aux Dieux Mânes (1) de Lucretia Valeria. Sextus Avius Hermeros a érigé ce monument pour une épouse qui a bien mérité de lui, et pour lui-même, de son vivant, et l'a dédié *Sub ascia* (2).

L'envie est un grand mal, mais elle a cela de bon qu'elle ronge les yeux et le cœur des envieux.

Au bas de l'inscription on lit une épigramme ou distique grec tiré de l'Anthologie. Hermeros, d'après son nom, était bien certainement d'origine grecque, et possédait la langue de cette nation. M. Dugas-Montbel, notre savant compatriote, helléniste distingué, rapporte cette inscription au règne d'Antonin, d'après la forme des lettres de ce distique. (*Voir planche* XIV, *n.* 170.)

Quelle a été l'intention d'Hermeros en faisant graver ce distique sur le tombeau qu'il a élevé à la mémoire de sa femme; c'est ce qu'il est difficile de déterminer. Peut-être est-ce une allusion aux envieux que lui avait suscités les belles qualités de la défunte.

Cette inscription a été trouvée à Saint-Irénée, dans le champ dit des *Martyrs*.

Description. — Cette belle inscription est composée de 7 lignes latines et de 4 grecques. Les lettres latines sont d'un beau style et ont 50 millim. de haut; les grecques en ont 30.

La 1re ligne est composée des initiales majuscules D et M. L'*ascia* était sans doute figurée sur le couronnement qui a été abattu.

A la 2e ligne, dans le mot VALERIAE, le v et l'a sont conjoints.

A la 5e ligne, dans le mot vivvs, l'i dépasse de beaucoup en hauteur les autres lettres.

Ce monument est en calcaire jurassique, il est décoré d'une base et d'un couronnement à moulures riches et d'un profil élégant; malheureusement le couronnement a été détruit sur le devant.

Hauteur : 1 mèt. 60 cent. — Largeur : 72 cent. — Epaisseur : 72 cent.

---

(1) Voir pag. xxi. — (2) Voir pag. xxii.

N. 171.

```
         D  ✠  M
ET MEMORIAE AETERNAE IVL
I ALEXSADRI NATIONE AFRI . CIVI
CARTHAGINESI OMINI . OPTIMO . OPIF
ICI ARTIS. VITRIAE QVI VIX ANOS LXXV
MENSEN . V : DIES XIII SENE VLIA
LESIONE . ANIMI CVM COIVGE
SVA . VIRGINIA . CVM QVA . VIX
SIT . ANNIS XXXXVIII . EX . QVA
CREAVIT . FILIO . III . ET . EILIAM
EX QVIBVS . IIIS . OMNIBVS . NE
POTES . VIDIT ED EOS . SVPEST
ITES SIBI RELIQVIT . HVNC
TVMVLVM . PONENDVM . CV
RAVERVNT NVMONIA BE
LLIA . VXSOR . ET IVLIVS AL
EXSIVS FILIVS . ET IVLIVS F
ELIX FILIVS . ET IVLIVS . GAL
IONIVS FILIVS ET NVM
NIA . BELLIOSA FILIA IT
NEPOTES . EIVS IVLIVS . AV
VS IVLIVS FELIX IVLIV
SANDLER IVLIVS GALON
VS EONTIVS IVLIVS GA
VLIVS EONTVS P . P . CIRI
         DEDICAV
```

Aux Dieux Mânes (1) et à la mémoire éternelle de Julius Alexander, africain d'origine, citoyen carthaginois, homme excellent, fabricant de verrerie, qui vécut 75 ans, 5 mois, 13 jours, dans la plus parfaite union avec sa femme, qu'il épousa vierge (2), avec laquelle il a vécu 48 ans, dont il a eu trois fils et une fille, qui tous lui ont donné des petits-fils qu'il a vus et laissé vivants. Numonia Bellia, son épouse ; Julius Alexius, son fils ; Julius Felix, son fils ; Julius Galionius, son fils ; Numonia Belliosa, sa fille, et ses petits-fils Julius Averius, Julius Felix, Julius Alexander, Julius Galionius, Julius Leontius, Julius Galonius, Julius Eontus, ont pris soin de lui élever ce monument, et l'ont dédié *Sub ascia* (3).

(Publiée par Artaud, *Notice du Musée*, pag. 28, n. XVII.)

Cette inscription nous paraît assez curieuse en ce que nous voyons qu'un verrier de Carthage est venu s'établir à Lyon, et que sa femme s'est unie à une longue série d'enfants et de petits-enfants, pour lui élever un monument. (*V. pl.* II, *n.* 171.

Ce Cippe funéraire a été trouvé à Saint-Irénée, en 1757 ; il faisait partie de la collection des Génovéfains.

Description. — Cette inscription est composée de 26 lignes dont les lettres sont d'un style assez commun, et dont les dimensions varient presque à chaque ligne ; elles ont en moyenne 23 millim. de haut. L'orthographe de certains mots annonce le temps de la décadence.

La 1re ligne est placée sur le couronnement et n'est composée que des deux initiales D et M entre lesquelles on a figuré l'*ascia*.

A la 3e ligne le mot ALEXANDRI est écrit ALEXSADRI.

A la 4e ligne on a écrit CARTHAGINESI pour CARTHAGINENSI, et OMINI pour HOMINI.

(1) Voir page XXI. — (2) Il ne faut pas prendre le mot *Virginia* pour un des noms de la femme d'Alexander. Les Romains appelaient ainsi celle que son mari avait épousée vierge. Il existe plusieurs inscriptions où ce mot se retrouve avec le même sens : Gruter page DCCCXXXII, 8. Fabretti, 31, LX. — (3) Voir page XXII.

158   PORTIQUE XX.

A la 5ᵉ ligne on lit ANOS pour ANNOS.

A la 6ᵉ ligne le graveur a mis MENSEN pour MENSES, SENE pour SINE, et VLIA pour VLLA.

A la 7ᵉ ligne COIVGE a été mis pour CONIVGE.

A la 8ᵉ et 9ᵉ ligne le mot VIXSIT a été mis pour VIXIT.

A la 10ᵉ ligne on lit EILIAM pour FILIAM.

A la 11ᵉ ligne VIDIT ED EOS SVPESTITES a été mis pour VIDIT ET EOS SVPERSTITES.

A la 14ᵉ ligne l'v qui termine la ligne est mutilé.

A la 18ᵉ ligne l'L qui termine l'est aussi dans son jambage horizontal.

A la 19ᵉ ligne, dans le mot NVMONIA, l'o est entièrement détruit.

A la 20ᵉ ligne, dans le mot ITEM, l'E et l'M ont disparu.

Aux 21ᵉ, 22ᵉ, 23ᵉ et 24ᵉ lignes, plusieurs lettres de la fin de ces lignes ont été détruites.

La 25ᵉ ligne est gravée sur les moulures de la base, et la 26ᵉ sur la plinthe.

Ce monument est en calcaire jurassique (Choin-de-Fay) (1), il est décoré d'une base et d'un couronnement à moulures; ces dernières sont détruites à la base du côté droit seulement.

N. 172.

```
CIIVIS MENIIS . CV
DA PER ORAS    FN
HI . SVPPREMOS MAE
ES FECIMVS HIC . C
MIS  SOIA ALV  V
F XIIII M IIII D VL CE
MVS . VNIX NOBIS C
ANET . SOIVM OIRE
OCIERO . TIBI . POST
  CNESIO CA
```

(Publiée comme inédite, par Artaud, *Notice du Musée*, pag. 33, n. XIX c.)

Cette inscription est en trop mauvais état et trop incomplète pour qu'on puisse en tirer le moindre sens. Tout au plus peut-on en inférer que la personne qui y est mentionnée est morte à l'âge de 15 ans, 4 mois.

Nous manquons de renseignements sur l'époque et le lieu de sa découverte.

Description. — Ce débris est en calcaire blanc. Une partie de l'inscription manque à droite et à gauche; les lettres sont d'un mauvais style; elles ont 35 millim. de haut.

Hauteur : 47 cent. — Largeur : 44 cent. — Epaisseur : 6 cent.

(1) Voir page LXXI.

N. 173.

```
RIE VINCE
S MONICVS
SVB DIE VI
CALENDAS
DECEMBRI
QVI VIXIT AN
QVADR   G
```

Vincent, moine, qui a vécu 40 ans, est mort le 9ᵉ jour avant les calendes de décembre.

(Publiée par Artaud, *Notice du Musée*, pag. 33, n. XIX B.)

Il est difficile d'interpréter le mot RIE qui précède VINCENTVS; serait-ce la fin de BONAE MEMORIE dont on aurait supprimé l'A de la dernière syllabe ?
Elle vient de la collection des Génovéfains.

Description. — Cette inscription est composée de 7 lignes, les lettres sont en style barbare; elles ont en moyenne 32 millim. de haut.

A la 2ᵉ ligne le C et la dernière S sont mutilés.
A la 5ᵉ ligne, le haut des deux derniers chiffres l'est aussi.
A la 6ᵉ ligne, dans le mot VIXIT, le T et l'X sont conjoints.
A la 7.ᵉ ligne, dans le mot QVADRAG., le dernier A est mutilé.

Ce monument est en marbre blanc; à l'exception du supérieur, les bords ont été mutilés. Il est de forme carré-long irrégulier. Sur la droite et dans le haut de l'inscription on a figuré au trait le monogramme du Christ; la partie droite de cet ornement est mutilée.

Hauteur : 38 cent. — Largeur : 42 cent. — Epaisseur : 4 cent.

N. 174.

```
IN HOC TVMVLO REQVIESCIT
BONE  MEMORIAE  VRSVS
QVI VIXIT IN PACE ANNVS
XL OBIET II NON MARCIAS
P C ANASTASI ET RVFI VVCC
```

Dans ce tombeau repose Ursus, de bonne mémoire, qui vécut en paix 40 ans. Il est mort le 2ᵉ jour avant les nones de mars, après le consulat d'Anastasius et de Rufus, hommes très-illustres.

(Publiée par Artaud, *Notice du Musée*, page 34, n. XIX D.)

Ce marbre a été trouvé dans le quartier St-Just, et donné par le docteur Gilibert, professeur au Jardin-des-Plantes, à Artaud, qui lui-même en a fait don au Musée.

Description. — Cette inscription chrétienne est composée de 5 lignes; les lettres sont d'un style barbare et ont 27 millim. de haut. Anastasius et Rufus étaient consuls en 492.

Au bas de l'inscription on voit deux colombes en regard, figurées au trait, et séparées entre elles par une espèce d'arbrisseau.

140 PORTIQUE XX.

Dans le haut, on voit également deux colombes affrontées et séparées entre elles par un vase d'où sortent des tiges de vigne qui les ombragent. Les colombes et le vase sont représentés la tête en bas et les jambes en haut.

Ce monument du bas-empire est en marbre blanc de forme carré-long irrégulier; dans la partie supérieure les bords latéraux sont mutilés.

Hauteur : 56 cent. — Largeur : 44 cent. — Epaisseur : 5 cent.

N. 175.

Ce débris de bas-relief, mutilé, d'un style barbare, représente un personnage ailé, coiffé d'une chevelure courte et bouclée. La nature des formes, quoique d'un travail très-grossier, ne nous permet pas de penser que ce soit une Victoire. Est-ce un archange ou un génie? nous n'osons le décider. Sans vouloir indiquer l'époque précise, nous regardons cette œuvre comme étant de la pleine décadence, et nous serions en droit de le considérer comme un ouvrage païen, car ce monument gisait dans les fondations d'un monument chrétien, et nous ne pensons pas qu'à cette époque où le christianisme fleurissait dans les Gaules, on se fût permis de placer ainsi la représentation d'un ange ou d'un archange qui figurait dans la construction d'un édifice religieux. Ce débris formait la moitié environ de l'architrave d'un portique qui présentait à chaque extrémité un personnage semblable. Nous avons été obligé, pour pouvoir le placer sous nos portiques, de faire couper environ 60 cent. de sa partie brute.

Il a été trouvé enfoui dans les fondations de la vieille église des Cordeliers de l'Observance (1), avec les n. 122-123, ce qui nous fait présumer qu'il appartenait au même édifice que ceux-ci :

Hauteur : 75 cent. — Largeur : 66 cent. — Epaisseur : 50 cent.

N. 176.

(Inédite.)

```
AORIA NON MOR
O CONIVX qVE
NSIS III
```

Il ne reste de cette inscription chrétienne que trois lignes incomplètes qui semblent indiquer l'espérance que le souvenir de la défunte ne périra pas.

Les lettres sont d'un mauvais style du bas-temps, elles ont 50 millim. de haut.

Ce débris est en marbre blanc, de forme triangulaire.

Hauteur : 23 cent. — Largeur : 23 cent. — Epaisseur : 4 cent.

(1) Voir page 67 n° 72.

PORTIQUE XXI.

n. 177.

Ce chapiteau couronnait un pilastre ; il est décoré de deux rangées de feuilles d'acanthe qui sont surmontées d'un rang d'oves, de perles, de denticules, et d'autres ornements mutilés. Ce débris est en calcaire oolithique de Tournus (1).

Il a été découvert dans les travaux de l'église des Cordeliers de l'Observance (2), à Lyon, en 1847.

Hauteur : 36 cent. — Diamètre du haut : 36 cent. — Diamètre du bas : 25 cent.

n. 178.

Fragment de mosaïque, de forme irrégulière ; elle représente les angles de deux caissons, avec bordures d'entrelacs, une ligne de triangles placés à la suite les uns des autres, et des restes d'autres ornements appartenant aux deux caissons. Les cubes ne sont point de grande dimension ; il y en a de blancs, de noirs et de rouges. Cette mosaïque n'est point d'un travail fin. Nous ignorons d'où elle vient.

Hauteur : 64 cent. — Largeur : 45 cent. — Epaisseur : 7 cent.

PORTIQUE XXI.

n. 179.

C . APRONIO
APRONI
BLANDI . FIL
RAPTORI
TREVERO
EC . EIVS D . CIVITATIS
N . ARARICO PATRONO
EIVSDEM . CORPORIS
NEGOTIATORES . VINARI
LVGVD . CONSISTENTES
BENE . DE SE . MERENTI
PATRONO
CVIVS STATVAE DEDICA
TIONE . SPORTVLAS
DED . NEGOT . SING . CORP . XV

(*Inédite.*)

A Caius Apronius, fils d'Apronius Blandus Raptor, citoyen de Trèves, décurion (3) de la même ville, naute de la Saône, patron (4) du corps des nautes (5), les négociants en vins établis à Lyon, à leur patron et bienfaiteur.

Lors de l'inauguration de cette statue, il a donné à chaque négociant de cette corporation 15 deniers (ou sesterces) à titre de sportules (6).

D'après cette inscription, ce monument servait de base à une statue. Ainsi Apronius, à qui on l'a élevé, était un homme important ; après avoir été décurion à Trèves, il devint à Lyon patron des nautes de la Saône.

(1) Voir page LXXII. — (2) Voir page 67 n° 72. — (3) Voir page LII. — (4) Voir page LV — (5) Voir page LVII. — (6) Voir page XXXII.

Nous n'avons aucune espèce de données sur le lieu et l'époque de la découverte.

Description. — Cette inscription honorifique est composée de 15 lignes en lettres d'un bon style ; les 5 premières ont 62 millim. de haut, les 10 autres en ont en moyenne 34.

A la 6ᵉ ligne les deux premières lettres D et E sont mutilées.

A la 7ᵉ ligne la partie supérieure des lettres du mot ARARICO est mutilée.

A la dernière ligne, dans le mot CORP, l'O et l'R sont conjoints.

Ce monument est en calcaire jurassique (Choin-de-Fay) (1) ; il a été brisé en deux pièces qui ont été réunies au moyen de crampons ; il était décoré d'une base et d'un couronnement ornés de moulures. Ces dernières ont été mutilées ou abattues en partie sur les côtés.

Hauteur : 1 mètre 65 cent. — Largeur : 70 cent. — Epaisseur : 60 cent.

N. 180.

```
L . CASSIO
MELIOR
SVESSIONI
OMNIBVS . HO
NORIB.APVD.SV
OS FVNCTO . IN
QVISITORI . G
III PROV GALI
```

(*Inédite.*)

A L. Cassius Melior, de Soissons, qui a été élevé à tous les honneurs parmi ses concitoyens ; inquisiteur (2) des Gaules. Les trois provinces des Gaules (3) lui ont élevé ce monument.

Ce monument a été trouvé dans les fondations du chevet de l'église de Saint-Pierre, et offert au Musée par M. le curé Alhumbert.

Description. — Cette inscription honorifique est composée de 8 lignes dont les lettres sont d'un très-beau style, les 2 premières lignes ont 80 millim. de haut, et les 6 autres 60 millim. en moyenne.

A la 1ʳᵉ ligne la dernière lettre o est mutilée.

A la 5ᵉ ligne, dans la syllabe sv qui la termine, le v est mutilé.

A la 6ᵉ ligne l'N qui termine la ligne est mutilé.

A la 7ᵉ ligne, dans le mot GAL, l'A et l'L sont mutilés ; il en est de même pour la fin de la dernière ligne, dans le mot GALLIAE, les trois dernières lettres sont entièrement détruites.

Ce cippe, en calcaire jurassique (Choin-de-Fay) (4), est orné d'une base et d'un couronnement à moulures d'un bon style. Le côté gauche de ce monument a été mutilé. (*Voir pl.* XV, *n.* 180.)

Hauteur : 2 mètres. — Largeur : 81 cent. — Epaisseur : 76 cent.

---

(1) Voir pag. LXXI. — (2) Voir page LI. — (3) Voir page XXV — (4) Voir page LXXI.

N. 181.

```
MINTHATIO . M . FI
VITALI . NEGOTIAT . VINAR
LVGVD . IN KANABIS . CON
SIST . CVRATVRA . EIVSDEM
CORPOR . BIS . FVNCT . ITEM
Q̄ . NAVTAE ARARE NAVIG
PATRONO EIVSD . CORPORI
PATRONO . EQ. R. IIIII. VIR . VTR
CLAR . FABROR . LVGVD . CON
SIST . CVI ORDO . SPLENDIDIS
SIMVS CIVITAT . ALBENSIM
CONSESSVM . DEDIT
NEGOTIATORES . VINAR
IN KANAB . CONSIST . PA
OB . CVIVS . STATVAE . DED
TIONE . SPORTVL    -X
            DEDIT
```

(*Inédite.*)

A Minthatius Vitalis, fils de Marcus, marchand de vin, établi à Lugudunum dans le quartier appelé *in Kanabis*, chargé deux fois des fonctions de curateur (1) du corps des marchands de vin; de plus, maître-naute naviguant sur la Saône, patron (2) de ce corps, chevalier (3) romain, sévir des ouvriers utriculaires (4) établis à Lugudunum, auquel le sénat illustre de la ville d'Albe (5) a accordé un siége dans son sein. Les marchands de vin établis *in Kanabis*, ont élevé ce monument à leur patron, qui pour la dédicace de sa statue a donné en sportules (6) 10 deniers à chaque assistant.

Les mots IN KANABIS que nous voyons ici, a été le sujet de longues discussions. Ils indiquent un quartier de Lugdunum que les uns ont placé à Ainay, sur les bords de la Saône; les autres aux Terreaux. Artaud partageait cette dernière opinion. Avant lui Ménestrier, faisant dériver le nom d'une porte de Lyon voisine du canal des Terreaux, qu'on appelait, dans le moyen-âge, porte Chenevière, de *Kanabis*, chanvre, pensait que les mots IN KANABIS s'appliquaient à un marché, à un lieu couvert d'échoppes, de magasins, où les marchands de vin, d'huile, de chanvre, etc., etc., déposaient leurs marchandises pour les vendre en détail.

Ce marché, du reste, était très-heureusement placé à raison du canal qui unissait le Rhône à la Saône, et où les barques qui amenaient leur cargaison, se trouvant en sûreté et à l'abri du courant, rencontraient des conditions faciles de débarquement. Ce local commode était déjà à l'époque de Minthatius un quartier très-marchand, qui était placé entre deux temples importants : celui de Jupiter-Dépulseur qui existait vers la rue Sainte-Catherine, et celui de Vesta sur l'emplacement du Palais-des-Arts. Nous voyons aussi dans cette inscription que le sénat d'Albe (car il faut entendre ainsi *ordo splendidissimus*) lui fit l'honneur de lui donner le droit de siéger dans son sein.

---

(1) Voir page XLIX. — (2) Voir page LV. — (3) Voir page XXXIV. — (4) Voir page LVIII. — (5) Il est tout naturel de penser que la ville d'Albe, dont il est ici question, se rapporte à la capitale des Helviens (*Alba Helviorum*), aujourd'hui Aps, qui est une petite ville de l'Ardèche, non loin de Viviers. — (6) Voir page XXXII.

Ce monument a été donné au Musée par M. Martin, mais nous manquons de renseignements sur le lieu et l'époque de sa découverte.

Description. — Cette inscription remarquable est composée de 17 lignes dont les lettres sont d'un beau style, et ont à la 1re ligne 49 millimètres de haut, et en moyenne pour le reste de l'inscription 35 millim.

A la 1re ligne, l'I dans le mot FIL dépasse en hauteur le niveau des autres lettres.

A la fin de la 11e ligne le graveur, faute d'espace, a fait de l'v et de l'M une lettre géminée; ainsi on doit lire ALBENSIVM. On peut s'en convaincre par la forme des M dans le reste de l'inscription.

Toutes les lettres finales du côté gauche ont subi quelques mutilations; à la fin de la 15e et de la 16e elles sont entièrement détruites.

Le cippe sur lequel est gravée cette belle inscription honorifique, est en calcaire jurassique (Choin-de-Fay) (1); il est décoré d'une base et d'un couronnement à moulures. Ces dernières ont été abattues dans le haut, sur les côtés, et dans le bas du côté gauche.

Hauteur : 1 mètre 69 cent. — Largeur : 70 cent. — Epaisseur : 62 cent.

N. 182.

Torse de femme en marbre blanc. Ce débris de statue nous paraît avoir appartenu à une Vénus; elle était debout, nue et tenait un pan de draperie sous le bras gauche; la tête manque, les seins sont mutilés; le bras droit est brisé près de l'épaule, et le gauche au niveau du coude; il ne reste du côté gauche que le haut de la cuisse, celle du côté droit manque entièrement, et le tronc est brisé jusqu'au niveau de la hanche.

Ce torse est d'un bon travail; les formes sont étudiées et gracieuses. Il est malheureux que les nombreuses mutilations en déparent le mérite.

Il a été découvert à Lyon, en 1846, près des aqueducs du chemin de Loyasse, en creusant celui qui unit les forts entre eux; il a été donné à la ville par MM. les officiers du génie militaire.

Hauteur : 63 cent.

N. 183.

Ce débris de statue, en marbre blanc d'Italie, ne représente que la base du tronc et les cuisses. La partie supérieure et les deux jambes n'ont point été retrouvées.

Il est impossible, par ce qui nous reste de cette statue, de déterminer le personnage que l'artiste a voulu représenter. Est-ce un berger, un Apollon, un Bacchus jeune, ou toute autre divinité? Nous devons nous borner à considérer ce fragment comme ayant appartenu à la statue d'un jeune homme adolescent qui approche de la puberté.

---

(1) Voir pag. LXXI.

PORTIQUE XXI.

Le travail est d'un bon style et n'est point celui d'un artiste ordinaire ; cependant on pourrait peut-être reprocher au statuaire un peu de mollesse dans les formes, quelque négligence, notamment dans la figuration du nombril qui n'est indiqué que par une dépression, un développement trop marqué de la base du pénis, qui n'est point ordinaire à cet âge.

Cette statue était dans une pose gracieuse, appuyée en arrière contre un support quelconque ; elle était nue, debout, reposant sur la jambe gauche ; la jambe droite était portée en avant et touchait peut-être le sol avec la pointe du pied ; c'est assez souvent la pose adoptée anciennement pour représenter un berger jouant du chalumeau, etc.

La partie supérieure de ce fragment présente une fracture horizontale un peu au-dessus du nombril, l'inférieure est brisée de la même manière au-dessus de la rotule. Les portions de ciment ancien qui sont adhérentes à la surface du marbre indiquent qu'il a été employé comme une simple pierre à bâtir.

Ce débris a été trouvé, en 1827, dans le jardin de M. Paturle, frère de l'ancien pair de France de ce nom, en faisant une mine à environ un mètre de profondeur Ce jardin est situé à Saint-Just, au nord de l'ancien clos des Minimes, dans lequel se trouvent les ruines d'un ancien théâtre romain, à environ 200 mètres nord de ce monument et à 15 mètres de la rue qui conduit de la place des Minimes à celle de l'Antiquaille. Cette statue a peut-être servi jadis à l'ornement de ce théâtre.

Hauteur : 42 cent.

N. 184.

EGO PATER VITALINVS ET MATER
MARTINA . SCRIBSIMVS NON GRAN
DEM GLORIAM SED DOLVM FILIO
RVM TRES FILIOS IN DIEBVS XXVII
HIC POSVIMVS SAPAVDVM FILIVM
QVI VIXIT ANNOS VII . ET DIES . XXVI
RVSTICAM FILIAM QVI VIXIT ANNOS
IIII ET DIES . XX . ET RVSTICVLA FILIA QVI
VIXIT . ANNOS . III . ET DIES . XXXIII

Moi Vitalinus père, et Martina mère, avons écrit ici, non un éloge pompeux, mais la perte de nos enfants. Nous en avons déposé ici trois en 27 jours : notre fils Sapaudus, qui a vécu 7 ans et 26 jours ; notre fille Rustica, qui a vécu 4 ans et 20 jours ; et notre fille Rusticula, qui a vécu 3 ans et 33 jours.

(Publiée par Artaud, comme inédite, *Notice du Musée*, page 35, n. xx B.)

Cette inscription, pleine de simplicité, exprime de la manière la plus éloquente la douleur qu'ont éprouvée de malheureux parents au moment de la perte de trois enfants dans le court espace d'un mois. Ne pouvant exprimer leurs regrets par des phrases recherchées, ils n'ont fait qu'indiquer la cause de leur chagrin.

Le nom de Sapaudus rappelle celui d'un personnage, grand-vicaire du pape Pélage, qui présida le concile d'Arles en 554, sous le règne de Childebert ; le style des lettres de cette inscription se rapporte à cette époque. Il ne serait point étonnant que Vitalinus, sans être parent du grand-vicaire du pape, ait voulu donner à son fils le nom d'un homme important. A toutes les époques nous avons vu cette tendance. Le nom de Napoléon était devenu fort commun dans les registres de l'état-civil sous le règne de l'empereur.

Nous voyons aussi que Vitalinus et Martina ont donné à leur fille aînée le nom de Rustica, et à la plus jeune, comme diminutif, celui de Rusticula.

Ce marbre a été découvert à Ste-Colombe (Rhône), et à la sollicitation de M. Michaud, maire de cette commune, offert au Musée de Lyon par Mme Puzin.

Description. — Cette inscription est composée de 9 lignes en lettres d'un style du bas-temps, elles ont 36 millim. de haut.

A la 2ᵉ ligne, dans le mot SCRIBSIMVS, on voit que le B est venu remplacer le P.

A la 8ᵉ ligne nous remarquerons aussi que les mots RVSTICVLA FILIA, qui devaient être mis à l'accusatif, sont mis au nominatif. Ce n'est pas la seule faute qu'on remarque dans cette inscription. Le mot QVI est mis deux fois au lieu de QVAE, et le mot DOLVM est employé pour signifier *perte.* C'est le seul exemple que nous connaissions d'une pareille acception donnée à DOLVS, qui n'a jamais signifié que *dol* ou *fraude.* Peut-être est-ce une faute du graveur qui a écrit DOLVM au lieu de DOLOREM.

Ce monument est en marbre blanc, de forme carré-long; les bords du côté gauche présentent quelques mutilations.

Hauteur : 50 cent. — Largeur : 86 cent. — Epaisseur : 2 cent.

PORTIQUE XXII.

N. 185.

(*Inédite.*)

```
ıLIANO
 ATORI
  VSTORVM
INO
 I͞͞͞͞(VIR
```

Cette portion d'inscription est d'un faible intérêt. Elle ne présente que des terminaisons de noms propres, la fin du mot AVGVSTORVM et le titre de sévir. Nous pouvons néanmoins, d'après cela, en conclure qu'elle concernait un personnage distingué.

Ce fragment a été découvert, en 1848, dans la démolition du vieux pont du Change (1), au sommet de la 5ᵉ arche, rive gauche, servant de contre-clef à la voûte.

Description. — Ce reste d'inscription est composé de la terminaison de 5 lignes. Les lettres

---

(1) Voir page 89.

sont d'un très-beau style ; elles ont à la 1re ligne 76 millim., et aux 4 autres lignes qui suivent 60 millim. Un encadrement à moulures entourait l'inscription.

Ce débris est massif, de forme carré-long, et en calcaire jurassique (Choin-de-Fay) (1).

Hauteur : 98 cent. — Largeur : 61 cent. — Epaisseur : 50.

N. 186.

```
AETERNAE L. CL . RVFINI
CL . HVNC      S . STYGIAS RVFINVS
AD VMBRAS       INSTITVIT
TITVLVM POST . ANIMAE REQV
IEM . QVI . TESTIS . VITAE FATI
SIT . LEGE  VR     CVM . DO
MVS . ACCI      SAXEA CORPVS . HA
BENS    QVODQVE . MEAM
RETINET . VOCEM . DATA . LITTE
RA . SAXO . VO      TVA VIVET
QVISQVE LEGE       LOS
ROTTIO HIC SIT      T IVVE
NILI ROBORE QVONDAM
VI . SIBI MOXQ . S  NVTRICI
MARCIANE ITEM VERINAE
CONLACTIAE HAEC . MON
MENTA DEDIT ET SVB ASC
       DEDICAVIT
CVRANTE CL . SEQVENTE . PATRONO
```

A LA MÉMOIRE ÉTERNELLE DE L. CL. RUFINUS.

Cl. Rufinus a, de son vivant, consacré cette inscription aux ombres du Styx, pour l'époque où après sa vie il reposera ici, afin qu'elle atteste qu'il a existé, lorsque par la loi du destin cette demeure de pierre aura reçu son corps ; et comme ces lettres confiées à la pierre conservent ma voix, celle-ci revivra par la voix de quiconque lira ces lignes.

Rottio est déposé ici, doué dans sa jeunesse d'une vigueur remarquable ; il a élevé ce monument pour lui et ensuite pour sa nourrice Marciana, ainsi que pour Verina, sa sœur de lait, et l'a dédié *Sub ascia*, par les soins de Cl. Sequens, son patron (2).

(Publiée par Spon, *Recherches des antiquités de Lyon*, p. 53. — Gruter, pag. DCLXI, *ex Paradino*. — Ménestrier, *Histoire consulaire de la ville de Lyon*, pag. 58.—Artaud, *Notice du Musée*, pag. 35, n. XXI.)

Cette inscription est remarquable sous plus d'un rapport. La majeure partie se compose de vers hexamètres et pentamètres, qui ne manquent pas d'une certaine élégance, mais qui, pour les deux derniers, manquent tout-à-fait aux règles de la prosodie.

Nous rétablissons ici les vers tels qu'ils auraient dû être gravés :

<pre>
        Claudius hunc vivus Stygias Rufinus ad umbras
            Instituit titulum post animæ requiem
        Qui testis vitæ fati sit lege futurus
            Cum domus accipiet saxea corpus habens
        Quodque meam retinet vocem data littera saxo
            Voce tua vivet quisque leges titulos
        Rottio hic situs est juvenili robore quondam
            Qui sibi moxque suæ nutrici Marcianæ
        Item Verinæ conlactiæ hæc monumenta dedit.
</pre>

(1) Voir pag. LXXI.— (2) Voir page LV. Tout en donnant cette traduction, nous ne l'adoptons pas d'une manière positive. Le sujet n'est pas assez important pour discuter les autres interprétations.

Cette inscription n'est pas moins curieuse en ce qu'un nommé Rottio, dont Rufinus vante la force physique, est le fondateur de ce monument; enfin cette pierre funéraire présente deux inscriptions où l'on rencontre les noms de deux familles différentes, qui toutes deux paraissent avoir été affranchies par la famille Claudia.

L'*ascia* n'y figure point, quoiqu'on y lise la formule *Sub ascia*.

Cette pierre a été découverte très-anciennement puisque Spon la cite dans son petit ouvrage sur les inscriptions de Lyon. Il y a une trentaine d'années qu'elle a été apportée des Antiquailles au Musée.

Description. — Ces deux inscriptions, placées l'une au-dessous de l'autre, sont composées, étant réunies, de 19 lignes; la première comprend 11 lignes, et la seconde 8.

Les lettres sont d'un style médiocre, elles ont 26 millim. de haut à la 1re ligne et 17 millim. aux suivantes.

La 1re ligne est gravée sur le couronnement.

A la 2e ligne les premières lettres du mot vivvs sont entièrement mutilées, et dans le mot rvfinvs l'i est conjoint à l'n et dépasse en hauteur le niveau des autres lettres.

A la 6e ligne, après les mots sit lege, nous ne voyons que la syllabe vr du mot fvtvrvs, les trois premières et les deux dernières sont détruites.

A la 7e ligne l'm et le v qui la commencent sont conjoints, et les quatre dernières lettres de accipiet sont détruites.

A la 10e ligne, dans le mot voce, les trois dernières lettres sont mutilées; dans le mot tva l'v est conjoint à l'a.

A la 11e ligne les deux dernières lettres du mot leges sont mutilées, et dans le mot titvlos qui suit, les quatre premières sont détruites.

A la 12e ligne, dans le mot sitvs, les deux dernières lettres sont détruites, ainsi que les deux premières du mot est qui devait suivre.

A la 13e ligne la première lettre n est mutilée.

A la 14e ligne, la première lettre q manque dans le mot qui; et dans le mot svae l'a et l'e sont détruits.

A la 16e ligne, la dernière lettre qui était un v est détruite.

Enfin, à la 19e et dernière ligne, dans le mot cvrante, l'n et le t sont conjoints, ainsi que dans le mot seqvente.

Ce monument est en calcaire jurassique (Choin-de-Fay) (1); il est décoré d'un couronnement et d'une base à moulures. Le premier est surmonté d'un fronton; les angles et les moulures présentent quelques brèches.

Hauteur : 0 mètre 90 cent. — Largeur : 50 cent. — Epaisseur : 41 cent.

N. 187.

Ce bas-relief, en marbre blanc, travail du bas-empire, d'un dessin maigre et incorrect, représente un homme nu, à formes élancées, portant une ceinture dra-

(1) Voir pag. lxxi.

pée ; il tient des deux mains un vase en forme de bouteille, à panse arrondie, orné de deux rangées de perles. Ce vase est renversé et le liquide qui s'en échappe simule un faisceau de flammes. Dans le haut on lit les mots : Q. ARIO. Les lettres sont d'un mauvais style et ont 25 millim. de haut. La tête du personnage manque. Ce débris est fracturé transversalement au niveau du col du vase ; les pièces ont été réunies et cimentées. Nous ne pouvons expliquer d'une manière positive ce sujet. Est-ce la représentation d'une rivière, d'une fontaine? Est-ce l'image de la vie? Nous laissons à l'observateur le soin de le déterminer. (*Voir planche* VI, *n.* 187.)

Hauteur : 60 cent. — Largeur : 24 cent. — Epaisseur : 4 cent.

PORTIQUE XXIII.

N. 188.

IMPCA	
VERVS MA	
AVG GERM	
MAX A	
TRIB IMP V	
T I M^P A CI	
MA P	
MAX V I M	
C IVL VERVS MAX	
MAX SARM MAX	
NOBILISSIM	
M P	

L'empereur César Lucius Verus Maximus, Auguste, germanique, souverain-pontife, exerçant la puissance tribunitienne, proclamé général, vainqueur pour la cinquième fois. .
. . . .
Caius Julius Verus Maximinus, très-grand sarmatique, très-grand. . . . . .
nobilissime . . . . .
mille pas..

(Publiée par Artaud, *Notice du Musée*, page 37, n. XXII.)

Nous laissons à nos lecteurs le soin de restituer le milieu de cette inscription, dont les mutilations interrompent le texte. Artaud, dans sa Notice sur le Musée lapidaire, en donne une traduction complète, à l'aide sans doute du texte d'une inscription citée par Gruter, page 151, n. 5, gravée sur une colonne milliaire, trouvée à Baccara, où se retrouvent les noms de Lucius Verus Maximus, et de Julius Verus Maximinus, son fils. Voici la traduction adoptée par Artaud :

« L'empereur César Caius Julius Verus Maximus, auguste, germanique, souve-
« rain-pontife, père de la patrie, exerçant la puissance tribunitienne, pour la
« cinquième fois vainqueur,.... prince excellent et très-grand, dacique très-grand,
« sarmatique très-grand,...... et Caius Julius Verus Maximus, son fils, dacique
« très-grand, sarmatique très-grand, nobilissime César. Deux mille pas. »

La borne milliaire de notre Musée était placée sur la route de Vienne à Condrieu, sur la rive droite du Rhône, et indiquait vraisemblablement la distance qui existait entre le lieu où elle existait et Sainte-Colombe qui se trouvant vis-à-vis Vienne n'en était alors qu'un des faubourgs. Ne pourrait-on pas présumer que l'empereur dont elle porte le nom fut celui qui fit ouvrir cette voie romaine, ou du moins qu'il y fit d'importantes réparations? En général, ce n'était que sur les grandes voies, que les Romains marquaient les distances par ces bornes épigraphiques. Cette voie riveraine longeait le Rhône et le territoire des Ségusiaves pour arriver chez les Helviens et dans la Gaule narbonnaise.

Pendant la courte durée du règne de cet empereur on voit que les travaux publics de son vaste empire ne furent point négligés, puisque sur plusieurs points très-éloignés les uns des autres, on retrouve de ces sortes de monuments ; ainsi à Feurs, capitale des Ségusiaves on a retrouvé quatre bornes milliaires se rapportant à ce prince et à son fils; à Usson il en existe également une, et celle de Baccara, rapportée par Gruter, s'y rapporte également.

La forme adoptée pour ces monuments était celle d'une colonne sans chapiteau. Sur la partie du fût qui faisait face à la route on gravait l'inscription destinée à ce point de la voie romaine.

Avant la révolution de 93 cette borne milliaire servait de poteau d'exposition pour les malfaiteurs. Les républicains de cette dernière époque, sans doute en haine de son usage, la renversèrent et la traînèrent dans un ruisseau voisin, d'où M. Cochard, conseiller de préfecture, la fit retirer et transporter au Musée de Lyon.

Description. — Cette inscription est composée de 12 lignes inégales en longueur ; les lettres sont d'un style médiocre, elles ont à la 1re ligne 78 millim. et 38 millim. aux autres.

A la 1re ligne l'ɪ dépasse en hauteur le niveau des autres lettres.

A la 5e et 6e ligne l'ouvrier les a figurés de même.

A la 5e ligne, dans ɪᴍᴘ, le ᴘ est gravé en minuscule.

Cette inscription a subi de nombreuses mutilations. Avant d'avoir étudié le tracé, en ruine, des lettres, elle était illisible ; aussi Chorier et Célestin Dubois l'ont-il mal interprétée.

Ce monument est en calcaire jurassique (Choin-de-Fay) (1); sa forme est celle d'une colonne sans chapiteau ; le fût se termine en bas par une moulure, et repose sur une base cubique.

Les angles sont ébréchés ainsi que les contours du fût.

Hauteur : 1 mètre 83 cent. — Diamètre du fût à la base : 62 cent.

N. 189.

Tronçon de colonne, en calcaire jurassique (Choin-de-Fay) (2). Il est écorné sur plusieurs points.

Hauteur : 34 cent. — Diamètre : 45 cent.

(1-2) Voir page ʟxxɪ.

N. 190.

Chapiteau en calcaire blanc oolithique ; il est orné de feuilles d'acanthe. Ce débris de monument est du bas-empire ; nous ignorons son origine. Les parties les plus saillantes de la sculpture sont mutilées.

Il provient de l'ancien cabinet de la ville, sans indication.

Hauteur : 50 cent. — Largeur : 47 cent.

N. 191.

Ossuaire en calcaire oolithique blanc (1(, de forme cylindrique, ressemblant parfaitement à un de nos cartons à manchons. Il est porteur d'un couvercle à recouvrement ; il est d'une bonne conservation.

Il provient de l'ancien cabinet de la ville, sans indication.

Hauteur : 33 cent. — Diamètre : 28 cent. 7 millim.

N. 192.

Ossuaire en plomb (2), de la forme d'un sphéroïde aplati, garni d'un couvercle à recouvrement, ayant dans son centre une tige perpendiculaire pour lui servir de poignée. L'urne est assez bien conservée, mais son couvercle est mutilé et corrodé en plusieurs endroits.

Il a été trouvé, en 1845, dans le clos Nouvellet, paroisse de Saint-Irénée.

Diamètre : 22 cent. 9 millim. — Hauteur : 13 cent. — Poids : 4 kilog. 30 gr.

N. 193.

```
    D        M
  IVLIA
  QVINTIN
  IVLIVS
  ONESIMV
  PATRONAE
  PIENTISSI·
  MAE
```

(Inédite.)
Aux Dieux Mânes (3)
et à Julia
Quintinia,
Julius
Onesimus,
à sa patronne (4)
très-méritante.

Cette espèce d'inscription, témoignage de reconnaissance de la part d'un homme à une femme, sa patronne, sa protectrice, n'est point commune. Il en existe un

(1-2) Voir page 58 n° 49.—(3) Voir page xxi.—(4) Voir page lv.

grand nombre, dans notre Musée, d'affranchis qui ont élevé des monuments funéraires à leur patron, mais c'est la seule que nous possédions d'un homme envers sa patronne. Ici le titre de Libertus n'étant point désigné, nous devons penser que le mot PATRONAE indique une protectrice et non pas l'ancienne maîtresse d'un esclave.

Ce cippe a été trouvé place Saint-Jean, à Lyon, en 1844, dans un mur de l'ancien hôtel de Chevrière, en construisant le Petit-Séminaire, qui a pris la place du tribunal de première instance.

Il a été donné au Musée de la ville par M. le cardinal de Bonald.

Description. — Cette inscription est composée de 8 lignes dont les lettres sont d'un beau style et ont 40 millim. de haut.

La 1re ligne est composée des deux majuscules D et M. Le dernier jambage de l'M est détruit.

Nous ne voyons point à cette inscription figurer la formule de *Sub ascia.*

Ce cippe funéraire est en calcaire jurassique (Choin-de-Fay) (1); il était décoré d'une base et d'un couronnement à moulures; le couronnement a été abattu et manque entièrement. Le haut du côté gauche de ce monument a été écorné.

Hauteur : 1 mèt. 16 cent. — Largeur : 37 cent. - Epaisseur : 43 cent.

N. 194.

```
ERVIDIAE . Q . F
/ESTINAE . C . F .
FVLVI . AEMILIANI

EX . DECRETO . DE
   CVRIONVM
```

(*Inédite.*)
A Ervidia, fille de Quintus ;
à Vestina, fille de Caius, et
épouse de Fulvius Æmilianus.

D'après un décret des
décurions (2).

On doit présumer que la famille à laquelle appartenaient ces deux femmes était haut placée, puisque c'est d'après un ordre des décurions que ce monument a été élevé.

Il a été découvert, il y a quelques années, en creusant les fondations du quai de Bourgneuf, à Lyon.

Description. — Cette brève inscription est composée de 5 lignes; les lettres sont d'un beau style du 1er au 2me siècles; elles ont 65 millim. de haut à la 1re ligne et 55 millim. aux autres.

A la 2e ligne le premier jambage du v qui la commence est mutilé.

A la 3e ligne nous remarquons que dans le mot AEMILIANI les deux dernières lettres son conjointes. Comme il existe sur la pierre une mutilation et un vide avant le mot ERVIDIAE, il ne serait

(1) Voir page LXXI. — (2) Voir page LII.

pas impossible que la première lettre de ce mot ne manquât, alors il faudrait lire NERVIDIAE ou SERVIDIAE.

Cette belle inscription est gravée sur un large cippe en forme d'autel; il est en calcaire jurassique (Choin-de-Fay) (1) et décoré d'une base et d'un couronnement à moulures. Le couronnement est détruit en grande partie; le côté droit de cette pierre a également souffert.

Hauteur : 1 mètre 26 cent. — Largeur : 82 cent. — Epaisseur : 72 cent.

PORTIQUE XXIV.

N. 195.

(*Inédite.*)

```
DIS MANIB
L . LVCRETI
CAMPANI
IIIIIVIRI
AVG LVG
EVSEBES LIB
```

Aux Dieux Mânes (2)
de L. Lucretius, campanien,
sévir augustal (3) de Lyon.
Eusèbes, affranchi (4), lui
a fait élever ce monument.

Nous avons traduit le mot CAMPANI par [campanien, en lui donnant pour sens d'indiquer la patrie de Lucretius. Il pourrait signifier également son surnom, (*cognomen*), alors il faudrait le traduire par Campanus.

Cette inscription a été trouvée à Lyon, à Saint-Irénée, en 1824, en creusant les fondations de la nouvelle église (5).

Description. — Cette inscription est composée de 6 lignes en caractères d'un assez bon style, les lettres ont 63 millim. de haut.

A la 1re ligne, dans le mot DIS, l'I dépasse en hauteur les autres lettres, sans doute pour marquer son doublement.

A la 6e ligne, dans le mot LIB, l'I présente aussi un allongement; ici le premier motif n'existant pas, c'est une licence du graveur.

Ce beau cippe funéraire, de la belle époque, est en calcaire jurassique (Choin-de-Fay) (6). L'inscription est gravée dans un encadrement à moulures. Il était décoré d'une base et d'un couronnement également à moulures; la base a été tronquée et manque, les moulures du couronnement ont été détruites sur le devant. En dessus, il existe une cavité qui était sans doute destinée à recevoir l'urne cinéraire du défunt.

Hauteur : 1 mètre 50 cent. — Largeur : 82 cent. — Epaisseur : 56 cent.

(1) Voir page LXXI.—(2) Voir page XXI.*—(3) Voir page XLVI.—(4) Voir page LVI. (5) Voir page 4 n° 3. — (6) Voir page LXXI.

N. 196.

```
NVMINIBVS
AVGVSTORVM
L . FAENIVS . RVFVS
ET . L . FAENIVS
APOLLINARIS
FILIVS
```

Aux divinités des Augustes, L. Faenius Rufus, et L. Faenius Apollinaris, son fils..

(Publiée par Ménestrier, *Histoire consulaire*, page 126. — Spon, *Recherches des antiquités*, pag. 109%. — Gruter, pag. cxii, n. 4.— Artaud, *Notice du Musée*, pag. 38, n. xxiii.)

Spon, Gruter et Ménestrier, qui ont parlé de cette inscription, avaient mal lu les noms des personnages qui y figurent : ce n'est pas Leaenius, comme ils l'ont écrit, mais bien L. Faenius; il ne peut y avoir de doute à cet égard. Probablement à l'époque où ils l'ont relevée l'F était obstrué, ce qui leur a fait commettre cette erreur qu'on ne peut faire aujourd'hui.

Cette invocation d'un père et de son fils en l'honneur de cette série de Dieux, nous rappelle combien ont été fréquents les sacrifices et les dédicaces offerts en leur honneur, quelquefois pour le salut de la famille impériale, et souvent pour la prospérité de ceux qui les faisaient. Il est probable que ces deux Faenius Rufus appartenaient à la même famille que le célèbre Fænius Rufus, qui fut *præfectus urbis* sous Néron, contre lequel il conspira et qui le fit périr (Voir Tacit. *Annal.*).

Le nom d'Apollinaris qui se trouve dans cette inscription, nous rappelle aussi une célébrité lyonnaise, mais celui dont il est ici question n'a pu être qu'un des aïeux de Sidonius Apollinaris qui vivait dans le Ve siècle, car le style des caractères de cette inscription est très-antérieur et de la belle époque.

Ce beau monument est dû à la générosité de M. Rongnard, propriétaire et archéologue distingué, qui a fait de nombreux dons à notre Musée; il servait autrefois de chambranle à l'une des portes de sa maison, située au lieu dit de Choulan, paroisse de Saint-Just, à Lyon.

Description. — Cette inscription honorifique est composée de 6 lignes en lettres d'un beau style, qui ont 55 millim. de haut.

Cet autel, en forme de cippe, est en calcaire jurassique (Choin-de-Fay) (1); il était décoré d'une base et d'un couronnement à moulures; ces derniers sont presque entièrement mutilés au couronnement et complètement abattus du côté gauche. Dans la face du dessus de cet autel on voit une petite cavité, en forme de coupe.

Hauteur : 1 mètre 27 cent. — Largeur : 66 cent. — Epaisseur : 63 cent.

(1) Voir pag. lxxi.

N. 197.

```
      D    ✠    M
    ET MEMORIAE AETE
            NAE
CASSIANI . LVPVLI . MIL . LEG . IMP
STIP . VII . QVI . VIXIT . ANNIS XXV DI
BVS . XIIII . IVVENIS . OPTIMI
CYRILLIA MARCELLINA MATE
LABORIOSISSIMA FACIENDV
CVRAVIT . POSTERIS QVE  S
   ET SVB . ASCIA DEDICAVIT
    PROCVRANTE . GELLIOIV
    IIIII AVGVSTAL  ᴘ ᴄᴄ
             L V
```

(*Inédite.*)

Aux Dieux Mânes (1) et à la mémoire éternelle de Cassianus Lupulus, soldat de la légion impériale, qui a fait sept campagnes et a vécu 25 ans 14 jours ; jeune homme excellent.

Cyrillia Marcellina, sa mère, éprouvée par bien des douleurs, a pris soin de lui faire ériger ce monument, et à ses descendants, et l'a consacré *Sub ascia*, par les soins de Gellius Ju..., sévir augustal (2) de la colonie Claudia, Copia, Augusta, de Lyon (3).

Ce monument a été découvert à Saint-Irénée en 1824, en creusant les fondations de l'église, et a été apporté au Musée en 1846.

Description. — Cette inscription est composée de 13 lignes, dont les lettres sont d'un bon style et ont 48 millim. de haut pour la 2e et 3e ligne, et 30 millim. pour les autres.

La 1re ligne est composée des initiales D et M entre lesquelles est figurée l'*ascia*.

A la 2e ligne, dans la dernière syllabe ᴀᴇᴛᴇ, le second ᴇ est lié avec le ᴛ.

A la 5e ligne la lettre ᴇ, dans la syllabe ᴅɪᴇ (première syllabe de ᴅɪᴇʙᴠs), — A la 7e ligne le ʀ qui terminait ᴍᴀᴛᴇʀ, — A la 8e ligne la dernière lettre de ғᴀᴄɪᴇɴᴅᴠᴍ, — A la 9e ligne les trois dernières lettres du mot sᴠɪs, sont détruites.

A la fin de la 10e ligne, après le mot ᴅᴇᴅɪᴄᴀᴠɪᴛ, on voit une feuille de lierre figurée au trait.

A la 11e, après le mot Gellio, les deux lettres ɪᴠ étaient suivies de plusieurs lettres détruites et qui pouvaient être le commencement d'un *cognomen* de Gellius, comme ᴊᴜʟɪᴜs ou ᴊᴜɴɪᴏʀ.

A la 12e ligne plusieurs lettres de la fin sont mutilées.

A la 13e ligne on ne distingue que les deux lettres ʟ et ᴠ, première syllabe du mot ʟᴠɢᴅᴠɴᴠᴍ.

Ce cippe funéraire est en calcaire jurassique (Choin-de-Fay) (4), il était décoré d'une base et d'un couronnement à moulures dont il ne reste que le côté droit ; l'angle gauche de devant a été entaillé en manière de feuillure probablement pour le faire servir de montant à une porte.

Hauteur : 1 mètre 45 cent. — Largeur : 67 cent. — Epaisseur : 60 cent.

N. 198.

Fût de colonne en calcaire blanc oolithique de Tournus (5). Il a souffert beaucoup de mutilations. Il vient de l'ancien cabinet de la ville.

Le lieu et l'époque de sa découverte ne sont point indiqués.

Hauteur : 1 mètre 56 cent. — Diamètre : 53 cent.

---

(1) Voir pag. xxi. — (2) Voir pag. xlvi. — (3) Voir page 14. — (4) Voir pag. lxxi. — (5) Voir pag. lxxii.

N. 199.

| NI | DES | LOCA | N XX |

(*Inédite.*)

Cette inscription, composée d'une ligne, dont les initiales ou mots abrégés sont divisés en quatre compartiments, a été trouvée au Jardin-des-Plantes dans les ruines de la naumachie. Nous sommes porté à croire qu'elle était destinée à marquer des places réservées pour le spectacle des jeux nautiques ; le numéro 200 nous fournit un exemple qui vient fortifier notre opinion.

Il est malheureux qu'on n'ait pu réunir la série des pierres portant des inscriptions de ce genre, qui bordaient la naumachie ; cette série nous aurait peut-être indiqué le nombre des places réservées aux gens de marque et aux représentants des diverses tribus gauloises qui venaient assister aux jeux nautiques de Lugdunum.

Ainsi, dans le premier compartiment, nous voyons gravées les lettres N I. On peut présumer qu'elles signifient NVMERVS VNVS, et qu'elles étaient précédées des mots DESIGNATVS LOCVS, si l'on en juge par ce qui suit ; car dans le second compartiment on lit la syllabe DES, que l'on peut considérer comme l'abréviation de DESIGNATA ; dans le troisième LOCA, et dans le quatrième N XX, numéro 20. D'après cette manière d'interpréter, on aurait cette version : « Lieu désigné pour une place ou pour la 1re place, « lieux désignés pour 20 places ou pour la 20e place. »

Description. — Cette inscription, gravée sur une pierre massive formant un parallélogramme, en calcaire jurassique (Choin-de-Fay) (1), présente de nombreuses mutilations. Les lettres ont en commune 75 millim. de hauteur, elles sont d'un mauvais style.

Hauteur : 33 cent. — Largeur : 1 mètre 36 cent. — Epaisseur : 50 cent.

N. 200.

| ARV | BIT C | BIT C | BIT C |

(*Inédite.*)

Cette inscription, formée d'une seule ligne comme la précédente, et divisée en quatre compartiments, a été découverte au Jardin-des-Plantes, à Lyon, en 1832, en creusant le grand bassin qui a été fait sur les ruines mêmes de la naumachie. Elle devait appartenir à ce monument et faisait probablement partie de celles qui indiquaient le nom des peuples de la Gaule dont les députations étaient appelées à Lugdunum pour assister aux jeux nautiques.

(1) Voir pag. LXXI.

Ce qu'il y a de certain, c'est que ce mot ARV ne peut signifier autre chose que ARVERNI, ancien nom des peuples de l'Auvergne, de même que BIT. C. doit signifier BITURIGES CUBI, peuples du Berry, qu'on désignait par le surnom de CUBI pour les distinguer des BITURIGES VIVISCI, anciens habitants du Bordelais.

Description. — Cette inscription est gravée sur un bloc en calcaire jurassique (Choin-de-Fay) (1), allongé en forme de parallélogramme, et qui pouvait servir d'architrave dans le monument; les lettres sont d'un style ordinaire, elles ont 11 centim. de hauteur. La pierre est mutilée sur tous ses bords.

Hauteur : 30 cent. — Largeur : 1 mètre 50 cent. — Epaisseur : 50 cent.

N. 201.

Fût de colonne en calcaire oolithique blanc de Tournus (2). Il est assez bien conservé. Il vient de l'ancien cabinet de la ville.

Nous manquons de renseignements sur l'époque et le lieu de sa découverte.

Hauteur : 1 mètre 55 cent. — Diamètre : 55 cent.

N. 202.

SECVRITATI CORNELIAE PIAE

(*Inédite.*)

A la sécurité de la pieuse Cornélie.

Quelle était cette Cornélie en l'honneur de laquelle on a élevé ce monument? C'est ce qu'il est impossible de dire. Nous ferons remarquer seulement que la famille Cornelia était une des premières de Rome.

Il a été trouvé dans les fondations de la vieille église de Vaise (3), en 1844.

Description. — Cette brève inscription honorifique est gravée sur une seule ligne, en lettres d'un beau style, qui ont 48 millim. de hauteur, dans un cartouche à queue d'aronde, de la forme d'un long parallélogramme, placé sur un listel qui longe le fût d'une colonne couchée, et sur l'étendue de laquelle reposait sans doute une frise. On voit encore de chaque côté les cavités où étaient logés les crampons qui unissaient ces parties.

Ce fragment est en calcaire jurassique (Choin-de-Fay) (4); il devait servir d'architrave et de couronnement au portique d'un édifice en l'honneur de Cornélie. L'extrémité gauche du cartouche a été détruit, et l'E qui termine la ligne est mutilé.

Hauteur : 44 cent. — Largeur : 1 mètre 62 cent. — Epaisseur : 58 cent.

---

(1) Voir pag. LXXI.— (2) Voir page LXXII — (3) Voir page 1 et 2 n° 1.—(4) Voir pag. LXXI.

N. 203.

Ce chapiteau de colonne, travail du bas-empire, a été trouvé, en 1845, en construisant l'église Saint-George. Il est orné de trois rangées circulaires de feuilles superposées, qui sont lisses et dont toutes les pointes sont brisées. Dans le haut on aperçoit quelques restes de volutes. Il est dans un mauvais état de conservation.

Hauteur : 39 cent. — Diamètre : 35 cent.

N. 204.

Fragment d'une corniche en calcaire gris, orné d'un rang de feuilles d'eau, d'une torsade et d'une bande de larges feuilles. Ce débris d'architecture, d'un travail de bon goût, a été trouvé à Lyon, montée Saint-Sébastien, à la caserne dite des Collinettes, au-dessus de la rue des Fantasques.

Hauteur : 32 cent. — Largeur : 79 cent. — Epaisseur : 37 cent.

N. 205.

Vase cinéraire (1) en argile noirâtre ; il est d'un travail fin, la forme en est gracieuse, elle se rapproche d'un sphéroïde tronqué ; le col est marqué par un sillon. Il a été percé sur l'un des côtés de la panse par un coup de pioche ; du reste, il est bien conservé.

Découvert, en 1845, clos Nouvellet, à Lyon, paroisse de Saint-Irénée.

Hauteur : 17 cent. 5 millim. — Diamètre de la panse : 17 cent. 6 millim. — Poids : 678 gr.

N. 206.

Ce vase cinéraire (2), en argile noirâtre, a été trouvé dans le clos Nouvellet, à Saint-Irénée, en 1845. La panse, de forme ovoïde, est surmontée d'un col où l'on remarque de légers sillons ; le bord de l'ouverture est horizontal ; il a une anse sur le derrière. Les bords sont ébréchés.

Hauteur : 21 cent. 5 mill. — Diamètre de la panse : 20 cent. 2 mill. — Poids : 1 kil. 180 gr.

N. 207.

Ce vase ou ossuaire est en argile noirâtre, à large ouverture, à col court et orné de cannelures circulaires ; il présente une panse piriforme, à base étroite et plane. Il est bien conservé ; son couvercle est d'un travail grossier, de forme conique,

(1-2) Voir page 55, n 49.

avec un bouton au sommet. Le vase contient encore des ossements calcinés. Cette circonstance le fait remonter au Ier siècle de notre ère, époque de l'incinération des corps (1). Il provient de l'ancien cabinet de la ville.

Hauteur : 17 cent. 3 millim.— Diamètre : 16 cent. 6 millim. — Poids : 745 gr. — Diamètre du couvercle : 13 cent. 9 millim. — Poids : 167 gram.

N. 208.

Ce chapiteau de colonne est en calcaire oolitique blanc des environs de Tournus(2); il est arrondi et présente pour ornements trois rangées circulaires de feuilles d'acanthe superposées. Le couronnement est une espèce de bourrelet à moulures.

Ce débris romain du bas-empire, a été trouvé à Lyon, en 1842, en creusant l'égout de la place de la Platière.

Hauteur : 36 cent. — Diamètre du bas : 24 cent.

N. 209.

Cet ossuaire (3), en même argile que les n{os} 205 et 206, a été trouvé, en 1845, au même lieu ; il est d'une forme particulière qui se rapproche de celle d'un cylindre inégal, renflé dans le centre. La gorge du vase est allongée et ornée de petits sillons. Le bord est évasé et mousse. Il est ébréché à l'ouverture.

Hauteur : 26 cent. — Diamètre de la panse : 20 cent. 6 millim. — Poids : 1 kil. 565 gr.

N. 210.

| V . X A S S O N I |
| NIGRI MASIAE L |
| BASSVS . CL . EMENS |
| LAETVS . AMICI |
| D . S . D |

Aux Dieux Mânes (4) d'Uxassonius Niger, affranchi (5) de Masia. Bassus, Clemens, Laetus, ses amis, lui ont élevé ce monument à leurs frais.

(Publiée par Spon, *Recherches des antiquités*, p. 147. — Artaud, *Notice du Musée*, p. 38, n. XXIII B.)

Dans cette simple dédidace nous voyons que les Dieux Mânes ou la mémoire sont sous-entendus. Le nom d'Uxassonius est évidemment gaulois.

Le style des lettres de cette inscription annonce l'époque de la décadence.

Ce monument avait été employé comme pierre de construction dans le mur de terrasse des Chartreux, à Lyon. Mgr le cardinal Fesch a fait don de cette inscription au Musée de la ville.

(1-3) Voir pag. 55 n° 49. — (2) Voir pag. LXXII. — (4) Voir pag. XXI. — (5) Voir page. LVI.

160   PORTIQUE XXV.

Description. — Cette inscription est composée de 5 lignes. Les lettres ont 57 mill. de haut à la première ligne et 40 millim. aux autres.

A la 1re ligne l'ï qui la termine est plus allongé en hauteur que les autres lettres.

Ce cippe, de forme carré-long, est en calcaire jurassique (Choin-de-Fay) (1). Au-dessus de l'inscription, on voit une espèce de niche entourée de moulures, au fond de laquelle il existait un bas-relief tellement mutilé qu'il est impossible de le déterminer. La partie gauche des moulures qui décorent l'inscription présente une large brèche.

Hauteur : 1 mètre 16 cent. — Largeur : 54 cent. — Epaisseur : 25 cent.

N. 211.

Ossuaire (2) du même argile que les nos 205 et 206; la forme en est gracieuse, mais légèrement plus allongée. Il a été brisé et parfaitement raccommodé. On l'a trouvé en 1843 dans le clos Nouvellet, à St-Irénée.

Hauteur : 24 cent. 7 mill.— Diam. de la panse : 22 cent. 5 mill. — Poids : 1 kil. 512 gr.

PORTIQUE XXV.

N. 212.

```
         ET . MEMORIAE . AETERN
D      CALPVRNIAE . SEVERAE
         FEMINAE . SANCTISSIMAE      M
         VIVA SIBI . PONENDVM . PRECE
         PIT . CALPVRNIAE . DELICATAE
              ET EREDI
         ET SVB ASCIA . DEDICAVIT
```

Aux Dieux Mânes (3) et à la mémoire éternelle de Calpurnia Severa, femme très-vertueuse. De son vivant elle ordonna à sa bien-aimée Calpurnia, son héritière, de lui faire élever ce tombeau, et le dédia *Sub ascia* (4).

(Publiée par Artaud, *Notice du Musée*, page 39, n. xxiv.)

Ce monument a été découvert à Lyon, dans les fondations de l'église de Notre-Dame de la Platière. Il est d'une belle conservation, à part une écornure à l'angle gauche du bas.

Description. — Cette inscription est composée de 7 lignes en lettres d'un bon style, qui ont 50 millim. de haut pour la première ligne, 45 millim. aux quatre suivantes; 25 millim. à la sixième, et 29 millim. à la septième. Elle est gravée sur le devant d'un sarcophage, dans un cartouche à queues d'aronde, entouré de moulures. Dans le champ triangulaire formé par chaque queue d'aronde, on voit, sur celui de droite, l'initiale majuscule D et l'*ascia* figurée en dessus, et sur celui de gauche l'M et une autre *ascia*.

(1) Voir pag. LXXI. — (2) Voir pag. 55 . n° 49,— (3) Voir page XXI. — (4) Voir page XXII.

PORTIQUE XXV. 161

Nous remarquons à la 6ᵉ ligne qu'on a supprimé l'h dans le mot EREDI.

Le sarcophage est en calcaire jurassique (Choin-de-Fay) (1). La tombe est creusée dans une longueur de 2 mètres 3 cent., sur 60 cent. de profondeur et 56 de largeur. Le couvercle de ce tombeau manque. On voit de chaque côté le logement des crampons qui le scellaient.

Hauteur : 88 cent. — Largeur : 1 mètre 30 cent. — Epaisseur : 77 cent.

N. 213.

Ce fragment de corniche, en calcaire oolithique blanc de Tournus (2), est orné d'oves et de denticules à languettes ou onglets surmontés d'un listel.

Il provient de l'ancien cabinet de la ville, ainsi que les nᵒˢ suivants 214 et 215.

Hauteur : 14 cent. — Largeur : 43 cent. — Epaisseur : 22 cent.

N. 214.

Fragment de corniche en calcaire oolithique blanc de Seyssel (3), décoré d'un rang de perles et de feuilles d'eau ; ces ornements sont assez bien conservés ; ce débris formait l'angle d'une corniche.

Hauteur : 13 cent. — Largeur : 30 cent. — Epaisseur : 20 cent.

N. 215.

Cette amphore (4), en argile blanche, est de forme ovoïde déprimée en plusieurs endroits. Le col et le bord de l'ouverture sont plus minces. Les anses ont une rainure dans le centre et sont coudées dans le haut ; la pointe est brisée.

Hauteur : 82 cent. — Diamètre : 35 cent.

N. 216.

```
IN HOC LOCO REQVI
ES CET IN PACE BONE
MOMERIE PRELECTA
QVI VIXIT ANNVS XXXV
OVIET IN PACE
XII K. SEPTEMBRIS.
```

Dans ce lieu repose en paix Prelecta de bonne mémoire, qui vécut 35 ans, elle mourut en paix le douzième jour avant les calendes de septembre.

(Publiée par Artaud, *Notice du Musée*, pag. 40, n. XXIV. B.)

Nous n'avons aucun renseignement sur l'époque et le lieu de la découverte de cette inscription.

Description. — Cette inscription chrétienne, gravée sur une plaque en marbre blanc, de

---

(1) Voir pag. LXXI. — (2) Voir pag. LXXII. — (3) Voir pag. LXXII. — (4) Voir pag. 6 n. 5.

TOM. 1. 21

forme carré-long, est composée de 6 lignes, en lettres d'un style barbare qui ont 23 millim. de haut en moyenne.

A la 2ᵉ ligne, le mot resqviescit est écrit reqviescet, et on lit bone pour bonae.

A la 3ᵉ ligne, memoriae est écrit momerne et l'n et l'e qui terminent ce mot, sont conjoints.

A la 4ᵉ ligne on lit : annvs pour annos.

A la 5ᵉ ligne on lit oviet au lieu d'obiit.

Sur le côté droit on a figuré au trait deux colombes symboliques en regard, séparées entre elles par l'arbre de vie; et au-dessous de l'inscription une longue et sinueuse tige de lierre.

Hauteur : 29 cent. — Largeur : 61 cent. — Epaisseur : 3 cent.

N. 217.

Cette amphore (1), en argile blanche, à panse ovoïde, à deux anses courtes et offrant une rainure à leur centre, est d'une bonne conservation.

Elle provient de l'ancien cabinet de la ville.

Hauteur : 81 cent. — Diamètre : 36 cent.

N. 218.

Genou humain, en calcaire oolithique de Tournus (2), avec une légère portion du bas de la cuisse et du haut de la jambe, qui offre les traces d'un ornement.

Il a été trouvé avec les nᵒˢ 219 et 220.

Longueur : 12 cent.

N. 219.

Fragment de la jambe gauche d'un cheval, en même matière que le précédent, trouvé à la même époque et au même lieu que le nᵒ 220. On peut présumer que ces deux fragments découverts ensemble ont appartenu au même monument.

Longueur : 20 cent.

N. 220.

Cette tête de cheval, portant la bride, en calcaire blanc, a appartenu à une statue équestre des 4ᵉ ou 5ᵉ siècles, à en juger par la sculpture; car ce fragment brisé au milieu du cou, est d'un style d'une décadence avancée, la crinière est marquée par de rares et volumineuses mèches grossièrement sculptées. Les yeux, les oreilles et une partie de la crinière sont mutilés. (*Voir planche* VI, *n.* 220.)

Ce débris a été trouvé près du château de St-Try, situé entre Anse et Villefranche (Rhône). M. de St-Try en a fait hommage au Musée de Lyon, ainsi que des deux nᵒˢ précédents.

Hauteur de la tête : 30 cent. — Largeur de la tête à la cassure du col : 35 cent.

(1) Voir pag. 6 n. 5. — (2) Voir page lxxii.

N. 221.

Fragment de corniche en calcaire blanc. L'ornementation en est riche ; ce morceau présente une rangée d'oves et de denticules, des feuilles et des tiges de plantes en fleur. On peut rapporter ce travail aux 3e ou 4e siècles. (*Voir pl.* VII, *n.* 221.)

Il provient de l'ancien cabinet de la ville.

Hauteur : 22 cent. — Largeur : 60 cent. — Epaisseur : 28 cent.

N. 222.

Ossuaire (1) en argile noirâtre, de la forme d'un sphéroïde tronqué ; l'ouverture est large, à rebords mousses et évasés, il contenait des os calcinés.

Il a été découvert à Lyon en 1845, paroisse de St-Irénée, dans le clos Nouvellet.

Hauteur : 15 cent. — Diamètre : 17 cent.

N. 223.

Ce vase en argile noirâtre en forme de sphéroïde irrégulier tronqué, présente une base plate et une embouchure à rebords évasés.

Il servait d'ossuaire (2) et contenait des vases à parfums en verre et des os calcinés.

Il a son couvercle qui est bombé et présente dans le centre un bouton plat en relief, il a été découvert au même lieu que le n° 222.

Hauteur : 18 cent. — Diamètre : 20 cent.

N. 224.

Cette amphore (3), en terre blanche, de forme ovoïde allongée, à deux anses, est bien conservée.

Elle provient de l'ancien cabinet de la ville.

Hauteur : 91 cent. — Diamètre : 30 cent.

N. 225.

Vase en argile rouge qui peut être rapporté dans la série des amphores (4). La panse est sphérique, elle se termine à la base par un pendentif. A la partie supérieure, il existe un fort bourrelet circulaire au centre duquel s'élève le goulot ; celui-ci est brisé et manque en partie ; cette amphore n'a point d'anses, elle est d'une mauvaise conservation.

Elle provient de l'ancien cabinet de la ville.

Hauteur : 34 cent. 5 millim. — Diamètre : 22 cent. 5 millim. — Poids : 2 kil. 390 gr.

(1-2) Voir page 55, n. 49. — (3-4) Voir page 6, n. 5.

PORTIQUE XXVI.

N. 226.

```
D                    M
ET MEMORIAE . AETER
NAE . MARCELLINAE . SO
LICIAE . FILIAE . ANIMAE
SANCTISSIMAE . ET RARI
SSIMI . EXSEMPLI . QVA
SEC VIXSIT ANNIS XXIII
M . V . D . IIII . SINE VLLA . ANI
MI . CONIVGIS SVI . LESI
ONE . INTEGRO . CORDE
FELIX . ETIAM . IN . EO . QVOD
PRIOR . OCVPAVIT . MARTIN
IVS MARITVS . SVAE . CARIS
SIMAE . ET . SIBI . VIVVS . P . C . ET SVB
ASCIA . DEDICAVIT .
```

Aux Dieux Mânes (1) et à la mémoire éternelle de Marcellina, fille de Solicia, âme très-vertueuse et femme d'un rare mérite, qui a vécu avec son mari pendant 23 ans, 5 mois, 4 jours, dans une union qui ne fut jamais troublée, et le cœur toujours pur, heureuse d'avoir précédé son époux dans la tombe; Martinius son mari a pris soin de faire élever, de son vivant, ce monument pour sa bien-aimée et pour lui-même, et l'a dédié *Sub ascia* (2).

(Publiée par Artaud, *Notice du Musée*, page 40, n. xxv.)

Les sentiments les plus tendres exprimés dans ces lignes dénotent que les deux époux qu'elles concernent ont vécu dans la plus parfaite union.

Ce monument faisait partie de la collection du président de Bellièvre (3) et figurait dans son jardin des antiques.

Description. — Cette inscription est composée de 15 lignes en lettres d'un beau style qui ont 25 millim. de haut en commune.

La 1re ligne est placée sur le couronnement, elle se compose des deux initiales D et M.

A la 5° ligne, dans les deux premières syllabes du mot RARISSIMI, l'R et l'I sont conjoints.

A la 6° ligne, le mot EXSEMPLI est écrit EXSEMPLI. L'E dans QVAE qui termine la ligne est détruit.

A la 7° ligne le mot VIXIT est écrit VIXSIT.

A la 11° ligne, dans le mot ETIAM le T est conjoint avec l'I; et dans le mot IN l'I l'est avec l'N.

A la 12° ligne, dans OCCVPAVIT écrit OCVPAVIT, l'A est conjoint avec le V.

A la 13° ligne, dans le mot MARITVS, l'R est conjoint avec l'I; dans SVAE le V l'est avec l'A; dans CARISSIMAE, l'R est conjoint avec l'I; l'S qui termine la ligne est détruite. Enfin le V et le B du mot SVB qui termine la 14° ligne, et le T qui termine la 15°, sont détruits.

Ce beau cippe funéraire est en calcaire jurassique (Choin-de-Fay) (4), il est décoré d'une base et d'un couronnement à moulures d'un profil élégant. Le couronnement est surmonté d'un fron-

(1) Voir pag. XXI. — (2) Voir pag. XXII. — (3) Voir pag. 41, note. — (4) Voir pag. LXXI.

ton à rouleau écorné vers les angles qui le sont aussi sur le devant ; les moulures de la base ont été abattues du côté gauche.

Hauteur : 1 mètre 12 cent. — Largeur : 45 cent. — Epaisseur : 40 cent.

N. 227.

IMP . L . SEPTIMI
I PERTINACIS AVG
ET M AVRELI ANTONINI CAES
IMP . DESTINATI ET
IVLIAE AVG . MATRIS . CASTROR
TOTIVSQVE DOMVS . DIVINAE
EORVM . ET . STATV..C. C. C. AVGLVG
TAVROBOLIVM . FECERVNT
SEPTICIA . VALERIANA ET
OPTATIA SFORA . EX VOTO
PRAEEVNTE AELIO ANTHO SA
CERDOTE SACERDOTIA . AEMI
LIA SECVNDILLA . TIBICINE FL
RESTITVTO . APPARATORI VIRE
IO HERMETIONE
INCHOATVM EST SACRVM IIII
NONAS . MAIAS . CONSVMMA
TVM NONIS . EISDEM
T. SEXTIO LATERANO . L . CVSPIO
RVFINO COS
L D D D

Pour la conservation de l'empereur Lucius Septimus Severus Pertinax Auguste et de M. Aurelius Antoninus César, empereur destiné, et de Julia Augusta, mère des camps, et de toute leur maison divine et pour la prospérité de la colonie Claudia Copia Augusta de Lyon (1), Septicia Valeriana et Optatia Sfora, ont fait un taurobole (2) pour l'accomplissement de leur vœu, Ælius Anthus, prêtre, prononçant la formule sacrée, Æmilia Secundilla étant prêtresse, Flavius Restitutus jouant de la flûte (3), et Vircius Hermétion décorateur. Les cérémonies sacrées ont commencé le quatrième jour avant les nones de mai et ont été achevées aux nones du même mois, sous le consulat de T. Sextius Lateranus et L. Cuspius Rufinus.

L'emplacement a été accordé par un décret des Décurions (4).

(Publiée par Artaud, *Notice du Musée*, pag. 45, n. XXV B.).

Ce monument élevé en l'honneur de l'empereur Septime Sévère et de son fils M. Aurelius Antoninus surnommé Caracalla (5) est d'autant plus remarquable que les noms de ce dernier prince y figurent encore, fait assez rare, attendu qu'après sa mort un édit, publié en haine des cruautés qu'il exerça une fois parvenu à l'empire, intima l'ordre d'effacer ses noms sur tous les monuments qui les portaient. Il est à présumer qu'on a renversé celui-ci, au lieu de se contenter d'effacer le nom proscrit, et que la pierre étant tombée sur le champ de l'inscription, cette circonstance l'a préservée d'une destruction totale.

On peut fixer avec certitude l'époque de l'érection de cette pierre taurobolique

---

(1) Voir pag. 14. — (2) Voir pag. XXX. — (3) Voir pag. LVII. — (4) Voir page LII. — (5) Pour l'intelligence de quelques lecteurs qui seraient peu habitués aux légendes consacrées à ce prince sur les monuments et sur les médailles, nous ferons observer que le *cognomen* de CARACALLA, sous lequel il est le plus connu, n'était pas employé sur les monuments épigraphiques.

entre les années 196 et 198 de notre ère, puisque l'on n'y voit donné à Caracalla que le titre de César, qui lui fut décerné en l'an 196, et que celui d'Auguste dont il fut décoré en l'an 198 n'y figure pas. Les noms des consuls Lateranus et Rufinus viennent confirmer cette opinion.

Ce monument a été donné au Musée par M. Dutillieu qui le possédait dans sa maison, située à Lyon, rue Masson. *(Voir planche* VIII, *n.* 227.)

Description. — Cette inscription taurobolique est composée de 21 lignes en lettres d'un bon style de cette époque. Les lettres ont à la première ligne 35 millim. de haut, et en moyenne, pour le reste de l'inscription, 25 millim.

A la 1re ligne, il est probable que les mots qui ont été détruits étaient PRO SALVTE.
A la 2e ligne, il ne reste que l'I qui terminait le mot SEVERI, il dépasse en hauteur les autres lettres.
A la 3e ligne, le mot ET qui la commence est mutilé.
A la 5e ligne, dans le IVLIAE, le premier et le second I sont mutilés.
A la 6e ligne, dans le mot TOTIVS, l'I dépasse en hauteur le niveau des autres lettres.
A la 11e ligne, dans le mot PRAEEVNTE, le P est mutilé.
A la 20e ligne, dans le mot RVFINO, l'F est détruit.

Cet autel en forme de cippe, est en calcaire jurassique (Choin-de-Fay) (1); il est d'une taille élancée, et décoré d'une base et d'un couronnement ornés de moulures; ces parties ont été abattues au niveau du corps de l'autel, pour en faire une assise régulière; on aperçoit sur les faces de côté les traces d'un bucrâne de taureau et de bélier dont les reliefs ont été mutilés.

Hauteur : 1 mètre 48 cent. — Largeur : 58 cent. — Epaisseur : 55 cent.

N. 228.

```
D                    M
  QVIETI
  AETERNAE
  T . CASSI
  LVCINVLI
  MERCATOR
  SESSOR ET
  CASSIA
  VERATIA
 FILIO DVLCIS
  SIMO ET SIBI
  VIVI POSTE
  RISQVE SVIS
  FECERVNT
ET SVB ASCIA . D . D
```

Aux Dieux Mânes (2)

Au repos éternel de T. Cassius Lucinulus.

Mercator Sessor et Cassia Veratia ont fait ériger, de leur vivant, ce tombeau pour leur fils bien-aimé, pour eux-mêmes et pour leurs descendants, et ils l'ont dédié *Sub ascia* (3).

(Publiée par Spon, *Recherches des antiquités*, pag. 91. — Artaud, *Notice du Musée*, pag. 42 D. XXV c.)

Ce monument élevé par un père et une mère à leur fils chéri, vient de la collection du président de Bellièvre (4).

(1) Voir page LXXI. — (2) Voir page XXI. — (3) Voir page XXII. — (4) Voir page 41, note.

Description. — Cette inscription est composée de 15 lignes, en lettres d'un beau style; elles ont 45 millim. de haut pour la première ligne, 35 millim. aux lignes suivantes et 25 millim. à la dernière.

La première ligne formée des initiales D et M est placée sur le fronton, le D est mutilé.

Ce beau cippe funéraire en calcaire jurassique (Choin-de-Fay) (1), est décoré d'une base et d'un couronnement à moulures d'un profil élégant. Le couronnement est surmonté d'un fronton à rouleau ou volute. L'*ascia* est figurée sur la partie droite de la plinthe. Dans le dessus du monument on remarque un creux en forme de coupe, et deux trous qui ont pu servir de logement à des crampons.

Hauteur : 1 mètre 22 cent. — Largeur : 48 cent. — Epaisseur : 32 cent.

N. 229.

Torse de statue en marbre blanc, d'un assez bon travail, représentant un jeune homme nu, dans la pose debout; aucun attribut ne vient indiquer ce que pouvait être cette statue à laquelle il manque la tête, les jambes, une partie du bras droit et de la main gauche; les parties génitales sont mutilées (*Voir pl.* VI *n.* 229.).

Il provient de l'ancien cabinet de la ville.

Hauteur : 1 mètre.

PORTIQUE XXVII.

N. 230.

```
       A E D
      SVMMIS
  APVD . SVOS . FVNCTO
 SACERDOTI . AD . TEMPL
  ROM ET AVG . AD . CON
 FLVENT . ARARIS ET RHO
         DANI
```

Elevé parmi les siens aux plus hautes dignités, prêtre du temple de Rome et d'Auguste, vers le confluent de la Saône et du Rhône.

(Publiée par Artaud, *Notice du Musée*, p. 43, n. xxvi.)

Il est très-regrettable que les noms du personnage en l'honneur duquel on avait élevé ce monument soient perdus. Cette inscription, en caractères d'une assez grande dimension, avait été gravée sur plusieurs blocs de pierre. A l'époque de la destruction du monument, ces blocs ont été dispersés, car celui où se trouve gravée la partie droite de ce reste d'inscription, a été trouvé à Lyon, en 1855, au

(1) Voir pag. LXXI.

tournant de la rue Saint-Côme, en creusant la tranchée pour le placement des tuyaux du gaz, tandis que celui qui porte la partie gauche existait depuis longtemps au Musée de la ville et avait été découvert dans les fondations de la chapelle de Saint-Côme. A l'époque de la découverte de ce dernier, M. Artaud, alors directeur du Musée, nous disait avec raison : « L'histoire ancienne et monumentale « de notre pays est comme un vieux livre dont on trouve çà et là des feuillets qu'on « réunit pour le compléter. » D'après ces deux blocs que nous possédons, nous ne devons pas douter qu'ils ne fissent partie d'un monument considérable, sur lequel se trouvaient les noms du personnage et la dédicace.

Il est impossible de donner un sens absolu à cette inscription, en raison des lignes qui nous manquent. Le mot tronqué AED peut présenter le sens de AEDEM ou AEDIBVS, tout comme celui de AEDVO, Autunois. Quant au mot SVMMIS il était probablement suivi du mot HONORIBVS; nous voyons par là et par ce qui suit, que le personnage auquel on a élevé ce monument était un homme de haute distinction, qui avait été élevé parmi les siens à tous les honneurs, et qui, de plus, était prêtre du temple de Rome et d'Auguste, situé au confluent de la Saône et du Rhône, lieu où Strabon place cet édifice.

Description. — Ce reste d'inscription est composé de 7 lignes en lettres d'un bon style, qui ont 95 millim. de haut. pour les six premières lignes, et 65 millim. à la dernière. Les deux premières lignes sont incomplètes.

A la 2ᵉ ligne, dans le mot SVMMIS, l'I dépasse en hauteur le niveau des autres lettres.

A la 3ᵉ ligne, dans le mot FVNCTO, le jambage transversal du T est mutilé.

A la 4ᵉ ligne, dans le mot SACERDOTI, l'S et l'O le sont aussi.

A la 7ᵉ ligne, dans la terminaison du mot RHODANI, l'N est en partie détruite.

Nous ferons observer, pour établir avec certitude que ces deux blocs appartenaient au même monument, que le corps de plusieurs lettres ayant été gravé partie sur un bloc, partie sur l'autre, par la réunion de ces deux pierres, il y a concordance parfaite, pour la forme, la dimension des lettres, l'alignement et l'espace des lignes.

Ces débris sont en calcaire jurassique (Choin-de-Fay) (1) ; pour rendre ce monument moins défectueux, M. Artaud a fait remplir un espace vide, de forme carré-long, par une pierre de taille qu'on a ajustée.

Hauteur : 1 mètre 45 cent. — Largeur : 1 mètre 53 cent. — Epaisseur : 58 cent.

N. 231.

Cette portion de fût de colonne, en calcaire des carrières de Lucenay (Rhône) (2), n'offre rien de remarquable comme faire ; elle est d'une bonne conservation.

Elle faisait partie de l'ancien cabinet de la ville, sans indication d'origine.

Hauteur : 1 mètre 25 cent. — Diamètre : 47 cent.

---

(1) Voir page xxv. — (2) Voir page LXXII.

PORTIQUE XXVII. 169

N. 232.

```
         ⚒
  D     M
ET MEMORIAE
   AETERNAE
DOMITII LATIS
OMINI INNOCEN
TISSIMI.Q.ANN
XXXXIII.M VII D V
E     A. SABINA
       CONIVGI
      CARISSIMO
ET DOMITIVS
MA⁻SVETUS
        PATRI
  P  C  Æ  S  DED
```

(Inédite)

Aux Dieux Mânes (1) et à la mémoire éternelle de Domitius Latis, homme de bien, qui vécut 43 ans 7 mois 5 jours, E...A Sabina et Domitius Mansuetus (2) ont fait élever cette tombe à un époux et à un père chéri et l'ont dédié *Sub ascia* (3).

Ce monument a été découvert en 1824 à Lyon, en creusant les fondations de l'église St-Irénée. Les angles présentent quelques brèches.

Description. — Cette inscription est composée de 14 lignes dont les lettres sont d'un style commun et ont en moyenne 20 millim. de haut.

A la 1re ligne, on ne voit que les initiales majuscules D et M., gravées sur un listel du couronnement. L'ascia est figurée au dessus sur le fronton à rouleaux à égale distance de chacune de ces lettres.

A la 2e ligne les deux premières lettres E T sont conjointes.

A la 3e ligne, le mot AETERNAE est suivi d'une feuille de lierre.

A la 5e le mot HOMINI est écrit OMINI sans H; dans la portion du mot INNOCEN les deux lettres NN sont conjointes, ainsi que les lettres E N.

A la 6e ligne les deux lettres NN de ANNIS sont conjointes.

A la 8e ligne il ne reste du prénom de Sabina que l'E du commencement et l'A de la fin. Les deux ou trois lettres du centre sont détruites.

A la 11e ligne, les deux premières lettres ET sont conjointes.

A la 12e ligne, dans le mot MANSUETUS, l'N est remplacé par un trait supérieur horizontal ⁻ entre l'A et l's.

A la 14e ligne, dans la particule ET, les deux lettres sont conjointes ; l'initiale A signifiant ASCIA a été omise par le graveur.

Ce cippe funéraire est en calcaire jurassique (Choin-de-Fay) (4); il est décoré d'une base et d'un couronnement à moulures d'un joli profil ; le couronnement est surmonté d'un fronton à rouleau sur les côtés.

Hauteur : 90 cent. — Largeur : 28 cent. — Epaisseur : 25 cent.

(1) Voir page XXI. — (2) Dans les inscriptions trouvées dernièrement à l'église de Vaise, nous en avons une où se trouve le nom de *Mansuetus*. — (3) Voir page XXII. — (4) Voir pag. LXXI.

N. 233.

```
    D    M
ET MEMORIAE
TITI. IVLI. VIRILIS. VET
COR. XIII. VRBANA
MISI. HONESTA. MISS
TITUS. IVLIVS
VERINVS. PATRI
CARISSIMO. ET. PI
ENTISSIM. ET. TITIA
HILARA. P. C. ET SVB
ASC. DEDICAV ERVNT
```

(Inédite).

Aux Dieux Mânes (1) et à la mémoire éternelle de Titus Julius Virilis, vétéran (2) de la 13me cohorte urbaine (3), qui a obtenu un congé honorable, Titus Julius Verinus a fait élever ce monument à un excellent père tendrement chéri, avec Titia Hilara et ils l'ont dédié *sub ascia* (4).

On ne dit pas quelle était la qualité de Titia Hilara; était-elle l'épouse ou la fille du défunt? il paraît probable qu'elle était l'épouse, mais peut-être n'avait-elle pas le droit de jouir des honneurs de ce titre, car on sait que certains mariages ne se formaient que par une longue cohabitation, *per contubernium*, et alors les conjoints se nommaient *contubernales*.

Ce monument a été apporté au Musée en 1847, de la cour de Saint-Irénée où il était déposé.

Description. — Cette inscription est composée de 11 lignes en lettres d'un bon style qui ont 25 mill. de haut. La première ligne est placée sur un listel du couronnement et se compose des deux initiales majuscules D et M.

A la 4ᵉ ligne, le premier mot cor pour coh.

A la 5ᵉ ligne, misi pour missi, le graveur a supprimé un s.

A la dernière ligne, dans le mot dedicaverunt, l'a est conjoint avec le v, le second e avec l'r, et l'n avec le t. L'ascia est figurée en creux, en dessous de l'inscription.

Ce cippe funéraire est en calcaire jurassique (Choin-de-Fay (5); il est décoré d'une base et d'un couronnement à moulures d'un profil élégant. Son angle antérieur droit est écorné, il présente quelques mutilations à sa base.

Hauteur : 85 cent. — Largeur : 40 cent. — Epaisseur : 25 cent.

N. 234.

Chapiteau de pilastre du Vme au VIme siècle, en calcaire gris, à grains fins, ayant conservé le poli du travail. Le pilastre et le chapiteau ne présentent que deux faces

---

(1) Voir pag. xxi. — (2) Voir pag. lv. — (3) Voir page 42. — (4) Voir pag. xxii. — (5) Voir page lxxi.

travaillées ; les deux autres étaient engagées dans le mur. Le pilastre est décoré de cannelures, et le chapiteau de trois têtes ; Artaud y voyait la tête d'un empereur entre celles de deux consuls. Si c'est la tête d'un empereur, pourquoi les deux autres ne seraient-elles pas celles de ses deux fils ? Mais ce n'est ni un empereur, ni des consuls, ni des fils d'empereur ; ce serait plutôt celle du Christ entre deux archanges drapés dont on aperçoit très-bien les ailes. Ces têtes ont parfaitement le style de l'époque des Constantins où l'on fit de nombreuses représentations de ce genre. Les nez sont légèrement mutilés à la pointe, le reste est assez bien conservé. Il provient de l'ancien cabinet de la ville. (*Voyez planche* VI, n° 234.)

Hauteur : 37 cent. — Longueur : 20 cent.

N. 235.

Amphore (1) en argile rouge ; elle présente la panse ovoïde, les anses arrondies, le col court et étroit ; elle est d'une assez bonne conservation. Elle provient de l'ancien cabinet de la ville.

Hauteur : 52 cent. — Diamètre : 27 cent. 5 millim.

PORTIQUE XXVIII.

N. 236.

| D   M
ET QVIETI. AETERNAE
CERIALIAE AULINAE
CONIVGI. KARISSIME
M IVL. FORTVNATUS
ET. SIBI. VIVVS
PONENDVM . CV
RAVIT. ET
SVB. ASCIA. DEDI
C A V I   T | Aux Dieux Mânes (2) et au repos éternel de Cerialia Aulina. M. Jul. Fortunatus a fait élever ce monument pour son épouse chérie et pour lui-même, de son vivant et l'a dédié *sub ascia* (3). |

(Publiée par Paradin, p. 436 ; Gruter, p. DCCLXIX, 2 ; Spon, *Recherches* pag. 83. Artaud, *Notice*, p. 51).

Ce cippe présente la même particularité que nous avons citée pour le n° 2 (4) ; c'est une cavité profonde, une espèce de chambre carrée creusée à sa base et dans son intérieur pour y recevoir une urne contenant les cendres du défunt. Cette cavité a son

(1) Voir n. 5, pag. 6. — (2) Voir pag. XXI. — (3) Voir pag. XXII. — (5) Voir pag. 4.

172   PORTIQUE XXVIII.

ouverture sur le derrière du cippe; elle est de forme carrée, et se fermait sans doute au moyen d'une porte en métal, à en juger par les feuillures qui indiquent que le battant de cette porte venait s'y loger.

Ce cippe faisait partie de la collection du président de Bellièvre (1), au jardin des antiques, quartier St-Georges à Lyon.

Description. — Cette inscription est composée de 10 lignes dont les lettres sont d'un bon style et ont 40 millim. de haut.

La première ligne est formée des deux initiales majuscules D et M ; entre ces deux lettres, on aperçoit une figure en creux, qu'on pourrait prendre pour un I ou pour le chiffre 1, mais son peu de hauteur en raison de son volume empêche d'admettre cette opinion, d'ailleurs, quelle en serait ici la signification ? Cette figure n'a point non plus la forme d'un instrument particulier. Nous n'osons rien affirmer ni sur la valeur de cette représentation ni sur l'intention du graveur.

L'inscription est intacte. A la 4ᵐᵉ ligne, dans le mot KARISSIME le K a remplacé le C et le dernier jambage de l'M est conjoint avec l'E, sans A intermédiaire entre ces deux lettres.

A la dernière ligne, entre l'I et le T, on voit la représentation mutilée d'une *ascia* en creux.

Ce cippe funéraire est en calcaire jurassique (Choin-de-Fay) (2); il était orné d'une base et d'un couronnement à moulures qui ont été abattus pour en faire une assise régulière.

Hauteur : 1 mètre 21 cent. — Largeur : 52 cent. — Epaisseur : 42 cent.

N. 237.

ET·MEMORIAE·AET
NAE·CELERINIFIDE
CIVISBATAVIMILL
XX·EXACTIPROC·P·I.
IVIXIT ANN XXXXI
BIENS·RELIQVIT·SVPER
TES·LIBEROSRE·CEL
RINIVS·AVGEND
VIR·A·MILL·FRATR
SSIMO·ET·MATVR
A·PIA·CONIVGI·CA
RISSIMO·FACIEN
DVM·CVRARVNT
T·SVB ASCIA·D EDICA
RVNT

Aux Dieux Mânes (3) et à la mémoire éternelle de Celerinus Fidelis, citoyen batave, soldat de la 30ᵉ légion (4), d'où il a été tiré pour être employé auprès du procurateur (5) de la province lyonnaise, qui vécut 41 ans et en mourant laissa survivants trois enfants. Célérinius Augendus, ... et Matura Pia ont pris soin de faire ériger ce monument à un frère et à un époux qui leur était très-cher et ils l'ont dédié *sub ascia* (6).

(Publiée par Artaud, comme inédite *notice* page 44.)

Cette inscription nous paraît assez importante sous plusieurs rapports. D'abord, que signifie *exacti* ? C'est là une difficulté; il est impossible de supposer qu'un

(1) Voir page 41, note. 4. — (2) Voir page LXXI. — (3) Voir page XXI. — (4) Voir page XXVII. — (5) Voir page XLVIII. — (6) Voir page XXII.

simple soldat soit devenu *Procurateur* d'une province. On ne peut pas non plus supposer qu'*exacti* soit là pour *exactoris* et indique un *receveur*.

Orelli (n° 5151) rapporte d'après Muratori (préface du tom. 4) une inscription qui a le plus grand rapport avec celle-ci, et c'est même le seul exemple qu'on puisse citer. Il s'y agit aussi d'un soldat de la 5me légion italique qui fut *exacto cos.*; on voit qu'il y a identité parfaite. Le savant Hagenbuch explique *exacto* par *alibi evocato*; nous croyons qu'il a raison, et qu'il s'agit dans notre inscription d'un soldat tiré de sa légion par le Procurateur de la province lyonnaise pour l'employer auprès de sa personne.

En second lieu, quelle est la signification de ces mots *vir a mill.* qui indiquent les fonctions de Celerinius Augendus? nous ne nous hasardons pas, comme Artaud, de les traduire par *préposé pour le millième*; aucun auteur, ni aucune inscription ne font mention d'un impôt du millième.

En troisième lieu, le nom des trois enfants survivants ne sont pas mentionnés dans cette inscription, probablement étaient-ils encore en bas âge. C'est le frère et l'épouse du défunt qui ont fait ériger le monument.

Les Romains considéraient les Bataves comme des soldats d'une fidélité à toute épreuve; ils leur donnaient les titres *d'amici et fratres romani imperii*; aussi nous voyons que Tibère, Claude et Néron choisirent parmi eux des gardes du corps. Orelli (n° 5559) rapporte l'inscription d'un batave nommé ALCIMACHVS, *corporis custos Neronis*. On trouve également plusieurs inscriptions de même nature dans la *Batavia illustrata* de Scriverius, p. 229.

Ce monument figurait autrefois à St. Irénée, dans le mur de la terrasse des Génovéfains.

Description. — Cette inscription était composée de 16 lignes, mais il n'en existe plus que 15; la première qui était formée des deux initiales D et M et où figurait l'*ascia*, reposait sans doute sur le couronnement qui a été détruit.

Les lettres du corps d'inscription sont d'un assez bon style et ont 40 millim. de haut.

A la 2e ligne, l'N qui la commence est mutilé.

A la 4e ligne le premier chiffre x qui la commence est mutilé.

A la 5e, aux 6e, 7e, 8e et 12e lignes la première lettre de chacune de ces lignes est également mutilée. A la 7me les lettres du mot TRES sont conjointes.

A la 14e ligne l'E qui commence cette ligne est détruit. Dans la fraction du mot DE DICA l'E est conjoint avec le second D.

La 15e et dernière ligne n'est composée que de la dernière syllabe du mot DEDICARUNT; elle est gravée en très-petits caractères au milieu de la ligne.

Ce cippe funéraire est en calcaire jurassique (Choin-de-Fay) (1) il était décoré d'une base et d'un couronnement à moulures; ils ont été abattus pour faire de cette pierre une assise régulière; il ne reste que le côté droit de la base.

Hauteur : 1 mètre 55 cent. — Largeur : 58 cent. — Epaisseur : 54 cent.

(1) Voir page LXXI.

N. 238.

```
DEO MAR
TI. AVG.
CALLIMO
RPHVS
SECVNDA
RVDIS
V. S. L. M
```

Au dieu Mars (1) Auguste, Callimorphus, gladiateur décoré de la seconde baguette, a accompli avec empressement son vœu.

(Publiée par Paradin, 419; Gruter LVII, 8; Spon, *Recherches*, 85; Menestrier, *Prépar. à l'hist. cóns.* 20; Colonia, 242; Artaud, *notice* p. 45.)

Comme Mars était le dieu des combats, il n'est point étonnant de voir un gladiateur accomplir un vœu envers cette divinité à laquelle il attribuait peut-être un succès. Quant au mot *Callimorphus*, dérivé du grec et qui signifie *belle forme*, c'était un nom banal qu'on donnait assez généralement aux athlètes dont les formes étaient herculéennes. Juvénal et Martial critiquent les dames romaines qui se prenaient de belle passion pour ces histrions aux belles formes. Dans la villa Borghèse située aux portes de Rome, il existe une salle dite des *Gladiateurs*. Son parquet est formé d'une immense mosaïque où l'on voit des figures de grandeur naturelle représentant des gladiateurs. Il paraît à peu près certain que ce sont autant de portraits; le nom de chacun d'eux est écrit au dessus de la tête. On en remarque un nommé *Callimorfus (sic)* au lieu de *Callimorphus*. Sauf cette légère différence dans la manière de l'écrire, c'est bien le même nom. Peut-être était-ce le même individu qui figure sur notre pierre. *Callimorphus* n'ayant pas de nom qui le précède ou le suive, nous sommes porté à penser que c'était un bel esclave auquel on avait donné ce nom générique.

Pour le mot *rudis* qui signifie baguette, c'était la marque d'affranchissement accordée aux gladiateurs qui l'avaient méritée; ils étaient dès lors exempts d'exposer leur vie dans de nouveaux combats, mais quelques-uns restaient comme *maîtres d'armes* pour instruire et former les autres, et, selon leur talent, ils avaient le titre de *prima* ou *summa rudis*, *secunda rudis*, *tertia rudis*. Ainsi, notre Callimorphus était un rudaire en second.

Montfaucon parle d'une tessère où il est fait mention d'un nommé *Fructus*, gladiateur qui reçut la *rudis* ou baguette avec son affranchissement.

Winkelmann, dans ses monuments inédits, représente ces officiers au nombre de trois, et les assimile aux juges de nos tournois.

Une inscription citée par Gruter présente les mots : RUDIS AURIGÆ, ce qui fait penser qu'il existait de ces officiers pour les courses de chars.

(1) Voir pag LXV.

PORTIQUE XXVIII.

Spon, qui parle de cette inscription, avait commis une erreur en faisant un nom d'homme des deux mots *secunda rudis* ; Artaud, se basant sur cette opinion, l'avait faite aussi dans une de ses notices, mais il l'a rectifiée plus tard.

Ce monument faisait partie de la collection du président de Bellièvre (1).

Description. — Cette inscription votive est composée de 7 lignes en lettres d'un bon style qui ont 52 millim. de haut.

A la troisième ligne, le c qui la commence, ainsi que l'o qui la termine ont subi une légère mutilation. A la 7° ligne, des points triangulaires séparent les quatre initiales des mots, *votum solvit libens merito.*

Ce cippe est en calcaire jurassique (Choin-de-Fay) (2) ; il est décoré d'une base et d'un couronnement à moulures ; les côtés de la base sont abattus, le couronnement est mutilé vers son milieu et du côté droit. (*Voyez planche* XIII, *n°* 238.)

Hauteur : 1 mètre 38 cent. — Largeur : 44 cent. — Epaisseur : 38 cent.

N. 239.

Amphore (3) en argile rouge ; elle a la panse de forme ovoïde ; les deux anses et le haut du goulot sont brisés et manquent.

Hauteur : 81 cent. — Diamètre : 26 cent.

N. 240.

Portion de fût d'une colonne en calcaire blanc oolithique de Tournus (4). Ce monument, dont parle Artaud, dans son mémoire sur les recherches d'une statue équestre p. 4, est mutilé et ébréché dans plusieurs endroits de sa circonférence. Il provient de l'ancien cabinet de la ville.

Hauteur : 1 mètre 57 cent. — Diamètre : 50 cent.

N. 241.

Amphore (5) en argile blanche ; la panse est de forme ovoïde ; les deux anses, le haut du goulot et la base sont mutilés.

Hauteur : 68 cent. — Diamètre : 29 cent.

N. 242.

Chapiteau romain d'une colonne en marbre blanc ; il est décoré de quatre feuilles d'acanthe ; une seule d'un très-bon style est terminée, les trois autres ne sont qu'ébauchées.

(1) Voir page 41, note 4. — (2) Voir page LXXI. — (3-5) Voir page 6, n. 5. — (4) Voir page LXXII.

176   PORTIQUE XXIX.

n. 243.

Ce chapiteau antique, en marbre blanc, d'ordre corinthien, est orné de feuilles d'acanthe et d'une double volute à chaque angle. Le travail est d'un bon style et bien fouillé. Il a été trouvé en 1843, à Lyon, rue du Palais, en creusant le canal d'un égout qui conduit les eaux à la Saône. (*Voyez planche* VI *n°* 243.)

Hauteur : 25 cent. — Diamètre du bas : 20 cent.

n. 244.

Vase cinéraire, en argile, et dans la forme des précédents (1) ; même découverte. Ébréché à l'ouverture. Acheté par la ville, en 1845.

Hauteur : 17 cent. 8 millim. — Diamètre de la panse : 20 cent. — Poids : 794 grammes.

PORTIQUE XXIX (2).

n. 245.

```
    D       M
  C·VALERI
  MONTANI LIB
   AMABILIS
  AVENTINVS. LIB
  PATRON OPTIMO
```

Aux Dieux Mânes (3) de C. Valerius Montanus, affranchi (4) Amabilis Aventinus, affranchi, à son excellent patron (5).

(Publiée par Chorier, page 175.)

Dans cette courte inscription nous voyons qu'un affranchi a élevé ce monument à un autre affranchi auquel il devait la liberté.

(1) Voir page 55, n° 49.

(2) Au dessous de ce portique, il existe un caveau voûté d'environ 3 mètres de largeur sur 4 de longueur et 2 mètres 50 cent. de hauteur, ayant pour y descendre un escalier de 14 marches. L'ouverture du caveau était bouchée par la pierre tombale de Françoise de Clermont, abbesse du monastère de Saint-Pierre, lorsque nous fîmes enlever ce monument, qu'on foulait aux pieds, pour le faire dresser au portique XXXII, où il figure actuellement.

En 1845, époque où il fut découvert, nous descendîmes dans ce caveau, destiné à la sépulture des abbesses ; nous y trouvâmes trois squelettes dans leur châsse dont le bois était vermoulu ; ces ossements étaient encore recouverts de quelques lanières de vêtements tombant en pourriture ; il n'existait aucun signe qui pût faire reconnaître ces personnages dont les pieds étaient tournés vers le midi : nous ne trouvâmes ni croix, ni crosses, ni bagues ; nous veillâmes à ce que rien ne fût dérangé dans ce caveau, et son ouverture fut de nouveau scellée par de larges dalles en pierre.

(3) Voir page xxi. — (4) Voir page lvi. — (5) Voir page lv.

PORTIQUE XXX.

Ce monument a été trouvé à Sainte-Colombe (Rhône) et il est arrivé au musée de Lyon, par les soins de M. Cochard, ancien conseiller de préfecture.

Description. — Cette inscription, composée de 6 lignes, présente des lettres d'un style commun qui ont aux trois premières lignes 50 mill. de haut en moyenne et pour les trois autres 40 millim.

A la 2° ligne, dans le mot MONTANI, l'N et le T sont conjoints, et l'I est très-allongé.

Cette épitaphe est gravée dans un carré creux entouré de moulures, sur une espèce de longue stèle, couronnée d'un fronton triangulaire orné de moulures, dans le centre duquel on a sculpté une rosace; de chaque côté du couronnement, il existe une éminence triangulaire en forme de larve et non sculptée.

Ce monument est en calcaire des environs d'Anse, de même nature que celui de Lucenay (1); à part quelques brèches sur les angles, il est d'une bonne conservation.

Hauteur : 2 mètres 22 cent. — Largeur : 66 cent. — Epaisseur : 32 cent.

PORTIQUE XXX.

N. 246.

```
D    M
M TITI HELVINI
VETERANI·LEG·VI
VICTR·HERED EX
  T    F    C
```

(Inédite.)

Aux Dieux Mânes (2) et à la mémoire de M. Titus Helvinus, vétéran (3) de la sixième légion victorieuse. Ses héritiers ont eu soin de faire ériger ce monument en exécution de son testament.

Ce monument a été trouvé en 1824, en construisant à Lyon l'église de Saint-Irénée, et a été apporté au Musée en 1845.

Description. — Cette inscription est composée de 5 lignes en lettres d'un bon style qui ont à la première ligne 59 millim. de haut, et en moyenne pour le reste du corps de l'inscription, 40 millim. La première ligne est composée des deux initiales majuscules D et M; entre ces deux lettres on a figuré au trait une feuille de lierre.

A la 2° dans le mot HELVINI, le dernier I dépasse d'un quart en hauteur le niveau des autres lettres.

A la 3°, au-dessus du nombre VI, on a tracé une ligne horizontale.

A la 5°, entre le T, l'F et le C (4), on a également figuré une feuille de lierre semblable à celle qui se voit à la première ligne.

Ce cippe funéraire est en calcaire jurassique (Choin-de-Fay) (5); il est décoré d'une base et d'un couronnement à moulure; au centre de la face du dessus, il existe un cône tronqué en relief, qui sans doute était logé dans une cavité de même forme et servait à fixer la base d'une

(1) Voir page LXXII. — (2) Voir page XXI. — (3) Voir page LV. — (4) Ces trois lettre s'interprètent *testamento faciendum curavit* : — (5) Voir page LXXI.

TOM. I.

178   PORTIQUE XXX.

statue ou d'une autre décoration qui couronnait ce monument. On ne peut plus le voir à cause de la pierre placée dessus.

Hauteur : 1 mètre 70 cent. — Largeur : 1 mètre — Epaisseur : 52 cent.

N. 247.

```
C. CATUL .
DECIMI
TVTI·CATVLLIN
TRICASSIN. ON
HONORIB. AP
OS. FVNCT SAC
AD TEMPL ROM
AVGG. III PROV. C
    T▼R
```

A C. Catullinus Deciminus, fils de Tutius Catullinus, Tricassin d'origine (1), qui a été élevé parmi ses concitoyens à toutes les charges honorables; prêtre attaché au temple de Rome et des Augustes. Les trois provinces de la Gaule (2) lui ont érigé ce monument.

INSCRIPTION RESTITUÉE (3).

(Publiée par Ménestrier, page 75. Spon, *recherches* page 137. Artaud, *notice*, page 45.)

Cette inscription restituée en l'honneur de C. Catullinus Deciminus, nous apprend qu'il était du pays des Tricassins et qu'il devint à Lyon un homme important, puisqu'il mérita cet hommage de la part des trois provinces de la Gaule. Il est présumable que cette pierre faisait partie d'un monument plus considérable.

Gruter, qui a publié cette inscription honorifique (4), donne le commencement d'une autre à côté de celle-ci, elle était ainsi conçue :

```
    IVNI
    DOMITIO
    VXORI
    CATVLI
    DECIMINI
```

Nous ignorons ce qu'elle est devenue.

Quant à l'inscription telle qu'elle existe actuellement, elle occupait le même lieu où Gruter l'avait copiée, sur la place Saint-Saturnin, à Lyon, servant de base à une croix de style gothique, lorsqu'Artaud la fit prendre sur cette place (aujourd'hui place Saint-Pierre). C'est le premier monument de ce genre qui soit entré sous les portiques de notre Musée, il est pour nous la pierre fondamentale de notre belle collection épigraphique.

Description. — Elle est composée de 9 lignes dont les lettres sont d'un bon style; aux deux premières lignes; elle ont 10 à 11 cent. de haut ; aux six qui suivent 75 milli. et à la dernière ligne qui n'est composée que des deux initiales T. R., elles ont 32 cent. Cette inscription a souffert

(1) C'est-à-dire originaire du pays dont Troyes en Champagne était la capitale. — (2) Voir page xxv. — (3) Les deux initiales T R signifient *Titulus Restitutus*. — (4) Gruter, page CCCLXXXVI, n° 8.

PORTIQUE XXX.

de nombreuses mutilations, surtout du côté gauche où plusieurs lettres sont entièrement détruites.

A la première ligne, le jambage transversal de l'L qui la termine est mutilé.

A la 3e ligne, le T qui la commence et l'N qui la termine sont aussi mutilés ; il en est de même pour le T qui commence la 4e ligne et l'N qui la termine.

A la 6e ligne, l'O qui commence cette ligne est aussi mutilé.

A la 7e ligne, l'M qui la termine est mutilé.

Ce monument est en calcaire jurassique (Choin-de-Fay) (1) ; il est en forme de cippe carré, sa forme a été défigurée par les recoupes, une partie des angles est taillée à pan ; l'angle inférieur droit est mutilé. (*Voyez planche* XI, n° 247).

Hauteur : 1 mètre 66 cent. — Largeur : 80 cent. — Epaisseur : 67 cent.

N. 248.

```
R AVG. G. G.
ONVS CORI
DI VESCENDI
HESPERIDIS F
OVE. SVIS. FA
EX TROPOS
O OMNI·IN
```

(*Inédite*)

Nous n'entreprendrons point de vouloir donner un sens à ce débris d'inscription qui ne nous présente que des fragments de lignes. Nous ferons remarquer seulement, à la première ligne, que la syllabe AVG. est suivie de deux G, ce qui nous indique que ce monument a été élevé, à une époque où il existait trois compétiteurs à l'empire, ou trois empereurs, telle que celle de Pescennius Niger, Septime Sévère et Albin, celle de Gordien Pie, Pupien et Macrin, ou bien encore celle de Dioclétien, Maximien Hercules et Carausius. Nous penchons à reporter la date de ce monument à la seconde catégorie, à raison du style des lettres qui ne se ressent point encore d'une décadence bien marquée. Les mots HESPERIDIS et TROPOS semblent aussi rappeler des origines grecques.

Ce monument a été découvert à Lyon en 1847, dans la démolition de la troisième arche du pont du Change, rive gauche (2).

Description. — Ce fragment d'inscription est composé de 6 lignes qui sont toutes incomplètes ; les lettres de la première ligne ont 75 millim. de haut. ; les suivantes 57 millim.

Ce monument est en calcaire jurassique (Choin-de-Fay) (3), il a été taillé pour en faire une assise régulière.

Hauteur : 91 cent. — Longueur : 69 cent. — Epaisseur : 40 cent.

(1-3) Voir page LXXI. — (2) Voir page 89, la note.

N. 249.

	VAE	RITATI·ET
D M	D M	D M
C·CLAVD	C·CLAVD	CLAvDIAE
LIBERA'LS		CI L PIA
ET LIVIAE	FIL	ANIMAE
IANTHES		DVLCISSIME
CL TRAIA	S	VIXT AN·XVI
NVS·FIL		M·X·D·X·C CL
PARENIBVS	F. CIT	TRAIANVS
		PATER FILIAE
		PIISSIMÆ

(Publiée par Menestrier, p. 110; Colonia, p. 161; Artaud, *notice*, page 46).

Cette pierre funéraire est divisée en trois compartiments qui contiennent chacun une inscription se rapportant à la même famille. La partie haute de cette pierre a beaucoup souffert. Une ligne qui est en partie détruite dominait les trois inscriptions ; lors même qu'il ne reste du premier mot que la syllabe VAE, et du second les trois syllabes RITATI, on devine facilement qu'il existait les mots PERPETVÆ SECVRITATI que les anciens employaient quelquefois pour remplacer les formules QVIETI ÆTERNÆ ou MEMORIÆ ÆTERNÆ ; ces deux mots sont suivis de la particule ET qui les liait avec la formule DIIS MANIBUS de chaque inscription.

La première placée sur la droite du monument peut se traduire ainsi : « Aux « Dieux Mânes (1) de C. Claudius Liberalis et de Livia Ianthès, Claudius Trajanus, « leur fils, à ses père et mère. »

Description. — Cette épitaphe est composée de 8 lignes dont les lettres sont de style commun, et ont 55 millim. de haut.

La première ligne, est composée des deux initiales majuscules D et M.

A la 3ᵉ ligne, dans le mot LIBERALIS, à la dernière syllabe l'L est conjointe avec l'I.

A la 8ᵉ et dernière, dans le mot PARENTIBVS, l'N est conjointe avec le T.

L'inscription centrale ou la seconde, est détruite en grande partie ; nous n'osons y donner qu'un sens très-hasardé qui est celui-ci : « aux Dieux Mânes (2) de C. Clau- « dius, fils de Claudius Trajanus, Claudius Trajanus a fait élever ce monument.

Cette inscription était composée de 8 lignes du même style dont les lettres ont en commune 48 mil. de haut.

A la première ligne, on voit les deux initiales majuscules D et M ; à la troisième il ne reste que la syllabe FIL. Les 4ᵉ et 5ᵉ lignes sont complètement détruites.

(1-2) Voir page XXI.

A la 6ᵉ ligne, il ne reste qu'une s. La 7ᵉ ligne est détruite.

A la 8ᵉ ligne, il ne reste que les lettres f et ci t.

La troisième inscription, celle de gauche par rapport au monument, présente ce sens : « aux Dieux Mânes de Claudia, fille tendrement chérie; elle vécut 16 ans, 10 « mois, 10 jours. C. Claudius Trajanus son père à sa fille pleine de piété filiale envers « lui. »

Cette épitaphe est composée de 10 lignes dont les lettres ont en moyenne 30 millim. de haut, la dernière 38.

La première ligne est formée par les deux initiales majuscules D et M.

A la 2ᵉ ligne, dans le mot claudiæ, l'v est mutilé;

A la 3ᵉ ligne, le mot fil est mutilé ainsi que les deux dernières lettres du mot piæ.

A la 6ᵉ ligne, dans le mot vixit, l'i et le t sont conjoints.

A la 10ᵉ ligne et dernière, dans le mot piissimæ, le second i dépasse en hauteur le niveau des autres lettres; et dans la dernière syllabe mae les trois lettres sont conjointes.

D'après le contenu de ces trois inscriptions, nous devons en conclure que le même Claudius Trajanus a fait graver une épitaphe pour son père et sa mère, son fils et sa fille. Très-souvent chez les Romains le membre d'une famille qui faisait élever un monument funéraire y réservait d'avance la place d'autant d'épitaphes que de membres de sa famille ; ces places se remplissaient au fur et à mesure, lors de la mort de l'un d'eux.

Le Père Menestrier et Colonia, dans leur histoire de Lyon, ont parlé de ce monument, et ils ont exprimé l'opinion que Claudius Liberalis est celui auquel Sénèque adressa son épître sur l'incendie de Lyon. Nous croyons qu'ils ont fait beaucoup trop d'honneur à ce personnage qui a dû vivre longtemps après, d'abord parce que le style des lettres indique une époque très-postérieure à celle de Néron ; ensuite parce que nous n'avons point remarqué le nom de Trajan sur des inscriptions avant l'avènement de cet empereur. D'un autre côté il faut remarquer que le mot *piissimus* quoique réprouvé par Cicéron comme n'étant pas latin (Philip. 13. cap. 19) est employé fréquemment par Sénèque et même par Tacite. Nous pensons aussi que Menestrier (1) a commis une erreur dans l'interprétation qu'il donne de la formule *perpetuæ securitati*, qui, selon lui, indiquait pour l'empire une époque de paix universelle.

Ce monument de forme carré-long est en calcaire jurassique (Choin-de-Fay) (2), il a éprouvé de nombreuses mutilations, la partie supérieure est détruite, les angles sont écornés. Les compartiments sont séparés entre eux par des moulures.

Il a été donné par l'administration de l'hospice des Antiquailles ; il figurait dans la construction d'un mur de cet établissement.

Hauteur : 76 cent. — Largeur : 92 cent. — Epaisseur : 29 cent.

---

(1) *Dissertation sur l'origine de Lyon* page 8. — (2) Voir page lxxi.

N. 250.

```
FORTVNATA
VIXITANNISLXXXX
CEI FILI MATRI
PIENTISSIMAE
```

(Inédite.)

Cette inscription tronquée ne donne qu'un sens très-incomplet; nous voyons seulement qu'une femme nommée Fortunata a vécu 90 ans et qu'un enfant a élevé ce monument à une tendre mère.

Cette base de cippe existait dans les murs d'une pièce d'eau située dans le clos Marduel, à Champvert, paroisse de St-Just (Lyon); le propriétaire en a fait don au Musée de la ville.

Description. — Cette inscription est composée de quatre lignes dont les lettres sont d'un style médiocre; elles ont à la première ligne 40 mill. de haut, et 33 mill. aux trois autres.

A la 3e, dans le mot CEA, le second jambage de l'A n'est pas marqué et après l'F, un I très-allongé remplace sans doute l'I et L qui sont conjoints.

Ce fragment d'inscription est gravé sur un cippe en calcaire de Lucenay (1) (Rhône); il était décoré d'une base et d'un couronnement; ce dernier manque entièrement, ainsi que la partie supérieure de l'épitaphe. La base est nivelée sur le devant, il n'en reste que les côtés qui sont ornés de moulures.

Hauteur : 74 cent. — Largeur : 49 cent. — Epaisseur : 32 cent.

N. 251.

```
  D       M
 LANNIANI
 SPERATI
SPERATIVS
PATERNVS
 PATRONO
PIENTISSIMO
```

(Inédite.)

Aux Dieux Mânes (2) de Lannianus Speratius. Speratius Paternus a érigé ce monument à son très-excellent patron (3).

Dans cette brève inscription funéraire, nous trouvons un simple témoignage de reconnaissance, de la part de Paternus, affranchi, qui élève un monument à son patron, dont il a pris le nom, et dont il veut honorer la mémoire en lui décernant

---

(1) Voir page LXXII. — (2) Voir page XXI. — (3) Voir page LX.

l'épithète de *pientissimo*. Nous devons cependant faire observer que Paternus n'a point pris ici le titre de *libertus*, affranchi. Peut-être n'était-il que le client de Lannianus Speratius.

Ce monument a été découvert en 1847 à Lyon dans la démolition du vieux pont du Change(1); il faisait partie des matériaux qui entraient dans la voûte de la troisième arche, rive gauche de la Saône; c'était vraisemblablement le corps d'un cippe dont les maçons ont abattu la base et le couronnement pour en faire une assise plus régulière.

Description. — Cette inscription se compose de sept lignes. La première est formée des deux initiales majuscules D et M.

Les 6 autres forment le corps épigraphique. Les deux majuscules ont en haut. 74 mill. Les lettres du corps de l'inscription 55 mill.

Ce débris de cippe est en calcaire jurassique (Choin-de-Fay) (2) de forme carré-long. Hauteur : 96 cent. 5 mill. — Largeur : 53 cent. 5 mill. — Epaisseur : 30 cent.

PORTIQUE XXXI.

N. 252.

BVS HONORIBVS
APVD SVOS FVNC
TO IVDICI ARCAE
GALLIARVM
TRES PROVINCI

(Inédite.)

.... élevé à tous les honneurs parmi ses concitoyens, juge du trésor particulier des Gaules (3), les trois provinces (4).

Ce fragment épigraphique ne nous donne que la fin d'une inscription gravée en l'honneur d'un grand personnage qui avait sans doute rendu d'éminents services dans les places qu'il avait occupées, puisque ce monument lui fut élevé par les trois provinces des Gaules. La partie supérieure nous manquant, il est impossible de connaître les noms de ce personnage important, ayant le titre de *Judex arcae*, charge dont jusqu'à présent une seule inscription était connue, c'est celle que nous possédons, portique XII n° 106, en l'honneur de Tiberius Pompeius qui avait été aussi *Judex arcae* dont le siège était à Lugdunum capitale des Gaules.

Il est très-difficile de trouver une dénomination qui corresponde à cette charge : était-ce un inspecteur général des finances, ou bien remplissait-il les fonctions de président de la cour des comptes? il faudrait avoir une connaissance très-approfondie

(1) Voir page 89, note. — (2) Voir page LXXI. — (3) Voir page 83, n° 106 — (4) Voir page XXV.

sur l'organisation financière de cette époque, où l'on percevait les droits du fisc soit en argent monnayé, soit en denrées et en toutes sortes de marchandises, pour déterminer précisément les attributions de ce fonctionnaire.

Ce monument a été découvert à Lyon, en 1846, lors de la démolition du pont du Change (1).

Description. — Ce débris d'inscription est composé de cinq lignes; les lettres ont 6 cent. de hauteur et sont d'un bon style; mais elles sont loin d'approcher de la pureté et de la beauté des caractères de l'inscription en l'honneur de Tiberius Pompeius que nous venons de citer, ce qui semble devoir nous confirmer que ce fragment est postérieur à l'autre. Le т qui commence la dernière ligne est légèrement mutilé. Ce fragment est de forme carrée, en calcaire jurassique (Choin-de-Fay) (2), il a été taillé au marteau pour entrer dans la construction du pont du Change.

Hauteur : 75 cent. — Largeur : 80 cent. — Epaisseur : 46 cent.

N. 253.

```
D         M
ET MEMORIAE
  AETERNAE
L. SECVNDI FRV
ENDI IVVENIS
OPTIMI. QVI VIXIT
ANN. XXII. M. I. D. VII
L. SECVND. RESO
LIB. PROBISSIMO
PONEND. CVRA
VIT. ET. SVB ASC
 DEDICAVIT.
```

Aux Dieux Mânes (3) et à la mémoire éternelle de L. Secundus Fruendus, jeune homme excellent, qui vécut 22 ans 1 mois 7 jours.

L. Secundus Reso a pris soin de faire ériger ce monument à un affranchi (4) très-probe et il l'a dédié *sub ascia* (5).

(Publiée par Spon, *Recherches*, page 72; Artaud, *Notice*, page 47.)

Ce monument a été trouvé à Lyon, dans les fondations de l'église de St-Etienne, à une grande profondeur, mais non à 25 pieds comme l'indique Artaud, car il n'existe pas à Lyon de fondation qui soit creusée aussi profondément. Il a été donné au Musée par M. Cochard, ancien conseiller de préfecture, l'un de nos chroniqueurs les plus distingués.

Description. — Cette épitaphe est composée de 12 lignes dont les lettres sont d'un assez bon style, elles ont 37 mill. de haut.

A la première ligne, l'*ascia* est figurée en creux, entre les initiales majuscules D et M.

A la 6ᵉ, dans le mot vixit, l'i et le т sont conjoints.

A la 7ᵉ, dans la syllabe ann, les deux n sont conjointes.

A la 9ᵉ, dans la syllabe lib, l'i dépasse en haut le niveau des autres lettres.

Cette inscription est d'une belle conservation; elle est gravée sur un cippe en calcaire juras-

---

(1) Voir page 89, note — (2) Voir page LXXI. — (3) Voir page XXI. — (4) Voir page LVI. — (5) Voir page XXII.

PORTIQUE XXXI.

sique (Choin-de-Fay) (1); il est décoré d'une base et d'un couronnement, et il est orné de moulures de bon goût qui présentent quelques brèches.

Hauteur : 1 mèt. 37 cent. — Largeur : 46 cent. — Epaisseur : 46 cent.

N. 254.

```
        D        M
      ET MEMORIAE
        AETERNAE
      C. VAL. INGENVI
    ANNO XX AETATIS
        DEFVNCTI
   C. VAL MYRISMVS PATER
   ET ALIORVM FRATRM
    DVVM. VAL. MODES
    TINNI. VAL. MYRO
    NIS. AMISSORVM
   PROINDE XX ANNO
     RVMQ. AETATIS
                IA DE
        D
```

Aux Dieux Mânes (2) et à la mémoire éternelle de Caius Valerius Ingenuus, mort âgé de vingt ans, Caius Valerius Myrismus son père, et à la mémoire de deux autres frères Valerius Modestinus et Valerius Myron qu'il a perdus aussi à l'âge d'environ 20 ans et l'a dédié *sub ascia* (3).

(Publiée par Paradin, page 430; Spon, *Recherches*, page 72.)

Nous voyons dans cette inscription, un père qui élève un monument funéraire à la mémoire de trois de ses fils; car nous devons présumer que les mots ET ALIORVM FRATRVM DVVM (pour DVORVM) s'appliquent à deux frères du défunt qui étaient morts précédemment, et non à deux frères de C. Val. Myrismus.

Ce père dont la tendresse pour son troisième fils lui érige ce monument, profite de l'occasion pour le consacrer en même temps à ses deux autres fils qu'il avait eu le malheur de perdre auparavant. Quelles raisons l'avaient empêché d'honorer le mémoire des deux premiers défunts? Etait-ce la dépense, ou bien lui avaient-ils été moins chers que celui qui est le sujet principal de cet hommage? Le fait est qu'ils ne paraissent mentionnés sur cette pierre que par une circonstance fortuite.

Les deux dernières lignes sont en plus petits caractères, et les lettres en grande partie mutilées, sont indéchiffrables; la présence de l'*ascia* gravée sur le rouleau du couronnement semble indiquer que ces lignes contenaient la formule *sub ascia dedicavit*. En effet on aperçoit les traces de la syllabe VIT, fin du mot CURAVIT, ensuite les traces de ET SU AS; enfin on voit distinctement IA DE. La présence de l'Y dans les noms MYRISMUS et MYRON peut faire penser que ces personnages étaient d'origine grecque. Nous avons déjà rencontré ce dernier nom dans l'inscription n° 18 page 13.

(1) Voir page LXXI. — (2) Voir page XXI. — (3) Voir page XXII.

TOM. I.

Ce monument a été apporté de la cour qui est au devant de l'église de St-Irénée, où il était déposé avec plusieurs autres qui ont été transportés au Musée de la ville en 1847. Paradin dans son histoire de Lyon page 450 où est rapportée cette inscription, s'exprime ainsi : « Ceste sépulture sert de base à une voûte d'une tour ronde « de St-Irégny, qu'on dict de Nôtre-Dame, du costé droit. Aujourd'hui tout est « ruiné. »

Description. — Cette inscription est composée de quinze lignes, les lettres sont d'un style médiocre qui annonce la décadence de l'art. Les deux majuscules de la première ligne ont en hauteur 46 millim. Celles du corps de l'inscription ont en moyenne 56 millim. de haut, moins les deux dernières où elles n'ont que 24 millim.

A la 8ᵉ ligne, nous lisons FRATRM pour FRATRVM.

A la 9ᵉ, DUVM pour DUORVM.

A la 12ᵉ, dans le mot ANNO, les deux N ont une ligature.

Ce cippe, en calcaire jurassique (Choin-de-Fay) (1), présente une base et un couronnement ornés de moulures; sur le devant de celui-ci qui est surmonté d'un rouleau sur les côtés, on voit les restes d'une *ascia* gravée en creux. Dans le mot FRATRM qui termine la 8ᵉ ligne, le dernier jambage de l'M est mutilé, ainsi que la plus grande partie des deux dernières lignes, dont il ne reste que quelques lettres visibles. A part cela, ce monument est d'une bonne conservation.

Hauteur : 1 mèt. 63 cent. 5 mill. — Largeur : 55 cent. — Epaisseur : 53 cent.

N. 255.

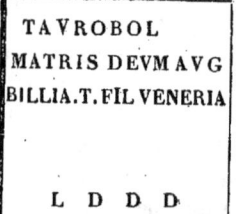

(*Inédite.*)

Monument taurobolique élevé en l'honneur de la Mère des dieux par Billia Veneria fille de Titus.

Emplacement donné par décret des décurions.

Cette inscription, destinée à rappeler la cérémonie d'un sacrifice (2) taurobolique en l'honneur de la mère des dieux, ne nous donne aucun détail sur cette solennité, faite sans doute aux frais et par les ordres d'une femme dont les noms ne sont point historiques; elle nous laisse dans une ignorance complète sur la nature du motif de cette invocation : était-ce une demande pour la famille d'un grand personnage de cette époque, ou un témoignage de reconnaissance pour une

---

(1) Voir page LXXI. — Voir pages XXX et suivantes.

faveur obtenue? Rien ne nous l'apprend ; l'inscription est des plus brèves. Il serait possible cependant que cette pierre fît partie d'un monument plus considérable ; car il n'est pas naturel qu'elle ait été le seul indice destiné à perpétuer le souvenir d'une cérémonie aussi importante.

Toutefois nous devons croire que Billia Veneria était une femme haut placée par son rang et sa fortune ; une consécration semblable qui était accompagnée d'un si grand apparat, n'était jamais ordonnée par des personnages obscurs. Nous devons faire remarquer aussi que le lieu qu'occupait ce monument avait été cédé par un décret des décurions.

Ce monument a été découvert en 1847 à Lyon dans la démolition du vieux pont du Change (1) ; il faisait partie de la rangée de pierres qui formait la clef de la voûte de la deuxième arche, rive gauche.

Description. — Cette inscription est composée de quatre lignes, dont les lettres sont d'un bon style. Elles ont en hauteur à la première ligne 52 millim. ; à la seconde ligne, 44 millim. ; et à la troisième, 40 millim.

A la première ligne les trois dernières lettres du mot TAUROBOLIUM ont été complètement mutilées.

A la seconde ligne dans la syllabe AVG qui la termine le V et le G sont mutilés dans leur moitié supérieure.

A la troisième ligne l'I de FIL est de moitié plus haut que les autres lettres.

Les initiales L D D D de la formule *locus datus decreto decurionum*, qui composent la 4ᵉ ligne sont séparées du corps de l'inscription par la représentation du bucrâne et placées dans le bas de cette pierre. (*Voyez planche III*, n° 255.)

Ce monument est en calcaire jurassique, Choin-de-Fay (2), de forme carré-long, il ne reste que la partie moyenne de ce cippe, la base et le couronnement ont été abattus ainsi que le relief du *bucranium* ; cette destruction fut nécessaire pour le faire entrer dans la composition de la voûte, et si l'inscription nous est parvenue c'est qu'elle ne gênait en rien la pose de cette pierre. Les angles et les bords présentent quelques brèches.

Hauteur : 1 mèt. 11 cent. — Largeur : 65 cent. 5 mill. — Epaisseur : 38 cent.

N. 256.

Amphore (3) en argile rouge passée au brun, d'un travail grossier. La panse se rapproche de celle d'un sphéroïde allongé ; le col est court, flanqué de deux robustes anses. La base de la panse se termine par une pointe de très-petite dimension. Le galbe est peu gracieux. Ce vase vinaire est d'une bonne conservation ; nous ignorons le lieu où il a été découvert.

Il faisait partie de l'ancien cabinet de la ville.

Hauteur : 73 cent. — Diamètre : 54 cent.

(1) Voir page 89, note. — (2) Voir page LXII. — (3) Voir page 6, n° 5.

PORTIQUE XXXII (1).

N. 257.

(Inédite.)

```
PETRO BVLLIOVDO NATALIVM NOBILITATE
CLARO, OLIMQ: FOEL"ISS" REG. PROCVRIS MVNERE
FVNCTO AN. XXVI. ET POSTQ CIVESSVOS LVGD.
POP.M GALLIAE TOTAM VE REMP. OPE CONSILIO Q:
APPRIME IVVIT VNDECVNQ: SPLENDIDE ÆTATIS
SVÆ CVRRICVLO AD LXIX. AN. ACTO DVABVS Q:
FILIABVS PRIMARIIS FOEMINIS CONSEPVLTO,
DECESSORI SVO AC CHARISSO. PATRI SVPERSTES
FILIVS PETS BVLLIOVD, VNA CVM MRE EIVSDEM
QVONDA FIDELISSA CONIVGE. IN LVGVBRIBVS.
AD PERP. MEM. DICAVIT. IN. XPO. OBIIT XIX. CAL. FEBR.
          CIƆ D LXXIIII.
PS. XXV.
ANTIQVISS.M BVLLIODOR. STEMA GENTILE CVM NOMINE MVLTO ANTE DCC. AN. ET INSERTVSQ IN CIVIT. RETENTVM.
```

A Pierre Bullioud, illustre par la noblesse de sa famille, et qui a exercé autrefois à la satisfaction générale les fonctions de procureur royal pendant 26 ans; et qui ensuite a rendu de grands services à ses concitoyens de Lyon, au peuple de la France et à tout l'Etat par ses lumières et sa prudence, partout et avec éclat, pendant tout le cours de sa vie jusqu'à l'âge de 69 ans, enseveli avec ses deux filles, femmes distinguées.

Pierre Bullioud son fils survivant a fait élever ce monument à son prédécesseur et père chéri, de concert avec sa mère désolée, la fidèle épouse du défunt, afin d'en éterniser la mémoire. Il est mort en Jésus-Christ, le 19me jour avant les calendes de février 1574.

PS. XXV.

La très-ancienne famille des Bullioud, couronne illustre à beaucoup de titres, antérieure à l'an 700, s'est perpétuée jusqu'à présent dans la cité.

Ménestrier (2) signale cette famille Bullioud comme une des plus anciennes de Lyon : parmi ses membres, on remarque Guillaume Bullioud, juge de la cour séculière en 1467; Bullioud, chanoine de St-Paul et de St-Just en 1512, trésorier du clergé ; Symphorien de Bullioud, évêque de Soissons, ambassadeur de Louis XII auprès de Jules II; Maurice Bullioud, conseiller au parlement de Paris; Pierre Bullioud dont nous rapportons l'inscription; Pierre Bullioud, son fils, qui lui succéda dans sa charge et fut député comme échevin par la ville de Lyon en 1597

---

(1) Nous avons placé sous le prolongement de ce portique qui sert de passage pour arriver dans une cour, à la salle de la Bourse et à la classe de sculpture, quelques inscriptions peu anciennes et plusieurs autres monuments ayant peu de valeur archéologique. — (2) *Histoire Consulaire*, page 342.

auprès de Henri IV, mort à Paris et enterré dans l'église de St-Germain l'Auxerrois, dans la tombe du chancelier Pompone de Bellièvre dont il était proche parent; le P. Pierre Bullioud, jésuite, etc. Nous n'avons trouvé aucun renseignement sur l'arrivée de cette inscription au Musée.

Description. — Cette inscription est gravée sur une plaque très-épaisse de forme carré-long en calcaire noir, de St-Fortunat; elle est composée de 12 lignes en caractères latins qui ont 2 cent. de hauteur, d'une ligne en lettres rabbiniques, au-dessous de laquelle le blason de cette famille est sculpté. Plus bas règne une dernière ligne gravée en petits caractères.

Hauteur : 68 cent. — Largeur : 85 cent. — Épaisseur : 12 cent.

N. 258.

(Inédite).

```
IN HOC TVMO    QU SSCIT BONE MEMO
RIAE SVS N QVA VIXIT ANNVS
XX PENI   NTIA CONSECVT ANI
EST OBIET IN PACE S..... C. OC
OBRIS IC CONSITERVM NESA. LE
V C CONS.
```

Dans ce tombeau repose de bonne mémoire Sus..n qui a vécu vingt ans dans la pénitence, ... elle est morte en paix le ..... calendes d'octobre ... LE ..... homme illustre étant consul.

Dans cette inscription d'un très-bas temps de l'empire, on n'aperçoit que quelques mots, des parties de mots et des lettres mutilées; il est donc bien difficile d'en rétablir exactement le sens. Aussi ne présentons-nous cette traduction à nos lecteurs que d'une manière dubitative. La syllabe LE qui termine l'avant dernière ligne pourrait peut-être signifier LEO, et fixerait alors la date de ce monument, en indiquant Leo Junior qui était seul consul en l'an 474 de notre ère. Les lettres VC CONS, *homme illustre consul*, font supposer qu'il n'y en avait qu'un.

Description. — Cette inscription chrétienne gravée sur calcaire oolitique blanc de Tournus est composée de six lignes; les lettres ont 33 millim. de hauteur, et signalent l'époque de la décadence, les L forment déjà un angle obtus. Le latin abonde en barbarismes et en fautes d'orthographe; ainsi on voit TUMOLO pour TVMVLO; REQVSSCIT pour REQUIESCIT; ANNUS pour ANNIS; OBIET pour OBIIT. Les lettres qui suivent OCTOBRIS, *ic cons iterum nesa*, laissent le champ libre à l'imagination; la pierre est tellement usée que l'on en n'aperçoit que les vestiges.

Hauteur : 35 cent. — Largeur : 59 cent. — Epaisseur : 12 cent.

N. 259.

```
P A R u
EX PE
O B I I T SAN
```

Ce débris d'inscription, d'un très-bas temps, ne nous montre que le commence-

190 PORTIQUE XXXII.

ment des trois dernières lignes dont nous ne pouvons tirer aucun sens; il provient des démolitions de l'église de l'Observance, quai Pierre-Scise, à Lyon.

Description. — Ce débris de forme carrée est en calcaire jurassique (Choin-de-Fay).

A la première ligne il n'existe que la moitié inférieure des lettres P A R C, à la seconde EX PE, à la troisième OBIIT SAN.

Hauteur : 20 cent. — Largeur : 29 cent. — Epaisseur : 6 cent.

N. 260.

```
        D       O       M
                ET
        M               Æ
SISTE GRADVM VIATOR. ET PELLEGE
IACOBVS. DALECHAMPIVS CADO
MENSIS. MEDICVS. CELEBER
RIMVS. NOTAE. ET. SPECTATAE
FIDEI. BONOR. OMNIVM. AMI
CISS. STVDIOSISS. AVCTVS. PROLE
DVLCISS. CARISS. ANNVM. AGENS
LXXV. CVM MAGNO. SVOR. LVCTV
VNIVERSI. Q. POP. DESIDERIO. MOR
TIS. QVONDAM. VICTOR. A. MORTE
TANDEM. VICTVS. OBIIT. KAL. MART.
ANN. CIƆ. IƆ. LXXVIII
            Προσωποποια.
ME SINV CADOMVS SVO TENELLVM
EXCEPIT; DOCVIT CHORVS SORORVM
ARTES. NVNC TVMVLVS TEGIT. IACENTEM.
AT FAMA INGENII VOLAT SVPERSTES
```

Au Dieu très-bon, très-grand, et à l'éternelle mémoire. Suspends tes pas voyageur et lis entièrement.

Jacques Dalechamps de Caën, célèbre médecin, doué d'une foi éclatante, ami le plus dévoué de tous les gens de bien, entouré d'une famille tendrement chérie. A l'âge de 75 ans, la mort qu'il avait si souvent vaincue finit par le vaincre, au milieu de la douleur de tous les siens, et des regrets universels du peuple. Il mourut le jour des calendes de mars, 1578.

PROSOPOPÉE :

A ma naissance, Caen me reçut dans son sein. Le chœur des neuf muses m'enseigna les arts ; maintenant une tombe couvre mes restes; mais, la renommée de mon génie me survit.

(Publiée par Spon, *Recherches*, page 153.)

Dalechamps, médecin, naturaliste, et philologue célèbre, était né à Caen vers 1513, et mourut comme nous l'indique cette inscription, le 1er mars 1578, à Lyon; il était venu s'y établir en 1552, et avait été nommé le 5 septembre de cette même année médecin de l'Hôtel-Dieu. Le P. Colonia *(préface*, p. 9) cite ce nom parmi les érudits qui éditaient leurs ouvrages dans cette ville, et Spon, en publiant cette inscription dit : que la faculté de médecine et la république des lettres ont trop d'obligations aux savants écrits que Dalechamps a mis au jour, pour le laisser mourir d'une seconde mort par un oubli ingrat et injurieux à sa mémoire.

Ce monument avait été placé dans l'église des Jacobins à Lyon, dans laquelle Dalechamps avait été inhumé. Nous ignorons comment il est entré au Musée.

Description. — Cette inscription est composée de 20 lignes, les lettres sont dorées et d'un beau caractère, elles ont en moyenne 28 mill. de haut. Elle est gravée en creux sur une plaque massive et carrée, en calcaire noirâtre des carrières de St-Fortunat (Rhône). L'épitaphe est entourée d'une grecque en relief, également dorée.

Ce monument funéraire repose sur une base en marbre blanc, supportée par deux consoles ; le couronnement est orné de moulures au centre desquelles figurent les armoiries du défunt ; le dessus de ce couronnement est décoré de deux acrotères dont l'un a été brisé et refait en plâtre.

Hauteur : 1 met. 22 cent. — Largeur : 90 cent. — Epaisseur : 10 cent.

N. 261.

FLORIDO VERI
FLAVAE MESSI
MVSTVLENTO AVTVMNO

Au printemps fleuri,
A la moisson dorée,
A l'automne vineuse.

(Publiée par Artaud, *Notice du Musée*, p. 33.)

Cette briève et poétique inscription n'est point antique et remonte à peine à l'époque du XVIe siècle, à raison des ornements sculptés sur le monument qui lui donnent e caractère de jeunesse des siècles derniers. Elle a été souvent reproduite, et nous ne pouvons assigner le lieu qu'elle occupait primitivement. Elle était encastrée dans le mur de la terrasse des Génovéfains, à St-Irénée, paroisse de Lyon, et de là elle a été transportée au Musée, dans les premiers temps de sa création.

Description. — Ce petit monument est en calcaire oolithique blanc de Tournus ; l'inscription est composée de trois lignes, gravées dans un cartouche creux ; ce dernier est décoré de moulures, de volutes et entouré de fleurs, de fruits et d'une palmette sous forme de coquille en haut et en bas, vers le point de réunion des deux volutes du centre. Les lettres ont 18 mill. de haut. Il a subi de nombreuses mutilations, surtout dans le bas, vers son côté gauche.

Hauteur : 34 cent. — Largeur : 57 cent. — Epaisseur : 15 cent.

N. 262.

(*Inédite*).

† hic Jacent Johēs fu
ci ate le forger et katherina
ejus vx et eor/ libe : qui
Johēs obiit die   aple
    anno dñi m. cccc.
aīe eor/ requiescant in
    pace. amen.

Ici reposent Jean Fu...... ci-devant le forgeron et Catherine son épouse et leurs enfants, lequel Jean est mort le jour.... avril, l'année du Seigneur 1400. Que leurs âmes reposent en paix. Amen.

Cette épitaphe est un simple souvenir des défunts ; elle nous apprend que l'époux de Catherine avait été forgeron, et peut-être serait-on porté à croire qu'il était fabricant d'éperons, d'après la représentation d'un éperon qui figure au bas de l'inscription, vers l'angle gauche. Nous n'avons aucun renseignement sur le lieu où a été trouvé ce monument et comment il est venu au Musée.

Description. — Cette inscription en lettres gothiques de la fin du XIVe siècle est composée de huit lignes, qui présentent plusieurs mutilations, et dont les lettres ont 25 mill. de haut. On y remarque plusieurs abréviations. A la fin de la première ligne dans le nom qui commence par Fʋ, la fin est détruite ; à la 5e, la date du mois est mutilée. Cette épitaphe est gravée sur une plaque en calcaire blanc, dans un carré creux, entouré de moulures qui sont mutilées.

Hauteur : 44 cent. — Largeur : 48 cent. — Epaisseur : 3 cent.

N. 263.

Fragment de buste antique en marbre blanc ; il n'en reste que le cou et la poitrine qui est grossièrement drapée. La tête a été enlevée, on ne sait ce qu'elle est devenue. Il provient de l'ancien cabinet de la ville.

Hauteur : 15 cent.

N. 264.

```
        D           O           M
HIC SITVS EST CLAVDIVS BELLEVRIVS
V. C. DELPH. SENATVS PRAESES PRIOR
CVIVS INNOCENTIA HOMINVM INVIDIAM
     PROVOCAVIT ET SVPERAVIT
VIXIT ANN. LXX. M. VII. D. VII
IO. ET. POMP. PATRI OPTIMO POSVERE
ANNO A CHRO         NATO M. D. LVII
```

(*Inédite*).

A Dieu très-bon, très-grand. Ci-gît Claude de Bellièvre, homme illustre, premier président du Parlement de Dauphiné; son intégrité a excité la haine des hommes, mais elle en a été victorieuse. Il vécut 70 ans, 7 mois, 7 jours. Jean et Pompone de Bellièvre ont fait ériger ce monument à leur excellent père, l'année de la naissance du Christ 1557.

Cette pierre funéraire rappelle une famille distinguée dans la magistrature. Claude Bellièvre dont il est ici question, premier président au parlement de Grenoble, se livrait à l'étude des antiques ; il est l'auteur du *Lugdunum priscum* resté inédit et conservé dans la Bibliothèque de l'école de médecine de Montpellier (1). Quant aux deux fils qui ont élevé ce monument, le premier, Jean, succéda à son père dans la place de premier président, et le second, Pompone, devint chancelier de France. Parmi les nombreux enfants de ce dernier, nous en voyons plusieurs occuper des places élevées dans la magistrature, et deux d'entre eux nommés successivement archevêques de Lyon en 1599 et en 1604.

(1) Voir page 41, note 4. — Il existe une copie manuscrite de cet ouvrage dans la Bibliothèque du Palais-des-Arts.

PORTIQUE XXXII.   193

Description. — Cette inscription est gravée sur une plaque massive en calcaire noirâtre des carrières de St-Fortunat (Rhône). Les lettres sont d'un beau style, elles ont 38 millim. de hauteur. Elle est composée de 9 lignes, les armoiries du défunt sont placées au centre de la dernière, qui est séparée du corps de l'inscription.

Hauteur : 81 cent. — Largeur : 1 mètre 36 cent. — Epaisseur : 22 cent.

N. 265.

D   O   M
SEBASTIANVS PALLARON
GENVEN. QVI OBIIT 5° IDVS
APRIL. MDCXXII CVM VXORE
ET SOCRV HIC SITVS EST
CVM SPE ALTERA VITAE
TV SISTE VIATOR DESISTENS
A NOXIIS HIS DEGENTIB⁹, ET
EGENTIB⁹ SVCCVRRE PRECIB⁹.
O'VTINA VIVAM⁹ ET MORIAMVR
SIC VT CVM BONIS AETERNVM
SISTAMVS, CAETERA VANITAS.
IOAN. BAPTA FILIVS MOERENS
ET MEMOR PARENTVM POSVIT

A Dieu très-bon, très-grand. Sébastien Pallaron génois, qui est mort le 3° jour des ides d'avril 1622, repose ici avec son épouse et sa belle-mère dans l'espérance d'une autre vie. Arrête-toi, passant, t'éloignant des pécheurs d'ici-bas, secours, par tes prières, ceux qui en ont besoin. O plût à Dieu que nous vécussions et mourussions de telle manière que nous habitions éternellement avec les justes, le reste n'est que vanité. Jean-Baptiste, leur fils désolé, qui conserve la mémoire de ses parents, a fait élever ce monument.

Description. — Cette inscription est gravée dans un espace carré-long et creux, entouré d'un riche encadrement à moulures, sur une plaque épaisse en marbre blanc. L'épitaphe est composée de 14 lignes; la première est formée des trois sigles D. O. M. Le corps de l'inscription est en lettres d'un bon travail et qui ont 15 mill. de haut.

Hauteur : 60 cent. — Largeur : 43 cent. — Epaisseur : 4 cent.

N. 266.

Armoiries en relief sculptées sur une plaque carrée, en calcaire noir de St-Fortunat. Elles se composent d'un écusson dans le centre, surmonté d'un casque et entouré de feuillage, avec une légende ou devise au bas sur une banderolle. La légende se compose de la phrase : *Ossibus ossa meis et nomen nomine jungam*.

Hauteur : 70 cent. — Largeur : 80 cent. — Epaisseur : 3 cent.

N. 267.

Armoiries sculptées sur une plaque carrée très-épaisse, en calcaire oolithique de Tournus. L'écusson, ainsi que la couronne qui le surmontait, ont été abattus

TOM. I.   25

en partie ; il ne reste d'intact qu'un cordon orné de coquilles bivalves qui l'entourait. Ce morceau est peu digne du Musée.

Hauteur : 80 cent. — Largeur : 70 cent. — Epaisseur : 24 cent.

N. 268.

Débris de bas-reliefs en calcaire blanc de Seyssel (1). Il représente un portique orné de moulures, au centre duquel on voit une croix de Malte. Sur le côté gauche on aperçoit les restes d'un personnage.

Hauteur : 50 cent. — Largeur : 60 cent. — Epaisseur : 16 cent.

N. 269.

Débris de bas-relief conforme au précédent et auquel il faisait suite probablement, car on aperçoit, du côté droit, un bras et une main qui paraissent appartenir au personnage qui est sur la gauche du n° 268. L'angle supérieur du côté droit est brisé.

Hauteur : 50 cent. — Largeur : 60 cent. — Epaisseur : 16 cent.

N. 270.

```
ECOLE ROYALE
   MILITAIRE
```

Cette inscription date du siècle dernier ; elle était placée au-dessus de l'entrée de l'hôpital militaire actuel de Lyon, quai de la Charité ; dans l'avenir elle rappellera l'existence d'une institution jadis établie dans ce bâtiment qui plus tard servit à la douane et ensuite de caserne de cavalerie.

Description. — L'inscription est composée de deux lignes ; les lettres sont de grandes dimensions, elles ont 80 mill. de haut. Elles sont gravées sur un bloc de forme carré-long en calcaire noir des carrières de St-Fortunat (Rhône).

Hauteur : 40 cent. — Largeur : 1 mètre 10 cent. — Epaisseur : 10 cent.

N. 271.

Masque de lion, qui était placé au-dessus du cordon du premier étage, dans l'une des maisons qui couvraient la première arche du pont du Change, rive gauche de la Saône. La sculpture est d'un bon travail du XVIe siècle. Le bas de ce mascaron est mutilé. Il est en calcaire jurassique (Choin-de-Fay).

Hauteur : 70 cent. — Largeur : 45 cent. — Epaisseur : 30 cent.

(1) Voir page LXXII.

PORTIQUE XXXII.

N. 272.

Autre masque de lion, figurant à la même maison et apporté au Musée avec le précédent, en 1847. Il est mieux conservé.

Hauteur : 70 cent. — Largeur : 43 cent. — Epaisseur : 30 cent.

N. 273.

Armoiries sculptées sur deux lourdes masses superposées en calcaire jurassique. Un écusson de forme ovale existe au centre, il a été piqué au marteau ; il ne reste de conservé que deux branches de laurier qui l'entourent et des ornements à volutes et à coquilles.

Hauteur : 1 mètre 16 cent. — Largeur : 76 cent. — Epaisseur : 18 cent.

N. 274.

Débris de bas-relief représentant un personnage debout ayant une ceinture pour tout vêtement. Le bras droit et la tête manquent. Ce travail du moyen-âge est d'un très-mauvais style. Nous ignorons sa provenance ; il est en calcaire blanc.

Hauteur : 43 cent. — Largeur : 20 cent. — Epaisseur : 15 cent.

N. 275.

```
      D   O   M
HVNC TVMVLVM SIBI
OMNIBVS QVE SVIS
ELEGIT DOMINVS
IOANNES IVGE CIVIS
LVGDVNI, QVI PRO
REQVIE TAM SVAE QVAM
CONSANGVINEORVM
ANIMARVM DVAS MISSAS
MAGNAS ANNVALES ET
PERPETVAS FVNDAVIT,
VNAM PRIDIE CINERES,
ALTERAM CVM VESPERIS
DEFVNCTORVM EO MET
DIE QVO CESSIT E VITA
VIDELICET TRIGESIMO
DECEMBRIS ANNI DOMINI
          1648
```

(Inédite).

A Dieu très-bon, très-grand. Maître Jean Juge, citoyen de Lyon, a choisi ce tombeau pour lui-même et pour tous les siens; lequel, tant pour le repos de son âme que de celles de ses parents, a fondé deux grandes messes annuelles et perpétuelles qui doivent être célébrées, l'une la veille des cendres; l'autre avec vêpres des morts, le même jour qu'il cessa de vivre, c'est-à-dire le trentième jour de décembre de l'année du Seigneur 1648.

Description. — Cette épitaphe est gravée, sur une plaque épaisse de forme carré-long en calcaire noirâtre de St-Fortunat (Rhône), dans un champ creux avec encadrement à moulures. Elle est composée de 18 lignes, dont la première est formée par les trois sigles D. O. M., et la dernière par le millésime. Les lettres sont d'un bon style, elles ont 15 mill. de haut.

Ce monument vient du cabinet Artaud.

Hauteur : 55 cent. — Largeur : 49 cent. — Epaisseur : 6 cent.

N. 276.

> SEPULTURE DE MADAME FRANCOYSE
> DE CLERMONT. LAQUELLE FUST MISE ABBESSE DE CEAS EN LAAGE
> DE TRENTE TROYS ANS ET
> ABBESSE QUARATE HUICT ANS ET DECEDA LE 4 NOVEMBRE 1599
> ET AVSSY GIST. MADAME MARGVERITE DE
> CLERMONT SA SŒVR. RELIGIEVSE DE CEAS
> QVI DECEDA LE . 3 . SEPTEMBRE 1593
> REQVIESCANT IN PACE. AMEN

Description. — Cette pierre tumulaire est en calcaire noirâtre de St-Fortunat (Rhône) ; elle a la forme d'un carré très-allongé, autour duquel règne une bordure où est gravée l'inscription. Dans l'intérieur de ce cadre, on a représenté au trait la défunte, vêtue de ses habits religieux ; sa tête est couverte d'un capuchon et repose sur un coussin ; ses deux mains sont jointes sur la poitrine, sa crosse repose sur l'épaule droite, une couronne de laurier entremêlée d'étoiles est placée en dessus de sa tête ; de chaque côté de cette dernière, on a gravé un écusson où figurent deux clefs en croix : celui de droite semble plaqué un peu au-dessous de la partie supérieure d'une crosse, celui de gauche est entouré d'un cordon religieux formant des entrelacs. Aux pieds et de chaque côté de cette abbesse, on a représenté une religieuse vêtue de la robe de l'ordre, les mains jointes et dans l'attitude de la prière. Au-dessous des trois personnages, il existe une autre inscription composée de quatre lignes, rappelant la mémoire d'une sœur de l'abbesse décédée religieuse dans la même communauté.

Les lettres de la bordure ont 52 mill. ; celles des quatre lignes inférieures ont 40 mill., l'angle droit du bas a été entaillé. Cette pierre couvrait l'entrée du caveau où est déposée l'abbesse ; ce caveau existe encore (1).

Hauteur : 2 mètres 71 cent. — Largeur : 1 mètre 37 cent. — Epaisseur : 17 cent.

N. 277.

> D O M
> CY GIST DAME
> CLAUDINE FOURNIER
> VEUVE DU St JOSEPH
> BASSAC DÉCÉDÉE LE
> 14. MAY 1762
>
> REQUIESCAT IN PACE

Description. — Cette épitaphe est gravée sur une plaque épaisse, de forme carré-long, en calcaire de St-Fortunat (Rhône). Elle est composée de 7 lignes ; la première et la dernière sont

---

(1) Voir page 176, note 2.

en latin ; la première est formée de trois sigles D. O. M. signifiant *Deo optimo maximo.* A Dieu très-bon, très-grand. Les lettres ont 44 mill. de haut.

Cette pierre a été brisée en deux pièces qui ont été réunies.

Hauteur : 92 cent. — Largeur : 83 cent. — Epaisseur : 10 cent.

N. 278.

(Inédite).

QVÁ. RHODANO. FERT. DIVES. ARAR. QVÁ. DIVIDIT. ORBI.
ALTER. OPES. NOVA. QUÆ. FACIES. ASSVRGAT. ATHENÆ.
ANNIBAL. AVSONIÆ. QVE. ACIES. ET. TEMPLA. LOQVVNTVR.
SVB. FIDI. FRANCORVM. OCVLO. CVSTODE. LEONIS.
LVDOVICO. XIII. REGN.
MARIA. DE MEDICIS. MATRE REGEN.
CAROLO. DE. NEVFVILLE. D. D'HALINCOVRT. PROREGE. MERITISS.
BALT. DE. VILLARS. D. DE. LAVAL. MERCAT. PRÆF. II*.
ALEX. BOLLIOVD. HOR. CARDON. CL. PELLOT. ANT. DE. PVRE.
COSS. ANN. CIƆ. DCXI.

Sur ces lieux où la Saône opulente apporte ses richesses au Rhône ; où celui-ci les distribue à l'univers, Annibal et les armées romaines, et les temples proclament qu'une nouvelle Athènes s'élève sous l'œil vigilant du fidèle lion des Français. Louis XIII régnant, Marie de Médicis, mère-régente ; Charles de Neuville seigneur d'Halincourt, lieutenant général pour le roi ; Balt. de Villars seigneur de Laval prévôt des marchands pour la 2ᵉ fois ; Alex. Bollioud, Hor. Cardon, Cl. Pellot, Ant. de Pure, consuls, année 1611.

Le nom d'Annibal rappelé dans cette inscription semblerait indiquer que ce général a traversé le Rhône près de Lyon, au-dessous du confluent du Rhône et de la Saône, comme le P. Menestrier le soutient dans sa dissertation (1). Nous regardons cette opinion comme une grave erreur. On ne peut mieux faire à cet égard que de s'en rapporter à Polybe, qui fut le contemporain et l'ami de Scipion, et qui fit exprès le voyage des Gaules pour s'assurer de la marche qu'avait suivie l'armée carthaginoise. Larosa, qui a fait un excellent travail sur ce fait historique, et qui a puisé ses inspirations dans le récit de Polybe, pense qu'Annibal a traversé le Rhône à Roquemaure, et qu'arrivé à l'embouchure de l'Isère qu'il n'a pas dépassée, il a côtoyé la rive gauche de cette rivière, traversé le Drac, et franchi la chaîne des Alpes par le Mont-Cenis.

C'est là que sur l'un des points d'où l'on aperçoit les plaines de l'Italie, il fit à son armée, pour en relever le courage, cette fameuse allocution que l'empereur Napoléon a reproduite dans le même but à son passage du Grand-Saint-Bernard ; mais de ce dernier point les plaines d'Italie sont invisibles, la vue est bornée par le voisinage de rochers très-élevés ; le fameux LA-BAS où l'on devait trouver toutes les jouissances de la vie n'était qu'indiqué par le geste de la main habituée à vaincre.

Cette inscription figurait aux anciennes portes de la ville, à Ainay ; elle a été donnée au Musée par M. Riboud, adjoint au maire de Lyon.

Description. — Cette inscription est gravée sur une plaque carré-long d'une très-grande dimension, en calcaire noirâtre des carrières de St-Fortunat (Rhône). Elle est composée de 10

---

(1) *Histoire Consulaire de Lyon*, 2ᵐᵉ dissertation sur l'origine, p. 12.

198   PORTIQUE XXXII.

lignes dont les lettres sont d'un bon style et de grandeur inégale qui varie de 10 centimètres à 50 mill.; on y remarque de nombreuses abréviations et des lettres conjointes.

L'angle droit supérieur de cette pierre a été brisé et réuni au moyen de deux crampons en fer.

Hauteur : 1 mètre 36 cent. — Largeur : 2 mètres 30 cent. — Epaisseur : 15 cent.

N. 279.

Hic ate jacet guillelmus de ripia
civis lugd. q. obiit ano Dni m
un qto ne apl q legavit ....
s... romam
sup domo sua sita   oli-
ois p suo
ano flendo die sui obitu
vidl   valle.   Vult
dari   missa   b ssa celebra-
da   ad   aia eis per
miscordia dei requiescat in pace, amen,

(Inédite)
Ici en face repose Guillaume de Ripia citoyen de Lyon qui est mort l'année du Seigneur 1400 le quatrième jour avant les nones d'avril, lequel .....

.... que son âme, par la miséricorde de Dieu, repose en paix. Amen.

Cette inscription en lettres gothiques date de la fin du XIVme siècle. Il est bien difficile d'en déterminer le sens, à cause des nombreuses mutilations qu'elle a éprouvées. Aussi ne donnons-nous, dans notre traduction, que le nom du défunt et l'année de sa mort; le reste de l'inscription paraît indiquer des circonstances de sa vie, des regrets sur sa perte, et l'expression de sa dernière volonté pour faire célébrer à l'anniversaire de sa mort une messe basse pour le repos de son âme.

Description. — Cette inscription est gravée sur une plaque carré-long en marbre noir de St-Fortunat (Rhône); elle est entourée d'un filet creux, entre chaque ligne il existe également un trait en creux. Les bords sont ébréchés, les lettres de style gothique, ont 27 millim. de haut. On y remarque beaucoup de mutilations, d'abréviations et de lettres conjointes.

Hauteur : 52 cent. — Largeur : 42 cent. — Epaisseur : 4 cent.

N. 280.

Tête en marbre blanc, d'un travail du XVIe siècle; elle est coiffée en cheveux et porte moustaches, le nez est mutilé, elle représente peut-être un chevalier pouvant avoir un trentaine d'années; est-ce un buste ou une statue? On ne peut le déterminer.

Elle provient de l'ancien cabinet de la ville.

Hauteur : 17 cent.

N. 281.

```
        D         O         M
ET. FOELI. RECORDATIONI. FRAN. DE. RVBYS. AVI. VISITATORIS. Q.
SALIS. GONDOF. PATRIS. AC. RELIQVOR. E. NOB. RVBYNOR. FAM.
HIC. EX. ADVERSO. SEPVLTOR. NEC NON. FRANC. BVATIER.
MATRO. PVDICITIA. MOR. SVAVITATE. OIVMQ. VIRTVTVM
CVMVLO. NVLLI. SECUNDAE, QVÆ. IIII. KAL. OCT. AN.
M. D. LXXXIIII. DIEM CLAVSIT. IN. DNO. CLAV. DE RVBYS.
REGIVS IN. PRÆFECTV. LVGDV. SERENISS. Q. DVCIS
MONTISPEN. IN. SVO SVPRE. DVBARV SENA. CONSILIA.
COMVNITATIS Q. LVGDV. PROCVRA. GNALIS. CONIVX. ET.
FRANC. DE RVBYS FILIVS. SACELLV. HOC. D. CLAV. DICATV.
CONSTRVE. CVRAVE. AC DE SVO. DOTAVE. AN. SALV. M. D. LXXXV.
```

A Dieu très-bon et très-grand et à l'heureuse mémoire de François de Rubys son aïeul, père de Gondof..., inspecteur du sel et à la mémoire des autres membres de la noble famille de Rubys enterrés ici en face, et aussi de dame Françoise Buatier, qui l'emportait sur toute autre par sa chasteté, la douceur de ses mœurs et par l'assemblage de toutes les vertus, qui a fini ses jours dans le Seigneur le 4ᵉ jour avant les calendes d'octobre de l'année 1584. Claude de Rubys conseiller du roi dans le gouvernement de Lyon, conseiller du sérénissime duc de Montpensier dans son Parlement de Dombes, et procureur-général au siège présidial de Lyon, son mari, et François de Rubys, son fils, ont fait construire cette chapelle dédiée à St-Claude et l'ont ornée à leurs frais, l'an de salut 1585.

La vray amour est toujours vive et ne meurt point par le trespas.

Description. — Cette inscription est gravée dans un champ creux de forme carré-long avec encadrement à moulures sur une pierre en calcaire noirâtre de St-Fortunat (Rhône). Elle est composée de 12 lignes latines en lettres d'un bon style ; la première est composée de trois sigles majuscules D. O. M. qui ont 20 mill. ; les lettres du corps de l'inscription n'en ont que 16. Au dessous de cette inscription, figure le blason du défunt avec une devise en forme de ruban flottant et ondulé.

Hauteur : 58 cent. 5 mill. — Largeur : 89 cent. 5 mill. — Epaisseur : 10 cent.

N. 282.

```
HUNC IN ÆDIBUS Sᵀᴵ. IRENÆI REPERTUM
    PRÆDECESSORIS SUI TUMULUM
MOX CUM ALIO SIMILI IAM FRACTO PERITURV
HIC APPONI ET CONSERVARI CURAVERUNT
PAUL. TIM. DELAFOREST ET F. R. DESFRANÇOIS
        Sᵀᴱ. CRUCIS CUSTODES
    ECCLESIÆ LUGDUNI DISCIPLINÆ
            MONUMENTUM.
TRANSLATIONIS INSTRUMENTUM SCRIPSIT M. AUBERNON
        TABELLIO REGIUS 9. JUN. 1751.
```

Paul Timothée DELAFOREST et F. R. DESFRANÇOIS Custodes de Ste-Croix, ont pris soin de faire placer et conserver ici ce tombeau (monument de la discipline de l'église de Lyon), de leur prédécesseur, trouvé dans l'église de St-Irénée et qui allait bientôt être détruit avec un semblable déjà brisé.

M. Aubernon, notaire royal, a dressé l'acte de la translation, le 9 juin 1751.

Description. — Cette inscription du milieu du siècle dernier, est gravée sur une pierre carrée en calcaire noir de St-Fortunat (Rhône); le corps de l'inscription est composé de huit lignes en lettres romaines d'un bon style, qui ont 30 mill. de haut. Au dessous, se trouvent deux lignes en lettres italiques qui ont 20 mill. de haut.

Cette pierre présente de légères brèches sur ses bords.

Hauteur : 73 cent. — Largeur : 1 mètre 3 cent. — Epaisseur : 9 cent.

N. 283.

DANS cette Eglise est Inhumé Meſſire André Nicolas de Ville, Chevalier, Ingénieur ordinaire du Roy, auparavant Capitaine d'Infanterie, Iſſu des Seigneurs de Ville au Duché de Lorraine Bailliage de Voges, Marié à Damoiselle Françoise Gabrielle de Forget de la maison du Secrétaire d'Etat de ce nom, Bleſſé au Siége de Nice en 1705, ſervant comme Ingénieur à la ſuite de l'Armée de Piémont, et mort à Lyon le 7 mars 1741 âgé de 75 ans   ost   rjou le quel par ſon teſtament du 27 Novembre 1710, a fondé dans cette église à perpé   tuité, pour le repos de ſon âme, une meſſe baſſe   tous les lundis de chaque ſemaine, à ſix heures   du matin
Requiescat   in pace.

Cette inscription est l'une des moins anciennes de celles que nous avons fait placer dans le Musée Lapidaire ; elle n'est point pour cela dénuée d'intérêt, et cet intérêt grandira avec le temps ; elle concerne un officier du génie qui a marqué au siége de Nice et dont le nom se rattache à des édifices et à des travaux exécutés dans la ville de Lyon. Nous nous sommes assuré que c'est à lui que nous devons la construction d'une maison qui appartenait aux comtes de St-Jean, située dans la rue St-Georges, du côté du quai Fulchiron. Cette maison est l'une des plus vastes et des plus importantes de ce quartier ; sa façade principale, décorée d'un perron, donne sur la Saône. L'intérieur de cet édifice est largement distribué ; les appartements, grandioses, sont ornés d'immenses boiseries à panneaux et de plafonds en bois à caissons et à moulures ; elle appartient aujourd'hui à M. de Villeneuve, l'un des petits-neveux de l'ingénieur de Ville. C'est au même de Ville que nous devons les plans du beau quai qui longe le Rhône depuis le pont de la Guillotière jusqu'au pont Morand, dont les travaux commencèrent en 1737, et ne furent achevés qu'en 1745. Ce quai reçut à cette époque le nom de Retz pour honorer la mémoire du duc de Retz, de la famille des Villeroy, qui occupa des emplois importants sous Louis XIII. Le Musée d'une ville aussi importante que Lyon, étant appelé à vivre autant qu'elle, cette pierre, toute moderne qu'elle est, deviendra tout-à-fait historique.

Cette inscription a été donnée au Musée de la ville par M. Audet, propriétaire de plusieurs maisons dans la rue St-Georges ; elle était placée en guise de dalle à l'entrée de la cave de l'une d'elles. Cette maison se trouve sur l'ancien emplacement du jardin appartenant au président de Bellièvre, qui fut l'un des premiers en France à recueillir une grande quantité de monuments antiques, et surtout d'inscriptions qui

PORTIQUE XXXII.   201

ont été dispersées en partie, lors de la destruction de ce jardin, pour l'édification de cette partie du quartier St-Georges. La rue de la Boucherie de ce quartier a porté le nom de rue des Antiques jusqu'à la fin du XVIIIᵉ siècle. L'inscription honorifique érigée à de Ville a été sans doute placée à cette entrée de cave pendant la révolution de 93; à cette époque on dépouilla le cimetière et les édifices d'une foule de monuments historiques, pour en faire de simples matériaux de construction.

Description. — Cette épitaphe du commencement du XVIIIᵉ siècle, est gravée sur un bloc de calcaire jurassique de Villebois (1); elle est placée dans un champ creux de forme carré-long entouré de moulures; elle est composée de 21 lignes en langue française, excepté la dernière qui est en latin. Les lettres sont d'un style médiocre et ont beaucoup souffert de l'usure, celles de la fin de la quinzième ligne sont entièrement mutilées. Elles ont en moyenne 31 mill. de haut. Les armes du défunt sont sculptées au bas de l'inscription.

Hauteur : 67 cent. — Largeur : 92 cent. — Epaisseur : 18 cent.

N. 284.

(Inédite)

Cy gilt̄et fue3 alaim rassine plumassier lequel trespassa le 3 d'octobre 1503 et jehan marchāt ceincturier lequel trespassa le 14 d'aoust 1509. Dieu ait leurs ames, amen

Description. — Cette épitaphe, en lettres gothiques du commencement du XVIᵉ siècle, est gravée dans un champ creux entouré de moulures; elle est composée de 6 lignes. Au bas de l'inscription, dans un carré-creux, sont gravées des initiales romaines d'un style barbare et figurant un chiffre, formé d'un F retourné, d'un I, d'un grand l renversé et d'un P; en dessus de ces 4 lettres, on voit un upsilon surmonté d'une croix. Du côté droit de cette espèce de monogramme, qu'on pourrait peut-être expliquer par Jésus, fils du Père, on a représenté le Christ debout, vêtu d'une longue tunique; sa tête est nimbée, il porte de la main gauche le sceptre du monde, sa main droite est élevée dans la pose habituelle pour donner la bénédiction. Les lettres gothiques du corps de l'inscription ont 30 mill. de haut.

Cette pierre est en calcaire de Lucenay (Rhône), elle est brisée en trois pièces, les morceaux ont été réunis et cimentés au plâtre.

Hauteur : 51 cent. — Largeur : 59 cent. — Epaisseur : 3 cent.

(1) Choin-de-Fay, voir page LXXI.

TOM. I.

N. 285.

```
† INSPECTOR CORDIS : CV. IVDEX VENERIT. ORBIS
REDDERE PRO MERITIS : SINGVLA PRÆTERITIS
DE TERRAE CASTRIS : MANSVRVM DVCAT IN ASTRIS
RICHARDVM MONACHVM : GRAMMATE DOCTI LOCV :
NAM FVIT HIC BLANDVS SVMIS ET REBVS AMANDVS :
RIXIS PACIFICVS : TRISTIBVS ET MEDICVS
FINIS VT OPTAVIT : QVEM. XPO SIGIFICAVIT
VT SACRA VERBA TONANT MENTIS : ET RESONANT.
```

Quand, scrutateur du cœur, le juge de l'univers viendra distribuer à chacun la récompense qui lui est due selon ses mérites passés, qu'il conduise des régions terrestres dans les astres qui doivent être sa demeure, le moine Richard, grammairien savant; car il fut doux et se fit aimer par de grandes choses; il sut pacifier les tristes querelles et y remédier. Sa fin fut comme il l'avait souhaitée, celle d'un chrétien. Il s'appliqua à faire retentir les paroles sacrées dans les esprits.

Cette épitaphe en l'honneur du moine Richard en vers léonins du XIIe siècle environ, a été décrite par Chorrier dans ses *Recherches sur les antiquités de Vienne*. De son temps, on la voyait encastrée dans les murs du cloître de St-André-Le-Bas, elle disparut depuis cette époque et fut retrouvée en 1828 par M. Chavernod; elle faisait partie de son cabinet qu'il a cédé à la ville de Lyon.

Description.—Cette inscription est gravée dans un champ creux de forme carré-long, entouré d'un encadrement; elle est composée de 8 lignes, on remarque plusieurs abréviations indiquées par un trait horizontal placé au dessus du mot, une croix latine est figurée en creux au commencement de la première ligne. Les lettres ont 12 millim. de haut.

Ce monument est en calcaire blanc de Seyssel (Ain), il a beaucoup souffert : l'angle gauche du bas a été brisé, nous l'avons fait réunir au moyen de crampons en fer; quelques lettres sont mutilées, ainsi que les moulures de l'encadrement.

Hauteur : 48 cent. — Largeur : 73 cent. — Epaisseur : 8 cent.

PORTIQUE XXXIII.

N. 286.

```
D ⚭ M
ET. MEMOR
D. CASSI IVLI
D. CASSIVS IBLI
OMARVS. PATRO
NO. PIENTISSI
MO. DE SVO. PO
SVIT.
```

(*Inédite.*)

Aux Dieux Mânes et à la mémoire de D. Cassius Julius. D. Cassius Ibliomarus a fait élever ce monument, à ses frais, à son patron très-bienfaisant.

Cette courte inscription exprime la reconnaissance d'un affranchi envers son patron; car, quoique ce titre n'y soit pas mentionné, Ibliomarus est évidemment

PORTIQUE XXXIII.   203

l'affranchi de Cassius Julius qu'il appelle son patron, puisque suivant l'usage il a pris son nom en y ajoutant le sien *Ibliomarus* qui est incontestablement gaulois.

Nous ferons remarquer, dans cette épitaphe, que la dédicace *Diis Manibus* n'est point suivie de la formule *sub ascia*, quoique cet instrument soit figuré dans le haut de l'inscription.

Ce monument a été découvert à St-Irénée en 1824 en reconstruisant l'église de cette paroisse. Il a été placé au Musée en 1845.

Description. — Cette inscription est gravée en lettres d'un bon style qui composent 8 lignes, la hauteur des lettres est de 50 mill.; la première ligne est formée des initiales D et M entre lesquelles on a figuré l'ascia.

Ce cippe funéraire, en calcaire jurassique (Choin-de-Fay), est décoré d'une base et d'un couronnement à moulures; ce dernier est surmonté d'un fronton; ces parties ont subi de nombreuses mutilations.

Hauteur : 1 mètre 35 cent. — Largeur : 62 cent. — Epaisseur : 50 cent.

N. 287.

TAVROBOLIO. MATRIS. D.M.I.D.	CVIVS MESONYCTIM
QVOD. FACTVM. EST. EX. IMPERIO. MATRIS. D	FACTVM EST V ID DC
DEVM	
PRO. SALVTE. IMPERATORIS. CAES. T. AELI	
HADRIANI. ANTONINI. AVG. PII. PP.	
LIBERORVM. QVE. EIVS	
ET STATVS. COLONIAE. LVGVDVN	
L. AEMILIVS. CARPVS IIIII VIR. AVG. ITEM	
DENDROPHORVS	
VIRES. EXCEPIT. ET. A. VATICANO. TRANS	
TVLIT. ARA. ET. BVCRANIVM	
SVO. IMPENDIO. CONSACRAVIT	
SACERDOTE	
Q. SAMMIO. SECVNDO. AB. XV. VIRIS	
OCCABO. ET. CORONA. EXORNATO	
CVI. SANCTISSIMVS. ORDO. LVGVDVNENS	
PERPETVITATEM SACERDOTI DECREVIT	
APP. ANNIO. ATILIO. BRADVA. T. CLOD. VIBIO	
VARO COS.	
L. D. D. D.	

Au taurobole (1) de la Mère des Dieux, Idéenne, Dindyméenne, qui a été fait par l'ordre de la mère divine des dieux, pour la conservation de l'empereur César T. Ælius Hadrien, Antonin, Auguste, le pieux, père de la patrie, pour celle de ses enfants, et la prospérité de la colonie de Lyon; L. Æmilius Carpus, sévir augustal et dendrophore, a recueilli les cornes du taureau, les a transportées du Vatican et a consacré l'autel et le bucrâne à ses dépens, sous le sacerdoce de Q. Sammius Secundus, décoré par les quindécemvirs d'un occabe (2) et d'une couronne, auquel le très-saint Ordre de Lyon a décerné le sacerdoce à perpétuité, sous le consulat d'Appius Annius Atilius Bradua et de Titus Clodius Vibius Varus. L'emplacement a été donné par décret des décurions.

(Publiée par Colonia, page 186; Millin; Artaud, *notice* p. 48.)

Telle est l'inscription qui se trouve sur le devant du monument, et qu'une tête de taureau sculptée en relief divise en deux parties (*Voyez pl. IV*, n° 287). Sur le côté gauche de ce taurobole, on voit une autre inscription qui nous apprend que le sacrifice fut consommé le 9 décembre à minuit, heure à laquelle avait eu lieu le songe et à laquelle se faisaient les mystères de la grande déesse.

(1) Voir page xxx. — (2) L'occabe était un ornement le plus souvent en or, et garni de pierres précieuses et de chaînettes en pendentifs ; les sacrificateurs le portaient au bras ou au cou, et s'en décoraient dans les jours de grandes cérémonies.

Il est peu de monuments qui aient exercé autant l'esprit des savants; l'opinion qu'ils émirent éprouva de nombreuses variantes, on alla même jusqu'à en suspecter l'authenticité. Le mot *vires* que l'on rencontre sur quelques inscriptions tauroboliques, a reçu diverses acceptions; les uns, comme de Boze, l'ont rendu par forces, les autres l'ont expliqué par les parties génitales de l'animal, d'autres par le sang comme symbole de la vie, de la force des êtres vivants. L'opinion reçue aujourd'hui est celle que le mot *vires* doit être traduit par les cornes de l'animal, puisque nous voyons qu'elles étaient transportées du Vatican où sans doute elles étaient conservées comme monument commémoratif du sacrifice et comme une offrande faite en l'honneur des divinités dont on avait invoqué la toute-puissance. *Taurobolio facto, cornua tauri quo fecerunt consecrabant et dedicabant*, dit Saumaise.

Cette cérémonie est une preuve du vif attachement que portaient à l'empereur Antonin les habitants de Lugdunum, qui, apprenant que sa santé était chancelante, chargèrent Æmilius Carpus d'offrir à Rome un taurobole aux divinités tutélaires, pour obtenir de leur toute-puissance la conservation de ses jours. Ce sacrifice eut lieu le 9 décembre de l'an 161 de notre ère qui correspond à l'année 892 de la fondation de Rome, sous le Consulat d'Appius Annius Atilius Bradua et de Titus Clodius Vibius Varus. Les vœux qui furent faits dans toute l'étendue de l'empire furent mal exaucés, car Antonin succomba trois mois après cette cérémonie.

Ce magnifique monument, le premier des tauroboles découverts à Lyon, fut trouvé au mois de décembre 1704, sur le versant oriental de la colline de Fourvière, non loin de l'ancien forum, dans la propriété de M. Gautier, marchand de sel, qui en fit hommage au corps des échevins de la ville. Ceux-ci, pour témoigner leur reconnaissance au donataire lui offrirent 5,000 livres, somme importante à cette époque. Ce monument fut placé à l'hôtel-de-Ville, dans la salle où l'Académie tenait ses séances; de là, il a été transporté au Musée de la ville, lors de sa création.

Description. — Ce taurobole est en calcaire jurassique (Choin-de-Fay), il est décoré d'une base et d'un couronnement à moulures; ce dernier est surmonté d'un fronton à rouleau. Au sommet, on remarque une cavité en forme de coupe pour recevoir le sang des victimes. Sur la face de devant, on voit un bucrâne de taureau orné d'un rang de perles qui forme un feston sur le front de l'animal, se replie derrière les cornes et descend en forme de pendentif de chaque côté de la tête. Cette sculpture en bas-relief est d'un style qui ne se ressent point encore de la décadence de l'art.

L'inscription est divisée en deux parties par cette tête, elle est composée de 20 lignes; 9 sont placées en dessus et 11 en dessous. Les lettres sont d'un bon style, celles de la première ligne ont 24 mill. de haut; celles du reste de l'inscription ont en moyenne de 13 à 15 millim. Sur la face droite, on voit la tête d'un bélier en bas-relief, parée de la même manière que celle du taureau; elle indique qu'un criobole fut fait en même temps, et l'on s'accorde à penser que ce sacrifice fut consommé en l'honneur d'Atys., favori de la grande déesse. La face gauche présente la harpé, couteau victimaire, dont la pointe sépare par le milieu une inscription en deux lignes dont nous avons parlé plus haut. Les lettres sont du même style et de la même dimension; l'i qui se trouve à la seconde ligne dépasse en hauteur le niveau des autres lettres.

Ce magnifique monument est d'une belle conservation, les angles et les moulures présentent seulement quelques légères brèches.

Hauteur : 1 mètre 38 cent. — Largeur : 45 cent. — Epaisseur : 50 cent.

N. 288.

```
        D   ⚒   M
          ET MEMORIAE
I. ANICETI. MARITI. IN
COMPARABILIS
MORTE. DECEPTI. ITEM. IV
LIAE. ANICETAE. FILIAE
IVLIA. GRAECA. MATER
FILIAE. DVLCISSIMAE. ET
MARITO. CARISSIMO. ET
SIBI. VIVA. POSTERIS. QVE
SVIS. PONENDVM. CVR
AVIT. ET S. ASC. DEDICAVIT
```

Aux Dieux Mânes, et à la mémoire éternelle de J. Anicetus, mari incomparable, surpris par la mort, et à celle de Julia Aniceta sa fille, Julia Græca sa mère a eu soin de faire ériger ce monument de son vivant pour sa fille bien-aimée et pour son mari tendrement chéri, ainsi que pour elle et pour ses descendants, et l'a dédié *sub ascia*.

(Publiée comme inédite par Artaud, *notice* page 7.)

Le nom d'Anicetus se rencontre assez fréquemment dans les inscriptions; il est cité plusieurs fois dans Gruter; c'était celui que portait l'assassin d'Agrippine mère de Néron et qui était un affranchi; celui dont il est ici question devait l'être également, ou du moins descendre d'un affranchi. L'histoire des papes en mentionne un de ce nom qui vécut dans les premiers temps du Christianisme.

Ce monument a été trouvé en 1815, dans les fondations du quai St-Vincent en face de la rue des Augustins, à Lyon, et déposé au Musée de la ville par les soins de M. le baron de Vauxonne adjoint au maire.

Description. — Cette inscription se compose de 12 lignes, en y comprenant la première formée des initiales D et M, entre lesquelles on a figuré l'*ascia*. Les lettres sont d'un bon style, mais elles ont beaucoup souffert par l'usure. Celles du corps de l'inscription ont 38 millim. de haut.

Ce cippe funéraire est en calcaire jurassique; il est orné de moulures à sa base et à son couronnement. Les angles et la base sont écornés.

Hauteur : 1 mètre 29 cent. — Largeur : 57 cent. — Epaisseur : 58 cent.

N. 289.

Amphore en argile rose, à deux anses et à panse sphérique; elle est intacte.
Elle provient de l'ancien cabinet de la ville.

Hauteur : 74 cent. 6 millim. — Diamètre : 54 cent.

PORTIQUE XXXIV.

N. 290.

```
D ❦ M
Q. VIPPI POTITI
VALERIA VENERIA
MARITO BENE ME
RENTI DE SE POSVIT
```

(Inédite.)
Aux Dieux Mânes de Quintus Vippius Potitus, Valeria Veneria a élevé ce monument à ses frais à son mari qui fut son bienfaiteur.

Il est difficile de deviner quel est le sujet de la reconnaissance de Valérie envers son époux, qu'elle qualifie aussi de bienfaiteur. Etait-elle son esclave lorsqu'il l'a épousée, ou l'avait-il favorisée dans son testament? On ne peut déterminer ni le bienfait ni son étendue. Ce monument a été découvert en 1824 à St-Irénée, lors de la reconstruction de cette église et transporté au Musée en 1845.

Description — Cette inscription est composée de 5 lignes; les lettres sont d'un bon style et ont 36 mill. de haut. La première ligne est composée des initiales majuscules D et M entre lesquelles on a figuré au trait une feuille de lierre. A la seconde, un Q majuscule d'une forme bizarre commence la ligne. A la quatrième, dans le mot POSVIT, l'I et le T sont conjoints.

Ce beau cippe funéraire est en calcaire jurassique (Choin-de-Fay). Il était décoré d'une base et d'un couronnement à moulures dont il ne reste que quelques traces sur le devant, le reste a été abattu.

Hauteur : 1 mètre 50 cent. — Largeur : 55 cent. — Epaisseur : 39 cent.

N. 291.

```
        M
TERNAE
NIANI
    OMAE
      AVG
G.    LVG
I. FECIT. ET
STOCLAE
CARISS
    ERISQ
A DEDIC
```

(Publiée par Artaud, *Notice* pag. 49).

Artaud a restitué ainsi cette inscription dont il manque la moitié : « Aux Dieux « Mânes et à la mémoire éternelle de Paternianus, prêtre de Rome et d'Auguste,

PORTIQUE XXXIV.   207

« sévir augustal de Lyon. Il a fait faire ce monument pour lui , pour sa très-chère
« épouse Thémistocla, et pour ses descendants ; il l'a aussi dédié *sub ascia*. »

C'est certainement le sens de cette inscription incomplète, mais on pourrait élever des doutes sur les noms des deux époux, attendu que la terminaison du premier est commune à beaucoup d'autres, et que celle du second, si elle est plus rare, n'est point unique ; on pourrait également contester le titre de sévir augustal.

Ce débris a été trouvé à Lyon dans les fondations de l'ancienne chapelle de St-Côme et donné au Musée par M. Dutillieu.

Description. — Cette moitié d'inscription est composée de la fin de 11 lignes, dont les lettres sont d'un très-bon style. A la première ligne la majuscule M a 15 cent. 5 millim. de haut, et les lettres du reste de l'inscription ont 84 millim. de haut.

A la 10ᵉ ligne, dans la portion du mot ERISQ *(posterisque)*, et à la 12ᵉ ligne dans DEDIC *(dedicavit)* l'ı est plus élevé que les autres lettres.

Ce beau fragment d'inscription est gravé sur un bloc carré, en calcaire jurassique (Choin-de-Fay) (1), qui a été coupé en deux parties égales pour en faire des assises. L'inscription était gravée dans un champ creux avec encadrement à moulures.

Hauteur : 1 mètre 59 cent. — Largeur : 61 cent. 5 mill. — Epaisseur : 52 cent.

N. 292.

```
C.  SERVILIO
MARTIANO
ARVERNO
C. SERVILII
DOMITI. FILIO
SACERDOTI. AD
TEMPLVM. ROMAE
ET. AVGVSTORVM
TRES PROVINCIAE
GALLIAE
```

A C. Servilius Martianus, du pays des Arvernes, fils de C. Servilius Domitius, prêtre attaché au temple de Rome et des Augustes. Les trois provinces des Gaules lui ont élevé ce monument.

(Publiée par Artaud , *notice*, page 50.)

Cette inscription nous apprend que ce Servilius était du pays des Arvernes (aujourd'hui l'Auvergne) , qu'il fut élevé au sacerdoce et attaché au temple de Rome et des Augustes. Nous ferons remarquer ici, que sous les premiers empereurs, ce temple élevé en l'honneur de Rome et d'Auguste, au confluent du Rhône et de la Saône,

(1) Voir page LXXII.

conserva sa dédicace en faveur d'Auguste seul ; mais que plus tard, soit que les souvenirs du règne de cet empereur se fussent affaiblis, soit par tout autre motif, ce temple fut consacré par le fait à tous ses successeurs. Ainsi, dans cette inscription nous lisons ROMÆ ET AUGVSTORVM.

Servilius, né chez l'un des peuples les plus guerriers de la Gaule, occupa à Lugdunum un poste éminent et fut sans doute un homme très-distingué, puisque les trois provinces des Gaules lui consacrèrent cette inscription honorifique.

Ce monument a été trouvé à la fin du siècle dernier, à Lyon, près de l'église de St-Côme et donné au Musée par M. Dutillieu.

Description. — Ce cippe est en calcaire jurassique (Choin-de-Fay) (1). L'inscription qu'il porte est composée de dix lignes, dont les lettres sont d'un bon style ; elles ont en moyenne 56 millim. de haut.

A la quatrième ligne, dans le mot SERVILII, le dernier I est plus élevé que les autres lettres. Cette inscription faisait sans doute partie d'un édifice où elle était encastrée ; la pierre sur laquelle elle est gravée présente des fissures et des mutilations vers ses angles. (*Voyez planche* XVII, n° 292.)

Hauteur : 1 mètre 49 cent. — Largeur : 61 cent. — Epaisseur : 57 cent.

N. 293.

(*Inédite.*)

```
         M
   IAE GRANIAE
   VIXIT · ANNIS
   MENSIBVS · II
  V TIVS · THESEVS
   IA · EVTYCHIA
   NTES   FILIAE
   NTISSIMAE · ET
   INIVS · SEDIANVS
   CONI · KARISSIMAE
```

Aux Dieux Mânes de Julia Grania qui a vécu ... ans 2 mois ...u.tius Theseus et ...lia Eutychia, ses parents, ont fait élever ce monument à leur fille très-aimante et ...inius Sedianus à son épouse chérie.

Le noms des parents de la défunte nous indiquent qu'ils étaient d'origine grecque.

Ce monument a été découvert à Lyon paroisse de St-Irénée, en 1824, lors de la reconstruction de cette église, dans la cave de M. Tête, dont la maison est au nord de la cour de St-Irénée. Elle est entrée au Musée en 1845.

Description. — Cette épitaphe laisse beaucoup à désirer sous le rapport de la conservation. Il n'en reste que dix lignes dont les lettres sont d'un bon style et ont 27 millim. de haut ; la partie droite a subi de nombreuses mutilations.

A la première ligne, le D majuscule a été détruit ;

A la 2me il est probable que les lettres I V L existaient pour former le mot IVLIAE.

A la 3me le mot QVÆ précédait le mot VIXIT, et le mot ANNIS était suivi des chiffres qui en indiquaient le nombre.

---

(1) Voir page LXXI.

A la 5ᵉ ligne, le commencement du prénom de THESEUS est mutilé; peut-être était-ce Curtius.
A la 6ᵉ ligne, au mot IULIA, il manque la première syllabe.
A la 7ᵉ ligne, il ne reste que les quatre dernières lettres du mot PARENTES.
A la 8ᵉ ligne, les trois premières lettres du mot PIENTISSIMÆ manquent.
A la 9ᵉ ligne, les premières lettres du prénom de SEDIANUS manquent aussi; ce pouvait être Licinius. Les dernières lignes où figuraient probablement les mots *faciendum curaverunt* et la formule *sub ascia* sont entièrement effacées.

Ce cippe funéraire, en calcaire jurassique (Choin-de-Fay), est d'une forme élancée, il est décoré d'une base et d'un couronnement surmonté d'un fronton à rouleau; le côté droit de la base a été abattu. Les angles, les moulures, et le fronton sont mutilés.

Hauteur : 1 mètre 58 cent. — Largeur : 57 cent. — Epaisseur : 43 cent.

N. 294.

Amphore en argile, à deux anses; l'ouverture est à bords épais et évasés; la panse est ovoïde et se termine en pointe. Ce vase vinaire a été brisé en deux pièces et restauré.

Hauteur : 81 cent. — Diamètre : 30 cent.

N. 295.

(Inédite.)

```
             LLDL      L
         IVS·ADFECTIONE·MARITI PERMANENT·AETERNA
    D    BENEFICIA·ET LICET SORS IN IQVA·FATORVM·VITAM    M
         ABSTVLERIT · MEMORIA·TAMEN·LAVDIS ElVS · ET GLO
         RIAE·MANEN TE·HOC·TITVLO· DVRABIT· AETERNA
         AVRELIA·SABINA·CONIVGI·KARISSIM·DVLCISSIM
         PIENTISSIM·INCOMPARABIL·QVI·MECVM·VIXIT·SINE VL
         LA ANIMI LAESIONE·ANN·XX·M·II·ET·SIBI·VIVA·PC ET SAD
```

Cette inscription devait être composée de onze lignes environ, à en juger par la position des majuscules D et M au milieu des queues d'aronde; les trois premières ont été complètement détruites ainsi que presque toute la quatrième par la retaille de la pierre; nous nous bornerons à donner la substance de ce qui nous reste. Aurelia Sabina, voulant éterniser la mémoire de son mari et consacrer son mérite et sa gloire par cette épitaphe, la termine ainsi :

« Et quoique l'arrêt injuste du destin lui ait arraché la vie, cependant le souvenir
« de ses louanges et de sa gloire durera éternellement par la permanence de cette
« inscription. Aurelia Sabina à son époux bien-aimé, d'une bonté et d'une affection
« incomparable envers elle, qui a vécu avec elle 20 ans et 2 mois dans une parfaite
« union. Elle a fait élever ce monument pour lui et pour elle de son vivant, et l'a
« dédié *sub ascia*. »

Il est bien à regretter que les premières lignes nous manquent ; elles nous auraient donné le nom de celui en l'honneur de qui ce monument a été élevé et qui ne pouvait être qu'un homme célèbre, puisqu'on parle ici de sa gloire et de sa mémoire qui doit durer éternellement. Le nom de la femme (Aurelia), indique qu'elle appartenait à une des premières familles de Rome. La mère de Jules César portait le même nom.

Ce monument a été découvert à Lyon, en 1824, lors de la reconstruction de l'Eglise de St-Irénée.

Description. — Cette pierre, d'une grande dimension primitivement, devait faire partie d'un monument funéraire plus considérable ; elle fut employée bien plus tard, peut-être à l'époque chrétienne, pour en faire une tombe. On la creusa sans se donner la peine de détruire l'inscription ; elle fut renversée sens dessus dessous et sans doute placée de manière à ce que celle-ci ne fût point en vue. Ce sarcophage a dans œuvre 1 mètre de longueur, 80 cent. de profondeur, et 46 cent. de largeur.

Cette inscription, gravée sur un bloc en calcaire jurassique, ne présente plus que 8 lignes : il ne reste à la première que la base de six lettres qui la commencent.

A la 3° ligne, dans le mot INIQUA le second I dépasse le niveau des autres lettres, ainsi que la même lettre dans le mot VITAM.

A la 4° ligne, on remarque la même particularité dans le mot EIUS, à la 6° dans le mot SABINA, comme à la 8° dans le mot VIVA. Cette dernière ligne se termine par les initiales S. A. D. de la formule *sub ascia dedicavit*.

Cette épitaphe est gravée dans un cartouche à queue d'aronde et à moulures. Le D et l'M majuscules sont gravés au centre de cet ornement.

Hauteur : 63 cent. — Largeur : 2 mètres 14 cent. — Epaisseur : 68 cent.

N. 296.

Amphore en argile blanche, dans la même catégorie de forme que la précédente. Panse ovoïde, à 2 anses cannelées. L'ouverture est mutilée.

Elle provient de l'ancien cabinet de la ville.

Hauteur : 76 cent. — Diamètre : 37 cent. 4 millim.

N. 297.

CVRANTE FVLVIO
AEMILIANO C. V
LOCA QVAE IVLIVS IANV
ARIVS REIP· DONAVERA
CENTONARI·SVO IMPEN
DIO·RESTITVERVNT

(Inédite.)

Par les soins de Fulvius Æmilianus, homme très-illustre, les centonaires ont restitué à leurs frais les lieux que Julius Januarius avait donnés à la république.

Cette inscription deviendrait plus importante, si les lieux dont elle parle nous étaient connus, ainsi que l'étendue de la libéralité de Januarius envers la république.

Ce monument a été découvert à St-Irénée, en 1824 lors de la reconstruction de cette église et placé au Musée de Lyon en 1845.

Description. — Cette inscription historique est gravée dans un cartouche à queue d'aronde, entouré de moulures (*Voyez planche* XIV, n° 297.) Elle est composée de six lignes; les lettres sont d'un style ordinaire et ont en moyenne 58 millim. de haut.

Dans le mot LOCA qui commence la 3e ligne, le jambage horizontal de l'L forme un angle obtus avec le vertical, au lieu de former l'angle droit. Dans les bas temps de la latinité, la forme de ces L est très-commune.

A la 4e ligne dans le mot DONAVERAT le premier A est conjoint au V, et le dernier A au T.

A la 5e ligne, dans le mot IMPENDIO l'M est aussi conjoint au P.

Hauteur : 75 cent. — Largeur : 1 mètre 90 cent. — Epaisseur : 20 cent.

N. 298.

```
       SEXT·ATTI·IAN
       CCC·AVG·LVG·A
  D    PAVLIAE ANTO
       IVGI·EIVS·VIV
       SVERVNT·ET·SV
```

(Publiée par Artaud, page 50.)

Artaud a restitué cette inscription et en donne la traduction suivante dans sa notice sur le Musée lapidaire : « Aux Dieux Mânes de Sextus Attius Januarius, sévir augus-
« tal de la colonie Copia Claudia Augusta de Lyon ; A..... et à Paulia Antonia son
« épouse. Ils ont eu le soin de poser ce sarcophage de leur vivant, et de le dédier
« *sub ascia.* »

Tout en reproduisant cette traduction, on ne peut admettre que Sextus Attius fût plutôt sévir augustal que revêtu de tout autre emploi ou dignité dans la colonie; on pourrait également contester d'autres points, tout en sachant gré au créateur du Musée lyonnais d'avoir cherché à restituer le sens de ce monument épigraphique.

Ce monument servait de seuil à l'une des portes du couvent des Génovéfains, situé à St-Irénée, Lyon.

Description. — Cette inscription est composée de cinq lignes ; nous n'avons à peu près que la première moitié de chacune d'elles. Les lettres sont d'un beau style et ont 72 millim. de haut. Elle est gravée sur un bloc en calcaire jurassique (Choin-de-Fay) et encastrée dans un cartouche à queue d'aronde ; dans l'espace triangulaire de cette dernière se trouve un D majuscule, et dans l'angle rentrant du dessus on a figuré l'*ascia* en relief.

Hauteur : 80 cent. — Largeur : 1 mètre. — Epaisseur : 18 cent.

N. 299.

Amphore en argile rouge, de forme ronde, coupée, comme celle qui porte le n° 301, dans son tiers supérieur, pour loger un ossuaire; trouvée au même lieu, couverte également d'une brique romaine.

Achetée par la Ville, en 1843.

Hauteur : 59 cent. — Diamètre de la panse : 43 cent.

N. 300.

Ossuaire en plomb, de travail romain, ayant la forme d'une caisse, carré-long, avec un couvercle à anse et à recouvrement; cette forme est moins ordinaire que celle des précédents, qui en général est arrondie. Il contenait une urne cinéraire à deux anses que possède le Musée. Il est déformé dans plusieurs endroits; néanmoins la conservation en est assez bonne. Il a été vendu à la ville par un marchand qui assure l'avoir acheté près de Chalon-sur-Saône, où il a été découvert.

Il provient de l'ancien cabinet de la ville.

Longueur : 49 cent. — Largeur : 35 cent. — Hauteur : 31 cent. 5 millim. — Poids: 33 kilogr. 800 grammes.

N. 301.

Amphore, dont la panse est assez large dans le bas, et qui a été coupée dans son tiers supérieur pour servir de réceptacle à un ossuaire en argile. Comme on le voit, elle servait à protéger le vase qui contenait les cendres du mort; c'était une véritable tombe; l'ouverture était recouverte d'une large brique en terre rouge.

Cette espèce de tombeau en argile rouge, d'une facile construction, était en usage dans le cimetière de St-Irénée; on en a trouvé plusieurs, en partie brisés; deux seulement ont été recueillis pour le Musée de Lyon, comme témoignage de ce mode de sépulture.

Achetée par la ville, en 1843.

Hauteur : 52 cent. 6 millim. — Diamètre de la panse, 47 cent.

N. 302.

Ossuaire en plomb, cylindrique; les parois sont percées et mutilées en plusieurs endroits, ainsi que le couvercle; il a été trouvé avec les précédents.

Acheté par la ville en 1843.

Hauteur : 23 cent. — Diamètre : 24 cent. 6 millim. — Poids : 8 kilogr. 200 grammes.

PORTIQUE XXXV.
N. 303.

```
    L      D
         NAUTA RHOD
    D  E  C

    N   ♥   R
```

```
C. IVLIVS SABINIANVS
      NAVTA RHOD
      IN HONOREM
NAVTARVM·RHODANICOR
        DAT
```

```
DEDICATIONE
DONI·HVIVS
OMNIBVS
NAVIGANTIBVS·XIII
DEDIT
```

Emplacement accordé par décret aux nautes du Rhône.

C. Julius Sabinianus, naute du Rhône, consacre ce monument en l'honneur des nautes du Rhône.

Pour la dédicace de ce don, il a distribué 13 deniers à tous les mariniers.

(Publiée par Artaud, *Notice* 1818, page 51.)

Cette inscription honorifique nous paraît assez importante, en ce que, à l'époque où ce monument fut érigé, il existait une corporation spéciale des mariniers du Rhône, distincte de celle des mariniers de la Saône; d'autres inscriptions viennent nous apprendre que plus tard les mariniers de ces deux fleuves furent réunis sous la même administration et commandés par le même chef.

Ce monument a été trouvé dans les fondations de la Commanderie de St-Georges, à Lyon, et donné au Musée de la ville par M. Laya, propriétaire de cet édifice.

Le lieu où il a été découvert avait fait penser à Artaud, qu'à l'époque où il fut érigé, le confluent du Rhône et de la Saône devait être dans cet endroit; et comme cette pierre est gravée sur les quatre faces, il suppose qu'elle a été placée isolément sur les bords de la rivière. Nous ne pouvons adopter son opinion relativement à la jonction des deux fleuves. Il est très-difficile aussi d'assigner le lieu que cette pierre occupait primitivement; elle pouvait exister isolément sur le bord du fleuve, ou dans tout autre endroit, servir de piédestal à une statue, entre autres à celle du chef des nautes du Rhône, ou bien à celle de Sabinianus qui aspirait peut-être à le devenir, et voulait s'assurer leurs suffrages par cet acte de munificence. On sait que, lorsque les monuments païens furent détruits, on se servait de toutes parts de leurs matériaux comme pierres de construction, et qu'on allait les chercher fort loin pour les utiliser dans les nouveaux bâtiments.

Description. — Cette inscription, des premiers temps de notre ère, révèle l'une des belles époques de l'art. Elle est composée de quatre cartouches différents, l'un placé sur la face de devant et répété sur la face opposée, l'autre sur la face du côté droit, et enfin le quatrième sur la face gauche du monument; ils sont tous quatre gravés en lettres d'un très-beau style, dans un champ creux avec un encadrement à moulures. Celle de devant est composée de cinq lignes; nous ferons remarquer avec Artaud que les mots NAUTA RHOD. avaient été oubliés et qu'ils ont été ajoutés dans le premier interligne, qui n'offre qu'un intervalle égal aux autres et qu'on n'aurait pas manqué de laisser plus espacé, s'il n'y avait eu oubli du graveur.

A la première ligne, dans le nom SABINIANUS, le premier I dépasse d'un tiers en hauteur le niveau des autres lettres qui ont 26 millim. de haut; celles de la seconde ligne, gravées après coup, ont 8 millim.

Dans l'inscription de trois lignes, la première et la dernière sont des initiales; la deuxième est formée de la première syllabe du mot DECRETO. Les lettres ont 26 millim. de haut.

L'inscription de gauche est formée de 5 lignes, les lettres ont 26 millim. de haut.

Ce monument est en calcaire jurassique (Choin-de-Fay); les angles présentent quelques brèches, il est du reste bien conservé. (*Voyez planche* X n° 303).

N. 304.

(Inédite).

```
BONAE. MENTI. AC RE
  DVCI FORTUNAE RED
HIBITA. ET. SUSCEPTA
       PROVINCIA
T. FLAVIVS. SECVNDVS. PHILIPPIA
NVS. V. C. LEG. AVGGG. PROV. LVG
LEG. LEG. G. I. M. ET. XIIII. GEM. ALLECT
INTER. PRAETORIOS. TRIBVNICI
OS. QVAESTORIOS. TRIB. MILITVM
LEG. VII. GEM. CVM. IVLIA NEPONT
IA, C. F. SVA. ET. T. FL. VICTORINO. PHI
LIPPIANO C. I. TRIB. MIL. LEG. V. MA
CED. ET. T. FL. ARISTO. VLPIANO. C. P. LEC
TO IN. PATRICIAS. FAMILIAS
ARAM. CONSTITVIT. AC
       DEDICAVIT
```

Au bon Génie et à la Fortune de retour, la Province reconquise et rendue à l'Empire. Titus Flavius Secundus Philippianus, homme très-illustre, lieutenant des trois Empereurs dans la Province Lyonnaise, commandant de la première légion Minervienne double et de la quatorzième double, admis aux rangs et priviléges des anciens préteurs, tribuns et questeurs, tribun militaire de la septième légion double, avec Julia Nepontitia, sa fille très-illustre, et Titus Flavius Victorinus Philippianus, très-illustre jeune homme, tribun militaire de la cinquième légion Macédonienne, et Titus Flavius Aristus Ulpianus, enfant très-illustre, admis aux rang et privilége des familles Patriciennes, a élevé cet autel et l'a dédié.

Nous pensons que cette belle inscription historique qui rappelle une victoire et une province reconquise, se rapporte au temps des empereurs Pupien, Balbin, et Gordien Pie qui régnèrent ensemble.

Lors de la découverte de cette pierre en 1788, il paraît qu'on trouva les restes d'une ligne supérieure qui ne consistaient que dans ces quatre lettres ...VIDE...; quelques-uns les interprétèrent par JOVI DEFENSORI, mais nous pensons que c'était plutôt : PROVIDENTIÆ.

Ce monument historique d'une haute importance, a été donné au Musée de Lyon en 1838 par l'un de nos généreux concitoyens, M. Valouy; il était encastré comme pierre de construction dans les murs de la cour de sa maison, située grande rue Sainte-Catherine, 9; quelques années avant la révolution de 93, M. Imbert Colomès qui fit reconstruire cette maison, le trouva en faisant creuser ses fondations.

Description. — Cette inscription est composée de 16 lignes, d'un bon style; les lettres des quatre premières ont 40 millim. de haut, celles des douze autres n'en ont que 30.

A la 11° ligne, dans le mot ET, les deux lettres sont conjointes.

A la 13° ligne, les deux lettres du même mot le sont aussi, et dans ARISTO, l'I est plus allongé.

Ce beau cippe est en calcaire jurassique (Choin-de-Fay). La partie supérieure a beaucoup souffert, le couronnement manque entièrement, il a été abattu et la pierre taillée carrément; l'angle gauche est écorné, une ligne a été détruite. La base présente une longue plinthe dont le haut est couronné de moulures en retrait. *(Voyez planche* VIII, n° 304).

Hauteur : 1 mètre 35 cent. — Largeur : 66 cent. 7 mill. — Epaisseur : 62 cent.

N. 305.

Partie d'un fût de colonne en calcaire rougeâtre.

Hauteur : 68 cent. — Diamètre : 51 cent.

N. 306.

Chapiteau en calcaire blanc, carré, orné d'une ligne d'entrelacs et d'une rangée de feuilles d'acanthe; le travail de la sculpture est soigné, on peut le reporter au 3e ou 4e siècle. Deux des côtés de ce chapiteau ont été coupés. Son origine est ignorée, Il faisait partie de l'ancien cabinet de la ville.

Hauteur : 18 cent. — Largeur : 37 cent. — Longueur : 42 cent.

N. 307.

Urne cinéraire en calcaire oolithique blanc, en forme de colonne; le couvercle a la forme d'un cône; elle est sans ornement; une anse massive et carrée est placée de chaque côté; elle est assez bien conservée. Elle provient du cabinet de la ville.

Hauteur : 56 cent. — Diamètre : 28 cent. 5 millim.

PORTIQUE XXXVI.

N. 308.

(Inédite)

```
         ET . MEMORIAE . AETERNAE
       M . PRIMI . SECVNDIANI . IIIII . VIR . AVG
 ⁂    C.C.C. AVG . CVRATOR . EIVSD . COR
 D    POR . NAVTAE . RHODANIC ARARE . NA    M
      VIGANT . CORPORAT . INTER . FABROS
      TIGN . LVG . CONSIST . NEGOT . MVRIAR.
      M . PRIMIVS . AVGVSTVS . FIL . ET HERES . PATRI
      KARISSIM . PONEND . CVR . ET . SVB . ASC . DED .
```

Aux Dieux Mânes, et à la mémoire éternelle de M. Primus Secundianus, sévir augustal, de la colonie Copia Claudia Augusta, de Lyon, curateur du même corps, naute du Rhône et de la Saône, membre de la corporation des charpentiers établie à Lyon, marchand de saumure de thon. M. Primus Augustus, son fils et son héritier, a fait élever ce monument à son père chéri et l'a dédié *sub ascia*.

Le sarcophage sur lequel est gravée cette inscription nous apprend que celui auquel on l'avait élevé, était sévir augustal, naute du Rhône et de la Saône, membre de la corporation des charpentiers et enfin qu'il était *negotiator muriarum*.

246   PORTIQUE XXXVI.

On appelait *muria* une espèce de saumure où entrait de la chair de thon : elle servait d'assaisonnement pour différents mets. Pline dit qu'elle se préparait surtout à Antibes et à Thurium. Elle était moins estimée que celle faite avec une partie des intestins du maquereau. L'usage de cette saumure, en grande vogue dans les Gaules, est ici confirmé par cette inscription ; elle a quelque similitude avec le caviar, préparation très-estimée en Orient, qui se fait avec l'esturgeon. Pitiscus (page 609), dit en parlant de cet apprêt : *muria est liquamen, quod ex thynnorum sanie, maceratis illorum carnibus, sale difluebat, parabatur variis in locis.*

Ce beau monument qui nous révèle un ancien usage culinaire très-usité, a été découvert sur l'emplacement et dans les fondations de l'ancien cloître des Bénédictins à Vaise (Rhône), et provient des fouilles ordonnées par M. Duchatel, ministre de l'intérieur, et dirigées par nous ; il a été trouvé vers la fin de 1845.

Description. — Cette inscription est composée de 8 lignes en lettres d'un bon style qui ont à la première ligne 75 millim. de haut, et aux autres lignes 50 millim. Elle est gravée dans un cartouche à queue d'aronde et à moulure ; le D et l'M majuscules sont placés au centre du triangle que forment les queues d'aronde. *(Voyez planche IX n° 308).*

A la 3° ligne, dans le mot EIUSDEM, l'I dépasse de moitié en hauteur le niveau des autres lettres ; à la même ligne, les trois CCC sont ponctués dans le centre.

A la 4° ligne, dans RHODANIC, l'R et l'H sont conjoints et le premier jambage de cette dernière lettre est supprimé ; le C est ponctué dans le centre.

A la 6° ligne, dans la syllabe LVG, le G est ponctué dans le centre.

A la 7° le premier I dans PRIMIVS est très-allongé ainsi que dans la syllabe FIL.

A la 8° ligne, dans CARISSIM., le C est remplacé par le K.

Nous ferons remarquer que tous les mots sont séparés par un point de forme triangulaire.

Ce sarcophage est en calcaire jurassique (Choin-de-Fay), surmonté d'un énorme couvercle à pignon, décoré sur les deux côtés de sa longueur de trois éminences triangulaires arrondies sur le derrière qu'on peut comparer à trois larves bruts. Ce couvercle a été brisé en deux parties qui ont été réunies. Il est du reste d'une bonne conservation, moins quelques écornures. La tombe est creusée dans son intérieur : elle a 1 mètre 90 cent. de long, sur 60 cent. de large, et 50 cent. de profondeur. Les dimensions de l'ensemble du monument sont :

Hauteur : 1 mètre 32 cent. — Longueur : 2 mètres 46 cent. — Epaisseur : 1 mètre.
Le couvercle déborde environ de 4 centimètres.

N. 309.

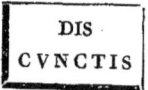
A tous les dieux.

(Publiée par Artaud, *notice de* 1818, page 52).

Cette dédicace n'a point été gravée isolément sur cette pierre. En effet, on aperçoit au-dessous deux ou trois lignes mutilées par le marteau, où nous avons cru reconnaître les vestiges des mots *et spei divinæ*. Cette formule, insolite dans les recueils d'inscriptions, rend très-remarquable celle dont nous parlons; quoiqu'elle puisse paraître conforme pour le sens à celle de *diis omnibus* que l'on rencontre communément, elle devient susceptible d'un sens particulier et plus restreint. M. Gardon Dumesnil, dans ce vers de Virgile (Æneid. lib. 1.) :

... : cuncti ore fremebant
Dardanidæ.

fait remarquer qu'il aurait dit *omnes*, s'il avait voulu parler de tous les Troyens; mais qu'en disant *cuncti* il ne désignait que ceux qui étaient présents. Dans les mémoires de l'Académie de Crotone, on trouve cette expression au sujet d'un sacrifice au dieu Mithra : *nama cunctis* (grâce à tous) c'est-à-dire à chacun de ceux qui prennent part au sacrifice. D'après cette leçon on pourrait en déduire qu'il n'est ici question que des divinités topiques.

On trouve dans Payinius plusieurs inscriptions où il est fait mention de tous les prêtres des empereurs placés au rang des dieux; il est probable que le nom de celui qui avait fait la dédicace se trouvait gravé sur cet autel votif.

Ce monument a été découvert au commencement de ce siècle, à Lyon, à une profondeur de trois mètres environ, dans les fondations de l'église St-Etienne, près de la cathédrale, et il a été signalé par M. Cochard à Artaud qui le fit transporter au Musée de la ville.

Description. — Ce monument est en calcaire jurassique (Choin-de-Fay), son couronnement a été brisé et manque, la base est ornée de moulures, les angles sont écornés ; toutes les lignes qui suivaient la dédicace ont été piquées au marteau et rendues illisibles.

Hauteur : 98 cent. — Largeur : 47 cent. — Epaisseur : 40 cent.

N. 310.

| L. HELVIO. L. FILIO |
| VOLTIN. FRVGI |
| CVRATORI. NAV |
| TARVM. BIS. IIVIR |
| VIENNENSIVM |
| PATRONO. RHO |
| DANIC. ET. ARAR |
| N. RHOD. ET. ARAR S |

A L. Helvius Frugi, fils de Lucius, de la tribu Voltinia, curateur (1) des nautes, deux fois duumvir (2) des Viennois. Les nautes du Rhône et de la Saône ont élevé ce monument à leur patron.

(Publiée par Artaud, *Notice*, p. 52).

Ce monument honorifique, comme on le voit, a été élevé en l'honneur d'un duumvir de la ville de Vienne, par les chefs des nautes des deux fleuves qui baignaient les murs de Lugdunum et qui établissaient entre ces deux villes des

(1) Voir page XLIX. — (2) Voir page XLIV.

Gaules des relations commerciales très-importantes et presque journalières. C'est sans doute à raison des services qu'il avait rendus à cette corporation qu'il fut jugé digne par elle de cet honneur. L'inscription est gravée sur deux côtés de la pierre, ce qui a fait penser à Artaud, qu'elle a dû être placée isolément.

M. de la Cretelle possédait, dit Artaud, une inscription où figure le nom de notre L. Helvius Frugi et qui nous fait connaître celui de son épouse; la voici :

<pre>
        D   M
        TITVLLAE
        L. HELVIVS
          FRVGI
         CONIVGI
       SANCTISSIMAE
</pre>

Le surnom de *Frugi* a été donné à un grand nombre de Romains. Nous lisons sur certaines médailles de la famille Calpurnia *Piso Frugi*. Ce surnom fut donné à un Pison, à raison de sa grande tempérance; il était consul à Rome en l'an 620 de sa fondation; depuis, cette famille a conservé ce surnom, ce qui doit faire penser que dans notre inscription cette épithète équivaut à l'expression d'économe, de sage. Rochat (tom. I, pag. 336) parle aussi d'un *Frugi curator*. Champollion Figeac, dans son ouvrage sur les Antiquités de Cataro, cite un nommé P. HELVIVS MASSO, décurion de Vienne, qui était de la tribu Voltinia. Cette similitude de nom et de tribu pourrait faire croire à un lien de parenté entre ces deux personnages, et qu'ils appartenaient à une famille distinguée de cette époque.

Cette distinction de duumvir nous prouve qu'à cette date Vienne avait déjà le privilége du municipe, droit qui avait une grande extension, même avant que Caracalla eût concédé le droit de bourgeoisie à tous les citoyens libres de l'empire.

Pline le jeune félicite son ami Rufinus, duumvir de Vienne, de ce qu'il a aboli dans cette ville les combats gymnastiques qui corrompaient les mœurs de ce peuple; on voit par là quelle était l'importance de cette place, et ensuite que l'intendance des jeux publics était dans le ressort de cette magistrature.

Quant au titre de patron des nautes des deux fleuves, il se trouve rapporté sur un assez grand nombre d'inscriptions et souvent il est joint à celui de sévir.

Les nautes ont été considérés par quelques auteurs comme de simples mariniers, tel que le pense l'abbé Chalieu; d'autres, comme Millin, les considèrent comme une corporation de marchands qui s'engageaient à faire le transport des marchandises d'un point à un autre sur le cours de l'un ou l'autre fleuve.

Cette courte inscription ne nous paraît point dénuée d'intérêt sous plusieurs rapports. Elle est citée par le président de Bellièvre et se trouvait comme pierre de construction dans l'un des murs de l'ancienne église de St-Etienne, qui touchait la paroisse actuelle de St-Jean; elle est due à Cochard l'un de nos chroniqueurs distingués.

Description. — Elle est composée de 8 lignes dont les lettres sont d'un beau style et ont 45 millim. de haut.

A la 1re ligne, dans le mot FILIO, le premier I dépasse en élévation le niveau des autres lettres.

A la 4e ligne, les chiffres II sont surmonté d'un trait horizontal et dans le mot VIR l'R et l'I sont conjoints. A la 8e ligne, le premier N est surmonté d'un trait horizontal, pour marquer l'abréviation, et le dernier mot ARAR est mutilé dans le bas.

Ce cippe présente un encadrement creux orné de moulures, dans lequel on a gravé le corps de l'inscription. Il est en calcaire jurassique (Choin-de-Fay); la base a été brisée au niveau de la dernière ligne de l'inscription. Il est décoré d'un couronnement à moulure; le fronton est mutilé.

Hauteur : 1 mètre. 23 cent. — Largeur : 67 cent. — Epaisseur : 45 cent.

N. 311.

D   M
ET MEMORIAE AETER
VITALINI. FELICIS. VET. LEG
M. HOMINI. SAPIENTISSIM
ET. FIDELISSIMO. NEGOTIA
RI. LVGDVNENSI. ARTIS. C
TARIAE . QVI . VIXIT . ANNIS . L
VIIII. M. V. D. X. NATVS EST D
MARTIS. DIE. MARTIS. PROF
TVS . DIE . MARTIS MISSIONE
PERCEPIT . DIE . MARTIS . DEF
NCTVS EST . FACIENDVM . C.
VITALIN . FELICISSIMVS . FI
LIVS . ET . IVLIA . NICE . CON
IVNX . ET SVB . ASCIA. DEDI
CAVERVNT.

Aux Dieux Mânes, et à la mémoire éternelle de Vitalinus Félix, vétéran de la légion macédonienne (ou minervienne), homme d'une haute sagesse, et d'une grande probité, négociant de Lugdunum, fabricant de papier, qui vécut 59 ans, 5 mois, 10 jours; il naquit le mardi, il est parti pour l'armée le mardi, il a obtenu son congé le mardi, il est mort le mardi. C. Vitalinus Felicissimus son fils et Julia Nicè son épouse lui ont fait élever ce monument et l'ont dédié *sub ascia*.

(Publiée par Artaud, *Notice* pag. 53).

Cette inscription dans laquelle sont rappelées les qualités du défunt, présente une coïncidence de jours assez remarquable dans les principales époques de sa vie; les anciens y attachaient beaucoup d'importance, et même dans les temps modernes on ne laisse pas de s'en préoccuper; on n'a pas manqué de faire observer dans la vie de Raphaël, qu'il était né le vendredi et mort le vendredi.

Nous ne nous arrêterons pas à la signification de l'initiale M qui suit la syllabe LEG, abréviation de *legionis*; il est difficile d'affirmer qu'elle exprime *minerveæ* plutôt que *macedoniæ*; comme le cantonnement de cette légion n'est point indiqué on ne peut rien dire de positif à cet égard; cette lettre pouvait signifier également la légion *martia*.

Nous ferons remarquer que Vitalinus Félix s'était établi à Lugdunum marchand de papier, profession dont nous trouvons peu d'exemples dans les inscriptions; il n'est pas ici question du genre de papier que nous employons aujourd'hui qui n'était point encore connu à cette époque, puisqu'on en attribue l'invention aux Arabes vers le milieu du XIVme siècle; il peut s'agir du papier fait avec des peaux d'animaux préparées, qui acquéraient une certaine blancheur, et sur lesquelles on traçait les caractères; les anciens manuscrits qui datent des premiers siècles sont là pour justifier cette opinion ; ou bien du *papyrus* dont l'Egypte fournissait une immense quantité, que l'on fabriquait avec la pellicule d'un roseau qui croissait sur les bords du Nil, et dont Pline décrit très-bien le mode de fabrication. Cette espèce de *papier*, d'un prix moins élevé que l'autre, devait être d'un usage plus répandu ; il est probable que Vitalinus en vendait aux habitants de Lugdunum.

Nous n'avons aucune espèce de données sur le lieu et l'époque de la découverte de ce cippe, nous savons seulement qu'il était conservé à l'Hôtel-de-Ville de Lyon.

Description. — Cette inscription est composée de 16 lignes, les lettres sont d'un assez bon style et ont 22 millim. de hauteur.

La 1re ligne est composée des deux initiales majuscules D et M, qui sont gravées sur ce monument, et surmontée de la figuration de l'ascia qui est placée sur le fronton.

A la 2e ligne, l'N qui termine la ligne est mutilée.

A la 3e ligne, le G dans LEG l'est en partie aussi.

A la 4e ligne, dans PIENTISSIMO le dernier jambage de l'M et l'O sont détruits.

A la 6e ligne, dans la syllabe CHAR qui la termine l'H, l'A et l'R sont détruits.

A la 11e ligne, l'E qui termine la ligne est mutilé. Il en est de même à la 13e et à la 14e ligne pour le premier jambage du V et de l'U qui commence ces lignes.

Ce cippe est en calcaire jurassique (Choin-de-Fay) ; il est décoré d'une base et d'un couronnement à moulures surmonté d'un fronton ; les moulures ont été abattues sur les côtés ainsi qu'à la base du côté gauche. Ce monument présente aussi des mutilations vers ses angles. (*Voyez planche* II n° 311).

Hauteur : 1 mèt. 2 cent. — Largeur : 43 cent. — Epaisseur : 41 cent.

N. 312.

Amphore en argile rose ; la panse est de forme ovoïde renflée dans le bas qui se termine en pointe ; les deux anses manquent, ainsi que le haut du col.

Hauteur : 85 cent. — Diamètre : 36 cent.

N. 313.

| D ⚒ M | (*Inédite*). |

Nous ne remarquons sur cette pierre que les deux initiales de la formule DIIS MANIBUS, qui sont séparées entre elles par la représentation de l'*ascia* ; tout le champ qui se trouve en dessous est uni et n'a jamais reçu la moindre gravure de lettres. Si ce cippe ne nous offre aucun intérêt épigraphique, il nous démontre du moins qu'il existait, dans les ateliers des graveurs ou tailleurs de pierre, des cippes d'attente pour les monuments funéraires, et que les parents ou amis des défunts allaient y faire leur choix, suivant la dépense qu'ils ne voulaient pas dépasser, et l'étendue de l'inscription qu'ils voulaient faire graver. Cet ancien usage s'est perpétué jusqu'à nous, car dans toutes les grandes villes il existe des ateliers de marbriers où nous trouvons des monuments funèbres qui attendent leur emploi.

Ce cippe a été découvert en 1846 à Lyon, dans la quatrième arche du pont du Change, rive gauche de la Saône.

Description. — Ce monument funéraire, en calcaire jurassique (Choin-de-Fay), est décoré d'une base et d'un couronnement à moulures. L'*ascia* est figurée sur le couronnement entre les sigles D et M.

Hauteur : 93 cent. — Largeur : 42 cent. — Épaisseur : 30 cent.

N. 314.

Amphore en argile blanche à deux anses ; l'ouverture est bordée d'un bourrelet, sa panse est ovoïde, la base est terminée en pointe ; l'extrémité en est mutilée.

Hauteur : 80 cent. — Diamètre : 30 cent.

N. 315.

Amphore en argile rouge dont il ne reste que la panse qui est de la forme d'un ovoïde allongé.

Hauteur : 64 cent. — Diamètre : 28 cent.

PORTIQUE XXXVII.

N. 316.

```
D            M
SEVERIAEC.FIL
   VALERINAE
MEMMIVS·SEVE
IA VS    ·FIL
MATRI·DVLCISS
```

Aux Dieux Mânes, de Severia Valerina, fille de Caius, Memmius Severianus, son fils, à sa mère bien-aimée.

(Publiée par Gruter, page DCCXLI, comme étant *in ponte Araris*).

Cette brève inscription exprime d'une manière simple la douleur qu'a éprouvée un fils de la perte d'une mère chérie.

Nous n'avons aucune donnée sur le lieu et la découverte de cette inscription ; dans sa notice, Artaud l'a passée sous silence, et nous n'avons pu nous procurer des renseignements à cet égard.

Description. — Cette épitaphe est composée de 6 lignes, les lettres sont d'un bon style et ont 45 millim. de hauteur.

A la 1re ligne, l'initiale D est détruite, il ne reste de la formule que l'M majuscule.

A la 2e ligne, dans SEVERIAE, les deux dernières sont mutilées à leur sommet.

A la 5ᵉ ligne, dans RIANUS, fin du mot SEVERIANUS, l'R est détruit, ainsi que l'N et la base des lettres I et A; l's est mutilée; il en est de même pour la syllabe FIL qui suit. La 7ᵉ ligne où se trouvait sans doute la formule SUB ASCIA, a disparu.

Ce cippe est en calcaire jurassique (Choin-de-Fay), il est orné d'une base et d'un couronnement qui ont été abattus pour en faire une taille régulière; il ne reste du couronnement que les moulures du côté droit. La face de devant qui porte l'inscription est percée de trous, dans lesquels il reste encore des rudiments de crampons en fer.

Hauteur : 1 mètre 25 cent. — Largeur : 57 cent. — Epaisseur : 55 cent.

N. 317.

```
           ⚒
    D             M
M.  AVREL.   PRIMVS
VETERANVS. LEG. I. M.
MISSVS HONEST. MIS
SION. CIVIS REMVLVS
SIBI  FECIT  ET  C.
MODESTIN. PEREGR
NO. VETERANO. LEG.
EIVSD. MISSO HONEST.
MISSION. CIV. AGRPP.
CONTVBERNAL. MIHI
CARISSIM. ET. SVB AS
 CIA. DEDI CAVERVNT
```

(Inédite).

Aux Dieux Mânes.

M. Aurelius Primus, citoyen de Rheims, vétéran de la 1ʳᵉ légion Minervienne (ou Martiale ou Macédonienne), qui a reçu un congé honorable, a fait ériger ce monument pour lui et pour C. Modestus Peregrinus, citoyen de Cologne, vétéran de la même légion, qui a reçu un congé honorable, son très-cher compagnon de chambre, et ils l'ont dédié *sub ascia*.

Cette inscription nous rappelle deux militaires étroitement liés par des sentiments d'amitié, qui ont servi dans la même légion, couché sous la même tente; tous deux ont eu une retraite honorable, et pour ne point être séparés après leur mort, ils ont conjointement fait élever ce monument où leurs cendres étaient réunies. Nous n'avons pu indiquer que d'une manière dubitative le nom de la légion à laquelle ils appartenaient; l'initiale qui la désigne pouvant avoir l'une ou l'autre des interprétions que nous avons données.

Au centre et sur le devant de la base de ce magnifique monument on aperçoit une ouverture carrée qui conduit à une excavation qui fut destinée à recevoir l'urne cinéraire des deux amis. Cette circonstance semble indiquer, non la date précise de cette inscription, mais du moins nous fait penser qu'elle n'est point postérieure au milieu du second siècle, attendu qu'à cette époque l'usage de brûler les corps tomba en désuétude. L'entrée de l'ouverture du réceptacle cinéraire était fermée par une porte

PORTIQUE XXXVII.

qui a été détruite, mais dont on aperçoit l'encadrement qui la recevait. Déjà nous avons parlé de ce genre de funérailles.

Ce beau cippe a été découvert à Vaise, dans les fouilles ordonnées par M. Duchâtel, ministre de l'intérieur; il gisait dans les fondations du mur occidental du cloître des Bénédictins qui était annexé à la vieille église.

Description. — Cette épitaphe est composée de 13 lignes; les lettres sont d'un bon style, et ont 78 millim. de haut, excepté celles de la dernière qui n'en ont que 40.

La 1re ligne est formée des sigles D - M entre lesquels on a figuré en creux une feuille de lierre, double symbole des tombeaux et de l'amitié qui unissait les défunts.

A la 3e ligne, le chiffre I qui désigne le numéro de la légion, est très-allongé. A la 5e ligne, dans CIVIS, la hauteur du premier I est également doublée. A la 6e ligne, une feuille de lierre symbolique est figurée en creux entre le mot FECIT et la particule ET. A la 7e ligne, dans PEREGRI l'I est réuni à l'R. A la 9e ligne, dans HONEST., l'N et l'E sont conjoints. A la 10e ligne, dans CIV. l'I est plus allongé, et dans AGRIPP., l'R est réuni à l'I. A la 11e ligne, dans MIHI, l'H est réuni au second I.

Ce monument épigraphique colossal est d'une forme élégante, et décoré d'une base et d'un couronnement à moulures surmonté d'un fronton triangulaire, au centre duquel on a sculpté l'*ascia*. (*Voyez planche* XV, n° 317).

Il est en calcaire jurassique (Choin-de-Fay); son poids est de près de mille kilogrammes, d'après le cubage qui en a été fait. Ce monolithe dépasse en volume tous ceux que nous possédons en ce genre. Il est d'une belle conservation.

Hauteur : 2 mètre 77 cent. — Largeur : 1 mètre 3 cent. — Epaisseur : 80 cent.

N. 318.

D   M
SEX. IVLI. SEX. FIL
PALATIN. HELI
TITVS   CASSIVS
MYSTICVS. SOCER
IIIIII   VIR AVG.
LVG. ET. VIENNÆ
GENERO
SIBI.   REVEREN
TISSIMO.   ET
CALLISTVS.   LIB
IIIIII VIR. AVG. LVG
PATRONO OPTIM. ET
INDVLGENTISSIMO.

Aux Dieux Mânes, de Sextus Julius Helius, fils de Sextus, de la tribu palatine, Titus Cassius Mysticus, son beau-père, sévir augustal de Lyon et de Vienne, à un gendre qui a été envers lui très-respectueux; et Callistus, son affranchi, sévir augustal de Lyon, à son patron très-bon et très-indulgent.

(Publiée par Artaud, *Notice*, page 54).

Si cette inscription nous apprenait seulement qu'un sévir augustal de Lyon et de Vienne a élevé ce monument à son gendre qu'il qualifie de très-respectueux, elle n'offrirait qu'un médiocre intérêt, mais elle mentionne qu'un affranchi s'est joint au beau-père, pour rendre cet hommage funèbre à Sextus Julius, et que cet affranchi, par son mérite et sa fortune, avait été élevé au rang de sévir augustal de Lyon ; ce passage nous prouve donc que les affranchis pouvaient être admis dans cette corporation. Nous ferons remarquer que cette épitaphe est de la belle époque ; qu'elle commence par la formule *diis manibus* qui, presque toujours, est accompagnée de celle *sub ascia* ; mais que cette dernière est absente. Nous n'osons conclure de là que cette épitaphe soit antérieure à l'usage de cette formule répandue dans la Gaule et surtout à Lugdunum.

Cette inscription qui est très-complète et d'une belle conservation, servait de jambage à une porte du monastère des Génovéfains, situé à Lyon paroisse de St-Irénée ; elle a été transportée au Musée de la ville, dans les premiers temps de sa création, par Artaud.

Description. — Cette inscription est composée de 14 lignes, qui sont gravées dans un carré long orné d'un encadrement à moulures (*Voyez planche* XVII, *n°* 318).

Les caractères sont d'un beau style et ont en moyenne 40 millim. de hauteur.

La première ligne, est composée des majuscules D et M.

A la 2ᵉ ligne, dans FIL, l'I est plus allongé.

A la 5ᵉ ligne, dans SOCER l'E et l'R sont conjoints.

A la 7ᵉ ligne, dans VIENNAE, l'A et l'E le sont également.

A la 11ᵉ ligne, dans la syllabe LIB, l'I, est plus allongé les autres lettres.

Ce cippe funéraire est en calcaire jurassique (Choin-de-Fay), il est élancé, sans trace de base et de couronnement qui peut-être ont été abattus ; il est d'une bonne conservation, sauf quelques écornements sur les angles.

Hauteur : 1 mètre 51 cent. — Largeur : 79 cent. — Epaisseur : 50 cent.

N. 319.

(Inédite.)

```
D           M
ET MEMORIAE. AETERN
APIDI. VALERI. SCRIBAE
LIB.  TRIVM  DECVRIA
RVM.     QVAESTORI
TREBIA  DIGNA  CON
IVGI.  KARISSIMO  ET
HEREDES EIVSDEM API
DI   VALERI   APIDIVS
EVPHROSINVS    APIDI
VS  ZOTICVS  APIDIVS
HERMES LIBERTI PATRON
INDVLGENTI  IMO. P. C.
ET. SVB. ASCIA. DEDICAVER
```

Aux Dieux Mânes, et à la mémoire éternelle d'Apidius Valérius, scribe (1) et affranchi, questeur de trois décuries. Trebia Digna, à son époux chéri, et Apidius Euphrosinus, Apidius Zoticus, Apidius Hermès, ses héritiers et ses affranchis, ont fait élever ce monument à leur patron très-indulgent, et ils l'ont dédié *sub ascia*.

Cette inscription est intéressante à raison des charges assez importantes quoique modestes qu'occupait le défunt, et qui supposaient un homme distingué. Il faut

---

(1) L'ordre des scribes était honorable ; c'étaient des espèces de greffiers qui enregistraient les actes, et souvent après une victoire les empereurs leur décernaient l'anneau d'or d'une manière solennelle. Cicéron, contre Verrès, dit : Scribarum ordo est honestus, quod eorum hominum fidei tabulæ publicæ periculaque magistratus committuntur.

PORTIQUE XXXVII.   225

aussi que ses qualités personnelles fussent remarquables, puisque ses héritiers et ses affranchis se sont joints à son épouse pour lui élever ce monument, en les rappelant dans la dédicace.

Cette inscription qui faisait partie de l'ancienne collection, avant notre arrivée au Musée, n'est pas citée dans la notice d'Artaud et nous n'avons pu obtenir aucun renseignement sur le lieu et l'époque de sa découverte.

Description. — Cette épitaphe est composée de 14 lignes, les lettres sont d'un assez bon style et ont en moyenne 21 millim. de hauteur.

La 1re ligne est formée par les deux majuscules D et M.

A la 6e ligne, la barre transversale du т qui la commence est mutilée.

A la 7e ligne, dans le mot karissimo, le к est substitué au c.

A la 12e ligne, l'н qui commence la ligne est mutilé.

A la 13e ligne, dans le mot indvlgentissimo, les deux s sont détruits.

Ce cippe funéraire est en calcaire jurassique (Choin-de-Fay), il est de forme élancée, décoré d'une base et d'un couronnement à moulures ; ce dernier est surmonté d'un fronton à rouleau dans le centre duquel l'*ascia* est figurée en relief. (*Voyez planche* XI *n°* 319).

Les angles présentent quelques mutilations.

Hauteur : 1 mètre 7 cent. — Largeur : 38 cent. — Epaisseur : 34 cent.

N. 320.

| PRO. SALVTE. IMP. L. SEP |
| TIMI. SEVERI. PERTINA |
| CIS. AVG. ET. . . . . |
| . . . . |
| DOMVSQ. DIVINAE. ET. STA |
| TV. C. C. C. AVG. LVG. TAVROBO |
| LIVM. FECERVNT. AVFVSTIA. |
| ALEXANDRIA. ET. SERGIA. |
| PARTHENOPE. EX. VOTO. |
| PRAEEVNTE. AELIO. CASTREN |
| SE. SACERDOTE. TIBICINE. FL. |
| RESTITVTO. INCHOATVM. EST. |
| SACRVM. VII. IDVS. MAI. CON |
| SVMMATVM. V. ID. EASDEM |
| IMP. L. SEPTIMIO. SEVERO. PERTINAC. AVG. |
| II. COS |

Pour la conservation de l'empereur L. Septimius-Severus Pertinax Auguste et . .
. . . .
et de la maison divine, et pour la prospérité de la Colonie Copia Claudia Augusta, de Lugdunum, Aufustia, d'Alexandrie, et Sergia, de Naples, ont fait un taurobole en accomplissement d'un vœu.

Ælius, prêtre attaché à l'armée, présidait à la cérémonie ; Restitutus jouait de la flûte. Ce sacrifice a commencé le 7me jour avant les Ides de mai, et a été terminé le 5me jour avant ces mêmes Ides, L. Septimius-Severus Pertinax empereur et
étant consuls pour la seconde fois.

Ce monument taurobolique important est le second que nous possédions en l'honneur de l'empereur Septime-Sévère ; mais ici son nom était suivi de celui d'un autre personnage, dont les lettres formant la seconde moitié de la troisième ligne et toute la quatrième, ont été mutilées à dessein ; nous nous expliquerons plus loin à cet égard.

Cette inscription nous apprend que deux femmes d'origine étrangère à la ville de Lugdunum, l'une d'Alexandrie, l'autre de Naples, ont fait, d'après un vœu, une taurobolie pour la conservation de l'empereur Septime-Sévère et d'un autre personnage, pour celle de la maison divine et pour la prospérité de la Colonie Claudia Copia Augusta de Lyon; qu'Ælius, sacrificateur militaire, présidait la cérémonie, Flavius Restitutus jouant de la flûte ; que le sacrifice a commencé le 7e jour avant les ides de mai, et s'est terminé le 5e jour avant les mêmes ides sous le consulat de Lucius Septime-Sévère et d'un autre consul dont le nom entièrement détruit remplissait l'avant dernière ligne du corps de l'inscription. Nous interprétons la dernière ligne par ces mots : consuls ou consul pour la seconde fois.

On ne doit point trouver étonnant que Septime-Sévère figure sur cette inscription à la fois comme empereur et comme consul ; ce dernier titre était loin d'être dédaigné par les empereurs; les médailles nous en fournissent de constants exemples.

Une autre particularité est aussi à faire observer, c'est que cette taurobolie n'a duré que trois jours, tandis que celle qui est rappelée sur un autre monument en l'honneur de Septime-Sévère (Portique XXVI n° 227) en avait duré cinq ; ces indications prouvent que la durée des cérémonies de ce genre était facultative et n'avait point de limite fixe, comme on l'a prétendu.

Arrivons à l'explication du sens de la 3e et de la 4e ligne qu'on a détruites avec soin. Quel était le personnage dont le nom suivait celui de Septime-Sévère ? Etait-ce celui de son fils M. Aurelius Antoninus surnommé Caracalla, ou bien celui d'Albinus son compétiteur à l'empire ?

L'exemple que nous offre le n° 227 Portique XXVI, où sont mentionnés les noms de Septime-Sévère et de son fils est un précédent qui a pu faire supposer qu'il en était de même sur le monument qui nous occupe, et qu'ici les noms de Caracalla n'avaient point échappé à la destruction. En effet tout le monde sait que M. Aurelius Antoninus surnommé Caracalla fut assimilé à Commode, et qu'après la mort de chacun de ces monstres, des édits furent rendus qui enjoignirent d'abattre dans toute l'étendue de l'empire tout ce qui pouvait rappeler leur mémoire; il n'est donc pas étonnant que l'on ait pensé attribuer à cette cause la disparition des deux lignes tellement illisibles et difficiles à déchiffrer lorsque cette pierre a été apportée au Musée, qu'il était impossible de tirer un éclaircissement péremptoire des contours défigurés de quelques lettres.

En outre, à la suite des lignes détruites, on lit : *domusque divinæ*, de la famille divine. Si cette cérémonie a eu pour objet Septime-Sévère et Albin, on peut demander de quelle famille il est ici question, car ces mots au singulier ne peuvent s'appliquer qu'à une seule ; est-ce celle de Septime-Sévère ou bien celle d'Albin ? en élaguer une, eût été une insulte : et les courtisans, qui en général ordonnaient ce genre de sacrifice, étaient peu disposés à en faire.

De plus la réunion sur un même monument des deux noms de Septime-Sévère et d'Albin, dont les inimitiés sont plus célèbres que leur bonne intelligence primitive basée sur la politique, peut paraître étrange au premier abord, et même présenter quelque chose de choquant. Albin est plus généralement connu par son séjour à Lugdunum avant sa défaite que comme gouverneur de la Bretagne; et abstraction faite de la date du monument, il paraît difficile de concevoir qu'Albin permît une taurobolie commune dans le pays soumis à son pouvoir, et surtout qu'il poussât la courtoisie jusqu'à souffrir qu'on plaçât au premier rang dans une inscription votive le nom de son compétiteur. Mais depuis l'arrivée de cette pierre au Musée, l'action de l'air atmosphérique, en couvrant la surface d'une teinte grisâtre, a permis aux formes de quelques lettres dont le creux n'a pas subi la même altération, d'être plus appréciables.

A la dernière ligne, nous lisons II coss. consul ou consuls pour la seconde fois; cette désignation s'applique indubitablement à Septime-Sévère, soit que son nom ait toujours été mentionné seul sur la pierre, ou qu'il ait été accompagné d'un autre, détruit par le marteau. L'année du second consulat de Septime-Sévère est l'an 194 de notre ère, et les tables consulaires lui donnent Albin pour collègue, revêtu aussi pour la seconde fois de cette dignité; il est naturel de penser que son nom devait former une avant-dernière ligne qui a été entièrement effacée. C'est donc en l'an 194 de notre ère que ce monument a été érigé.

A cette époque, Septime-Sévère avait déjà été reconnu comme empereur par le sénat de Rome, et pendant sa lutte contre Pescennius Niger, il avait fait donner le titre de César à Albin pour se l'attacher; mais après la défaite et la mort de Pescennius Niger, il s'inquiéta peu de son collègue et finit même par ne plus lui accorder le titre de César. Albin se voyant négligé se souleva et passa avec ses troupes dans les Gaules l'an 196; cette même année nous voyons Sévère faire déclarer César son fils Bassianus auquel il donna les noms de M. Aurelius Antoninus. Tout le monde sait qu'Albin fut vaincu l'année suivante (197) et périt dans une bataille sanglante que lui livra Sévère près de Lyon.

Nous avons dit que quelques lettres sont devenues plus lisibles; en effet, à la troisième ligne la première lettre mutilée présente la forme d'un D assez bien figuré; dans les lettres suivantes on peut reconnaître les trois lettres C L O D, mais la lettre I qui devait terminer la ligne est défigurée. Les sept premières lettres de la quatrième ligne sont défigurées aussi de manière à les rendre méconnaissables, et ce n'est que par l'effet de l'imagination ou d'une opinion préconçue qu'en assemblant ces rudiments informes on pourrait y voir entre autres un M suivie d'un I; on peut en dire autant d'un A qui viendrait à la suite. La lettre L est assez bien reconnaissable, mais il ne reste que le 1er jambage d'un B dont les lignes arrondies sont totalement effacées; les trois lettres I N I sont reconnaissables; on voit indistinctement après ces trois lettres les quatre autres lettres C A E S, abréviation du mot CAESARIS.

A la date de l'érection de ce monument fixée à l'année 194 de notre ère, Albin, qui avait été proclamé empereur par ses légions l'année précédente dans la Bretagne, n'était point en guerre encore avec Septime-Sévère, et s'était même contenté du titre de César. Il est constant qu'il portait seul ce titre conjointement avec Septime-Sévère, puisque ce n'est qu'en l'an 196, deux ans plus tard que M. Aurelius Antoninus fut déclaré César. Septime-Sévère avait laissé des souvenirs à Lugdunum où son fils était né, et où Albin n'avait encore aucune prépondérance ; d'ailleurs il avait seul été reconnu par le sénat de Rome. Ces circonstances expliquent pourquoi nous lisons *domusque divinæ*, de la famille divine ; il ne s'agissait que de celle de l'empereur reconnu par le sénat, ou bien, les dames qui ont offert le sacrifice confondaient-elles dans leur pensée les deux familles en une seule.

Ce monument, plein d'intérêt pour notre ville, a été découvert à Lyon en 1846, au sommet de la 2ᵉ arche du pont du Change rive droite de la Saône, il servait de clef à la voûte.

Description. — Cette inscription était composée de 17 lignes ; 14 seulement sont restées intactes ; les trois-quarts de la 3ᵉ sont détruits, la 4ᵉ et la 16ᵉ qui existait probablement le sont entièrement ; les lettres sont d'un assez bon style et ont 35 millim. de haut, aux trois premières lignes, et 25 millim. pour les suivantes. A la 2ᵉ ligne, dans PERTINA, l'I et l'N sont liés ensemble.

A la 13ᵉ ligne, dans IDVS, l'I est allongé ;

A la 14ᵉ ligne, dans ID. l'I l'est également ;

A la 15ᵉ ligne, dans PERTINA, l'I est uni à l'N et dans AVG, l'A est uni à l'V.

Il est présumable que le D isolé qu'on aperçoit dans le bas du monument faisait partie des quatre sigles L. D. D. D. qui se trouvent au bas de l'autre taurobole en l'honneur de Septimer Sévère, portant le numéro 227.

Ce monument est en calcaire jurassique (Choin-de-Fay), la base et le couronnement sont entièrement détruits ; le bas et le derrière de cette pierre ont été taillés et amincis en manière de coin pour former clef à l'arcade où elle a été découverte. Les ouvriers qui la façonnèrent pour cet emploi, n'ont rasé la base et le couronnement qu'au niveau des sculptures, sans trop les mutiler ; ces surfaces présentent des points d'appui, et les espaces creusés par le sculpteur furent comblés avec du mortier.

Sur le côté droit, on remarque dans le haut la harpé ou couteau victimaire placé horizontalement, au dessous un bucrâne de taureau, et plus bas une tête de bélier ; ces deux têtes sont décorées de bandelettes sacrées. Sur le côté gauche, la harpé est placée en diagonale, et la tête du taureau est figurée en-dessous de celle du bélier ; elles sont décorées de même que celles du côté droit. Cette sculpture ne manque point d'un certain style, mais laisse beaucoup à désirer sous le rapport de l'art. La tête du bélier annonce que le sacrifice ne fut point une simple taurobolie, mais une tauro-criobolie.

Hauteur : 1 mètre 10 cent. — Largeur : 59 cent. — Epaisseur : 42 cent.

N. 324.

Amphore en argile rose ; la panse est de forme ovoïde ; la pointe de la base, l'ouverture, et une des anses manquent.

Hauteur : 73 cent. — Diamètre : 25 cent.

N. 322.— 323.

Moulin romain en laves poreuses noirâtres du genre de celles qu'on tire des volcans éteints du département de l'Ardèche.

Il se compose de deux pièces : la supérieure formait la meule, elle est convexe en dessous, et tournait dans la concavité de la pièce inférieure. On voit à la meule, une mortaise carrée où venait s'adapter le bras ou le manche de la pièce destinée à la mettre en mouvement.

Ce moulin est d'une bonne conservation.

Epaisseur du n° 322 : 15 cent. — Epaisseur du n° 323 : 29 cent. — Diamètre des deux pièces : 66 cent.

N. 324.

Amphore en argile blanche, panse ovoïde ; une des anses manque, l'ouverture est ébréchée, la pointe de la base est brisée.

Elle provient de l'ancien cabinet de la ville.

Hauteur : 91 cent. — Diamètre : 36 cent.

N. 325.

Amphore en argile rose, dans la même catégorie que la précédente ; elle est à deux anses, et à panse sphérique. Le col est brisé.

Elle provient de l'ancien cabinet de la ville.

Hauteur : 71 cent. 15 millim. — Diamètre : 50 cent.

PORTIQUE XXXVIII.

N. 326.

```
    D        M
ET MEMORIAE DVLCIS
SIMAE. C. BELLI BELLIOLI
QVI VIXIT ANNIS VII. M. IIII
D. III C. BELLIVS OCTAVIVS
PATER. & FIRMIA. SEXTIOLA
MATER. ET FILIA. OCTAVIOLA
SOROR. VIVI. SIBI. POSTERIS
QVE SVIS. FECERVNT. ET
SVB ASCIA. DEDICAVERVNT
```

(Inédite).

Aux Dieux Mânes, et à la mémoire chérie de C. Bellius Belliolius qui a vécu 7 ans 4 mois 3 jours. C. Bellius Octavius, son père, et Firmia Sextiola, sa mère, et leur fille Octaviola sa sœur, ont fait élever ce monument de leur vivant pour eux-mêmes et pour leurs descendants, et ils l'ont dédié, *sub ascia*.

Cette épitaphe nous exprime, par une seule pensée, la douleur qu'ont éprouvée un père, une mère et une sœur, de la perte d'un fils et d'un frère en bas âge, et nous rappelle la coutume qu'avaient les anciens d'élever un monument funèbre de leur vivant pour eux et leurs descendants.

Nous ferons remarquer que les Romains donnaient quelquefois à leurs enfants un nom qui était un diminutif du leur ; c'est ce que nous voyons ici ; le père, qui se nommait Octavius Bellius, a donné à son fils le nom de Belliolius et à sa fille celui d'Octaviola. Nous devons penser qu'il en est de même pour la mère qui se nomme Sextiola et dont le père sans doute avait le nom de Sextius. Probablement ces diminutifs étaient dictés chez les Romains par un sentiment de tendresse, attendu que le peuple Italien qui occupe aujourd'hui le principal siège de l'empire, en emploie volontiers comme témoignages d'affection ; tels que *poverino, principino, figliolino, fanciullo,* etc., etc.

Nous n'avons, sur cette inscription, aucun renseignement qui constate le lieu et l'époque de sa découverte. Artaud l'avait fait entrer au Musée, sans laisser de trace de son existence ; nous savons seulement qu'elle y est arrivée pendant les dernières années de son exercice au Palais-des-Arts, ce qui nous fait présumer qu'elle appartient au sol Lyonnais.

Description. — Cette épitaphe est composée de 10 lignes, les lettres sont d'un bon style et ont 47 millim. de haut.

La 1re ligne, est représentée par deux majuscules D et M, entre lesquelles on a figuré une feuille de lierre gravée en creux.

A la 7e ligne, dans le mot OCTAVIOLA, l'A et le V sont conjoints.

Ce cippe funéraire est en calcaire jurassique (Choin-de-Fay), il a été taillé pour en faire une assise plus régulière ; le couronnement a été abattu et taillé en biseau sur le devant ; il ne reste à la base sur le devant et sur le côté droit, que des débris de moulures. Il a été brisé diagonalement dans sa largeur en deux pièces, qui ont été réunies ; les angles sont écornés en plusieurs endroits.

Hauteur : 2 mètres — Largeur : 79 cent. — Epaisseur : 58 cent.

N. 327.

```
SEX.   LIGVRIVS.   SEX.    FIL
   GALERIA.          MARINVS
SVMMVS.   CVRATOR.    C   R.
PROVINC.  LVG.   Q. II  VIRALIB.
ORNAMENTIS.         SVFFRAG.
   SANCT.   ORDINIS.    HONO
RATVS. II  VIR.  DESIGNATVS
EX.  POSTVL. POPVLI.  OBHONO
REM.  PERPETVI. PONTIF.  DAT
CVIVS. DONI. DEDICATIONE. DE
CVRIONIB. -XV. ORDINI. EQVES
TRI. IImI VIRIS AVG. NEGOTIATO
RIB. VINARIS. -XIII. ET OMNIB. COR
PORIB. LVG. LICITE. COEVNTIBVS. -XII
ITEM. LVDOS. CIRCENSES. DEDIT. L. D. D. D.
```

Sextus Ligurius Marinus, fils de Sextus, de la tribu Galeria, curateur suprême des citoyens romains de la province lyonnaise, questeur, honoré des insignes du duumvirat par le suffrage du St-Ordre, duumvir désigné à la demande du peuple, à cause de l'honneur du pontificat perpétuel qui lui a été décerné. Pour la dédicace de ce don, il a fait présent aux décurions, de 15 deniers, à l'ordre équestre, aux sévirs augustaux, aux négociants en vins 13 deniers, et à toutes les corporations légalement assemblées à Lyon 12 deniers ; il a aussi donné le spectacle des jeux du cirque. L'emplacement a été accordé par un décret des décurions.

(Publiée par Artaud, *notice*, page 54 ; Ménestrier, p. 63 ; Spon, p. 25.)

Cette inscription honorifique est l'une des plus importantes que possède notre collection épigraphique ; non seulement elle fait connaître le nom d'un personnage haut placé par ses charges et dignités, celui de sa tribu, mais encore elle classe dans une espèce d'ordre hiérarchique les charges qu'avaient occupées l'illustre défunt. C'est ainsi que nous voyons Sextus Ligurius curateur suprême des citoyens romains de la province lyonnaise, questeur, honoré des insignes du duumvirat par le suffrage du saint Ordre (1), etc. D'autre part, elle place en tête de toutes les corporations de Lugdunum celle des marchands de vin, ce qui semble établir la grande considération dont jouissait dès-lors ce commerce.

Cette inscription vient encore rappeler l'usage qui existait de faire des libéralités, lorsqu'on était élevé à certaines dignités. Elle confirme également l'existence d'un cirque à Lugdunum, puisque Ligurius gratifia le peuple des représentations qui avaient lieu dans les monuments de ce genre.

Les quatre dernières initiales L. D. D. D., formule que nous trouvons souvent au bas des inscriptions, constatent qu'il fallait un décret des décurions pour obtenir un emplacement destiné à la construction d'un monument qu'on élevait à la mémoire d'un citoyen, comme aujourd'hui il faut un arrêté du maire de la commune pour obtenir l'emplacement d'un tombeau.

Cet hommage honorifique faisait partie d'un monument plus considérable; à en juger par la forme et la taille de la pierre, il est très-probable qu'elle était encastrée dans le mur de façade d'un édifice construit en l'honneur de Sextus Ligurius.

Cette importante inscription existait autrefois dans les murs du vestibule de l'église de St-Etienne, à Lyon, quartier St-Jean, et fut amenée au Musée dans les premières années de sa création.

Description. — Cette inscription est gravée sur un bloc en calcaire jurassique (Choin-de-Fay), dans une espace carré-long entouré de moulures. Elle est composée de 15 lignes. (*Voyez planche* XIII n° 327).

Les lettres sont d'un assez bon style; celles de la première ligne ont 59 millim. de haut, et celles des autres lignes qui suivent de 39 à 40.

A la première ligne, l's qui la commençait est détruite, et dans FIL l'i est plus allongé que les autres lettres.

A la 2ᵉ ligne, dans MARINVS, l'i est de même.

A la 4ᵉ ligne, dans VIRALID, le dernier i est figuré par le prolongement en hauteur des jambages du B. A la 5ᵉ ligne, l'i dans ORNAMENTIS est plus élevé que les autres lettres.

A la 8ᵉ ligne, le B du mot OB est lié avec l'H du mot suivant par la suppression du premier jambage de cette dernière lettre.

A la 13ᵉ ligne, les deux I de VINARIS dépassent en hauteur le niveau des autres lettres.

A la 15ᵉ ligne, dans CIRCENSES, l'I et l'R sont conjoints.

Ce monument présente quelques mutilations, les parties supérieures sont écornées surtout du côté droit et il existe quelques brèches sur les autres parties saillantes.

Hauteur : 1 mètre 35 cent. — Largeur : 1 mètre 11 cent. — Epaisseur : 40 cent.

(1) Ici le St-Ordre dans cette acception n'est autre chose que le corps illustre du sénat, dignité du premier rang que les Romains qualifiaient d'épithètes telles que *Sanctissimus*, *Amplissimus*, etc.

N. 328.

```
D      ⚒      M
ET. MEMORIAE. AETERNAE
TITI SERVANDI. GRATI. SEXTVS
VITALIVS MASCEL. HERES
PONENDVM CVRAVIT. CV
RANTE. SEXTO. VITALIO. MOTV
CO. ET. SVB ASCIA. DEDIC.
```

(*Inédite.*)

Aux Dieux Mânes
et à la mémoire éternelle de Titus Servandus Gratus, Sextus Vitalius Mascellus son héritier a fait élever ce monument par les soins de Sextus Vitalius Motucus et l'a dédié *sub ascia*.

Cette inscription découverte en juin 1845, au Prado (Guillotière), a été cédée à la ville de Lyon par MM. Missol et Bouchardy, qui la trouvèrent dans la cour de leur maison.

Description. — Cette épitaphe est composée de 7 lignes en lettres d'un assez bon style ayant 53 millim. de haut. La première ligne, est composée des deux majuscules D et M au dessus et entre lesquelles figure une *ascia* sculptée sur le couronnement.

A la 3ᵉ ligne, dans SERVANDI, le V et l'A sont conjoints ; le T qui commence cette ligne est mutilé.
A la 5ᵉ ligne, dans CVRAVIT l'A et le V sont également liés pour former une lettre jumelle.
A la 6ᵉ ligne, dans CVRANTE, le T et l'E le sont aussi.

Ce monument est en calcaire jurassique, c'est l'un des beaux cippes que nous possédions pour la taille et la conservation, il est décoré d'une base et d'un couronnement ornés de moulures.

Hauteur : 2 mètre 35 cent. — Largeur : 90 cent. 5 mill. — Epaisseur : 80 cent.

N. 329.

Amphore à deux anses d'une grande dimension, à panse sphérique et petit mamelon à sa base ; elle est légèrement fendue, et présente un petit trou vers son fond.

Donnée en 1845, par M. Breittmayer, directeur des bateaux à vapeur de l'Aigle.

Hauteur : 74 cent. 6 millim. — Diamètre : 53 cent. 5 millim.

N. 330.

```
      D-M
LABENIAE NEME
SIAE OPTIMAE ET
PIISSIMAE. LIB
ET  CONIVGI
P. LABENIVS. TRO
PHIMVS  MERI
TIS EIVS SIBI
      KAR.
```

Aux Dieux Mânes,
de Labenia Nemesia, son excellente et affectionnée affranchie et épouse. P. Labenius Trophimus à qui elle fut très-chère par ses vertus, a fait élever ce monument.

(Publiée par Artaud, *notice*, page 55.)

Cette brève inscription témoigne, dans un langage très-simple, la douleur qu'a éprouvée Labenius, de la perte d'une épouse dont il avait su apprécier les bonnes qualités, puisque d'esclave qu'elle était il l'avait élevée au rang de son épouse. La forme de ce monument semble nous indiquer qu'il servait de couronnement au tombeau de Labénia.

Cette pierre existait autrefois dans le mur d'une maison située à Vienne (Isère), plus tard elle devint la propriété de M. Michoud, ancien maire de Sainte-Colombe, qui sur la demande instante d'Artaud, en fit hommage au Musée de la ville.

Description. — Cette inscription est gravée en lettres d'un assez bon style qui ont 28 millim. de hauteur; elle est composée de 9 lignes.

La première ligne se compose des deux majuscules D et M qui se trouvent placées dans le fronton.

A la 2ᵉ ligne, les deux lettres finales M E sont conjointes.

A la 4ᵉ ligne, dans PIISSIMAE, le premier I dépasse en hauteur le niveau des autres lettres.

A la 5ᵉ ligne, il en est de même pour le dernier I, dans CONIVGI.

A la 6ᵉ ligne, dans la syllabe TRO, qui la termine, l'O est de très-petite dimension.

A la 8ᵉ ligne, dans la syllabe TIS qui commence cette ligne, l'I est plus allongé.

A la 9ᵉ ligne, dans KAR, le K est substitué au C.

Ce monument est en calcaire jurassique (Choin-de-Fay), il est de forme carré-long; l'inscription est gravée dans un encadrement carré, entouré de moulures; elle est surmontée d'un fronton triangulaire décoré de même; sur les côtés de ce fronton, s'élèvent deux appendices triangulaires arrondis en dedans, simulant des larves bruts, ornement qu'on rencontre souvent vers les parties les plus élevées des monuments funèbres; le sommet du fronton est mutilé, le reste de cette pierre est d'une bonne conservation.

Hauteur : 1 mètre — Largeur : 61 cent. — Epaisseur : 18 cent.

N. 331.

Chapiteau en marbre blanc, orné de trois rangées de feuillage se rapprochant de l'acanthe découpée, à pointe lancéolée, et profondément fouillé; la rangée du haut, quoique se rapprochant de l'ordre corinthien, présente des différences; des tiges recourbées gracieusement et travaillées à jour vont s'unir au plateau à moulures qui termine le chapiteau; les faces de ce plateau sont évidées dans le centre et se terminent entre elles par quatre angles saillants. Le travail du chapiteau est d'un très-bon style, digne de servir de modèle à nos architectes modernes, qui peuvent y trouver d'heureux motifs, s'ils ne veulent le copier servilement; malheureusement il a souffert, surtout dans le haut, de nombreuses mutilations. Il a été découvert en 1846, dans les travaux exécutés à l'ouest de l'église de l'Observance pour la construction des nouveaux bâtiments de l'Ecole Vétérinaire (1).

Hauteur : 58 cent. — Diamètre du haut : 62 cent. — Diamètre du bas : 48 cent.

(1) Voir page 67 n° 72.

PORTIQUE XXXIX.

N. 332.

```
DIS   MANIBVS
      EIVSDEM
T FLAVI FAVSTI
```

(Inédite.)
Aux Dieux Mânes
du même T. Flavius
Faustus.

Dans cette simple invocation aux divinités du défunt, nous ne trouvons rien de caractéristique qui se rapporte à lui; cette pierre n'était probablement qu'un accessoire d'un monument plus considérable élevé à la mémoire de Flavius, et sur lequel devait figurer une inscription où se trouvaient relatés les titres et les fonctions du défunt, ainsi que les noms de celui ou de ceux qui l'avaient érigé; le mot *ejusdem* vient corroborer cette opinion; mais ce qui la confirme, c'est que cette pierre est parfaitement semblable au n° 371 (*Portique* XLII) qui sans aucun doute dépendait du même monument; la forme de ces deux cubes semble indiquer qu'ils étaient encastrés symétriquement sur la même façade, ou peut-être sur des faces différentes.

Cette inscription a été découverte en 1846 à Lyon, dans les démolitions du pont du Change, formant l'un des voussoirs de la première arche, rive droite, à la base de cette arcade du côté du quai de la Baleine.

Description. — Cette épitaphe est composée de trois lignes en lettres d'un bon style qui ont en hauteur 44 millim. Elle ne présente rien de particulier.

Ce monument est de forme cubique, en calcaire jurassique (Choin-de-Fay); l'inscription est gravée dans un carré-creux entouré de moulures. L'angle gauche inférieur est écorné.

Hauteur : 68 cent. — Largeur : 70 cent. — Epaisseur : 55 cent.

N. 333.

```
PATI        IE PRAEF       CIV
COLONIAE.  ACTORI PVBLIC
II VIRO. AB. AERARIO ITEM  SAC
II VIRO. A. IVRE. DICVNDO  AD
FLAMINI. AVGVSTALI   CVI   F
DIVVS. AVREL. ANTONINVS    CRES
CENTENARIAM PROCVRATION    SEN
PROV. HADRYMETINAE DEDIT   M
SACERDOTI. AD. ARAM. CAES. N
. . . . . . . . . . T
```

A Patinius..... préfet de la colonie, intendant des deniers de l'empereur (ou de la république), duumvir du trésor public, duumvir pour rendre la justice; flamine augustal, auquel le divin Aurelius Antoninus a donné l'administration des finances, avec les appointements de cent mille sesterces, dans la province d'Hadrumète; prêtre attaché au temple de notre César.

(Publiée par Artaud, *notice* page 56.)

Comme celle de Ligurius (*Portique* XXXVIII, n° 527), cette inscription honorifique nous paraît importante, puisque le personnage qu'elle rappelle était préfet de la colonie et cumulait de nombreuses dignités, dont l'une cependant, celle de *actor publicus*, mots auxquels nous attribuons le sens d'intendant des deniers de l'empereur ou de la république, se donnait presque toujours à des affranchis et même à des esclaves (1). Malheureusement, les noms de cet homme sont en partie mutilés ; il n'en reste que les deux syllabes PATIN dont on peut faire Patinius, Patinus, Patinianus , etc.

Cette inscription n'était point isolée sur cette même pierre ; nous voyons à gauche le commencement des lignes d'une autre inscription ; se rapportait-elle à ce même personnage ? nous ne pouvons l'affirmer, peut-être aurait-elle jeté quelque jour sur les annales de Lugdunum. Car lors même qu'à la suite du mot COLONIAE nous ne voyons pas figurer les lettres initiales de *Claudia*, *Copia*, on ne peut mettre en doute que cette inscription n'appartienne à Lugdunum ; les différents titres du personnage se rapportent indubitablement à une métropole. Nous ne pensons pas qu'il soit question de la province Hadrymétine ou Hadrumétine (2) mentionnée cinq lignes plus bas dans cette inscription. Quel motif plausible pourrait faire supposer le transport de cette pierre à Lugdunum ? il est naturel de penser que Patinius a exercé des fonctions à Hadrumète et à Lugdunum à différentes époques, que le monument existait dans cette dernière ville et qu'il a subi le sort commun de ceux qui ont été détruits, qui était de servir de matériaux à de nouvelles constructions.

Quant aux mots : *centenariam procurationem*, ils signifient que Patinius jouissait d'un traitement de cent mille sesterces ; on appelait *Procuratores Ducenarii* ceux qui en avaient deux cent mille ; le traitement plus ou moins élevé réglait le rang de ces divers intendants (3).

Les mots *ad aram Cæsaris nostri* qui terminent cette inscription, nous font présumer qu'à cette époque il n'était point encore question de l'*ara Cæsarum* et du *templum Romæ et Augustorum*, qui ne furent adoptés qu'après la mort des deux premiers Augustes associés à l'empire, c'est-à-dire après Marc-Aurèle et Lucius Verus. Aussi, quoique les deux noms AVRELIVS ANTONINVS qui se trouvent dans cette inscription soient communs à plusieurs Antonins, tels que Marc-Aurèle, Commode, Caracalla et Héliogabale, et à raison de la beauté des caractères, nous placerons la gravure de cette inscription sous le règne de Marc-Aurèle.

Ce bloc de pierre dépendait d'un monument plus important et était sans doute enclavé dans un mur de façade ; il a été coupé et taillé pour en faire une assise régulière d'une plus petite dimension. Il a été trouvé avant la révolution de 93 dans les démolitions de l'église St-Côme à Lyon. Nous la devons à la générosité de M. Dutilleu, négociant, qui en avait recueilli plusieurs autres et qui fit don de sa précieuse collection au Musée de la ville peu après sa création.

---

(1) Voir la note de Juste Lipse sur Tacite, Annali lib. 2. cap. 30. — (2) Notre monument porte l'ortographe HADRVMETINAE ; nous ferons remarquer à cette occasion que les auteurs ont varié sur la manière d'écrire le nom de cette colonie, soit en supprimant l'H comme dans le nom de l'empereur, soit en employant l'I simple, l'Y ou l'U dans la seconde syllabe, et que quelques-uns ont redoublé le T.

(3) Muratori (p. 1024. 4) cite une inscription où l'on trouve un *Centenarius consiliarius*.

256   PORTIQUE XXXIX.

Description. — Cette inscription honorifique est composée de 10 lignes, les lettres sont d'un très-beau style et ont 55 millim. de hauteur.

A la 1re ligne, le P qui commence est mutilé et les lettres qui occupent le centre de cette ligne sont détruites.

A la 4e ligne, dans DICVNDO, l'I dépasse en hauteur le niveau des autres lettres.

A la 7e ligne, dans l'o qui termine le mot PROCVRATIO, on voit un petit N gravée dans son centre.

A la 9e ligne, on a figuré un trait horizontal au dessus de l'N initiale qui la termine pour marquer l'abréviation du mot NOSTRI.

A la 10e ligne, on ne voit qu'un T, Artaud en a conclu dans sa notice qu'il y avait *tres provinciæ Galliarum ponendum curaverunt.*

Pour l'inscription de gauche on aperçoit le commencement de 7 lignes, dont une, deux, trois ou quatre lettres n'ont pas été détruites.

Ce bloc mutilé est en calcaire jurassique (Choin-de-Fay), de forme carré-long; la base et le côté gauche ont été coupés par le marteau, il ne reste aucun des ornements qui sans doute le décoraient.

Hauteur : 96 cent. — Largeur : 1 mètre 75 cent. — Epaisseur : 40 cent.

N. 334.

D
MEMORI
M. SATTON
ALEX
LVCI. VICTO
VICTORINVS
ET. MICCIO
CONIVGI. P
FACIEND. CVR

(*Inédite*).

Aux Dieux Mânes, et à la mémoire de M. Satton..... Alex... fils de Lucius Victor.., Victorinus et Miccio... à son époux ont pris soin de faire élever ce monument.

Le côté gauche de cette inscription étant détruit, on comprend que nous n'avons pu la traduire que d'une manière hasardée et très-incomplète; nous avons pensé que le mot latin commençant par MICCIO pouvait être complété par la syllabe LA, ce qui fait MICCIOLA qui serait alors le nom de la femme du défunt, qui lui aurait érigé ce monument, de concert avec Victorinus qui pouvait être son fils en bas âge; les deux syllabes qui terminent ce nom annoncent un diminutif, expression de tendresse qui s'applique à un jeune homme. Il est présumable que cette épitaphe qui commençait par l'invocation aux Dieux Mânes, se terminait par la formule *sub ascia*.

Ce fragment épigraphique a été découvert en 1846, à Lyon, à la base de la 2me arche, rive droite de la Saône, du pont du Change. Ce bloc s'étant écorné lorsqu'on le fit entrer sous les portiques et pour le placer de manière à ce qu'il ne dépassât pas trop la ligne des autres monuments, nous avons été obligé d'en faire cier les deux tiers postérieurs. Sa forme et sa forte dimension nous indiquent que cette inscription appartenait à un monument funéraire très-considérable et peuvent faire supposer que celui auquel il était érigé était au moins un homme riche.

Description. — Cette épitaphe est composée de 9 lignes incomplètes, les lettres sont d'un bon style et ont 56 millim. de haut.

Ce fragment, de forme carré-long, est en calcaire jurassique (Choin-de-Fay), la partie gauche de l'inscription est coupée verticalement.

Hauteur : 1 mètre 37 cent. — Largeur : 74 cent. — Epaisseur : 54 cent.

N. 335.

(Inédite.)

```
D     M
C · LATINI
REGINI
REMI SAGAR
L VGVD
H  P  C
```

Aux Dieux Mânes de C. Latinus Reginus natif de Reims, fabricant de sayes, à Lyon. Ses héritiers ont pris soin de lui faire élever ce monument.

Cette épitaphe offre peu d'intérêt, nous y voyons un héritier ou des héritiers inconnus qui élèvent un monument funéraire à un marchand ou fabricant de sayes de Lyon. Elle commence par l'invocation aux Dieux Mânes, mais elle ne se termine pas par la formule de *sub ascia*. Elle a été découverte à Lyon en 1846, pont du Change, dans la 2me arche, rive gauche.

Description. — Cette inscription, d'un style bref, est composée de 6 lignes en lettres d'un assez beau caractère ayant 58 millim. de haut.

La 1re ligne, est formée des deux sigles D-M, et la dernière des trois initiales H P C.

Ce cippe est en calcaire jurassique (Choin-de-Fay); il est décoré d'une base et d'un couronnement à moulures; ce dernier est surmonté d'un fronton triangulaire au centre se terminant à rouleau sur les côtés. Le devant de la base a été abattu ; les autres parties saillantes ont subi quelques mutilations.

Hauteur : 1 mètre 20 cent. — Largeur : 54 cent. — Epaisseur : 56 cent.

N. 336.

```
ELIAE GERMANILLAE
AELI · GERMANINI FILIAE
QVAE VIXIT ANNIS VI MENSI
BVS VIIII · DIEBVS XIII HORIS III
AELIVS GERMANINVS PATER
FILIAE DVLCISSIMAE P C
```
M

Aux Dieux Mânes et à Ælia Germanilla, fille d'Ælius Germaninus, qui vécut 6 ans, 9 mois, 13 jours, 3 heures, Ælius Germaninus, son père, a pris soin de faire élever ce monument à sa fille bien aimée.

(Publiée par Artaud, *Notice*, p. 57).

Nous voyons dans cette inscription de simples noms et un sentiment de tendresse exprimé par un père qui vient de perdre sa fille. On pourrait mesurer l'étendue de ses regrets par les dimensions et la forme de la pierre qui indiquent qu'elle était destinée à figurer dans la construction d'un monument plus considérable, et par le soin minutieux qu'il a pris d'indiquer non-seulement le nombre des années et des jours, mais encore celui des heures dont l'ensemble formait la durée complète de la vie de cet enfant chéri.

Dans les mémoires de l'Académie, on trouve un exemple encore plus remarquable d'un pareil soin, puisque les minutes y sont indiquées, *scrupulos* VI.

On sait aussi que souvent les Romains observaient avec un grand soin les heures, les jours, l'année, les saisons, les signes du zodiaque, dans lesquels un enfant venait au monde; ils en tiraient de grandes conjectures sur la durée de la vie, sur le tempérament, le caractère et les actions qui devaient se rattacher à un nouveau né.

Description. — Cette inscription, composée de 6 lignes, est placée dans un cartouche à queue d'aronde, orné de moulures.

La queue d'aronde droite sur laquelle devait figurer un D majuscule, est détruite, et dans celle de gauche qui est mutilée, on aperçoit un M majuscule, indication qui vient confirmer l'existence du D dans l'aronde opposée.

Les lettres sont d'un bon style et ont 48 millim. de hauteur.

A la 1re ligne, la lettre A qui la commençait est détruite.

A la 2e ligne, dans GERMANINI, et dans FILIAE le premier I dépasse en hauteur les autres lettres.

Il en est de même à la 3e ligne; dans VIXIT, le premier I est plus allongé que le second.

A la 5e ligne, dans GERMANINVS, l'I est plus allongé que les autres lettres.

A la 6e ligne, dans FILIAE, le premier I est plus allongé que le second.

Ce monument est en calcaire jurassique (Choin-de-Fay), il présente de nombreuse mutilations, surtout à la partie droite, aux moulures du bas, et à la queue d'aronde gauche.

Hauteur : 66 cent. — Largeur : 1 mètre 29 cent. — Epaisseur : 18 cent.

N. 337.

(*Inédite.*)

```
V MISIO • PI
 IO • CANDID
I • ITEM • CA
   LAVIALI
    ERIA •
    ANO •
```

Les parties gauche et droite de cette inscription étant détruites, ainsi que la partie inférieure, ce n'est qu'avec hésitation que nous entreprendrions de vouloir donner un sens à ce qui en reste.

Ce fragment d'inscription a été taillé en voussoir; il a été découvert à Lyon, en 1846, formant clef au sommet de la 5e arche, rive gauche de la Saône, au pont du Change (1).

(1) Voir la note de la page 89.

Description. — Ce débris épigraphique se compose de 6 fragments de lignes ; les lettres sont d'un beau style, elles ont 58 millim. de haut.

Il est de forme carré-long en forme de coin, en calcaire jurassique (Choin-de-Fay), fracturé irrégulièrement. L'inscription était gravée dans un encadrement à moulures dont il ne reste que la ligne horizontale de la partie supérieure.

Hauteur : 82 cent. — Largeur : 71 cent. — Epaisseur : 45 cent.

N. 338.

(Inédite.)

```
D     M
TOVTIAE
APRONIAN
```

Aux Dieux Mânes
de Toutia Apronia.

Il ne nous reste de cette inscription que l'invocation aux Dieux Mânes et les noms de la défunte. Ses titres et les noms de celui ou de ceux qui ont élevé ce monument étaient probablement gravés à la suite sur la partie inférieure du monument qui manque. Le prénom de Toutia semble indiquer une femme d'origine gauloise ; la construction et la consonnance de la première syllabe de ce nom est peu latine, nous avons plusieurs exemples de ce genre, entre autres celui de l'inscription de Foutius Incitatus (*Portique* LVII n° 585).

Ce monument a été découvert à Lyon, en 1846, dans la 2e arche du pont du Change rive gauche de la Saône.

Description. — Cette inscription est composée de 3 lignes ; les lettres sont d'un bon style et ont 44 millim. de haut. La 1re ligne est formée des deux sigles D-M.

Ce cippe est en calcaire jurassique (Choin-de-Fay), il est surmonté d'un couronnement à moulures surmonté d'un fronton à rouleau ; la base est tronquée et manque entièrement ainsi que la fin de l'inscription.

Hauteur : 60 cent. — Largeur : 43 cent. — Epaisseur : 26 cent.

N. 339.

(Inédite.)

```
Q   INIOVL.
LICINI TAVRICI FIL
QVI SACERDOTIVM
APVD ARAM DVO ET
```

Il est à regretter que cette inscription soit tellement mutilée et incomplète, qu'on ne puisse en inférer autre chose que le personnage qu'elle mentionne était fils de Licinius Tauricus, et était l'un des deux prêtres attachés à l'autel, probablement celui d'Auguste. Il est à présumer que c'était un personnage important.

Nous n'avons aucune donnée sur le lieu et l'époque de sa découverte.

Description. — Cette inscription est composée de 4 lignes mutilées, les lettres ont 65 millim. de haut.

A 2ᵉ ligne, dans la syllabe FIL, l'ɪ est plus allongé que les deux autres lettres.
A la 3ᵉ ligne, dans le mot QVI, l'ɪ est de même.
Ce débris, de forme carré-long, est en calcaire jurassique (Choin-de-Fay).

Hauteur : 55 cent. — Largeur : 1 mètre. 2 cent. — Epaisseur : 29 cent.

N. 340.

```
D     M
ET MEMORIAE
AETERNAE
ATES SATIAE. FID
LAE FEMINAE
SANCTISSIMAE
TIB. CL. ASCLEPIVS
PONENDVM C
```

(*Inédite.*)
Aux Dieux Mânes
et à la mémoire éternelle de
Ates Satia Fidela, femme très-
vertueuse, Tib. Cl. Asclépius a
pris soin de lui faire élever
ce monument.

Nous trouvons dans cette inscription le substantif de FEMINA au lieu de celui de CONJVX, et comme dans les noms de celui qui a élevé le monument on ne trouve aucune similitude avec ceux de la défunte, il est très-probable qu'Asclépius n'était point son mari, mais peut être un parent, un ami, ou un héritier qui a voulu honorer la mémoire de Satia.

Ce cippe mutilé a été découvert à Lyon, en 1846, dans la base de la 1ʳᵉ arche (rive droite de la Saône) du pont du Change.

Description. — Cette inscription est composée de 8 lignes; les lettres sont d'un assez bon style; elles ont 47 millim. à la seconde ligne et 38 millim. de haut pour les suivantes.

La 1ʳᵉ ligne est formée des deux sigles D-M qui sont placés sur le couronnement.
A la 7ᵉ ligne, le T qui commence cette ligne et l's qui la termine sont mutilés, il en est de même à la 8ᵉ, pour le P qui la commence et le C qui la finit.

Ce cippe est en calcaire jurassique (Choin-de-Fay), il est décoré d'un couronnement à moulures surmonté d'un fronton à rouleau sur les côtés. La base a été coupée transversalement au-dessous de la dernière ligne. Il est probable que l'inscription se terminait par la formule *sub ascia.*

Hauteur : 95 cent. — Largeur : 47 cent. — Epaisseur : 36 cent.

N. 341.

Chapiteau en marbre blanc, présentant les mêmes détails et les mêmes ornements que celui décrit au nᵒ 554 ; il est mieux conservé dans sa partie supérieure et d'une dimension moins grande, ce qui indiquerait qu'il appartenait au même monument, et qu'il existait plusieurs rangées de colonnes.

Hauteur : 51 cent. — Diamètre sup. : 50 cent. — Diamètre inf. : 37 cent.

N. 342.

```
D I S · MANIB       M N E M O S Y
Q · GRATTIO            N E
  PROCLION       ITEM · GRAT
MARIT · OPTM ·   TIAE · PROCL ·
  CAPRILIA              FIL
```

(Inédite.)

Aux Dieux Mânes et à Q. Grattius Proclion mari excellent, Caprilia. et à la mémoire de Grattia Proclia sa fille.

Cette épitaphe, faite en l'honneur d'une fille et d'un époux, par une épouse et une mère, est gravée sur une de ces pierres tumulaires d'attente, divisées en autant de compartiments que la famille comptait de membres; celle-ci en présente trois. Dans celui du centre, on lit le nom de PROCLION, et dans le compartiment à la gauche, les noms de sa fille; le compartiment de droite est vide, et probablement était destiné à recevoir ceux de Caprilia. Quant au mot MNEMOSYNE, doit-on en faire un nom propre ou lui donner le sens du mot grec μνεμοσυνε qui signifie mémoire? Nous avons adopté cette dernière opinion. Ce terme et le nom de Proclion annoncent que les personnages étaient d'origine grecque; cette remarque trouve dans nos inscriptions de fréquents exemples, dont il faut attribuer la cause à l'émigration de nombreuses familles grecques qui vinrent s'établir dans la Gaule.

Cette inscription provient du Cabinet Artaud, acheté par la ville de Lyon; nous sommes sans renseignements sur le lieu et l'époque de sa découverte.

Description. — Cette épitaphe est divisée en deux corps d'inscriptions qui chacune ont cinq lignes. Les lettres sont d'un style très-médiocre; celles de l'inscription de droite ont à la première ligne 36 millim. de haut et 29 millim. aux autres. L'inscription de gauche est conforme pour le style des lettres; elles ont 28 millim., aux deux premières lignes, et 24 aux suivantes.

A la 1re ligne de celle de droite, dans DIS, l'I est plus allongé que les autres lettres de ce mot.

A la 3e ligne, dans PROCLION, l'I est de même. A la 4e ligne, dans OPTIM, le T est surmonté par l'I.

Cette inscription est gravée, sur une pierre en calcaire jurassique (Choin-de-Fay) ayant la forme d'un carré-long, divisée en trois compartiments carrés, creux et ornés de moulures, dont le premier est vide. Ce monument est d'une bonne conservation.

Hauteur : 35 cent. — Largeur : 1 mètre 4 cent. — Epaisseur : 11 cent.

N. 343.

```
SERENVS LIC ·
VIVOS SIBI ET
IVLIAE · VEGETAE · CONIV
ET · GRAECINO · GRAECINAE · FILIO
```

(Inédite.)

Serenus Licinius, a fait élever ce monument, de son vivant, pour lui-même et pour Julia Vegeta, son épouse, et pour Graecinus fils de Graecina.

Cette inscription n'indique au lecteur que des noms et une intention prévoyante; mais parmi ces noms, il s'en trouve un qui paraît étranger à la ligne directe de la famille et qui pourrait faire conjecturer que Graecinus était un beau-fils, un neveu, ou enfin un jeune homme auquel Serenus a voulu faire les honneurs de la sépulture.

Cette pierre tumulaire a été trouvée dans la cour de l'église de St-Irénée, lors de la reconstruction de cette église en 1824; elle a été brisée en deux pièces qui ont été rapprochées.

Description. — Cette inscription est composée de 4 lignes, dont les lettres sont d'un mauvais style et ont 51 millim. de haut aux deux premières lignes, et 30 millim. aux suivantes.

A la 1re ligne, dans le mot LICIN, le second I est d'une très-petite dimension et placé dans le C.

A la 2e ligne on lit VIVOS pour VIVVS.

Cette inscription, du bas temps, est gravée dans un encadrement à moulures, sur un morceau en calcaire oolithique blanc, de Tournus, ayant la forme d'un carré-long.

Hauteur : 42 cent. — Largeur : 62 cent. — Epaisseur : 12 cent.

N. 344.

(Inédite.)

```
L. TITI PRIMA
COLLIBERTI
L. TITI VITAL
PVSINNI FL
QVI VIXIT ANN
VI. MENS XI. D
L TITIVS VITAL
TITIA. PRIM
COLLIBERT
ET FIL
ARISSIMI
IBI VIV
```

De L. Titius Prima.... coaffranchi de L. Titius Vitalis, fils de Pusinius. Il a vécu 6 ans 11 mois ..... jours. L. Titius Vitalis et Titia Prim.... ont fait ériger ce monument à leur coaffranchi et fils chéri et pour eux-mêmes, de leur vivant.

Nous avons découvert, en 1844, cette inscription formant le montant d'une rampe d'escalier dans la maison de campagne de M. Duchâtelet, située au-dessus du Château-du-Diable, paroisse de St-Irénée, banlieue de Lyon. D'après notre demande, M. Duchâtelet s'est empressé de l'offrir au Musée de la ville de Lyon.

Description. — Cette épitaphe se compose de 12 lignes, les lettres sont d'un style médiocre, elles ont 55 millim. de haut. A la 1re ligne, la lettre qui la termine est mutilée. A la 3e ligne, le jambage horizontal de l'L finale, est détruit. A la 5e ligne, dans ANN, le second N est mutilé. A la 8e ligne, dans PRIM, l'M est mutilé. A la 11e ligne, dans CARISSIMI, le C ou le K manque. A la 12e ligne, dans SIBI, l's est détruit, et dans VIVI, la dernière lettre est détruite.

Il n'existe de ce cippe funéraire que le fût; la base et le couronnement sont été rasés pour en faire une assise régulière. Il est en calcaire simulant celui des environs de Lucenay.

Hauteur : 80 cent. — Largeur : 34 cent. — Epaisseur : 38 cent.

N. 345.

(Inédite.)

```
         M
NSIB. VI DIEB
SABINIANVS E
SABINA HE
    ATR
```

Il est impossible de tirer aucun sens certain de ce débris d'inscription; seulement on peut juger par les mots qui en restent que ce monument a été élevé par un

PORTIQUE XL.   245

fils et par une fille nommés Sabinianus et Sabina, à leur père ou à leur mère dont ils étaient héritiers. Il ne reste que les deux premières lettres du mot HEREDES, et le centre des mots PATRI ou MATRI ce qui laisse subsister de l'incertitude.

Ce fragment a été découvert en 1846, à Lyon, dans la 1re arche, (rive droite de la Saône) du pont du Change.

Description. — Cette inscription mutilée est composée de cinq fragments de lignes; les lettres sont d'un bon style et ont 35 millim. de haut.

Ce débris, en calcaire jurassique (Choin-de-Fay), est de forme carré-long irrégulier.

Hauteur : 28 cent. — Largeur : 35 cent. — Epaisseur : 20 cent.

N. 346.

Haut de fût de colonnette en marbre blanc, découvert à Lyon en 1847, dans les travaux de démolition de l'église de l'Observance des Cordeliers; les moulures de son couronnement sont mutilées. D'après les faibles dimensions de cette pièce on peut croire qu'elle figurait dans l'intérieur d'un édifice comme décoration.

Hauteur : 35 cent. — Diamètre : 19 cent.

N. 347.

Ossuaire en plomb, de forme cylindrique, ayant un couvercle à recouvrement; nous ignorons le lieu de sa découverte; il est dépouillé des os calcinés et des offrandes qu'il pouvait contenir; son fond est percé et mutilé, sa surface est très-oxidée.

Hauteur : 16 cent. — Diamètre : 20 cent.

PORTIQUE XL.

N. 348.

ΧΑΙΡΕ ΒΕΝΑΓΙ ΧΑΙΡΕ ΕΤΥΨΧΙ Adieu, bonne âme; adieu, esprit courageux.	MEMORIAE AETERNAE EXOMNI PATERNIANI . QVONDAM . CENTVRI ONIS. LEGIONARI. IDEMQ. MEMORI AE. DVLCISSIMAE. QVONDAM. PA TERNIAE. PATERNIANE FILIAE EIVS TERTINIA VICTORINA MATER INFELICISSIMA . MARITO ET FILIAE ET PATERNIA VICTORINA PATRI ET SORORI PONENDVM . CVRAVIT . ET SVB ASCIA DEDICAVERVNT	ΥΓΙΑΙΝΕ ΒΕΑΙ ΥΓΙΑΙΝΕ ΕΤΥΨΧΙ Repose en paix, bonne âme; repose en paix, esprit courageux.

A la mémoire éternelle d'Exomnius Paternianus, autrefois centurion, légionnaire, et à la mémoire chérie de Paternia Paterniana, sa fille, Tertinia Victorina, mère infortunée à son mari et à sa fille, et Paternia Victorina a fait élever ce monument à son père et à sa sœur; toutes deux l'ont dédié *sub ascia.*

(Publiée par Artaud, *Notice* pag. 57).

Cette inscription gravée sur le devant d'un vaste tombeau, est encastrée dans un cartouche à queues d'arondes; dans ces dernières, sont gravées deux inscriptions grecques. L'invocation aux Dieux Mânes, qui presque toujours existe dans les épitaphes qui se terminent par la formule *sub ascia*, manque dans celle-ci.

Les simples adieux inscrits dans les queues d'arondes expriment un sentiment de regret et les bonnes qualités des défunts. Le nom d'Exomnius se rencontre rarement dans les inscriptions, cependant on le trouve deux fois dans le recueil de Guichenon, tom. Ier. page 54 et 70.

Ce tombeau, d'une grande dimension, assez large pour que le corps du père et celui de sa fille aient pu être placés à côté l'un de l'autre sans être gênés, fut découvert au commencement de ce siècle, sous la mairie de M. de Sathonay, dans le jardin du presbytère de St-Irénée, à Lyon, et placé à cette époque sous les portiques du Musée.

Description. — Cette épitaphe est composée de 12 lignes inégales en longueur; les lettres sont d'un style médiocre et ont 39 millim. de hauteur.

A la 5e ligne, dans le mot EIVS, l'I dépasse d'un tiers en hauteur le niveau des autres lettres.

A la 6e ligne, une petite *ascia* gravée en creux est représentée au commencement de la ligne, et une seconde à la fin.

A la 9e ligne, une feuille de lierre figurée au trait est placée au commencement de la ligne.

A la 11e ligne, dans la particule ET, l'E et le T sont conjoints.

A la 12e ligne, les deux lettres V et N sont liées également.

Ce monument est en calcaire jurassique (Choin-de-Fay), il est d'une bonne conservation, à part quelques écornures dans les angles et de légères mutilations au centre de la 1re ligne. (*Voyez planche* XII, n° 348.)

La tombe, quoique destinée à contenir deux corps, ne présente pas de cloison, comme celle que nous remarquons au n° 35 (Portique VII). Les dimensions intérieures sont :

Hauteur : 80 cent. — Largeur : 78 cent. — Longueur : 1 mètre 90 cent.

Celles du sarcophage : Hauteur : 1 mètre. — Longueur : 2 mètres 29 cent. — Epaisseur : 1 mètre.

N. 349.

Meule de moulin en lave compacte, noirâtre, dont la forme est plus que demi-sphérique, aplatie à sa base et à son sommet; elle présente dans son centre une ouverture en forme de cône renversé pour le passage du grain qui descendait sous la meule; elle est d'une bonne conservation.

Hauteur : 44 cent. — Diamètre : 60 cent.

N. 350.

MATR AVG PHLEGN MED

Cette inscription n'est que le *fac simile* d'un monument que nous avons déjà décrit, (Portique XI n° 90). Cette représentation, en plâtre, est noyée dans un bloc de même matière, de grande dimension et de forme presque cubique; elle est placée au centre sur la face de devant, et l'on a incrusté de chaque côté un vase funéraire antique en argile rose se rapprochant de la forme d'un de nos fuseaux. Cet arrangement est l'œuvre d'Artaud.

Ce monument moderne sert de socle à un magnifique larve n° 555.

Hauteur : 78 cent. — Largeur : 15 cent. — Epaisseur : 56 cent.

PORTIQUE XL.

N. 351.

Meule de moulin romain, en lave des volcans de l'Ardèche ; elle représente un demisphéroïde, dont le sommet est aplati ; elle est percée d'un large canal dans sa hauteur pour l'ajustement de pièces accessoires, et pour le passage du grain.
Hauteur : 38 cent. 5 millim. — Diamètre 69 cent.

N. 352.

Meule de moulin en scorie noirâtre ; elle présente une face plane et une conique, elle est percée d'un trou dans le centre, les bords sont ébréchés.
Diamètre : 37 cent.

N. 353.

Magnifique larve, en calcaire oolithique blanc de Seyssel, qui ornait sans doute un monument funèbre somptueux. Cette figure gigantesque qui exprime la douleur est coiffée en cheveux ; de longues mèches descendent sur les côtés des joues et se replient sous le menton ; un bandeau passe transversalement au-dessus du front. Les traits de cette figure sont empreints d'un noble caractère, la bouche est béante, le front et les sourcils sont froncés. Le contour de la coiffure a été mutilé, ainsi que la langue et le côté droit de la lèvre supérieure. (*Voyez* planche VII n° 353.)
Hauteur du larve : 95 cent. — Largeur : 83 cent.

N. 354.

Meule de moulin à blé, en lave poreuse, contenant beaucoup de fer dont l'oxidation la colore. Elle présente une surface plane d'un côté, un cône sur l'autre, et un trou dans son centre ; les bords sont très-mutilés. Elle vient d'Italie.
Diamètre : 34 cent.

N. 355.

```
D    ⋈    M
ET
A.
FL
PI              ET
LE               A
N                A
TVS  LIBERTVS
PATRONO OPTIM
PROCVRANTIB
AELIANO ET QVIE
TO      PARENTIB
SVB ASCIA DEDI
         CAVER
```

(*Inédite.*)
Aux Dieux Mânes
et

affranchi à son excellent patron avec l'aide de Ælianus et de Quietus, parents, et ils l'ont dédié *sub ascia*.

Cette inscription présente tant de mutilations, qu'il est impossible d'y lire le nom du défunt; nous voyons seulement qu'un affranchi dont le nom est également détruit a fait élever ce monument aux Dieux Mânes et à la mémoire éternelle d'un Maître (ou Patron) excellent, par les soins d'Aelianus et de Quietus ses parents ou peut-être parents du défunt, et que tous se sont réunis pour le dédier *sub ascia*.

Ce cippe présente sur le devant et dans sa partie supérieure une cavité carrée qui était fermée par une porte; peut-être l'a-t-on fait servir de piédestal à la statue d'un saint et avait-on déposé ses reliques dans le petit réceptacle que nous venons de signaler; cette opinion pourrait se motiver par plusieurs exemples de ce genre. Nous voyons quelquefois les objets profanes avoir été employés à des usages sacrés; ainsi dans l'église de Talluyers (Rhône), il existe encore un cippe funéraire avec son inscription complète qui sert de support au bénitier.

Ce débris d'inscription a été trouvé à Lyon, en 1845, en creusant les fondations de la nouvelle abside de l'église de St-Georges, à Lyon.

Description. — Cette inscription était composée de 14 lignes, dont les lettres, d'un style médiocre, ont 30 millim. de haut.

A la 1re ligne, l'ascia est figurée entre les majuscules D et M.

Les 6 lignes suivantes sont presque complètement détruites par la cavité qu'on a pratiquée dans le corps du cippe; il n'en reste que les deux lettres qui commencent la ligne et les deux qui terminent.

Ce monument mutilé est en calcaire jurassique (Choin-de-Fay); il est décoré d'une base et d'un couronnement à moulures.

Hauteur : 1 mètre 17 cent. — Largeur : 40 cent. — Epaisseur : 40 cent.

N. 356.

Portion d'un moulin romain, en forme de disque; l'une de ses faces est concave; elle était destinée à supporter la meule et à recevoir le blé qu'on voulait y moudre, le trou qui se trouve au centre pour le passage de la farine a été accidentellement élargi.

Ce débris est en lave poreuse et noirâtre, semblable à celle des volcans éteints du département de l'Ardèche. Il a été apporté d'Italie et provient, ainsi que le n° 354, du cabinet de M. de Gérando, acquis par la Ville.

Diamètre : 39 cent. — Epaisseur : 9 cent.

N. 357.

Pièce de dessous d'un moulin, sa face supérieure est concave; elle est creusée d'un canal, qui se dirige du centre à la circonférence, sans doute pour l'écoulement de la farine; c'est sur cette surface que la meule broyait le grain. Cette portion de moulin est en lave d'un gris foncé et d'une assez bonne conservation, elle a été découverte dans les environs de Francheville (Rhône).

Diamètre : 55 cent. — Epaisseur inégale : de 8 à 10 cent.

PORTIQUE XLI.

n. 358.

(*Inédite.*)

```
D       M
ET  MEM  RI
AE SEVE AE
FVSCI   E
AELPOF  O
E SEB  NE
1E     N
POSVIT ET SVB
ASCIA DEDICA
        VIT
```

Aux Dieux Mânes
et à la mémoire de
Severa Fuscinia ou Fus-
cina, Ælius Pollio à sa
bienfaitrice a élevé ce
monument et l'a dédié
sub ascia.

Cette épitaphe est assez endommagée pour que nous ne puissions donner d'une manière affirmative le nom de Severa Fuscina ou Fuscinia et celui d'Ælius Pollio; les sixième et septième lignes, quoique plus mutilées, laissent cependant reconnaître la formule *de se bene merenti*.

Ce monument a été découvert en 1845, dans des murailles qu'on a démolies pour l'élargissement du chemin vicinal qui va de Gorge-de-Loup à St-Just; il a été cédé au Musée par M. Dolbeau, membre du conseil municipal de Lyon.

Description. — Ce cippe est en calcaire jurassique (Choin-de-Fay), il était décoré d'une base et d'un couronnement à moulures en partie mutilés dans le haut; une profonde rainure coupe verticalement les sept premières lignes de l'inscription qui en contient dix. La 7e est à moitié détruite. Les lettres sont d'un style médiocre et ont 50 millim. de haut.

Hauteur : 1 mètre 44 cent. — Largeur : 55 cent. — Epaisseur : 44 cent.

n. 359

```
D              M
Q.  CAPITONI PROBATI
SENIORIS  DOMO.  ROM
I[III]I. VIR. AVG. LVGVDVN
    ET PVTEOLIS
NAVICLARIO.  MARINO
NEREVS  ET  PALAEMON
LIBERTI.  PATRONO
QVOD SIBI VIVVS INSTI
TVIT POSTERIS Q. SVIS
ET SVB ASCIA DEDICAV.
```

Aux Dieux Mânes
de Quintus Capitonus Probatus Senior,
d'une famille romaine, sévir augustal
de Lyon et de Pouzzol, armateur ou
capitaine d'un vaisseau marchand, Ne-
reus et Palæmon ses affranchis ont élevé ce monument à leur patron qui
l'avait ordonné de son vivant, pour
lui et pour ses descendants et ils
l'ont dédié *sub ascia.*

(Publiée par Artaud, *Notice*, page 58).

Cette inscription nous apprend que Capitonus était d'origine romaine, qu'ensuite il était sévir augustal à Lyon et à Pouzzol, ville située dans le golfe de ce nom,

248 PORTIQUE XLI.

à peu de distance de Naples. Cette double dignité semble indiquer que Capitonus avait établi des relations de commerce entre Lugudunum et Puteoles, et qu'il était peut-être capitaine d'un vaisseau marchand.

Il existe encore aujourd'hui à Pouzzol un grand nombre de temples antiques dont le plus remarquable est celui de Jupiter Serapis.

Une inscription, citée par Gruter comme venant de Narbonne pag. CCCCXXVI n° 4 et rappelée dans les mémoires de la société des Antiquaires de France, établit qu'il existait entre les marins et les nautes des fleuves, des relations importantes pour le transport des marchandises.

Cette inscription est ainsi conçue :

<pre>
        TIB. IVN. EVDOXI
    NAVICVLAR. MAR. C. I. P. C. N. M.
          TI. IVN. FADIANVS
      IIIIII VIR. AVG. VI. C. I. P. C. N. M.
           COND. FERRAR
           RIPAE DEXTRAE
           FRATRI PIISS
</pre>

Nous voyons par là que ces naviculaires, ainsi que le texte l'indique, étaient des espèces de marchands ou d'armateurs, qui faisaient un commerce d'outre-mer, et que ce commerce était intimement lié avec celui du Rhône et d'autres fleuves où il existait des corporations de nautes (1).

Maffei qui parle du cippe épigraphique qui nous occupe, dit qu'il fut trouvé sur les bords du Rhône; depuis il fut transporté à l'extrémité du faubourg pour servir de piédestal à une croix. Sur la demande d'Artaud, il fut transporté au Musée de Lyon.

Description. — Cette épitaphe est composée de 11 lignes, les lettres sont d'un style médiocre et ont 50 millim. de haut.

La première ligne est formée des majuscules D et M. Aucune particularité n'existe dans le corps de l'inscription.

Ce cippe est en calcaire jurassique (Choin-de-Fay), il est décoré d'une base et d'un couronnement à moulures; ce dernier présente un fronton qui se termine en volute sur les côtés; la surface plane du dessus offre dans son centre la base d'une colonne taillée sur le même bloc, et nous annonce que ce monument était surmonté d'une décoration qu'il est impossible de déterminer; sur le devant du couronnement on aperçoit les restes de deux *ascia* de grande dimension qui y avaient été figurées. *(Voyez planche XVI n° 359).*

Ce monument présente quelques écornures vers ses angles et surtout vers l'angle droit du devant, à la base. Son poids est de 600 kilogrammes, et il était considéré par Artaud comme le géant du Musée; mais cet établissement en possède aujourd'hui de plus considérable encore tant sous le rapport des dimensions que sous celui de la pesanteur.

Hauteur : 2 mètres 48 cent. — Largeur : 90 cent. — Epaisseur : 72 cent.

(1) Voir page LVII.

PORTIQUE XLI.   249

n. 360

```
XI    CLAVD
XIII  GEMN
III   SCYTHIC
TAT   PRIOR
ET    FLORVS
```

(Inédite).

Ce fragment d'inscription, qui ne présente aucun sens, devait appartenir à un monument considérable élevé en l'honneur d'un personnage important. Il a été trouvé à Vaise en 1847, dans les fouilles faites par ordre du gouvernement.

Description. — Ce bloc en calcaire jurassique (Choin-de-Fay), de forme carrée ne renferme que 5 lignes dont les lettres sont d'un beau style et ont 9 cent. de haut.

Hauteur : 86 cent. — Largeur : 88 cent. — Epaisseur : 57 cent.

n. 361

Base de moulin romain sur laquelle roulait la meule qui broyait le grain ; elle est en scorie noirâtre tout-à-fait semblable à celle que l'on trouve en grande quantité dans le département de l'Ardèche. Elle est de forme ronde, plate en dessous et concave en dessus, elle est percée d'un trou vertical dans son centre ; l'ensemble simule une rondelle.

Epaisseur : 11 cent. — Diamètre : 45 cent.

n. 362

```
XV A · LATRONIBV
TERFECTO · QVI  VIX
NIS · LXXXIII
TERTIVS · MASCELLIOI
TERTIA · PRIMILLA · FRA
TRI · PIISSIMO · ET · SIBI : VI
VI · PONENDVM · CVR/
VERVNT · ET · SVB · ASCIA
       DEDIC
```

(Inédite.)

..... qui a été tué par des voleurs ; il a vécu 33 ans. Tertius Mascellio.... et Tertia Primilla ont pris soin de faire élever ce monument à leur excellent frère, et pour eux-mêmes, de leur vivant, et il l'ont dédié *sub ascia.*

Le commencement de cette inscription étant détruit, on ne pourrait l'expliquer que d'une manière très-conjecturale ; nous aurions pu nous permettre seulement de restituer le nom du défunt, ne pouvant mettre en doute qu'il était conforme à ceux du frère et de la sœur qui lui élèvent ce monument.

Bien certainement l'inscription débutait par une invocation aux Dieux Mânes, et contenait les titres et qualités du défunt.

Relativement aux chiffres XV qui commencent la première ligne de ce qui nous reste de cette épitaphe, il est assez difficile d'en donner une explication positive; nous sommes porté à croire, en jugeant par analogie avec d'autres inscriptions, que ces chiffres se rapportent à des années de service militaire ; ainsi, les noms et qualités du défunt pouvaient être suivis de cette phrase *qui militavit leg* ..... *annis* XV, que nous rencontrons assez fréquemment et qui indique toujours les noms et le numéro de la légion ainsi que le grade et les années de service.

Ce cippe funéraire a été trouvé dans les fondations de la 2ᵉ pile du pont du Change en 1847, à Lyon; la partie supérieure avait été enlevée par un coup de mine à l'époque où l'on entoura les bases de toutes les piles de gradins en pierre de taille pour leur conservation et pour faciliter leur abord relativement à la navigation et comme moyen de sauvetage. Sans doute lorsque cette restauration fut exécutée, ce cippe faisant saillie dans la vieille maçonnerie, gênait pour le placement régulier de ces marches, et l'on fit sauter avec la mine la partie qui dépassait et sur laquelle était gravée le haut de cette inscription qui n'a pas été retrouvé dans les déblais.

Description. — Cette portion d'inscription est composée de 9 lignes ; les lettres sont d'un très-bon style et ont 53 millim. de hauteur.

A la 1ʳᵉ ligne, le haut du chiffre x qui la commence est mutilé, et dans LATRONIBVS l's est détruit.

A la 2ᵉ ligne, dans VIXIT, l'i et le T qui suivent l'x sont détruits, ainsi que les deux lettres AN commencement du mot ANNIS.

A la 4ᵉ ligne, après MASCELLIO, on remarque un jambage qui peut être un I ou appartenir à un N ou à un E. A la 5ᵉ ligne, l'A qui termine la ligne est mutilé. A la 6ᵉ ligne, il en est de même pour l'I qui la termine. A la 7ᵉ ligne, l'A qui la termine est mutilé.

Ce monument est en calcaire jurassique (Choin-de-Fay), il est décoré d'une base à moulures; la partie supérieure manque complètement.

Hauteur : 85 cent. — Largeur : 65 cent. — Epaisseur : 45 cent.

N. 363

Meule aplatie en forme de rondelle paraissant avoir fait partie du même moulin que le n° 361 sur lequel elle repose; elle est en scorie de même nature, la partie conique s'ajuste assez bien avec la partie concave de l'autre pièce.

Cette meule est mutilée, il en manque environ le tiers.

Diamètre : 40 cent. Epaisseur : 7 cent.

N. 364.

Fragment de corniche d'un monument romain de haute taille, en marbre blanc, présentant des ornements d'un beau style; on aperçoit une grecque mutilée, un listel, et les restes d'une rangée de feuilles d'acanthe, dont trois paraissent encore. Au dessous on voit une rosace au centre, et une ove à sa gauche.

Hauteur : 50 cent. — Largeur : 61 cent. — Epaisseur : 40 cent.

PORTIQUE XLI.

N. 365.

Fragment de corniche en marbre blanc, d'un bon travail, qui dépendait d'un vaste édifice ; la base est décorée d'une rangée de feuilles d'anis, surmontée d'un listel et d'un cordonnet ; au centre règne un rang de larges feuilles ayant la forme de celles de nos betteraves ; elles sont couronnées d'oves et d'un listel.

Ce fragment est mutilé sur le devant et le côté gauche.

Hauteur : 34 cent. — Largeur : 88 cent. — Epaisseur : 45 cent.

N. 366.

Amphore, en argile rouge, de même forme que celle qui figure au portique XXXVIII, n° 329 ; elle est d'une plus grande dimension et fracturée en plusieurs endroits ; son goulot est mutilé. Elle faisait partie de l'ancien cabinet de la ville.

Hauteur : 47 cent. — Diamètre : 26 cent. 8 millim. — Poids : 5 kilog. 95 grammes.

N. 367.

Amphore en argile rose, dans la forme de la précédente, à deux anses, panse sphérique. Elle est d'une bonne conservation.

Hauteur : 71 cent. — Diamètre : 52 cent.

N. 368.

Base d'une colonne en calcaire jurassique (Choin-de-Fay) de forme carrée ; le fût de la colonne était reçu dans un cercle orné de moulures.

Largeur : 39 cent. — Epaisseur : 19 cent.

N. 369.

Amphore, de même forme que la précédente ; elle est d'une bonne conservation. Sur l'une des anses on aperçoit encore la marque du potier, mais elle est indéchiffrable.

Les vases dont nous venons de parler se trouvaient confondus avec un assez grand nombre d'autres vases entiers et une foule de fragments de poterie qui ont été dispersés chez des amateurs, ou enfouis dans le déblais de la route de Gorge-de-Loup à St-Just.

Don fait à la Ville en 1843, par M. Breittmayer.

Hauteur : 74 cent. — Diamètre 52 cent.

N. 370.

Vase en argile rouge, sans anse, de forme amphorique ; la panse est piriforme, et divisée dans le haut par un bourrelet. Le col, court et étroit, est mutilé à son embouchure. La base présente un bouton saillant ; ce vase a été brisé et restauré. Il provient du cabinet Artaud.

Hauteur : 47 cent. — Diamètre de la panse : 27 cent.

PORTIQUE XLII.

N. 371.

DIS MANIBVS
EIVSDEM
T FLAVI F STI

(Inédite.)
Aux Dieux Mânes
du même T. Flavius
Faustus.

Cette inscription est parfaitement conforme dans son aspect à celle cataloguée sous le n° 352 (1), (*Portique* XXXIX). Toutes deux faisaient partie du même monument sans aucun doute.

Elle a été découverte en 1845, à Lyon, dans la démolition du pont du Change; elle servait d'assise dans la base de la pile formant culée du côté du Change.

Description. — Cette épitaphe est composée de 3 lignes qui sont gravées dans un carré entouré de moulures; les lettres sont d'un bon style et ont 44 millim. de haut.

A la 1re ligne, dans le mot DIs, l'I est plus allongé, sans doute pour indiquer le redoublement de cette lettre dans DIIS. A la 2e ligne, dans EIVSDEM, le D est mutilé.

A la 3e ligne, que nous interprétons par FAVSTI, l'A et le V sont détruits; l'espace mutilé qui existe entre l'F et l's est de la dimension nécessaire pour contenir ces deux lettres.

Ce débris de monument est en calcaire jurassique (Choin-de-Fay); il est taillé irrégulièrement sur ses faces latérales et supérieure.

Hauteur : 73 cent. — Largeur : 70 cent. — Epaisseur : 68 cent.

N. 372.

D M
ET MEMORIAE
AETERNAE
IVLI ZOSIMI. IVVE
NIS. INNOCENTI
SIMI. QVI. VIXIT. AN
NIS. XXX. M. I. D. III
SINE. VLIVS ANIMI
LAESIONE MELIVS
ZOSIMVS PATER
INFELICISSIMVS
AMISSIONE EIVS DE
EPTVS ET SIBI VIVS
. C. ET SVB ASCIA D D
V I T

Aux Dieux Mânes
et à la mémoire éternelle de Julius Zosimus, jeune homme de mœurs très-pures; il a vécu sans avoir causé la moindre peine à personne, 30 ans, 1 mois, 3 jours. Mélius Zosimus, son malheureux père, que sa perte a cruellement déçu, a fait élever ce monument de son vivant, pour son cher fils et pour lui-même et l'a dédié *sub ascia*.

(Publiée par Artaud, *notice*, page 59 n° XL.)

Cette épitaphe, en style d'une grande simplicité, nous peint la vive douleur d'un père, qui vient de perdre son fils dont la vie était sans tache, et le soin qu'il a pris

(1) Voir page 234.

PORTIQUE XLII.   255

de lui faire élever ce monument qui un jour sera leur demeure commune. Le nom de Zosimus semble indiquer que cette famille était d'origine grecque. Les anciens considéraient comme un fait contre nature de survivre à leurs enfants, ils en tiraient souvent la conséquence qu'ils avaient mérité la colère des dieux qui les frappaient dans leurs plus chères affections.

Virgile, en peignant la douleur du roi Évandre, accablé de la mort de son fils chéri, s'exprime ainsi :

> Contrà ego vivendo vici mea fata, superstes
> Restarem ut genitor. ÆNEID. XI. 160.

Aujourd'hui encore, quand un grand malheur nous accable, nous le regardons comme le châtiment dû à quelques circonstances de notre vie.

Ce cippe figurait autrefois dans le jardin du président de Bellièvre; par les soins d'Artaud il a été transporté au Musée.

Description. — Cette épitaphe est composée de 15 lignes d'un assez bon style, les lettres ont 30 millim. de haut.

La 1re ligne est formée des deux majuscules D et M entre lesquelles on voit figurer une *uscia*.

Nous ferons remarquer à la 8e ligne, que le graveur a mis VLIVS pour VLLIVS.

Nous n'avons à signaler rien de particulier dans le reste du corps de l'inscription, si ce n'est quelques légères mutilations de plusieurs lettres, et la suppression d'un v dans vivvs à la 13e ligne.

Ce cippe est en calcaire jurassique (Choin-de-Fay), il est décoré d'une base et d'un couronnement à moulures. Le côté droit de ces deux parties est abattu.

Hauteur : 1 mètre 30 cent. — Largeur : 48 cent. 5 millim. — Epaisseur : 46 cent.

N. 373.

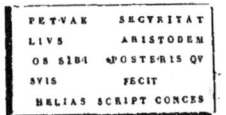

(*Inédite.*)

A la perpétuelle sécurité ....lius
Aristodemos a élevé ce monument
pour lui et pour les siens. Helias a
gravé l'inscription gratuitement.

Il manque à cette inscription le commencement et la fin des lignes, cependant le sens est à peu près complet. On voit que ....lius Aristodemos a fait élever ce monument, de son vivant, pour sa perpétuelle sécurité et pour ses descendants, et qu'Hélias, graveur, a concédé ou fait gratuitement l'inscription.

Les deux personnages mentionnés sont évidemment d'origine grecque, ainsi que le prouvent leurs noms.

Ce débris de monument existait au Musée sous la direction d'Artaud, mais ce dernier l'a sans doute jugé peu digne de figurer dans sa notice, par conséquent nous manquons de renseignements sur le lieu et l'époque de sa découverte.

Description. — Cette inscription mutilée est composée de 5 lignes incomplètes. Les lettres sont d'un bon style et ont 38 millim. de haut.

Ce débris de monument est en calcaire jurassique (Choin-de-Fay); l'inscription était gravée dans un parallélogramme avec encadrement à moulures. Les côtés de cette pierre ont été coupés pour en faire une assise.

Hauteur : 40 cent. — Largeur : 59 cent. — Epaisseur : 56 cent.

N. 374.

(Inédite.)

```
NIVS    VII
REDES   PON
HAVERVNT
I LO KARISSI
VB ASCIA DI
   VERVNT
```

Ce fragment d'inscription est trop incomplet pour en tirer aucun sens satisfaisant ; la seconde et la troisième lignes sembleraient indiquer que ce sont les héritiers du défunt qui ont érigé ce monument ; et les deux dernières contiennent la formule de la dédicace *sub ascia*.

Il provient des fouilles faites à Vaise, en 1845, et nous ne lui avons donné asile au Musée que dans l'espoir de retrouver par la suite des fragments qui pourraient s'y rapporter.

Description. — Cette inscription mutilée présente le milieu de 5 lignes ; les lettres sont d'un assez bon style et ont 50 millim. de haut.

Ce débris en calcaire jurassique (Choin-de-Fay), est de la forme d'un carré irrégulier.

Hauteur : 60 cent. — Largeur : 73 cent. — Epaisseur : 62 cent.

N. 375.

```
     D            M
AEMILI.   VENVSTI   MI
LEG. XXX. V. P. F. INTERFE
CTI.  AEMILI.  CAIVS  ET
VENVSTA.  FIL.  ET.  AEM
LIA   AFRODISIA   LI
BERTA  MATER   EO
VM.  INFELICISSIM
PONENDVM  CVRAVE
E SIB WI.  FECER E SVB
ASCIA  DED VER.  ADI
TVS. LIBER. EXCEPTVS. EST
   LIBRARIVS.  EIVSD.  LEG
```

Aux Dieux Mânes d'Æmilius Venustus, soldat de la 30ᵉ légion, victorieuse, pieuse, fidèle, tué à l'armée. Æmilius Caius et Æmilia Venusta, ses enfants, et Æmilia Afrodisia, affranchie, leur mère infortunée, ont fait élever ce monument pour lui et pour eux-mêmes, de leur vivant et l'ont dédié *sub ascia*; une entrée libre a été réservée.

Secrétaire de la même légion.

(Publiée par Artaud, *notice* page 62 n° XLIIII.)

Dans cette inscription, simple dans ses termes et qui exprime la douleur, nous voyons les membres de la famille du défunt manifester le désir d'être tous réunis après leur mort dans une tombe commune. Afrodisia était une affranchie, dont le soldat légionnaire avait fait son épouse.

Nous ferons remarquer que la ligne qui se trouve inscrite au bas de l'inscription

PORTIQUE XLII.   255

sur les moulures a été gravée après coup. Probablement l'artiste avait oublié d'insérer dans le corps de l'épitaphe le titre qu'elle mentionne, et la famille aura tenu à honneur de constater cet emploi.

Ce cippe était conservé à l'Hôtel-de-Ville de Lyon, et fut transporté au Musée lors de sa création sous la mairie de M. Fay de Sathonnay.

Description. — Cette inscription est composée de 13 lignes, les lettres sont d'un assez bon style, quelques-unes ont éprouvé des mutilations qui ne laissent aucun doute sur leur existence, comme valeur orthographique; elles ont 31 millim. de haut. Nous y remarquons de nombreuses ligatures entre elles. L'*ascia* n'y figure point, lors même que la formule d'usage y soit; peut-être était-elle représentée en relief et aura-elle été abattue par le marteau du maçon.

La 1re ligne est formée des deux majuscules D et M.

A la 2e ligne, dans la syllabe MIL, l'I est plus allongé.

A la 3e ligne, dans INTER, le T est conjoint à l'E.

A la 4e ligne, dans la particule ET, les deux lettres sont conjointes.

A la 5e ligne, dans la syllabe MI qui la termine l'I est conjoint à l'M.

A la 7e ligne, dans EOR qui la termine, l'O et l'R sont conjoints.

A la 9e ligne, dans PONENDVM, le premier N est conjoint à l'E, et le second N l'est avec le D, et dans CVRAVE qui la termine l'A est conjoint au V.

A la 10e ligne, dans ET, les deux lettres sont conjointes; il en est de même dans SIBI, pour le B et le second I; dans VIVI, les deux V sont conjoints avec le premier I; dans le second ET, les deux lettres sont conjointes; dans SVB, l'V est d'une bien plus petite dimension, et cela, pour que ce mot puisse entrer dans la ligne.

A la 11e ligne, dans DEDICAVER, le premier D est lié avec l'E, le second D avec l'I et le V avec le dernier E.

La 13 ligne est gravée sur les moulures de la base et sans doute après coup, comme nous l'avons dit plus haut.

Ce monument est en calcaire jurassique (Choin-de-Fay), il est décoré d'une base et d'un couronnement à moulures; ce dernier est surmonté d'un fronton se terminant par des volutes sur les côtés.

Nous ferons remarquer que dans la surface, on a taillé dans le monument une cavité en forme de coupe qui pouvait être destinée à des libations ou d'autres sacrifices.

Hauteur : 90 cent. — Largeur 40 cent. — Epaisseur : 30 cent.

N. 376.

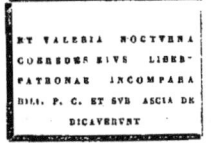 et Valeria Nocturna, cohéritiers et affranchis, ont pris soin de faire élever ce monument à une patrone incomparable et l'ont dédié *sub ascia*.

(Publiée par Gruter, page 956 n° 6.)

Cette fin d'inscription nous laisse ignorer le nom et les qualités du personnage;

nous voyons seulement que Nocturna était son affranchie et qu'elle s'était jointe aux héritiers pour faire construire un monument funéraire à une patrone dont elle tenait la liberté. La formule *sub ascia* semble aussi indiquer que l'inscription était précédée d'une invocation aux Dieux Mânes ; en général ces deux formules n'étaient guère séparées.

Cette pierre tumulaire était employée dans les fondations d'une des maisons qui existaient autrefois sur les bords de la Saône, quai de Bourgneuf; ordinairement recouverte par les eaux, elle était apparente lorsque celles-ci étaient au-dessous de l'étiage ; elle a été apportée au Musée lors de la construction de ce quai.

Gruter, qui a puisé cette inscription dans une brochure de Gabriel Simon Florentin, s'est trompé en mettant au génitif les noms de Valeria Nocturna qui sont au nominatif sur la pierre, de même qu'en intercallant le mot ET après EIVS à la seconde ligne.

Description. — Ce reste d'inscription est composé de 5 lignes, les lettres sont d'un style ordinaire et ont 33 millim. de hauteur.

A la 1re ligne, dans le mot NOCTVRNA, la partie supérieure des lettres est mutilée, ainsi que la dernière lettre des lignes deux et trois ; dans le mot INCOMPARABILI, l'M est liée au P.

Ce débris de monument est en calcaire jurassique (Choin de Fay), de forme cubique, c'est une portion de cippe dont on a coupé la moitié supérieure et abattu les moulures de la base, pour en faire une taille régulière.

Hauteur : 69 cent. — Largeur : 63 cent. — Epaisseur : 50 cent.

N. 377.

Amphore en argile rose, elle est à deux anses et à panse sphérique ; elle présente une fracture à la base.

Elle provient de l'ancien cabinet de la ville.

Hauteur : 66 cent. 4 millim. — Diamètre 52 cent.

N. 378.

Amphore en argile rose ; à peu près de même forme que la précédente, elle est à deux anses, et à panse sphérique ; légèrement ovoïde ; elle est percée d'un trou à la base.

Elle provient de l'ancien cabinet de la ville.

Hauteur : 74 cent. — Diamètre : 47 cent.

N. 379.

Amphore vinaire, en argile rose, la panse est de forme ovoïde allongée, son embouchure est ébréchée sur le bord, l'une des deux anses a été brisée. Ces dernières sont cannelées en dehors. Elle a été découverte à Lyon, en 1842, rue de Trion.

Hauteur : 95 cent. — Diamètre : 33 cent.

PORTIQUE XLIII.

N. 380.

Fragment de brique romaine, en argile rouge, portant pour marque NNIA·NVM. D'autres briques entières de cette fabrique qui ont la marque complète nous laissent lire CANNIA·NVMADA; il a été trouvé à Vienne, au lieu dit de Romestang.

Il provient du cabinet Chavernod.

Longueur : 20 cent. — Epaisseur : 4 cent. 7 millim. — Poids : 1,440 grammes.

N. 381.

Fragment de brique en argile rouge, trouvé à Sainte-Colombe, portant la fin d'un nom, ainsi figuré LLÆ.

Il provient du cabinet Chavernod.

Longueur : 15 cent. — Epaisseur : 4 cent. 3 millim. — Poids : 667 grammes.

N. 382.

Fragment de brique en argile rouge, découvert à St-Romain-en-Gal, près Sainte-Colombe; un vestige de la marque de la fabrique laisse lire CENS.

Il provient du cabinet Chavernod.

Longueur : 15 cent. — Epaisseur : 2 cent. 4 millim. — Poids : 470 grammes.

N. 383.

Fragment en argile rouge, trouvé à Sainte-Colombe, sur lequel on lit ARIANA; sans doute le nom de CLARIANA existait sur cette brique.

Il provient du cabinet Chavernod.

Longueur : 7 cent. 8 millim. — poids : 94 grammes.

N. 384.

Fragment de brique en argile rouge, présentant les restes d'une marque de fabrique dont les lettres sont tracées en creux sur deux lignes; à la première on lit IRTI, la seconde est illisible. Il a été découvert à St-Romain-en-Gal.

Il provient du cabinet Chavernod.

Longueur : 8 cent. 3 millim. — Epaisseur : 2 cent. 7 millim. — Poids : 105 grammes.

N. 385.

Fragment en argile rouge, d'un conduit de calorifère, portant la marque ARIANA;

les deux premières lettres manquent dans ce cachet; nous voyons souvent sur des débris de ce genre le nom CLARIANA; il a été trouvé à Sainte-Colombe.

Il provient du cabinet Chavernod.

Longueur : 11 cent. 7 millim. — Epaisseur : 1 cent. 3 millim. — Poids : 161 grammes.

N. 386.

Fragment de même nature, venant du même lieu et sans doute de la même fabrique. On lit IANA, reste du nom CLARIANA.

Il provient du cabinet Chavernod.

Longueur : 6 cent. 8 millim. — Poids. 79 grammes.

N. 387.

Fragment d'antéfixe en argile rouge, représentant une portion d'enroulement relevé en bosse; au dessous règne un listel sur lequel sont moulées en relief les lettres DV RVFI, F. reste des noms du potier Secundus Rufus, que nous possédons en entier sur d'autres débris. Il a été trouvé à Sainte Colombe (Rhône), et provient du cabinet Chavernod.

Hauteur : 10 cent. — Largeur : 9 cent. — Epaisseur : 3 cent.

N. 388.

Débris du même genre en argile rouge, sur lequel on lit IRIA, venant du même lieu. Il provient du cabinet Chavernod.

Longueur : 6 cent. 8 millim. — Poids : 72 grammes.

N. 389.

Fragment de brique en argile rouge, portant une marque de fabrique rangée sur deux lignes et qui est incomplète CLARIA; il avait servi à un briquetage moderne,
DECIAL
à en juger par la couche de plâtre dont il est encore couvert sur l'une des faces.

Il provient du cabinet Artaud.

Longueur : 21 cent. — Largeur : 13 cent — Epaisseur : 4 cent. 5 millim. — Poids : 1,669 gr.

N. 390.

Fragment d'antéfixe en argile rouge, trouvé à Vienne, présentant pour ornement un mascaron, en dessous deux enroulements et le nom du potier SEC DV.RVFI.F. sortant de la même fabrique que le n° 387.

Il provient du cabinet Chavernod.

Hauteur : 16 cent. — Largeur : 14 cent. 5 millim. — Poids : 947 grammes.

N. 391.

Fragment de tuile romaine, en argile grossière rouge, sur laquelle sont gravés en creux ces deux noms CVAS placés l'un au-dessous de l'autre; ce sont sans doute les noms du potier. VRN Les lettres ont 14 millim. de haut.

Il a été découvert à Lyon en 1846, dans les travaux faits au bas de la colline de de l'Observance.

Hauteur : 20 cent. — Largeur : 16 cent. — Epaisseur : 38 millim.

N. 392.

Fragment de tuile romaine, en argile grossière, où se trouvent gravés en creux deux noms de potier, CVAS placés l'un sous l'autre. Les lettres ont 16 millim. de haut.

Sur un autre fragment de tuile nous avons trouvé les noms de CVAS VRN. Ces deux potiers étaient sans doute parents, mais leurs surnoms étaient différents. Ces deux fragments ont été découverts ensemble dans les travaux de l'Observance en 1846.

Longueur : 47 cent. — Largeur : 20 cent. — Epaisseur : 3 cent.

N. 393.

Grande brique en argile rouge, de la forme d'un carré-long, portant le nom du potier CLARIANVS; l'I est de moitié plus petit; elle a été trouvée à Sainte-Colombe, (Rhône). Elle est d'une bonne conservation, et provient du cabinet Chavernod, acheté en 1845.

Longueur : 45 cent. 8 millim. — Largeur : 31 cent. 5 millim. — Epaisseur : 5 cent. — Poids : 11,700 grammes.

N. 394.

Brique en argile rouge grossière, de la forme d'un carré légèrement allongé; elle présente une entaille à chaque angle inférieur, pour servir de point d'appui et pour favoriser sa liaison avec d'autres briques qui la joignaient. Elle porte pour marque de fabrique CLARIAN; elle est ébréchée dans le bas.

Hauteur : 39 cent. — Largeur : 30 cent. — Epaisseur : 5 cent.

N. 395.

Fragment de brique en argile rouge, découvert à Vienne portant pour marque de fabrique le nom suivant KANNIANVM, dont les deux NN sont enlacées, et la lettre V est figurée par le prolongement des deux jambages intérieurs de la lettre M.

Il provient du cabinet Chavernod.

Longueur : 31 cent. 2 millim. — Epaisseur : 5 cent. — Poids : 5,950 grammes.

N. 396.

Fragment de brique en argile rouge grossière, découvert à Vienne, au lieu dit de Romestang. Sur ce débris on lit pour marque VIRIORVM ce qui semble indiquer une raison de commerce entre deux potiers du nom de VIRIVS, marque dont nous avons plusieurs empreintes; ici comme on le voit nous avons le génitif de plusieurs VIRIVS qui sans doute s'étaient associés et avaient placé pour marque de leur fabrique leur nom au pluriel. Il provient du cabinet Chavernod.

Longueur : 32 cent. — Epaisseur : 6 cent. 2 millim. — Poids : 4,935 grammes.

N. 397.

Fragment d'antéfixe en argile rouge, sur lequel on aperçoit le bas de la face d'un mascaron, au-dessous deux enroulements et la marque de la fabrique CATTVL; il a été trouvé à Vienne. La partie supérieure manque.

Il provient du cabinet Chavernod.

Hauteur : 11 cent. — Largeur : 15 cent. 5 millim. — Poids : 1,088 grammes.

N. 398.

Base d'antéfixe en argile rouge, portant le nom du potier SECVNDVS RVFVS, au-dessus duquel on voit deux rinceaux, le reste de la partie supérieure de l'antéfixe manque.

Ce fragment antique a été trouvé en 1843, près l'ancien couvent des Carmes Déchaux, versant oriental du côteau de Fourvière, à Lyon. Il a été donné au Musée par M. Fournet, propriétaire à Montauban, Lyon, quartier de l'ouest, lieu de la découverte.

Hauteur : 11 cent. — Poids : 1,670 grammes.

N. 399.

Brique romaine, en argile, trouvée à Vienne; elle porte comme le n° 396 pour marque le nom des potiers VIRIORVM.

Cette brique est brisée en trois morceaux. Elle provient du cabinet Chavernod.

Longueur : 47 cent. — Largeur : 31 cent. 5 millim. — Epaisseur : 5 cent. 1 millim. Poids : 13,900 grammes.

N. 400.

Cette brique est parfaitement conforme à celle qui porte le n° 394; elle est d'une meilleure conservation, quoique la marque de fabrique soit moins lisible.

Hauteur : 39 cent. — Largeur : 30 cent. — Epaisseur : 5 cent.

PORTIQUE XLIII.   261

N. 401

Fragment de brique, en argile rouge, trouvée au même lieu que le n° 396, à Vienne, et portant pour marque le nom du potier CANNANA pour CANINIANA, après lequel on voit un cœur en relief. Nous présumons que c'est la même marque que le n° 395. Il provient du cabinet Chavernod.

Longueur : 31 cent. — Epaisseur : 4 cent. 3 millim. — Poids : 5,357 grammes.

N. 402.

Fragment d'une brique semblable au n° 393, portant la marque de la fabrique CLARIANA; il a été trouvé au même lieu, Sainte-Colombe.

Il provient du cabinet Chavernod.

Longueur : 31 cent. 5 millim. — Epaisseur : 4 cent. 7 millim. — Poids : 4,545 grammes.

N. 403

Partie inférieure d'un antéfixe, en argile rouge, présentant une palmette dont le haut est mutilé; au-dessus de la moulure on lit le nom du fabricant RVFVS mis au génitif RVFI. La moitié supérieure de cet antéfixe manque. Elle a été trouvée à Sainte-Colombe, et provient du cabinet Chavernod.

Hauteur : 15 cent. — Poids : 1,260 grammes.

N. 404.

Base d'antéfixe, en argile rouge, sur le devant duquel on voit deux enroulements et le nom du potier SECV DV. RVFI. F. Toute la partie supérieure manque; elle a été trouvée à Vienne, et provient du cabinet Chavernod.

Hauteur : 10 cent. — Largeur : 15 cent. — Poids : 810 grammes.

N. 405.

```
    D        M
M · AQVINI  VERINI
OPLIONIS  KARCE
RIS · EX · COHORT · XIII
VRBAN    BONONI
VS · CORDVS · MEDI
CVS      CASTRENSIS
ET M. ACCIVS MODES
TVS ET IVLIVS MATER
NVS MILITES · HERED
FACIEND CVR :
```

(*Inédite.*)

Aux Dieux Mânes de M. Aquinius Verinus, concierge de la prison, ayant servi dans la treizième cohorte urbaine, Bononius Gordus, médecin d'armée ou du camp, et M. Accius Modestus et Julius Maternus, soldats, ses héritiers, ont pris soin de lui faire élever ce monument.

Cette inscription offre de l'intérêt sous plus d'un rapport. On peut y remarquer en premier lieu le mot OPLIONIS, écrit très-lisiblement, qui se rapporte, sans aucun doute, au mot KARCERIS ; ce mot, écrit ainsi, ne se trouve dans aucun dictionnaire; on doit lire OPILIONIS et non OPLIONIS ; le graveur a omis le premier I, ou bien encore nous devons considérer la lettre L comme une double lettre, c'est-à-dire que le premier I lui est conjoint, ce qui lèverait toute espèce de doute sur la valeur du mot, puisqu'alors il serait bien orthographié. Comme Forcellini rend le mot OPILIO, par la périphrase *pastor ovium, qui ovium gregem servat et pascit* (berger, gardien de mouton), nous pouvons ici donner à *opilio carceris* la signification de gardien de la prison : on avait donné cette place à un vieux soldat pour lui servir de retraite.

Une autre expression qui n'offre pas moins d'intérêt, c'est celle de *medicus castrensis*, en ce qu'elle nous révèle l'existence des médecins d'armée dont aucun monument épigraphique à notre connaissance n'avait fait mention. Il existe des inscriptions qui portent le nom de médecins attachés aux arènes des gladiateurs, des jeux du cirque; c'est ainsi que sur un marbre antique du temps des empereurs, on lit :

EVTYCHVS AVG L. MEDICVS LVDI. MATVTINI.

Une autre inscription de l'an 663 de Rome, citée par Mongès, est ainsi conçue :

SILVANO SANCTO
C. AVSTVRNIVS, MEDI
CVS. LVDI. GALLIC.
PORTIC. ET EXEDR.
ET SIGN. ÆN.
VOTO SVSCEP.

D'autres monuments établissent que les femmes exerçaient aussi la médecine; nous possédons une inscription dans laquelle on lit MINVCIA MEDICA.

Mais sous nos portiques, Maquininus Verinus et Bononius Gordus sont les seuls exemples que nous ayons de geôlier et de médecin militaire. Cette inscription qui commence par une invocation aux Dieux Mânes ne se termine point par la formule ordinaire *sub ascia*.

Ce cippe a été trouvé en 1844 dans les fondations de l'église de Vaise (1).

Description. — Elle est composée de 11 lignes; les lettres sont d'un assez bon style et ont 40 mill. de haut.

A la seconde ligne, comme nous l'avons exprimé plus haut, nous pensons que dans le mot OPLIONIS on a voulu lier le premier I à la lettre L, et que le graveur a bien voulu écrire OPILIONIS, mot qui devient correct ; dans le mot CARCERIS, le premier C est remplacé par un K; les lignes suivantes ne présentent aucune autre particularité.

Ce cippe funéraire est en calcaire jurassique (Choin-de-Fay); il est décoré d'une base et d'un couronnement à moulures, celles de la base sont en partie mutilées (*Voyez planche* VIII n° 405).

Hauteur : 1 mètre 37 cent. — Largeur : 67 cent. — Epaisseur : 57 cent.

(1) Voir page 1 et 2. n° 1.

N. 406.

```
NATI      LVCENSI
ATIVS    VENVSTVS
NATIVS  FELICISSIMV
NATIA · VENERIA  LIBER
       KARISSIMO
VENI · INNOCENTISSIM
BI · VIVI · POSVER · CVRANT
NATIO FELICI  IIIIl VIR
VG · LVG · EIVSDEMQVE COR
ORIS CVRATOR DENDRO
HORO AVG LVG EIVSDEMQ
CORPORIS CVRAT. PATRONO
CENTONARIOR. LVG. CONSIST
OMNIB HONORIB APVD EOS F
B ASCIA      DEDICAVIT
```

Aux Dieux Mânes de …natius de Luques, …natius Venustus, …natius Felicissimus, …natia Veneria, ont élevé ce monument, pour eux de leur vivant et pour leur très-cher affranchi, jeune homme très-vertueux, par les soins de …natius Félix, sévir augustal à Lugdunum, curateur du même corps, dendrophore augustal de Lugdunum et curateur de cette corporation, patron des centonaires établis à Lugdunum, élevé parmi eux à tous les honneurs; celui-ci l'a dédié *sub ascia*.

(Publiée par Artaud, *Notice*, p. 60 n° XLI).

Il est moins rare et bien plus naturel que des affranchis élèvent des monuments de reconnaissance à la mémoire de leur libérateur que de voir des patrons honorer la mémoire de leur affranchi ; ici nous nous trouvons dans ce cas ; …natius (probablement Munatius) de Luques était l'affranchi d'une famille distinguée qui a voulu, par un noble sentiment, récompenser un jeune homme vertueux, et confondre dans un lieu commun ses cendres aux siennes. Quoique nous ayons pensé que le mot LVCENSIS indique la patrie de Munatius, peut-être était-ce un surnom.

Parmi les trois personnages qui ont fait élever ce monument funèbre à leur affranchi, il s'en trouve un plus important que les autres, puisqu'il était sévir augustal de Lyon, et élevé à tous les honneurs de plusieurs corporations; d'après le texte épigraphique, il a pris un soin tout particulier pour la construction du monument, et il l'a dédié *sub ascia*.

Artaud, dont nous n'adoptons pas la leçon quant au nom de Natius, dit dans sa notice que ce cippe provient de la collection des Génovéfains, ce qui doit nous faire supposer qu'il a été découvert près de ce monastère, à St-Irénée, quartier si riche en monuments de ce genre.

Description. — Cette inscription, composée de 15 lignes, est tronquée dans le haut, et nous pourrions penser qu'une ou deux lignes ont été abattues par le marteau ; le nom de …natius, au génitif, indique qu'il était précédé des lettres D-M, pour *diis manibus*, ou de la formule *quieti* ou *et memoriæ œternæ*.

Les lettres sont d'un style commun ; elles ont 39 millim. de haut.

Les lettres qui commencent les quatre premières lignes sont détruites.

A la 5ᵉ ligne, le K a remplacé le C, dans CARISSIMO;

A la 6ᵉ ligne, dans INNOCENTISSIM, l'N est lié au T.

A la 7ᵉ ligne, il est de même pour les mêmes lettres dans CVRANT.

A la 8ᵉ ligne, les lettres qui commencent la ligne sont détruites.

A la 9ᵉ ligne, la dernière syllabe EM dans le mot EIVSDEM est détruite.

A la 10ᵉ ligne, l'o qui commence est mutilé.

A la 12ᵉ ligne, le c qui commence cette ligne est mutilé.

A la 13ᵉ ligne, dans CENTONARIOR, le c est mutilé, et le premier N est conjoint au T.

A la 14ᵉ ligne, l'o qui la commence est mutilé et le T qui finit la ligne est détruit.

A la 15ᵉ ligne, la syllabe SVB qui commence la ligne est détruite, moins le B dont il reste une trace.

Cette longue épitaphe est gravée sur un cippe en calcaire jurassique (Choin-de-Fay), dont la base et le couronnement ont été complètement abattus; le côté gauche de la base a été brisé et restauré dans l'intention de lui donner une assise solide.

Hauteur : 1 mètre 78 cent. — Largeur : 78 cent. — Epaisseur : 22 cent.

N. 407.

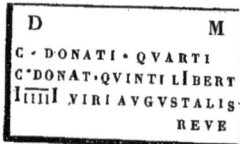

(*Inédite.*)

Aux Dieux Mânes de C. Donatius Quartus, affranchi de C. Donatius Quintus, sévir augustal, citoyens de Trève.

Il est regrettable que nous ne possédions que le commencement de cette inscription. A la fin de la dernière ligne, nous lisons les quatre lettres REVE, qui étaient probablement précédées d'un T, ce qui nous donnerait en abrégé TREVERIS, nom de la ville de Trèves, et indiquerait que Donatius Quartus, sévir augustal de Lyon, était natif de cette cité; les exemples ne manquent point dans les inscriptions pour appuyer cette conjecture; nous avons sous les portiques les noms de plusieurs Tréviriens qui ont occupé à Lyon des charges importantes, ce qui s'explique par les grandes relations commerciales qui existaient entre Lyon et Trèves, et qui appelaient les citoyens d'une de ces deux grandes villes à fixer leur domicile dans l'une ou dans l'autre et à y obtenir des honneurs qu'on donnait à la fortune et au mérite personnel, lors même qu'on n'y était point né.

Ce débris de monument a été découvert en 1844 dans les fondations de la vieille église des Bénédictins à Vaise.

Description.—Cette épitaphe est composée de cinq lignes; les lettres sont d'un très-beau style et ont 37 millim. de hauteur.

La première, formée de deux initiales majuscules D et M, est placée sur le couronnement;

A la 3ᵉ ligne, dans le mot LIBERT, l'I est plus élevé que les autres lettres.

A la 5ᵉ ligne, on n'aperçoit à la fin que les deux syllabes REVE, le reste de cette ligne est détruit.

Il ne nous reste de ce beau cippe qu'environ le tiers supérieur; il est en calcaire jurassique (Choin-de-Fay); il est décoré d'un couronnement à moulures d'un profil élégant, et surmonté d'un fronton à volutes sur les côtés.

La coupe de sa fracture est horizontale.

Hauteur : 82 cent. — Largeur : 91 cent. — Epaisseur : 37 cent.

N. 408.

Portion de fût de colonne dont le haut présente quelques restes de son astragale, en granit de nos contrées, qui a beaucoup de ressemblance avec celui dont il existe des gisements considérables du côté de Messimy (Rhône).

Ce débris offre dans sa longueur des mutilations formées par de longs éclats de pierre qui s'en sont détachés; le grain de la roche est parsemé de blanc et de noir tirant sur le bleu foncé ; le feldspath et le quartz y dominent et forment la partie blanche, le mica et la tourmaline lui donnent la couleur foncée.

Ce fût a été trouvé dans les fouilles faites à Vaise en 1844 (1), à une profondeur de 4 mètres environ au milieu de débris romains.

Hauteur : 1 mètre 43 cent. — Diamètre 43 cent.

N. 409.

```
VALERIAE  T   F
   CVPITAE
T   MARIVS  TIRo
       ET
A  IVLIVS  PARIs
```

(Inédite).

A Valeria Cupita fille de Titus, Titus Marius Tiro et A. Julius Paris.

Il est difficile de faire un hommage plus laconique ; nous ne lisons dans cette inscription que les noms de trois personnages ; la pensée est tout-à-fait sous-entendue.

Ce monument découvert à Ste-Colombe (Rhône), fut signalé à Artaud par le chroniqueur Cochard et transporté au Musée de Lyon. Cependant il n'est pas inscrit dans la notice d'Artaud sur le Musée.

Description. — Cette épitaphe est composée de 5 lignes ; les lettres sont d'un style qui se rapproche de celui de la décadence ; très-resserrées dans certains endroits, elles sont d'inégales grandeurs ; elles ont en commune 34 millim. de haut. La branche transversale des T est d'une très-petite dimension.

A la première ligne, le T est très-élevé au-dessus du niveau des autres lettres ;

A la 2ᵉ ligne, l'I est de même dans CVPITAE.

A la 3ᵉ ligne, les deux T qu'on y voit sont de même, et l'O qui la termine est de petite dimension. Il n'existe aucune trace de ponctuation, même après les initiales.

Ce petit monument est en calcaire de Lucenay (Rhône), ayant la forme d'un parallélogramme. L'inscription est gravée dans un espace carré-long, creux, entouré de moulures ; elle est surmontée d'un fronton triangulaire également orné de moulures ; sur les côtés de ce dernier, s'élèvent des acrotères de forme contournée et à rainures ; dans le centre du fronton, on a figuré deux vases renversés, sans doute comme emblèmes de la vie. Quelques brèches ont été faites sur les angles et sur les parties les plus saillantes.

Hauteur : 90 cent. — Largeur : 47 cent. — Longueur : 20 cent.

(1) Voir page 1 et 2 n° 1.

N. 410.

Bas-relief en calcaire jurassique (Choin-de-Fay), ayant la forme d'un carré-long; il servait vraisemblablement de couronnement à un tombeau; il représente le sujet suivant : dans le haut, et sur l'arrière plan, on voit un feston de fleurs; au dessous et un peu en avant se trouve un lit à dossiers en forme de S renversés, les pieds sont tournés et le plancher est garni de coussins. Sur la partie gauche de ce lit est assis un personnage, posé de face, à tête barbue et coiffée en cheveux, vêtu d'une tunique à longues manches; son bras droit est appuyé sur une plaque ovale dont le support est brisé dans le bas; au centre de cette plaque, il existe une espèce de relief en forme de cartouche sur lequel on a figuré grossièrement un objet difficile à définir; on pourrait y voir l'image d'un mort enveloppé d'un linceul; de la main droite ce personnage tient un objet mutilé qui semble être le pied d'un vase; au dessous de l'avant bras gauche qui est relevé, on voit la partie supérieure d'un autre vase du galbe de ceux qu'on appelle *lecythus* (vase à parfums).

Sur la droite de ce personnage est assis un jeune enfant vêtu de la tunique talaire à manches larges; un chien est devant lui et boit dans une coupe que l'enfant tient de ses deux mains, près du lit et en avant se trouve un petit vase à une anse. Ce bas-relief est incorrect sous le rapport du dessin et de la finesse, cependant il ne manque pas de style et d'intérêt. Il offre de nombreuses mutilations surtout aux parties basses.

Il a été trouvé à Vaise en 1844, dans les fouilles faites par ordre du gouvernement.

Hauteur : 65 cent. — Largeur : 95 cent. — Epaisseur : 77 cent.

N. 411.

Chapiteau du Bas-Empire, en marbre blanc, découvert à Lyon en 1845, en creusant les fondations de l'abside de l'église de St-Georges.

Il est orné de deux rangées circulaires de feuilles d'acanthe, le haut est mutilé.

Hauteur : 31 cent. — Diamètre du bas : 26 cent.

N. 412.

Ossuaire en plomb, de forme cylindrique, portant un couvercle plat à recouvrement et mutilé. Le vase contient des ossements calcinés et des débris de vases à parfums en verre de diverses couleurs; il est bien conservé; les bords du couvercle sont rongés par l'oxide.

Hauteur : 24 mètres 5 millim. — Diamétre : 19 mètres 5 millim. — Poids : 5 kil. 380 gram.

N. 413.

Beau tronçon de fût de colonne, en granit blanc et noir des environs de Trèves, découvert en 1844 en creusant les fondations de la nouvelle église paroissiale de Vaise près Lyon.

Les dimensions de ce fût attestent qu'il appartient à un monument romain important de l'époque ; plusieurs autres tronçons ont été trouvés près de lui ; ce morceau seul a été conservé par les maçons qui ont taillé les autres pour en faire des assises qu'ils ont replacées dans les fondations. Le grain de ce beau granit est assez grossier, c'est le feldspath blanc qui domine sur le quartz et le mica, ce qui lui donne cette belle nuance qu'on aperçoit en lui donnant un nouveau poli.

Ce fragment présente à sa circonférence une mutilation déterminée par un éclat qui s'en est détaché.

Hauteur : 1 mètre 12 cent. — Diamètre : 74 cent.

N. 414.

Vase cinéraire, en argile noirâtre ; d'un travail médiocrement soigné, d'une forme ovoïde plus allongée.

Trouvé avec les précédents ; d'une bonne conservation.

Acheté par la ville en 1843.

Hauteur : 23 cent. — Diamètre de la panse : 20 cent. 7 millim. — Poids : 1 kil. 500 gram.

N. 415.

Vase funéraire, à une anse, en argile rose, à panse sphéroïde et d'une forme élégante ; la partie supérieure du goulot est mutilée. Il a été trouvé à la Guillotière près du fort de la Mouche, en faisant le chemin de ronde ; il était à côté d'un ossuaire dans lequel était un vase à baume en verre blanc et des os calcinés.

Acheté par la Ville en 1843.

Hauteur : 22 cent. — Diamètre : 17 cent. 2 millim. — Poids : 510 grammes.

N. 416.

Chapiteau en marbre blanc, d'ordre composite ; il est entouré de rangées de feuilles d'acanthe plus ou moins mutilées, deux volutes affrontées ornaient le haut des angles. Les dimensions de ce débris monumental attestent l'importance et la grandeur de l'édifice auquel il appartenait. Il a souffert de nombreuses mutilations.

Hauteur : 60 cent. — Diamètre du haut : 60 cent. — Diamètre du bas : 33 cent.

N. 417.

Vase cinéraire, se rapprochant de la forme ovoïde aplatie et tronquée, en argile noirâtre ; il a été découvert au commencement de 1843, près du fort de la Mouche, commune de la Guillotière, en faisant le chemin de ronde. Il est rempli d'os calcinés ; son couvercle est en argile rouge grossière ; il est ébréché ; l'ossuaire est fendu. Acheté par la ville en 1843.

Hauteur : 20 cent. 8 millim. — Diamètre de la panse : 28 cent. 6 millim. — Poids : 1,640 gr. — Diamètre du couvercle : 21 cent. — Poids : 495 grammes.

N. 418.

Débris d'antéfixe, en argile d'un rouge brun; il représente le cou et la tête d'un bélier, style du bas empire. Il a été trouvé à Vienne.
Il provient du cabinet Chavernod.
Hauteur : 17 cent. 5 millim. — Poids : 1,248 grammes.

PORTIQUE XLIV.

N. 419.

```
I     O     M
DEPVLSORI ET
DIIS DEABVS QVE
   OMNIBVS ET
   GENIO LOCI
T. FLAV. LATINIANVS
   PRAEFECTVS
     VIGILVM
```

A Jupiter défenseur, très-bon et très-grand, et à tous les dieux et déesses, et au génie du lieu. T. Flavius Latinianus, préfet des gardes de nuit.

(Publiée par M. l'abbé Greppo, comme inédite, *Revue du Lyonnais* T. IX page 126.)

La garde nocturne fut établie à Rome par Auguste; il en forma sept cohortes, qui furent réparties dans les différents quartiers de la ville, pour y faire des patrouilles pendant la nuit; elles veillaient au maintien de la tranquillité, surveillaient les voleurs, et portaient les premiers secours dans les fréquents incendies qui s'y manifestaient. Nous ne devons pas considérer Latinianus comme appartenant à la garde de nuit de Rome, mais à celle de Lugdunum. On choisissait pour la place de préfet des vigiles un homme prudent et courageux.

Il existait un autre corps de gardes de nuit, c'étaient les sentinelles qui surveillaient le camp pendant la nuit, et faisaient le tour de la tranchée, pour éviter toutes surprises de la part de l'ennemi. Ces gardes étaient peu nombreux, il n'en existait que quatre, et la nuit étant divisée en quatre parties, chacun avait son tour de ronde; ils furent armés dans le principe, mais comme on s'aperçut qu'ils comptaient sur leurs armes pour se livrer au sommeil, on leur enjoignit, sous Paul Emile, de faire les rondes sans les porter, afin qu'ils eussent à la fois le soin de veiller à leur personne et à la sécurité du camp. Aussi Tite-Live dit-il : « *Non enim in pu-* « *gnam vigilem ire, ut armis utatur; sed ad vigilandum ut cum senserit hostium* « *adventum, recipiat se, excitetque ad arma alios.* »

Il est difficile d'affirmer que cette inscription soit complète, attendu que le monument a été fracturé transversalement à la base du mot VIGILVM qui la termine; on pourrait supposer, d'après de fréquents exemples, que la dernière ligne qui suivait était composée par les trois sigles : V. S. L. M. qui s'expliquent ordinairement par

VOTVM SOLVIT LIBENS MERITO. Alors on pourrait considérer cette inscription comme votive. La première ligne présente le même système d'abréviation ; il était assez d'usage d'exprimer le nom et les qualités des grandes divinités par des sigles ; c'est ainsi que les mots IOVI OPTIMO MAXIMO sont indiqués sur notre monument par leurs lettres initiales.

Dans son invocation Flavius a placé dans une espèce d'ordre de puissance les dieux qu'il implore ; ainsi, nous voyons en première ligne figurer en abrégé le roi de l'Olympe ; à la seconde, tous les dieux et déesses soumis à sa puissance ; et enfin, en troisième ligne, une divinité topique, le génie du lieu, que nous devons rapporter à celui de Lugdunum ; on en trouve un exemple dans une légende qui se trouve sur le revers rare d'une médaille d'Albin frappée dans la capitale des Gaules, sur lequel l'on lit : GENIO LVGD. COS. II.

Cette invocation adressée à tous les dieux de l'Olympe devait être faite par un citoyen qui, déjà à la tête des gardes de nuit, occupait un rang distingué dans la cité ; il implorait au nom des habitants de la capitale des Gaules toutes les divinités et leur puissant roi auquel il donne le nom de DEPVLSOR (1), pour indiquer qu'il invoquait sa haute puissance pour détourner les maux dont la cité était menacée.

Gruter et Muratori, citent plusieurs inscriptions ayant rapport à Jupiter DEPVLSOR. On trouve encore dans Gruter p. IV une inscription en l'honneur de Jupiter qui existait alors dans le péristyle de l'église St-Laurent, et qui est perdue ; la voici :

I. O. M
NVMINIBVS
AVG

Nous ne possédons aujourd'hui que celle qui nous occupe.

Ce monument a été découvert en 1827, à Lyon, dans le clos des Antiquailles, sur l'emplacement de l'antique palais des empereurs.

Description. — Cette inscription est composée de 8 lignes, les lettres sont d'un bon style et ont 40 millim. de hauteur.

La première ligne est composée des trois initiales I. O. M

A la 3e ligne, dans DILS le second I dépasse d'un tiers la hauteur des autres lettres.

A la 8e et dernière ligne, dans VIGILVM, le V et l'I sont détruits et la base des lettres suivantes est mutilée.

Ce monument est en calcaire jurassique (Choin-de-Fay), il a été coupé transversalement, les deux tiers supérieurs environ nous restent ; il est taillé en forme d'autel, son couronnement est orné de moulures et surmonté d'un fronton triangulaire se terminant en volute sur les côtés. (*Voyez planche* XIII, n° 419.)

Hauteur : 85 cent. — Largeur : 62 cent. — Epaisseur : 45 cent.

---

(1) Forcellini, au mot *depulsor*, p. 50, après avoir commenté ainsi ce mot, qui *depellit ; depulsor dominatus, quam particeps esse maluit*, ajoute : *est etiam epithetum Jovis, ut Averruncus, Custos, Conservator*, etc.

N. 420.

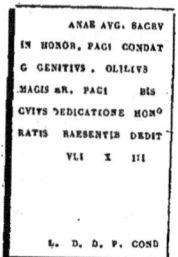

Monument consacré à l'auguste Diane, en l'honneur du pagus de Condat. G. Genitius Olilius, préfet du pagus pour la deuxième fois, a donné à ceux qui ont eu l'honneur d'assister à la dédicace un festin et trois deniers.

L'emplacement a été donné par une décision des habitants de Condat.

(Publiée par Artaud, *Notice*, page 60 n° XLII).

Cette inscription honorifique, consacrée à une déesse puissante, comme action de grâces ou pour implorer sa protection, nous paraît importante sous plus d'un rapport.

Nous remarquerons d'abord les mots PAGI, CONDATI. Nous ne devons pas, comme quelques auteurs, considérer le pagus comme un village ou un hameau; mais adopter l'explication de Forcellini qui appelle *pagus* plusieurs hameaux ou villages situés à peu de distance. Il ajoute qu'il diffère du village comme le tout de la partie, parce que le village est composé de plusieurs habitations, et que le *pagus* renferme plusieurs villages. Quant au mot CONDATI, quoique ce soit un mot celtique qui signifie en général le confluent de deux rivières, cependant il s'appliquait dans les Gaules à un grand nombre de lieux. Nous croyons donc que cette expression employée sur la pierre qui nous occupe désigne le canton qui était situé au confluent du Rhône et de la Saône, et qui pouvait comprendre les communes actuelles de Ste-Foy, la Mulatière, Oullins, Irigny, etc.

Cette inscription apprend que Genitius Olilius a été deux fois élu *magister* du pagus, et qu'en l'honneur de la cérémonie de la dédicace de l'autel élevé à Diane, il a fait aux assistants une distribution d'argent et donné un festin; ces deux actes qui se rencontrent assez fréquemment dans les usages anciens, annoncent que ce personnage était un magistrat investi de la confiance et de l'estime de ses concitoyens, et que, de plus, il était riche; car ces espèces d'inaugurations étaient très-onéreuses à celui qui les faisait. Nous avons traduit le mot *magister* par celui de préfet qui rend mieux dans notre langue la valeur de ce mot que celui de *maître*. En effet, *magister* est synonyme de *praefectus*; Forcellini, au mot *magister*, pag. 9. tom. 2, dit : « *magister, praefectus, praeses : unde magistri non solùm doctores artium, sed etiam pagorum, societatum, vicorum, collegiorum, equitum dicuntur : quia omnes hi magis ceteris possunt : unde et magistratus, qui per imperia potentiores sunt quàm privati.*

Nous pouvons citer à l'appui de notre opinion sur le mot *magister* une inscription nouvellement découverte dans le département de l'Ardèche, où nous lisons : *Praefectus pagi Luni*; cette inscription est gravée sur une plaque en bronze.

MM. Frèrejean, possesseurs de ce monument, en ont fait don au Musée de Lyon, dans les premières années de sa création.

Description. — Cette inscription honorifique est composée de sept lignes formant corps, et d'une dernière ligne qui est placée tout-à-fait au bas, séparée des autres par un large espace vide. Les lettres sont d'un style ordinaire et ont 25 millim. de haut.

A la première ligne, dans le mot DIANAE, le D et l'R sont détruits, l'N est mutilée.

A la 2° ligne, les lettres IN HO qui commencent la ligne sont mutilées dans le haut, et le T qui la termine est en partie mutilé.

A la 3° ligne, dans GENITIVS, le T est mutilé, l'I et l'V qui suivent sont presque détruits.

A la 4° ligne, dans MAGISTER, l'S, le T et l'E sont détruits.

A la 5° ligne, dans CVIVS, l's est mutilée; dans DEDICATIONE, le premier D est détruit et dans HONO, le second O est de très-petite dimension.

A la 6° ligne, dans PRAESENTIB. le P est détruit.

A la 7° ligne, dans EPVLI, les deux premières lettres sont détruites. Le chiffre 13 n'étant suivi d'aucun mot déterminant, nous pensons que le mot *denier* est sous-entendu ; ces exemples sont fréquents.

Ce beau monument est en calcaire jurassique (Choin-de-Fay); il a été brisé irrégulièrement, en trois pièces qui ont été réunies; l'inscription est gravée dans un espace carré dont les bords sont ornés de moulures; nul doute que ce bloc, de forme cubique, faisait partie d'un monument plus considérable; peut-être servait-il de piédestal à une statue de Diane qu'on aimait à honorer dans des lieux ombragés; cet usage des anciens pourrait nous amener à penser que cette pierre, trouvée à Lyon, y a été apportée comme matériaux de construction.

Hauteur : 84 cent. — Largeur : 78 cent. — Epaisseur : 52 cent.

N. 421.

(*Inédite.*)

	AE
ND luml	RIA
AVG C C C	CCN
CAG CVR	CC
DCC	
DPR	
D CORP	DI
AVG CONS	
NIR HONO	MIMI
VDEOSIVS	R
PATE VSI	SECVND
CIPRIVS	IVGI
DIANVS	MALI
INCOMP	TOVN
NODSIBIVI	TRIVI
OS VITINS	NIN
D CVR ET S	

Nous n'entreprendrons point de restituer cette inscription jumelle, nous ferons remarquer seulement que l'épitaphe de droite séparée par un trait creux de celle de

272 PORTIQUE XLIV.

gauche a été gravée en l'honneur d'un sévir augustal élevé à tous les honneurs dans la colonie et que ce monument funéraire lui a été érigé par plusieurs personnages dont nous ne pouvons énoncer les titres.

L'inscription gauche est en l'honneur d'une femme, qui selon toute probabilité était l'épouse du sévir augustal.

Ce monument a été découvert en 1844, dans les fondations de la vieille église de Vaise (1).

Description. — L'épitaphe droite est composée de 16 lignes apparentes dont il ne reste qu'environ la dernière moitié. Il ne reste de la gauche que le commencement de 11 lignes, la syllabe DI et un R qui se trouvent chacun dans le milieu d'une autre ligne.

Les lettres sont d'un assez bon style ; elles ont 32 millim. de haut.

Ce monument est en calcaire jurassique (Choin-de-Fay), de forme carré-long ; il est couvert de mutilations.

Hauteur : 1 mètre 36 cent. — Largeur : 68 cent. — Epaisseur : 37 cent.

N. 422.

```
IVL  FELICIS
IImI  VIR  AVG
IVLIA  VERECVNDA
COLLIB PIENTISSIM
```

(Inédite.)

...de Julius Félix, sévir augustal, Julia Verecunda coaffranchie dévouée.

La formule qui commençait cette inscription et qui devait adressée être aux Dieux Mânes, ou à la mémoire éternelle de Julius Félix, a disparu.

Ce monument, élevé en l'honneur d'un homme qui était parvenu à la dignité de sévir augustal, nous transmet une inscription funéraire dans les termes les plus simples et d'un grand laconisme. C'est un hommage reconnaissant d'une femme à un homme qui avait été affranchi en même temps qu'elle, ce que semblerait indiquer le mot *colliberta ;* on peut supposer qu'elle était devenue son épouse, ou qu'elle lui était alliée par quelque lien de parenté. Quant au mot PIENTISSIMA, il ne peut qu'exprimer le dévouement de Verecunda, qui a élevé ce monument, et qui n'a pu se donner aucune autre qualité, comme par exemple celle de vertueuse.

Il a été découvert en 1844, dans les fouilles faites à Vaise.

Description. — Cette inscription est composée de 4 lignes, les lettres sont d'un assez bon style ; elles ont en hauteur 23 millim.

A la 4ᵉ ligne, dans PIENTISSIMA, l'M et l'A sont conjoints.

Ce monument, de forme presque cubique, est en calcaire jurassique (Choin-de-Fay) ; il figure le milieu d'un cippe dont la base et le couronnement ont été abattus pour en faire une assise. La base a été brisée irrégulièrement, les angles sont écornés.

Hauteur : 44 cent. — Largeur : 50 cent. — Epaisseur : 34 cent.

---

(1) Voir page 1 et 2, n° 1.

N. 423.

```
D  ⚒  M
M. IV    NI. MARCELLI
NFA      IS DVLCISSIMI
QVI. VIXIT. ANNVM
VNVM  DIES XXXXVII
M. IVSTINIVS. SECVN
DINV    T PRIMANIA
MARCELLNA  PATRES
AMISSIONE    EIVS
ORBATI
P C RT S ASC D D C
```

Aux Dieux Mânes
de M. Justinius Marcellus, enfant
chéri qui vécut un an 47 jours.
M. Justinius Secundinus et Primania
Marcellina, ses père et mère, restés
sans enfant par sa perte, ont pris
soin de lui faire élever ce monument
et l'ont dédié *sub ascia*.

(Publiée par Ménestrier, *Hist. cons.* p. 59; Artaud, *notice* page 61 n° XLII B.)

Dans cette inscription, des plus simples, on comprend le double sentiment de douleur éprouvé par des parents qui perdent un fils chéri et un enfant unique qui les laisse sans postérité.

L'expression d'AMISSIONE EIVS est reproduite plusieurs fois dans nos inscriptions. Quant au mot PATRES, il est mis ici pour PARENTES, puisqu'il comprend le père et la mère.

Cette pierre tumulaire a été découverte à Lyon, aux Antiquailles, et a été offerte au Musée par les administrateurs de cet hospice.

Description. — Cette épitaphe est composée de 11 lignes; les lettres sont d'un style commun, elles ont 3 cent. de haut.

La 1re ligne est composée des deux initiales majuscules D-M entre lesquelles se trouve l'*ascia* figurée en creux.

A la 2e ligne, dans le mot IVSTINI, les trois lettres du centre sont mutilées.

A la 3e ligne, dans le mot INFANTIS, le premier I est détruit, ainsi que le premier jambage de l'N qui suit; le second N et le T sont détruits.

A la 4e ligne, le Q dans QVI, est mutilé ainsi que le V et le premier I dans VIXIT.

A la 6e ligne, dans IVSTINIVS, le T et l'N sont mutilés.

A la 7e ligne, dans DINVS, l'V et l'S sont mutilés, ainsi que la conjonction ET qui suivait; dans PRIMANIA, à la syllabe NIA, l'N et l'I sont conjoints.

A la 8e ligne, dans MARCELLINA, le C et l'E sont mutilés, et le second L est plus allongé, pour figurer l'I qui devait suivre cette lettre.

A la dernière ligne, composée en partie d'initiales, les caractères sont plus petits et n'ont que 2 cent. d'élévation.

Ce monument funéraire est en calcaire oolithique blanc de Tournus (1), de forme carré-long; la base et le couronnement ont été abattus, pour en faire une assise plus régulière.

Hauteur : 69 cent. — Largeur : 63 cent. — Epaisseur : 50 cent.

(1) Voir page LXXII.

N. 424.

```
ET QVIETI. AETERNAE
AEMILIAE VALERIAE. FEMINAE SANC
TISSIMAE QVAE. VIXIT. ANNIS LIIII MEN
SE. I. DIEBV XXIIII SINE VLLA. ANIMI. LAESI
ONE. SVPE STITIBVS. LIBERIS. QVINQVE. NE
POTIBVS CVMQVIBVC. OB INSIGNEM ER
GA. EOS. PI TATEM. SINE. CONIVGE. VITA. DVL
CISSIMA. VIXIT. ANN XVIII M III D. I
AEMILIA ZOTICE. ET. SVLPICIVS. ZOTICVS
ET. AEMILIA. LVPVLA. ET. AEMILIVS. ZOTI
CVS. ET MILIA. ZOTICA. FILI. MATRI
PIENTI MAE. PONENDVM. CVRAVERVNT
SVB. ASCIA. DEDICAVERVNT
```
D

(*Inédite*).
Aux Dieux Mânes
et au repos éternel d'Æmilia Valeria, femme très-vertueuse, qui vécut cinquante-quatre ans, un mois, vingt-quatre jours dans la plus parfaite union, laissant après elle cinq enfants et..... petits enfants, avec lesquels, grâce à son extrême tendresse pour eux, et privée de son époux, elle a passé dans une douce existence 18 ans, 3 mois, 1 jour; Æmilia Zotice et Sulpicius Zoticus, Æmilia Lupula, Æmilius Zoticus et Æmilia Zotica, ses enfants, ont pris soin de faire élever ce monument à une mère chérie et il l'ont dédié *sub ascia*.

Dans cette inscription, on a retracé, en termes simples, la vie d'une femme vertueuse, d'une grande douceur de caractère, très-tendrement chérie de ses enfants.

A raison du nom de Zoticus, nous devons supposer que cette famille était d'origine grecque, que ce nom s'écrivait Zotices et que plus tard, comme tant d'autres, il fut latinisé. Le graveur a sans doute commis une erreur, en écrivant Æmilia Zotice, nous devons lire Zotica, puisque les noms suivants sont écrits par Zoticus et Zotica.

Cette inscription a été découverte en 1845, dans les fondations de la vieille église de Vaise (1).

Description. — Cette inscription est composée de 13 lignes; les lettres sont d'un assez bon style. A la première ligne, elles ont 40 millim. de haut, et pour le reste de l'épitaphe, 33 millim.

A la 1re ligne, dans QVIETI, l'E est mutilé.

A la 3e ligne, dans QVAE, la première lettre est mutilée.

A la 4e ligne, dans DIEBVS, l'S est détruit.

A la 5e dans SVPERSTITIBVS, l'R est détruit.

A la 6e ligne, les lettres qui suivaient le mot NEPOTIBVS, et qui indiquaient peut-être le nombre des petits enfants, sont détruites.

A la 7e ligne, dans PIETATEM, le premier E est détruit.

A la 11e ligne, les deux premières lettres de AEMILIA sont détruites.

A la 12e ligne, dans PIENTISSIMAE, les deux s et l'I qui suit sont détruits.

Cette inscription est gravée sur une longue et large pierre en calcaire jurassique (Choin-de-Fay), dans un cartouche à queue d'aronde; dans l'une des queues, est gravé un D majuscule; sur l'autre, était représenté l'M. Nous avons dans nos inscriptions de nombreux exemples où l'invocation *diis manibus* exprimée par les deux initiales est placée sur les côtés.

Cette pierre funéraire était brisée verticalement en deux parties presque égales, qui ont

(1) Voir page 1 et 2. n^e 1.

PORTIQUE XLIV. 275

été réunies; ces morceaux ont été découverts dans la même fondation, à quelques pas l'un de l'autre; la queue d'aronde de droite a été détruite et refaite en plâtre, pour rendre moins défectueuse la vue de ce monument.

Hauteur : 1 mètre. — Largeur : 1 mètre 95 cent. — Epaisseur : 20 cent.

N. 425.

Ossuaire cinéraire en plomb, ayant la forme d'un sphéroïde aplati; la partie supérieure est percée d'une large ouverture à bord vertical, que son couvercle vient emboîter.

Ce vase funéraire est composé d'une lame de plomb qui a été travaillée au marteau et soudée; il en est de même pour le couvercle. La bande de plomb composant le bord de l'ouverture est aux trois-quarts dessoudée; le couvercle est percé d'une ouverture accidentelle et rongé sur les bords par l'oxide; il est encore plein d'ossements calcinés.

Il provient de l'ancien cabinet de la ville.

Diamètre : 21 cent. 9 millim. — Hauteur : 15 cent. 1 millim. — Poids : 5,350 grammes. — Diamètre du couvercle : 13 cent. 5 millim. — Poids : 950 grammes.

N. 426.

Urne cinéraire en plomb contenant encore quelques ossements calcinés; elle est de forme cylindrique; sa partie supérieure est mutilée, et son couvercle manque. Une note écrite à la main, collée sur sa panse, indique qu'elle a été trouvée en 1769, dans un champ sur le chemin de Francheville, près du lieu appelé les Massues.

Elle provient de l'ancien cabinet de la ville.

Diamètre : 14 cent. 8 millim. — Poids : 3,800 grammes.

N. 427.

(Inédit.)

	O
	ET AETERNAE
	N IRATI
	ANNIS X
	SIB·X·DIEB VIIII
NIVG	ANTONIVS . OREITV
MAE·IN	ET ANTONIA AVGVS
D CVRA	TINA PARENT S FIL
IT	KA'RISSIMO INSCRI
	BENDVM · CVR VER

A la mémoire éternelle de ...n.. Iratus qui a vécu 10 ans 10 mois 9 jours, Antonius Oréitus, et Antonia Augustina ses parents ont fait graver cette inscription à leur fils bien-aimé.

Ce monument funéraire incomplet est l'une de ces pierres destinées à recevoir l'épitaphe des membres d'une famille, et divisées en autant de compartiments qu'il existait de personnages. Il ne nous reste de ce monument que deux inscriptions; celle de droite est presque entièrement détruite; elle nous apprend qu'un mari l'a fait graver à la mémoire de son épouse; c'étaient sans doute les parents d'Antonius Iratus désignés dans l'épitaphe de gauche.

Cette pierre a été trouvée à Lyon, dans la Saône, au dessous du pont du Change, en 1841.

Description. — L'inscription de droite est composée de 4 lignes incomplètes ; celle de gauche est formée de 10 lignes ; les lettres sont d'un style médiocre, et très-usées ; elles ont 24 mil. de haut.

A la première ligne, il ne reste que l'o du mot MEMORIAE.

A la 3ᵉ ligne, nous ne trouvons que l'n d'un nom propre, que l'on peut supposer être Antonius.

A la 4ᵉ ligne, les autres chiffres qui suivaient l'x sont complètement usés.

A la dernière ligne, dans CVRAVER, l'A est détruit.

Ces inscriptions sont gravées sur un parallélogramme se terminant en queue d'aronde ; elles sont gravées dans un carré entouré d'un trait creux ; la partie droite, dont on ne peut estimer l'étendue, a été brisée et manque.

Ce monument mutilé, usé par le frottement des graviers que le courant des eaux de la Saône faisait passer sur lui, est en calcaire jurassique (Choin-de-Fay).

Hauteur : 48 cent. — Largeur 85 cent. — Epaisseur : 20 cent.

N. 428.

Vase cinéraire en plomb, de forme cylindrique, avec couvercle à recouvrement ; il contient des os calcinés et des fragments de lampe et de vase à baume en verre blanc. Les parois de ce vase sont extrêmement minces, en comparaison de celles des précédents ; le couvercle est crevassé.

Il provient de l'ancien cabinet de la ville.

Hauteur : 10 cent. 8 millim. — Diamètre : 15 cent. et 5 millim. — Poids : 745 grammes.

N. 429.

Urne cinéraire en plomb, ayant la forme d'un sphéroïde légèrement aplati ; elle est surmontée d'un couvercle plat, à recouvrement. Elle contenait des ossements calcinés et deux vases à baume, l'un en verre blanc, l'autre en verre bleu.

Ce vase provient des fouilles faites en 1845, dans le cimetière antique de St-Irénée, au lieu dit des Bruyères, clos de M. Nouvellet ; il est d'une forme gracieuse et d'une bonne conservation.

Achetée par la ville, en 1845.

Diamètre : 19 cent. 6 millim. — Poids : 2,668 gram. — Hauteur : 14 cent. 1 millim.

N. 430.

Vase cinéraire, en argile noire, d'une forme se rapprochant davantage du sphéroïde, trouvé au même lieu ; il existe une brèche à l'ouverture.

Acheté par la ville, en 1845.

Hauteur : 19 cent. 4 millim. — Diamètre de la panse : 20 cent. 7 millim. — Poids : 959 gram.

N. 431.

```
DIS. MANIBVS
SATVRNINAE
FORTVNATVS
POSVIT.
```

(Inédite.)
Aux Dieux Mânes de Saturnina, Fortunatus a fait élever ce monument.

Il est difficile de faire une inscription plus brève ; elle est composée de cinq mots seulement, qui suffisent néanmoins pour exprimer deux faits ; c'est que Fortunatus a placé le corps de Saturnina sous la protection des Dieux Mânes, et que c'est lui qui a fait élever ce monument.

Cette pierre tumulaire a été découverte à Lyon, en 1843, dans les murs de l'hôtel de Malte, situé place Louis-le-Grand, qui est l'une des maisons appartenant à M. de Vauxonne, conseiller à la Cour royale et membre du conseil municipal de Lyon. Le Musée la doit à la générosité de ce magistrat.

Description. — Cette épitaphe est formée de 4 lignes, les lettres sont d'un style assez commun ; celles de la première ligne, ont 40 millim. d'élévation, et celles des trois autres lignes 30 millim.

A la première ligne dans DIS, l'I est doublé en hauteur, sans doute pour indiquer la double lettre qui existe dans DIIS.

Ce monument est en calcaire jurassique (Choin-de-Fay), il est de forme carré-long, et l'inscription est gravée dans un espace carré-creux, avec un encadrement à moulures ; il est d'une bonne conservation.

Hauteur : 68 cent. — Largeur : 46 cent. — Epaisseur : 16 cent.

N. 432.

Ossuaire, en argile noirâtre ; les bords sont mousses et évasés ; il présente quelques brèches, et contenait des os calcinés et deux vases à parfums que nous possédons au Musée, l'un en verre blanc, l'autre en verre bleu.

Il a été découvert à Lyon en 1845, dans la banlieue, commune de St-Irénée, clos Nouvellet, au lieu dit des Bruyères où existait un cimetière romain.

Hauteur : 17 cent. 8 millim. — Diamètre : 19 cent. 5 millim.

N. 433.

Vase cinéraire, en argile noirâtre ; la panse est évasée dans le haut, il est muni d'un couvercle à bouton plat, il manque environ un quart du couvercle, l'ossuaire a été troué accidentellement près de sa base.

Acheté par la ville, en 1845.

Hauteur : 18 cent. 2 millim. — Diamètre de la panse : 22 cent. 7 millim. — Poids : 1,052 gr.
— Diamètre du couvercle : 15 cent. 6 millim. — Poids : 272 grammes.

PORTIQUE XLV.

N. 434.

```
                    ·DE   ONIVS   RO
   M V L          ATIS   TRICASTINO
D  RVM CON             COMPARABILI ET    M
   SIBI  VIVV     SVIT ET SVB ASCIA DEDIC
   MEMORIAE AETERN CRIPTI CVIVS OSSA IN EODEM SARCOPHAGO CONDITA SVNT
   APIANVS FIL. ET HERES ET TONSO IVSSV EOR FACIENDI CVRAVER.
```

(*Inédite.*)

·ibe..onius Romulus .....atis du pays des Tricastius a élevé ce monument de son vivant pour son épouse incomparable et pour lui-même et l'a dédié *sub ascia*. A la mémoire éternelle de ..... dont les ossements sont enfermés dans le même sarcophage. Apianus son fils et son héritier, et (1)..... ont eu le soin de l'exécuter d'après leur ordre.

Nous n'avons pu tirer un sens plus complet de cette inscription dont il manque à peu près un tiers, à la partie supérieure, qui portait les noms de la femme à laquelle ce monument avait été élevé par son mari. Les noms de celui-ci sont trop mutilés pour chercher à les rétablir; ils ne sont accompagnés d'aucun titre, si ce n'est qu'il était originaire de la tribu gauloise des Tricastins, aujourd'hui St-Paul-trois-Châteaux, situé dans le département de la Drôme. Cette tribu était bornée au nord par celle des Allobroges, et au midi par celle des Voconces.

Cette inscription présente une particularité assez rare, c'est l'indication que les os des deux défunts sont renfermés dans le même sarcophage.

Ce monument a été découvert en 1846, dans les fouilles faites à Vaise par ordre du gouvernement; il servait d'assise dans les fondations des murs du cloître de la vieille abbaye des Bénédictins, qui existait en cet endroit.

Description. — Cette inscription est encadrée dans un cartouche, à queue d'aronde où sont placées les deux majuscules D-M, initiales de la formule ordinaire. Ce qui en reste est composé de six lignes, dont les quatre premières, en lettres d'un bon style ont 50 millim. de haut; les deux dernières n'en ont que 16.

A la première ligne, le commencement est mutilé; les deux syllabes IBE sont précédées et suivies d'une lacune; l'o dans ONIVS est mutilé. On pourrait peut-être rétablir ces deux fragments de noms et lire TIBERIVS NONIVS.

A la 2ᵉ depuis la syllabe MVL, jusqu'aux syllabes ATIS, qui sont la terminaison d'un nom il existe une lacune.

---

(1) Nous ne pensons pas que le mot TONSO puisse être le commencement d'un nom propre; dans la liste des noms d'hommes et de femmes, publiée par Gruter à la suite des inscriptions antiques, on ne trouve aucun nom propre commençant ainsi. D'un autre côté nous n'oserions donner à Apianus fils et héritier des défunts la qualification de *barbier* que signifie le mot *tonsor*.

PORTIQUE XLV.   279

A la 3ᵉ ligne, il ne reste du mot CONIVGI, que le c et l'o, et dans INCOMPARABILI, les deux premières lettres sont détruites.

A la 4ᵉ ligne, la dernière s de VIVVS est détruite, et dans le mot POSVIT, la première syllabe n'existe plus.

A la 5ᵉ ligne, dans le mot ETERNAE, l'A et l'E de la fin sont détruits, ainsi que quelques lettres qui précédaient les syllabes CRIPTI.

A la 6ᵉ ligne, le premier tiers environ de cette ligne est mutilé ou détruit, ainsi que plusieurs lettres qui venaient à la suite des syllabes TONSO.

Ce sarcophage, en calcaire jurassique (Choin-de-Fay), est de forme carré-long, il a été brisé et restauré, l'inscription a beaucoup souffert.

Profondeur de la tombe : 30 cent. — Largeur : 45 cent. — Longueur : 1 mètre 80 cent.
Hauteur du sarcophage : 58 cent. — Longueur : 2 mètres 47 cent. — Largeur : 90 cent.

N. 435.

```
  D       [
Q  C A B V
SEXTI.  HO
N I S O P T
M I Q·V I V
[T A N N I S]
M  X I  D V
 B V T I ʃ
     C E P T
     I    C
SSIM
```

Aux Dieux Mânes
de Cabutius Sextus, homme
excellent qui vécut X... ans,
XI mois V jours. Cabutia déçue
dans ses espérances, par sa
mort, a fait élever ce monument
à son très-cher époux.

(Publiée par Ménestrier, *Histoire consulaire*, page 110; Artaud, *Notice*, p. 14 n° IX c.).

Artaud, qui a cité cette inscription a changé le nom de Cabutius en Cabutilus; mais évidemment, ce ne peut être Cabutilus, puisque nous voyons clairement que la femme, qui avait pris le nom de son époux, s'appelait Cabutia; en effet, après CABVTI on voit le premier jambage d'un A sur lequel on ne peut se méprendre.

Ce monument servait de bouteroue à l'angle de la rue St-Irénée où il était enterré au tiers de sa hauteur, il avait été placé sens dessus dessous, et l'inscription a supporté longtemps le choc des roues des voitures qui passaient sur cette voie; l'on conçoit par là les mutilations nombreuses qui y existent.

Description. — Cette inscription est composée de 11 lignes, mais il est très-probable que plusieurs ont été mutilées dans le bas et que la formule *sub ascia* terminait la dernière. Les lettres sont d'un assez bon style et ont 4 cent. 8 millim. de haut.

A la première ligne, figurent les deux initiales D-M, il ne reste de la dernière que le premier jambage.

A la 2ᵉ ligne, dans le nom de CABVTIVS, les 4 dernières lettres sont détruites.

A la 3ᵉ ligne, la syllabe MI, qui termine la ligne est détruite.

A la 4ᵉ ligne, l'I qui devait la terminer manque.

A la 5ᵉ ligne, dans la syllabe VIX l'I et l'x qui terminaient la ligne, sont mutilés.

A la 6ᵉ ligne, les chiffres qui suivaient l'x ont été détruits.

A la 8ᵉ ligne, dans le nom de la femme CABVTIA, le C et l'A qui le commencent, manquent ; et pour l'A qui le termine, il n'en reste que le premier jambage.

A la 9ᵉ ligne, dans le mot DECEPTA, la syllabe DE manque, ainsi que l'A qui termine cet adjectif.

A la 10ᵉ ligne, dans CONIVGI, il ne reste que l'I qui termine ce mot; les autres lettres sont détruites, ainsi que l'A de la syllabe CA qui finit cette ligne et qui devait commencer le mot CARISSIMO, dont la fin se trouve à la 11ᵉ ligne, et dont il ne reste que SSIM.

Ce cippe funéraire, est en calcaire jurassique (Choin-de-Fay) ; la base et le couronnement ont été abattus, ce qui semble prouver qu'avant d'avoir été placé comme borne dans une rue, il avait été retiré de quelque muraille où il avait été placé comme assise, après l'avoir taillé au marteau. Il est couvert de mutilations qu'il a subies postérieurement à cette époque.

Hauteur : 96 cent. — Largeur : 37 cent. — Epaisseur : 28 cent.

N. 436.

L. GAVIVS. FRONTO [ı̣ṃı̣]
BENIGNAE VXOR LIG^V

L. Gavius Fronto, sévir augustal, à Benigna, son épouse, ...

Cette inscription incomplète, gravée en lettres d'un style voisin de la barbarie, a été découverte en 1828, dans la commune de Tassin, près Lyon, chez un ancien brigadier de gendarmerie nommé Dussault. Nous l'achetâmes et en fîmes don au Musée. Dans cette propriété, on a fait de nombreuses découvertes qui indiquaient que cette partie du sol avait été un lieu de sépulture pendant la domination romaine. Nous avons acheté à ce M. Dussault un larve et un lion assis, d'un très-beau travail, en calcaire blanc, plusieurs têtes de personnages, un bassin et une patère en bronze plaqué en argent, de la belle époque, et plusieurs urnes cinéraires en bronze.

L'une des découvertes les plus remarquables, est celle d'un vaste charnier en forme de puits, du diamètre de 2 mètres, dont on n'a pu mesurer la profondeur, attendu qu'il était presque comblé par une masse d'ossements calcinés qui sans doute avaient été entassés dans ce lieu, n'ayant pu être contenus dans les ossuaires. Ce monument souterrain était en bonne maçonnerie, très-régulière; la position de ce cimetière placé non loin du versant ouest des Massues, semble indiquer la continuation de Lugdunum, de ce côté, ou du moins d'un faubourg populeux. Les mosaïques, les tuiles romaines, les conduites d'eau découvertes dans plusieurs propriétés voisines, situées à la Demi-lune, viennent confirmer cette opinion.

Description. — Cette inscription est formée de 2 lignes seulement, qui sont gravées dans un parallélogramme creux, entouré de moulures; la fin de l'inscription est détruite. Les lettres qui sont de la basse décadence, ont en général, 14 cent. 4 millim. de haut, mais elles sont inégales.

A la première ligne, dans FRONTO, l'N et le T sont conjoints et les deux O d'une petite dimension.

PORTIQUE XLV.   281

A la 2ᵉ ligne, dans BENIGNAE l'N est conjoint avec l'I, ainsi que l'R et l'I dans VXORI; dans la portion de mot LIGAV, l'A est à cheval sur la courbe inférieure du G. — La partie gauche des deux lignes a été détruite. Ce monument est en calcaire oolithique de Tournus.

Hauteur : 51 cent. — Largeur : 1 mètre 40 cent. — Epaisseur : 17 cent.

N. 437.

(*Inédite.*)

```
    D           M
ET. MEMORIAE. AETER
NAE. APRICLI. PRISCI
ANI. CONSISTENTIS
LVGDVNI.      PERTI
NENTIS. AD COLLEGI
VM. FABROR. REDEM
PTOS. IONOR. QVAES
TOR. EX. SIRC. ART. CRET
FECIT. SIBI. VIVOS. ET. TI
    IOLAE. CON
         AE ET
```

Aux Dieux Mânes
et à la mémoire éternelle d'Apriclius
Priscianus, habitant de Lyon, appartenant au collége des artisans.
. . . .
Il a pris soin d'élever ce cippe de son vivant pour lui et pour Ti...
.....piola son épouse.

La partie de cette inscription où sont énoncées les qualifications de Apriclius Priscianus offre beaucoup d'obscurité; la seule chose paraissant certaine c'est qu'il appartenait à un collége d'artisans. Le mot *redemptos* est-il ici pour *redemptus*, ou pour *redemptorum*, et alors ce mot se rapportant à *fabrorum*, indiquerait, d'après la définition de Forcellini, des espèces d'entrepreneurs; les mots HONOR. QVAESTOR. EX SIRC. ART. CRET. sont très-difficiles aussi à interpréter; la syllabe SIRC. n'est le commencement que d'un seul mot en latin, de *sircula*, qui était une espèce de raisin ; quant aux mots abrégé ART. CRET., ils ne peuvent signifier que ARTIS CRETARIAE, l'art du potier. Nous ne nous hasarderons pas à émettre une interprétation, même douteuse, sur ces quelques lignes, n'en trouvant aucune qui nous présente un sens satisfaisant.

La fin de cette inscription est détruite en grande partie; le nom de PIOLA, femme de Priscianus est incomplet. La formule *sub ascia*, manque entièrement.

Cette pierre tumulaire a été découverte à Lyon, en 1846, dans la deuxième arche du pont du Change, rive gauche.

Description. — Cette inscription est composée de 12 lignes, les deux dernières sont en partie détruites, les lettres sont d'un style très-médiocre, elles ont 25 millim. de haut.

La première ligne est formée par les deux sigles D·M, qui sont gravés sur le couronnement.

A la 9ᵉ ligne, dans la syllabe CRET, l'E et le T sont conjoints.

A la 10ᵉ ligne, le graveur a commis une erreur dans le mot VIVOS, on doit lire VIVVS.

Ce cippe est en calcaire jurassique (Choin-de Fay), il est décoré d'un couronnement à moulures et à fronton. La base a été brisée et manque entièrement. (*Voyez planche* V, n° 437.)

Hauteur : 82 cent. — Largeur : 45 cent. — Epaisseur : 40 cent.

N. 438.

Bas-relief en calcaire oolithique blanc de Tournus, qui représente Mercure. Le dieu est sculpté en rondebosse dans une niche concave, cintrée dans le haut, et coupée carrément dans le bas ; sur le bandeau de cette niche on aperçoit les restes d'une inscription formée de deux lignes dont on distingue les syllabes suivantes DEO OCTAV mais nous n'entreprendrons point d'en rétablir le sens. A la première ligne, le mot DEO dans lequel le jambage du D a été mutilé, était peut-être suivi du mot MERCVRIO. Etait-ce un hommage en l'honneur de cette divinité ou une inscription votive ? c'est ce qu'il est impossible d'affirmer.

Mercure est debout, coiffé du pétase ailé ; la main gauche est appuyée sur le haut d'un caducée dont la base touche le sol. Le bras droit est étendu le long du corps, et la main repose sur la tête d'un bouc, qui est placé derrière lui et dont le devant du corps fait saillie à son côté droit ; une chlamyde, partant de l'épaule gauche, passe derrière le cou et vient se déployer pour couvrir le bras droit. La pose de Mercure est noble et élégante, le corps repose sur la jambe droite, et la gauche est écartée et légèrement portée en avant.

Cette sculpture, qui a subi les injures du temps et de nombreuses mutilations, révèle un ciseau dirigé par une main habile. C'est une étude remarquable et une belle composition de l'époque gallo-romaine, qui rappelle le style grec, et qui peut même être rapportée à un des artistes nomades de ce peuple, qui se répandirent dans les Gaules après la conquête. Les saillies musculaires sont vigoureusement accusées ; on pourrait avec raison reprocher à l'artiste d'avoir donné au torse un développement qui n'est pas proportionné à celui des membres, dont le travail est soigné sous le rapport de l'étude anatomique.

Sous quel point de vue peut-on considérer ce Mercure ? nous ne pouvons reconnaître ici le Mercure faisant les fonctions de messager des dieux, dont les représentations sont si communes ; il porte le caducée tout autrement. Ce n'est point le Mercure, dieu du commerce, la divinité tutélaire des marchands, ni même le dieu des voleurs, titre que lui ont donné d'anciens poètes en signalant certains traits de sa vie qui semblent le lui conférer ; il ne tient point la bourse.

Nous ne pouvons pas non plus le considérer ici comme le Mercure égyptien, leur Toth trismégiste, divinité qui apprit aux hommes toutes les sciences.

Cette représentation mythologique offre une particularité assez rare, c'est la présence du bouc. Cet animal était compris dans les attributs de Mercure, aussi Pausanias a-t-il considéré ce dernier comme dieu des bergers. D'après cela, ne pourrait-on pas penser qu'on a voulu nous le montrer ici, protégeant l'agriculture qui est l'âme du commerce ; chez les anciens le bouc passait pour un animal destructeur de la vigne, par son avidité à brouter les tiges naissantes du cep. Sur notre bas-relief Mercure a la main droite appuyée sur la tête du bouc, comme pour l'empêcher de passer outre. Ne peut-on point trouver dans cette allégorie la pensée que ce Mercure invite les vignerons à retenir et à surveiller cette classe d'animaux, qui dévastaient les vignobles et diminuaient les produits de la vendange, car nous devons supposer qu'à l'époque où fut érigé ce monument, la Bourgogne devait être comme aujourd'hui renommée pour ses vins. (*Voyez planche* VII, n° 458.)

Ce monument a beaucoup souffert; de nombreuses mutilations se remarquent sur les bords, ainsi qu'à la face de Mercure; la robe antique de ce monument est d'un brun foncé, elle a perdu tout le poli de sa sculpture.

Ce bas-relief a été découvert en 1829, dans le cimetière de St-Jean-des-Vignes, arrondissement de Châlons-sur-Saône, et acheté par un marchand de Lyon, qui le vendit à Artaud, alors directeur du Musée de Lyon, pour son cabinet particulier; plus tard ce cabinet a été acheté par la ville.

Hauteur de Mercure : 1 mètre 7 cent. — Hauteur du monument : 1 mètre 34 cent. — Largeur : 60 cent.

N. 439.

Fragments d'une corniche en marbre blanc, décorée dans le haut d'une rangée de feuilles d'acanthe; en-dessous, d'un rang d'oves, de denticules et de feuilles d'eau.

Ces différentes rangées sont superposées et séparées entre elles par des listels. Le haut des feuilles d'acanthe est mutilé, ainsi que l'angle saillant des denticules. Les ornements de cette corniche sont d'un bon style.

Longueur : 1 mètre. — Hauteur : 54 cent. — Epaisseur : 40 cent.

PORTIQUE XLVI.

N. 440.

```
    D           M
GEMINIAE Q. FILIAE
    QVINTIANAE
    DVLCISSIMAE
QVAE VIXIT. M. VIIII. D.X
Q. GEMINIVS. PRISCIAN
ET GEMINIA. APHRODI
    SIA. PARENTES
```

Aux Dieux Mânes
de Geminia Quintiana;
fille chérie de Quintus.
Elle a vécu 9 mois 10 jours
Q. Geminius Priscianus
et Geminia Aphrodisia ses
parents.

(Publiée par Spon, *Recherches*, p. 95; Artaud, *notice* page 61 n° XLIII.)

Cette épitaphe exprime en termes laconiques la douleur qu'ont éprouvée un père et une mère par la perte de leur jeune fille.

Ce cippe faisait partie de la collection du président de Bellièvre.

Description. — Cette inscription se compose de 8 lignes. Les lettres sont d'un assez bon style et ont 30 millim. de haut.

La première ligne est formée par les initiales majuscules D et M. Les autres lignes ne présentent rien de particulier.

Ce cippe d'une forme élégante est en calcaire jurassique (Choin-de-Fay), il est décoré d'une base et d'un couronnement à moulures d'un beau profil. Le couronnement est surmonté d'un fronton triangulaire et à rouleau sur les côtés ; la partie gauche du couronnement est mutilée, le côté droit du cippe présente aussi quelques détériorations qui n'atteignent pas les lettres.

Hauteur : 1 mètre 8 cent. — Largeur : 50 cent. — Epaisseur : 40 cent.

N. 441.

Bas-relief noirci par le temps, représentant un sujet assez bizarre.

Un quadrupède, peut-être un bœuf, est placé sur une branche d'arbre ; au-dessous et sur la droite, on aperçoit le train de derrière d'un bélier ; sur la gauche, un personnage accroupi lui tourne le dos ; ce dernier est grossièrement drapé. Le haut du corps est nu, la tête manque. Ce débris dépend d'un chapiteau du Bas-Empire. (*Voir planche* VI, n° 444).

Hauteur : 54 cent. — Largeur : 30 cent. — Epaisseur : 10 cent.

N. 442.

(Publiée par Artaud, *notice*, page 63, n° XLIIII c.)

Brique en argile rouge grossière, de forme carrée, sans doute destinée au carrelage des appartements ou d'un foyer. Le nom qui se trouve en relief sur l'une des faces de cette brique, indiquant la marque de la fabrique Claria Numada, se rencontre très-souvent à Vienne et dans tout le midi de la France sur des tuiles romaines, ce qui doit faire présumer que le siége de cette tuilerie se trouvait près de l'ancienne capitale de l'Allobrogie.

Claria Numada, dit Artaud, était vraisemblablement la fille ou la veuve du légionnaire Clarianus, à laquelle on avait sans doute continué le privilége de fabrication impériale, qu'avait obtenu ce dernier.

Hauteur des lettres : 12 millim. — Longueur de la brique : 22 cent. — Largeur : 22 cent. — Epaisseur : 5 cent.

N. 443.

Tête d'enfant en marbre blanc ; elle est coiffée en cheveux, mais l'usure lui donne presque l'apparence d'une tête chauve ; les traits sont également usés.

Ce débris de statuette est d'un bon style. Le cou est brisé près de la tête.

Hauteur : 13 cent.

N. 444.

Morceau de brique romaine, où l'on voit les initiales G et P, marque de la fabrique du potier. Ce fragment a la forme d'une losange irrégulière, dont les côtés ont 9 cent. de longueur.

N. 445.

```
D     M
  FLAVIAE
  SYNTICENI
T.   FLAVIVS
TREPTVS. CON
IVGI.  FECIT
V.  A.   XXXV
     II
```

Aux Dieux Mânes
et à Flavia Synticenis,
Titus Flavius Treptus a
élevé ce monument pour
son épouse; elle a vécu
35 ans 2 mois.

(Publiée par Spon, *Recherches* p. 184; Artaud, *notice*, page 64 n° XLIIII D.)

Cette épitaphe n'est pour ainsi dire qu'un *memento* en l'honneur de Flavia Synticenis dont le nom paraît indiquer une origine grecque. Elle a été, d'après Spon, apportée de Rome par Mimerel, sculpteur.

Description.— Cette inscription est composée de 8 lignes, la première est formée des deux initiales D et M gravées dans le fronton, et la dernière du chiffre II.

Les lettres sont d'un style médiocre, et ont 21 millim. de haut.

Ce monument, en calcaire oolithique blanc, a la forme d'un parallélogramme dont les côtés sont ornés de moulures; sa partie supérieure est surmontée d'un fronton triangulaire à rouleau; une couronne perlée en relief décore le centre du fronton.

Hauteur : 43 cent. — Largeur : 23 cent. — Epaisseur : 4 cent.

N. 446.

Tête d'enfant en marbre blanc, coiffée en cheveux, d'un bon style; le nez est gros, les joues sont pleines; le cou a été brisé au niveau du menton.

Hauteur : 10 cent.

PORTIQUE XLVII.

N. 447.

```
D                    M
ATILIAE       VERVLAE
SEX. ATILI. SABINI. FILIAE
DECVRIONIS . VOCONTIO
         RVM
T . AVFILLENVS . PROBVS
       EVOCATVS
CONIVGI  SANCTISSIMAE
```

Aux Dieux Mânes
d'Atilia Verula, fille de
Sextus Atilius Sabinus,
décurion des Voconces.
T. Aufillenus Probus, militaire en retraite, à sa
femme très-vertueuse.

(Publiée par Artaud, *Notice* pag. 64 n° XLV).

D'après cette épitaphe, la défunte Atilia Verula appartenait à une famille distinguée de cette époque, puisque son père était décurion des Voconces, tribu gauloise importante, dont la capitale fut d'abord Vaison, ville dont le sol est fertile en antiquités qui attestent sa grandeur passée, et plus tard Die, où l'on rencontre aussi des restes de cette tribu.

Les trois noms du mari d'Atilia Verula, T. Aufillenus Probus, sont suivis du mot EVOCATUS. Cette expression nous a laissé dans le doute sur sa véritable signification.

Mongès pense que la qualification *evocatus* était nouvelle sous les empereurs, et que précédemment on nommait *volones* ou *voluntarii*, les militaires libérés du service à raison de leur âge, ou parce qu'ils avaient fini leur temps.

Auguste engagea ces vieux militaires à rentrer sous les drapeaux, en leur promettant de nouvelles récompenses. Il comprenait très-bien que ces hommes lorsqu'ils pouvaient servir encore, devaient être d'une grande utilité à raison de leur expérience dans les armes. Aussi les plaçait-il en première ligne sur le champ de bataille, pour diriger et conduire au combat les soldats d'un corps d'armée (1).

Galba donna ce nom aux chevaliers romains qu'il choisit pour se faire une garde particulière, et leur conserva le droit de porter l'anneau. « EVOCATOS *appellavit Galba « equestris ordinis juvenes qui manente annulorum aurorum usu, excubias circa « cubiculum suum vice militum agerent.* »

Ce terme s'employait aussi dans une foule d'autres circonstances : ainsi, *evocatus ad collegium, in consilium*, etc., etc.

Dans cette inscription, nous avons cru qu'il était assez naturel de considérer Probus comme un militaire ayant une retraite honorable, et qui, retiré dans ses foyers, épousa la fille du décurion Sextus Atilius Sabinus.

Ce beau cippe a été trouvé à Lyon au commencement de ce siècle, en faisant des déblaiements de terrains près de l'église de Saint-Just. M. Frangin, curé de cette paroisse, en a fait don au Musée.

Description. — Cette épitaphe se compose de 8 lignes largement espacées. Les lettres sont d'un beau style; elles ont, en moyenne, de 31 à 35 millim. de haut.

La première ligne est formée des deux sigles D-M. il n'existe aucune particularité dans cette inscription sinon que des points de forme ronde séparent les mots; la conservation en est excellente.

Ce cippe est en calcaire jurassique (Choin-de-Fay), il est décoré d'une base et d'un couronnement à moulures; ce dernier est surmonté d'un fronton triangulaire qui se termine en rouleau sur les côtés; les côtés du couronnement sont mutilés.

Hauteur : 1 mètre 60 cent. — Largeur : 99 cent. — Épaisseur : 54 cent.

---

(1) Forcellini, au mot *evocatus* dit : « in re militari, *evocati* erant milites veterani, qui quamvis stipendia explevissent, nihilominus in gratiam consulum aut imperatorum, ab iis largitione, litteris, precibus invitati, militiam resumebant et honoratiore loco in ipsa constituebantur. C'est à-dire que l'on appelait *evocati* des soldats vétérans, qui lors même qu'ils eussent achevé leur temps de service, rentraient néanmoins dans les rangs de l'armée, pour plaire aux consuls ou aux empereurs, lorsqu'ils y étaient invités par des largesses, des lettres ou des exhortations, et alors ils y étaient sur un pied plus honorable que les autres soldats.

N. 448.

(Inédite.)

```
ON    AEM
O AVGG CV
DIDATO AV
ALLIO COL
M . LATINAE
```

En examinant ce qui nous reste de cette inscription, il est impossible d'en tirer un sens satisfaisant. Nous remarquons seulement qu'elle a été gravée sous le règne de deux hommes associés à l'empire, car lorsque la syllabe AVG est suivie d'un second G, c'est une indication que deux empereurs gouvernaient simultanément; si elle est suivie d'un troisième G, c'est qu'il en existait trois, comme sous Balbin, Pupien et Gordien Pie qui tous trois régnèrent ensemble. La remarque que nous faisons pourrait amener à reconnaître l'époque où ce monument funéraire a été élevé. D'après le style des lettres, nous pensons que ce monument se rapporte au règne de Balbin et de Pupien, avant qu'ils eussent associé Gordien à l'empire.

Dans l'avant-dernière ligne, nous voyons qu'il est question d'un coaffranchi.

Ce fragment d'inscription a été découvert en 1846 à Lyon, dans la base de la première arcade du pont de Change, rive droite.

Description. — Ce débris épigraphique est composé de 6 fragments de lignes. Les lettres sont d'un beau style, elles ont 75 millim. de haut à la première ligne et 60 dans celles qui suivent.

Ce monument mutilé est en calcaire jurassique (Choin-de-Fay); l'inscription était gravée dans un encadrement à moulures.

Nous n'en possédons que le centre; les deux côtés sont détruits, le morceau qui nous reste est de forme carré long.

Hauteur : 1 mètre 10 cent. — Largeur : 66 cent. — Epaisseur : 45 cent.

N. 449.

(Inédite.)

```
C. AVCIVS. C. FIL. GAL. MACRINVS
OMNIBVS. HONORIB. IN COLONIA
FVNCTVS. ADLECTVS. ROMAE IN
```

Ce beau fragment épigraphique, ne nous donne que les trois premières lignes d'une inscription qui annonce que C. Aucius Macrinus, fils de Caius, de la tribu Galeria a rempli tous les emplois honorables dans la colonie, et qu'il a été agrégé ou incorporé à Rome dans .... ici s'arrête le texte connu et nous nous garderons de vouloir interpréter ce qui suit.

Ce monument incomplet a été découvert en 1844, en creusant le terrain pour placer les conduites du gaz dans la grande rue de la ville de Vaise, faubourg de Lyon, et apporté au Musée d'après l'ordre de M. Jayr, préfet du Rhône.

Description. — Les trois lignes qui nous restent de ce monument épigraphique sont gravées en lettres d'un beau style, dont le travail indique une main habile et fait remonter le monument à une belle époque du premier siècle. L'inscription était gravée dans un espace creux de forme carrée et décoré d'un encadrement à moulures.

Ce monument est en calcaire jurassique (Choin-de-Fay); il a été scié horizontalement pour en faire une assise régulière, l'extrémité droite a été coupée au niveau des moulures; on remarque au-dessus un trou qui recevait un goujon en métal servant à fixer cette pierre d'une manière solide à celle qui joignait cette face. Cette indication semble constater qu'elle faisait partie d'un monument plus considérable.

Hauteur : 48 cent. — Largeur : 1 mètre 76 cent. — Epaisseur : 58 cent.

N. 450.

Urne cinéraire, en plomb; elle présente une base aplatie et un couvercle plat à recouvrement. Ce couvercle a été brisé et raccommodé; les parois sont soutenues intérieurement par des feuilles de carton; ce vase contient des os calcinés.

Il a été trouvé dans le clos Nouvellet. Acheté par la ville en 1843.

Hauteur : 18 cent. 4 millim. — Diamètre : 30 cent. 3 millim. — Poids : 4,725 grammes.

N. 451.

D | DEMETRIVS ET SATIA
HELIANE FILIO DVL
CISSIMO. PON. CVRA
VERVNT. ET SVB. AS. D. | M

Aux Dieux Mânes, Démétrius et Satia Heliane ont fait élever ce monument à leur fils chéri, et l'ont dédié *sub ascia*.

Nous ne possédons de cette inscription que la moitié inférieure qui se compose de quatre lignes complètes. Les noms décèlent l'origine grecque des personnages qui y sont mentionnés.

Ce débris a été découvert en 1843, dans les fondations de la vieille église de Vaise.

Description. — Cette moitié d'inscription se compose de quatre lignes; les lettres sont d'un très-bon style et ont 42 millim. de haut.

Les deux sigles D-M sont placés sur les côtés en dehors de l'encadrement, on aperçoit au-dessus de la première ligne la base des lettres de la ligne précédente.

Ce débris de forme carré-long est en calcaire jurassique (Choin-de-Fay), l'épitaphe était gravée dans une espèce de cartouche avec encadrement à moulures, accompagné d'ornements sur les côtés, formant un double croissant adossé à l'inscription.

Hauteur : 43 cent. — Largeur : 1 mètre 15 cent. — Epaisseur : 50 cent.

N. 452.

Ossuaire en plomb, à panse ayant la forme d'un sphéroïde aplati. Il a été trouvé

PORTIQUE XLVII.   289

en 1844 à Lyon, paroisse de St-Irénée, clos Nouvellet. Il est bosselé en plusieurs endroits; son couvercle est mutilé.
Hauteur : 18 cent. — Diamètre : 24 cent.

N. 453.

| SEX. SELIO. SEX FIL. GAL. |
| HOMVLLNO   DEFVNCTO |
| ANNOR IIII   DIERVM. XL |
| PARENTES |

A Sextus Selius Homullinus, fils de Sextus, de la tribu (1) Galeria, mort à l'âge de 4 ans, 40 jours ; ses parents lui ont érigé ce monument.

(Publiée par Artaud, *notice*, page 65, n° XLV B.)

Cette inscription est consacrée à un jeune enfant qui était fils d'un citoyen de la tribu Galeria, dont il existe de nombreuses traces dans les Gaules et surtout en Espagne. Le surnom d'Homullinus, dont la signification désigne un petit homme, est un diminutif de Homulus, nom qui se rencontre dans les fastes consulaires.

Ce monument épigraphique existait dans le mur de façade d'une maison de la rue de Trion. Le propriétaire, M. Benoit, en fit don au Musée, au commencement de ce siècle.

Description. — Cette inscription est composée de 4 lignes, les lettres sont d'un assez bon style ; elles ont 63 millim. de haut à la première ligne, 50 à la deuxième, 43 à la troisième et 30 à la quatrième. Elle est gravée dans un parallélogramme creux entouré de moulures, sur une plaque en marbre blanc ; les bords présentent quelques mutilations.

A la seconde ligne, dans HOMVLLINO l'I est figuré par le prolongement en hauteur du premier jambage de l'N.
Hauteur : 47 cent. — Largeur : 1 mètre 6 cent. — Epaisseur : 5 cent.

N. 454.

Fragment de corniche, en marbre blanc, qui est orné de feuillage d'un très-beau style.
Longueur : 20 cent.

N. 455.

Buste en marbre blanc, à tête chauve et laurée, qu'on pourrait rapporter à l'empereur Galba. Le nez est mutilé, le cou a été séparé du tronc et restauré ; le buste est drapé ; un bouton retient la draperie sur l'épaule droite. Le travail de ce buste ne manque point d'un certain mérite.
Hauteur : 28 cent.

(1) Voir page XXVI.
TOM. I.

PORTIQUE XLVIII.

N. 456.

```
M. MARIO . FLOREN
TINO. PATRI SENATO
RIS. M. TRITI . FLOREN
TIS . FILIO ; FRATRI
```

(*Inédite.*)
A Marcus Marius Florentinus,
père, fils du sénateur Marcus Tritus
Florens; à un frère.

Ce bloc épigraphique faisait vraisemblablement partie d'un monument consacré aux divers membres d'une même famille; il était joint par sa partie droite à une autre pierre. Quoique l'inscription que nous possédons paraisse complète, elle n'offre que le nom de deux personnages dont l'un était sénateur, et les trois degrés de parenté, père, fils et frère ; ce qui ne laisse pas que d'y jeter un peu d'obscurité. Aussi sommes-nous loin de vouloir imposer notre traduction.

Il a été découvert à Lyon en 1846, formant voussoir dans la deuxième arche, rive gauche de la Saône du vieux pont du Change.

Description. — Ce fragment d'inscription est composé de 4 lignes, les lettres sont d'un beau style et ont 80 millim. de haut.

Cette pierre de taille ayant servi d'assise, est de la forme d'un carré-long très-régulier, dont les angles présentent une arête franche qui indique que les pierres qui concouraient avec elle à la construction du monument en l'honneur de M. Marius Florentinus, étaient parfaitement jointes, ce qui avait permis de graver l'inscription sur un plan formé de pierres multiples, sans que leur jonction rendît les lettres défectueuses. Nous ferons remarquer que dans le fragment qui nous reste, tous les mots sont séparés par un point triangulaire.

Ce monument est en calcaire jurassique (Choin-de-Fay).

Hauteur : 72 cent. — Largeur : 1 mètre 33 cent. — Epaisseur : 45 cent.

N. 457.

```
LAVOR
```

Il est difficile de donner une explication du mot LAVOR que nous lisons sur cette pierre; il est gravé en lettres de grande dimension, non sur une pierre plane, mais sur un bloc arrondi, dont il est difficile d'apprécier l'emploi; peut-être figurait-il dans un amphithéâtre, ou bien autour d'une naumachie. Il existe sur l'une des extrémités une profonde rainure pour le logement d'un crampon, d'où l'on peut inférer que d'autres pierres analogues formaient un cordon où était gravé le mot LAVOR isolément ou accompagné d'autres lettres ou d'autres mots qui auraient permis de l'interpréter. Nous ferons aussi observer que ce mot n'est point placé sur une ligne droite, il forme une légère courbe.

PORTIQUE XLVIII.   291

Nous n'avons aucune espèce de données sur ce fragment qui faisait partie du Musée Lapidaire, avant que nous en eussions la direction.

Description. — Cette inscription se compose d'un seul mot formant un cintre, les lettres sont d'un bon style et ont 9 cent. de haut.

Ce débris de monument est en calcaire jurassique (Choin de Fay).

Hauteur : 43 cent. — Largeur : 90 cent. — Epaisseur : 44 cent.

N. 458.

Buste d'une jeune femme diadémée, en marbre blanc; le derrière de la tête est couvert d'un long voile. Cette sculpture n'est pas d'une mauvaise époque, mais il n'est point d'un soigné fini. Le nez, la lèvre supérieure et le menton présentent des mutilations qui empêchent de pouvoir déterminer ce personnage, s'il est dans la catégorie de ceux qui sont représentés sur les médailles et dans les iconographies. Elle faisait partie d'un bas-relief dont elle a été détachée.

Hauteur : 30 cent.

N. 459.

Fragment du haut d'un chapiteau en marbre blanc où l'on aperçoit quelques restes de feuillage.

Longueur : 36 cent. — Hauteur : 8 cent. — Epaisseur : 5 cent.

N. 460.

(Publiée par Artaud, *notice*, page. 66 n° XVI, c.)

Carreau, en argile rouge cuite, de forme carrée; on voit écrit en toutes lettres le nom du fabricant CLARIANVS placé en diagonale; les lettres sont en relief, et ont 28 millim. de haut.

Longueur : 22 cent. — Largeur : 22 cent — Epaisseur : 5 cent.

N. 461

Tête antique en marbre blanc; elle est chauve; le travail n'est point d'un style remarquable; le nez, le menton et le cou sont mutilés.

Hauteur : 15 cent.

N. 462.

Fragment de brique en argile, sur lequel on lit CLAR, que l'on peut considérer comme la marque de CLARIANVS ou de CLARIA NVMADA.

Hauteur : 7 cent. — Largeur : 11 cent. — Epaisseur : 5 cent.

N. 463.

```
O.  LIBERAL
XX. V.  V. LI
STIP.    XXV
     XLIII. M
  VIIII. AVI
```

(Publiée par Artaud, *notice*, page 66 n° XLVI D.)

Il est difficile de donner une traduction satisfaisante de cette inscription dont il manque la plus grande partie. En supposant que l'o qui commence la portion qui nous reste de la première ligne, terminât le mot CLAVDIO, et qu'à la seconde, la syllabe LEG qui n'existe pas, précédât les chiffres XX ou XXX, nous pourrions la traduire ainsi : « à Claudius Liberalis, secrétaire de la vingtième ou trentième légion, vaillante, « victorieuse, qui a servi vingt-cinq ans; il vécut 43 ans, ... mois, neuf jours. » Quant à la syllabe LI qui termine la seconde ligne, nous l'expliquons par *librario*, secrétaire, et non par *liberto* affranchi. Déjà nous avons l'exemple, dans le n° 575 Portique XLII, d'un nommé Æmilius Venustus qui était secrétaire (*librarius*) d'une légion (1). Pour les syllabes AVI qui terminent, nous ne saurions les expliquer.

Ce fragment d'inscription était encastré dans le mur de la terrasse d'une propriété située aux Massues, chemin de Francheville, près le fort St-Irénée; il appartenait à M. Pinoncelli qui l'a fait enlever et l'a donné au Musée.

Description. — Ce fragment d'inscription se compose de cinq lignes incomplètes, les lettres sont d'un beau style et d'une grande dimension ; elles ont 4 cent. de haut.

A la première ligne, dans LIBERAL, l'E et l'R sont conjoints ;

A la dernière ligne, dans AVI, l'A et l'V le sont aussi.

Le haut et le bas de cette inscription, ainsi que le commencement et la fin des lignes qui nous restent, sont tronqués.

Ce débris de monument funéraire est en calcaire oolithique blanc de Tournus (2) et de forme carré-long irrégulier.

Hauteur : 34 cent. — Largeur : 25 cent. — Epaisseur : 5 cent.

N. 464.

Tête de jeune femme en marbre blanc, à longue et ondoyante chevelure. Le travail n'est point d'un mauvais style, mais ne remonte qu'au XVIe siècle. La pose de cette tête, celle du cou qui tient à une base mutilée, semblent indiquer qu'elle a servi d'ornementation à une frise ou à un modillon.

Hauteur : 9 cent.

---

(1) Voir page 254. — (2) Voir page LXXII.

PORTIQUE XLIX.

N. 465.

(Inédite.)

```
ET. MEMORIAE. AETERN
ILLIOMARI. APRILINTIA
RI. EX CIVITATE. VELIOCAS
SIVM. SVBLECTO. INNVMER
COLONOR. LVG. CORPORA
TO. INTER. VTRICLAR. LVG.
CONSISTENTIVM
QVI. VIXIT. ANN. LXXXV. SINE. VL
LIVS. ANIMI SVI. LAESIONE
APRIVS. ILLIOMAR.VS. FIL. PA
TRI. KARISSIM. P. C. ET. SVB. A. D.
```

Et à la mémoire éternelle d'Illiomarus Aprilintiarus de la cité ou capitale des Véliocasses ou Vélocasses, choisi dans le nombre des colons de Lugdunum, et incorporé parmi les utriculaires établis à Lugdunum, qui vécut 85 ans sans aucun trouble d'esprit. Aprius Illiomarus, son fils, a fait élever ce monument à son père bien aimé et l'a dédié *sub ascia*.

Les sentiments exprimés dans cette inscription, et sa dédicace rentrent dans le style et le mode adoptés dans l'épigraphie funéraire de cette époque. Nous ferons observer que les noms du défunt sont évidemment des noms gaulois auxquels on a donné une terminaison latine. Illiomarus, originaire de la cité des Véliocasses (1), était venu se fixer à Lugdunum où sans doute il prit une position qui le fit choisir pour entrer dans la corporation des utriculaires (2).

Ce monument a été découvert dans les fouilles faites à Vaise en 1846, par ordre du gouvernement.

Description — Cette inscription est composée de onze lignes en lettres d'un assez bon style et qui ont 50 millim. de haut. Les mots ou initiales sont séparés par des points de forme triangulaire. (*Voyez planche* V, n° 465.)

A la 4ᵉ ligne, dans INNUMER, les deux N sont conjoints;

A la 8ᵉ ligne, dans VIXIT, les deux lettres I et T qui terminent ce mot, sont mutilés.

A la 10ᵉ ligne, dans la syllabe FIL, l'I dépasse en hauteur les autres lettres;

A la 11ᵉ ligne, dans CARISSIM, le K a été substitué au C.

Ce cippe funéraire est en calcaire jurassique (Choin-de-Fay); sa base et son couronnement sont ornés de moulures; ce dernier est surmonté de deux espaces cintrés, creux et renversés, dont les extrémités des arcs voisins sont conjointes et simulent un fronton à rouleau sur les côtés.

Les angles sont écornés, les moulures du côté gauche ont été abattues; du côté droit, ce cippe tenait à une autre partie d'un monument, qui constituait peut-être deux cippes jumeaux; cette partie encore proéminente a été taillée au marteau.

Hauteur : 1 mètre 47 cent. — Largeur : 60 cent. — Epaisseur : 32 cent.

---

(1) Le pays des Véliocasses ou Vélocasses dont la capitale était *Rotomagus*, aujourd'hui Rouen, fut compris dans la deuxième province Lyonnaise, lors de la division des Gaules après la conquête. — (2) Voir page LVIII.

N. 466.

```
ORI .LICINI
GINTI. ANNO
S   SACERD
   RERE   P
VINCIAE
ORI. LEMO
```

(Publiée par Artaud, *Notice du Musée*, page 67 n° XLVII).

Il serait difficile de donner à cette inscription un sens satisfaisant. On voit seulement que le personnage auquel elle était consacrée, s'appelait Licinius, et que son prénom était peut-être Victor; mais il n'est pas possible de déterminer son âge, puisque les deux syllabes GINTI peuvent s'appliquer à VIGINTI, TRIGINTI, ou tout autre nombre supérieur. Le titre de prêtre donné à Licinius sur cette pierre était suivi d'autres titres dont il ne reste que des portions de mots, et qu'on ne peut préciser; mais ce devait être sans aucun doute un homme important. D'ailleurs les dimensions de cette pierre et celles des lettres qui y sont gravées, annoncent qu'elle faisait partie d'un monument considérable, élevé peut-être par les provinces des Gaules. Les syllabes LEMO rappellent un peuple gaulois, *Lemovices*, qui habitait le Limousin.

Cet énorme fragment a été découvert dans les fondations de l'église de Ste-Croix, au commencement de ce siècle, et donné au Musée de la ville par M. Tinner.

Description. — Ce qui reste de cette inscription se compose de six lignes, en beaux caractères, qui ont 13 cent. 10 mill. de haut.

Elle est gravée sur un bloc en calcaire jurassique (Choin-de-Fay), ayant la forme d'un carré-long, qui a été coupé pour en faire une assise régulière.

Hauteur : 1 mètre 52 cent. — Largeur : 1 mètre 25 cent. — Epaisseur : 56 cent.

N. 467.

(Inédite).

```
   L
  AVI
  AE
G.I. EIVS
IVS F. C
```

Il ne reste de cette inscription que quelques portions de mots qui font présumer que ce monument a été élevé par un fils à son père et à l'épouse de ce dernier, ce que semblent indiquer les mots CONIVGI EIVS; mais on ne peut en tirer presque aucune utilité. Nous avons conservé ce fragment à raison de la grande dimension des lettres, et dans l'espoir de retrouver d'autres parties qui s'y raccorderaient.

Cette pierre épigraphique a été trouvée dans les fondations de la vieille église de Vaise en 1845.

Description. — Cette portion d'inscription est composée de cinq fractions de lignes, en lettres d'un bon style, qui ont 15 c. de haut. Elle est gravée dans un espace entouré de moulures sur un énorme bloc en calcaire jurassique (Choin-de-Fay), de forme carré-long; l'angle de droite a été brisé et restauré en maçonnerie.

Hauteur : 1 mètre 8 cent. — Largeur : 95 cent. — Epaisseur : 60 cent.

N. 468.

Vase en argile rouge, en forme de coupe, ayant un bec court et tréflé pour verser plus facilement le liquide qu'il contenait. Le bord est à bourrelet à moulures en dehors. Ce vase est d'un travail grossier et servait aux usages domestiques.

Hauteur : 12 cent. — Diamètre : 32 cent.

N. 469.

Fragment de corniche en marbre blanc dont il reste peu d'ornements. On n'y voit que les débris d'une rangée d'oves, de feuilles d'eau et cinq denticules. Tout porte à croire qu'il dépendait du même monument que celui décrit au n° 485, *Portique LI.*

Hauteur : 46 cent. — Longueur : 70 cent. — Epaisseur : 62 cent.

N. 470.

Vase en argile noirâtre, espèce d'aiguière gallo-romaine. La panse est un piriforme aplati; le goulot se termine par un bec à trèfle orné de moulures; son anse est plate et cannelée en dehors. Ce vase a été découvert à Loyasse (Lyon) en 1847, et donné au Musée par M. Danguin, employé de l'octroi qui assistait à sa découverte. Le goulot et la panse ont été brisés en plusieurs fragments, le fond a disparu, ainsi qu'un morceau de la panse.

Hauteur : 20 cent. — Poids : 680 grammes.

N. 471.

Ossuaire en plomb, muni d'un couvercle avec bord à recouvrement, au milieu duquel s'élève une tige recourbée à son extrémité pour servir de poignée. L'inscription gravée en creux autour de la panse, NE TANGETO OLLAM SEVERI FLAMINIS : *ne touche pas l'urne du flamine Sévère*, n'est pas antique. Artaud nous racontait à ce sujet qu'un R. P. Pineau la fit graver et présenter au P. Colonia qui fut dupe de cette mystification.

Cette urne funéraire présente sur la panse un trou accidentel fait par l'outil de l'ouvrier qui l'a découverte; le couvercle est usé sur les bords.

Il provient de l'ancien cabinet de la ville.

Hauteur du vase : 13 cent. 6 millim. — Diamètre : 21 cent. 6 millim. — Poids : 2,770 gram.
— Diamètre du couvercle : 14 cent. 6 millim. — Poids : 720 grammes.

PORTIQUE L.
n° 472.

```
HAVE MODII
HAVE GEMINA
DIIS MANIB
ET MEMORIAE
SEPTICIAE GEMINAE
FEMINAE SANCTISS
VNIVSQ. MARITA
I. MODIVS. ANNIANVS
CONIVGI. KARISSIMAE
SVIQ. AMANTISSIM
QVAE VIXIT CVM EO
IN MATRIMONIO
ANNIS XXX.
ET SIBI VIVVS FECIT
AMICE LVDE IOCA
RE VENI
```

Salut, Modius! *ou* Salut de Modius!

Salut, Gemina!
Aux Dieux Mânes
et à la mémoire de Septicia Gemina, femme très-vertueuse qui ne fut mariée qu'une fois. J. Modius Annianus a fait élever ce monument pour son épouse bien-aimée qui lui fut très-affectionnée, et qui a vécu avec lui 30 ans dans le mariage; il l'a fait élever aussi pour lui-même de son vivant.
Ami, joue, divertis-toi et viens.

(Publiée par Artaud, *Notice*, p. 67 n° XLVIII).

Cette inscription non-seulement nous démontre l'étroite union qui existait entre deux époux, mais elle constate encore que les Romains tenaient à honneur d'avoir pour épouse une femme qui n'eût jamais contracté d'autre alliance. Aussi Modius Annianus ne néglige-t-il pas d'annoncer que Gemina n'a été mariée qu'une seule fois.

Le commencement et la fin de cette inscription présentent un caractère assez original, et on peut les interpréter de diverses manières. Ainsi la ligne gravée sur le couronnement annonce peut-être le salut de Modius qui est exprimé dans la première ligne du corps de l'inscription, et les deux dernières lignes contiendraient une invitation de Gemina à son mari, de passer gaiment le temps qui lui reste à vivre, et de venir la rejoindre. On peut encore, comme Artaud, considérer les deux premières lignes comme une expression qui devait sortir de la bouche des parents et des amis qui venaient visiter le tombeau des deux époux, et alors il faudrait que les mots HAVE MODII, gravés sur le couronnement, n'aient été mis qu'après la mort du mari. Les dernières lignes exprimeraient une invitation des défunts à ceux de leurs amis qui viennent visiter leur sépulture, à jouer, à se réjouir et à venir les rejoindre. Ces sentiments, exprimés en peu de mots, sont des souhaits de bonheur pour ceux qu'ils laissaient sur cette terre, et l'expression d'un ardent désir de les revoir dans une autre vie.

Une *ascia* étant sculptée en relief sur le fronton, et le cippe étant tronqué à sa base au-dessous du mot VENI, nous devons supposer que la formule *sub ascia* existait sur la partie détruite.

Ce monument a été trouvé dans un jardin situé à Champvert, banlieue de Lyon; M. Dupré, propriétaire, en a fait don au Musée de la ville.

PORTIQUE L. 297

Description. — Cette inscription est composée de 16 lignes, en lettres d'un assez bon style ; la première ligne est gravée sur le couronnement, les 15 autres sur le corps du cippe.

Les lettres des quatre premières lignes ont, pour la première, 56 millim. de haut, 70 millim. pour la seconde et la troisième, et 60 millim. pour la quatrième ; les lettres des douze autres lignes sont d'inégales grandeurs, et ont en moyenne 50 millim. de haut.

A la première ligne, dans MODII, le second I est plus allongé que le premier ;

A la 3ᵉ ligne, dans DIIS, le second I est de même ;

A la 5ᵉ ligne, dans GEMINAE, l'M et l'I sont conjoints ;

A la 7ᵉ ligne, dans MARITAE, l'I est plus élevé que les autres lettres ; l'E final a été omis par le graveur.

A la 8ᵉ ligne, dans ANNIANVS, les deux premiers N sont conjoints ;

A la 9ᵉ ligne, dans CARISSIMAE, le C est remplacé par un K, et les quatre dernières lettres de ce mot sont conjointes ;

A la 10ᵉ ligne, dans SVI, l'I est plus élevé ;

A la 14ᵉ ligne, dans VIVVS, il en est de même pour l'I.

Ce beau cippe funéraire est en calcaire jurassique (Choin-de-Fay), la base a été détruite, le couronnement est orné de moulures et surmonté d'un fronton triangulaire à rouleau sur les côtés. (*Voyez planche* XVII n° 472.)

Hauteur : 1 mètre 62 cent. — Largeur : 78 cent. — Epaisseur : 55 cent.

N. 473.

```
L. MARIO. L. F. QVIR. PERPETVO
        PONTIFICI
PROCVRATORI PROVINCIARVM
LVGDVNENSIS ET AQVITANICAE
PROCVRATORI STATIONIS HEREDITAT
PROCVRATORI . XX . HEREDITATIVM
PROCVRATORI    PATRIMONI
PROCVRATORI    MONETAE
PROMAGISTRO HEREDITATIVM
Q . MARCIVS DONATIANVS EQVES
CORNICVLARIVS         EIVS
```

A. L. Marius Perpetuus, fils de Lucius, de la tribu (1) Quirina, pontife (2), procurateur (3) ou intendant des provinces Lyonnaise et Aquitanique ; intendant de la station (4) des héritages, intendant du 20ᵉ des successions, intendant des domaines de l'empereur, intendant de la monnaie, sous-intendant des héritages.

Q. Marcius Donatianus, chevalier (5), son corniculaire, lui a fait élever ce monument.

(Publiée par Artaud, *notice*, page 68 n. XLIX.)

Cette importante inscription honorifique consacrée à la mémoire de L. Marius Perpetuus, personnage revêtu de nombreuses et hautes dignités financières, lui a été élevée par Marcius Donatianus, probablement en reconnaissance des bienfaits qu'il en avait reçus. Nous remarquons que le nom de ce dernier est accompagné de la

---

(1) Voir pag. XXVI. — (2) Voir pag. XXXIX. — (3) Voir pag. XLVIII. — (4) Les auteurs ne s'expliquent pas sur le sens du mot *statio* pris dans le sens de notre inscription, nous trouvons dans Orelli pag. 58 n° 3207 une épitaphe sans explication où se trouvent en abrégé les mots de *statio hereditatium*. Nous pensons que dans cette circonstance ces mots signifient le bureau, le siége de la direction où se payait ce genre d'impôt. — (5) Voir pag. XXXIV.

TOM. 38

qualification *eques cornicularius ejus.* Les corniculaires étaient, dans l'ordre militaire, des officiers attachés aux chefs supérieurs ; ils portaient et faisaient exécuter leurs ordres, ou leur servaient de secrétaires : *Cornicularius*, dit Forcellini, *est nomen gradus et officii in militia tum provinciali, tum urbana, ex ordine apparitorum et commentariensium.* Le même auteur ajoute : *Deinde ex militia translatum nomen et munus est ad civiles magistratus* ; c'est-à-dire que l'on donna le même nom et la même charge à des personnes qui étaient attachées aux magistrats civils, les accompagnaient, écrivaient leurs sentences, les aidaient dans l'exercice de leurs fonctions. Le nom de *cornicularius* pouvait dans ce cas s'appliquer aux simples huissiers qui faisaient la police de la salle d'audience, et aux greffiers en chef ou premiers secrétaires. C'est dans cette dernière catégorie que nous devons classer Donatianus, qui d'ailleurs faisait partie de l'ordre équestre, puisqu'il s'intitule EQUES, et qu'il devait être aussi lui-même un homme important. Il pouvait être chargé de faire rentrer l'impôt sur les héritages ou d'en asseoir la quotité. Les auteurs varient sur l'origine du terme *cornicularius.* Les uns le font dériver d'un cimier en forme de cornes qu'ils portaient sur leur casque et qu'on appelait *cornicula* ; les autres d'un petit cor dont ils sonnaient pour faire faire silence, telle est l'opinion de Pitiscus.

Ce monument avait été brisé en deux parties ; l'une a été découverte, dit Artaud, au milieu de la Saône, près du pont Volant, aujourd'hui pont du Palais-de-Justice, et l'autre sur les bords de cette rivière, vis-à-vis l'Archevêché, mais il passe sous silence l'époque de leur découverte.

Description. — Cette inscription est composée de 11 lignes ; les caractères sont d'un beau style et ont, à la première ligne, 36 millim. de haut ; à la deuxième 34, et en moyenne, pour le reste du corps de l'inscription, 26 millim.

Elle est d'une bonne conservation ; seulement, à la 10e ligne, dans DONATIANUS, l'I et l'A qui suivent le T sont en grande partie détruits et quelques lettres ont subi de légères mutilations.

Ce beau cippe, d'une forme élégante, est en calcaire jurassique (Choin-de-Fay) ; il est décoré d'une base et d'un couronnement à profil d'un très-bon style. L'angle gauche du couronnement est écorné. (*Voyez planche* II n° 473.)

Hauteur : 1 mètre 58 cent. — Largeur : 80 cent. — Epaisseur : 55 cent.

N. 474.

Amphore en argile rouge, de forme allongée, trouvée à St-Irénée (Lyon), en dehors des portes de Trion, à droite de la route qui conduit au Point-du-Jour ; elle a été découverte en creusant un puits en février 1845, dans la propriété de M. Salma qui en a fait don au Musée ; elle se trouvait près de la suivante et au milieu d'autres amphores plus ou moins mutilées. Ce vase a son embouchure fracturée au niveau des anses.

Diamètre : 32 cent. 7 millim. — Hauteur : 85 cent.

N. 475.

Amphore en argile rouge, se rapprochant pour la forme de la précédente et trouvée au même lieu; le col est fracturé au niveau du haut des anses.

Donnée au Musée par M. Salma, en 1843.

Diamètre : 31 cent. 6 millim. — Hauteur : 90 cent. 6 millim.

N. 476.

Couronnement de porte en fer du XVIe siècle, d'un travail remarquable; il se compose d'un arc ogival peu aigu, dont les extrémités sont unies dans le bas à une traverse. Le tympan est garni de treize barreaux en fer, à moulures et tournés. On remarque quatre trous sur les deux barreaux qui joignent celui du centre, qui étaient sans doute destinés à fixer des armoiries. Les bandes qui entourent le tympan sont ornées de moulures de chaque côté; dans le centre, elles représentent une ligne d'ornements repoussés au marteau et ciselés, qui se composent d'amours gracieux dans différentes poses, de feuillages, de festons, de masques, de fleurs, de chimères, de bustes, de fleurons et de trois tourelles dans le bas; celle du centre manque. La face de derrière présente le même aspect dans le tympan, mais les ornements de l'entourage se composent seulement de feuillages et de fleurons espacés. Ce travail est soigné et l'œuvre d'un habile ouvrier.

Ce monument vient d'une ancienne maison située à Lyon dans la rue St-Jean, vis-à-vis la prison actuelle; il est d'une bonne conservation.

Hauteur : 81 cent. — Largeur du bas : 1 mètre 64 cent.

PORTIQUE LI.

N. 477.

```
ET MEMORIAE. AETERNE
MVCCASENIE. FORTVNATE. CONIVGI
RARISSIME. EX GER. SVP. SEPTIMIVS
SEXTIANVS. MIL. LEG. VIII. AVG. MEREN
TISSIME. ET SVB ASCIA DEDICAVIT
```

(*Inédite.*)

Et à la mémoire éternelle de Muccasénia Fortunata de la haute Germanie. Septimius Sextianus, soldat de la 8e légion Augusta, a fait élever ce monument à son épouse, femme douée de rares qualités et très-méritante, et l'a dédié *sub ascia*.

Cette inscription, en style des plus simples, consacré par un militaire de la 8e légion Augusta, à une femme de la haute Germanie dont il avait fait son épouse et dont il appréciait les qualités, appartient au siècle de la décadence, soit par le style des lettres, soit par les fautes qu'on y remarque et qui peuvent être attribuées à celui qui a composé l'épitaphe, comme à celui qui l'a gravée. Nous voyons dans les mots AETERNE, MVCCASENIE, FORTVNATE, RARISSIME, MERENTISSIME, que l'A qui précède le dernier E, a été supprimé; il est possible aussi que l'ouvrier ait gravé RARISSIMAE au lieu de CARISSIMAE, en substituant un R à la place d'un C. Le D et l'M qui représentent l'invocation *diis manibus* ont disparu; seulement, dans la queue d'aronde droite, on aperçoit la trace du D; d'ailleurs les mots ET MEMORIAE AETERNAE qui commencent l'inscription, annoncent que cette invocation devait précéder. Les mots SVB ASCIA qui terminent l'épitaphe confirment ce que nous avançons.

Ce sarcophage, d'une grande dimension, a été découvert dans les fondations de la vieille église des Bénédictins, à Vaise, en 1845, à une profondeur d'environ 5 mètres.

Description. — Cette inscription est gravée sur le devant de la tombe, dans un cartouche à queue d'aronde, entouré de moulures; elle se compose de 5 longues lignes, dont les lettres sont d'un style peu soigné et qui sent la décadence. Elles ont à la première ligne, 6 cent. 4 millim. de haut, et 4 cent. 5 millim. pour les quatre autres lignes.

Ce sarcophage, destiné à contenir un seul corps, est en calcaire jurassique (Choin-de-Fay); il est d'une bonne conservation, et dans certains endroits, le travail exécuté par la boucharde semble être fait tout récemment. Les angles seulement présentent quelques écornures.

Hauteur : 1 mètre. — Largeur : 2 mètres 45 cent. — Epaisseur : 86 cent.

Dimensions intérieures :

Profondeur : 55 cent. — Longueur : 1 mètre 90 cent. — Largeur : 50 cent..

N. 478.

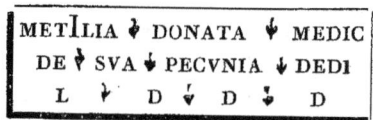

(Inédite.)

Métilia Donata, qui exerçait la profession de médecin, a fait élever ce monument à ses frais. L'emplacement a été accordé par un décret des décurions.

Nous n'avons ici que la fin de cette belle inscription, où se trouvent les noms de la fondatrice de ce monument. Il existe plusieurs inscriptions où nous rencontrons des femmes qui prenaient le titre de médecin; mais on peut demander si le mot *medica* indique une femme qui professait la médecine dans toute son étendue, ou qui se bornait aux maladies des femmes et des enfants, ou encore si ce mot s'applique à une garde-malade habile qui dans quelques occasions suppléait le médecin en cas d'absence; de même que de nos jours il y a des sages-femmes, il y en avait aussi chez les anciens.

Cette pierre, de grande dimension, faisait sans doute partie d'un monument funèbre plus considérable, élevé dans les premiers siècles de l'empire. Mais plus tard, lors de sa destruction, on a fait de cette pierre une tombe; on a eu soin de creuser le cercueil de manière à ce que les lettres se trouvassent sens dessus dessous, et bien certainement, la partie gravée formait le derrière du tombeau. Par ce moyen, l'inscription était cachée, et l'on évitait le travail qu'il aurait fallu faire pour l'enlever. Nous devons donc considérer ce monument comme ayant servi à deux époques différentes, l'une païenne, et l'autre chrétienne.

Il a été découvert à Lyon en 1824, paroisse de St-Irénée ; on l'avait placé à cette époque dans les murs latéraux du grand escalier de cette église, et en 1845, il a été transporté sous les portiques du Palais-des-Arts.

Description.—Ce qui nous reste de cette inscription se compose de trois lignes, dont les lettres sont d'un beau style et ont 10 cent. d'élévation ; entre chaque mot des deux premières lignes et entre les initiales de la troisième, on a figuré une feuille de lierre, ce qui semble indiquer une inscription funèbre.

A la première ligne, dans METILIA, le premier I dépasse en hauteur le niveau des autres lettres.

Cette épitaphe pouvait être gravée dans son entier sur une seule et même pierre , ou sur plusieurs pierres superposées ; dans le premier cas, on l'aurait coupée plus tard à la mesure nécessaire pour y creuser le sarcophage qui existe.

Ce monument est en calcaire jurassique (Choin-de-Fay), de forme carré-long.
Hauteur : 60 cent. — Largeur : 2 mètres 30 cent. — Epaisseur : 80 cent.
Dimensions de la tombe qui a été creusée secondairement.
Longueur : 1 mètre 90 cent. — Largeur : 40 cent. — Profondeur : 52 cent.

n. 479. (*Inédite.*)

		VENDAE. LIB. SACER |IIII| VIR AVG LV ϽVIVVϿ ϿIBI POSTER						
	M	D M	D M	M	D M	D M	M	
Port. LXI. n. 622 (1).	M. SACRI LIB LYTIMI R. AVGVST INENDVM ARIS ETQVIETVS LIB	ANTONIAE SACRI LIBERTAE TYCHENIS M. ANTONIVS. SACER IIIII VIR AVG CONIVGI ETANIMAE OPTIMAE ET SIBI CARISSIMAE	M ANTONI SACRI	IIII	VIRI AVG	M. ANTONI.SACRI.LIB CANDIDI IIIII VIR AVGVST SCRIBENDVM C ANTONIA SACRA FIL	ANTONIAE SACRA TYCHENIS LIB M. ANTON. OLYMPICV POLYTIMI LIB CONIVGI CARISSIM SC PONENDVM CV	
			HOC MONIMENTVM SVB ASCIA DEDICATVM EST.					

M. A. Sacer affranchi de ....venda, sévir augustal de Lug. de son vivant pour lui et ses descendants.

Aux Dieux Mânes de ....ius Polytimus, ...aris et Quietus, ses affranchis ont eu soin de faire graver cette inscription.	Aux Dieux Mânes d'Antonia Tychen affranchie de Sacer. Marcus Antonius Sacer, sévir augustal, à une excellente épouse qui était sa vie et lui était bien chère.	Aux Dieux Mânes de Marcus Antonius Sacer sévir augustal	Aux Dieux Mânes de M. Antonius Candidus, affranchi de Sacer, sévir augustal. Antonia Sacra , sa fille , a fait graver cette inscription.	Aux Dieux Mânes d'Antonia Sacra, affranchie de Tychen, M. Antonius Olympicus, affranchi de Polytimus, a fait graver cette inscription à sa très-chère épouse.

Ce monument a été dédié *sub ascia.*

Les deux inscriptions gravées portant le n° 479 faisaient suite au bloc qui figure sous le Portique LXI, n° 622, comme l'indiquent les dimensions de ces deux pierres, celles des encadrements à moulures, le style des lettres des lignes supérieure et inférieure

---

(1) Nous avons rapproché ici cette inscription de celle n° 479, parce que nous sommes convaincus que toutes les deux faisaient partie du même monument. Ces deux pierres épigraphiques ont été découvertes dans des lieux éloignés l'un de l'autre et à des époques différentes ; l'une avait été placée au Musée, par

qui régnaient sur l'ensemble du monument ; enfin le sens de ces lignes vient confirmer cette opinion. En effet, nous lisons sur le haut du n° 622 qui formait la partie droite du monument la ligne : ..VENDAE LIB. SACER. IIIIII VIR AVG. LV. Il manque à ce dernier mot un G dont nous retrouvons la courbe inférieure sur la partie droite du n° 479, où on lit G. VIVVS SIBI POSTER (qu'il faut lire *posterisque*) ; et le complément de la ligne inférieure du n° 622, HOC MONIMENTVM SVB ASCIA DE, se trouve sur le n° 479, où nous lisons DICATVM EST.

Sacer, affranchi de ....venda et sévir augustal, est celui qui a fait élever le monument pour lui et ses descendants. L'inscription qui lui est consacrée en occupait le centre et figure sur le n° 622. Il avait épousé son affranchie Antonia Tychen qui l'a précédé dans le tombeau, et dont l'épitaphe figure à droite de la sienne sur le même bloc. A droite de l'inscription consacrée à Antonia Tychen, il en existe une dédiée à Antonius Polytimus, affranchi de Sacer et qui était devenu sévir augustal ; mais cette inscription a été gravée par les soins de deux de ses affranchis ...aris et Quietus. Les deux inscriptions gravées sur le n° 479 occupaient la gauche du monument. Celle de droite joignait l'inscription de Sacer ; elle concerne M. Antonius Candidus, autre affranchi de Sacer, et parvenu aussi aux fonctions de sévir augustal. Cette inscription avait été gravée par les soins de sa fille, Antonia Sacra. La dernière inscription de gauche est dédiée à Antonia Sacra, affranchie de Tychen épouse de Sacer. Elle a été gravée par les soins de son mari Olympicus affranchi de Polytimus, qui lui-même était l'affranchi de Sacer, comme l'indique une des inscriptions dont nous venons de parler.

Le bloc n° 479 a été découvert en 1845, dans les fondations de la vieille église de Vaise.

Description. — Les lignes supérieure et inférieure qui règnent en dehors, au-dessus et au-dessous des inscriptions, sont gravées en lettres d'un bon style qui ont 90 millim. de haut, pour la ligne supérieure. Dans la première moitié de cette ligne le haut des lettres est détruit, ainsi que les lettres ISQVE qui la terminaient. Les lettres de la ligne inférieure ont 52 millim. La lettre D qui la commençait est en partie détruite et les autres ont souffert quelques altérations.

L'épitaphe de droite est composée de six lignes, en lettres d'un style moins soigné que celui des lignes dont nous venons de parler ; ce qui indiquerait qu'elles sont d'un temps plus rapproché de la décadence ; elles ont 30 millim. d'élévation.

La première ligne est composée des deux initiales D M, le reste de l'inscription ne présente aucune particularité.

Quant à l'épitaphe gauche, les lettres présentent le même caractère et les mêmes dimensions, seulement plusieurs fins de lignes ont été mutilées.

A la 4° ligne, dans OLYMPICVS, la lettre V est mutilée et l'S est détruite ;

A la 6° ligne, dans CARISSIMAE, l'M est mutilé et le deux dernières lettres sont détruites ;

A la 7° ligne, dans CVRAVIT, il ne reste que les deux premières lettres.

Artaud, qui l'avait trouvée encastrée dans le mur de la terrasse des Génovéfains ; et l'autre a été découverte en 1845 dans les fondations de la vieille église de Vaise ; c'est pourquoi elles ne se trouvent pas réunies sous le même portique.

PORTIQUE LI.   303

Ce monument est en calcaire jurassique (Choin-de-Fay), de forme carré-long. Les inscriptions sont chacune gravées dans un espace carré entouré de moulures; les deux extrémités de cette pierre funéraire ont été tronquées.

Hauteur : 90 cent. — Largeur : 1 mètre 36 cent. — Epaisseur : 53 cent.

N. 480.

(Inédite.)

```
FORTVNAE
EX VOTO
L. TERENTIVS
SABINVS
```

A la Fortune, L. Terentius Sabinus, pour l'accomplissement de son vœu.

Quoique la Fortune (1) ait eu beaucoup d'adorateurs et de solliciteurs, les inscriptions en son honneur sont rares dans les Gaules et même sur le sol italique. Ce monument épigraphique a été découvert en 1824, dans une vigne près de Vienne, territoire de St-Gervais; elle faisait partie du cabinet de M. Chavernod, acheté par la ville de Lyon.

Description. — Cette inscription votive est composée de 4 lignes; les lettres sont d'un style très-médiocre; elles ont, à la première ligne, 42 millim. de haut, et 35 millim. pour les trois autres.

A la 2ᵉ ligne, dans voto, le T est plus élevé que les autres lettres.

A la 3ᵉ ligne, dans TERENTIVS, le deuxième E et l'N sont conjoints.

A la 4ᵉ ligne, dans SABINVS, le premier s et l'I dépassent en hauteur le niveau des autres lettres.

Ce cippe, en forme d'autel, est en calcaire jurassique (Choin-de-Fay); il était décoré d'une base et d'un couronnement à moulures; la base a été tronquée et le couronnement est mutilé aux angles. (*Voyez planche* XII, n° 480.)

Hauteur : 58 cent. — Largeur : 70 cent. — Epaisseur : 32 cent.

N. 481.

```
NVMINIB. AVGVST.
DEO APOLLINI
C. NONIVS EVPO
SIVS EX VOTO
MVRO ET SCAN
DVLA CINXIT
```

Aux divinités augustes. Au dieu Apollon, C. Nonius Euposius, pour l'accomplissement de son vœu, a érigé cet autel, l'a fait couvrir d'un toit en planche et entourer d'un mur.

Cette inscription donne les noms de celui qui a élevé ce monument, sans fournir aucun détail sur ses titres. Pour la conservation de cet autel votif, il le fit entourer d'un mur qui sans doute n'était qu'à hauteur d'appui pour ne point le masquer entièrement, et ensuite il le fit recouvrir d'une toiture en bois. Mongès, en parlant du mot *scandula*, dit : « ce n'est que depuis l'apparition de Pyrrhus en Italie, qu'on substitua les toitures en tuiles à celles faites en bois.

Cet autel a été donné à la ville de Lyon par M. Marduel, propriétaire aux Massuts; il était employé dans le mur de son parterre. Il est présumable qu'il a été découvert à une époque déjà reculée dans cette propriété. Il a été transporté au Musée en 1844.

(1) Voyez page LXV.

Description. — Cette inscription votive est composée de 6 lignes ; les lettres sont d'un bon style et ont 28 millim. de haut.

La première ligne est gravée sur la bande du couronnement, la partie gauche de la traverse du T qui la termine est mutilée.

A la 6ᵉ ligne, dans CINXIT, le T est mutilé.

Ce monument est en calcaire jurassique (Choin-de-Fay), sa base a été coupée transversalement ; le couronnement est simple et sans moulures ; la partie droite de l'autel a été coupée verticalement, et on a endommagé la première lettre de plusieurs lignes, les angles ont subi des mutilations. (*Voyez planche* XII n° 481).

Hauteur : 55 cent. — Largeur : 36 cent. — Epaisseur : 27 cent.

N. 482.

Ossuaire en argile noirâtre dont la panse se rapproche d'un piriforme tronqué ; l'ouverture est large et à bords mousses légèrement évasés ; il contenait des vases à parfums en verre, et des os calcinés. Il est d'une bonne conservation.

Découvert en 1845, clos Nouvellet, commune de St-Irénée.

Hauteur : 19 cent. — Diamètre 21 cent. 5 millim.

N. 483.

Petit autel pullulaire en marbre blanc, représentant sur le devant deux poulets sacrés, l'un occupé à prédire l'avenir ou plutôt chantant, l'autre dans l'action de manger. Sur chaque côté de ce monument augural, on voit deux grues ; elles affectent le même mode d'action que les poulets (*Voyez planche* V, n° 483).

Ce monument antique est des plus curieux ; il est orné de moulures dans le haut et le bas ; le derrière a été fracturé ; les deux grues sont mutilées, on n'en aperçoit que la tête et une partie du corps. La sculpture est d'un bon style ; malheureusement les finesses du travail sont usées par le frottement du sable et des graviers, cet autel ayant été trouvé dans le Rhône, entre Vienne et Ste-Colombe, en 1818.

Il provient du cabinet Chavernod.

Hauteur : 21 cent. — Longueur : 26 cent.

N. 484.

Antéfixe en argile rouge, trouvé à Ste-Colombe, à ornements symétriques et à palmes contournées ; la partie supérieure est mutilée.

Il provient du cabinet Chavernod.

Hauteur : 18 cent. — Largeur : 16 cent. 5 millim. — Poids : 1,940 grammes.

N. 485.

Beau fragment d'architrave en marbre blanc ; il provient d'un édifice grandiose et de la plus haute importance, à en juger par la richesse des ornements, la vigueur du style et la beauté du travail.

Ce débris formait l'angle du soubassement d'une vaste corniche ; en dessous, on aperçoit des denticules, deux consoles, deux caissons ornés d'une fleur, une rangée d'oves ; sur le devant et le côté droit, une frise en feuillages qui repose sur un cordonnet, et en dessous, une ligne d'arabesques. L'angle droit est écorné.

Ce fragment, tout mutilé qu'il est, est plein d'intérêt sous le rapport de l'art. Nous ignorons le lieu de sa découverte.

Hauteur : 42 cent. — Largeur : 90 cent. — Epaisseur : 60 cent.

N. 486.

Antéfixe en argile rouge, trouvé à Vienne. Les ornements sont semblables, à très-peu de chose près, au précédent. La partie supérieure est mutilée.

Il provient du cabinet Chavernod.

Hauteur : 21 cent. 5 millim. — Largeur : 15 cent. 7 millim. — Poids. 1,679 grammes.

N. 487.

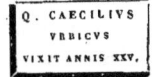 Q. Cæcilius Urbicus a vécu vingt-cinq ans.

Cette inscription, en style sec et laconique, ne rappelle que le nom et l'âge du défunt. Il est probable que Cæcilius Urbicus appartenait à une famille aisée, puisqu'elle a fait pour lui les frais d'un ossuaire en marbre blanc sculpté, au lieu d'un simple ossuaire en argile grossière, comme on en rencontre tant dans les cimetières du premier siècle.

Cet ossuaire vient d'Italie ; il appartenait à M. le baron de Gérando qui a cédé son cabinet à la ville de Lyon. Nous ignorons le lieu de sa découverte et s'il a été publié.

Description. — L'épitaphe est gravée dans un espace creux, ayant la forme d'un carré-long, entouré de moulures ; elle est composée de trois lignes, les lettres sont d'un bon style, elles ont 9 millim. de haut à la première ligne, et 7 millim. aux deux autres ; leur forme et leur arrangement n'offrent pas d'autres particularités.

Cet ossuaire est en marbre blanc de Paros ; il est orné d'un couvercle à fronton triangulaire, dans le tympan duquel on a sculpté une rosace ; il se termine sur les côtés par une éminence triangulaire ornée en dehors d'une palmette en relief ; aux deux angles supérieurs, on voit une tête de bélier ornée de banderolles ; en dessous du cartouche est un feston de fleurs, de feuilles et de fruits, au-dessus duquel il y a deux colombes ; il en existe également une à la base, près de chaque angle. Les faces des côtés sont ornées d'une large palmette. Le travail n'est point d'une grande finesse, mais il est d'un assez bon style. L'angle droit supérieur de devant a été restauré de même que le gauche supérieur de derrière ; il est du reste assez bien conservé ; il contient dans son intérieur des os calcinés. (*Voyez planche* V, n° 487).

Hauteur — 25 cent. — Largeur : 27 cent. — Epaisseur : 22 cent.

N. 488.

Urne en argile blanche, de forme amphorique, à deux anses ; elle est d'un aspect élégant ; la panse est piriforme et présente une base étroite ; le goulot est court, l'embouchure offre un bord épais à bourrelet, la tige des anses est plate et à moulures en dehors ; ce vase est d'une parfaite conservation.

Il a été trouvé en 1844, en creusant les fondations d'une maison située rue de Puzy, à l'angle sud de la rue Roger, et acheté à cette époque.

Hauteur : 63 cent. — Diamètre : 40 cent.

N. 489.

Urne d'une forme très-gracieuse, moins élancée que celle portant le n° 488, avec laquelle elle a une grande conformité. Elle a été trouvée au même lieu. Achetée d'un ouvrier, en 1844.

Hauteur : 62 cent. — Diamètre : 37 cent.

N. 490.

Ossuaire en argile noirâtre ; la panse présente la forme d'un sphéroïde tronqué ; un col très-court la sépare de son embouchure dont les bords s'évasent et sont arrondis.

Il a été découvert en 1845 dans un ancien cimetière gallo-romain, clos Nouvellet, paroisse de St-Irénée, au lieu dit des Bruyères ; il est d'une bonne conservation.

Hauteur : 21 cent. — Diamètre : 27 cent. 6 millim.

N. 491.

Urne conforme aux n°s 488 et 489 ; une anse a été brisée, elle a été trouvée au même lieu. Achetée en 1844.

Hauteur : 64 cent. — Diamètre : 38 cent.

N. 492.

Ossuaire en argile noirâtre, à panse piriforme tronquée ; l'ouverture est large, à bords mousses ; il contenait des vases à parfums en verre et des ossements calcinés.

Découvert à Lyon en 1845 dans un ancien cimetière gallo-romain, situé clos Nouvellet, paroisse de S-Irénée, au lieu dit des Bruyères. Il a été brisé en deux pièces et restauré.

Hauteur : 19 cent. — Diamètre : 23 cent. 5 millim.

N. 493.

Ossuaire en argile de même nature, et du même travail que le précédent ; la forme en est plus ramassée ; il est d'une parfaite conservation, et contient des os calcinés. Achat de la ville en 1843.

Hauteur : 19 cent. 5 millim. — Diamètre de la panse : 22 cent. 4 millim. — Poids : 965 gr.

PORTIQUE LII.

N. 494.

```
D        M
ET. MEMORIAE. AETERNAE
        FAVSTINI
M. AVRELI. INFANTIS. DVLCIS
SIMI. ET. INCOMPARABILI. QVI
VIXIT. ANNIS VIIII. M. II. D. XIII
QVI SIBI. ANTE. MORTEM. RO
GAVIT. QVAM. PARENTIBVS
SVIS. C. IVL. MAXIMVS. FILIAS
TRO. ET. AVRELIA. FAVSTINA
MATER. VNICO. FILIO. DESO
LAT. P. C. ET. SVB. ASCIA. DEDI
CAVERVNT. MVLTIS. ANNIS
VIVAT. QVI. DIXERIT ARPAGI
TIBI TERRAM. LEVEM.
```

Aux Dieux Mânes
Et à la mémoire éternelle de Faustinus, enfant chéri et incomparable de M. Aurelius, qui vécut 9 ans, 2 mois, 13 jours; qui souhaita que sa mort précédât celle de ses parents. C. Julius Maximus, son beau-père, et Aurelia Faustina, sa mère désolée, ont pris soin de faire élever ce monument, l'un pour son beau-fils, la seconde pour son fils unique, et ils l'ont dédié *sub ascia*.

Puisse-t-il vivre un grand nombre d'années, celui qui dira : Arpagi, (enfant enlevé à ton aurore) que la terre te soit légère !

(Publiée par Gruter, p. DCLXXXII; Mongès T. 1er. p. 307; Ménestrier, *Histoire consulaire*, p. 56 ; Spon, *Recherches*, p. 46.)

Cette épitaphe, écrite en style simple et pleine des sentiments les plus tendres, nous montre Faustinus comme un enfant accompli, et nous révèle sa vive affection pour ses parents qu'il désirait précéder dans le tombeau. Nous remarquons aussi que Aurelia Faustina avait eu Faustinus d'un premier mari, M. Aurelius, et que Julius Maximus, son second époux, s'est joint à elle pour élever ce cippe. Ces noms de Marcus Aurelius et d'Aurelia Faustina, n'annonceraient-ils pas des affranchis de la famille impériale des Antonins?

L'espèce de formule votive qui se trouve gravée au bas de l'inscription, tout en exprimant la profonde douleur et la vive tendresse des parents pour cet enfant, annonce l'importance que les anciens apportaient à ce que les corps des défunts ne fussent point placés sous un lourd fardeau ; ils désiraient qu'ils fussent à l'aise dans le lieu de leur sépulture, et c'était surtout pour l'enfance dont l'organisation était frêle et délicate qu'on exprimait ce vœu.

Chez les Romains, dans les premiers temps, on ne faisait point de funérailles aux *arpagii*, enfants morts au berceau; on ne leur consacrait ni tombe, ni épitaphe. Aussi Juvénal, en parlant d'un enfant mort très-jeune, dit-il :

Terrà clauditur infans
Minor igne rogi.

Dans la suite, on brûla les corps de ceux qui avaient vécu quarante jours et auxquels des dents avaient poussé. Ces morts se nommaient *arpagii* ou *enlevés*, mot dérivé du grec αρπαγεις (en latin *raptus*). Chez les Grecs, on ne célébrait aucune cérémonie funèbre pour les enfants en bas-âge; on les enterrait simplement au lever de l'aurore; ils pensaient que l'Aurore les avait enlevés pour jouir de leurs innocentes caresses.

On voit au Capitole un bas relief qui représente le tombeau d'un enfant, où l'Aurore est figurée enlevant un nouveau-né qui sans doute était la représentation du défunt.

Notre inscription en l'honneur d'un enfant, âgé de neuf ans il est vrai, nous prouve que plus tard les Romains rendirent à quelques enfants les mêmes honneurs qu'aux adultes, quoique leur conservant, après leur mort, l'épithète d'*arpagius*.

Cette intéressante épitaphe gisait depuis de longues années dans le mur d'une terrasse de la maison de M. Raymond, située montée du Gourguillon, dépendant du Verbe-Incarné. D'après nos sollicitations jointes à une demande de M. Terme, maire de Lyon, le propriétaire s'est empressé d'en faire don au Musée de Lyon, en 1843.

Description. — Cette inscription est composée de 15 lignes; les lettres sont d'un beau style, elles ont 28 millim. de haut. La première ligne est formée des deux sigles D. M., entre lesquels on a représenté l'*ascia* gravée en creux sur la bande du couronnement.

Nous n'avons remarqué aucune particularité dans le corps de l'inscription, sinon que le nom FAVSTINI, paraît avoir été oublié par le graveur de prime-abord, et rétabli après coup dans l'intervalle qui suit la seconde ligne; les mots sont séparés entre eux par des points; le monument est d'une bonne conservation (*Voyez planche* XVI, n° 494).

Ce beau cippe est en calcaire jurassique (Choin-de-Fay); il est décoré d'une base et d'un couronnement ornés de moulures d'un joli profil; le couronnement est surmonté d'un fronton triangulaire et à rouleau sur les côtés.

Hauteur : 1 mètre 35 cent. — Largeur : 59 cent. — Epaisseur : 26 cent.

N. 495.

TIB. ANTISTIO. FAVS-
TI. FIL. QVIRINA. MARCI
ANO. DOMO. CIRCINA
PRAEE. COH. II HISPANAE
TRIB. LEG. XV. APOLLINARIS
PIAE. FIDELIS. PRAEFECTO. A
LAE. SVLPICIAE. C. R. SECVN
DVM. MANDATA. IMPP. DO
MINOR. NN. AVGG. INTE
GERRIM. ABSTINENTISSIM.
QVE PROCVR. TRES PROVINC.
GALLIAE PRIMO. VMQVAM
EQ. R. A. CENSIBVS ACCIPI
ENDIS. AD ARAM. CAESA
RVM. STATVAM. EQVESTREM.
PONENDAM. CENSVE
RVNT

A Tiberius Antistius Marcianus, fils de Faustus, de la tribu Quirina, originaire de Circeï, préfet de la seconde cohorte espagnole, tribun de la 15ᵉ légion apollinaire, pieuse, fidèle; préfet de l'aile sulpicienne composée de citoyens romains; d'après les ordres des empereurs nos augustes maîtres, très-intègre et très-désintéressé procurateur, chevalier romain, préposé le premier à la recette du cens. Les trois provinces de la Gaule ont décrété de lui ériger une statue équestre près de l'autel des Césars.

(Publiée par Ménestrier, *Préparation à l'Hist. consul.* page 81; Artaud, *notice* page 69 n° L.)

Cette inscription honorifique est d'un haut intérêt pour notre ville, à raison des dignités dont fut revêtu Antistius, de ses vertus particulières, et de ce que les trois provinces des Gaules s'associèrent pour lui élever une statue équestre placée près de l'autel des Césars, vers le confluent du Rhône et de la Saône.

A l'époque où l'on découvrit une jambe de cheval en bronze dans la Saône, vis-à-vis le couvent de Ste-Claire, ce fragment de statue équestre éveilla l'attention du monde savant, et de nombreuses explications parurent à son sujet; Adamoli, entre autres, qui connaissait cette inscription exprima l'opinion, dans un savant mémoire, que ce débris de statue équestre se rapportait à celle d'Antistius, et que sa statue devait exister encore au fond du fleuve. Comme il serait trop long d'entrer dans le détail de toutes les opinions qui ont été émises à cet égard, nous renvoyons au travail sur les antiquités de Lyon que nous avons publié en 1840, dans lequel nous avons analysé tout ce qui avait été écrit jusqu'à cette époque, et où nous avons exprimé notre opinion personnelle.

Ce cippe honorifique gisait depuis longtemps dans les murs de la cave d'une maison située rue Luizerne à Lyon, lorsque sur la demande de M. Fay de Sathonnay, maire de Lyon, le propriétaire le fit extraire et l'offrit au Musée de notre ville.

Description. — Cette épitaphe est composée de 17 lignes ; les lettres sont d'un bon style, elles ont, à la première et à la dernière ligne, de 48 à 50 millim. de haut ; celles du reste de l'inscription ont, en moyenne, 38 millim.

A la première ligne, dans ANTISTIO, le premier T et l'I qui suit sont mutilés dans le haut. A la fin de la 3ᵉ ligne, on a figuré au trait une feuille de lierre. A la 4ᵉ ligne, dans HISPANAE, le premier I et l'S qui suit sont mutilés ; sur la fin de la ligne, on a représenté au trait une feuille de lierre. Deux ou trois lettres du centre des 5ᵉ, 6ᵉ, 7ᵉ et 8ᵉ lignes, ont subi quelques mutilations ; la 7ᵉ se termine par une feuille de lierre. A la 10ᵉ ligne, dans ABSTINENTISSIM, l'N et le T qui suit sont conjoints. A la 11ᵉ ligne, on a figuré une feuille de lierre à la fin de la ligne. A la 15ᵉ ligne, dans EQVESTREM, l'E et l'M de la fin sont conjoints. A la 16ᵉ ligne, une feuille de lierre figure à la fin de la ligne. Des points de forme triangulaire sont placés entre chaque mot ou abréviation. (*Voyez planche* VIII n° 495.)

Ce cippe est en calcaire jurassique (Choin-de-Fay) ; il est de forme carré-long, il est vraisemblable qu'il était décoré d'une base et d'un couronnement que les maçons ont abattus pour en faire une assise plus régulière.

Hauteur : 1 mètre 55 cent. — Largeur : 92 cent. — Epaisseur : 65 cent.

N. 496.

```
D        M
M. OPPI. PLACIDI
HAR. PHIM. DE LX
CVI. LOCVM SEPVLTVR
ORD. SANCTISSIM. LVG
       DEDIT
```

Aux Dieux Mânes de M. Oppius Placidus premier aruspice (1) des soixante auquel le très-St-Ordre de Lyon a accordé un lieu de sépulture.

(Publiée par Spon, *Recherches* p. 82 ; Ménestrier, *Hist. Consul.* pᵗ 76 ; Colonia, p. 102 ; Artaud, *notice*, p. 15 n° IX D.)

Cette inscription qui est d'un haut intérêt, a été citée par la plupart de nos chroniqueurs ; en général, ils ont pensé que les nations dont les noms étaient inscrits sur l'autel consacré à Rome et à Auguste s'élevant au nombre de soixante, et ce nombre

(1) Voir page XLI.

correspondant à celui du collége des aruspices indiqué par le monument épigraphique dont nous nous occupons, ils ont pensé, disons-nous, que chaque nation y avait son aruspice particulier qu'elle nourrissait et qu'elle entretenait. Cette inscription est la seule jusqu'à ce jour qui nous apprenne que le collége des aruspices de Lugdunum était composé de soixante membres; du reste cette opinion est encore confirmée par le passage de Strabon, dans lequel cet auteur donne la description de l'autel d'Auguste (liv. IV).

M. Oppius Placidus avait été le premier ou le chef de ce collége et le très-saint ordre de Lugdunum (1) lui avait accordé le lieu de sa sépulture.

Cette inscription funéraire, dit Artaud, était placée au XVIe siècle dans le jardin d'une maison voisine du cloître de St-Just qui avait appartenu au chanoine Caille. Elle fut transportée de là dans le jardin des Antiques de M. le président de Bellièvre, d'où elle a été retirée pour être placée au Musée par les ordres de MM. d'Herbouville et Fay de Sathonay.

Description. — Cette épitaphe est composée de 6 lignes, les lettres sont d'un bon style et ont 49 millim. de haut; celles de la dernière ligne seulement en ont 35.

La première ligne est composée des deux initiales D et M.

A la 2e ligne, dans OPPI, l'I est très-allongé.

A la 3e ligne, il en est de même dans PRIM.

Ce cippe est en calcaire jurassique (Choin-de-Fay); il est décoré d'une base et d'un couronnement à moulures, ce dernier est orné d'un fronton à rouleau sur les côtés; au centre de la face supérieure, on a sculpté sur la pierre le commencement d'un fût de colonne, ce qui nous indique que le monument est incomplet. Etait-ce un simple monolithe qui décorait ce monument, ou bien était-ce un socle sur lequel reposait le buste de cet aruspice? Nous n'osons nous prononcer à cet égard. Les côtés du couronnement ont subi quelques mutilations, ainsi que la plinthe de la base. (*Voyez planche* V n° 496.)

Hauteur : 1 mètre 14 cent. — Largeur : 60 cent. — Epaisseur : 40 cent.

N. 497.

Amphore en argile blanche, à deux anses, à col élancé, l'ouverture est entourée d'un bourrelet; la panse est cylindrique, décroît dans le bas et se termine en pointe; sa forme est élégante. La pointe est brisée et manque, le col et les deux anses sont fracturés et restaurés.

Ce vase était destiné à contenir du vin; il a été découvert à Serin et donné par le génie militaire au Musée, en 1845.

Hauteur : 91 cent. — Diamètre : 25 cent.

---

(1) Le St-Ordre à Lugdunum était composé du corps des sénateurs et des décurions; voyez ces mots page XXXII et page LII; il ne faut point le confondre avec *Ordo amplissimus* qui était le corps le plus élevé, celui du sénat de Rome.

N. 498.

```
D    ET    M
MEMORIAE · AETERN
BLANDINIAE . MARTIOLAE . PVELAE
INNOCENTISSIMAE . QVAE . VIXIT
ANN. XVIII . M . VIIII. D . V . POMPEIVS
CATVSSA . CIVES . SEQVANVS . TEC
TOR . CONIVGI . INCOMPARABILI
ET . SIBI . BENIGNISSIME . QVAE ME
CVM . VIXIT . AN . V. M . VI. D . XVIII
SINE . VLA . CRIMINIS . SORDE VIVVS
SIBI . ET . CONIVGI . PONENDVM . CV
RAVIT . ET . SVB ASCIA . DEDICAVIT
TV QVI LEGIS . VADE . IN APOLINIS
LAVARI . QVOD . EGO CVM . CONIV
GE FECI VELLEM . SI ADVC POSSEM
```

Aux Dieux Mânes et à la mémoire éternelle de Blandinia Martiola, femme très-vertueuse qui vécut 18 ans 9 mois 5 jours. Pompeius Catussa, citoyen séquanien, stucateur *ou* plâtrier, à son épouse incomparable qui a été pour lui de la plus grande bonté; elle a vécu avec moi purement 5 ans 6 mois 18 jours. Il a fait élever ce monument de son vivant, pour lui et son épouse et l'a dédié *sub ascia*.

Toi qui lis, va te baigner aux bains d'Apollon, ce que j'ai fait avec ma femme et voudrais faire encore si je le pouvais.

(Publiée par Artaud comme inédite, *notice*, page 82, n° LXII.)

Cette épitaphe nous montre un époux inconsolable; les sentiments de sa tendresse et de son amour sont exprimés avec élégance et naïveté dans la phrase qu'il adresse au lecteur, en terminant l'inscription.

Mongès, de l'Institut, présenta à ce corps savant un mémoire sur la découverte de ce monument et en tira la conséquence qu'il devait exister à Lyon, sur la colline de St-Irénée au pied de laquelle gisait cette inscription, un temple d'Apollon et des bains médicinaux, des eaux thermales. Artaud goûtait cette idée, et pensait que des fouilles bien dirigées amèneraient la découverte du temple et des bains. Nous n'osons partager cette opinion, quoiqu'une inscription dédiée à Apollon ait été trouvée près de là; tous les monuments romains avaient déjà été détruits de fond en comble, lorsque les atterrissements venant de la montagne ont élevé de beaucoup le sol ancien. Quant aux sources d'eaux thermales, nous n'en connaissons pas, et toutes les sources qui coulaient autrefois dans ce quartier y coulent encore; il est vrai cependant qu'il a été question d'une source d'eau ferrugineuse dont l'authenticité est problématique, puisqu'on accusait le propriétaire de remplir de ferrailles le puits qui la fournissait. Les autres sources sont bonnes et chargées de sulfate de soude, mais elles n'ont point de qualités bien spécifiques en médecine; il est donc présumable que des eaux salubres ordinaires venaient alimenter des bains auxquels on avait donné le nom du dieu de la médecine, qui peut-être avait un temple dans ce quartier de la ville.

Nous ne sommes point d'accord avec Artaud et Mongès qui ont lu MARTICLA au lieu de MARTIOLA; en examinant la pierre de très-près, on voit le contour de l'o dans toute son étendue; ils ont été induits en erreur par un éclat de la pierre qui a altéré le côté gauche de cette lettre, mais la forme et les traces qui en restent viennent confirmer notre opinion. Quant à l'épithète PVELLAE, nous ne pensons pas qu'on doive lui donner le sens le plus habituel; si elle était employée le plus souvent pour désigner une jeune fille, elle s'appliquait quelquefois à des femmes très-jeunes, et c'est ce qui arrive ici; en effet MARTIOLA s'est mariée à 13 ans, 1 mois, 17 jours, puisqu'elle est morte à 18 ans, 8 mois, 5 jours et qu'elle a vécu avec son mari 5 ans, 6 mois, et 18 jours. Comme on le sait, les lois romaines permettaient aux filles de se marier à 12 ans, et à 14 ans aux garçons; toutefois les filles pouvaient contracter une alliance avant cet âge, mais alors les priviléges du mariage leur étaient interdits et la femme restait sous le toit paternel jusqu'au terme légal où elle allait prendre possession de la maison conjugale.

Nous ferons remarquer encore que le mari de Martiola était *tector;* les *tectores* rentraient dans la classe des *fabri* qui formaient une corporation. C'étaient des ouvriers qui s'occupaient du revêtement des murailles (1).

A la base de ce cippe on aperçoit une cavité assez spacieuse pour contenir l'urne dans laquelle étaient enfermées les cendres des défunts.

Cette inscription a été découverte en 1815, à Lyon, sur l'emplacement de la commanderie de St-George, et donnée au Musée, par M. Laya, son propriétaire.

Description. — Cette épitaphe est composée de 15 lignes; les lettres sont d'un style médiocre, celles des deux premières lignes ont 35 millim. de haut, et celles du corps de l'inscription 18 millim.

La première ligne est gravée au-dessus du couronnement, elle est formée des signes D. M., entre lesquels on voit la particule ET et deux *ascia* en regard, représentées en creux.

La 2ᵉ ligne est placée sur la bande du couronnement.

A la 3ᵉ ligne, dans MARTIOLA, l'O est mutilé, et dans PVELLAE, le second L a été oublié par le graveur.

A la 5ᵉ ligne, dans POMPEIVS, l'M est conjoint au deuxième P, et l'I est plus élevé que les autres lettres.

A la 10ᵉ ligne, le graveur a écrit VIVS pour VIVVS.

A la 13ᵉ ligne, le T qui commence la ligne est mutilé; on lit APOLINIS pour APOLLINIS.

A la 14ᵉ ligne, la lettre L qui commence cette ligne est aussi mutilée.

Ce cippe est en calcaire jurassique (Choin-de-Fay); il est décoré d'une base et d'un couronnement à moulures; la partie qui surmonte ce dernier a été brisée; sur le devant on aperçoit deux trous qui servaient de logement à des crampons; à la base, il existe une ouverture murée qui servait d'entrée à la cavité qui renfermait l'urne cinéraire placée dans le cippe; elle était sans doute close par une porte en métal qu'on ouvrait pour surveiller la propreté de ce dépôt. Déjà nous avons dans nos cippes quelques exemples de ces réceptacles. (*Voyez planche* VIII nº 498.)

Hauteur : 75 cent. — Largeur : 42 cent. — Epaisseur : 30 cent.

N. 499.

Amphore vinaire en argile rose, à deux anses; le goulot est volumineux; l'ouverture représente un cercle épais, anguleux dans le bas et à bourrelet vers l'embouchure; la

---

(1) TECTOR : *qui tegit et præcipue qui parietes opere tectorio perfecit*, dit Forcellini, *Dict.* pag. 280. Cet auteur ajoute : *Grævius*, in *not. ad. Cic. Planc.* 25, sibi ait non liquere, quem usum in castris tectores habuerint : fortasse in machinis bellicis operam posuisse; d'après cela ces ouvriers étaient employés aussi dans les camps, peut-être pour placer les machines de guerre.

panse est ovoïde et se termine en pointe vers sa base ; elle est d'une parfaite conservation. Trouvée et donnée par le génie militaire au Musée en 1845.

Hauteur : 85 cent. — Diamètre : 30 cent.

n. 500.

Vase cinéraire en argile, de même nature et de la même forme que les précédents ; même découverte. Il a été brisé et raccommodé. Acheté par la ville en 1843.

Hauteur : 19 cent. 2 millim. — Diamètre de la panse, 21 cent. 5 millim. Poids : 1,110 gram.

n. 501.

Chapiteau historié du XI au XIIe siècle, en calcaire jurassique d'un grain très-fin ; il est orné d'une tête d'homme et d'une tête de femme placées aux angles antérieurs, entre des feuilles se rapprochant de celle de la pivoine ; il est d'une assez bonne conservation.

Largeur : 32 cent. — Hauteur : 16 cent.

n. 502.

Vase cinéraire, à très-peu de chose près conforme au précédent ; découvert au même lieu. Le fond manque en grande partie. Acheté par la ville en 1843.

Hauteur : 20 cent. 7 millim.—Diamètre de la panse : 21 cent. 1 millim. Poids : 1,127 gram.

n. 503.

Buste d'un jeune enfant, placé dans une niche, en marbre blanc. La poitrine est couverte d'une draperie légère ; une sorte de ruban posé en sautoir passe sur l'épaule gauche ; la tête est coiffée en cheveux lisses ; les traits sont usés ; le bout du menton, celui du nez et les lèvres sont mutilés. Au devant du bas de la niche est un carré-long en relief, dans le centre duquel on a sculpté une triple feuille lancéolée, figurant une mouche, et sur les côtés, trois espèces de pétales.

Cette niche est supportée par une base carrée massive, sur le devant de laquelle on voit deux *ascia* en relief et en regard. Le piédestal, la niche et le buste sont taillés dans le même bloc de marbre ; le tout est d'un travail médiocre. Le bord du côté droit de la niche est mutilé ; c'était sans doute le couronnement d'un cippe ou d'un tombeau, et la représentation de l'enfant auquel on avait érigé le monument.

Hauteur : 40 cent. — Largeur : 25 cent.

n. 504.

(*Inédite*.)

Cette inscription, détruite en grande partie, nous apprend qu'un nommé Curtilius était sévir augustal, sans doute de Lugdunum, puisque ce fragment a été découvert dans l'enceinte de la vieille ville ; il a été trouvé en 1844, sur le côteau de Fourvière, à la Sara, propriété appartenant à M. Billet. M. Terme, son gendre, maire de Lyon, en a fait don au Musée.

Description. — Ce débris d'inscription est gravé sur une plaque en marbre blanc; les lettres qui nous restent sont d'un très-beau style, et ont 9 cent. 6 millim. de haut.

Ce marbre est brisé d'une manière très-irrégulière ; la partie épigraphique était renfermée dans un encadrement à moulures, dont une portion est conservée dans le haut seulement.

Hauteur : 35 cent. — Largeur : 50 cent. — Epaisseur : 35 cent.

N. 505.

```
L. CALTILIVS . Ɔ. L . HILARVS .
            AVGVSTALIS
   CATILIA .  L .  L . FELICVLA
       SIBI              ET
L . CALTILIVS .  L. L. STEPHANVS
       ET              SVIS
LIBERTIS.  LIBERTABVS POSTERI
   EORVM              OMNIBUS
  IN. FR. P XX     IN. AG. P. XXV.
```

(*Inédite.*)

L. Caltilius, C. L. Hilarus, augustal, Catilia, L. L. Felicula et L. Caltilius, L. L. Stephanus, ont fait ériger ce monument pour eux-mêmes, pour leurs affranchis et affranchies, et pour tous leurs descendants. En largeur : 20 pieds; en longueur : 25 pieds (1).

Nous remarquons dans cette inscription le vif attachement que portaient les fondateurs à leurs affranchis et affranchies ; il est tel qu'ils veulent que leurs corps ne soient point séparés des leurs ; cette volonté exprimée d'une manière aussi positive n'est point commune dans les inscriptions.

Ce monument épigraphique vient du cabinet Artaud, acquis par la ville ; il est simplement indiqué dans son catalogue. Voici ce qu'il en dit : « Inscription en marbre « blanc, je l'ai acquise au moyen d'un échange fait avec M. Mascary, à Montpellier. »

Description. — Cette inscription funéraire est gravée sur une plaque en marbre très-mince, de forme carrée ; les lettres sont d'un bon style, et ont 31 millim. de haut. Nous ne remarquons qu'une seule particularité à la première ligne, le c initial qu'on y voit est retourné, la convexité de la courbe regarde la lettre qui suit. Une feuille de lierre figurée au trait termine cette ligne. Au-dessus et au milieu de la dernière ligne, on a également figuré un ornement en forme de croissant divisé en deux par une éminence triangulaire qui s'élève au centre de sa courbe.

Cette pièce est d'une parfaite conservation, nous avons des doutes sur son authenticité.

N. 506.

```
TRI | TRF
```

Ce fragment d'inscription nous donne le commencement de deux noms de peuples gaulois : l'un doit se rapporter aux *Tricasses*, Tricassiens, peuple des environs de

---

(1) Telle est la signification de cette dernière ligne composée d'abréviations. D'après Gudius, ces mesures gravées sur les tombeaux marquaient l'étendue de l'espace consacré au monument, espace qui devenait inviolable.

Troye en Champagne, ou des *Tricastini*, Tricastins, peuple des environs de St-Paul-Trois-Châteaux, département de la Drôme ; et l'autre des Tréviriens, habitants de Trèves.

Ce débris nous paraît assez important, en ce que les noms de ces peuples indiquaient les places qui étaient réservées à leurs députations, lors des jeux nautiques qui avaient lieu dans la naumachie de Lugdunum. Nous avons donné quelques détails sur deux inscriptions du même genre trouvées au même lieu, et placées au Musée, Portique XXIV, n° 199 et 200 ; nous y renvoyons le lecteur.

Cette pierre a été découverte au Jardin-des-Plantes, à Lyon, en 1832, sur l'emplacement de la naumachie romaine qu'on a fouillée en partie pour y construire le grand bassin actuel ; elle n'était point éloignée de la pierre portant le n° 199 ; l'enceinte du *podium* était sans doute bordée du nom des peuples qui assistaient à ces jeux nationaux, et les places qui se trouvaient en-dessus de ces noms leur étaient réservées.

Description. — Les deux indications de noms de peuples, formées chacune de trois lettres, sont gravées dans un espace carré-long, et séparées entre elles par un trait.

Les lettres sont d'un meilleur style que celles des n°ˢ 199 et 200 ; elles ont 10 cent. de haut.

Ce débris, en calcaire jurassique (Choin-de-Fay), est de forme parallélogramme, ses bords sont mutilés.

Hauteur : 25 cent. — Longueur : 84 cent. — Epaisseur : 54 cent.

PORTIQUE LIII.

N. 507.

Débris d'un monument en calcaire jurassique (Choin-de-Fay) ; c'est la base d'une colonne encastrée aux trois-quarts.

Hauteur : 59 cent. — Largeur : 90

N. 508 (1).

Lion héraldique dont les quatre membres sont brisés et manquent ; la face est mutilée, il est en calcaire oolithique blanc de Tournus.

Hauteur : 41 cent.

N. 509.

Statue drapée dont la partie inférieure mutilée en partie, est brisée au niveau de la ceinture, le haut manque totalement ; elle est en même pierre que le lion au côté

---

(1) Les six fragments placés dans ce massif ont été découverts en 1841, à Lyon, en faisant les fondations du quai qui se trouve en-dessous du rocher de Pierre-Scise ; ils sont d'une époque moderne puisqu'ils appartiennent au XVII⁰ siècle et qu'ils dépendaient d'une porte de la ville qui fut détruite pendant la Révolution de 93. Ces débris de sculptures furent en partie précipités dans la Saône ainsi que d'autres qui appartenaient au château-fort de Pierre-Scise.

duquel elle était placée d'après le dessin qui nous reste de cette porte de la ville ; la main droite est restée sur la draperie et tient un volumen déroulé.

Hauteur : 56 cent.

N. 510.

Débris orné d'un rang de perles, de feuilles d'eau et d'un rinceau, qui décorait la porte de la ville ainsi que les numéros précédents.

Hauteur : 59 cent. — Largeur : 90 cent.

N. 511.

Fragment venant du même lieu que les précédents, en calcaire oolithique blanc de Tournus. Il représente la partie gauche du tronc d'une statue drapée qui tenait de cette main un volumen ; c'était sans doute le pendant de celle que nous venons de décrire sous le n° 509.

Hauteur : 33 cent.

N. 512.

Débris venant aussi de l'ancienne porte de Lyon du côté de Vaise ; il faisait sans doute partie du bas-relief qui décorait cette porte ; il est en calcaire oolithique blanc de Tournus, et représente l'aile d'un génie, peut-être d'une victoire.

Longueur : 58 cent.

N. 513.

Morceau de sculpture qui servait de base au couronnement du bas-relief qui ornait la porte de la ville ; il était en deux pièces que nous avons réunies ; il est en calcaire oolithique blanc de Tournus, et représente des enroulements sur les côtés, et dans le centre un mufle de lion entre deux branches de laurier.

Hauteur : 25 cent. — Largeur : 69 cent.

N. 514.

Débris qui formait l'un des angles supérieurs du couronnement d'un mausolée ; il est en calcaire jurassique (Choin-de-Fay), et se rapproche de la forme triangulaire ; sur l'une des faces il existe un bas-relief mutilé, où l'on distingue encore trois personnages, un arbre sur la droite, et dans le bas du côté gauche une espèce de rocher arrondi ; entre ces deux objets, on distingue un petit génie en-dessous d'une branche, et un personnage qui tient de la main droite une sorte de fruit ou de grappe de raisin ; sur la droite, on voit un autre personnage à tête échevelée ; à raison des mutilations et de l'usure de ce bas-relief, il est impossible de l'expliquer d'une manière satisfaisante.

Hauteur : 61 cent. — Largeur du bas de la sculpture : 60 cent.

n. 515.

Portion du devant d'un petit sarcophage en marbre blanc de Paros, ayant la forme d'un carré-long; la face sculptée présente sur la droite un encadrement allongé en hauteur, dans lequel se trouve un personnage debout, coiffé en cheveux, vêtu d'une tunique talaire à longues manches, ayant les deux mains relevées sur sa poitrine, et tenant deux cordes ou liens qui se replient en arrière de son épaule gauche, et soutenaient vraisemblablement, suspendu derrière lui, un objet que nous ne pouvons déterminer.

Cette sculpture naïve et chrétienne peut dater du IVe ou Ve siècle; elle a beaucoup de ressemblance avec celles des tombeaux de cette époque qu'on trouve en si grand nombre dans les champs, près d'Arles. Le milieu de ce panneau dont la partie gauche a été brisée et manque, est décoré d'un encadrement à moulures, et garni de strigilles placées les unes à côté des autres. On aperçoit, vers le pied droit de la statue dont nous venons de parler, un trou pour l'écoulement des eaux qui pouvaient s'infiltrer dans cette tombe.

Hauteur : 42 cent. — Largeur : 72 cent. — Epaisseur : 7 cent.

n. 516.

(Inédite.)

```
        O
       ONAT
     DIVS FELI
    ·ONIVS SECVND
    BENIVOLV        S
   ORGIVS MESSIANV  S
    AELIVS POLLI    O
  CAECILIVS FORTVNATVS
   IVLIVS PEREGRINV  S
     CIMIVS  APE    R
    INIVS MARCV      S
     SABINIANV      S·
    S   LVPV        S·
        LVCIV       S
```

Cette inscription mutilée se compose d'une légende de noms. Malheureusement, le préambule qui devait se trouver en tête, manque entièrement; il nous aurait sans doute indiqué la valeur de ces noms. Etait-une corporation, un collège, une liste de sévirs augustaux, de décurions, ou d'hommes qui avaient rendu des services à leur pays? Il ne peut y avoir que du vague dans la solution d'une question semblable. On sait que chez les Romains, il était assez d'usage de graver sur la pierre ou le bronze le registre des hommes haut placés; les fastes consulaires gravés sur marbre qui figurent au Capitole en sont un exemple. Cet honneur était aussi rendu aux corporations inférieures, et le monument dont nous nous occupons ici pouvait faire partie de cette catégorie.

Ce marbre, qui aurait peut-être pour notre ville la plus grande importance, a été découvert en 1845 à Lyon, en creusant les fondations de la maison qui se trouve à l'angle nord-ouest des rues Pisse-Truie et du Doyenné.

Description. — Ce débris épigraphique est composé de 14 lignes plus ou moins complètes, la destruction a porté sur le commencement et la fin de ce qui reste; les lettres sont d'un bon style et ont 18 millim. de haut.

A la première ligne, on ne voit qu'un o de conservé.

A la 2ᵉ ligne, nous lisons : DONATIVS, mais le prénom est détruit et le D dans DONATIVS est mutilé, l'v et l's ont disparu.

A la 3ᵉ ligne, on aperçoit que DIVS, fin du prénom, dans FÉLIX, l'x est détruit.

A la 4ᵉ ligne, il ne reste du prénom que les syllabes ONIVS, et dans le nom SECVNDVS, les deux dernières lettres sont détruites.

A la 5ᵉ ligne, le prénom manque, le nom de BENIVOLVS est entier.

A la 6ᵉ ligne, on lit ORGIVS MESSIANVS.

A la 7ᵉ ligne, les deux noms sont conservés.

A la 8ᵉ ligne, de même.

A la 9ᵉ ligne, dans le prénom IVLIVS, la première lettre est détruite.

A la 10ᵉ ligne, les premières lettres du prénom sont détruites.

A la 11ᵉ ligne, il en est de même.

A la 12ᵉ ligne, le prénom manque en entier.

A la 13ᵉ ligne, il ne reste que la dernière lettre du prénom, le nom est conservé en entier.

A la 14ᵉ ligne, le nom seul est conservé.

Nous ferons remarquer que dans cette inscription le graveur a placé sur une ligne droite verticale la dernière lettre de quelques noms, en faisant un vide plus ou moins grand entre cette lettre et le corps du nom ; il est difficile d'expliquer le motif qui a porté le graveur à cette singularité.

Ce débris épigraphique est gravé sur une plaque en marbre que ses cassures ont rendue très-irrégulière.

Hauteur : 50 cent. — Largeur : 38 cent. — Epaisseur : 16 cent.

N. 517

```
IRPIIS
AP
```

(Inédite).

Nous n'entreprendrons point de donner un sens à ce reste d'inscription qui a été découvert sur le côteau de St-Irénée, il y a quelques années ; on ne peut en tirer aucun qui soit satisfaisant.

Description. — Deux portions de lignes composent cette inscription ; les lettres sont du style barbare, du bas empire, elles ont 66 millim. de haut ; elles sont gravées dans un espace creux à encadrement.

Ce débris est en calcaire oolithique blanc des environs de Tournus.

Hauteur : 16 cent. — Largeur : 28 cent. — Epaisseur : 10 cent.

N. 518.

```
        COMO. S
ET. SIBI
XX.   DEDIT
```

On ne peut tirer aucun sens satisfaisant de ce fragment épigraphique.

Il a été découvert à Lyon dans l'église de St-Irénée, lors de la reconstruction de ce temple en 1824.

Description. — Ce débris d'inscription se compose de trois lignes incomplètes et mutilées ; les lettres sont d'un bon style ; à la première ligne, elles ont 11 cent. de haut ; à la 2ᵉ ligne 8, et à la 3ᵉ ligne, 6 cent. 5 millim. Il est en calcaire oolithique blanc de Tournus, ayant la forme d'un carré-long ; il a été brisé en huit morceaux qui ont été rajustés au ciment.

Hauteur : 36 cent. — Largeur : 56 cent. — Epaisseur : 6 cent.

N. 519.

Il est difficile de tirer aucun sens de ce débris d'inscription qui a été découvert à Lyon en 1824, près de l'église St-Irénée et a été apporté au Musée en 1845.

Description. — Trois lignes incomplètes, composent ce reste épigraphique ; les lettres sont d'un bon style, elles ont 4 cent. 5 millim. de haut. L'inscription était placée dans un encadrement entouré de moulures. Ce fragment, ayant la forme d'un carré-long, est en calcaire oolithique blanc de Seyssel, département de l'Ain ; il a été taillé pour servir dans une construction.

Hauteur : 20 cent. — Largeur : 15 cent. — Epaisseur : 7 cent.

N. 520.

Pied d'une statue de grandeur naturelle, en marbre blanc ; il repose sur une base à laquelle il est attenant. Il est chaussé de la sandale qui est fixée au moyen de courroies formant la croix sur le coude-pied.

Cette sculpture du moyen-âge a été trouvée dans le clos de M. Rougniard, montée de Choulans ; ce propriétaire en a fait don à la ville, en 1845.

Hauteur : 23 cent.

N. 521.

Espèce de chimère en forme de chien, d'un style barbare ; l'animal, couché sur ses pattes, est grossièrement ébauché. Cet ornement, en calcaire de Lucenay (Rhône), est mutilé et provient d'une église gothique.

Hauteur : 14 cent. — Longueur : 21 cent.

N. 522.

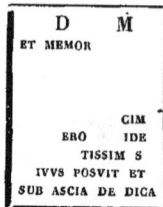

On n'aperçoit dans cette inscription funéraire que les sigles D. M. et l'invocation *sub ascia*. Les noms des personnages sont trop mutilés pour chercher à les rétablir.

Ce monument faisait depuis de longues années l'office de bouteroue, au coin sud-est du clos de M. Marduel, situé à Champ-Vert, paroisse de St-Irénée. Il a été donné, en 1844, par le propriétaire au Musée de la ville, auquel ce citoyen généreux a fait don de tout ce qu'il possédait dans ce genre.

Description. — Ce cippe funéraire, en calcaire jurassique (Choin-de-Fay), est dans un très-mauvais état de conservation sous tous les rapports. Les lettres sont d'un style commun, elles ont 40 millim. de haut. Il est décoré d'une base et d'un couronnement à moulures, mais la mutilation du dernier est presque complète.

Hauteur : 1 mètre 42 cent. — Largeur : 47 cent. — Epaisseur : 42 cent.

N. 523.

Tronçon du bas du torse d'un enfant en marbre blanc; les cuisses sont séparées du tronc à leur naissance et manquent. Le tronc est brisé horizontalement au niveau du nombril; les parties génitales de ce jeune adolescent sont mutilées; un éclat s'est détaché dans le haut du côté droit.

Ce débris de statue dont on ne peut juger le mérite a été découvert à Lyon, sans indication d'époque et de lieu précis.

Hauteur : 18 cent.

N. 524.

Fragment de sculpture du bas-empire, trouvé lors de la restauration de l'église de St-Irénée en 1824. Il est en calcaire oolithique blanc de Seyssel et représente quatre rosaces entières et deux demi-rosaces engagées dans des lignes d'entrelacs.

Les rosaces sont de dessins différents, une moulure règne du côté gauche.

Hauteur : 74 cent. — Largeur : 42 cent — Epaisseur : 12 cent.

N. 525.

Fragment en calcaire oolithique blanc de Seyssel (Ain), ayant la forme d'un carré long irrégulier; il est sculpté sur les deux faces; celle qui est visible représente une portion de rinceaux à feuilles, fruits et feuilles ; sur la face qui est placée contre le mur, il existe un rinceau du même genre et en dessous de lui un cordonnet.

Ce fragment a été trouvé à St-Irénée, en 1824, lors de la restauration de l'église.

Hauteur : 37 cent. — Largeur : 46 cent. — Epaisseur : 11 cent.

N. 526.

Fragment en calcaire oolithique blanc de Seyssel (Ain), ayant la forme d'un carré-long, irrégulier. Il était sculpté sur les deux faces ; une fente parallèle à ces deux bas-reliefs les a dédoublés ; celui-ci représente des parties d'entrelacs, de rinceaux, de rosaces et la fin d'un cordonnet qui se termine en queue d'aronde. Ces ornements sont de travail du bas-empire. Ils ont été trouvés en 1824, à St-Irénée, en construisant la nouvelle église, et placés au Musée en 1845.

Hauteur : 35 cent. — Largeur : 51 cent. — Epaisseur : 5 cent.

N. 527.

Fragment en calcaire oolithique blanc de Seyssel. Ce morceau est le dédoublement du n° 526 sur lequel il repose ; il représente une rosace à fleur, composée de huit pétales, quatre petites et quatre grandes ; au centre les étamines forment un demi-globe.

Hauteur : 38 cent. — Largeur : 50 cent. — Epaisseur : 5 cent.

N. 528.

Débris de statue en marbre blanc, qui a dû appartenir au corps d'un jeune homme imberbe ; il ne reste que la partie supérieure du tronc, on aperçoit le bout d'une mèche de cheveux qui descend sur le sein droit, et sur l'épaule gauche une portion de sa chlamyde. Le travail est fin, mais d'un style mou.

Hauteur : 18 cent.

N. 529.

```
     D      M
  QVI   OVM  N
 ON    VE    X
 IM    V   AMA
 TE    N  CO V
    INCOMPARA
    BIL MEMORIAM
    POSVIT DEMETIO
  RITAE E SVA ET SV
  B ASCIA DEDICAVIT
```

L'inscription gravée sur ce cippe est tellement mutilée, qu'on ne pourrait en tirer qu'un sens tout-à-fait conjectural. Les deux sigles D-M dominent cette épitaphe qui se termine par la formule *sub ascia*.

Nous ignorons le lieu de la découverte de ce monument; mais depuis de longues années, il servait de bouteroue à l'angle ouest et sud du clos Marduel, à Champ-Vert, banlieue de Lyon, sur la route qui va de St-Just au pont d'Alaï; il a été transporté au Musée en 1844, auquel le propriétaire en a fait don.

Description. — Cette épitaphe presque complètement mutilée, ne présente plus que dix lignes; les lettres qui restent sont d'un assez bon style, elles ont 30 millim. de haut.

Elle est gravée sur un cippe en calcaire jurassique (Choin-de-Fay), décoré d'une base et d'un couronnement à moulures; il a conservé sa forme, mais il a beaucoup souffert dans son ensemble, par le choc continuel des roues auquel il était exposé sur une voie publique.

Hauteur : 1 mètre 27 cent. — Largeur : 37 cent. — Epaisseur : 43 cent.

N. 530.

Dauphin, en calcaire oolithique blanc de Seyssel, dont la gueule béante servait de dégorgeoir à une fontaine monumentale. Le dauphin est enroulé sur lui-même à la manière d'un serpent, la tête faisant saillie au-dessous de cet enroulement; il repose sur une base carrée entourée d'ornements à gouttière. Cette sculpture est faite avec art et ne manque point de style; toutes les parties de l'animal, entre autres les écailles et les nageoires, sont représentées avec soin; le contour de la mâchoire est mutilé. Il a été découvert en 1846, à Lyon, en creusant les fondations d'une maison de la rue Bourbon, vis-à-vis l'ancienne poste aux chevaux, et donné au Musée de la ville par M. Bonthoux, propriétaire de cette maison. Ce monument quoique trouvé à la profondeur de trois mètres ne nous paraît point remonter au-delà du commencement du XVIIe siècle.

Hauteur : 45 cent. — Largeur : 54 cent.

N. 531.

Bas-relief du bas-empire, de forme carrée, sculpté sur du calcaire oolithique blanc de Seyssel, représentant dans le bas deux arceaux; il existe un arbre dans chacun d'eux, au-dessus un entrelac et deux rosaces; il est encadré dans des moulures. Les bords et l'angle droit sont mutilés et rajustés au plâtre.

Il a été trouvé lors de la restauration de St-Irénée, en 1824.

Hauteur : 83 cent. — Largeur : 74 cent. — Epaisseur : 14 cent.

N. 532.

Bas-relief sculpté sur du calcaire oolithique blanc de Seyssel, représentant un carré à larges moulures uniformes, dans le centre duquel on voit une rosace à quadruples feuilles, plusieurs cercles et une espèce de croix dont le bas manque; il est du même style que celui sur lequel il repose et dépendait sans doute du même monument.

Trouvé à St-Irénée lors de la restauration de l'église, en 1824.

Hauteur : 41 cent. — Largeur : 45 cent. — Epaisseur : 5 cent.

n. 533.

Bas-relief, à double face, qui dépendait sans doute d'une rampe ou d'une balustrade; il est en calcaire oolithique blanc de Seyssel; il représente des rosaces, un entrelac, des feuilles et une portion de moulure; la face qui est appliquée contre le mur, offre les restes d'un rinceau style du bas-empire.

Il a été trouvé à St-Irénée, lors de la restauration de l'église, en 1824.

Ce débris est de forme triangulaire.

Hauteur: 47 cent. — Largeur: 44 cent. — Epaisseur: 12 cent.

n. 534.

Tête d'ange ailé, en calcaire de Lucenay, d'un travail médiocre du XVIIe siècle; trouvée à Lyon, en creusant les fondations d'une maison, rue de Bourbon, vis-à-vis l'ancienne poste aux chevaux. Elle servait d'ornement à un monument religieux.

Hauteur: 21 cent.

n. 535.

L'inscription qu'on remarque sur cette portion de cippe funéraire est tellement mutilée et usée, qu'il est impossible d'en tirer aucun sens; il n'y a de lisible que l'invocation aux Dieux Mânes indiqués par les deux sigles D. M.

Ce débris de monument a été trouvé en 1838, à Lyon dans la Saône, au sud des rochers qui sont en-dessous du pont du Change.

Description.—On ne voit sur le devant de ce cippe brisé que les restes très-usés de dix lignes; on aperçoit quelques traces de lettres qui ont résisté au frottement continuel des graviers que roulait sur elles le courant des eaux de la Saône.

La première ligne est seule lisible, elle se compose des initiales D·M, entre lesquelles on a représenté l'ascia en creux. Les lettres du corps de l'inscription avaient 22 millim. de haut.

Ce monument ruiné est en calcaire jurassique (Choin-de-Fay), il était décoré d'une base et d'un couronnement orné de moulures. Il a été brisé transversalement et d'une manière irrégulière sur les deux tiers de sa hauteur: le tiers inférieure manque. Ce débris méritait peu les honneurs du Musée, il s'y trouvait, nous le respectons.

Hauteur: 68 cent. — Largeur: 55 cent. — Epaisseur: 30 cent.

N. 536.

```
EN CVRIO
SI SCIRE QVAE
CORPVS ET IPSVM
R MARE ROMAM P
T . ALBEVS . INSONTIS
LVRES IN TARTARO
MISIT
SVB ASCIA DEDICAVIT
```

(Publiée par Artaud, comme inédite, *notice p.* 16, n° IX, F.)

Cette inscription dont il manque la partie supérieure et les deux parties latérales ne présente que des fragments de lignes, dont il est impossible de tirer un sens complet; les dernières lignes laissent entrevoir seulement qu'il s'agit d'un personnage *qui a envoyé beaucoup de monde dans le Tartare*, et qu'il a dédié ce cippe *sub ascia*. Ce monument a été trouvé en 1812 à Béchevelin, dans un pré appartenant à M. Chazelle, alors adjoint au maire de la Guillotière.

Description. — Il ne reste que huit lignes de cette inscription, dont les lettres sont d'un bon style, et qui ont 27 millim. de hauteur.

Elle est gravée sur un cippe en calcaire jurassique (Choin-de-Fay), qui était décoré d'une base et d'un couronnement à moulures et qui est brisé irrégulièrement. Le couronnement a été coupé.

Hauteur : 66 cent. — Largeur : 58 cent. — Epaisseur : 40 cent.

N. 537.

```
         O .    M
    I IAS . CONIVGI
SIVS . ET . MVCIA FILI . IAE
      ET SVB . ASC
PROCVRANTE . AELIO . DIC
```

(*Inédite.*)

Il nous est impossible de donner à cette inscription mutilée un sens complet et même satisfaisant. Voici notre pensée à son égard :

Par les sigles O-M qui domine l'inscription, nous sommes porté à croire que l'initiale I commençait la ligne; alors, on trouvait en tête une invocation à Jupiter très-bon, très-grand, *Jovi optimo maximo*. Le nom qui commence la deuxième ligne est tronqué; on voit néanmoins que ce monument a été élevé par un mari à son épouse et par Mucia à sa fille; qu'il est dédié *sub ascia*, et que Aelius a été chargé du soin de son exécution.

Cette inscription a été découverte à Lyon, en 1846, pont du Change, première arche, rive droite de la Saône, elle servait de voussoir du côté du quai de la Baleine.

Description. — Cette épitaphe mutilée est composée de 5 lignes plus ou moins incomplètes, les lettres sont d'un beau style et ont 54 millim. de hauteur.

A la 3° ligne, dans FILI, le premier I est très-allongé.

Ce débris épigraphique est en calcaire jurassique (Choin-de-Fay) il a la forme d'un carré-long irrégulier.

Hauteur : 80 cent. — Largeur : 1 mètre 50 cent. — Epaisseur : 30 cent.

N. 538.

Partie supérieure du tronc d'une statue en calcaire blanc. Ce débris est dans un tel état qu'il est impossible de faire aucune conjecture à son égard. Il est brisé au niveau de la ceinture. Un pan de chlamyde repose sur l'épaule droite.

Il provient de l'ancien cabinet de la ville.

Hauteur : 28 cent.

N. 539.

Torse d'une jeune fille en marbre blanc noirci par le temps, il est brisé transversalement à trois centimètres au-dessus du nombril, et en bas vers le milieu des cuisses; un pan de draperie qui passait au-devant du tronc en forme de ceinture a été brisé.

Ce débris est d'un bon style et d'un travail fin.

Hauteur : 25 cent.

N. 540.

Portion de corniche en marbre blanc, ornée de moulures.

Elle a été trouvée en 1843, en creusant le nouvel égoût de la place de la Platière, à Lyon, à l'entrée de la rue de la Palme, à 4 mètres de profondeur; elle présente quelques brèches.

Longueur : 1 mètre 24 cent. — Hauteur : 28 cent. — Epaisseur : 30 cent.

N. 541.

Débris de sculpture du XVme siècle; il est de forme carré-long; il représente dans le centre une ogive surbaissée, ornée de fleurons de chaque côté, trois petites arcades ogivales et un clocheton à chaque extrémité. Trouvé à Lyon, en 1844, dans des déblais à St-Irénée. La corniche du haut est mutilée.

Hauteur : 42 cent. — Largeur : 55 cent. — Epaisseur : 27 cent.

N. 542.

Groupe en calcaire oolithique blanc de Tournus. Il représente deux personnages assis : le premier est coiffé d'une large chevelure, il est vêtu d'une tunique qui en devant est recouverte d'un tablier ; il tient sur ses genoux la jambe gauche du personnage qui est derrière lui ; il est occupé sans doute à lui raccommoder sa chaussure ou à panser une plaie ; la main gauche est brisée et manque ; la tête avait été séparée du corps et a été replacée. Le personnage de derrière est également vêtu d'une tunique ;

il est chaussé de la bottine, et coiffé d'un bonnet lisse à bord retroussé, sur le devant duquel est la valve d'une coquille de la famille des Peignes; il porte un havre-sac en sautoir. La main gauche est appuyée sur son genou, la droite est brisée au niveau du poignet et manque. Ces personnages sont assis tous deux sur une bande massive en forme de parallélogramme.

Cette sculpture du XIIIe au XIVe siècle n'est point d'un mauvais travail; il est naïf et laisse encore pour le costume une tradition de celui du bas-empire.

Hauteur : 60 cent. — Largeur : 67 cent.

N. 543.

Chimère du XVIe siècle, venant, nous a-t-on assuré, de la ville de Bourg (Ain); elle est en calcaire oolithique blanc, et représente un dragon à cou tortueux, la tête se rapproche du corps, la bouche est garnie de dents et entr'ouverte; elle est tournée à gauche, des ailes de chauve-souris couvrent son dos, sa queue de reptile est entortillée. Le monstre, accroupi sur une base carrée et plate, est armé de griffes qui sont recouvertes d'anneaux à écailles circulaires. Cet animal fantastique est appuyé sur sa droite à une cloison qui fait corps avec le reste du monument.

Cette sculpture est d'un travail soigné de l'époque et d'un très-bon style.

Longueur : 36 cent. — Hauteur : 33 cent.

N. 544.

Nous devons regretter de ne posséder que des fragments de cette inscription, à raison de la beauté des lettres et de leur grande dimension. Ces fragments portent une ou deux lettres, et n'ont aucun rapport entre eux d'après leur cassure; les lettres pouvaient donc appartenir à des mots différents. D'après cela il eût été absurde d'essayer de leur donner un sens dans leur arrangement; en conséquence nous nous sommes contenté d'en former un carré-long et de ne les présenter que comme spécimen de caractères d'un beau style.

Nous avons trouvé ce débris dans le Musée, sans aucune note explicative de notre prédécesseur, sur l'époque et le lieu de sa découverte.

Description. — Ce débris, de trois lignes incomplètes, ne présente que quelques lettres d'un style magnifique; leur dimension en hauteur est de 30 cent. 5 millim.; elles sont profondément creusées et le travail en est fin et soigné.

A la première ligne, on voit un I et un A dont le haut a été détruit, et la partie supérieure d'un C ou d'un G qui a été mal rajusté, lorsqu'on a réuni les fragments de ce débris.

A la 2e ligne, on voit le chiffre V surmonté d'un trait horizontal et le nombre II.

A la 3ᵉ ligne, un s mutilé dans le haut, le т qui suit est la seule lettre qui soit d'une parfaite conservation ; à la suite du т on a figuré au trait une feuille de lierre.

Ce monument devait être d'une grande dimension ; les fragments mutilés qui nous en restent sont en marbre blanc, de forme irrégulière ; les morceaux ont été réunis et cimentés entre eux.

Hauteur : 90 cent. — Largeur : 55 cent. — Epaisseur : 10 cent.

PORTIQUE LIV.

n. 545.

```
C. SALVI. MERCVRI
|̄|̄|̄|̄I VIRI. AVG. LVGVD
IN SVO. SIBI. POSITVS
LIBERI. SVPERSTITES. P. C.
```

A la mémoire de Salvus Mercurius, sévir augustal de Lyon, inhumé dans son propre champ, ses enfants qui lui ont survécu ont eu soin de lui faire élever ce tombeau.

(Publiée par Artaud, *notice*, page 70, nº LI, c.)

Cette inscription nous donne le nom d'un sévir augustal de Lyon ; ici, au mot LVGVD. pour *Luguduni*, nous ferons observer qu'on rencontre, sur quelques médailles et inscriptions, le nom de Lugdunum écrit par LVGVDVNVM. Dion Cassius pense que c'était primitivement la manière d'écrire le nom de cette ville ; plus tard l'orthographe a été réformée et la lettre v qui se trouve entre le G et le D a été supprimée ; les exemples de ce genre sont assez fréquents pour croire à la vérité de ce fait. Nous voyons, par ce monument, que si les Romains avaient des lieux communs de sépulture, que si leurs cendres ou leurs corps étaient généralement déposés dans un cimetière sur le bord des voies publiques, la loi leur donnait aussi le droit de choisir dans leurs propriétés un lieu de sépulture, comme l'indique ce membre de phrase, IN SVO SIBI POSITVS. C'est sans doute l'ouvrier qui a commis une erreur en écrivant POSITVS au lieu de POSITI.

Entre les deux initiales P et C des mots PONENDVM CVRAVERVNT, on a représenté un petit oiseau, qui, selon nous, ne doit point être ici pris pour un symbole, mais bien pour un caprice du peintre, un point de séparation plus élégant et plus volumineux qui donnait un aspect plus régulier à l'ensemble de l'inscription. On pourrait dire peut-être qu'il en est de même de la feuille de lierre qu'on a figurée entre les mots SVO et SIBI, mais nous devons faire remarquer que dans les temps anciens cette feuille a été un symbole funéraire, et que très-souvent on l'employait comme ornement symbolique, au lieu de point. Dans cette épitaphe, presque tous les mots sont séparés par de petits points triangulaires.

Ce tombeau a été découvert dans le jardin de l'abbé Caille, situé sur le sommet du coteau de Fourvière, au nord de l'église. Ce digne ecclésiastique qui a légué sa fortune et cette maison de campagne pour un établissement destiné à l'instruction élémentaire des enfants pauvres, a fait don au Musée de ce monument épigraphique.

Description. — Cette épitaphe est composée de quatre lignes ; les lettres sont d'un beau style, elles ont 79 millim. de haut. ; elle est gravée dans un cartouche orné de moulures et à queue d'aronde.

Ce monument funèbre est en calcaire jurassique (Choin-de-Fay), sur les côtés on aperçoit deux trous pour le logement de crampons, qui probablement servaient à sceller son couvercle.

Du côté droit, une fissure de la pierre part du haut et arrive jusqu'à la seconde ligne ; il existe quelques brèches vers les angles. La tombe a une longueur de 1 mètre 80 cent. sur 55 cent. de profondeur et 62 de longueur.

Dimensions du monument :

Hauteur : 72 cent. — Largeur : 2 mètres 27 cent. — Epaisseur : 90 cent.

N. 546.

Dessus de tombeau en calcaire oolithique blanc des environs de Tournus, ayant la forme des pyramides d'Egypte ; il s'élève en décrivant une légère courbe rentrante dans sa hauteur, les quatre faces sont recouvertes de feuilles uniformes placées à la manière des ardoises qui recouvrent nos toits ; les angles sont lisses et à arêtes ; le sommet est tronqué, le couronnement manque ; la base carrée est unie et en forme de plinthe. Il est malheureux que nous ne possédions que cette partie du monument funèbre auquel ce dessus appartenait ; il est d'une bonne conservation, à part quelques petites mutilations que l'on remarque sur les parties saillantes.

Il a été trouvé dans la propriété de M. Sedy, pépiniériste à Champ-Vert, banlieue de Lyon, qui en a fait don au Musée.

Hauteur : 1 mètre 4 cent. — Largeur de la base : 95 cent.

N. 547.

Tête en marbre blanc, portant une couronne de chêne, coiffée en cheveux, avec le bas de la face couvert d'une épaisse barbe bouclée. Le nez est complètement détruit et défigure l'ensemble des traits. Cette sculpture est d'un bon travail, mais elle a subi de nombreuses mutilations ; toute la partie postérieure manque. Cette tête est placée sur une base moderne en marbre blanc, ornée sur le devant d'un encadrement à moulures, dans le centre duquel est un faisceau de feuilles de laurier, et sur le côté droit on voit des moulures et un entrelac.

Hauteur : 50 cent. — Largeur : 42 cent.

N. 548.

Fragment de brique en argile rouge, portant les syllabes RIOR en lettres d'un assez bon style, qui ont 32 millim. C'est une portion de la marque d'une fabrique de potiers dont nous possédons le nom en entier sur deux autres briques, n° 596 et 599, *Portique* XLIII. Si le commencement et la fin n'avaient disparu, nous lirions VIRIORVM.

Ce fragment est de la forme d'un ovale irrégulier.

Hauteur : 94 millim. — Largeur : 11 cent. — Epaisseur : 25 millim.

N. 549.

```
GENIO
CLAVDI
MYRONIS
```

(Inédite.)

Au génie de Claudius Myron.

Cette inscription renferme une seule pensée qui peut être comprise différemment, suivant l'interprétation qu'on peut donner au mot génie.

Il était de croyance générale chez les Romains que chaque individu avait son génie particulier et même deux, un bon et un mauvais; ils étaient invoqués tous deux, suivant qu'on voulait obtenir une faveur ou éloigner un événement malheureux; aussi, Pline dit-il qu'il y avait un plus grand nombre de dieux que d'hommes, puisque chacun avait un ou deux génies. Les génies se prenaient aussi pour les mânes des défunts; le génie, dit Apulée, est l'âme de l'homme, délivrée et dégagée des liens du corps. D'après la pensée de Pline, on pourrait voir ici une invocation au génie de Myron en faveur du défunt; en adoptant l'opinion d'Apulée, notre inscription serait une dédicace aux mânes de Claudius Myron.

Nous avons déjà rencontré sur le monument n° 18 Portique IV, le nom d'un Rusonius Myron; peut-être appartenait-il à la même famille que celui dont il est ici question; ce qui pourrait appuyer cette supposition, c'est que ce nom semble indiquer une origine grecque et qu'il n'est pas probable qu'il y eût plusieurs familles de ce nom à Lugdunum.

Nous n'avons aucune donnée sur le lieu et l'époque de la découverte de cette inscription qui faisait partie du cabinet Artaud, acquis par la ville de Lyon; dans son catalogue, Artaud n'en fait pas même mention.

Description. — Cette inscription est composée de trois mots qui forment trois lignes gravées dans un espace carré-creux, entouré de moulures; les lettres sont d'un bon style et ont 17 millim. de haut.

Ce monument est en marbre blanc, de forme carré-long; des reliefs ornaient les côtés de l'inscription; sur la partie gauche qui n'a point été complètement brisée, l'ornement qui subsiste se rapproche pour la forme de l'E grec du bas-empire; la partie supérieure porte aussi un fragment à relief. Il est présumable que cette plaque de marbre était encastrée dans un monument plus considérable, élevé en l'honneur de Claudius Myron.

Hauteur : 16 cent. — Longueur : 23 cent. — Epaisseur : 10 cent.

N. 550.

Vase en argile rouge grossière, en forme de creuset, simulant un cône creux renversé. Il est bien conservé.

Hauteur : 34 cent. — Diamètre : 15 cent.

N. 551.

Vase en argile rouge grossière, se rapprochant en tout du précédent.

Hauteur : 35 cent. — Diamètre : 15 cent.

N. 552.

Buste en marbre blanc, dont la base est fracturée ; la tête est d'un assez mauvais style, elle est coiffée en cheveux ; les muscles du cou sont fortement accusés, le bout du nez est mutilé.
Hauteur : 22 cent.

N. 553.

Buste de bacchante en marbre blanc, dont le travail est d'un assez bon style; la tête est couronnée de pampres et de lierres ; deux mèches de cheveux ondoyants descendent sur les côtés de la poitrine. Il est à présumer que cette sculpture servait de console ou d'ornement d'un autre genre à un monument que nous ne pouvons déterminer.
La conservation en est bonne ; nous ignorons l'époque et le lieu de sa découverte.
Hauteur : 20 cent.

N. 554.

(Inédite.)

```
        INERVIAE
      QUI MILITAVIT
  9 ANN · VII EX CORNVCL·
     VIXIT ANN . XXXXV
       POSVIT EI
      APPIA MATER
       MISERRIMA.
```

. . . .
il a vécu 45 ans. Appia sa malheureuse mère lui a élevé ce monument.

Le commencement et peut-être la fin de cette inscription manquent entièrement ; celui auquel le monument a été élevé pouvait se nommer Appius, puisque sa mère s'appelait Appia ; il appartenait à la légion minervienne. D'après les mots EX CORNVCL. et le signe ressemblant à un 9 qui précède le mot ANN, nous sommes porté à croire que ce militaire était sorti du rang des corniculaires (1) pour passer à un emploi supérieur dans sa légion. Si le signe eût eu la forme d'un 7 ou celle d'un b croisé dans le haut, nous l'élèverions à la dignité de centurion ; mais ce signe figurant un 9, nous n'osons l'interpréter.

Cette pierre funéraire a été découverte à Lyon, en 1824, en creusant les fondations de l'église de St-Irénée et a été transportée au Musée en 1845.

Description. — Ce débris épigraphique se compose de 7 lignes dont les lettres sont d'un beau style et ont 31 millim. de hauteur.

A la première ligne, dans MINERVIÆ il ne reste de l'M qu'une partie du second jambage.
Les six lignes qui suivent sont complètes et n'offrent aucune particularité.
Ce fragment de forme carrée est en calcaire jurassique (Choin-de-Fay) ; il a été taillé et réduit aux dimensions qu'exigeait la construction dans laquelle on l'a employé.
Hauteur : 45 cent. — Longueur : 53 cent. — Epaisseur : 7 cent.

(1) Dans les mots *ex cornucl.* il y a probablement une erreur du graveur, il faut lire *ex cornicul.* corniculaires; nous avons déjà expliqué ce qu'étaient ces officiers à l'occasion du n° 473 *Portique* L, page 297.

N. 555.

```
P . CVRTILIO
ARTEMÓN
L. ANTHIOCO
ET. IANVARIÓ
       FIL
```

Artémon à P. Curtilius, à L. Anthiocus
et à Januarius, ses fils.

(Publiée par Artaud, *notice*, page 70, n° LI, B.)

Il est difficile de rencontrer une épitaphe plus brève ; elle ne présente que quatre noms, et une intention d'un père qui a survécu aux trois enfants qui y sont désignés.

Cette inscription a été découverte au commencement de ce siècle à Champ-Vert, banlieue de Lyon, dans la propriété de M. Sédy, jardinier-pépiniériste, qui en a fait don au Musée.

Description. — Cette inscription se compose de 5 lignes gravées dans un espace carré-long, creux et entouré de moulures. Les lettres se ressentent du style de la décadence, elles ont de 65 à 50 cent. de haut.

A la première ligne, dans CVRTILIO, le V se trouve enclavé dans le C qui est d'une forme bizarre, le T est plus élevé que les lettres qui le joignent, l'I est d'une très-petite dimension.

A la 2° ligne, dans ARTEMON, le T est plus élevé, et sa traverse est courbe aux deux extrémités, en sens inverse, comme dans le précédent ; l'O est accentué.

A la 3° ligne, dans ANTHIOCO, l'N, le T et l'H sont liés entre eux, et le C est enlacé avec le premier O, tandis que le second est plus petit et embrassé par les branches du C.

A la 4° ligne, dans ET, le T dépasse l'E en hauteur, et dans IANVARIO, l'O qui termine ce mot est de moitié plus petit et accentué.

Ce monument est en calcaire oolithique blanc des environs de Tournus. Le côté droit a été mutilé dans sa moitié inférieure.

Hauteur : 60 cent. — Longueur : 44 cent. — Epaisseur : 5 cent.

N. 556.

```
MINVCIA
Ↄ. L. ASTTE
  MEDICA
```

Minucia Astte, affranchie de Caia,
exerçant la médecine (ou médecin.)

(Publiée par Artaud, page 71, n° LII, B.)

Cette brève inscription nous apprend qu'une femme nommée Minucia Astte exerçait la médecine et qu'elle était l'affranchie de Caïa.

Dans les premiers siècles de Rome, on y eut peu de confiance en la médecine, et ceux qui l'exerçaient n'étaient consultés que dans les temps de peste ou d'épidémies contagieuses ; ce ne fut que dans le sixième siècle après sa fondation, que cet art, importé de la Grèce chez les Romains, prit un peu de consistance ; néanmoins dans le début de son apparition, cette profession fut peu considérée et leur parut indigne d'un homme libre; aussi fut-elle longtemps le partage des affranchis et même des esclaves. Jules César accorda le droit de bourgeoisie aux médecins, et Auguste en reconnaissance des soins que lui donna son médecin Musa dans une maladie grave, l'affranchit du droit de payer les impôts et fit jouir le corps entier de ce privilége.

Avant cette époque, la médecine était un mélange informe de médicaments, de prétendus secrets, employés par l'ignorance; la médecine, la chirurgie et la pharmacie étaient exercées par le même individu et souvent par des femmes; nous en avons déjà trouvé un témoignage dans l'inscription de METILIA DONATA, *Portique* LI, n° 478.

Gruter, page CCCXII, n° 4, en cite une ainsi conçue:

SECVNDA L. LIVILLÆ
MEDICA.

Muratori dans son nouveau *Thesaurus veterum inscriptionum* rapporte la suivante:

DIIS MANIB
IVLIAE. Q. L.
SABINÆ
MEDICÆ
Q. IVLIVS. ATIMEIVS
CONIVGI
BENE MERENTI

Description. — L'inscription dont nous nous occupons est composée de trois lignes dont les lettres sont d'un assez bon style, les lettres sont toutes d'égale hauteur et sans ligature. La seule observation que nous ayons à faire, c'est qu'à la seconde ligne, la lettre c qui la commence a été placée à rebours par le graveur. Elles ont en hauteur 8 cent. à la première ligne; à la 2ᵉ ligne, 6 cent. et à la 3ᵉ ligne, 4 cent.

Cette inscription est gravée dans un creux entouré de moulures, sur une plaque de forme carré-long. (*Voyez planche* V, n° 556.)

Hauteur: 36 cent. — Largeur: 60 cent. — Epaisseur: 6 cent.

N. 557.

SEX . C . ELIO
PYRINO
C . AVFVSTIVS
IANVARIS . FILIO
PIENTISSIMO
ANN . XXV

(*Inédite.*)

A Sextus C. Elius Pyrinus. C. Aufustius Januaris, à un fils très-vertueux qui a vécu 25 ans.

Dans cette brève inscription, hommage de la tendresse paternelle à un bon fils, nous rencontrons l'adjectif PIENTISSIMO. Cette expression peut difficilement se rendre en français; on en comprend la valeur, mais notre langue manque de mot qui lui corresponde d'une manière bien précise. Nous l'avons traduite par très-vertueux, parce que dans un homme très-vertueux, qui réunit toutes les qualités du cœur, celle qui est exprimée par *pientissimus* s'y retrouve nécessairement; si on voulait la

PORTIQUE LV. 555

rendre par une périphrase, on pourrait dire que ce fils possédait à un haut degré toutes les qualités qui constituent la piété filiale.

Ce monument faisait partie du cabinet Artaud, acquis par la ville. Aucune note n'a été laissée à son égard.

Description. — Cette inscription est formée de 6 lignes; les lettres sont d'un assez bon style, celles de la première ligne ont 39 millim. de hauteur, celles des deux suivantes en ont 24, et celles des 3 dernières en ont 19.

À la première ligne, dans le centre de la courbe du c initial qui précède ELIO, on remarque un large point cerclé de la forme d'un o très-petit, tandis que les points qui se trouvent entre chaque mots sont de forme triangulaire.

A la 4° ligne, dans IANVARIS, le V est réuni à l'A qui suit, et dans FILIO, le premier I est plus allongé que le second.

Cette épitaphe est gravée sur une plaque en marbre blanc, dans un espace carré entouré de moulures usées et ébréchées par le temps.

Hauteur : 32 cent. — Largeur : 31 cent. — Epaisseur : 4 cent.

PORTIQUE LV.

N. 558.

```
RANIO . V
TREVERO . N
.ORI VINA.
IS CRETA
CONSIST
ANCON
TER . ET . H
O. APER
T . SVB A
```

(Inédite.)
à ....ranius V
de Trèves, n....

Cette inscription étant détruite à droite et à gauche, nous ne pourrions la traduire qu'avec hésitation et d'une manière très-conjecturale; les sigles D-M n'y figurent plus, nous pensons qu'ils y existaient à raison de la formule *sub ascia* dont ils ne se séparent guère. Elle présente une particularité peu commune, elle est surmontée de la représentation de trois vases funéraires sculptés en bas-relief sur le couronnement.

Ce monument épigraphique a été découvert à Vaise en 1846, dans les fouilles ordonnés par le gouvernement.

Description. — Cette épitaphe mutilée est composée de 9 lignes; les lettres sont d'un beau style, et ont 9 cent. à la première ligne et 76 millim. à celles qui suivent.

L'ascia est figurée en relief au-dessus de l'inscription. Les trois vases dont nous avons parlé sont placés en-dessus de cet instrument : celui du centre a une forme amphorique, il est dans la position droite : les deux autres sont penchés vers celui du milieu et simulent le préféricule, (*Voyez planche* XV, n° 558.)

Ce monument est en calcaire jurassique (Choin-de-Fay), il a été brisé en forme de coin, et pour le faire tenir sur son aplomb, nous avons été obligé de remplacer par une maçonnerie la base qui a été entièrement détruite ; le couronnement est très-mutilé.

Hauteur : 1 mètre 42 cent. — Largeur : 74 cent. — Epaisseur : 30 cent.

N. 559.

```
DIIS    MANIBVS
ET. QVIETI. AETERNAE
MARIAE . MACRINAE
AEDVAE FEMINAE SAN
CTISSIMAE QVE MECVM
VIXSIT. ANNIS. XXXXI. M. VIII.
QVINTVS VAL. TERTIVS
CONIVGI.  RARISSI
MAE. ET. SIBI. VIVVS. POS
TERISQVE. SVIS.  PONEN
DVM . PRECEPIT . Q. VAL.
QVINTILIANVS.   FILIVS
EORVM. ET. CASSIA. TOV
TONA . CONIVX. EIVS. PARE
NTIBVS. PONENDVM. CVR. SVB. AS.
```

(*Inédite.*)

Aux Dieux Mànes
et au repos éternel de Maria Macrina, éduenne, femme très-vertueuse, qui a vécu avec moi 41 ans 8 mois.

Quintus Valerius Tertius ordonna de son vivant que ce tombeau fût élevé pour une épouse incomparable, pour lui-même et pour ses descendants.

Quintus Valerius Quintilianus, leur fils, et Cassia Toutona, son épouse, ont pris soin de faire élever ce monument pour leurs parents et ils l'ont dédié *sub ascia*.

Nous ferons remarquer que Macrina est d'origine éduenne. Les Eduens ont joué un très-grand rôle dans les guerres de César contre les Gaulois. Leur capitale, Augustodunum, aujourd'hui Autun, était une ville importante qui devait avoir de grandes relations avec Lugdunum ; le discours de Claude, gravé sur les tables de bronze que nous possédons, montre quel cas cet empereur faisait des Eduens.

Quintus Valerius Tertius donne à sa femme les épithètes de SANCTISSIMÆ et de RARISSIMÆ ; cette dernière qu'on peut appliquer au moral et au physique, est aussi difficile à rendre dans notre langue que la première qui ne s'applique qu'au moral ; nous serions disposé à penser qu'elle se rapporte à la beauté de Macrina, car autrement ce n'eût été qu'une répétition, attendu que SANCTISSIMÆ, pris au sens moral, est le complément le plus parfait de toutes les qualités du cœur et de l'esprit.

Quoique Quintus Valerius Tertius ait ordonné qu'on élevât ce monument pour Macrina, pour lui-même et pour ses descendants, il paraîtrait qu'il est mort avant l'exécution de ses ordres, et que c'est son fils et sa belle-fille qui se sont chargés de ce soin.

Ce beau cippe funéraire a été découvert sur la rive gauche de la Saône, dans la propriété de MM. Wetter et Coubayon ; depuis longtemps il était exposé dans leur clos, près de la route de Fontaine à Lyon ; sur la demande de M. Terme, maire de Lyon, les propriétaires en ont fait don au Musée, en 1842.

Description. — Cette épitaphe est composée de 15 lignes ; les lettres sont d'un beau style, celles de la première ligne ont 5 cent. de hauteur, celles de la dernière 32 millim. ; pour le corps de l'inscription, elles ont 48 millim.

A la première ligne, l'invocation aux Dieux Mânes est écrite en toutes lettres; dans DIIS, le second I est très-allongé. L'ascia est figurée en creux au-dessus de cette ligne sur la bande du couronnement.

A la 5ᵉ ligne, dans la syllabe MAE, l'E est légèrement mutilé, et dans CVM qui termine cette ligne, l'v et l'M sont réunis d'une manière bizarre : l'v est implanté entre les jambages de l'M et ses branches s'élèvent au-dessus du niveau des autres lettres.

A la 6ᵉ ligne, le v qui commence la ligne est mutilé.

A la 12ᵉ ligne, le Q qui commence cette ligne est un peu mutilé sur la droite.

A la 14ᵉ ligne, l'E qui la termine est de moitié plus petit

Ce cippe, d'une grande dimension, est en calcaire jurassique (Choin-de-Fay); sa forme est élégante, il est décoré d'une base et d'un couronnement à moulures; ce dernier est surmonté d'un fronton à rouleau sur les côtés. (*Voyez planche* XIV, n° 559.)

Au centre de la surface du faîte il existe une cavité de forme demi-sphérique, pour recevoir les cendres de la famille; nous lui attribuons cet emploi, parce que des trous à placer des crampons indiquent qu'un couvercle était scellé au cippe et fermait solidement ce dépôt.

Il est d'une bonne conservation.

Hauteur : 2 mètres 7 cent. — Largeur : 87 cent. — Epaisseur : 64 cent.

N. 560.

```
D    ※    M
  SERVI
  SEVERI
  CASSIA
MISERA MATER
FILIO IN COM
PARABILI. AN
XXIIII ARAM PO
SVIT. ET. SVB. A. D.
```

Aux Dieux Mânes de Servius ou Servilius Severinus (ou fils de Severus); Cassia, sa malheureuse mère, a fait ériger cet autel pour son fils incomparable qui a vécu 24 ans, et l'a dédié *sub ascia*.

(Publiée par Gruter, p. DCCVI, n° 13; Spon, *Recherches*, p. 92; Artaud, *notice*, page 70, n° LII).

Les expressions que nous rencontrons dans cette inscription témoignent assez de la profonde douleur qu'a éprouvée Cassia de la perte de son fils, mort dans la force de l'âge. Par les formules *d'aram posuit* et de *sub ascia dedicavit*, nous voyons que les femmes avaient le droit de faire cette cérémonie religieuse; à ce sujet, Dom Martin prétend que les pontifes le leur accordaient quelquefois par procuration.

Cet autel nous vient de la collection de Bellièvre qui l'avait tiré de Ste-Colombe où Chorier l'avait copié; Ménard le cite dans son histoire des antiquités, comme venant de Nîmes; nous pensons qu'il a fait une erreur comme on en fait tant en ce genre; il a été apporté au Musée lors de sa création, sous la mairie de M. Fay de Sathonay.

Description. — Cette épitaphe est composée de 9 lignes, les lettres sont d'un beau style, elles ont 44 millim. de hauteur.

La première ligne est formée par les deux sigles D-M, entre lesquels on a figuré l'ascia au trait.

A la 2ᵉ ligne, la fin de la ligne est détruite, il pouvait y avoir servii ou servilii.
La fin des 3ᵉ et 4ᵉ lignes est aussi détruite.
A la 5ᵉ ligne, dans mater, l'e est mutilé et l'r est détruit.
A la 6ᵉ ligne, dans fili, le premier i est plus élevé que les autres lettres.
A la 7ᵉ ligne, dans parabili, il en est de même pour le dernier i.
Ce cippe est en calcaire jurassique (Choin-de-Fay), d'une forme élancée. Il est décoré d'une base et d'un couronnement à moulures. Il a souffert de nombreuses mutilations ; au côté gauche, la base et le couronnement ont été abattus ainsi que ce dernier du côté droit.

Hauteur : 1 mètre 16 cent. — Largeur : 49 cent. — Epaisseur : 50 cent.

N. 561.

Ossuaire en plomb de la forme d'un sphéroïde aplati, ayant un couvercle plat à recouvrement. Il a été trouvé anciennement à Fontaine, dans une tombe faite en briques romaines. Il contenait sans doute des os calcinés et quelques vases funéraires ; il est d'une assez bonne conservation.

Il provient de l'ancien cabinet de la ville.

Hauteur : 17 cent. 5 millim. — Diamètre : 51 cent. — Poids : 6 kil. 900 gram.

N. 562.

Urne cinéraire, à panse ovoïde, d'un galbe élégant, en argile rose d'une pâte fine. Elle est ornée de deux traits creux dans le haut de la panse ; l'ouverture est étroite, à bords évasés, et mutilée dans la plus grande partie de son étendue. Elle contient des ossements calcinés. Elle a été découverte à Lyon, en 1846, au bas de la colline qui se trouve à l'ouest de l'église des Cordeliers-de-l'Observance.

Hauteur : 32 cent. 2 millim. — Diamètre 21 cent.

N. 563.

Chapiteau historié en marbre, présentant sur le quart postérieur et dans toute sa hauteur cinq moulures verticales, et sur le reste quatre petits génies, nus, coiffés en cheveux, sortant de feuilles d'acanthe épanouies et très-larges : ces génies sont tournés en avant, les bras écartés ; en-dessous de l'un d'eux est un serpent. Cette sculpture est d'un très-beau style et l'œuvre d'un ciseau des plus habiles, mais l'ensemble en est tellement mutilé que les beautés de ce travail important sont en partie détruites ; la hauteur et le volume de ce chapiteau indiquent un monument du premier au second siècle. Il est brisé transversalement.

Il a été trouvé en 1844, dans la remise de Mlle de la Barmondière, et vendu au Musée de la ville par la supérieure des dames du Sacré=Cœur qui a hérité de son hôtel, rue de l'Arsenal, à Lyon.

Hauteur : 54 cent. — Diamètre : 40 cent.

N. 564.

Vase cinéraire de la même forme, du même travail, et en même matière que les précédents. Il est d'une bonne conservation et contient des os calcinés.

Il a été découvert en 1843 avec d'autres vases semblables, et a été acheté par la ville la même année.

Hauteur : 22 cent. 1 millim. — Diamètre de la panse : 24 cent. 1 millim. — Poids : 1,678 gram.

N. 565.

Urne cinéraire en plomb, d'une assez grande dimension, de la forme d'un sphéroïde aplati, ayant supérieurement une très-large ouverture, sur laquelle repose un couvercle sans bord à recouvrement. Au centre de cette plaque bombée, se trouve une tige en même métal recourbée sur elle-même et formant une boucle qui sert d'anse à ce couvercle. Ce vase cinéraire vient de l'ancien cabinet de la ville, sans indication, ni notes aucunes sur son origine.

Il est d'une assez bonne conservation; on remarque, sur l'un des côtés, quelques coups de pic de l'ouvrier qui l'a découvert; le couvercle est usé sur les bords.

Diamètre : 31 cent. 4 millim. — Hauteur : 19 cent. 8 millim. — Poids : 7,725 grammes. — Diamètre du couvercle : 17 cent. — Poids : 800 grammes.

N. 566.

Tête en marbre blanc, de grandeur naturelle. Elle est coiffée d'une longue chevelure à mèches ondoyantes; la barbe est épaisse et bouclée, la partie qui couvre la lèvre supérieure forme un boudin à spirales; les traits sont ceux d'un homme adulte, mais ils sont défigurés par la mutilation du nez. Le travail est soigné et assez fin.

Ce fragment a sans doute appartenu à une statue entière dont les restes nous manquent.

Hauteur : 35 cent.

N. 567.

Débris d'un bas-relief antique en marbre blanc, qu'on a coupé carrément pour faire un chapiteau dans le moyen-âge; il a été trouvé à Lyon, place de la Platière, à une profondeur de 5 mètres, en 1843. La partie postérieure présente des moulures : sur le devant on voit le haut du corps d'un jeune homme à chevelure ondoyante, coiffé du bonnet phrygien; la poitrine est drapée, tandis que le bras droit est nu; il tient de cette main une branche de laurier.

Hauteur : 45 cent. — Largeur : 42 cent. — Epaisseur : 12 cent.

N. 568.

(Inédite.)

TER MIS . CN . DA IVG . RARIS ERENT 1881 VLCISSIM. . HIC	QVIETI . SECV NAE . APPIAE NIVS . MINVSO SIMAE . ERGA . SE MAE ANIMAE QVIETEM . DEDIT.

Au....... repos et à la sécurité éternelle d'Appia, ...Cn. Danius Minuso à son épouse douée de qualités très-rares, très-prévenante envers lui, d'un caractère d'une grande douceur. Il lui a donné ici le lieu du repos.

Cette plaque formait le devant d'un ossuaire en marbre blanc, dont l'inscription est gravée dans deux espaces carrés-creux entourés de moulures. Il est regrettable qu'une partie du côté droit de ce joli monument ait été détruite et que ce qui en reste soit mutilé ; le côté gauche a moins souffert.

L'inscription présente une particularité assez rare ; les lignes, quoique gravées dans deux cartouches placés à côté l'un de l'autre, doivent se lire en suivant comme si elles n'étaient pas interrompues par les ornements qui séparent ces deux cartouches. Elle est consacrée par ..nis Cn. Minuso à Appia son épouse, dont les rares qualités y sont rappelées.

Ce monument provient du cabinet Barre, de Lyon. Il a été acheté par la ville à la vente de ce cabinet en 1852.

Description. — Cette inscription se compose de six lignes ; les lettres sont d'un bon style, et ont 15 millim. de haut. Ce monument est décoré dans le milieu et aux angles d'une colonnette en fuseau, dont le haut est orné d'un nœud de ruban, et en dessous de trois mascarons ; un feston de feuilles et de fruits, dont les extrémités s'attachent à ces colonnettes, passe en dessous de chaque inscription ; ces sculptures, d'un bon style, sont d'un travail soigné ; du côté droit la colonnette manque ainsi qu'une partie du feston. Il en est de même de la base de la colonnette du centre.

Hauteur : 27 cent. — Largeur : 50 cent. — Epaisseur : 4 cent.

N. 569.

Face d'une tête mutilée du côté droit, en marbre blanc. Cette sculpture d'un bon style nous semble avoir appartenu à une statue d'Apollon ; malheureusement les mutilations en font disparaître le mérite. Elle a été trouvée à 4 mètres environ de profondeur, à Lyon, en 1842, sur l'emplacement du jardin Chinard, quai de Pierre-Scise.

Hauteur : 27 cent.

N. 570.

Amphore en argile rouge, à peu près de même forme que le n° 475, à deux anses ; le col est mutilé.

Elle provient de l'ancien cabinet de la ville.

Hauteur : 86 cent. — Diamètre : 32 cent.

PORTIQUE LVI

N. 571.   (*Inédite.*)

D
```
ET MEMORIAE · AETERNAE
L VINDICIAE LVPERCAE. CIVI. AGRIPPINENSI. FEMINAE SAN
CTISSIMAE SVMMA CASTITATE PRAEDITAE QVAE VIXIT ANNIS
    XXIIII MENSIBVS X DIEBVS VII
IVL. SVPERINIVS VICTOR. B. P. PROC. CONIVGI SIBI INCOMPA
RABILI QVAE MECVM VIXIT ANNIS VIII MENSIBVS IIII SINE
VLLA ANIMI LAESIONE ET SIBI VIVS PONENDVM CVRAVIT
ET         SVB    ASCIA        DEDICAVIT
```
M

Aux Dieux Mânes

et à la mémoire éternelle de L. Vindicia Luperca, citoyenne de Cologne (1), femme très-vertueuse, de la plus grande chasteté, qui a vécu 24 ans, 10 mois 7 jours.

Jul. Superinius Victor, procurateur (2) (intendant) du domaine public, a fait élever ce monument pour une épouse incomparable qui a vécu avec lui pendant 8 ans 4 mois sans aucun trouble d'esprit; il l'a fait aussi élever pour lui-même de son vivant, et l'a dédié *sub ascia*.

Cette inscription, que nous avons eu de la peine à restituer, en raison des nombreuses détériorations de la pierre qui avaient rendu difformes la plupart des lettres, nous apprend qu'un intendant des domaines publics (sans indication du lieu de son exercice) avait épousé une femme de la colonie romaine fondée par Agrippa, gendre d'Auguste, sur les bords du Rhin, dans la Germanie. Julius Superinius Victor fait comprendre sa douleur par le tableau qu'il fait des hautes vertus de son épouse bien-aimée.

Ce sarcophage, d'une grande dimension, a été trouvé en 1845, dans les fondations de la vieille église des Bénédictins, à Vaise.

Description. — Cette inscription se compose de 8 lignes, le style des lettres sent la décadence de l'art. Les lettres de la première ligne ont 45 millim. de haut, celles du reste de l'inscription en ont 28. L'épitaphe est gravée au-devant de la tombe, dans un cartouche à queue d'aronde entouré de moulures. (*Voyez planche* XIV, n° 571).

Les deux sigles D M qui ordinairement dominent l'inscription et composent la première ligne sont placés chacun isolément au centre des deux triangles qui forment les appendices du cartouche. La lettre L qui commence la seconde ligne est plus allongée, il en est de même dans CIVI pour le deuxième I. A la 7° ligne, on lit VIVS pour VIVVS.

Ce sarcophage est en calcaire jurassique (Choin-de-Fay), les angles ont subi quelques mutilations; la tombe qu'on y a creusée, a dans œuvre 2 mètres 9 cent. de longueur, sur 56 cent. de profondeur et 90 cent. de largeur.

Hauteur : 76 cent. — Largeur : 2 mètres 39 cent. — Epaisseur : 1 mètre 10 cent.

(1) Autrefois la capitale de la colonie fondée par Agrippa. — (2) Voir page XLVIII.

N. 572.

Chapiteau en marbre blanc, travail du bas-empire. Il est orné de feuilles d'acanthe et de volutes. Il présente de nombreuses mutilations.

Trouvé à Lyon en 1845, en creusant les fondations de la nouvelle église de St-George.
Hauteur : 30 cent. — Diamètre du haut : 43 cent.

N. 573.

Chapiteau de colonne du bas-empire, en marbre blanc, destiné à figurer dans l'angle rentrant d'un monument ; deux faces seulement sont ouvragées, elles sont ornées dans le bas de deux rangées de feuilles, en-dessus d'un fuseau transversal avec rainures en spirales ; en haut on voit une rosace, dans le centre et aux angles une volute. Ce chapiteau à appartenu au même édifice que le n° 572, il est du même style, travail et ornementation.

Trouvé avec lui à Lyon, en 1845, en creusant les fondations de la nouvelle église de St-George.
Hauteur : 28 cent. — Diamètre de la base : 30 cent.

N. 574.

Bas-relief représentant le sacrifice connu sous le nom de *suovetaurilia* ; cette pièce antique en marbre blanc, de la forme d'un parallélogramme, est l'une des plus importantes que nous possédions ; était-ce une architrave, un linteau ou un monolithe ? il est difficile de décider. Elle est couverte de sculptures sur les deux faces opposées ; celle de devant a pour sujet la scène principale.

Les ornements de la base en suivant de bas en haut se composent d'une rangée de feuilles couchées horizontalement, placées à la suite les unes des autres ; d'un rang de perles, et d'une ligne de feuilles superposées à la manière des ardoises qui couvrent nos toits. Le bas de la corniche est décoré d'une rangée de doubles onglets, et le dessus, d'une ligne de feuilles d'eau surmontée d'un listel.

L'espace qui existe entre la base et la corniche est consacré à la représentation de la cérémonie du suovetaurilia, dénomination qui tire son étymologie des mots *sus*, porc, *ovis*, brebis, et *taurus*, taureau, victimes que l'on immolait dans les sacrifices de ce genre. Ils étaient de ceux où l'on déployait le plus de pompe ; chez les Romains, ils avaient lieu en l'honneur du dieu Mars, pour la lustration, la fructification des terres, pour l'expiation des villes, pour celle des camps, et pour appeler sur tous les faveurs des dieux. Avant d'immoler les victimes, le cortège faisait processionnellement trois fois le tour du champ ou de toutes autres choses pour lesquelles on implorait la divinité. D'après Homère, ce sacrifice avait lieu chez les Grecs en l'honneur de Neptune ; d'un autre côté, Pausanias en cite plusieurs en l'honneur d'Esculape et d'Hercule.

Ce genre de sacrifice était divisé en deux catégories : l'une où l'on immolait des animaux de choix, dans l'âge adulte et dans toute leur force ; l'autre où l'on ne sacrifiait que des animaux en très-bas âge ; aussi donnait-on le nom de *grand* au premier, et celui de *petit* au second.

Dans notre bas-relief, le sacrifice est commencé, puisque déjà sur la partie gauche un personnage emporte sur ses épaules un porc qui vient d'être immolé. Au centre se trouve un autel, le sacrificateur, le joueur de flûte, et de chaque côté une file de personnages au nombre de vingt-sept placés sur deux rangs. Sur la droite et entre deux arbres qui sont sur le second plan, on voit au premier un homme debout, coiffé en cheveux, ayant une ceinture pour tout vêtement, et conduisant une truie ; le bras droit de l'homme est cassé, ainsi que la tête, une jambe de devant et une de derrière de la victime, qu'un second personnage tire avec une corde ; ce dernier est vêtu d'une tunique et porte la ceinture ; le bas de sa jambe gauche ainsi que sa tête sont brisées et manquent. Il est précédé d'un homme vêtu de même et conduisant un taureau, que tire au moyen d'une corde un second qui marche en avant et qu'un troisième tient par la corne ; l'un et l'autre portent la tunique et la ceinture ; dans ce groupe le premier personnage a le bras droit cassé, le bas du corps manque au second, le dos du troisième est mutilé. Les deux jambes droites du taureau manquent, sa queue est mutilée.

En suivant et en se rapprochant de l'autel, il existe un autre groupe composé de trois personnages qui conduisent un bélier ; ils sont placés et vêtus comme les précédents, celui qui est derrière tient sous le bras un vase pour recueillir le sang de la victime ; les deux jambes droites et la tête du bélier manquent. Un autre groupe aborde l'autel ; il est composé de trois hommes autour d'un taureau ; ils sont vêtus et à peu près dans la même position que ceux du groupe où figure déjà une victime semblable. Le conducteur qui est derrière a le bras et la jambe droite brisés. Ces deux parties manquent, il en est de même de la tête de celui qui est en avant.

Arrivé au centre du bas-relief on voit un autel en forme de cippe carré, avec base et couronnement ; il masque la moitié inférieure du corps d'un joueur de flûte à deux becs ; à gauche un prêtre vêtu de la toge tient de la main droite une patère ; il est accompagné d'un second prêtre tenant une palme de la main gauche, et tourné du côté de l'autel ; un troisième est placé devant le grand prêtre qui est assis dans un fauteuil et paraît présider à la cérémonie ; un quatrième se tient debout derrière le fauteuil.

De ce point à l'extrémité gauche du bas-relief on voit neuf personnages : le premier tient d'une main un vase contenant sans doute le sang d'un porc qui vient d'être égorgé et de l'autre une patère ; vient ensuite celui qui porte la victime ; les autres personnages qui sont en tête du cortège processionnel sont placés à la file les uns des autres ; deux d'entre eux figurent sur le second rang, ils sont vêtus de tuniques courtes ou de toges.

La face opposée de ce monument représente à sa base et à son couronnement les mêmes ornements que celle dont nous venons de faire la description ; mais la scène du sacrifice est remplacée par des palmettes.

La face de dessous présente des ornements variés et de larges feuilles disposés en festons.

Les sculptures de ces deux faces ont souffert de nombreuses brèches et des mutilations dont nous n'avons rappelé que les principales ; ces accidents joints à l'usure du temps, rendent peu distinctes la plupart des figures et peuvent empêcher de bien les juger ; néanmoins nous croyons devoir reporter cette pièce antique à la fin du deuxième siècle de notre ère ; un tel travail n'a pu du reste être confié qu'à un artiste habile de l'époque ; le bas-relief est fouillé avec art, les poses sont naturelles, les ornements de bon goût, et le travail est soigné. (*Voyez pl.* XVIII, n° 574).

Ce monument est d'un haut intérêt historique en ce qu'il nous donne une idée du sacrifice *suovetaurilia* et de la pompe dont il était accompagné. Il figurait à Beaujeu (Rhône), comme linteau d'une porte de l'église ; M. d'Herbouville, préfet du Rhône, le fit enlever pour en enrichir notre Musée.

Hauteur : 0 mètre 37 cent. — Largeur : 1 mètre 69 cent. — Epaisseur du haut : 29 cent. — Epaisseur du bas : 17 cent.

N. 575.

(Inédite.)

```
A. HOSTILIVS
NESTOR ↓
AVGVST
```

Sur le devant de cet ossuaire, nous lisons trois noms, et peut-être quatre, car on sait qu'en général les Romains en portaient trois et quelquefois quatre : le prénom, *prænomen*, qui servait à distinguer les personnages d'une même famille : le nom, *nomen*, qui était de celui de la famille : le surnom, *cognomen*, était un superfétation ; ajouté aux autres, il devenait une espèce de titre honorable ou une épithète ignominieuse, qui résultait d'actions, de qualités morales, de vices, de conformations physiques. Ainsi, nous voyons Publius Valérius, l'un des premiers consul de la république, surnommé Poplicola ou Publicola, à cause de son amour pour le peuple. On donna le surnom d'Africanus à l'un des Scipions, et celui d'Asiaticus à l'autre, en raison des succès qu'ils obtinrent contre les peuples de ces contrées. Cicéron, dont le nom de famille était Tullius, reçut ce surnom de Cicero, parce qu'il avait sur le visage un signe en forme de pois chiche appelé en latin *cicer*. A Clodius on donna le nom de Macer, parce qu'il était maigre, à d'autres celui de Crassus pour désigner l'embonpoint, de Pius pour la sagesse, la piété, etc. etc. Chez les Romains le nom se donnait le jour de la purification, huit jours après la naissance pour les filles, et neuf jours pour les garçons ; ces derniers recevaient le prénom à l'époque où ils prenaient la robe virile, et les filles lorsqu'elles se mariaient. Les esclaves portaient le prénom de leur maître, les affranchis prenaient le nom de leur patron et y ajoutaient leur surnom particulier. Ainsi, Tiro, qui fut d'abord esclave et ensuite affranchi de Marcus Tullius Cicero, comme esclave se nommait Marcus Tiro, et comme affranchi, Marcus Tullius Tiro.

Dans notre inscription, la lettre A qui commence est l'initiale du prénom, Hostilius est le nom de famille, Nestor est le surnom ; quant au mot abrégé AVGVST, faut-il l'interpréter par AVGVSTVS, et le considérer comme un second surnom, appelé par les Romains *agnomen*? doit-on lire AVGVSTALIS augustal, prêtre augustal, nous laissons l'opinion libre à cet égard.

Ce monument faisait partie du cabinet Artaud. Voici ce qu'il en dit dans son catalogue : « Un ossuaire en marbre blanc avec son couvercle, que j'ai acheté de Lunel, « il porte une inscription au-dessus d'une porte. » Nous avons su de ce marchand d'Avignon, qu'il l'avait trouvé à Vaison, il y a quelques années.

Description. — Cet ossuaire est en marbre blanc, orné de sculptures. L'inscription composée de trois lignes est gravée dans un carré-creux entouré de moulures ; les lettres sont d'un assez bon style ; elles ont 18 millim. de haut.

A la fin de la seconde ligne, on a figuré au trait une feuille de lierre.

Ce monument a la forme d'un carré-long, dont la plus grande dimension est en hauteur, le derrière et les côtés sont unis et d'un travail imparfait. Le devant est décoré à chaque extrémité d'un pilastre cannelé et à chapiteau ; dans le bas et au centre on a représenté une porte à deux battants ornée d'un fronton ; de chaque côté de la porte un personnage drapé à l'antique supporte le cadre où se trouve l'inscription ; un feston en feuillage traverse le haut de ce cadre. Le couvercle de cet ossuaire est en forme de fronton triangulaire, orné de trois rosaces dans le tympan ; il se termine de chaque côté par une éminence en forme de larve décorée d'une palmette. (*Voyez planche* XVIII, n° 575).

Ce joli monument est complet, les ornements sont d'un bon goût et d'un travail soigné ; mais les reliefs ont un peu souffert ; l'intérieur est creusé carrément.

Hauteur : 44 cent. — Largeur : 31 cent. — Epaisseur : 27 cent.

N. 576.

```
D      M
SECVNDO  AVG G N
METTIA IONICE CON
IVGE BENE MERENTI FEC
```

(*Inédite.*)
Aux Dieux Mânes
A Secundus Augn... Mettia Ionienne,
a fait faire ce monument pour son
époux bien méritant.

Cette inscription nous offre un témoignage de la reconnaissance de Mettia envers son mari qui avait été son bienfaiteur. Le nom de Secundus est suivi d'un ou peut-être de deux autres noms abrégés par le graveur, sans doute faute d'espace.

Nous ignorons la provenance de cet ossuaire ; il a été acheté d'un marchand en 1844.

Description. — Cette inscription est composée de quatre lignes ; les lettres sont d'un style médiocre, elles ont 11 millim. de haut, en moyenne.

La première ligne est formée des sigles D-M.

A la 2e ligne, le dernier jambage de l'N qui la termine n'a pu être figuré faute de place.

Cet ossuaire est en marbre blanc, de forme carré-long, et orné de sculptures sur le devant; on a placé l'épitaphe au centre de la façade dans un cadre formé par une rangée d'oves; deux aigles debout et en regard tiennent à leur bec les extrémités d'une guirlande de feuillage qui embrasse le cartouche à inscription; sur le devant du couronnement en forme de fronton, on voit deux colombes en regard qui becquètent des fruits placés dans un vase; de chaque côté une éminence figurant un larve et ornée d'une palmette, en décore les angles. Cette sculpture est de bon goût et d'un style sévère. (*Voyez planche* XVIII, n° 576).

Nous ne pensons pas que l'on puisse tirer un sens symbolique des attributs de Jupiter que nous remarquons sur cet ossuaire, il est difficile de supposer qu'on eût osé établir de comparaison entre Secundus et le roi des dieux. Quant aux deux colombes, elles ont peut-être été placées ici comme témoignage d'amour et de fidélité; comme on le voit, elles ont figuré de tout temps sur les monuments funèbres, et si dans l'enfance du christianisme cet oiseau fut choisi pour symbole, l'une des raisons qui le firent adopter fut qu'étant employé par les païens qui n'y attachaient aucune idée religieuse, on ne pouvait en faire un crime aux chrétiens.

Ce monument présente quelques mutilations aux angles et sur les parties les plus en relief. Une large cavité occupe tout l'intérieur.

Hauteur : 26 cent. — Largeur : 28 cent. — Epaisseur : 28 cent.

N. 577.

```
    D        M
L. AVRELIVS . TERENTIVS
      SIBI ET .
C. TICHERNE . SVAE
```

(*Inédite.*)
Aux Dieux Mânes
L. Aurelius a fait élever ce monument
pour lui et pour sa C. Ticherne.

L. Aurelius Terentius, qui a fait exécuter cet ossuaire afin que ses cendres et celles de C. Ticherne y fussent réunies et conservées, indique par cette disposition que cette femme lui était chère, mais à quel titre? il la qualifie simplement du pronom SVAE; le mot *conjux* ne figure point dans l'inscription; il est probable qu'elle était son épouse; mais comme on pourrait lui supposer tout autre titre, celui d'alliée, etc., nous laisserons l'interprétation au choix du lecteur.

Le catalogue de la ville ne fait point mention de ce monument, nous savons seulement qu'il a été acheté à Lyon, en 1852, à la vente du cabinet Barre.

Description. — Cette inscription est gravée sur le devant de l'ossuaire, dans un carré creux, avec encadrement orné de moulures et d'une rangée de feuilles d'eau. Elle se compose de quatre lignes dont les lettres d'un bon style ont 9 millim. de haut.

La première ligne est formée de deux sigles D·M.

Ce monument en marbre blanc, ayant la forme d'un carré, est sculpté sur trois faces, et surmonté d'un couvercle également décoré. Les restaurations modernes sont nombreuses; la base et le couronnement ont été rapportés, le couvercle ne lui appartient pas.

L'inscription occupe le centre de la façade, les angles sont ornés de têtes de bélier; une guirlande de feuillage sur laquelle reposent deux colombes en regard, vient s'y attacher au moyen de bandelettes. Près des angles du bas, on remarque également deux colombes dans une pose inverse; nous ne pouvons considérer la présence de cet oiseau comme un symbole chrétien, puisque l'invocation aux dieux mânes figure dans l'inscription, mais bien plutôt comme celui de l'amour et de la foi conjugale. La base est ornée de feuilles d'eau et d'un rang de perles; le couronnement est rayé de cannelures. Le couvercle servant de fronton au monument est décoré sur les côtés d'un larve à beau caractère et d'une couronne civique dans le centre. En-dessus il s'élève une espèce de fuseau entouré de feuilles de chêne, mais qui paraît avoir été ajouté. (*V. pl.* XVIII, n° 577).

Sur l'un des côtés de l'ossuaire on a sculpté une guirlande de feuillages et une rosace; sur l'autre, une guirlande semblable, un saurien et un *præfericulum*, préféricule, vase pour les sacrifices.

Hauteur : 38 cent. 5 millim. — Largeur : 31 cent. — Epaisseur : 25 cent.

N. 578.

Tête de panthère en marbre, d'un bon style; elle avait la gueule béante, mais la mâchoire inférieure a été brisée et manque; elle doit être considérée comme ayant servi d'ornement.

Hauteur : 6 cent.

N. 579.

```
POMPEIAE CN
FIL . POTITAE
P . PANTIVS PRISCVS
VXORI
ET SIBI VIVVS
```

A Pompeia Potita, fille de Cneius, P. Pantius Priscus a fait élever ce monument pour son épouse et pour lui-même de son vivant.

(Publiée par Artaud *notice*, page 71, n° LIII, B.)

Nous voyons ici le mot *uxor*, assez rare dans les inscriptions, remplacer celui de *conjux;* nous pourrions dire à l'égard de ce nom de Pompeia qui rappelle un nom illustre, que tous les grands de Rome eurent de nombreux esclaves et que par conséquent ils en affranchirent beaucoup; que tous les affranchis prenant le nom de leur patron, Pompeia est peut-être la descendante de l'un des affranchis de Pompée qui demeura assez longtemps à Vienne avec ses troupes; on rencontre en effet dans cette ville plusieurs inscriptions où se rencontre le nom du triumvir dont la puissance disparut à Pharsale.

Cette épitaphe servait de dalle dans l'église de St-Romain-lès-Vienne, près de Ste-Colombe. Elle fut signalée par M. Cochard à M. d'Herbouville alors préfet du Rhône, qui la fit transporter au Musée de Lyon.

Description. — Cette inscription se compose de 5 lignes qui sont d'un style assez commun, les lettres ont 5 cent. 8 millim. de haut; elle est gravée sur un espace carré-long, entouré de moulures.

Ce monument funéraire est en calcaire blanc des environs de Tournus. Les bords présentent quelques brèches; l'angle supérieur gauche est mutilé.

Hauteur : 60 cent. — Largeur : 75 cent. — Epaisseur : 4 cent.

N. 580.

Tête en calcaire oolithique blanc de Tournus, style du bas-empire, coiffée en cheveux, portant de longues moustaches qui se dirigent en arrière et descendent au bas des joues qui se terminent en feuilles. Cette particularité semble indiquer que cette sculpture servait d'ornement à un monument. Le cou est coupé carrément. Elle est assez bien conservée.

Hauteur : 27 cent.

N. 581.

Couronnement de niche en marbre blanc, d'un travail de la renaissance; dans le milieu il existe une arcade à plein cintre ornée de moulures et dont le fond représente une coquille; cet arc est surmonté d'un couronnement formé par deux bandes allongées et retournées en forme d'S, dont les extrémités se terminent en volutes; elles sont réunies dans le haut par un lien et supportent un faisceau de flammes. Deux enfants, anges, génies ou amours, sont assis sur ces bandes; ils sont nus, les ailes déployées, la tête placée de face; ils tiennent chacun d'une main la tige d'un roseau dont le fruit pend à leurs pieds. Sur les côtés de l'arcade sont deux petits génies ou anges, en face l'un de l'autre, portant chacun une main vers la base du couronnement. Nous disons génie ou ange, parce qu'il est difficile de le déterminer d'une manière précise, et qu'on ne peut réellement les caractériser qu'à raison de la destination du monument; cette pièce pouvait dépendre d'un sujet chrétien ou d'un sujet mythologique, aucun autre signe ou attribut n'indique une croyance particulière. Sur les côtés de ces jeunes enfants nus et coiffés en cheveux, s'élèvent des tiges de roseau dont l'un des fruits vient reposer sur leur tête; plus loin, de chaque côté, on voit un candelabre que supporte une volute formée par l'allongement et l'enroulement de la bande supérieure de l'arceau. Cette sculpture est d'un travail soigné et fin, elle peut dater du seizième siècle; le sujet en est gracieux et exécuté avec beaucoup de goût.

Ce petit monument a été légué à la ville de Lyon, par M. Pollet architecte. Il est d'une bonne conservation.

Hauteur : 30 cent. — Largeur : 50 cent. — Epaisseur : 5 cent.

N. 582.

Tête de roi Parthe, en calcaire blanc mêlé de stries rougeâtres, se terminant par un buste en gaine. La figure est allongée et pleine de caractère, la barbe est composée de sept torsades, le front est ceint d'une couronne figurée en cheveux, deux torsades à boudins descendent de chaque côté au niveau des pommettes, et une longue mèche de cheveux lisses ondoie sur chaque côté du cou. On ne peut assigner d'une manière précise où et dans quel but d'ornementation était placé ce beau débris de bas-relief; était-ce le haut d'un pilastre? celui d'une console? il est impossible de le déterminer. (*Voyez planche* VI n° 582.)

Le bas du socle ou de la gaîne manque, ainsi que la partie droite de ce qui nous en reste; quelques mutilations se remarquent au nez, à la tempe droite, au-dessus du sourcil gauche, et à l'une des torsades de la barbe. La fracture qui existe derrière et au sommet de la tête, indique un tenon ou la non-terminaison de ce bas relief qui formait peut-être partie d'un groupe.

Il a été trouvé à St-Romain-en-Galles, au-dessus de Ste-Colombe, et provient du cabinet Chavernod.

Hauteur : 35 cent. 5 millim. — Poids : 5,700 grammes

PORTIQUE LVII

N. 583.

```
D ET. QVIETI. AETERNAE. M
FOVTI .    INCITATI .  IIIIIl VIR
AVG . LVG . ET . NAVT . ARAR . ITEM
CENTONARIO . LVG . CONSIS
TENT . HONORATO . NEGOTIA
TORI . FRVMENTARIO
FOVTIVS . MARCELLVS . LIB .
PATRONO . PIISSIMO ET . SIBI . VI
POSVIT . ET . SVB . ASCIA . DEDICAV .
O FELIX . ET . HILARIS . VIVAS . QVI
LEGERIS . ET . MANIBVS . MEIS . BE
NE . OPTAVERIS.
```

(Inédite).

Aux Dieux Mânes et au repos éternel de Foutius Incitatus, sévir augustal de Lyon, du corps des nautes de la Saône, résidant à Lyon, et membre de celui des centonaires, honorable négociant en blé.

Foutius Marcellus, son affranchi, a fait élever ce monument à un patron très-vertueux, et pour lui-même de son vivant, et l'a dédié *sub ascia*.

O puisse-tu vivre heureux et content, toi qui liras cette inscription, et honoreras mes mânes.

A l'époque de la découverte de cette inscription, nous la publiâmes dans les journaux de Lyon. Nous nous bornerons ici à faire quelques observations : la première lettre du nom de Foutius, personnage distingué auquel on a élevé ce monument pourrait être révoquée en doute puisqu'elle est détruite; mais ce doute disparaît, quand on voit plus bas l'affranchi qui, toujours prenait le nom de son maître, s'appeler Foutius. La consonnance peu latine de la première syllabe de ce nom nous porte à croire que Foutius était d'origine gauloise; nous trouvons dans notre collection épigraphique plusieurs exemples de ce genre où des mots d'étymologie gauloise ont été latinisés. Quant au surnom d'Incitatus, rien ne peut faire supposer qu'il dérive de quelques circonstances qui aient rapport au cheval de l'empereur Caligula.

Foutius, homme haut placé, était marchand de grains, et de la corporation des mariniers; ce négociant des siècles passés était aussi centonaire ; les hommes attachés à ce corps étaient des espèces de commissaires des guerres, ils étaient chargés de la fourniture des tentes et de tous les objets de campement ; cette triple qualité de négociant, de centonaire et de marinier, indique un homme fortuné, ayant un grand crédit, et confirme l'opinion que Lugdunum était un vaste entrepôt de céréales ; que ces denrées y arrivaient comme aujourd'hui par la Saône, et que de là ce commerce s'étendait dans toute la Narbonnaise.

Ce cippe, ainsi que celui qui porte le n° 585, ont été découverts à Lyon, au commencement de juillet 1859, sur la rive droite de la Saône au-dessous du rocher de Pierre-Scise, en creusant les fondations du nouveau quai; appelé sur les lieux au moment de cette découverte, nous y vîmes non seulement ces deux pierres, mais encore d'autres de plus grande dimension qui ne portaient que quelques lettres éparses, en partie défigurées par le marteau ; ces débris romains étaient mêlés à une foule de fragments du moyen-âge, provenant de l'ancien château-fort de Pierre-Scise et des portes de la ville qui furent détruits à l'époque de 93.

Avant la conquête des Gaules, le rocher qui domine aujourd'hui la route royale, descendait par une pente abrupte dans la Saône ; peut-être un simple sentier creusé dans le roc était-il accessible aux piétons. Agrippa comprit l'utilité d'une route en cet endroit et fit couper le rocher, qui depuis cette époque prit le nom de *Petra-Scissa*, Pierre-Scise, et ouvrit ainsi la voie romaine qui, partant de Lyon, se rendait à Boulogne-sur-mer. Etroite d'abord, elle fut élargie à diverses époques; au moyen-âge on fit des enrochements pour rendre le bord du côté de la Saône moins escarpé; à la révolution de 93 quelques débris du château-fort et des portes de la ville furent également précipités dans la rivière.

C'est en jetant les fondations du nouveau quai, que tous ces débris ont été extraits. Sur la demande de M. Martin, alors maire de la ville, M. Lafitte, entrepreneur de ces travaux, a fait don au Musée des objets dont nous avons fait choix.

Description. — Cette épitaphe se compose de 12 lignes qui sont d'un style assez commun ; elles ont 38 millim. de haut, à la première ligne, et 24 millim. pour celles du reste de l'inscription.

La première ligne est placée entre les deux sigles D M ; dans le mot QVIETI, l'E et le T sont conjoints, et dans ÆTERNAE, il en est de même du T avec le second E.

A la 2ᵉ ligne, l'F qui devait commencer la ligne est détruit.

A la 3ᵉ ligne, dans la syllabe AVG qui la commence, l'A et l'V sont conjoints, et dans ITEM qui la finit, l'E et le T le sont aussi.

A la 4ᵉ ligne, dans LVG, l'L est mutilée.

A la 8ᵉ ligne, dans PIISSIMO, le deuxième I est plus élevé que les autres lettres, et dans ET les deux lettres sont conjointes.

A la 9ᵉ ligne, dans DEDICAV. l'A et le V sont conjoints.

A la 10ᵉ ligne, dans VIVAS, le second V et l'A sont conjoints.

A la 11ᵉ ligne, dans le mot LEGERIS qui commence la ligne, les trois premières lettres sont mutilées.

PORTIQUE LVII.   549

A la 12ᵉ ligne, dans OPTAVERIS, l'A et le V sont conjoints.

Ce cippe est en calcaire jurassique (Choin-de-Fay), il est orné d'une base et d'un couronnement à moulures, les angles et les moulures ont subi quelques mutilations. (*Voyez planche* XII, n° 583).
Hauteur : 1 mètre 15 cent. — Largeur : 60 cent. — Epaisseur : 56 cent.

N. 584.

```
DIIS    MANIBVS
ET  MEMORIAE  . AE
TERNAE       IVVENTI
NIAE .  AVSPICIAE .  QVAE
VIXIT .  ANNIS XXIIII . M . VII
DIES XXII . SINE VLLA MACV
LA . CENTVSMIA . ABBA . NEP
TIAE BENE MERENTI . ET SIBI
VIVA  PONENDVM  CVRA
VIT  ET  SVB ASCIA  DEDICA
VIT    PROCVRAVIT    IVLIVS
            CASTOR
```

Aux Dieux Mânes
et à la mémoire éternelle de Juventiniæ Auspiciæ, qui vécut 24 ans, 7 mois, 22 jours, sans aucune tache, Centusmia sa tutrice, a fait élever ce monument pour sa petite-fille dont elle n'a eu qu'à se louer, et pour elle-même, de son vivant et l'a dédié *sub ascia*. Julius Castor a été chargé de ce soin.

(Publiée par Artaud, *notice*, page 72 n. LIV.)

Nous voyons dans cette inscription une grand'mère faire élever un monument pour sa petite-fille et pour elle; mais elle charge de ce soin un étranger, Julius Castor, dont le nom ne peut faire présumer qu'il fût de la même famille. Nous remarquons aussi dans cette épitaphe une espèce de formule assez rare, SINE VLLA MACVLA, synonyme de celle *sine crimine*, que nous rencontrons sur d'autres pierres. Quant au mot ABBA, qui suit le nom de CENTVSMIA et après lequel on lit NEPTIAE, pour *nepoticæ*, petite-fille, Artaud en a fait un nom propre ; nous n'avons pas adopté sa leçon, et nous le regardons comme qualificatif ; on pourrait le traduire par *grand'mère*, ou *aïeule* ; mais nous avons préféré lui donner la signification de *tutrice* ; en effet cette pierre ne porte pas le nom d'autres parents, et il est naturel de penser que Centusmia fut chargée du soin de diriger la fortune et l'éducation de sa petite-fille et qu'elle lui servait de directeur. D'ailleurs les mots ABBA, *aïeule*, et NEPTIAE, *petite-fille*, à la suite l'un de l'autre, offrent une espèce de répétition inutile pour exprimer le degré de parenté de Centusmia et d'Auspicia.

Forcellini et les autres dictionnaires nous disent que le mot ABBA dérive du syriaque et qu'il signifie *père*. Nous pouvons ajouter que le titre d'abbé dérive d'*abbas* qui signifie recteur, directeur, d'un monastère ou d'une conscience. Nous voyons encore aujourd'hui, dans le midi de la France où l'exercice du pugilat est toujours en usage, que l'on appelle l'*abba* le directeur de ces jeux.

Ce cippe a été vraisemblablement trouvé à Lyon, où il faisait partie de la collection des Génovéfains, nous ne possédons pas d'autres notes à son égard.

Description. — Cette inscription est composée de 12 lignes, les lettres sont d'un assez bon style ; à la première ligne, elles ont 60 millim. de haut ; aux 2ᵉ et 3ᵉ, de 52 à 56 ; et pour les 9 dernières, 36 millim.

La première ligne est composée de la formule DIIS MANIBVS en toutes lettres ; dans DIIS, le second I est plus élevé que le premier.

A la 6° ligne, le mot VLLA est mutilé.

A la 8° ligne, dans MERENTI, l'R est presque détruit.

Ce cippe est en calcaire jurassique (Choin-de-Fay), on en a abattu complètement la base et le couronnement pour faire une assise régulière. Le dessus présente une double cavité destinée à recevoir les cendres des deux défuntes, et recouverte par une large brique romaine.

Hauteur : 1 mètre 52 cent. — Largeur : 54 cent. — Epaisseur : 60 cent.

N. 585.

(*Inédite.*)

```
    D        M
ET MEMORIÆ ETER
PERPETVAE SECVRITATI
  VENANTI. ADONIS
EVGAMIVS. COIVX
PONENDVM. CVR
VIT. ET. SVB ASCIA . DED
```

Aux Dieux Mânes
et à la mémoire éternelle, à la
perpétuelle sécurité de Venantia.
Adonis Eugamius, son époux,
lui a fait élever ce monument
et l'a dédié *sub ascia*.

Ce n'est qu'avec réserve que nous traduisons cette inscription. Il doit, selon nous, y avoir une faute dans le mot VENANTI qui étant ici au génitif, indiquerait VENANTIVS au nominatif ; il paraît probable que pour abréger, on a supprimé l'AE qui devait terminer ce nom de famille de la femme d'Eugamius, et nous aurions alors VENANTIAE qui se trouverait bien orthographié ; sans cela il existerait deux noms masculins, dont le second est accompagné du titre d'époux, *conjux*.

Nous ne pouvons émettre d'opinion bien assise sur le prénom d'Eugamius, ni affirmer qu'il lui ait été donné comme épithète, à raison de sa beauté corporelle. Quant à Venantia, on peut croire qu'elle avait bien mérité de son mari, puisque celui-ci applique à sa mémoire et à son bien-être dans l'autre vie, deux synonymes de même valeur.

Ce cippe funéraire, que nous avons publié lors de sa découverte, a été trouvé sur la rive droite de la Saône, au dessous du rocher de Pierre-Scise, avec celui portant le n° 583.

Description. — Cette épitaphe est composée de 7 lignes ; les lettres sont d'un assez bon style et ont 36 millim. de haut.

La première ligne est composée des deux sigles D-M, la dernière partie de l'M est mutilée.

A la 2° ligne, dans MEMORIAE, les deux lettres qui terminent ce mot sont conjointes ; le reste de l'inscription n'offre aucune particularité ; des points de forme triangulaire séparent les mots entre eux.

A la cinquième ligne, on lit COIVX pour CONIVX.

Ce cippe est en calcaire jurassique (Choin-de-Fay), il était décoré d'une base et d'un couronnement à moulures qui sont en partie détruites ou mutilées.

Hauteur : 1 mètre 13 cent. — Largeur : 63 cent. — Epaisseur : 45 cent.

N. 586.

Amphore en argile blanche, à panse légèrement renflée, et à deux anses cannelées. Elle est d'une bonne conservation.

Elle provient de l'ancien cabinet de la ville.

Hauteur : 87 cent. — Diamètre : 34 cent.

N. 587.

(Inédite.)

Ce monument est l'un des plus intéressants que nous ait laissés Artaud, dans le cabinet qu'il a cédé à la ville de Lyon ; quoiqu'il occupât le premier rang dans cette collection, nous ne trouvons dans le catalogue qu'il en a fait, que la simple indication de son existence. Il était consacré aux dieux Lares Augustes, par les prêtres de la fontaine d'Urre, située près d'Uzès, et qui venait donner ses eaux limpides à *Nemausus* (Nismes).

Dans l'invocation faite aux dieux Lares, LARIBVS, nous pensons que le mot abrégé AVGVS doit être pris pour *Augustis*, qu'il s'applique à ces divinités locales et n'a aucun rapport avec le nom de l'empereur Auguste. Nous trouvons dans les inscriptions plusieurs leçons de ce genre : *Numinibus Augustis, Sylvano Augusto*, (Musée de Lyon) ; *Mercurio Augusto*, (Muratori, page 182) ; les exemples de cette nature ne sont point rares.

Quant au mot CVLTORES, on pourrait émettre du doute sur sa véritable signification, si elle n'était à peu près déterminée par la présence du personnage sculpté en bas-relief ; on pourrait considérer ces *cultores* comme des adorateurs de la fontaine, comme des habitants des environs de cette source, ou bien comme des prêtres, comme une corporation religieuse instituée pour le culte de cette fontaine dont les eaux apportaient la vie dans l'antique *Nemausus*. Nous lisons dans Forcellini, page 655 : « *Cultores alicujus numinis videntur fuisse sodales, qui « in illius honorem sodalicium constituebant, iisque fuisse persimiles, qui apud « nos* confratelli *appellantur.* » Plusieurs inscriptions, du reste, nous apprennent que les dieux Lares avaient leurs prêtres, *cultores Larum* ; sur les murs de l'église d'Aps (*Alba Helviorum*), département de l'Ardèche, nous avons vu une inscription où se trouvent ces mêmes mots. Il semble que le seul doute, selon nous, qui pourrait exister, serait de savoir où résidait ce collège de prêtres ; était-ce à la source ou à l'arrivée de ses eaux à *Nemausus* ? Il est assez naturel de penser que cette corporation exerçait ses fonctions dans la capitale de la colonie qui était vivifiée par cette belle fontaine. La représentation du prêtre qui sacrifie sur un autel devient encore un témoignage de l'existence des CVLTORES FONTIS VRAE ou prêtres de la fontaine d'Urre.

Nous ignorons complètement en quel endroit et à quelle époque ce monument a été découvert; mais ce que nous savons personnellement de la bouche d'Artaud, c'est qu'étant à Nismes, le hasard le fit entrer dans un petit jardin dont la porte était entr'ouverte, il aperçut cet autel, et après une assez longue conversation et un bienveillant accueil du propriétaire, il en fit l'acquisition en témoignant au vendeur toute sa reconnaissance. Mais quel était ce complaisant et affectueux vendeur? l'exécuteur des hautes œuvres dont il ignorait le titre. Artaud racontait le plaisir qu'il avait ressenti dans cet entretien, et le pénible sentiment qu'il éprouva ensuite en apprenant les fonctions de son interlocuteur qu'il considérait comme un amateur très-honorable.

Description. — L'inscription qui est gravée sur cet autel, est composée de 4 lignes, en lettres d'un style presque barbare, qui ont en hauteur, 6 cent. 4 millim. à la première ligne ; 3 cent. à la seconde, et 4 cent. aux deux dernières.

Les deux premières lignes ou l'invocation aux lares augustes, sont placées en dessous des moulures du couronnement. Les deux autres reposent sur le haut des moulures de la base. Pour la singularité de la forme des lettres, nous renvoyons le lecteur à la représentation du monument; (*Voyez planche* IX n° 587.)

Cet autel est en calcaire blanc, d'une forme élégante et gracieuse ; sur le devant, entre les deux corps de l'inscription on a sculpté en mi-relief un prêtre debout, vêtu de longues draperies, tenant de la main droite une patère et versant des parfums qu'elle contenait sur le réchaud sacré ; de son bras il soutient les longs plis de sa robe sacerdotale. Sa tête est barbue et ses traits ont l'empreinte de la gravité ; il est dans une pose noble. Il semble tenir de la main gauche un petit vase à parfums, de la forme de ceux que nous rencontrons si fréquemment dans les ossuaires de cette époque ; le réchaud sur lequel il sacrifie simule une coupe portée sur un pied rond très-élevé.

Ce joli monument est d'une assez bonne conservation ; le travail est d'un très-bon style, à part la gravure des lettres.

Hauteur : 87 cent. — Largeur : 26 cent. — Epaisseur : 25 cent.

N. 588.

Amphore en argile blanche, dans les mêmes formes que les précédentes, à deux anses et à panse ovoïde ; elle est d'une parfaite conservation.

Elle provient de l'ancien cabinet de la ville.

Hauteur : 86 cent. — Diamètre : 30 cent.

n. 589.

Statuette d'Apollon en marbre blanc noirci par le temps ; le dieu est debout, nu, coiffé en cheveux, ayant une simple chlamyde qui passe au devant de la poitrine. Les deux avant-bras sont brisés et manquent. Un tronc d'arbre auquel est suspendu un carquois est placé à droite et s'élève au niveau du milieu de la cuisse. Le poids du corps s'appuie sur la jambe droite, la jambe gauche est légèrement fléchie et repose sur la pointe du pied.

Cette sculpture est d'un travail médiocre ; elle est supportée par une base carrée plate, taillée dans le même bloc de marbre.

Hauteur : 66 cent.

n. 590.

Bas-relief en calcaire noirâtre, dont il ne reste que la partie supérieure ; il représente un sujet de bacchanale ; on ne voit que le haut du corps de quatre personnages placés à la file l'un de l'autre. Le premier à droite est un homme, coiffé en cheveux, vêtu d'une tunique à manches larges, tenant de ses deux mains des timbales ; le second est une femme nue, à longue chevelure, qui joue de la flûte à deux becs ; le troisième est un homme nu, coiffé en cheveux, qui joue du chalumeau ; le quatrième, enfin, est une femme nue, coiffée en cheveux, qui s'appuie de la main sur une espèce de haste.

Ce travail est du bas-empire. Le premier personnage est brisé au milieu du tronc, et les trois autres à la base. Une espèce de branche d'arbres sépare le troisième et le quatrième personnage.

Hauteur : 36 cent. — Largeur : 95 cent. — Epaisseur : 5 cent.

n. 591.

Fragment en marbre blanc, de forme carré-long irrégulier, provenant de l'entablement d'un monument ; on voit des restes de fleurs et feuillages d'un travail grossier et d'un assez mauvais style.

Il provient du cabinet Artaud.

Hauteur : 14 cent. — Largeur : 26 cent. — Epaisseur : 3 cent.

n. 592.

Médaillon en marbre représentant la tête laurée d'un empereur dont la figure se rapproche de celle de Tibère. Ce travail est moderne.

Cette pièce provient du cabinet de Gérando, acquis par la ville en 1844.

Diamètre : 29 cent.

N. 593.

Fragment en marbre blanc, de forme carré-long irrégulier, présentant pour ornement une tige de lierre d'un très-bon style.

Il provient du cabinet Artaud, acquis par la ville.

Hauteur : 15 cent. — Largeur : 25 cent. — Epaisseur : 3 cent.

N. 594.

Débris dépendant d'une espèce de mosaïque en marbre de couleurs variées et dont les cubes sont taillés irrégulièrement ; il servait vraisemblablement d'ornement à une hauteur d'appui d'appartement. On sait combien les anciens aimaient ces sortes de placages. Il provient du cabinet Artaud.

Hauteur — 10 cent. — Largeur : 18 cent. — Epaisseur : 3 cent.

N. 595.

Débris d'un oiseau, travail du moyen-âge, en calcaire oolithique blanc de Tournus. La tête manque, ainsi qu'une portion de l'aile droite. Il a sans doute été détaché d'un monument. Il provient du cabinet Artaud.

Longueur : 19 cent.

N. 596.

Fragment du haut d'un vase en marbre blanc ; un rang de perles est figuré dans le haut ; en dessous et dans le milieu on voit une lyre, et de chaque côté un griffon.

Il provient du cabinet Artaud.

Hauteur : 7 cent. — Largeur : 15 cent. 5 millim.

N. 597.

Mascaron en marbre blanc, qui pouvait servir d'ornement à une console, représentant la tête de Jupiter couronnée de feuillage. Cette sculpture est soignée et d'un bon style.

Elle est d'une bonne conservation et provient du cabinet Artaud, acheté par la ville.

Hauteur : 20 cent.

N. 598.

Fragment en marbre blanc, faisant sans doute partie d'un entablement ; il présente en haut un reste de moulures, et au dessous une tige de liseron.

Il provient du cabinet Artaud.

Hauteur : 13 cent. — Largeur : 13 cent. — Epaisseur : 2 cent.

PORTIQUE LVIII.

N. 599.

```
M . CVRVELIVS
M . FIL . ANIENS
ROBVSTVS . MIL
COHORT . FAVIAE
VRBAN . C HERENNI
TESTAMENTO
SIBI . FIERI . IVSSIT
     H P C
```

M. Curvelius Robustus, fils de M. de la tribu Aniensis, soldat de la cohorte urbaine Favia, a ordonné par testament à C. Herennis, de lui faire élever ce monument.

Son héritier a pris soin de le faire construire.

(Publiée par Ménestrier, *Hist. consul.* page 31.)

Cette épitaphe très-simple nous donne le nom d'un soldat de la cohorte urbaine Favia, et qui était de la tribu Aniensis, dont le nom dérivait du fleuve *Anio*, qui coule dans la campagne de Tivoli, près de Rome. Ce monument gisait dans les murs de la vieille église de Vaise, d'où il a été tiré en 1845, pour le placer au Musée.

Description. — Cette épitaphe, gravée dans un carré-long creux et entourée de moulures, se compose de huit lignes ; les lettres sont d'un assez bon style ; elles ont en moyenne 52 millim. de haut, excepté à la dernière ligne où elles ont 11 cent. 6 millim. A la 5e ligne le c initial du prénom d'HERENNIS est renversé et lié par un trait à l'H de ce nom où les deux N sont également conjoints ; l'ı qui termine ce mot est plus élevé que le niveau des autres lettres. (*Voyez* planche XVI, n° 599.)

Ce monument en calcaire jurassique, de forme carré-long, est bien conservé.

Hauteur : 1 mètre 66 cent. — Largeur : 77 cent. — Epaisseur : 34 cent.

N. 600.

```
    D      M
IVLIAE HELIADIS
SEX. IVLI. CALLISTI
ET. IVLIAE. NICES. FI
LIAE. FLAMINIC. AVG
QVAE. VIXIT. ANNIS
XXV . MENSIBVS. II
IVLIAE. HELIANE . ET
CALLISTATE . CORPVS
SORORIS. ANIM . SVA
SIBI . CARIORIS . AB
VRBE. ADFERRI
CVRAVERVNT . ET
SARCOPHAGO. IN
TRA . MAESOLAEVM
CONDIDERVNT.
```

Aux Dieux Mânes de Julia Hélias, fille de Sextus Julius Callistus et de Julia Nicè, flaminique augustale, qui a vécu 25 ans 2 mois ; Héliané et Callistaté ont eu soin de faire rapporter de la ville (ou de Rome), le corps de leur sœur Julia, qui leur fut plus chère que la vie, et l'ont enfermé dans un sarcophage, à l'intérieur d'un mausolée.

(Publiée par Artaud, *notice,* page 73, n° LV.)

Cette épitaphe est empreinte des sentiments fraternels les plus vifs, et rendus plus évidents par les soins dispendieux qui ont été apportés pour rendre un hommage complet aux cendres de la défunte. Voici l'opinion que nous a suggérée la lecture de cette épitaphe ; il est très-présumable que la famille de Julia Hélias habitait Lugdunum, cette énorme pierre ayant été trouvée dans ses ruines, et que Julia, par une circonstance inconnue, alla exercer à Rome les fonctions de flaminique augustale : nous disons Rome, parce que nous lisons ici le mot vrbs, sans autre dénomination indicative de la ville ; sous la république, ce mot ainsi isolé signifiait toujours la ville de Rome ; appliqué à l'Orient, il indiquait Alexandrie, de même que dans les Gaules, le mot *ara* indiquait l'autel de Lyon ; il n'est pas à notre connaissance que la capitale des Gaules ait jamais été désignée par le mot vrbs tout seul ; comme nous venons de le dire, ce monument ayant été découvert à Lyon, les mots ab vrbe adferri disent clairement que le corps de Julia Hélias fut rapporté de la ville qui était Rome.

Nous remarquons ensuite que ce corps fût renfermé dans un sarcophage et ce dernier placé intra maesolaevm. Ici, la préposition intra peut avoir un sens tout particulier : elle peut signifier *dans*, *parmi*, *au milieu*, selon le genre de mausolée. Ce nom, comme on le sait, dérive de celui de Mausole, roi de Carie, auquel sa femme Artémise fit élever le monument le plus somptueux qui ait jamais existé en ce genre, et qui reçut le nom de *mausolée*. Actuellement nous entendons par mausolée une construction en pierres taillées, avec ou sans ornements ; sous cette construction il existe un caveau sépulchral qui recèle dans son intérieur la dépouille mortelle de celui ou de ceux pour lesquels on l'érige. Sous les Romains, on donna le nom de mausolée à tous les monuments funèbres fastueux, et ce nom comprenait non-seulement la tombe, mais encore tous les accessoires, c'est-à-dire non-seulement les constructions, mais encore le champ, le jardin qui lui était consacré et dans lequel on cultivait des arbres et des fleurs en l'honneur de celui qui avait reçu dans cet endroit les honneurs de la sépulture. Strabon, en parlant du mausolée d'Auguste, qui fut construit sous son sixième consulat entre le Tibre et le chemin de Flaminius, dit que ce monument était élevé et couvert jusqu'au sommet d'arbres toujours verts, que là était placée la statue en bronze de cet empereur, et qu'au bas du monticule on voyait le tombeau de ce prince et celui de tous les siens, même de ses domestiques ; derrière ce monument funèbre il existait un grand bosquet et des promenades admirables. Les mots intra maesolaevm donneraient plausiblement à penser que le mausolée de Julia Hélias pouvait être un jardin ombragé, ou bien une construction considérable, dans l'intérieur de laquelle le sarcophage qui contenait ses restes fut placé. Les noms de cette famille indiquent qu'elle était d'origine grecque.

En parlant de la découverte de cette pierre, Artaud dit simplement « qu'elle est due aux soins de M. de Casenove, » qui alors était adjoint du maire de Lyon.

Description. — Cette épitaphe, composée de seize lignes, est placée dans un encadrement à moulures ; les lettres sont d'un beau style, elles ont 44 millim. de haut.

La première ligne est formée des deux sigles D-M.

PORTIQUE LVIII.

A la 5ᵉ ligne, dans AVG., l'A et l'v sont conjoints.
A la 6ᵉ ligne, dans VIXIT, le premier I est très-allongé.
A la 10ᵉ ligne, dans SVA, l'v et l'A sont conjoints.

Ce monument, de forme carré-long, est en calcaire jurassique (Choin-de-Fay). Le côté droit a été entaillé pour en faire le montant d'une porte; les angles sont ébréchés, mais l'inscription est d'une belle conservation.

Hauteur : 1 mètre 35 cent. — Largeur : 92 cent. — Epaisseur : 70 cent.

N. 601.
(Inédite.)

```
D
VREL. MA
S. MIL. LEG. I
COS STIP.XXII
PROV. THRA
ENSIS QVIC
IONISEME
VREI BITVSV
F.Ç ET
```

Il y aurait une sorte de témérité à vouloir traduire cette inscription funéraire dont la partie gauche a été coupée. Nous voyons seulement qu'elle a été gravée en l'honneur d'un nommé Aurelius Ma.....s, qui a servi 22 ans dans une légion romaine, et séjourné ou fait la guerre dans la Thrace.

La pierre qui portait cette épitaphe avait été employée pour la construction d'une auge assez grande qui existait dans un jardin au dessous du fort St-Irénée. Le génie militaire en a fait don au musée de la ville en 1841.

Nous avons fait scier la paroi où se trouvait ce reste d'inscription, pour la placer avec plus de facilité sous les portiques du Musée; les angles sont mutilés, l'un d'eux est consolidé par des tenons en fer.

Description. — Cette épitaphe se compose de neuf lignes incomplètes; les lettres sont d'un beau style et ont 9 cent. 9 millim. de haut.

Ce débris, de forme carré-long, est en calcaire jurassique (Choin-de-Fay).

Hauteur : 1 mètre 63 cent. — Largeur : 74 cent. — Epaisseur : 17 cent.

N. 602.
(Inédite.)

```
AURICO. Q. LICIN
IS. HONORIBVS. FVN
RIB. PROVINCIS. GA
IO LICIN. SARI
```

La traduction de cette inscription, dont le commencement et la fin sont détruits, ne peut se faire que d'une manière incomplète et conjecturale, surtout pour la première ligne et la dernière On pourrait peut-être y lire : « A Auricus, fils de Quintus Licinius, « qui a été élevé à toutes les fonctions honorables dans les trois provinces des Gaules. »

. Ce débris a été découvert à Lyon, en 1846, dans la première arche, (rive droite de la Saône) du pont du Change.

Description. — Ce fragment épigraphique se compose de quatre lignes incomplètes, dont les lettres sont d'un beau style et ont 87 millim. de haut.

A la 2ᵉ ligne, l'ɪ qui commence est très-allongé.

A la 3ᵉ ligne, il en est de même pour le second ɪ dans PROVINCIS.

Et à la 4ᵉ ligne, pour l'ɪ qui la termine.

Le bloc qui porte cette inscription mutilée a la forme d'un carré-long, en calcaire jurassique (Choin-de-Fay); il a été taillé régulièrement pour en faire une assise de grand appareil.

Hauteur : 75 cent. — Largeur : 1 mètre 24 cent. — Epaisseur : 40 cent.

N. 603.

Chapiteau de pilastre en calcaire blanc de Seyssel, travail du XVᵉ siècle. Il se compose de deux rangées de feuilles de choux profondément fouillées et surmontées d'un couronnement à cinq pans formé par un listel. Il est d'un travail soigné.

Nous n'avons aucune donnée sur l'endroit d'où il provient.

Hauteur : 25 cent. — Diamètre : 22 cent.

N. 604.

Chapiteau semblable au précédent ; ils appartenaient tous deux au même monument.

Hauteur : 25 cent. — Diamètre : 22 cent.

N. 605.

```
DEO SILVANO
     AVG
TI CI  YRES
TVSCI   VIC
CARO RIVO
ARAM ET SIG
NVM INTER
DVOS ARBO
RES.CVM.AE
DICVLA.EX.VO
TO . POSVIT
```

A l'auguste Dieu Sylvain, Ti.. Ci..yres Toscan a érigé,..... d'après son vœu, un autel et cette inscription entre deux arbres, avec un petit temple.

(Publiée par Artaud, *notice*, page 74, n° LV, B.)

Il est très-difficile de donner une explication complètement satisfaisante des trois lignes qui suivent l'invocation au dieu Silvain ; nous voyons des syllabes séparées qui faisaient partie des noms de celui qui a fait élever ce monument ; les mots TVSCI VIC qui suivent indiquent peut-être une origine toscane ; quant aux mots CARO RIVO, ils peuvent signifier que ce monument a été élevé près d'un ruisseau qui était cher par quelque souvenir, ou même une invocation à ce même ruisseau ; le verbe posvit, étant au singulier, exprime d'une manière positive que c'est le vœu d'un seul individu.

Cet autel servait anciennement de seuil à la porte d'entrée d'une maison de la rue de Trion (Lyon) ; Artaud, directeur du Musée, le demanda au propriétaire et le fit transporter au Musée dans les premières années de sa création.

Description. — Cette inscription est composée de onze lignes ; les lettres sont d'un style commun ; elles ont 20 millim. de haut aux dix premières lignes ; celles de la dernière ligne n'en ont que 15.

A la première ligne, dans silvano, l'i est formé par le prolongement de la lettre l.

A la 3ᵉ ligne, entre les syllabes ti... ci... et yres, il existe des espaces où les lettres sont entièrement détruites. Cependant on pourrait peut-être reconnaître les traces d'un b après la syllabe ti, et celles d'un n entre les syllabes ci et yres.

A la 6ᵉ ligne, le g qui la termine est un peu mutilé.

Ce cippe est en calcaire jurassique (Choin-de-Fay), d'une forme élancée, grêle et peu gracieuse ; il est décoré d'une base et d'un couronnement à moulures. (*Voyez planche* XVII, n° 605.)

Hauteur : 94 cent. — Largeur : 21 cent. — Epaisseur : 24 cent.

N. 606.

Piédestal en marbre blanc et en gaîne, orné de moulures sur ses quatre faces ; dans le centre de celle du devant on a figuré en relief les parties génitales d'un homme à l'état de repos ; ce socle érotique servait sans doute de support au buste d'une divinité dont le culte avait des rapports avec cet attribut de la virilité.

Le travail est d'un assez bon style.

Hauteur : 55 cent. — Largeur : 10 cent. — Epaisseur : 12 cent.

N. 607.

Bas-relief en marbre blanc, représentant un vieillard assis, les mains attachées derrière le dos, ayant un trophée d'arme devant lui. La tête est barbue, coiffée de longs cheveux ondoyants ; il est nu-pied, vêtu d'une longue tunique à plis artistement faits. Ce travail du XVIᵉ siècle révèle un ciseau habile, il est fin et soigné. Le pied gauche est mutilé ainsi que l'index de la main droite ; on a voulu représenter sans doute un prisonnier de guerre.

Hauteur : 27 cent. — Largeur : 30 cent.

N. 608.

Fragment d'un entablement en calcaire oolithique blanc de Tournus, présentant en bas une ligne de moulures, une rangée de perles, des palmettes dans le centre, et des restes de denticules dans le haut. Ce travail est fin et d'un excellent style.

Hauteur : 20 cent. — Largeur : 37 cent.

N. 609.

Bas-relief en marbre blanc, représentant un vieillard assis, vêtu d'une longue tunique soigneusement drapée ; il a les mains liées derrière le dos, un trophée d'armes s'élève du côté gauche. Sa tête est barbue et coiffée en cheveux, l'expression de sa physionomie exprime la douleur. La jambe gauche manque, l'orteil du pied droit et l'index de la main gauche sont mutilés. Il faisait probablement le pendant du n° 607 dans l'ornementation d'un même monument.

Hauteur : 25 cent. — Largeur : 21 cent.

N. 610.

Tête en lave grisâtre compacte ; elle dépendait sans doute d'une statue de grandeur naturelle. Elle est tournée à gauche et coiffée du bonnet phrygien ; elle présente de nombreuses mutilations.

Elle provient du cabinet de Gérando.

Hauteur : 28 cent.

PORTIQUE LIX.

N. 611.

```
     D       M
ET AETERNAE SECV
       RITATI
CATIAE . SEVERAE
T . IVL . AVGVSTALIS . CON
IVGI . SANCTISSIMAE
ET . IVL . SEVERINA . MATRI
KARISSIMAE . QUAE . VIXIT
ANNIS . XXXI . EX QVIBVS
CVM . CONIVGE . SVO
EGIT . ANNIS . XV
CVI . VIVAE . PETENTI
VT . RELIQVIAE . SVAE
CVM . MATRIS . ET PATRIS
    CONDERENTVR
OBSEQVIVM . PRAESTI
       TERVNT
```

(Inédite.)

Aux Dieux Mânes et à la sécurité éternelle de Catia Severa, T. Jul. Augustalis, à son épouse très-vertueuse, et Julia Severina, à sa mère chérie, qui a vécu 31 ans dont elle a passé 15 avec son mari ; ayant demandé de son vivant que ses restes fussent placés avec ceux de sa mère et de son père, ils se sont acquittés de ce devoir.

L'invocation aux Dieux Mânes commence cette inscription qui ne se termine point par la formule de *sub ascia*, chose moins commune dans nos épitaphes que dans celles des autres parties de l'empire.

Ce beau cippe a été découvert à Lyon, en 1824, en construisant la nouvelle église de St-Irénée ; il a été placé au Musée de Lyon en 1845.

Description. — Cette épitaphe est composée de dix-sept lignes, les lettres sont d'un beau

PORTIQUE LIX.   561

style ; elles ont aux 2°, 3° et 17° lignes 34 millim. de haut ; celles du reste de l'inscription ont 28 à 31 millim.

La première ligne est formée des deux sigles D-M. A la 8e ligne, dans CARISSIMAE, le c est remplacé par le K, et dans VIXIT, le second I est conjoint au T.

A la 11e ligne, dans ANNIS, l'I est allongé dans le haut.

A la 12e ligne, dans CONDERENTVR, le second N est conjoint avec le T.

Ce cippe, en calcaire jurassique (Choin-de-Fay), est d'une forme élégante, décoré d'une base et d'un couronnement à moulures ; ce dernier est surmonté d'un fronton à volutes sur les côtés, au centre desquelles on aperçoit un trou destiné à loger un crampon qui scellait le recouvrement de la cavité contenant les cendres des défunts.

Il est d'une bonne conservation.

Hauteur : 1 mètre 45 cent. — Largeur : 53 cent. — Epaisseur : 45 cent.

N. 612.

```
C. VAL. SACERIS
IVVENIS. OPTIM
GREGORI. C. VAL
GALER. ANTIOCHVS
LIBANIVS DEC
CCC AVG. LVG. PA
TER ET. CL. SATVR
NINA MATER FI
LIO PIENTISSIM
ET IVLIA. IVLIAN
SOROR. ET. C. VAL
ANTONINVS FRA
TER. ET. CL. MINER
VALIS AVS ET VAR
RVFINA. AVIA ET
CL. SATVRNINA
TES
SVB ASCIA.
```

A la mémoire de C. Valerius Sacer Gregorius, jeune homme excellent, C. Val. Antiochus Libanius son père, de la tribu Galeria, décurion de la colonie Copia Claudia Augusta de Lyon, et Cl. Saturnina sa mère, à leur fils, d'une très-grande piété filiale, et Julia Juliana sa sœur, et C. Val. Antoninus son frère, et Cl. Minervalis son aïeul, et Var. Rufina, son aïeule, et Cl. Saturnina, ses parents ont fait ériger ce monument et l'ont dédié *sub ascia*.

(Publiée par Artaud, comme inédite, *notice* p. 74 n° LVI.)

Cette inscription est remarquable par la longue série de noms qui entre dans sa composition ; c'est un éloge en faveur du jeune C. Val. Sacer, de voir toute sa famille s'associer dans un sentiment pieux pour honorer sa mémoire. L'âge du défunt n'est point indiqué, il est qualifié de l'épithète de *jeune homme,* mais on peut affirmer qu'il avait au moins 27 ans, puisque ce n'est qu'à cet âge que les Romains donnaient aux garçons leurs prénoms, et nous voyons qu'il en était en possession ; il portait aussi la robe virile, puisque la prise de ce vêtement distinctif qui classait dans la société, avait lieu lorsque le prénom était ajouté au nom propre, à celui de la famille (1).

C. Val. Sacer appartenait à une famille distinguée de la tribu Galeria ; son père était décurion de la colonie, charge qu'on n'accordait qu'aux hommes qui avaient de la fortune, de la capacité, et qui avaient déjà passé par d'autres dignités. La dernière personne mentionnée dans cette réunion de famille, où nous trouvons père,

(1) Voir à cet égard le n° 575, page 342.

TOM. 1.

mère, frère, sœur, grand'père et grand'mère, Cl. Saturnina, dont les titres de parenté ont été détruits, portant le même nom que la mère, nous paraît devoir être la tante du côté maternel. La fin de cette inscription est presque entièrement détruite depuis le nom de SATVRNINA jusqu'aux mots SVB ASCIA ; comme nous voyons subsister au milieu de cette mutilation la syllabe TES, nous supposons que c'est peut-être la fin de *parentes*; nous avons restitué dans notre traduction la phrase mutilée : *parentes ponendum curaverunt et sub ascia dedicaverunt*.

Ce cippe devait recevoir deux inscriptions ; la partie gauche, destinée à la seconde, est vide et séparée par un trait vertical de l'épitaphe dont nous venons de parler. Nous n'avons aucune donnée sur l'époque de sa découverte ; nous savons seulement par Artaud, qu'il faisait partie de l'angle du mur de la terrasse des Génovéfains, à Lyon, près l'église de St-Irénée, et qu'il fut apporté au musée dans les premières années de sa création.

Description. — Cette épitaphe est composée de dix-huit lignes, les lettres sont d'un assez bon style, elles ont 30 millim. de haut. Le couronnement du cippe étant détruit, il est vraisemblable que l'invocation aux Dieux Mânes y figurait ainsi que la représentation de l'*ascia*. L'inscription sous le rapport de la forme et de l'arrangement des lettres ne présente aucune particularité : seulement à la 14ᵉ ligne, on lit AVS au lieu d'AVVS, grand'père.

Ce monument est en calcaire jurassique (Choin-de-Fay), il était décoré d'une base et d'un couronnement à moulures qui ont été abattus sur le devant et sur le côté droit.

Hauteur : 1 mètre 55 cent. — Largeur : 87 cent. — Epaisseur : 61 cent.

n. 613.

```
D        M
ET QVIETI AETERN
REGINI . MASCELL
ONIS . ET . CAMPA
NIAE GEMINIAE
CONIVGI . EIVS
ET IOVINO . LIB
EORVM. QVI . VI
XIT. ANNIS. VI. M. VI
D . XIIII . VIVI SIBI
ET POSTERISQVE
SVIS PONENDVM
CVRAVERVNT
ET SVB ASCIA DEDI
KAVERVNT
```

(*Inédite*.)

Aux Dieux Mânes et au repos éternel de Reginus Mascellio et de Campania Geminia son épouse, et à Jovinus, leur affranchi, qui a vécu 6 ans, 6 mois, 14 jours. Ils ont fait élever ce monument de leur vivant pour eux-mêmes et pour leurs descendants, et l'ont dédié *sub ascia*.

Il est assez naturel de penser que le jeune affranchi pour lequel Mascellio et Geminia avaient sans doute une grande tendresse, a été le premier motif qui les engagea à faire élever ce monument et à réunir plus tard leurs cendres aux siennes ; mais ils le destinent aussi à leurs descendants, sans en nommer aucun ; il est très-possible qu'ils fussent de jeunes mariés encore sans enfants, et qu'ils aient ajouté les mots POSTERISQVE dans l'espérance d'en avoir.

Ce monument a été découvert à Lyon, en 1824, en creusant les fondations de la nouvelle église de St-Irénée, et transporté au Musée en 1845.

Description. — Cette épitaphe est composée de quinze lignes, les lettres sont d'un bon style, elles ont 30 millim. de haut.

A la première ligne, l'*ascia* est figurée entre les deux sigles D-M.

A la 3° ligne, dans MASCELL, le second L est uni à l'I, par le prolongement de son jambage vertical ; on doit donc lire MASCELLIONIS et non *Mascellonis*.

A la 6° ligne, dans EIVS, l'I est plus élevé.

A la 7° ligne, dans IOVINO, le premier I l'est aussi.

A la 12° ligne, dans PONENDVM, le second N et le D sont conjoints.

A la 15° ligne, nous remarquons une licence du graveur peu commune dans le mot DEDICAVERVNT, il a remplacé le c par un K.

Ce cippe, en calcaire jurassique (Choin-de-Fay), est d'une forme élégante, il était décoré d'une base et d'un couronnement à moulures, qui ont été abattus sur le devant pour en faire une assise plane sur cette face.

Longueur : 1 mètre 57 cent. — Largeur : 50 cent. — Epaisseur : 40 cent.

N. 614.

Amphore à deux anses, en argile rose, d'un galbe peu gracieux et d'une forme se rapprochant assez du sphéroïde ; le col est plus allongé que dans la plupart des amphores que le Musée possède et qui affectent cette forme ; chaque anse est empreinte de la marque du potier, sur celle de gauche on lit I. V. TROPHIM, sur l'autre SABIN. Elle a été trouvée à St-Romain-en-Gal, au-dessus de Ste-Colombe (Rhône), en faisant les travaux de la nouvelle route départementale qui longe la rive droite du Rhône, et donnée au Musée de la ville en 1843, par M. Breittmayer, directeur des bateaux à vapeur.

Elle est d'une bonne conservation.

Hauteur : 75 cent. — Diamètre : 52 cent. 5 millim.

N. 615.

Tronçon de fût de colonne en marbre blanc ; nous ignorons d'où provient ce débris antique, il est entaillé d'un côté.

Hauteur : 37 cent. — Diamètre : 43 cent.

N. 616.

Amphore en argile rouge, même forme que la précédente, à deux anses et à panse sphérique. Le col a été brisé et raccommodé.

Elle provient de l'ancien cabinet de la ville.

Hauteur : 71 cent. — Diamètre : 52 cent.

N. 617.

Statue de Diane chasseresse, en marbre blanc. La déesse est debout, drapée jusqu'au dessus des genoux ; le poids du corps repose sur la jambe gauche ; la droite est légèrement fléchie et portée en arrière; elle est chaussée de la sandale. La tête, le bras droit et l'avant-bras gauche ont été brisés et manquent, ainsi que l'arc et le carquois. Un tronc d'arbre s'élève du côté gauche, à la hauteur du genou, et sépare Diane de son chien qui est assis et auquel il manque le cou et la tête. Ce groupe repose sur une base plate.

Ce travail est d'un style du bas-temps, et n'est pas cependant sans un certain mérite; les formes sont masculines et le dessin incorrect.

Hauteur : .73 cent.

N. 618.

Bas-relief en marbre blanc noirci par le temps, sculpté sur une plaque de la forme d'un parallélogramme. A droite on voit une tête en profil tournée du même côté et coiffée en cheveux lisses; dans le milieu, une femme à mi-corps, coiffée en cheveux, vêtue de la tunique à longues manches; elle est entre deux génies debout qui soutiennent derrière elle les pans d'une draperie; le côté gauche de ce bas-relief, dont nous ne saurions expliquer le sujet, est mutilé. Ce monument est d'un travail du bas-empire qui laisse beaucoup à désirer sous plusieurs rapports.

Hauteur : 21 cent. — Largeur : 74 cent. — Epaisseur : 8 cent.

N. 619.

Médaillon en marbre blanc représentant le portrait de Lollia Paulina, entouré d'une légende portant ces mots : LoLLIA PAVLI C. CAES. IMP.

Le travail de ce médaillon est soigné et assez fin, mais nous n'osons pas le considérer comme antique. Il serait heureux pour la ville de Lyon, qu'elle possédât l'image vraie et contemporaine de la troisième femme de Caligula; les médailles qui représentent cette impératrice sont regardées comme fausses ou suspectes par les numismates, parce que Lollia Paulina ayant été bannie bientôt après son mariage, la gravure des coins destinés à frapper les médailles en son honneur, ne put vraisemblablement pas être achevée; on ne voit point figurer des représentations de cette princesse dans l'Iconographie de Visconti, ni dans le grand ouvrage de Clarac.

La tête de Lollia Paulina est tournée à droite, de manière à présenter le profil gauche; elle est presque en plein-relief, une faible partie du côté droit fait corps avec le médaillon; elle est coiffée en cheveux artistement peignés, la partie antérieure de cette coiffure volumineuse est séparée de celle de derrière par trois rangées de perles reposant sur une espèce de réseau en manière de bande, qui se rétrécit et vient s'attacher sous le menton; son front est ceint d'une bande semblable à la mentonnière. Le côté gauche de la poitrine est brisé, ainsi que la partie du marbre qui est au-dessus; les morceaux sont recollés. Le nez est mutilé. Ce médaillon provient de l'ancien cabinet de la ville; nous sommes sans donnée sur son origine.

Diamètre : 55 cent. — Epaisseur : 5 cent. 5 millim.

PORTIQUE LX.

n. 620.

Plaque carrée en calcaire oolithique blanc de Tournus, dont chaque face porte un médaillon ; sur celle qui regarde la cour du palais, on a sculpté dans un champ concave un buste (de Priape ou de Bacchus) couronné de lierre et portant sur son épaule gauche des raisins et d'autres fruits ; il est entouré de moulures et de deux rangs circulaires de perles, entre lesquels se trouve une rangée de feuillages. Sur la face qui regarde l'escalier, on voit une tête (peut-être celle d'Apollon) également sculptée dans un champ creux, à chevelure épaisse et bouclée, et dont les traits sont lourds et bouffis ; ce mascaron est aussi entouré de moulures, d'un enroulement à rubans, et enfin d'une couronne en feuilles de chêne.

Hauteur : 80 cent. — Largeur : 79 cent. — Epaisseur : 8 cent.

n. 621.

Chapiteau de pilastre en marbre blanc, orné de fleurs et de feuilles qui se replient en volutes aux angles ; les ornements sont d'un style médiocre.

Hauteur : 20 cent. — Largeur : 29 cent. — Epaisseur : 5 cent.

PORTIQUE LXI.

n. 622.

VENDAE. LIB. SACER |IIII| VIR AVG LV

M	D . M	D	M
NI . SACRI LIB)LYTIMI IR . AVGVST IBENDVM. C. ARIS ET QVIETVS LIB	ANTONIAE SACRI LIBERTAE TYCHENIS M. ANTONIVS. SACER IIIII VIR AVG CONIVGI ET ANIMAE OPTIMAE ET SIBI CARISSIMAE	M IIIII	ANTONI SACRI VIRI AVG

HOC MONIMENTVM SVB ASCIA DE

Sacer affranchi de .....venda, sévir augustal de Lu.

Aux Dieux Mânes de ....ius Polytimus, affranchi de Sacer, sévir augustal ...aris et Quietus, ses affranchis ont eu soin de faire graver cette inscription.

Aux Dieux Mânes d'Antonia Tychen affranchie de Sacer, Marcus Antonius Sacer, sévir augustal, à une excellente épouse qui était sa vie et lui était bien chère.

Aux Dieux Mânes de Marcus Antonius

Sacer

sévir augustal

(Publiée par Artaud, *notice*, page 70 n° LVIII.)

Nous avons déjà donné l'explication de cette pierre tombale en décrivant le n° 479, Portique LI ; ces deux pierres faisaient partie du même monument. Nous n'avons pas adopté la traduction d'Artaud qui, dans l'inscription de droite et dans celle du centre, a confondu les noms de l'affranchi et du patron. Il n'a pas remarqué que dans le style épigraphique les anciens observaient une marche dont ils ne s'écartaient guère : c'est ainsi que s'il s'agissait d'un affranchi, ils mettaient d'abord ses prénoms, le nom du patron, la qualité d'affranchi, son nom, puis les emplois qu'il avait obtenus.

Avant son entrée au Musée, ce monument était encastré dans les murs de la terrasse des Génovéfains, à Lyon, près l'église de St-Irénée.

Description. — Ce monument épigraphique se compose de trois inscriptions gravées dans un espace triangulaire entouré d'un encadrement orné de moulures. Au-dessus et au-dessous de ces inscriptions règne une ligne; la ligne supérieure est formée de lettres d'un bon style, qui ont 9 cent. de haut. Dans VENDAE, le V est mutilé dans sa partie supérieure ; dans LIB, l'I est allongé, et le G qui suivait la syllabe LV est gravé sur la pierre n° 479, portique LI.

La première épitaphe à droite est composée de sept lignes, dont il ne nous reste que la dernière moitié; les lettres sont d'un bon style et ont 36 millim. de haut.

L'épitaphe du centre est composée de huit lignes, dont les lettres ont la même dimension et sont du même style que celles de l'épitaphe précédente ; elle n'offre aucune particularité.

L'épitaphe de gauche est composée de cinq lignes, en lettres d'un beau style, qui ont 7 cent, 5 millim. de haut, excepté celles de la dernière qui ont seulement 4 cent.

La première ligne de ces trois épitaphes est formée par les deux sigles D-M.

La ligne isolée, gravée au bas du sarcophage, est en lettres d'un beau style qui ont 52 millim.

Ce devant de tombe est en calcaire jurassique (Choin-de-Fay). Nous avons fait graver sur la même planche cette pierre et le n° 479 pour démontrer qu'elles étaient placées l'une à côté de l'autre dans le même monument. (*Voyez planche* XIX, n° 622 et 479).

Hauteur : 90 cent. — Largeur : 2 mètres 37 cent. — Epaisseur : 50 cent.

N. 623.

M . CRIXSIVS . ANTONIVS . ET VIC ORIA LAMY
CONIVNX . EIVS . ET VICTORIA . NOVELLA . MAT I CARISSIMAE VIVI
SIBI . FECERVNT PO TERISQVE SVIS ET SVB AS IA DEDICAVERVNT.

M. Crixsius Antonius et Victoria Lamy, son épouse, et Victoria Novella, ont fait élever ce monument pour leur mère chérie, de leur vivant, pour eux et pour leurs descendants, et l'ont dédié *sub ascia*.

(Publiée par Artaud, *notice*, page 77, n° LVIII, B.)

Cette inscription nous offre le nom d'un gendre et de deux sœurs dont l'une était son épouse, qui élèvent un monument à la mémoire de leur belle-mère et mère; mais les noms de celle-ci ne sont point exprimés, ce qui est peu usité dans le style funéraire. Cette suppression peut s'expliquer par le fait, que cette pièce épigraphique occupe le devant du couvercle d'une tombe sur laquelle était sans doute gravée une épitaphe plus explicative en l'honneur de la défunte. Nous ferons observer que le

PORTIQUE LXI. 567

nom de CRIXSIVS est d'une construction peu latine, et que l's qui suit l'x indique la décadence ; nous trouvons un exemple semblable dans le mot *vixit*, écrit dans les bas temps par *vixsit*. Le mot CONIVX est aussi transformé en CONIVNX.

Ce dessus ou couvercle de sarcophage était encastré dans les murs de la terrasse des Génovéfains, à Lyon, près de l'église de St-Irénée ; il a été placé au Musée lors de sa création. Le président de Bellièvre, dans son *Lugdunum priscum*, cite une inscription où se trouvent les noms *Crixsia Antonia*, il est présumable qu'elle appartenait à la même famille.

Description. — Cette inscription est composée de trois lignes, les lettres sont d'un assez bon style, elles ont 25 millim. de haut.

A la première ligne, dans VICTORIA, le T est détruit ; dans LAMYNIA, les trois dernières lettres sont mutilées. A la 2ᵉ ligne, dans ET, les deux lettres sont conjointes, et dans MATRI, le T est détruit. A la 3ᵉ ligne, le C est détruit dans ASCIA.

Cette épitaphe est gravée dans un cartouche très-allongé, entouré d'un trait ; il reste du côté droit un bas-relief représentant un petit génie ailé, nu et coiffé en cheveux ; sa pose est gracieuse, il soutient un ornement en forme d'R grec. Cette décoration d'un bon style est conservée seulement du côté droit du monument, la sculpture est détruite du côté opposé.

Ce couvercle est en calcaire jurassique (Choin-de-Fay).
Hauteur : 19 cent. — Largeur : 1 mètre 79 cent. — Epaisseur : 50 cent.

N. 624.

Amphore en terre blanche, d'un galbe peu élégant ; la panse est ovoïde ; elle a deux anses cannelées en dehors, le col est volumineux et cylindrique ; la base se termine en pointe allongée.

Elle provient de l'ancien cabinet de la ville.
Hauteur : 97 cent. — Diamètre : 30 cent.

N. 625.

```
    D         M
ET MEMORIAE
   AETERNAE
AESTIVI VRSION
QVI VIXIT. AN. XXV
D. VIIII. RVSTICI
NIA . VENNO    A
CONIVGI. DVLCIS
IMO. P. C. ET SVB. AS
CIA.  DEDICAVIT
PROCVRANTIBVS
VICTORIO. EVTYCH
ETE. ET. APRL. ALEXSAN
        DRO
```

Aux Dieux Mânes
et à la mémoire éternelle d'Aestivus-
Ursio, qui a vécu 25 ans 9 jours ;
Rusticinia Vennonia a fait ériger ce
monument pour son mari bien-aimé,
et l'a dédié *sub ascia* par les soins de
de Victorius Eutychète et d'Aprilis
Alexander.

(Publiée par Artaud comme inédite, *notice*, page 78 n° LVIII, c.)

Dans cette inscription, nous voyons une épouse désolée faire élever un monument à la mémoire de son époux bien-aimé, et le dédier sous la formule *sub ascia* ; mais elle a chargé deux étrangers, sans doute amis du défunt, de veiller à la construction de ce cippe funéraire et à l'arrangement du tombeau. Nous trouvons dans l'orthographe du nom ALEXSANDER la même leçon que dans celle de *Crixsius*, dans l'inscription n° 625, l'x est suivi d'un s.

Cette épitaphe a été découverte à Lyon, au commencement de ce siècle, dans les fondations de l'église des Trinitaires, quartier St-George, et a été donnée au Musée par M. Rollin, propriétaire.

Description. — Cette inscription est composée de quatorze lignes, les lettres sont d'un style commun, elles ont 17 millim. de haut.

La première ligne, formée des deux sigles majuscules D-M, entre lesquels se trouve représentée l'*ascia*, est placée sur le couronnement.

A la 7ᵉ ligne, dans VENNONIA, le troisième N et l'I sont détruits.

A la 8ᵉ ligne, le C qui la commence est mutilé.

A la 9ᵉ ligne, la première lettre qui doit être un s est détruite.

A la 13ᵉ ligne, dans APRIL, l'L étant très-élevé, indique sa conjonction avec l'I, et dans ALEXAN, le second A et l'N sont également conjoints.

Ce cippe funéraire est en calcaire jurassique (Choin-de-Fay) (1), il était décoré d'un couronnement et d'une base à moulures ; cette dernière a été tronquée.

Hauteur : 55 cent. — Largeur : 27 cent. — Epaisseur : 29 cent.

N. 626.

Amphore en argile blanche, de forme ovoïde allongé, se terminant en pointe à sa base ; elle a deux anses à cannelure, le col est renflé dans le bas, les bords sont ébréchés sur le côté gauche, la base a été restaurée avec du plâtre. La pointe en argile rouge a été ajoutée, et ne lui appartenait pas.

Elle provient de l'ancien cabinet de la ville.

Hauteur : 97 cent. — Diamètre : 30 cent.

N. 627.

Tête de femme en marbre blanc, coiffée en cheveux, dont les mèches bouclées forment une série d'ondulations très-saillantes allant d'avant en arrière et couvrant totalement le crâne. Les prunelles sont figurées par une cavité où elles étaient incrustées en verre de couleur.

Le travail n'est pas d'une grande finesse ni d'un style élevé. Cette sculpture a subi de nombreuses mutilations, la face a été brisée et restaurée, la plus grande partie du nez manque, la base du cou est également mutilée.

Nous n'avons aucune donnée sur l'époque de sa découverte ni sur le lieu d'où elle provient.

Hauteur : 31 cent.

(1) Voir page LXXI.

PORTIQUE LXII.

N. 628.

(Inédite.)

```
    D    ✠    M
C . IVL . PLACIDINO
VET. LEG. XXII. P.P.F.
MISSVS . HON . MISS
IVL . PRIMITIVS ET
IVL . DIGNA . LIBER
ET . HEREDES . PO
NENDVM . CVRAVE
RVNT . PATRONO
OBTIMO . ET . PIEN
TISSIM . ET . SVB . ASC
   DEDICAVERVNT.
```

Aux Dieux Mânes
à C. Jul. Placidinus, vétéran de la 22ᵉ légion, Primigenia, Pia, Fidelis, qui a obtenu un congé honorable; Jul. Primitius et Jul. Digna, ses affranchis et héritiers, ont fait élever ce monument à un patron excellent et très-bienfaisant, et l'ont dédié *sub ascia*.

Cette inscription est un simple hommage de reconnaissance de deux affranchis en l'honneur de leur patron, qui avait servi longtemps dans les armées romaines, et qui avait obtenu un congé honorable; car nous pensons que le mot MISSVS a été gravé ainsi par erreur à la place de MISSO, et qu'il doit se rapporter à Placidinus. Si on adoptait la leçon contraire et si l'on faisait rapporter les mots MISSVS HON. MISS., pour *honesta missione*, à Primitius, il faudrait aussi considérer ce dernier comme un soldat qui n'aurait pu servir moins de 10 ans si c'était dans la cavalerie, et de 20 ans si c'était dans l'infanterie; c'était le temps exigé pour le service militaire, après lequel on était renvoyé dans ses foyers, à moins toutefois qu'il y eût libération pour cause de santé ou pour ignominie. Forcellini dit page 86 : *Missio est liberatio a militia; est autem triplex : alia honesta, quæ emeritis stipendüs datur : alia causaria, quæ causa valetudine; alia ignominiosa, cum quis propter delictum a militia ejecitur.* Au reste Primitius n'aurait pu être militaire qu'après son affranchissement, car les esclaves n'étaient appelés aux armes qu'à la suite de grands désastres, et dans les moments périlleux de la république; c'était même un motif d'affranchissement lorsqu'ils servaient avec zèle. Dans tous les cas possibles, il mérita par sa conduite les faveurs de Pladicinus puisqu'il devint son héritier conjointement avec Julia Digna.

Ce cippe a été découvert à Lyon, en 1824, en creusant les fondations de la nouvelle église de St-Irénée, et a été transporté au Musée en 1845.

Description. — Cette épitaphe est composée de douze lignes; les lettres sont d'un bon style, elles ont 35 millim. de haut.

La première ligne est formée des deux sigles majuscules D-M, entre lesquels on a figuré l'*ascia*.

A la 2ᵉ ligne, dans PLACIDINO, le second I et l'N sont conjoints. A la 8ᵉ ligne, dans CVRAVE, l'A et le V le sont aussi. A la 10ᵉ ligne, on lit OBTIMO pour OPTIMO.

A la 12ᵉ ligne, dans DEDICAVERVNT, l'N et le T qui terminent ce mot sont conjoints.

Ce cippe en calcaire jurassique (Choin-de-Fay), est d'une forme élégante ; il était orné d'une base et d'un couronnement à moulures qui ont été abattus et restaurés en plâtre.

Hauteur : 1 mètre 45 cent. — Largeur : 45 cent. — Epaisseur : 33 cent.

n° 629.

```
DIIS    MANIB
CAMILL. AVGVSTLLAE
QVAE VIXIT . ANNIS XXX
DIEB. V. DE. QVA NEMO
SVORVM .   VNQVAM
DOLVIT . NISI MORTEM
SILENIVS .  REGINVS
FRATER .  SORORI
KARISSIMAE  .  ET  SVB
ASCIA .  DEDICAVIT
```

Aux Dieux Mânes de Camilla Augustilla, qui vécut 30 ans 5 jours ; de laquelle personne des siens n'a jamais eu à se plaindre, si ce n'est de sa mort. Silenius Reginus son frère, a fait ériger ce monument à sa sœur bien-aimée, et l'a dédié *sub ascia*.

(Publiée par Artaud *notice*, page 78, n° LIX.)

Cette inscription, d'un style très-simple, vient témoigner de la tendresse d'un frère pour sa sœur ; nous ne retrouvons plus dans les noms de celle-ci le nom de famille de son frère, ce qui indiquerait qu'elle avait été mariée, et qu'on lui a donné ici le nom de la famille dans laquelle elle était entrée, celui de la famille Camilla, auquel on a ajouté son surnom ; peut-être était-elle veuve et sans enfants, puisque le frère seul prend soin de faire élever ce monument à sa mémoire. On remarque à la base du cippe une cavité à ouverture carrée, qui était destinée à recevoir l'urne qui contenait les cendres de la défunte. Nous avons déjà plusieurs exemples semblables ; cette particularité fait remonter ce monument à l'époque où l'on brûlait les corps, usage qui diminua à la fin du premier siècle de l'empire, et qui s'éteignit à la fin du second. Lorsque nous lisons dans cette épitaphe : VNQVAM DOLVIT NISI MORTEM, on serait tenté de croire que Louis XIV parlait sous l'empire d'une réminiscence pareille, quand il s'écria à la mort de Marie-Thérèse, sa femme : « Jamais elle ne m'a donné d'autre chagrin. »

Ce cippe funéraire, cité par Muratori comme faisant partie de la collection Bellièvre, a été offert à la ville de Lyon par M. Marduel, propriétaire à Champvert, où il décorait son jardin.

Description. — Cette épitaphe est composée de dix lignes, les lettres sont d'un bon style ; celles de la première ligne ont 7 cent. 4 millim. de haut, celles du reste du corps de l'inscription ont 40 millim.

A la première ligne, l'invocation aux dieux Mânes est mise en toutes lettres, moins les deux dernières du second mot. Dans DIIS, le second I est plus allongé que les autres lettres.

A la 2ᵉ ligne, dans AVGVSTILLAE, l'I est conjoint au premier L.

Ce beau cippe est en calcaire jurassique (Choin-de-Fay), il est décoré d'une base et d'un couronnement à moulures d'un profil élégant ; l'*ascia* est représentée sur le fronton du couronnement qui se termine à rouleau sur les côtés. Au centre de ces rouleaux on aperçoit sur le devant un trou pour le logement d'un crampon qui unissait au cippe une partie accessoire superposée, ou peut-être encore étaient-ce deux crochets auxquels on suspendait des fleurs ou des offrandes, lorsqu'on venait visiter le tombeau et rendre hommage à la défunte ; il existait une porte pour fermer la cavité qui recélait les cendres de Camilla ; on sait quels soins on portait à la conservation et à la propreté de ces précieux dépôts de famille.

Hauteur : 1 mètre 38 cent. — Largeur : 61 cent. — Epaisseur : 55 cent.

N. 630.

(Inédite.)

```
SILVANO
AVGVSTO
M . AEMILIVS
LAETVS
A STVDIIS
AVGVSTI
DICAVIT
```

A l'auguste Silvain, M. Æmilius Laetus, préposé aux études de l'Empereur, lui a consacré ce monument.

Ce monument est précieux en ce que les hommages de ce genre rendus au dieu Silvain sont rares, et ensuite parce que cette consécration à la divinité tutélaire des jardins et des bois a été faite par une personne attachée à la maison de l'empereur. Nous avons rendu les mots A STVDIIS AVGVSTI par préposé aux études de l'empereur ; nous aurions pu, à l'exemple de quelques archéologues, voir dans M. Æmilius Laetus, un secrétaire ou un lecteur ; mais nous avons préféré suivre la leçon de Spon (*Miscell.* p. 214) et celle émise par Pitiscus, tom. 1ᵉʳ page 5 : « à studiis dicebatur, « qui imperatoris, vel alterius domini *studiis* præerat, cujus opera, et adminiculatione « in *studiis* litterarum utebatur imperator, vel alius quis dominus. Claudio fuit Poly-« bius. Suet. Cl. c. 48. n. 4. *Super hos Polybium à studiis suspexit.* Et Lemnus « nescio quis, in veteri inscriptione :

TI. CLAVDIVS
LEMNVS
DIVI. CLAVDII
AVGVSTI. LIB.
A. STVDIIS.

Il est à regretter que le titre AVGVSTI ne soit pas accompagné du nom de l'empereur, auquel Æmilius Laetus était attaché ; il nous donnerait l'époque à laquelle cette consécration en l'honneur de Silvain a été faite.

Ce monument qui date d'une belle époque, a été découvert en 1845, à Lyon, dans le jardin de l'hospice des Antiquailles, sous l'emplacement du palais des empereurs et de ses dépendances ; peut-être était-il encore à la même place où il avait été élevé dans le jardin qui tenait à ce palais. Il a été donné au Musée par l'administration de cet hospice.

Description. — Cette inscription est composée de sept lignes ; les lettres sont d'un beau style et ont 52 millim. de haut.

A la 5ᵉ ligne, dans STVDIIS, le premier I dépasse en hauteur le niveau des autres lettres. Ce monument honorifique est en calcaire jurassique (Choin-de-Fay), d'une forme élégante, décoré d'une base et d'un couronnement à moulures ; ce dernier est surmonté d'un fronton triangulaire dans le centre, et se terminant à rouleau sur les côtés. (*Voyez planche* XVI, nº 630.)

Il est d'une très-bonne conservation.

Hauteur : 1 mètre 40 cent. — Largeur : 43 cent. — Epaisseur : 37 cent.

N. 631.

Amphore vinaire en argile blanche, à deux anses ; le col est peu allongé, l'ouverture évasée et à bourrelet ; la panse de forme ovoïde se termine à la base par une pointe. Ce vase est d'une bonne conservation ; il a été découvert en 1844 à la manutention des vivres, quai Ste-Marie-des-Chaînes, et donné au Musée par le génie militaire.

Hauteur : 88 cent. — Diamètre : 37 cent.

N. 632.

Tronçon de fût de colonne en marbre blanc, dont on aperçoit encore l'astragale ; il présente quelques brèches dans le haut.

Diamètre : 46 cent. — Hauteur : 64 cent.

N. 633.

Amphore vinaire en argile rose, à deux anses ; la panse est ovoïde et se termine en pointe ; le col est court, l'ouverture évasée, et les bords sont à bourrelet. Elle est d'une parfaite conservation ; elle a été découverte au même lieu et à la même époque que le nº 631 et donnée par le génie militaire au Musée.

Hauteur : 86 cent. — Diamètre : 39 cent.

N. 634.

Amphore en argile blanche, à deux anses et à panse sphérique. Elle est d'une bonne conservation. Elle provient de l'ancien cabinet de la ville.

Hauteur : 70 cent. — Diamètre : 48 cent.

PORTIQUE LXIII

n. 635.

```
D        M
ET AETERNAE QVIETI. P.
AELI . MAXIMI . POLY
CHRONI . QVI VIXIT AN
NIS II M. III. D. IIII. AELIA
EVTICHIANE . ET AGA
PETVS . PARENTES FI
LIO . DVLCISSIMO
P. C. CVI LOCVM . ARE
PIETATI . CONCESSIT
IVL . BARBANE MATRO
NA INCOMPARABI
LIS. SVB ASCIA DEDI
CATVM EST.
```

Aux Dieux Mânes et au repos éternel de P. Ælius Polychronus, qui vécut deux ans, trois mois et quatre jours; Ælia Eutichiane et Agapetus, ses parents, ont fait ériger ce monument à leur fils bien-aimé. Jul. Barbane, matrone incomparable, a accordé à leur tendresse l'emplacement de cet autel; il a été dédié *sub ascia*.

(Publiée par Artaud, *notice*, page 79 n. LX.)

L'enfant en bas-âge auquel Eutichiane et Agapetus donnent, dans cette inscription, des témoignages de tendresse et même le titre de fils, ne porte pas le nom de cette famille; on peut présumer qu'il était leur petit-fils par sa mère; les noms du défunt et ceux de ses parents indiquent une origine grecque.

Ce monument qui faisait partie de la collection Bellièvre, a été apporté au Musée lors de sa création. Il est cité par Muratori.

Description. — Cette épitaphe se compose de 14 lignes; les lettres sont d'un beau style et ont 25 millim. de hauteur. La première ligne est formée des deux sigles D-M; le reste de l'inscription ne présente aucune particularité.

Ce monument est en calcaire jurassique (Choin de-Fay); il est décoré d'une base et d'un couronnement à moulures, surmonté d'un fronton qui se termine à rouleau sur les côtés. La partie gauche du cippe a été nivelée pour en faire le montant d'une porte; dans le bas de l'échancrure qui règne dans toute l'étendue, on aperçoit encore une partie du gond sur lequel elle tournait.

Hauteur : 97 cent. — Largeur : 37 cent. — Epaisseur : 26 cent.

n. 636.

```
D   ☒   M
ET MEMORIAE
AETERNAE
MARINIAE
DEMETRIATI
NATIONE . GRAECI
MARINIVS DEME
TRIVS SORORI DVL
```

Aux Dieux Mânes et à la mémoire éternelle de Marinia Demetrias, grecque de nation, Marinus Demetrius, à sa sœur bien-aimée.

(Publiée par Artaud, *notice*, page 80, n° LX, B.)

Cette inscription, d'un style laconique et simple, exprime le sentiment de tendresse que portait Demetrius à sa sœur chérie. Le bas de l'inscription a été détruit; il est probable que les lignes manquantes se rapportaient à l'érection du monument et à la formule *sub ascia*.

Cette pièce épigraphique est l'une de celles qui ont été tirées de la collection de Bellièvre ; elle figurait au jardin des Antiques situé à Lyon, au-dessous de la place de la Trinité, quartier St-George. Spon qui l'a vue en citait 22 ; 15 ont été apportées au Musée lors de sa création, et 7 ont disparu sans que l'on sache ce qu'elles sont devenues.

Description. — Cette épitaphe est composée de 8 lignes ; les lettres sont d'un bon style, elles ont 27 millim. de haut.

La première ligne est formée par les deux sigles D-M, entre lesquels on a représenté l'*ascia*.
A la 6ᵉ ligne, dans NATIONE, le second N et l'E sont conjoints.
A la 7ᵉ ligne, dans DEME, l'M est conjoint à l'E qui le suit.

Ce débris de monument est en calcaire jurassique (Choin-de-Fay), il ne reste du cippe qu'une partie du fût ; la base et le couronnement ont été coupés régulièrement pour en faire une assise de forme carré-long.

Hauteur : 42 cent. — Largeur : 32 cent. — Epaisseur : 26 cent.

N. 637.

Partie supérieure du fût d'une colonne en calcaire rougeâtre ; au-dessous de l'astragale qui est mutilé on lit l'inscription suivante qui forme un cercle complet COLISISTERCEO. Nous ne pouvons tirer aucun sens de cette ligne dont les lettres d'un style très-médiocre et du bas temps se suivent à intervalle régulier sans ponctuation ; elles ont en hauteur 9 cent. Nous remarquons seulement que les deux E empruntent la forme grecque, et que le T simule celle qu'on lui donnait au XIᵉ et au XIIᵉ siècle.

Hauteur : 48 cent. — Diamètre : 54 cent.

N. 638.

Cette inscription présente quelques mots et portions de mots qui ont subi de graves mutilations ; il est impossible de déterminer dans quel but et à quelle divinité cet autel a été érigé.

Ce monument a été découvert à Lyon, en 1857, au pied d'un reste d'aqueduc qui a été détruit, sur le chemin de Loyasse exécuté par le génie militaire pour la communication des forts.

Description. — On aperçoit les restes de trois lignes ; les lettres sont d'un style commun, elles ont 30 millim. de haut.

PORTIQUE LXIII.

Ce petit autel des bas-temps est en calcaire oolithique blanc de Tournus ; il est décoré d'une base et d'un couronnement à moulures ; les angles ont subi des mutilations.
Hauteur : 60 cent. — Largeur : 17 cent. — Epaisseur : 17 cent.

N. 639.

Vase amphorique en argile rouge, d'un galbe élégant ; le col est allongé ; la panse piriforme est tronquée à l'extrémité inférieure pour former la base ; il est décoré de deux anses, l'une d'elles a été brisée et restaurée. Il provient du cabinet Artaud.
Hauteur : 53 cent. 2 millim. — Diamètre 20 cent.

N. 640.

Tuile romaine. Les peuples primitifs couvraient les toits de leurs maisons en toutes sortes de matières, dont les différentes pièces n'avaient souvent aucune forme régulière ; plus tard on adopta la tuile, on en fit en bois, en pierre, en bronze et même en métaux précieux ; mais comme aujourd'hui, on employa d'une manière plus générale celles faites en argile cuite. Les potiers fabricants de tuiles étaient nommés chez les Romains *fibuli ab imbricibus*.

La tuile dont il est ici question est de fabrique gallo-romaine, en argile rouge ; sa forme est celle d'un carré-long plus rétréci à l'une de ses extrémités qu'à l'autre ; une bande en relief, en forme de listel, borde les côtés ; cette conformation était nécessaire pour leur emboitement les unes dans les autres. Elle est dans un bon état de conservation. Elle a été découverte à Lyon en 1859, en creusant les fondations du quai Fulchiron.
Hauteur : 54 cent. 5 millim. — Largeur : 32 cent.

N. 641.

Contre-poids en argile rouge, de travail informe ; il est mutilé.
La nécessité d'opposer une force calculée à la puissance d'un corps fit inventer les contre-poids dès la plus haute antiquité ; on employa toute espèce de matières pour les composer ; l'argile cuite pouvant se modeler et se réduire facilement à la forme et au poids voulu, elle fut communément choisie pour fabriquer des contre-poids : ils sont en général en forme de coin, et sont percés horizontalement d'un trou transversal pour le passage de la corde destinée à les suspendre ; on en rencontre fréquemment dans tous les lieux où se trouvent des ruines antiques.
Celui-ci provient de l'ancien cabinet de la ville.
Hauteur : 18 cent. 2 millim. — Epaisseur : 5 cent. 2 millim. — Poids : 630 grammes.

N. 642.

Fragment d'antéfixe en argile rouge ; il y a pour ornement, deux enroulements et une palmette. Il provient du cabinet Artaud.
Hauteur : 12 cent. 6 millim. — Largeur : 11 cent. 3 millim.

N. 643.

Contre-poids en argile rose, trouvé à Ste-Colombe; il est ébréché.
Il provient du cabinet Chavernod.
Hauteur : 12 cent. — Poids 552 grammes.

N. 644.

Contre-poids en argile rouge, la surface est en partie altérée et mutilée.
Il provient de l'ancien cabinet de la ville.
Hauteur : 14 cent. 7 millim. — Epaisseur : 4 cent. 2 millim. — Poids : 605 grammes.

N. 645.

Contre-poids en argile rouge, sans ornement; d'une forme moins triangulaire, plus aplatie. Le trou se trouve percé dans un autre sens que chez les précédents; les arêtes des angles sont émoussées par l'usure.
Il provient du cabinet Artaud.
Hauteur : 12 cent. 8 millim. — Epaisseur : 4 cent. 2 millim. — Poids : 645 grammes.

N. 646.

Conduit de chaleur, ayant la forme d'un parallélogramme, trouvé à l'hypocauste de Ste-Colombe, au lieu dit *des Miroirs*. On devrait considérer ces conduits comme de véritables briques creuses, car on les faisait entrer dans la construction des cloisons intérieures, leur arrangement formait un mur creux. Chaque conduit avait des bouches de chaleur. On remarque, à la surface, des rainures pour rendre plus solide l'application de la chaux ou de tout autre enduit. Ce conduit est mutilé à l'une des extrémités.
Il provient du cabinet Chavernod.
Longueur : 40 cent. — Epaisseur : 15 cent. — Poids : 4,398 grammes.

N. 647.

Contre-poids, conforme au précédent sous tous les rapports; il a été trouvé rue de Puzy, maison Dittmar, il y a quelques années.
Il provient du cabinet Artaud.
Hauteur : 13 cent. 8 millim. Epaisseur : 5 cent. 1 millim. — Poids : 785 grammes.

N. 648.

Contre-poids en argile rouge, d'une forme triangulaire allongée; sur chaque face on remarque trois empreintes simulant une petite roue à cinq rayons; elles forment entre elles le triangle; une seule empreinte de même nature est placée sur les côtes :

c'était sans doute une marque de fabrique ou de pesanteur dont on a voulu faire, par la disposition, une espèce d'ornement.

Ce contre-poids a été trouvé dans le jardin Macors, à l'époque de la découverte de la belle mosaïque représentant un hippodrome. Le grand nombre de ces sortes d'ustensiles, leur poids et leur forme nous font présumer que le plus grand nombre de ceux que possède le Musée ont servi à armer des métiers pour le tissage des étoffes qui se fabriquaient anciennement. Il est ébréché.

Il provient du cabinet Artaud.

Hauteur : 13 cent. 5 millim. — Epaisseur : 6 cent. 2 millim. — Poids : 794 grammes.

N. 649.

Contre-poids en argile rouge, ébréché.
Il provient de l'ancien cabinet de la ville.
Hauteur : 17 cent. — Epaisseur : 4 cent. 7 millim. — Poids : 740 grammes.

N. 650.

Contre-poids en argile rouge, mutilé, usé.
Il provient de l'ancien cabinet de la ville.
Hauteur : 14 cent. — Epaisseur : 5 cent. 4 millim. — Poids : 745 grammes.

N. 651.

Contre-poids en argile rouge, usé.
Il provient de l'ancien cabinet de la ville.
Hauteur : 12 cent. — Epaisseur : 5 cent. 5 millim. — Poids : 610 grammes

N. 652.

Contre-poids en argile rouge, mutilé.
Il provient de l'ancien cabinet de la ville.
Hauteur : 13 cent. — Epaisseur : 4 cent. 4 millim. — Poids : 548 grammes.

N. 653.

Contre-poids en argile rouge, mutilé, usé.
Il provient de l'ancien cabinet de la ville.
Hauteur : 14 cent. 7 millim. — Epaisseur : 5 cent. 4 millim. — Poids : 555 grammes.

N. 654.

Contre-poids en argile rouge, plus petit, dans un mauvais état de conservation.
Il provient du cabinet Artaud.
Hauteur : 9 cent. 5 millim. — Epaisseur : 3 cent. 7 millim. — Poids : 232 grammes.

N. 655.

Antéfixe en argile rouge, trouvée à Ste-Colombe. Pour ornements elle présente un mascaron à face jeune et joufflue, d'où partent des rayons de diverses grosseurs en relief, et arrangés en courbes régulières ; de chaque côté du sommet de la tête s'élève un rayon vertical, semblable à celui qui termine nos fleurs de lys dans le blason, et forme le sommet de l'antéfixe. Au-dessous du menton il existe une éminence en forme de bouton. La base de l'antéfixe est à moulures, elle est mutilée sur l'un des côtés.

Elle provient du cabinet Chavernod.

Hauteur : 26 cent. 8 millim. — Poids : 790 grammes.

N. 656.

Contre-poids en argile rouge, forme de coin, venant de Vienne, il est mutilé dans le haut.

Il provient du cabinet Chavernod.

Hauteur : 56 cent. — Poids : 628 grammes.

N. 657.

Contre-poids en argile rouge, usé, ébréché.

Il provient du cabinet de la ville.

Hauteur : 14 cent. — Epaisseur : 5 cent. 5 millim. — Poids : 815 grammes.

N. 658.

Tuile parfaitement conforme à celle qui porte le n° 640 ; elle est de la même fabrique, en argile semblable, et a été trouvée au même lieu. Elle est très-bien conservée ; elle a été donnée à la ville par MM. les ingénieurs qui dirigeaient les travaux du quai Fulchiron.

Poids : 4,049 grammes.

N. 659.

Conduit de calorifère en argile rouge, de même forme que celui portant le n° 646

Longueur : 36 cent. — Epaisseur : 15 millim.

N. 660.

Tuile gallo-romaine en argile rouge, de même forme que celles déjà citées ; elle présente quelques brèches ; elle a été découverte à Lyon en 1859, en creusant les fondations du quai Fulchiron, rive droite de la Saône.

Longueur : 41 cent. — Largeur : 32 cent. — Poids : 5,350 grammes.

PORTIQUE LXIII.

N. 661.

Contre-poids en argile rouge, mutilé. Il provient de l'ancien cabinet de la ville.
Hauteur : 14 cent. — Epaisseur : 5 cent. 9 millim. — Poids : 740 grammes.

N. 662.

Contre-poids en argile rouge, mutilé. Il provient de l'ancien cabinet de la ville.
Hauteur : 13 cent. 5 millim. — Epaisseur : 5 cent. 5 millim. — Poids : 512 grammes.

N. 663.

Contre-poids en argile rouge, trouvé à Vienne, dans le Rhône ; il a ses faces usées.
Il provient du cabinet Chavernod.
Hauteur : 12 cent. 6 millim. — Poids : 543 grammes.

N. 664.

Contre-poids en argile rouge, de forme carrée, il est ébréché.
Il provient de l'ancien cabinet de la ville.
Hauteur : 12 cent. — Epaisseur : 5 cent. 9 millim. — Poids : 628 grammes.

N. 665.

Contre-poids en argile rouge, usé sur les angles.
Il provient de l'ancien cabinet de la ville.
Hauteur : 14 cent. 5 millim. — Epaisseur 6 cent. — Poids : 720 grammes.

N. 666.

Contre-poids en argile jaunâtre, trouvé à Ste-Colombe. Il est d'une bonne conservation. Il provient du cabinet Chavernod.
Hauteur : 10 cent. 3 millim. — Poids : 392 grammes.

N. 667.

Contre-poids en argile rouge, de forme carré-long.
Il provient de l'ancien cabinet de la ville.
Hauteur : 13 cent. 2 millim. — Epaisseur : 5 cent. 3 millim. — Poids : 700 grammes.

N. 668.

Fragment d'antéfixe en argile rouge, venant de Vienne ; il est décoré d'une portion de moulures et de festons avec des pendentifs.
Il provient du cabinet Chavernod.
Hauteur : 12 cent. 4 millim. — Poids : 545 grammes.

N. 669.

Tuile en argile rouge, de fabrique romaine, conforme aux précédentes; elle est très-bien conservée.

Elle provient de l'ancien cabinet de la ville.

Long. : 44 cent.—Larg. : 32 cent. 8 millim.— Epaiss. : 2 cent. 5 millim.— Poids 6,940 gr.

N. 670.

Fragment d'antéfixe en argile rouge; il n'en reste qu'un mascaron qui ornait le centre. Il provient du cabinet Artaud.

Hauteur : 15 cent. 8 millim. — Largeur : 15 cent. 6 millim.

N. 671.

Contre-poids en argile rouge, mutilé.

Il provient de l'ancien cabinet de la ville.

Hauteur : 12 cent. 3 millim. — Epaisseur : 4 cent. 6 millim. — Poids : 440 grammes.

N. 672.

Contre-poids mutilé, en argile rouge et en forme de coin; il a été trouvé à Vienne, et provient du cabinet Chavernod.

Hauteur : 15 cent. — Poids : 600 grammes.

N. 673.

Contre-poids en argile rouge, usé.

Il provient de l'ancien cabinet de la ville.

Hauteur : 13 cent. — Epaisseur : 4 cent. 5 millim. — Poids : 580 grammes.

N. 674.

Antéfixe en argile rouge. La partie supérieure manque; elle est ornée dans le bas d'un mascaron entouré de rayons courbes et, à chaque côté, d'une volute reposant sur une bande à moulures.

Elle provient du cabinet Artaud.

Hauteur : 10 cent. 5 millim — Largeur : 14 cent. 3 millim.

N. 675.

Contre-poids en argile rouge, en forme de coin, comme les précédents; il est écorné. Il a été trouvé à Vienne et provient du cabinet Chavernod.

Hauteur : 9 cent. — Poids : 580 grammes.

N. 676.

Tuile romaine, ayant servi pour la construction d'une tombe composée de six pièces ; elle est conforme à celles dont on se servait à cette époque pour la couverture des toits. Les anciens employaient souvent des tuiles ordinaires pour construire leurs tombes ; quelquefois aussi ils se servaient de briques faites exprès, soit à rainures, soit à recouvrement ; dans cette espèce de châsse, le plus souvent ayant la forme d'un carré-long, ils déposaient les cendres du mort et leurs offrandes qu'ils renfermaient dans des ossuaires soit en terre, soit en verre, pierre ou métal.

Cette tuile a été trouvée en 1843, dans le clos Nouvellet, paroisse de St-Irénée, banlieue de Lyon, où existait un cimetière gallo-romain. Elle est d'une bonne conservation. Les autres briques avaient été brisées. Elle a été achetée par la ville.

Longueur : 51 cent. 5 millim. — Largeur : 33 cent.

PORTIQUE LXIV.

N. 677.

```
D    M
Q . DECCI
ERECTHEI . QVI
VIXIT . ANN . XXX
D . XXXV . DECCIA
CLEMENTILLA
MATER . FILIO . KA
RISSIMO . ET SIBI
P. C. S. A. D.
```

Aux Dieux Mânes de Q. Deccius Erectheius, qui a vécu 30 ans 35 jours. Deccia Clementilla, sa mère, a fait élever ce monument à son fils chéri et pour elle-même, et l'a dédié *sub ascia*.

(Publiée par Artaud, *notice*, page 80, n° LXI.)

Dans cette inscription, nous voyons une mère élever un monument à la mémoire de son fils bien-aimé, et le désir qu'elle forme de voir ses cendres réunies à celles de ce fils.

Ce cippe a été donné à la ville de Lyon par M. Peilleux, ancien propriétaire du bâtiment des Génovéfains, près l'église de St-Irénée.

Description. — Cette épitaphe est composée de 9 lignes, les lettres sont d'un beau style et ont 35 millim. de haut.

La première ligne est composée des deux sigles D-M.

A la 7ᵉ ligne, le k remplace le c dans carissimo.

La 9ᵉ ligne est formée des initiales des mots *ponendum curavit, sub ascia dedicavit*.

Ce cippe est en calcaire jurassique (Choin-de-Fay), il est décoré d'une base et d'un couronnement à moulures ; ce dernier est surmonté d'un fronton triangulaire dans le centre et qui se termine en volute sur les côtés. Sur ce fronton est représentée l'*ascia* ; les moulures sont ébréchées ;

le haut de ce cippe offre une ouverture carrée conduisant à une cavité qui recélait sans doute l'urne cinéraire du fils et de la mère.

Hauteur : 93 cent. — Largeur : 40 cent. — Epaisseur : 27 cent.

N. 678.

Curieux bas-relief du bas-empire, de forme carré-long, en calcaire de Lucenay (Rhône). Sur le premier plan on voit trois guerriers debout, en costume militaire, à tête casquée, couverts chacun du côté gauche d'un vaste bouclier tuilé, orné de foudres figurées. Sur le second plan on aperçoit seulement les têtes casquées de cinq autres guerriers. (*Voyez planche* V, n° 678.)

Ce bas-relief est d'un assez bon style pour cette époque, il était placé dans un encadrement à moulures ; celles des côtés sont mutilées.

Hauteur : 85 cent. — Largeur : 58 cent. — Epaisseur : 20 cent.

N. 679.

```
D  M
CARAN
IA SECV
NDINA
FRATRI
```

Aux Dieux Mânes, Carania Secundina, à son frère.

(Publiée par Artaud, *notice*, page 75, n° LVI, B.)

Il est difficile de trouver une inscription plus laconique, deux lettres pour l'invocation aux Dieux Mânes, les deux noms d'une femme et le titre de frère.

Cette inscription du bas-temps a été découverte à Lyon, dans les travaux du Jardin-des-Plantes.

Description. — Cette épitaphe est composée de cinq lignes, les lettres sont d'un très-mauvais style, elles ont 30 millim. de haut.

La première ligne est formée des deux sigles D-M.

Ce cippe est en calcaire de Lucenay (Rhône), de forme grêle, d'un mauvais goût ; il est décoré d'une base et d'un couronnement à moulures ; la base a souffert, les parties saillantes sont usées et ébréchées.

Hauteur : 62 cent. — Largeur : 18 cent. — Epaisseur : 15 cent.

N. 680.

Amphore en argile rouge, à col très-court et large ; la panse est piriforme, tronquée à sa base. Ce vase est muni de deux petites anses ; on l'a affublé d'un couvercle qui ne lui appartient point.

Il provient du cabinet Artaud.

Hauteur : 36 cent. 2 millim. — Diamètre : 22 cent. — Poids : 2, 625 grammes.

N. 681.

Tuile en argile rouge, de fabrique gallo-romaine, parfaitement conservée ; il n'existe aucune note sur l'époque et le lieu de sa découverte.

Elle provient de l'ancien cabinet de la ville.

Long. : 43 cent. 5 mill. — Larg. : 32 cent. — Epaiss. : 2 cent. 5 mill. — Poids : 7,440 gr.

N. 682.

Fragment de patte de lion ou de panthère, en calcaire blanc, avec des teintes d'un rouge violet, semblable à l'oxyde de cobalt ; il ne reste du membre de cet animal que les griffes reposant sur un socle carré fragmenté. Il a été trouvé à l'amphithéâtre à Vienne.

Il provient du cabinet Artaud.

Hauteur : 7 cent. — Poids : 790 grammes.

N. 683.

Mascaron en argile rouge, dépendant d'une antéfixe ; deux enroulements ornent les côtés de la tête. Le nez est mutilé. Il a été trouvé à Ste-Colombe et provient du cabinet Chavernod.

Hauteur : 13 cent. 3 millim. — Poids : 562 grammes.

N. 684.

Mascaron en argile rouge, provenant aussi d'une antéfixe, parfaitement conforme au précédent, vraisemblablement sorti du même moule. Le menton est mutilé. Il a été trouvé au même lieu.

Il provient du cabinet Chavernod.

Hauteur : 14 cent. — Poids : 770 grammes.

N. 685.

Débris de feuillage en calcaire de Lucenay (Rhône) d'un travail du XVe siècle, provenant sans doute d'une église de cette époque.

Longueur : 15 cent.

N. 686.

Mascaron d'un beau style, en argile rouge, ayant fait partie d'une antéfixe. Il a été trouvé à Ste-Colombe ; il n'en reste que le mascaron, toutes les autres parties manquent.

Il provient du cabinet Chavernod.

Hauteur : 16 cent. 4 millim. — Poids : 812 grammes.

N. 687.

Fragment d'antéfixe en argile rouge, trouvé à Vienne, présentant un mascaron et quelques ornements au-dessus.

Il provient du cabinet Chavernod.

Hauteur : 13 cent. 5 millim. — Poids : 822 grammes.

N. 688.

Fragment d'antéfixe en argile rouge, sur laquelle on aperçoit des restes d'ornements qui simulent une fleur de lys.

Hauteur : 13 cent. — Largeur : 14 cent. — Epaisseur : 3 cent.

N. 689.

Brique en argile rouge, trouvée dans des murs romains, à Pipet (fort de Vienne); elle est sans inscription, mais elle tient à une catégorie de briques qui ont une éminence en forme de bouton, dans le centre de leur surface, pour assurer la prise du ciment et la solidité de la construction ; ces briques sont vulgairement surnommées briques antiques *à bouton*. Celle-ci est bien conservée.

Elle provient du cabinet Chavernod.

Hauteur : 47 cent. — Largeur : 31 cent. — Epaisseur : 5 cent. — Poids : 14,400 grammes.

N. 690.

Fragment d'antéfixe en argile rouge, venant de Vienne, ayant pour ornements deux enroulements, et en-dessous une marque de fabrique déjà citée SECVNDVS. RVFVS. F.

Il provient du cabinet Chavernod.

Hauteur : 10 cent. — Largeur : 16 cent. 5 millim. — Poids : 570 grammes.

N. 691.

Débris d'une antéfixe en argile rouge, la partie supérieure est détruite, il reste dans le bas une bande à moulure surmontée d'un mascaron qui est entouré de rayons en relief formant une palmette.

Hauteur : 19 cent. — Largeur : 19 cent.

N. 692.

Tronçon en marbre blanc de Paros, représentant la partie inférieure de la jambe gauche d'une statue d'environ deux mètres de haut. Par ce qui nous reste de ce monument antique, il est difficile d'apprécier le style de la sculpture, cependant on est autorisé à le rapporter à une bonne époque de l'empire. Il a été trouvé à Sainte-Colombe, lieu dit des Miroirs.

Il provient du cabinet Chavernod.

Hauteur : 10 cent. 4 millim. — Poids : 1,275 grammes.

N. 693.

Brique ronde, épaisse, en argile rouge, en forme de disque, destinée avec d'autres du même genre à former des colonnes ou portions de colonnes. Elle a été trouvée à Ste-Colombe, au lieu dit des Miroirs, dans un hypocauste. Dans ces établissements de bains bien conservés, il existait des siéges composés de deux petites colonnes en briques de cette forme, sur lesquelles reposait une longue et large brique. Pour la décoration de ces lieux où il fallait des corps réfractaires, on faisait aussi des demi colonnes et des quarts de colonnes en briques représentant un demi cercle ou un quart de cercle. Il est même à présumer que la pierre et la main-d'œuvre étant à bon marché à cette époque, les Romains qui travaillaient avec luxe et pour la solidité, n'ont guère employé ces espèces de briques que dans leurs salles de bains, à raison de leur vertu réfractaire. Il en existe de semblables à l'hypocauste antique d'Aix, en Savoie, et dans plusieurs ruines romaines de ce genre, dans le midi de la France et dans la Saintonge.

Elle provient du cabinet Chavernod.

Diamètre : 24 cent. — Epaisseur : 6 cent. 5 millim. — Poids : 4,975 grammes.

N. 694, 695, 696, 697 et 698.

Ces disques, en bois de chêne, proviennent de la résection d'antiques pilotis qui se trouvaient quai Fulchiron, dans l'endroit même où l'on a découvert le pied de cheval en bronze qui a été déposé au Musée lors de sa découverte, en 1841 (1). Le bois est noirâtre, fendillé, surtout à la circonférence; il passe à la carbonisation, mais présente encore une grande dureté; le pilotis auquel ces disques appartenaient était sans doute un de ceux qui servaient de base au piédestal de la statue équestre qui existait en cet endroit, et dont nous avons un fragment, n° 507 sous le portique LIII.

Diamètre : 30 cent.

N. 699.

Brique romaine, en argile rouge grossière, trouvée en 1845 dans le cimetière gallo-romain de Saint-Irénée, avec un grand nombre de vases cinéraires et autres antiquités.

Cette brique servait de recouvrement à une tombe qui était composée de six pièces semblables ; dans cette tombe étaient renfermés un ossuaire contenant des os cal-

---

(1) Voir la brochure que nous avons publiée à cet égard (Antiquités de Lyon.)

cinés et des vases à parfum en terre et en verre. Elle est d'une bonne conservation. Elle a été achetée par la ville en 1845.

Longueur : 43 cent. 5 millim. — Largeur : 31 cent. — Epaisseur : 5 cent. 3 millim.

n. 700.

Brique en argile rouge, pour la construction d'une demi-colonne, trouvée avec celle qui porte le n° 695 et destinée au même emploi.

Elle provient du cabinet Chavernod.

Diamètre : 28 cent. 7 millim. — Poids : 3,560 grammes.

n. 701.

Brique en argile rouge, destinée à la construction d'un quart de colonne, trouvée à Ste-Colombe, au lieu dit des Miroirs.

Elle provient du cabinet Chavernod.

Diamètre : 19 cent. — Poids : 2,825 grammes.

n. 702.

Fragment de sculpture en marbre blanc, de forme irrégulière ; il présente une portion de tige de plante avec feuilles. Il est d'un très bon style.

Hauteur : 11 cent. — Largeur : 13 cent — Epaisseur : 5 cent.

n. 703.

Débris d'une antéfixe assez volumineuse, en argile jaunâtre, se rapprochant des larves qu'on plaçait sur les monuments funèbres ; la bouche est ouverte, le nez mutilé ; l'œil droit et toute la partie supérieure de la face manquent. Elle a été trouvée à Vienne et provient du cabinet Chavernod.

Hauteur : 18 cent. — Poids : 3,395 grammes.

n. 704.

Tête barbue, coiffée d'un bonnet phrygien, en marbre blanc, ayant sans doute appartenu à un bas-relief, à en juger par quelques parties sur le derrière qui ne sont qu'ébauchées. La sculpture en est usée, le nez mutilé, la tête brisée au niveau du menton. Elle a été trouvée au cimetière de St-André-le-Haut, à Vienne.

Elle provient du cabinet Chavernod.

Hauteur : 15 cent. — Poids : 1,335 grammes.

n. 705.

Fragment antique, en marbre, dépendant d'une frise ; on y voit une rangée de festons, de feuilles d'eau et un morceau de pampre. La sculpture en est soignée et d'un bon style.

Hauteur : 13 cent. — Largeur : 15 cent. — Epaisseur : 3 cent.

N. 706.

Fragment d'antéfixe en argile rouge grossière ; il présente deux portions de rinceaux, et entre eux le chiffre I qui doit être pris ici comme ornement.
Il provient du cabinet Artaud.

Hauteur : 9 cent. 5 millim. — Largeur : 10 cent. — Epaisseur : 3 cent.

N. 707.

Fragment d'une antéfixe en argile blanche grossière, où l'on remarque la moitié d'une palmette et des restes de sommités de feuillages.

Hauteur — 13 cent. — Largeur : 10 cent. — Epaisseur : 2 cent.

N. 708.

Fragment d'antéfixe en argile rouge, où l'on voit quelques restes incomplets d'ornements et une palmette dans le centre. La forme de ce débris est un carré irrégulier.

Hauteur : 11 cent. — Largeur : 15 cent. — Epaisseur : 3 cent.

N. 709.

Fragment de mosaïque, de forme carré-long irrégulier, représentant un entre-lacs qui servait d'entourage à un caisson, et entrait dans la bordure de la mosaïque elle-même. Les cubes sont assez fins et de couleur verdâtre, noire et blanche.

Longueur : 12 cent. — Largeur 10 cent. — Epaisseur : 3 cent.

N. 710.

Tuile romaine en argile rouge, à rebords latéraux, dans la même forme que celle que nous avons déjà décrite dans ce catalogue n° 640. Elle a été trouvée à Pipet (Vienne) ; elle est écornée à son extrémité la plus large.
Elle provient du cabinet Chavernod.

Longueur : 44 cent. 5 millim. — Poids : 5,500 grammes.

MONUMENTS

GROUPÉS AU CENTRE DE LA COUR DU PALAIS-DES-ARTS.

N. 711.

(Publié par Artaud, *notice*, page 71 n° LIII.)

Sarcophage en marbre blanc, trouvé à Ste-Marie-des-Chaînes, quai de Serin, où se trouve aujourd'hui la manutention des vivres. L'intérieur présente une fosse allongée, arrondie à ses deux extrémités ; sa longueur est de 2 mètres 10 cent., sa profondeur de 92 cent., et sa largeur de 85 cent. A l'extérieur le devant est orné de strigiles placées en regard ; dans le milieu et en haut on a sculpté un vase funéraire de forme amphorique ; le dessus et le dessous sont décorés de moulures. Du côté droit, toujours sur le devant, une femme debout, élégamment drapée, soutient de la main droite un pan de draperie qui passe derrière elle au-dessus de ses épaules, et dont le bout redescend plus bas que sa ceinture ; cet arrangement de draperie forme une espèce de baldaquin. Du côté gauche, une statue d'homme debout, vêtu de la tunique talaire à longues manches, tient de la main droite le pan d'un baldaquin semblable à celui dont nous venons de parler ; la main gauche soutient une partie de la draperie qui lui couvre la poitrine ; à ses pieds, du côté droit, on voit un cippe rond sur lequel repose une colombe, et à gauche un faisceau de branches rondes et uniformes qu'on peut prendre pour le faisceau consulaire. Cette partie sculptée du devant présente de nombreuses mutilations et de l'usure. Dans le bas il existe quatre espaces ronds et creux, percés de trous, sans doute pour le placement d'ornements en bronze qui ont disparu. Les deux côtés sont décorés de deux boucliers placés en sautoir, derrière et au centre desquels se croisent deux haches de licteur ; les boucliers sont ornés de feuillages.

Ce monument est d'un bon style et l'un des plus remarquables que nous possédions. *(Voyez planche* VII, n° 711.)

Hauteur : 97 cent. — Longueur : 2 mètres 52 cent. — Epaisseur : 96 cent.

N. 712.

Amphore en argile blanche, à panse ovoïde allongée ; le goulot a été restauré en plâtre.

Elle provient de l'ancien cabinet de la ville.

Hauteur : 92 cent. — Diamètre : 30 cent. 5 millim.

N. 713.

Larve en argile rouge, de travail moderne.
Hauteur : 50 cent. — Largeur : 49 cent.

N. 714.

Amphore vinaire, en argile rose ; la panse est ovoïde allongé, sa base se termine par une longue pointe cylindrique, le goulot est allongé, elle porte deux anses cannelées, les bords de son embouchure sont mutilés.

Elle a été découverte en 1853, dans la rue de Trion, à Lyon, quartier de St-Just, en creusant les fondations d'une maison.

Hauteur : 98 cent. — Diamètre : 50 cent.

N. 715.

| APOLLINI |
| SANCTO |
| IVLIVS SILVA |
| NVS . MELANIO |
| PROC . AVG . |
| V . S . |

Au divin Apollon. Julius Silvanus Melanio, procurateur (intendant) de l'empereur, a rempli son vœu.

(Publiée par Artaud, *notice*, page 81.)

Comme on le voit, Silvanus était un personnage important, puisqu'il était l'un des intendants de l'empereur ; il avait fait un vœu à Apollon, pour implorer de lui nous ne savons quelle faveur ; il remplit religieusement ce vœu, puisqu'il a fait élever cet autel et que nous y remarquons les deux initiales des mots *votum solvit*.

Nous avons cru devoir traduire le mot SANCTO par *divin* et non par *saint*, épithète qui dans notre langue ne rendrait point la pensée de Silvanus, et les commencements de mots PROC. AVG. par intendant ou procurateur de l'empereur. Ce titre isolé ne nous dit point quelles étaient ses fonctions, s'il était spécialement attaché à la maison de l'empereur, ou s'il occupait une charge dans les finances impériales ou dans l'administration du trésor public. Artaud avait donné à ces mots le sens de procurateur augustal, mais ici AVG. doit signifier *augusti* et se prendre pour *imperatori*.

Nous n'avons aucune espèce de renseignement sur le lieu et l'époque de la découverte de cet autel ; nous savons seulement que le Musée le doit à la générosité de M. Macors, pharmacien, qui l'avait acheté à Lyon, et l'avait placé comme ornement dans le jardin qu'il possédait rue de Sarron, quartier Perrache.

Description. — Cette inscription votive est composée de 6 lignes ; les lettres sont d'un bon style, elles ont, à la première ligne 44 millim. de haut, et 37 pour celles qui suivent.

Ce monument est en calcaire jurassique (Choin-de-Fay), de forme élégante, décoré d'une base et d'un couronnement à moulures.

Hauteur : 90 cent. — Largeur : 47 cent. — Epaisseur : 58 cent.

N. 716.

Statue en marbre blanc, par M. Vietti, et par conséquent moderne.

Le dieu du Parnasse est représenté debout, nu ; le bras droit est relevé et la main dirigée derrière sa tête ; le bras gauche est appuyé sur un tronc d'arbre auquel est attaché un carquois ; il tient de la main gauche un volumen.

Ce travail n'est point terminé, il est noirci par le temps lors même qu'il ne date que d'une vingtaine d'années.

Hauteur : 1 mètre 37 cent.

SUPPLÉMENT

Dans le classement général des monuments qui se trouvent étalés sous les portiques du palais, nous avons fait suivre les numéros depuis le n° 1er jusqu'au n° 716; depuis la terminaison de cette série, il est arrivé dans le Musée lapidaire d'autres monuments que nous avons été obligés de placer indistinctement dans les endroits libres; mais ils n'en seront pas moins faciles à découvrir, puisque nous indiquons le n° du portique après celui du monument dont nous donnons la description. A raison des dépenses énormes qu'aurait exigé le remaniement de ces lourdes masses, il nous a été impossible de trouver un meilleur moyen.

N. 717. (PORTIQUE VI.)

```
C. IVL . C. FIL QVIR          C. IVL. C. FIL QVIR. CELSO
CELSO    MAXIMIANO            A. LIBELLIS. ET. CENSIBVS
ADLECTO ANNORVM QVATTVOR      PROC. PROVINCIAR LVGVD ET AQVITANIC
IN AMPLISSIMVM ORDINEM        PROC. PATRIMONI PROC XX HEREDITAT ROMA
AB IMP. T. AELIO HADRIANO     PROC. NEASPOLEOS ET MAVSOLEI ALEXANDRIAE PROC
ANTONINO AVG. PIO P.P.        XX HEREDITAT. PER PROVINCIAS NARBONENS
                              ET AQVITANICANI DILECTATORI PER AQVITANICA
                              XI POPVLOS CVRATORI VIAE LIGNARIAE TRIVMPHAL
```

APPIANVS. AVG. LIB. TABVL. RATION. FERRAR

A Caius Julius Celsus Maximianus, fils de Caius de la tribu Quirina, élu à l'âge de quatre ans, membre de l'ordre le plus élevé (le sénat) par l'empereur Titus Ælius Hadrien Antonin, Auguste, Pieux, Père de la Patrie.

A Caius Julius Celsus, fils de Caius, de la tribu Quirina, maître des requêtes (adressées à l'empereur) et directeur des recensements pour l'impôt de la capitation; intendant de l'empereur dans les provinces lyonnaise et aquitanique; intendant du patrimoine particulier de l'empereur; intendant de l'impôt du vingtième des héritages à Rome; intendant de la ville neuve et du mausolée d'Alexandrie; intendant du vingtième des héritages dans les provinces narbonnaise et aquitanique; directeur du recrutement militaire chez onze peuples de l'Aquitaine; curateur de la voie *lignaria* et triomphale.

Appien, affranchi de l'empereur, contrôleur des comptes de mines de fer de l'empereur.

Cette belle inscription en l'honneur d'un personnage qui était revêtu des plus hautes dignités est divisée en trois compartiments : l'un, consacré à Julius Celsus père, occupe la plus grande partie de la pierre ; le second, placé latéralement, est en l'honneur de son jeune fils ; le troisième se compose d'une seule ligne qui règne au bas de ces deux inscriptions et renferme les noms de celui qui a fait élever le monument. *(Voir planche V, n° 747).*

Julius Celsus est cité par Spartien *in Hadriano*, cap. 18, comme faisant partie du conseil privé de l'empereur Hadrien. La découverte de cette pierre vient confirmer le texte de cet auteur dont Gruter et Casaubon voulaient changer le sens ; ne connaissant pas ce Julius Celsus, ils croyaient devoir y substituer Inventius Celsus. Les auteurs qui se sont occupés de l'histoire des familles consulaires nous apprennent que le surnom de Celsus était celui de la famille Papia, et nous le voyons figurer sur les médailles de cette famille.

Les mots A LIBELLIS nous indiquent que Celsus était près de l'empereur maître des requêtes, secrétaire des commandements. Sous l'empire on avait donné le nom *libelli* à toutes les requêtes, aux demandes, aux placets adressés au chef de l'état, comme aux messages et aux ordres écrits qui émanaient de lui ; ces pièces diverses étaient confiées aux soins d'un préposé qui est ici désigné par *à libellis*.

Par ET CENSIBVS, mots qui suivent LIBELLIS, nous devons reconnaître que Celsus était préposé à la surveillance d'un ordre élevé pour la rentrée des impôts ; ici *census* (cens) signifie un impôt qui se percevait chez les peuples soumis aux Romains, tantôt par tête, tantôt sur les fonds de terre ; il paraît que chez les Gaulois il était payé par tête. S'il n'existait pas à Rome un ministère des finances organisé comme le nôtre et des matrices de rôle conformes, il y avait un registre général où se trouvaient inscrits les différents cens qui composaient l'impôt.

En poursuivant la série des dignités dont était revêtu Celsus, nous trouvons qu'il était aussi procurateur à différents titres (1) : PROC. PROVINCIARVM LVGVD. ET AQUITANIC., intendant des provinces lyonnaise et aquitanique ; PROC. PATRIMONII, intendant du patrimoine de l'empereur, place qui correspond à l'intendant de la liste civile de nos souverains ; nous le voyons encore intendant du 20° des héritages de Rome ; ainsi donc à l'époque où a été gravée cette inscription, le fisc prélevait le 20° de la valeur de chaque succession ; mais cet impôt n'était perçu qu'en ligne collatérale ou entre étrangers, car Pline le jeune (*Panégyr.* 57), nous apprend que l'impôt en ligne directe avait été aboli par Trajan.

En arrivant à la phrase PROC. NEASPOLEOS ET MAVSOLEI ALEXANDRIÆ (2), nous voyons la

---

(1) Voir pages XLVIII et XLIX.

(2) Une inscription, qui a été découverte à Bougie trois ans avant celle-ci, est la première qui fasse mention de la dignité d'intendant du mausolée d'Alexandrie.

Suétone, *in Augusto*, chap. 18, nous dit que César, étant allé à Alexandrie, voulut visiter le tombeau d'Alexandre, qu'il y déposa des fleurs et une couronne d'or, et que l'intendant de ce monument lui ayant demandé s'il voulait voir les tombeaux des Ptolémée, il lui répondit : je suis venu ici pour un roi et non pour des morts.

puissance de ce haut dignitaire s'étendre en Afrique ; il était intendant de la ville neuve et du mausolée d'Alexandrie qui contenait le corps d'Alexandre et des Ptolémée ses successeurs. Le mot NEASPOLEOS ne peut laisser de doute sur le sens qu'on a voulu lui donner ; il correspond à ville neuve ou peut-être quartier qui fut ajouté à l'ancienne capitale des Ptolémée, qui prit ensuite le nom d'Alexandrie. Quant à l'expression de MAUSOLEI ALEXANDRIAE, que nous traduisons par mausolée d'Alexandrie, nous ne pouvons y voir que l'indication du tombeau du grand conquérant dont la ville porte le nom, la plus grande gloire des temps passés ; c'était sans doute, à cette belle époque de l'empire romain, une charge importante que d'être appelé à surveiller les restes d'un héros dont l'éclat des conquêtes n'avait point encore vieilli.

Les dignités de Celsus ne se bornaient pas là : il était procurateur, intendant du 20⁰ des héritages dans les provinces narbonnaise et aquitanique, quoiqu'il le fût déjà pour la ville de Rome. Quant à la phrase suivante DILECTATORI PER AQUITANIC XI POPULOS nous l'interprétons comme étant chargé du recrutement militaire chez onze peuples de l'Aquitaine ; nous ne saurions lui donner un autre sens, si celui que nous présentons n'est point exact. Nous croyons devoir faire observer cependant, que dans le chiffre XI, le graveur a peut-être commis une faute, en plaçant l'I après l'X, au lieu de le mettre devant pour former le chiffre IX, attendu que la province d'Aquitaine ne contenait que neuf peuples au lieu de onze, et qu'on lui donnait souvent le nom de *novem populariæ*.

Les mots CVRATORI VIAE LIGNARIAE TRIVMPHAL, qui se trouvent à la dernière ligne de cette longue inscription, nous paraissent les plus difficiles à interpréter d'une manière bien précise et satisfaisante. Le titre de curateur d'une voie romaine n'était accordé qu'à de hauts personnages ; il ne peut exister aucun doute sur la signification du mot VIAE, mais nous avons cherché vainement dans le traité de la Sauvagère sur les routes romaines, le nom de LIGNARIAE dont cette voie est qualifiée ; nous n'avons trouvé dans tous les auteurs aucune trace de ce nom ; il semble indiquer que cette voie aboutissait à une forêt, que c'était par elle qu'arrivait à Rome le bois nécessaire à l'approvisionnement de la ville, et qu'à cette raison on l'appelait *via lignaria*, de même que la route qui allait à la mer était nommée *via salaria*. D'un autre côté, pourrait-on supposer qu'elle fût ainsi appelée parce qu'elle était construite en bois ; il ne serait du reste point impossible que les Romains eussent imaginé les pavés en bois, tels que ceux employés de nos jours, essayés à Paris et employés à Londres, ou plutôt un plancher formé de poutres transversales et de fascines pour traverser un sol marécageux, moyens qui sont encore en usage sur certains points de l'Europe, et surtout en Russie, pour établir des routes plus solides au travers d'un marais ou d'un terrain boueux. Sans rejeter d'une manière absolue la seconde opinion, nous pencherions pour la première avec d'autant plus de raison, qu'il existe encore à Rome une place qui porte le nom de *piazza della Legna*, entrepôt du bois de chauffage, et qu'à Naples on nomme *via carbonara* la rue par où passe le charbon destiné à la consommation de la ville.

L'explication du dernier mot est tout aussi difficile, nous ne lisons que TRIVMPHAL, la fin est mutilée ; devons-nous y voir *triumphalis* ou *triumphali* ? Dans le premier cas, Julius Celsus aurait été curateur de la voie *lignaria* triomphale, mais l'histoire se tait sur l'existence de cette voie ; si nous lisions *viæ lignariæ et triumphalis* (1), il serait clair que Julius Celsus était intendant de deux voies distinctes, la voie *lignaria* et celle du triomphe, par laquelle passait le cortége du triomphateur. Dans le second cas, si nous lisons *triumphali*, il faudrait traduire ce mot par *honoré du triomphe*, mais, quoique d'un rang très-élevé, Celsus n'était pas dans la catégorie des personnages appelés à cet honneur.

Quant à l'inscription qui est placée sur la gauche du monument, plusieurs opinions ont été émises à cet égard ; les uns ont pensé qu'à raison du nom de Maximianus, que nous trouvons placé à la suite de celui de Celsus, qui est celui du père, le classement de ces noms devenait une raison péremptoire pour considérer cet enfant comme ayant été adopté par Julius Celsus ; car, selon la coutume romaine, le nom particulier était placé après celui du père adoptif. D'autres supposent que le nom de Maximianus, qui vient s'ajouter à ceux du père, pourrait être un nom de la branche maternelle de cet enfant, mais mais rien ne vient le constater. D'autres enfin, sans tenir compte de ce nom qui ne figure point dans ceux du père, considèrent cet enfant comme fils légitime. Quoi qu'il en soit de cette diversité d'opinions, que Maximianus soit fils adoptif ou légitime, il a été élevé à l'ordre du sénat à l'âge de 4 ans, et ce fut sans doute à raison des services qu'avait rendus son père à l'empereur, que celui-ci honora le fils encore enfant d'une telle faveur.

L'une des choses les plus positives relativement à la présence de cette inscription pour un enfant en bas-âge, c'est qu'Appianus, en élevant ce monument en l'honneur de Julius Celsus, a voulu capter davantage sa bienveillance en rappelant sur la même pierre son fils et le titre glorieux dont il avait été revêtu.

Dans la ligne qui règne au bas des deux inscriptions, Appianus s'intitule affranchi de l'empereur et contrôleur des mines de fer. Peut-être devait-il son affranchissement et son emploi à la protection de Julius Celsus, et ce monument est-il un témoignage de sa reconnaissance. Lors de la conquête des Gaules les mines de fer devinrent la propriété de l'état, quelques-unes cependant firent partie du domaine particulier de l'empereur ; il est probable que celles dont il est ici question étaient du nombre et qu'elles existaient dans les provinces rappelées sur notre monument.

Cette inscription, l'un des monuments épigraphiques les plus importants sous le rapport historique, a été découverte à Lyon, en 1836, à environ cinq mètres de pro-

---

(1) On ne peut pas lire *triumphalisque*, attendu que dans la langue latine la phrase ne se termine jamais par l'adjonction de la particule *que*.

fondeur, en creusant les fondations de la maison Mathieu, située quai de l'Archevêché, et faisant face du côté nord à la place du Palais-de-Justice; non loin d'elle, au milieu de déblais et de fragments de poterie, on trouva deux cippes funéraires qui furent également acquis par M. le marquis de Belbœuf, premier président de la Cour royale. Nous étions présent lors de la découverte de l'inscription de Julius Celsus, et nous nous empressâmes de la relever; nous fîmes à son égard une notice qui fut transmise à M. le ministre de l'instruction publique. Ce ne fut point notre faute si cette pierre ne fut aussitôt acquise par la ville, nous en prévinmes l'autorité; mais n'étant pas encore attaché au Musée, notre démarche fut devancée par M. le président, qui a eu la générosité d'offrir cette pièce capitale.

Description. — Le grand corps d'inscription en l'honneur de Celsus père, est composée de huit lignes; les lettres sont d'un assez bon style.

A la première ligne, dans FIL, l'I est plus allongé que les autres lettres.

A la 3ᵉ ligne, dans AQVITANIC, le C est mutilé, on ne peut affirmer que l'A et l'E qui suivaient aient été gravés, dans ce cas ils seraient détruits.

A la 4ᵉ ligne, les chiffres XX sont surmontés d'un trait, le premier chiffre est mutilé; dans le mot ROMAE qui termine, les deux dernières lettres sont détruites en partie.

A la 5ᵉ ligne, dans la syllabe PROC qui la termine le C est détruit.

A la 6ᵉ ligne, les chiffres XX sont surmontés d'un trait, et dans NARBONNENSEM, l's est mutilé; on ne voit pas de traces de l'E et de l'M si elles ont été gravées.

A la 7ᵉ ligne, dans AQVITANICAE qui la termine le C est détruit ainsi que les deux lettres qui suivaient si toutefois elles ont été gravées.

A la 8ᵉ ligne, dans TRIVMPHALIS qui la termine, la dernière syllabe a disparu.

L'inscription en l'honneur de Celsus fils, est composée de 6 lignes.

A la première ligne, dans FIL, l'I est plus élevé que les autres lettres.

A la 5ᵉ ligne, dans AB, l'A est mutilé.

Dans la ligne du bas qui occupe toute la longueur de la pierre, le T du mot TABVL est mutilé, et dans RATION, le second jambage de l'A l'est aussi.

Les lettres de l'inscription de Celsus père, à la première ligne ont en hauteur 50 millim. et 40 à la seconde. Celles des six autres qui suivent ont en moyenne 25 millim.

Les lettres de l'inscription de Celsus fils ont en hauteur à la première ligne 42 millim. et 40 à la seconde, aux quatre autres 27 millim.

A la ligne du bas les lettres ont en hauteur 43 millim.

Ce monument en calcaire jurassique (Choin-de-Fay) est de forme carré-long, il est orné de moulures à sa base et à son couronnement.

La petite inscription est placée à gauche dans un champ creux de forme carrée entouré de moulures; la grande occupe tout l'espace de cette pierre sur la droite, et dans le bas la ligne dédicatoire s'étend dans toute la longueur de la pierre.

Les angles et les moulures de cette pierre ont subi de nombreuses mutilations. Sur la face du côté gauche de ce monument on lit une inscription qui rappelle l'éminent magistrat qui a fait le don.

Hauteur : 90 cent. — Longueur : 60 cent. — Epaisseur : 55 cent.

N. 718. (PORTIQUE XXIII.)

```
IVL TAVRO
FIL X VIRO
S.TLITIBVS
VDICANDIS
ALLIAE
```

A Julius Taurus, fils de ....,
décemvir pour juger les procès.
Les trois provinces de la Gaule.

Dans cette brève inscription gravée sur la pierre en l'honneur de Julius Taurus, décemvir, nous ne devons point confondre cet ordre de magistrature avec celui du décemvirat de Rome (1) ni avec celui des *decemviri sacrorum* chargés de l'inspection des livres sybillins, de la célébration des jeux apollinaires, ni avec celui des *decemviri rerum militarium*. Julius Taurus faisait partie des *decemviri stlitibus judicandis*, magistrats romains choisis dans le corps des *centumvirs*, qui rendaient la justice avec le préteur. Ces *decemviri* prononçaient sur les affranchissements, les mariages, l'état des citoyens, et sur les difficultés qui pouvaient s'élever dans les matières civiles. Cette charge était une haute dignité, puisque dix magistrats seulement étaient appelés à rendre la justice dans les Gaules sur certaines questions civiles qui rentraient dans cette haute juridiction.

Cette inscription est la première qui nous signale un décemvir *à stlitibus* dans les Gaules. Gruter, *page* CCCL, n° 7, rapporte celle d'un décemvir *à stlitibus judicandis*, P. ALFIO..... Le même auteur, *page* CCCLXXI, n° 5, en cite une autre découverte à Rome en 1549, rappelant L. CAESONIVS LVCILLVS MACER RVFINIANVS, de la tribu Quirina, qui joignait d'autres dignités à celle de décemvir *à stlitibus*.

La dernière ligne composée du seul mot GALLIAE peut indiquer simplement que Julius Taurus exerçait ses fonctions dans les Gaules; mais nous préférons lui donner le sens que les trois provinces des Gaules lui ont élevé ce monument, en raison de la grande dimension des lettres de cette ligne.

Ce monument a été découvert à Lyon, en 1849, dans les murs d'une cave qui faisait face à la rue St-Côme, lors de l'ouverture de la rue Centrale; il faisait partie d'un ancien mur élevé en grand appareil avec des matériaux qui avaient appartenu à des constructions romaines; ces murs ont été couverts par des remblais. Il est malheureux que les frais d'extraction aient empêché aux entrepreneurs d'opérer la démolition complète de ces murailles qui se liaient à des restes de fondations romaines, dont on s'était servi d'un côté pour point d'appui des voûtes.

Description. — Cette inscription est composée de 5 lignes, les lettres sont de la belle époque, ce qui nous porte à penser qu'elle date du premier siècle de notre ère.

(1) Voir page XLVII.

A la première ligne il serait possible qu'il existât l'initiale du nom avant celui de Julius.

A la 2ᵉ ligne, avant la syllabe FIL, il existait l'initiale du nom du père de Julius Taurus, l'I dans FIL est plus élevé.

A la 3ᵉ ligne, dans STITIBVS, le premier I dépasse le niveau des autres lettres.

A la 4ᵉ ligne, le premier I de IVDICANDIS manque.

A la cinquième ligne il manque le G qui précédait ALLIAE, et bien probablement le mot TRES qui était placé avant GALLIAE.

Les lettres des 4 premières lignes ont 80 millim. de haut, celles de la dernière ont 10 cent. 18 millim.

Ce monument épigraphique est en calcaire jurassique (Choin-de-Fay). Le marteau en a fait une assise régulière, de forme carré-long ; il est présumable que primitivement il était décoré d'une base et d'un couronnement ornés de moulures, comme la plupart de nos monuments de ce genre.

C'est à la coupe de cette pierre, du côté droit, que nous devons la perte des lettres que nous avons signalées comme devant exister. (*Voyez planche* IX, n° 748).

Hauteur : 1 mètre 22 cent. — Largeur : 70 cent. — Epaisseur : 64 cent. 18 millim.

N. 719. (PORTIQUE XXVIII.)

```
MERCVRIO    AVGV
ET  MAIAE  AVGVSTA
SACRVM.  EX.  VOTO
M. HERENNIVS. M. L. ALBANVS
AEDEM. ET SIGNA. DVO CvM
IMAGINE.   TI .  AVGVSTI.
D. S. P. SOLO. PVBLICo. FECIT.
```

A Mercure Auguste et à Maia Auguste ; d'après son vœu, Marcus Herennius Albanus, affranchi de Marcus, leur a fait faire un sacrifice, à ses frais, sur un lieu public, et ériger un temple, des statues, avec l'effigie de Tibère Auguste.

Dans cette inscription nous voyons un simple particulier, un affranchi, s'adresser à Mercure et à Maia sa mère ; d'après son vœu, non-seulement il leur rend un hommage épigraphique, mais encore il leur offre un sacrifice, et leur élève un édicule sur un lieu public dont personne ne pouvait disposer même en faveur des Dieux sans une autorisation des décurions. Cette inscription nous apprend aussi que ce petit temple contenait l'image de ces deux divinités ainsi que celle de l'empereur. Quoique Hérénius Albanus ne paraisse ici revêtu d'aucune dignité, il n'est pas douteux qu'il jouissait à Lugdunum d'une certaine importance, ce qui lui permit de faire les frais d'un édifice semblable, quelles qu'en fussent les dimensions.

Nous ne possédions sous nos Portiques qu'un bas-relief de Mercure, Portique XLV, n° 438, au-dessus duquel il reste les débris d'une légende, lorsque cette inscription et les deux autres semblables qui suivent sont venues enrichir notre belle collection lapidaire. Mais ce qui leur donne un nouveau prix, c'est l'adjonction de Maia, cette mère du messager des Dieux, qui y est invoquée conjointement avec son fils. Nous ne trouvons dans Gruter qu'une seule inscription en l'honneur de Mercure, où le nom de Maia figure. Elle est ainsi conçue *page* LIII n° 8 :

MERC . SACR
SVM . DEVS ALATIS . QVI . CRVRIBVS AETHERA CARPO
QVEM . PEPERIT SVMMO . LVCIDA MAIA . IOVI.

Comme dans notre inscription, ici Maia n'est plus la grande divinité des mythologies antiques de l'Inde, la grande mère, la déesse génératrice de l'univers; elle a cédé de son empire en arrivant de la Grèce dans le polythéisme romain; nous devons la considérer comme la fille ainée d'Atlas et de la nymphe Pléione, figurant au nombre des Pléiades; devenue l'amante de Jupiter, elle mit au monde Mercure. Quelques mythologues prétendent que *Maia* n'est qu'un surnom de la déesse Tellus ou de la grande mère, et qu'en raison de ce symbole de la terre, on lui immolait une truie pleine, le premier jour du mois de mai, qui a pris son nom de celui de cette déesse.

Dans le vœu complexe exprimé sur nos trois monuments nous remarquons qu'il est question non-seulement d'un sacrifice et d'un édicule, mais encore de la représentation des deux divinités et de celle de l'empereur. Nous interprétons les mots SIGNA et IMAGINE par ceux de *statues* et d'*effigie*; nous ne pensons pas qu'on puisse leur donner un autre sens; nous avons cru devoir traduire TI AVGVSTI par *Tiberii augusti*, et ne pas rapporter cette syllabe TI au nom de Titus, attendu que dans les légendes qui se lisent sur les nombreuses médailles de ces deux empereurs, toujours l'abréviation du nom de Tibère est représentée par les lettres TI, et celle de Titus, par un T seul.

Il est difficile de se rendre compte de l'édicule dans lequel étaient encastrée l'inscription qui nous occupe et les deux autres parfaitement conformes à celle-ci, décrites sous les deux n[os] suivants; nous ne pourrions qu'errer si nous voulions parler de ses formes et de ses dimensions. Les inscriptions ont été trouvées au milieu de déblais, de tessons de vases, de tuiles et de briques romaines; il était donc sans doute recouvert de tuiles. Quant aux briques, elles pouvaient entrer par lits dans la construction de murs en pierres, mais ces dernières ont subi le sort de tous les édifices romains de Lugdunum; elles ont été employées comme matériaux qui se trouvaient tout portés pour les constructions qui se sont succédé dans cette partie haute de la ville.

Ce monument épigraphique a été découvert à Lyon en 1848, dans les travaux exécutés pour les fortifications sur le point culminant de la commune de St-Just, près des télégraphes, en construisant le talus qui fait face au mur d'enceinte. Ce lieu qui se trouvait alors au centre de Lugdunum, sur un point élevé, non loin du théâtre et du palais des empereurs qu'il dominait, était bien choisi pour élever un temple à Mercure, dieu du commerce et de l'éloquence, dans une ville déjà célèbre par ses jeux floraux où l'on distribuait des prix à ceux qui se distinguaient dans l'étude des lettres.

Description. — Cette inscription est composée de 7 lignes ; les lettres ne sont pas d'un très-beau style, quoique leur gravure remonte au premier siècle de l'empire ; d'abord, elles n'ont point toutes la même dimension ; ensuite on n'y retrouve pas cette pureté de lignes qui caractérise les règnes de Nerva, de Trajan, d'Hadrien et de son fils : nous y remarquons plusieurs ligatures, des T grêles plus élevés que les autres lettres et dont la ligne transversale est d'un mauvais style, à la dernière ligne, un o très-petit est enclavé dans la courbe d'un c. (*Voyez planche* V, n° 719).

En suivant chaque ligne, nous voyons à la première, dans MERCVRIO, le haut du c toucher le premier jambage de l'V, ou a placé dans l'o un point triangulaire ; dans AVGVSTO, le premier jambage du V est enclavé dans le G, les trois lettres, STO sont détruites.

A la 2ᵉ ligne, dans la particule ET, le T dépasse en hauteur les autres lettres ; dans MAIAE l'I est aussi plus élevé, ainsi que le T dans AVGVSTAE. Dans ce mot le dernier A est mutilé, et l'E est détruit.

A la 3ᵉ ligne, dans VOTO, le T dépasse en hauteur les autres lettres.

A la 4ᵉ ligne, dans HERENNIVS, les deux N sont conjoints.

A la 5ᵉ ligne, dans SIGNA, l'I est plus élevé, et dans CVM qui termine la ligne, le c est bizarrement prolongé en haut et l'V est lié dans le haut avec le premier jambage de l'M.

A la 6ᵉ ligne, dans IMAGINE, le premier I dépasse les lettres en hauteur ; dans la syllabe TI, l'I est de même, ainsi que le T dans AVGVSTI.

A la 7ᵉ ligne, dans PVBLICO, l'o très-petit est enclavé dans la courbe du c, il est ponctué dans le centre.

Les lettres des trois premières lignes ont en hauteur 53 millim., et les quatre dernières ont 44 millim.

Cette inscription est gravée sur un bloc en calcaire jurassique (Choin-de-Fay), en forme de cippe, dont la base et le couronnement sont décorés de moulures ; l'angle droit de la base et ses bords sont écornés, les moulures du couronnement et les deux angles du bas sont mutilés.

Hauteur : 1 mètre 43 cent. — Largeur : 62 cent. — Epaisseur : 62 cent.

N. 720. (PORTIQUE XXVIII.)

```
MERCVRIO AVGVSTO ET MAIAE AVGVS
       SACRVM . EX . VOTO
M. HERENNIVS M. L. ALBANVS
AEDEM. ET. SIGNA DVO CVM
       IMAGINE. TI. AVGVSTI
   S. P. SOLO PVBLICO FECIT
```

Cette inscription ayant été trouvée au même lieu et à la même époque que la précédente, faisait partie du même monument ; nous nous bornerons à indiquer les différences qui existent dans la gravure des lettres et dans la forme de la pierre, et à faire observer que le texte est contenu dans six lignes au lieu de sept. Les caractères nous paraissent d'un faire moins soigné, quoique les lettres qui composent les six lignes aient presque toutes les mêmes proportions, tandis que dans la précédente les trois premières lignes ont des caractères beaucoup plus grands que les quatre dernières et l'on y rencontre des formes bizarres.

Description. — Dans cette inscription, tous les mots sont séparés par des points triangulaires. A la première ligne, le т dans AVGVSTO, et l'ı dans MAIAE sont plus élevés que les autres lettres. A la 2⁰ ligne, il en est de même du т dans VOTO.

A la 4ᵉ ligne, dans SIGNA, l'ı est de même hauteur que les autres lettres, et dans CVM, l'v n'est ni plus petit ni enclavé dans la courbe du c comme dans le n° 719.

A la 5ᵉ ligne, le premier ı dans IMAGINE, l'ı dans TI, ainsi que le т dans AVGVSTI, dépassent le niveau des autres lettres, comme dans l'inscription qui précède ; la base du premier ı et celle du premier jambage de l'м du mot IMAGINE sont mutilés.

A la 6ᵉ ligne, dans PVBLICO, l'o est de même grandeur, placé à la suite du c et non enclavé dans sa courbe.

Hauteur des lettres : 40 millim.

Ce monument est en calcaire jurassique (Choin-de-Fay), de même nature que le précédent ; il présente plus de largeur et autant d'épaisseur, la pierre a été brisée ou coupée au-dessous de la dernière ligne, la moitié environ a disparu. Son couronnement est orné de moulures, les bords et les angles sont parsemés de brèches.

Hauteur : 57 cent. — Largeur : 94 cent. — Epaisseur : 62 cent.

N. 721. (PORTIQUE XXVIII.)

```
MERCVRIO AVGVSTO
ET   MAIAE   AVGVSTAE
    SACRVM EX VOTO
M. HERENNIVS. M. L. ALBANVS
AEDEM. ET SIGNA DVO CVM
IMAGENE. TI. AVGVSTI.
D. S. P. SOLO PVBLICO. FECIT
```

Cette inscription, dont le texte est conforme à celui des deux précédentes, a été découverte avec elles.

Les différences qui existent dans le style des lettres de ces trois inscriptions peuvent faire supposer qu'elles ont été gravées par trois ouvriers différents.

Description. — La première ligne n'offre aucune différence dans la hauteur des lettres.

A la 2ᵉ ligne, toutes les lettres ont un même niveau.

A la 5ᵉ ligne, dans SIGNA, l'ı est au même niveau que les autres lettres, comme dans la 2ᵉ inscription ; dans CVM, l'v est plus petit et enclavé dans la courbe du c.

A la 6ᵉ ligne, dans IMAGENE pour IMAGINE, l'E et l'N sont conjoints.

A la septième ligne, dans PVBLICO, l'o est de même grandeur que les autres lettres.

Les lettres ont en hauteur, à la première ligne, 48 millim., et aux six qui suivent, 35 millim.

Cette inscription est comme les précédentes, gravée sur un bloc en calcaire jurassique (Choin-de-Fay) ; il est de forme carré-long, il a été ainsi coupé pour en faire sans doute une assise, et le hasard a voulu que le corps épigraphique soit resté dans son entier, seulement l'o qui termine la première ligne est mutilé ; cet angle est écorné ainsi que les trois autres. Dans AEDEM, les deux premières lettres et la dernière sont dégradées. Les bords présentent quelques brèches.

Hauteur : 45 cent. — Largeur : 64 cent. — Epaisseur : 45 cent.

N. 722. (PORTIQUE XL.)

```
TI . VOVERAT
MARCELLA
SVA
SALVTIS
DEDICAVIT
```

La seule indication positive qu'offre cette inscription, c'est que Marcella a dédié ce monument à une personne dont les noms sont incomplets, et à laquelle elle pouvait tenir à un titre qu'il est impossible de déterminer, mais qu'on doit supposer en raison du pronom SVA dont il est accompagné.

Description. — Cette fin d'inscription est composée de 5 lignes dont les caractères sont d'un style très-médiocre, ils ont en hauteur 20 millim.

Ce cippe est en calcaire jurassique (Choin-de-Fay), le couronnement a été brisé et toute la partie qui surmontait l'inscription manque, la base est ornée de moulures ; il a été découvert à Lyon, dans le jardin de l'hospice des Antiquailles, en 1849, et offert par M. Joly, président de l'administration, au Musée de Lyon.

Hauteur : 1 mètre 3 cent. — Largeur : 83 cent. — Epaisseur : 28 cent.

N. 723. (PORTIQUE XXI.)

```
† HOC SPECVLO. SPECVLARE LEGENS. QVOD
SIS MORITVRVS : QVOD CINIS IMMOLVTVM
QVOD VERMIBVS ESCA FVTVRVS : SED TA
MEN VT SEMP VIVAS . MALE VIVERE VITA :
XPM QVESO ROGA . SIT VT IN XPO MEA VITA :
ME CAPVT APRIL, EX HOC RAPVIT LABERINTO :
PREBITVM : DOCEO VERSV MEA FVNERA QVNTO
STEPHANVS . FECIT OC .
```

Regarde sur ce miroir, en lisant tu verras que tu dois mourir ; que tu n'es que poussière, que tu deviendras la nourriture des vers ; mais pour avoir la vie éternelle, évite de vivre dans le mal. Prie le Christ, je te le recommande, pour que je vive dans le Christ. Le commencement d'avril m'a enlevé de ce labyrinthe ; j'annonce par le cinquième vers mes funérailles. Etienne a fait cela.

Cette inscription en vers latins, d'un style assez bizarre, ne nous donne aucuns noms qui puissent la faire considérer comme une épitaphe personnelle ; néanmoins les mots CAPVT APRIL et ceux de DOCEO VERSV MEA FVNERA QVINTO indiquent une mort au commencement d'avril, et annoncent les funérailles d'un individu. Il est probable que ce corps d'inscription sentencieuse faisait partie d'un monument funèbre où était inscrit ailleurs ce qui concernait plus spécialement le défunt. On retrouve dans ces vers, exprimée sous une autre forme, la pensée du verset *memento homo quod pulvis es, et in pulverem reverteris* : la construction des phrases et la composition des mots nous montrent un latin dégénéré de la très-basse latinité.

(1) Dans notre traduction nous faisons rapporter le mot QVINTO à VERSV ; alors il y aurait erreur puisque ce vers est le sixième ; mais en donnant à QVINTO le sens de la date du mois d'avril, ce vers signifierait : j'annonce par ce vers que mes funérailles ont eu lieu le cinq avril.

Ce monument est d'une bonne conservation ; il a été, nous a-t-on assuré, découvert à Lyon, en 1849, dans le quartier de l'ouest, par des ouvriers qui n'ont point voulu désigner à M. Garapon qui l'a cédé au Musée, le lieu où ils l'avaient trouvé.

Description. — Cette inscription est composée de 8 lignes, la première commence par une croix latine ; les mots sont séparés par un point triangulaire ; les lettres ont 21 millim. de haut.

A la 2ᵉ ligne, trois points triangulaires placés en lignes verticales séparent les mots MORITVRVS et QVOD.

A la 4ᵉ ligne, trois points semblables aux précédents terminent cette ligne.

A la 5ᵉ ligne, l'x surligné représente le mot CHRISTVM. Un second x dans cette ligne y représente le mot CHRISTO ; elle se termine comme la précédente par trois points semblables.

La 6ᵉ ligne et la 7ᵉ se terminent comme les précédentes par trois points triangulaires ; à la 7ᵉ le premier T est surmonté d'une cédille ; le mot MEA est écrit MA, et un signe transversal est placé horizontalement au-dessus pour remplacer l'E qui est supprimé ; l'I du mot QVINTO est placé au dessus de la lettre Q et l'V est supprimé.

La 8ᵉ ligne indiquant le nom de l'ouvrier est limitée par deux points placés au commencement et à la fin.

Nous ferons observer que dans cette inscription les E ont la forme grecque, que les A ont une barre transversale à leur sommet, que les M sont formés par un o suivi d'un s placé en sens inverse, que le bas des G se termine par une courbe en dedans, et que le jambage vertical de deux T figure une volute. Plusieurs T sont percés d'un trou rond au milieu de leur jambage vertical ; un trait transversal figure dans le P de SEMPER et dans l'L de APRIL, pour marquer l'abréviation de ces deux mots. Les lettres sont gravées avec soin et d'un beau style de cette époque. (*Voyez planche* XIX n° 723.)

Ce monument est en marbre blanc saccharoïde et de forme carré-long, il présente plusieurs brèches à ses bords ; l'inscription est parfaitement conservée, deux lettres seulement dans STEPHANVS sont un peu mutilées.

Hauteur : 25 cent. 5 millim. — Largeur : 57 cent. — Epaisseur : 33 millim.

N. 724. (PORTIQUE XVI.)

Statuette en marbre blanc de Paros, représentant un personnage du sexe masculin ; il est debout, le poids de son corps repose sur la jambe gauche ; la jambe droite est légèrement fléchie, et le pied est porté en arrière. Le bas du tronc est couvert de draperies dont les plis sont gracieux : un pan couvre l'épaule gauche et descend le long du corps ; du côté droit cette draperie passe en sautoir et laisse à découvert la poitrine : dans cette partie du tronc, les pectoraux, la région sternale sont très-bien figurés et annoncent, de la part de l'artiste, une étude anatomique dont il a fait une heureuse application. Il nous est impossible de déterminer cette représentation qui manque d'attribut ; ensuite elle a subi des mutilations trop importantes et trop nombreuses pour avoir la témérité de lui assigner un rang parmi les divinités ou les personnages célèbres de l'antiquité. La tête a été séparée du tronc à la base du cou, et a disparu ; Le bras droit manque entièrement, il ne reste du gauche qu'une partie du haut, et le bout de la main qui soutenait un pan de draperie ; les deux pieds sont brisés et perdus, il n'en reste que le talon. La robe antique est encroûtée sur quelques points, elle est à zones brunes et en grande partie d'un blanc sale et jaunâtre.

Hauteur : 64 cent.

N. 725. (PORTIQUE LIII.)

Cuisse droite en marbre blanc saccharoïde, d'une statue antique; elle est brisée près du tronc et au-dessus du genou, le haut est entouré d'une large bande de draperie plissée. Le nu de cette cuisse est d'un travail mou, les saillies musculaires sont peu marquées, ce qui nous fait présumer que ce fragment appartient à la statue d'une femme de grandeur naturelle ou d'un adolescent. En dedans et sur le derrière, le haut de la cuisse est creusé d'une profonde rainure aboutissant, dans le bas, à une mortaise où sans doute était logé le tronçon d'un montant en fer qui était noyé dans la rainure dont nous venons de parler. Cette tige servait probablement à maintenir cette statue debout sur son piédestal, ou peut-être à en réunir les pièces, si elle n'était point d'un seul bloc ou si elle avait été brisée. Par ce simple débris, il est difficile de juger du mérite de cette sculpture mutilée; la robe antique est encroûtée sur plusieurs points d'un sédiment terreux, très-dur.

Ce débris a été découvert à Lyon, dans le jardin de l'Antiquaille, en 1849, et offert au Musée de la ville par M. Joly, président de l'administration de cet hospice.

Hauteur : 42 cent. — Poids : 14 kilog.

N. 726. (PORTIQUE LXIV.)

Antéfixe en argile rouge grossière; la moitié supérieure a été brisée et manque, le listel qui existe à la base est décoré d'une ligne chevronnée; au-dessus un mascaron est entouré de rayons courbes et en relief qui s'élèvent pour former une palmette; un mamelon est placé au-dessous du menton, la partie de derrière qui reposait devant les rangées de tuiles est brisée.

Elle a été découverte en 1849, dans le jardin de l'hospice de l'Antiquaille.

Hauteur : 15 cent. — Largeur : 16 cent. — Poids : 1 kilog. 670 grammes.

N. 727. (PORTIQUE XLV.)

Amphore en argile d'un blanc jaunâtre : la panse a la forme d'un ovoïde renversé; le col est allongé, flanqué de deux anses à tige ovale; l'embouchure est légèrement évasée et cerclée en dehors par une bande carrée; la base se termine par une pointe cylindrique dont le bout a été brisé. Elle a été découverte en 1847, à Lyon, en creusant les fondations de la maison de la rue Centrale qui touche l'allée de l'Argue.

Ce vase et les suivants ont été donnés au Musée par MM. Poncet et Savoie, architectes.

Hauteur : 95 cent. — Diamètre : 40 cent.

N. 728. (PORTIQUE XLV.)

Amphore trouvée avec la précédente; elle est en argile jaunâtre mêlée de zônes rouges. Sa forme est la même. Sur l'un des points de sa panse il existe une ouverture accidentelle.

Hauteur : 1 mètre 3 cent. — Diamètre : 55 cent.

N. 729. (PORTIQUE LV.)

Amphore en argile blanche; la panse est ovale, le col très-court; elle porte deux petites anses arrondies, sa base se termine par une courte pointe cylindrique, l'un des côtés de la panse présente une large ouverture accidentelle; elle a été découverte à Lyon en 1847, en creusant les fondations de la première maison de la rue Centrale qui touche l'allée de l'Argue, où l'on en a trouvé un grand nombre de brisées. Elle a été donnée au Musée par MM. Poncet et Savoie, architectes.

Hauteur : 78 cent. — Diamètre : 44 cent.

N. 730. (PORTIQUE XIV.)

Amphore en argile blanche, d'un galbe élégant; la panse est ovoïde, elle porte deux larges anses cannelées en dehors; l'embouchure est évasée et présente quelques petites brèches à ses bords, elle est du reste parfaitement conservée, sa base se termine en pointe cylindrique; elle a été trouvée au même lieu et donnée par les mêmes que celles qui portent les n°s 727, 728 et 729.

Hauteur : 95 cent. — Diamètre : 31 cent.

N. 731. (PORTIQUE XI.)

Amphore de même forme que la précédente, en argile blanche; elle a été découverte à Lyon en 1846, en creusant une fosse d'aisance dans la cour des Archers. La pointe de la base est brisée et manque en grande partie.

Hauteur : 74 cent. — Diamètre : 30 cent.

N. 732. (PORTIQUE XI.)

Amphore en argile rouge, trouvée avec la précédente; la panse est ovoïde, elle se termine en pointe à sa base, elle porte deux anses cannelées en dehors; l'embouchure est faiblement évasée et entourée en dehors d'une large bande en saillie. Elle est d'une conservation parfaite.

Hauteur : 83 cent. — Diamètre : 30 cent.

N. 733. (PORTIQUE XIV.)

Amphore en argile rose, trouvée avec la précédente; la panse est cylindrique, diminue de volume dans le bas, la pointe est brisée et manque ; elle porte deux longues anses à tige ovale et unie, le col est allongé, l'ouverture est mutilée.

Hauteur : 85 cent. — Diamètre : 50 cent.

N. 734. (PORTIQUE XXIII.)

Amphore en argile rose, trouvée au même lieu que les trois précédentes ; la panse est ovoïde, elle est fendue dans sa hauteur, le col et les anses sont brisés et manquent.

Hauteur : 77 cent. — Diamètre : 34 cent.

N. 735. (PORTIQUE XII.)

Amphore en argile jaunâtre, d'un galbe élégant ; sa panse est piriforme ; elle porte deux petites anses à moulures en dehors ; son embouchure est faiblement évasée, les bords sont à bourrelet, la base est étroite et plane, elle est ébréchée sur l'un des côtés.

Cette amphore a été découverte à Lyon en 1853, à quatre mètres environ de profondeur, en creusant une fosse d'aisance dans la cour de la maison située place Léviste, et formant un angle avec la rue Louis-le-Grand.

Ce vase a été offert au Musée de la ville par M. Jouffroy, propriétaire de cette maison.

Hauteur : 66 cent. — Diamètre : 40 cent.

N. 736. (PORTIQUE XII.)

Amphore parfaitement conforme à la précédente, d'une bonne conservation ; elle a été trouvée au même lieu et donnée au Musée par le même propriétaire.

Hauteur : 66 cent. — Diamètre : 38 cent.

N. 737. (PORTIQUE XLV.)

Amphore en argile rose blanchâtre, trouvée avec les deux précédentes, et donnée au Musée par le même propriétaire ; elle en diffère en ce que la panse est de forme ovoïde, le haut du goulot est brisé au niveau du sommet des anses.

Hauteur : 64 cent. — Diamètre 38 cent.

N. 738. (PORTIQUE X.)

Fragment de bas-relief en marbre blanc saccharoïde ; ce débris nous paraît avoir appartenu à un sarcophage. Il ne reste que deux têtes de ce bas-relief, mais l'usure les a tellement dégradées qu'il est impossible de déterminer quels étaient les personnages ; celle de droite était radiée ; il reste, à celle de gauche, le haut de la poitrine qui est drapée.

Ce débris mutilé a été découvert à Lyon en 1853, par la drague, au-dessous de la Quarantaine. On voit qu'il a été roulé par les eaux et usé par le frottement du gravier.

Hauteur : 17 cent. 5 millim. — Largeur : 30 cent. — Poids : 5 kilog. 400 grammes.

N. 739. (PORTIQUE LIII.)

Modillon en calcaire oolithique de Seyssel (Ain), travail du XVe siècle; il a appartenu à un édifice que nous ne saurions déterminer; il représente un buste de femme à tête voilée, à oreilles de loup placées de chaque côté du front; le devant de la poitrine est drapé; le nez, les joues et les lèvres sont très-mutilés. Il a été découvert dans les démolitions d'une maison, sur le quai Fulchiron, en 1859.

Hauteur : 17 cent. 5 millim. — Epaisseur : 21 cent. 5 millim.

N. 740. (PORTIQUE X.)

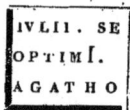

Ce débris d'inscription ne nous donne que des noms et nous laisse dans la plus complète ignorance sur le sens du texte; elle est composée de trois portions de lignes en lettres d'un bon style qui ont 20 millim. en hauteur.

Si nous voulions l'interpréter, nous pourrions dire qu'Agathoclès a élevé ce monument à Julius Severus. Le premier nom indique une origine grecque. Ce débris est en marbre blanc, de forme carré irrégulier; il a été découvert à Arles, ancienne colonie grecque, et donné par nous au Musée.

Hauteur : 15 cent. — Largeur : 16 cent. — Epaisseur : 70 millim.

N. 741. (PORTIQUE X.)

Fragment de bas-relief, de forme carré-long, représentant un génie coiffé en cheveux; la tête est tournée en arrière du côté droit : la face, le coude droit et le dos sont mutilés; la jambe gauche manque et a été brisée au niveau du genou, la main gauche manque également.

Ce fragment en marbre blanc a été découvert à Arles en 1858, dans les fouilles du théâtre. Donné par nous au Musée.

Hauteur : 18 cent. 5 millim. — Largeur : 10 cent. — Epaisseur : 60 millim.

N. 742. (PORTIQUE X.)

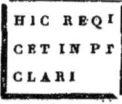

Cette inscription très-brève peut s'interpréter ainsi : *Ici repose en paix Clari...*; elle est composée de trois lignes, en lettres d'un mauvais style, dont le latin et la forme décèlent la basse latinité ; car nous voyons le verbe *reqiescet* pour *requiescit* ; quant au mot CLARI, nous devons le prendre pour le nom du défunt ou de la défunte qui pouvait s'appeler Clarus, Clarianus, Clariana, Clariniana. Il ne manque que la fin des trois lignes qui composaient cette inscription. Les lettres ont en hauteur 22 millimètres.

Cette inscription est gravée sur une plaque en marbre blanc, le côté droit a été brisé ; elle a été découverte en 1836, rue de Trion, à Lyon, et donné par nous au Musée.

Hauteur : 19 cent. — Largeur : 18 cent. — Epaisseur : 30 millim.

N. 743. (PORTIQUE X.)

Fragment de mosaïque en cubes noirs et blancs, d'un travail peu fin, représentant un reste de volute. Il a été trouvé à Lyon, en 1831, sur l'emplacement occupé par l'ancienne maison de St-Joseph, et donné par nous au Musée.

Longueur : 15 cent. — Largeur : 10 cent.

N. 744. (PORTIQUE X.)

Fragment d'inscription, en lettres d'un très-beau style, dont on ne peut tirer aucun sens ; il n'en reste que deux portions de lignes composées de deux lettres chacune : E . M à la première, et I A à la seconde. ; elles ont en hauteur 43 millim., et sont gravées sur un débris de marbre blanc de la forme d'un triangle irrégulier. Il a été trouvé en 1831, clos des Minimes (Lyon), et donné par nous au Musée.

Hauteur : 17 cent. — Largeur : 13 cent. 5 millim. — Epaisseur : 30 millim.

N. 745. (PORTIQUE X.)

On ne peut tirer aucun sens de ce débris d'inscription, l'M majuscule qui existe dans le haut et la feuille de lierre qui suit indiquent une inscription funéraire sous l'invocation des dieux Mânes, et que ce fragment occupait la gauche et le haut du marbre funéraire. Il ne reste que quatre portions de lignes très-incomplètes ; les lettres sont d'un style médiocre, elles ont en hauteur 40 millim.

Ce débris en marbre blanc, de la forme d'un carré irrégulier, a été découvert à Lyon, en 1831, clos de la Sara, et donné par nous au Musée.

Hauteur : 14 cent. — Largeur : 19 cent. — Epaisseur : 36 millim.

N. 746. (PORTIQUE X.)

Fragment de brique en argile rouge, de forme carré-long. Sur l'une des faces, dans un cartouche creux, on lit CÆCILIAN ; le dernier jambage de l'N est mutilé par la fracture qui interrompt la fin de ce nom et les lettres qui pouvaient suivre. Les caractères sont en relief sur un fond creux.

Longueur : 60 millim. — Largeur : 10 cent. — Epaisseur : 25 millim.

N. 747. (PORTIQUE X.)

Fragment d'inscription en marbre blanc ; il n'en reste que les trois lettres RVN sur la même ligne, elles sont d'un bon style, le dernier jambage de l'N a disparu, elles ont en hauteur 52 millimètres.

Ce débris est arrondi en forme de disque ; il a été trouvé à Lyon, près de Fourvière, et donné par nous au Musée.

Diamètre : 10 cent. — Epaisseur : 37 millim.

N. 748. (PORTIQUE X.)

Fragment d'inscription composant deux commencements de lignes ayant chacune une syllabe composée de trois lettres : à la première on lit VIC, et à la seconde BEN ; on ne peut en tirer aucun sens, elles sont d'un mauvais style du bas-empire, elles ont en hauteur 53 millim.

Ce débris est en marbre blanc, de la forme d'un carré irrégulier ; il a été découvert à Lyon, en 1834, à St-Irénée, et donné par nous au Musée.

Hauteur : 10 cent. — Largeur : 87 millim. — Epaisseur : 20 millim.

N. 749. (PORTIQUE X.)

Fragment en marbre blanc, ayant la forme d'un triangle dont le sommet est tronqué ; il dépend d'une coupe ou de la représentation d'une coquille. L'intérieur est creusé de cinq sillons, trois seulement sont complets, le bord présente un feston mutilé en partie. Ce débris a été découvert en 1833, à Lyon près de Fourvière, et donné par nous au Musée.

Il repose sur un fragment de chapiteau en calcaire blanc de Tournus, décoré d'un rang de perles et de denticules, surmonté d'un listel, découvert en 1848, en creusant les fondations des nouveaux bâtiments de l'école vétérinaire.

Hauteur : 18 cent. — Largeur : 17 cent. — Epaisseur : 43 millim.

N. 750. (PORTIQUE X.)

Fragment en marbre, de forme irrégulière, orné sur l'une de ses faces de trois rangées d'ornements simulant des oves, des languettes creuses, des larmes au-dessus d'une ligne de baldaquins.

Ce débris a appartenu à un parement architectural ; il a été découvert à Lyon, en 1857, sur le versant de la colline de Fourvière, et donné par nous au Musée.

Hauteur : 12 cent. 4 millim. — Largeur : 13 cent. — Epaisseur : 30 millim.

N. 751. (PORTIQUE X.)

```
D
IVL
```

Débris d'inscription, formé de quatre lettres sur deux lignes, ne nous donnant que l'initiale du premier mot de la formule DIIS MANIBVS, et le commencement du nom IVLIVS ou IVLIANVS. Les lettres sont d'un bon style, elles ont en hauteur, à la première ligne, 25 millim. et à la seconde 18 millim., elles sont gravées sur le fragment d'une plaque en marbre blanc, de la forme d'un carré-long irrégulier.

Ce débris a été découvert à Lyon, près l'église de St-Irénée, en 1824, et donné par nous au Musée.

Hauteur : 77 millim. — Largeur : 10 cent. — Epaisseur : 23 millim.

N. 752. (PORTIQUE X.)

On ne peut tirer aucun sens de ce débris d'inscription composé de quatre lettres sur deux lignes ; elles sont d'un style médiocre et ont 20 millim. en hauteur.

Ce fragment est de la forme d'un carré irrégulier ; il a un mérite tout particulier, c'est celui d'être en spath-fluor, d'une couleur légèrement violacée. C'est le premier exemple d'une inscription gravée sur cette matière, qui a pu fournir une plaque d'une assez grande étendue pour contenir une inscription dont les lettres devaient, d'après leur dimension, occuper un large espace, quelle que fût la brièveté du texte.

Ce débris a été trouvé à Arles, dans les Champs-Élysées, et donné par nous au Musée.

Hauteur : 52 millim. — Largeur : 62 millim. — Epaisseur : 29 millim.

N. 753. (PORTIQUE X.)

Fragment de tuile gallo-romaine, en argile rouge, ayant la forme d'un carré-long irrégulier, sur lequel on lit LARI. Les lettres sont d'un assez bon style et en relief ; elles ont en hauteur 50 millim. En avant de la lettre L on voit les deux extrémités d'un C, ce qui nous autorise à penser que cette brique sort de la fabrique de Clarianus ou de Clariana, dont nous possédons les noms entiers sur de semblables briques ou tuiles de cette époque.

Ce débris a été découvert à Arles, dans les fouilles de l'ancien théâtre : en cela il a une certaine importance, car il prouve que ces fabriques, qui existaient entre *Vienna* et *Lugdunum*, desservaient tout le bassin du Rhône, puisqu'on rencontre de leurs produits en argile cuite portant leur marque, depuis Aix en Savoie jusqu'à Arles ; il a été donné par nous au Musée.

Hauteur : 14 cent. 5 millim. — Largeur : 10 cent. 2 millim.

N. 754. (PORTIQUE X.)

Débris d'inscription composé de trois fragments de ligne. Nous voyons le D initial de DIIS et le nom OLIAE ; on peut en tirer ce sens : Aux Dieux Mânes d'Olia. La troisième ligne présente deux mots incomplets. Les lettres sont d'un mauvais style, elles ont en hauteur 22 millim. ; elles sont gravées sur une plaque en marbre blanc dont le fragment présente une surface plane, arrondie, à contour irrégulier.

Ce débris a été découvert à Arles, et donné par nous au Musée.

Diamètre : 10 cent. 9 millim. — Epaisseur : 21 millim.

N. 755. PORTIQUE X.

Fragment d'inscription composé de deux lignes : à la première on lit AN, et à la seconde IOC ; on ne peut en tirer aucun sens. Les lettres sont d'un bon style et ont en hauteur 30 millim. ; elles sont gravées sur une plaque en marbre blanc, de la forme d'un carré-long irrégulier.

Ce débris a été découvert dans le clos des Lazaristes à Lyon, sur le versant de la colline de Fourvière, et donné par nous au Musée.

Hauteur : 83 millim. — Largeur : 12 cent. — Epaisseur : 22 millim.

N. 756. (PORTIQUE X.)

Fragment d'une statue en marbre, qui devait être un peu au-dessus de grandeur naturelle : il n'en reste que le bas de la cuisse et l'articulation du genou droit ; cette partie est sculptée avec art, les formes anatomiques y sont parfaitement rendues et font regretter de ne point posséder la statue dans son entier ; les formes accusées avec vigueur, semblent annoncer qu'elle était la représentation d'un homme dont les saillies musculaires et osseuses étaient énergiquement figurées. Il repose sur un fragment de chapiteau parfaitement semblable à celui qui supporte le n° 749, *Portique* IV, et trouvé avec lui.

Ce débris de statue, découvert dans les fouilles du théâtre d'Arles, est en marbre saccharoïde, à larges facettes, et donné par nous au Musée.

Longueur : 21 cent. — Grande circonférence : 40 cent. — Poids : 4,100 grammes.

N. 757. (PORTIQUE X.)

Fragment en marbre blanc, sur lequel on voit des restes d'ornement représentant un rinceau à rosace et à feuilles d'un très-bon style; c'est vraisemblement le débris de la frise d'un édifice.

Ce fragment est de la forme d'un carré-long irrégulier; il a été découvert à Arles dans les fouilles de l'ancien théâtre, et donné par nous au Musée.

Haut. : 95 millim. — Larg. : 12 cent. 2 millim. — Epaiss. : 39 millim. — Poids : 680 gr.

N. 758. (PORTIQUE X.)

Morceau de revêtement d'une muraille antique peinte à fresque; l'enduit est de couleur rouge, avec un liseré jaune. Nous ne plaçons ici ce fragment que comme souvenir; il a été découvert à Lyon, lors du creusement des fondations de la maison qui sert aujourd'hui de caserne au fort de la porte de St-Just, où l'on déblaya une petite salle dont les murs à l'intérieur étaient peints à panneaux fond rouge, encadrés de moulures jaunes et vertes et dont les plinthes étaient noires. Ce débris est de forme irrégulière, et a été donné par nous au Musée.

Hauteur : 67 millim. — Largeur : 82 millim. — Epaisseur : 34 millim.

N. 759. (PORTIQUE X.)

Jambe gauche d'une statuette en marbre blanc; elle est séparée du pied au-dessus des malléoles, et du reste du corps au dessous du genou; elle est d'un travail grossier.

Ce fragment a été découvert dans les fouilles du théâtre d'Arles, et donné par nous au Musée.

Hauteur : 12 cent. — Grande circonférence : — 21 cent. — Poids : 700 grammes.

N. 760. (PORTIQUE X.)

Fragment d'une coupe en marbre blanc; il est de forme triangulaire et représente à peu près le quart de la coupe. Cette portion porte une anse ou poignée massive, de forme carrée.

Ce débris a été découvert dans l'ancien clos des Lazaristes, à Lyon, et donné par nous au Musée.

Hauteur : 12 cent. 7 millim. — Largeur : 11 cent. — Poids : 470 grammes.

N. 761. (PORTIQUE X.)

Débris d'inscription dont on ne peut tirer aucun sens. Il reste deux portions de ligne : à la première nous voyons le jambage d'un I, d'un T ou d'un P, suivi du mot SVIS ; à la 2ᵉ nous lisons IANV, sans doute pour IANVS ou IANVARIVS. Les lettres sont d'un mauvais style de la basse latinité, elles ont en hauteur 24 millim.

Ce fragment en marbre blanc, de la forme d'un carré-long irrégulier, a été découvert à Lyon, sur le versant de Fourvière, au-dessous de la maison Caille, et donné par nous au Musée.

Hauteur : 80 millim. — Largeur : — 72 millim. — Epaisseur : 30 millim.

N. 762. (PORTIQUE X.)

Plaque de marbre blanc, dépendant d'un monument que nous ne saurions déterminer. Sur la face qui était en dehors il reste deux jets de moulures, l'un dans le haut et l'autre vertical du côté droit ; dans cet espace plan et triangulaire, deux lignes de moulures forment le sommet d'un triangle aigu, la branche oblique est légèrement courbe. Il est probable que ce fragment dépendait d'un panneau qui servait de revêtement à une muraille. Il a été découvert à Lyon, sur le versant de la colline de Fourvière, dans l'ancien clos des Lazaristes ; il est de la forme d'un carré irrégulier, et a été donné par nous au Musée.

Hauteur : 20 cent. — Largeur : 23 cent. — Epaisseur : 45 millim.

N. 763. (PORTIQUE X.)

Pavé en briques, composé de lignes chevronnées formées par de petites briques posées sur champ ; elles sont en argile blanche et rouge, d'une pâte très-fine ayant acquis par la cuisson une grande dureté. Elles ont 8 cent. de longueur sur 6 de largeur et 2 d'épaisseur ; elles sont parfaitement régulières et de dimensions très-égales qui démontrent qu'elles ont été fabriquées dans des moules exactement conformes. Ce pavé devait être d'un joli aspect et d'une grande solidité ; une particularité qui distingue cette antique construction gallo-romaine, c'est la nature du ciment qui unit les briques entre elles : sa composition renferme une grande quantité d'oxide de fer mêlé sans doute à de la chaux, du plâtre ou d'autres substances qu'il est impossible de déterminer sans en faire une analyse. Toutes ces raisons nous ont engagé à placer ce débris sous les portiques du palais, non-seulement comme spécimen d'un modèle qui pourrait être copié par nos architectes modernes, et dont on pourrait retrouver la nature du ciment, mais encore comme un souvenir de cette ruine.

Ce pavé a été découvert à environ deux mètres de profondeur, en creusant les fondations du mur de clôture du nouveau cimetière de Loyasse, à l'extrémité Est de l'ancienne propriété de M. Nachury, acquise par la ville pour l'agrandissement de ce cimetière ; il était attenant à une mosaïque à cubes blancs grossiers, et dont le fond était uni dans la partie où elle a été coupée par la tranchée.

Ces sortes de pavés étaient usités à cette époque ; on a rencontré un grand nombre de ces petites briques en creusant les fosses de l'ancien cimetière de Loyasse.

Ce débris affecte a la forme d'un carré-long irrégulier.

Hauteur : 40 cent. — Largeur : 54 cent.

N. 764. (PORTIQUE XI.)

SARCOPHAGE DE SAINT MAURICE D'ARDÈCHE.

Avant de faire la description de ce sarcophage nous ne pensons pas qu'il soit sans intérêt de faire son historique depuis sa découverte jusqu'à ce jour.

C'est, d'après la chronique du pays, en exécutant des travaux agricoles sur un mamelon qui existe près du village de Balazuc, qu'il a été découvert dans une propriété appartenant à M. Tastevin, au XVIe siècle. La vue d'un semblable monument au milieu des montagnes de l'Ardèche, excita la curiosité des habitants ; il fut considéré comme la tombe d'un saint, et ce qui vint raffermir cette croyance fut le fait suivant.

On décida qu'il serait déposé dans l'église de Balazuc, ayant été trouvé dans cette commune ; on le plaça sur un char, une paire de bœufs y fut attelée, mais ils ne purent ébranler ce fardeau ; on pensa que le poids en était la seule cause, on en ajouta une seconde paire qui restèrent impuissants à imprimer au char le moindre mouvement ; une troisième paire y fut attelée, le char resta inébranlable ; les assistants virent dans cette immobilité quelque chose de mystérieux, l'un d'eux s'écria : C'est peut-être le tombeau d'un saint de la paroisse de St-Maurice. Ces paroles furent entendues, le char fut tourné du côté du village de St-Maurice : aussitôt après cette manœuvre, l'attelage se mit en marche sans effort, à la première injonction, et conduisit le sarcophage à St-Maurice, où il fut déposé dans l'église. Mais si nous écartons le merveilleux de ce fait, nous ferons observer que du point où a été découvert ce sarcophage qui pèse 1190 kilogrammes, le chemin qui conduit à Balazuc présente une pente abrupte, tandis que celui qui mène à St-Maurice est en plaine et des plus beaux, d'où l'on peut conclure qu'il est très-probable que les bœufs, connaissant les deux routes et se trouvant peu flattés de traîner ce lourd fardeau dans la voie rapide, ont mis peu d'ardeur à le déplacer, mais que tournés sur la route de

St-Maurice, ils se sont décidés à le conduire, sans trop s'inquiéter des croyances de leurs conducteurs.

Nous avons dû nous entourer de tous les renseignements qui peuvent se rattacher à la découverte de ce monument dont nous connaissions depuis plusieurs années l'existence à St-Maurice, et pour lequel nous avions fait des démarches afin de l'obtenir en faveur de notre Musée.

Le monticule où il a été découvert termine la plaine qui se trouve au pied de la montagne sur laquelle est situé le village de Balazuc. Ce mamelon, au centre duquel gisait ce tombeau, nous paraît avoir été, à l'époque gallo-romaine, un lieu de sépulture; ce qui vient confirmer cette opinion, c'est que dans le pourtour de ce monticule, on a découvert un assez grand nombre d'urnes cinéraires, en argile et même en bronze, contenant des os calcinés, des vases à parfums en verre et en argile, des ustensiles, des tronçons d'armes et des médailles. M. Teyssier, curé de St-Maurice, nous a annoncé qu'il existait dans cet endroit des souterrains, que personne n'osait y entrer de peur des revenants, et que sur l'une de ces voûtes l'on avait construit un colombier; il y a vu plusieurs bassins et une large pierre plate qu'il considère comme ayant servi de table à sacrifice. A ce sujet nous dirons un mot d'un vieil usage qui existait à Balazuc; il consistait à immoler un taureau ou une génisse âgé de deux ans, qui devait avoir été élevé dans cette commune jusqu'au jour marqué pour la cérémonie; celle-ci avait lieu chaque année, à jour fixe, dans le mois de janvier; la victime était parée et processionnellement promenée avec une certaine pompe autour du village au son du tambour et de la flûte, et conduite dans une salle basse où elle était égorgée avec un long poignard : son sang était reçu dans des vases, et elle était ensuite dépecée; les meilleurs morceaux étaient réservés pour les chefs de cette taurobolie, le reste était vendu aux habitants pour payer les frais du sacrifice.

Dans les archives de la commune de Balazuc, on trouve des pièces qui apprennent qu'une épizootie ayant eu lieu, on immola un taureau ou une génisse pour remercier Dieu de la cessation du fléau; qu'à cette époque une confrérie fut instituée pour présider à une semblable cérémonie commémorative qui se renouvelait chaque année, et que remplaçant les anciens ministres païens, les membres de cette confrérie s'adjugeaient les meilleurs morceaux pour le festin, que même un abbé était devenu le chef de cette confrérie; mais ce sacrifice annuel devenant trop onéreux, une vache fut substituée au taureau; les pièces de choix furent réservées pour le festin de la confrérie, et le reste était préparé en daube et vendu à l'enchère pour couvrir les frais d'achat de l'animal. Ce vieil usage, primitivement couvert d'un voile religieux, avait dégénéré en orgie, et chaque année, ce jour là étant devenu pour la confrérie un jour d'ivresse et de désordre, le préfet de l'Ardèche fit supprimer, en 1857, ce reste de barbarie.

L'institution de la confrérie indiquée dans une pièce trouvée dans les archives de Balazuc, est loin de nous convaincre que cette cérémonie ait été créée par elle. Notre religion n'improvise point un sacrifice à l'exemple des païens, et notre Dieu, après une mortalité d'animaux, ne demande point une nouvelle victime ; il n'entre pas dans les rites du christianisme de l'honorer et de lui plaire en répandant du sang ; il est plus rationnel de penser que ce vieux reste du paganisme s'était conservé au centre de ces montagnes, et que la confrérie en a changé l'application en lui donnant une apparence religieuse.

Il existe de ces usages païens qui sont restés longtemps encore au milieu de la civilisation : ainsi, n'avons-nous pas vu, à la porte de Lyon, une continuation des bacchanales dans la fête St-Denis-de-Bron, où on se livrait, en paroles et en gestes, à toutes les obscénités possibles, et n'est-il pas vraisemblable que le nom de Denis dérive de Dionysius, qui est le synonyme de Bacchus; on peut conjecturer qu'il existait sur ce point un temple consacré à Bacchus. Ce n'est qu'en 1846 que les orgies qui accompagnaient cette fête publique ont cessé.

Si, près d'une grande ville comme Lyon, un usage de ce genre s'est perpétué, à plus forte raison les cérémonies de l'ancien culte ont-elles pu se conserver dans un lieu isolé, au centre de montagnes comme celles de l'Ardèche. Ne savons-nous pas aussi que sur certains points de la Normandie il existe encore des restes du culte de Priape, que des colporteurs vendent en secret de petites amulettes érotiques en verroterie que de jeunes filles à mœurs pures portent sur elles, dans l'espoir qu'elles favoriseront leur union et qu'elles les rendront fécondes. Si l'humanité a été éclairée par une foi nouvelle, pendant longtemps encore il est resté dans les esprits des traces des vieilles croyances, que les siècles seuls finissent par effacer insensiblement ; mais revenons à notre sujet principal.

Le sarcophage dont il est ici question a été accordé au Musée de Lyon par M. Fould, ministre d'Etat, qui a voulu qu'il trouvât sous nos portiques un asile convenable. Il avait été expulsé de l'église de St-Maurice, par ordre de l'évêque du diocèse, il y a environ trois ans, comme étant d'origine païenne.

Les habitants de la commune n'abandonnèrent pas pour cela leurs idées à son égard ; ils virent avec peine son exclusion, et son départ pour Lyon n'a pas excité moins de regrets de leur part, car ils ont refusé le secours de leurs bras pour son chargement, et il serait encore à St-Maurice si le maire et quelques personnes d'Aubenas n'étaient venues en aide.

Il est arrivé au Musée sans accident ; mais retiré dans un bel état de conservation du lieu où il était enfoui à Balazuc depuis des siècles, il a eu à souffrir de nombreuses mutilations de la part d'un ecclésiastique qui, en 1795, dans un accès d'aliénation ou de fanatisme, le croyant païen, s'enferma dans l'église, et armé d'un marteau, brisa les têtes de plusieurs personnages du bas-relief, fractura en trois morceaux le devant de la tombe ; et ne pouvant parvenir à le mettre en pièces à raison de la dureté du marbre, il se retira lassé par son œuvre de destruction.

D'après les détails que nous venons de donner sur la découverte de ce sarcophage, sur la position du lieu, sur les ruines de constructions gallo-romaines, sur la variété des antiquités qui y ont été trouvées, on peut être convaincu que ce lieu avait été choisi pour en faire un cimetière à cette époque. Il est présumable que des fouilles faites convenablement, à une certaine profondeur, amèneraient la découverte d'autres antiquités, si le gouvernement voulait accorder les fonds nécessaires pour y procéder.

Description. — Nous allons essayer de décrire ce monument, nous réservant de signaler plus loin et en particulier toutes les mutilations qu'il a subies.

Ce sarcophage, en marbre blanc sillonné de veines noirâtres irrégulières et sinueuses, est de la forme d'un carré-long; les surfaces postérieure, latérales et intérieures ont été laissées à l'état brut, le devant seul a été sculpté; la tombe est longue, mais beaucoup moins profonde que celle des sarcophages antiques que nous possédons.

Le bas-relief qu'on y a représenté est encadré dans un listel lisse, faisant saillie dans le bas et sur les côtés, et en retrait dans le haut. La surface d'ensemble de cette sculpture simule un parallélogramme; sept portiques y sont représentés, et séparés entre eux par une colonnette dont le fût est orné de cannelures en spirale; leur base est carrée et surmontée d'une partie cylindrique ornée de deux cordons superposés en forme de chapelets; dans celui du bas les grains sont ronds et ovales et alternent entre eux, dans celui du haut ils sont ronds et égaux : ces deux cordons sont séparés par une surface denticulée.

Les chapiteaux sont d'ordre composite; l'astragale est surmonté d'une rangée de feuilles à pointes arrondies, un amas de petits feuillages plus déliés garnit le reste de l'abaque, les angles se terminent en volute. Sur le sommet de chaque colonnette on a placé alternativement une colombe ou un vase à deux anses.

Des arceaux en manière de dais ou de frontons, faisant saillie, reposent sur ces colonnes; les uns forment un angle obtus, les autres une courbe surbaissée; ils sont alternants et ornés de moulures et d'un rang de perles.

Tels sont les ornements qui décorent l'ensemble de ce bas-relief. Quant aux sujets qui garnissent l'intérieur de ces portiques, les nombreuses mutilations qui ont fait disparaître les attributs qui appartenaient aux personnages et quelques têtes, rendent leur explication difficile et même impossible pour plusieurs.

Devons-nous considérer ces différents sujets comme rassemblés sous l'inspiration d'un principe d'unité, ayant entre eux corrélation, ou comme des représentations unies qui indiquent une action isolée? Devons-nous y voir des sujets qui, par une suite de faits, se rapportent à la vie du défunt qui reposait dans cette tombe, ou bien comme des figurations et des symboles religieux, pour appeler sur lui la bénédiction du Ciel? Enfin devons-nous considérer ce sarcophage comme étant le tombeau d'un ecclésiastique en haute dignité, comme celui d'un personnage sanctifié, ou simplement comme ayant appartenu à un homme du monde dont la position et la fortune ont permis la construction de ce monument? Telles sont les questions que nous devons chercher à résoudre ou à éclaircir. Les recherches que nous avons faites dans nos souvenirs et dans les auteurs qui ont fait graver dans leurs ouvrages des monuments de ce genre, nous ont rendu la tâche beaucoup plus facile.

Nous avons vu à Arles plusieurs sarcophages de la même époque, du même style, présentant des décorations presque conformes, et même quelques sujets indiquant des faits identiques puisés dans l'histoire sacrée. L'ouvrage *Roma subterranea* en reproduit aussi plusieurs du même style, offrant les mêmes ornements et quelques-unes des scènes qui figurent sur notre bas-relief.

Les artistes qui exécutaient ces monuments, ou ceux qui les faisaient élever, suivaient des inspirations diverses; ils choisissaient, d'après leur gré, des sujets variés dans l'Ecriture-Sainte, et il n'existait point de règle fixe. En général, cependant, c'est toujours le Christ et les apôtres qui y jouent le plus grand rôle; les différents miracles y sont représentés ainsi que les actions les plus importantes de la vie de notre Seigneur et des apôtres.

Sous le règne du grand Constantin, la foi païenne était déjà ébranlée; l'édit par lequel il donna la permission de renverser toutes les images du paganisme, rencontra une fanatique obéissance. On se rua sur tout ce qui pouvait rappeler l'idolâtrie, et la nouvelle foi prenant un libre essor, les monuments chrétiens vinrent s'élever sur les ruines de ceux qui avaient été renversés; dans le midi de la France surtout, on a découvert un assez grand nombre de sarcophages qui furent construits depuis le règne des premiers Constantins jusqu'à celui de Théodose, époque à laquelle nous devons reporter celui-ci.

La fin du quatrième siècle et celle du cinquième produisirent le plus grand nombre de tombeaux chrétiens de ce style, qui étaient couverts de scènes religieuses variées.

Presque toujours dans ces bas-reliefs à compartiments ou portiques, le Christ est placé au centre, il est rarement isolé; presque toujours aussi, les personnages sont nu-pieds.

Dans notre sarcophage nous trouvons plusieurs traits de la vie de notre Seigneur, il figure dans cinq portiques en commençant par la droite du monument, nous n'avons pu reconnaître sa présence dans les sixième et septième compartiments.

Nous allons décrire chacun d'eux en allant de la droite du monument à la gauche.

Premier Portique. — Nous voyons deux personnages vêtus de la tunique talaire à larges manches; on aperçoit aux pieds de l'un d'eux les jambes et le haut des cuisses d'un enfant assis dont le corps a été brisé et manque en entier. Dans cette scène nous devons reconnaître le Christ, qui semble adresser la parole au personnage qui est à sa droite, et dont il paraît fixer l'attention; l'absence d'attributs et de gestes significatifs nous empêche d'interpréter ce sujet.

Deuxième Portique. — Il contient deux personnages debout, vêtus aussi de la tunique talaire; leurs têtes ont été brisées : celui de droite est sur un plan moins avancé. Ce sujet est tellement mutilé qu'il devient impossible d'en donner une explication. Nous pensons cependant que le Christ y figure.

Troisième Portique. — Dans cette scène, malgré les mutilations qu'elle a subies, on ne peut se méprendre sur l'intention de l'artiste; il a voulu rappeler le miracle du paralytique se levant à la voix du Seigneur qui lui dit : *Surge, tolle grabatum tuum et ambula*, saint Jean, chap. 5, v. 8; ou : *surge, tolle lectum tuum et vade domum tuam*, d'après le texte de saint Mathieu. On voit deux personnages dont l'un est indubitablement le Christ, et devant eux le paralytique qui emporte son lit sur ses épaules.

Quatrième Portique. — Dans cette représentation dont les deux personnages sont debout, nous devons reconnaître, malgré l'absence de leurs têtes, Notre-Seigneur et saint Pierre, le premier est à la gauche, et le second est désigné par un coq qui est à ses pieds. Dans

Roma subterranea, nous remarquons, page 293, un sarcophage de la même époque que le nôtre, où se trouve le même sujet bien conservé, qui est expliqué ainsi : *Christus qui prædicit Petro trinam ejus negationem*, (St. Mathieu); c'est le moment où le Christ prédit à saint Pierre qu'il le reniera trois fois.

Cinquième Portique. — Le sujet de cette représentation est un des miracles de Jésus-Christ, consigné dans l'Evangile, celui de la guérison d'un aveugle de naissance. Trois personnages sont debout; devant celui de gauche est l'aveugle, sur les yeux duquel était appliquée la main du Christ qui est sur la droite; cette main et l'avant bras ont été brisés.

Nous retrouvons ce même sujet sur un sarcophage gravé dans *Roma subterranea*, page 289, expliqué par ces paroles de saint Jean (ch. 9, v. 6) : *Christus qui cœco nato largitur oculos*.

Sixième Portique. — Nous n'osons préciser cette scène, mais elle nous semble se lier à celle qui suit dans le dernier portique; elle paraît se rapporter à deux infidèles qui écoutent d'un air moqueur la parole de Dieu annoncée par le personnage placé dans le dernier portique à gauche. Ces deux jeunes gens sont imberbes, et coiffés d'une chevelure touffue; ils sont debout, vêtus de la tunique talaire courte, et chaussés de la sandale; ils ont la tête tournée à gauche, et leur figure semble porter l'empreinte du sourire de l'incrédulité; le premier a son bras élevé au devant de la poitrine du second, et paraît faire un geste pour fixer son attention.

Septième Portique — Ce sujet représente un personnage assis sur une espèce de rocher et à l'ombre d'un arbre contre lequel il est adossé; il est vêtu d'une tunique semblable à celle des apôtres et coiffé en cheveux, son menton est barbu; il tient de ses deux mains un volumen qu'il déroule et sur lequel il a les yeux fixés, il semble prêcher la parole de Dieu aux deux infidèles qui sont dans le portique précédent, tournés de son côté.

Nous remarquons dans ce bas-relief la présence de quinze personnages (1), parmi lesquels nous croyons reconnaître qu'il existe cinq apôtres et que le Christ y figure cinq fois. Les cinq autres personnages sont : les restes de l'enfant, qui se trouvent dans le premier portique, le paralytique dans le troisième, l'aveugle né dans le cinquième, et les deux infidèles dans le sixième.

Les caractères qui semblent distinguer le Christ et les apôtres sont moins le costume que leurs pieds nus, et la barbe qu'ils portent.

Cette sculpture a le cachet de son époque, son style est naïf et d'une composition remarquable, on retrouve dans les draperies un souvenir de la belle époque, les poses sont naturelles et simples. Ce bas-relief à ronde bosse, profondément fouillé, n'est point d'une grande finesse; quelques parties même sont très-négligées; ainsi, les vases qui sont figurés au sommet des colonnes ne sont qu'ébauchés et à peine reconnaissables. Du reste, l'usure du temps et de nombreuses mutilations l'ont défiguré; elles sont un grand obstacle pour le juger sainement sous le rapport de l'art, et ont rendu difficile l'interprétation de plusieurs sujets.

Quant au personnage auquel avait été élevé ce monument, nous regardons cette question comme des plus insolubles, malgré la vieille croyance des habitants de St-Maurice, qui considèrent ce tombeau comme étant celui de leur patron, et malgré l'opinion de quelques personnes qui

---

(1) Nous avons possédé le devant d'un sarcophage de la même époque, à sept compartiments ou niches; dans celui du centre était représenté le Christ, et dans ceux des côtés les douze apôtres deux par deux. Sur d'autres nous avons remarqué le Christ toujours au centre, mais les apôtres au nombre de dix ou de huit seulement.

le supposent être celui d'un général romain. Il nous semble que saint Maurice ayant subi le martyre en Suisse, dans le Valais, sur les bords du Rhône, il est peu probable que le tombeau découvert dans la commune de Balazuc soit la sépulture de ce saint ; la translation de son corps n'est citée nulle part. Ensuite il existait dans les Gaules une foule d'églises sous le vocable de ce saint ; la ville de Vienne que saint Maurice a rendue célèbre et où il fonda dans le troisième siècle l'ordre qui porte son nom, n'aurait pas manqué de revendiquer et d'obtenir une telle faveur. Rien ne vient nous prouver non-plus que ce tombeau soit celui d'un prélat ou d'un ecclésiastique distingué, il y aurait dans les bas-reliefs ou dans l'intérieur des signes qui rappelleraient leur dignité ; il est plus probable qu'il appartient à un personnage haut placé dans le monde, dont la fortune a permis ce luxe de sépulture, ou dont la piété et les vertus ont décidé les héritiers à lui élever ce monument pour perpétuer sa mémoire. Les noms, prénoms et dignités de ce personnage pouvaient être énumérés sur le couvercle qui n'a pas été retrouvé.

Il paraîtra sans doute étonnant que ce sarcophage se soit rencontré au milieu de sépultures païennes, et sur un point où la chronique du pays place un temple de l'idolâtrie ; mais en lisant dans les Pères de l'Eglise les recommandations que les premiers évêques faisaient à leurs missionnaires pendant les premiers temps du christianisme, on en sera moins surpris ; ils leur recommandaient de ne point heurter les croyances des païens, de se rapprocher d'eux autant que possible, de les ramener à la foi par la douceur, de construire les oratoires, les églises près de leurs temples, de frapper leur imagination par la dignité des cérémonies religieuses, de chercher à éveiller leur curiosité et de les convaincre par l'exemple de toutes les vertus chrétiennes.

On voit que ces recommandations si ponctuelles de rapprochement pendant la vie ne portaient pas d'exclusion après la mort, et que si plus tard les sectes religieuses ont eu leur lieu de sépulture séparé, il n'en était point ainsi dans l'enfance du christianisme.

Mutilations : elles sont si nombreuses que nous avons dû les signaler à part.

Le devant de ce sarcophage a été brisé dans toute son étendue en trois pièces, un fragment considérable dans le milieu du haut a été perdu ; cet espace a été comblé avec du ciment, pour rendre l'aspect moins difforme. Les trois pièces avaient été grossièrement réunies entre elles et au corps du sarcophage par des crampons en fer ; des jours existaient entre ces différents morceaux, nous les avons fait mettre en rapport, et nous avons fait restaurer ce monument dans son ensemble.

En arrivant de droite à gauche, la moitié inférieure du fût de la première colonnette a disparu ; dans le portique, le corps de l'enfant qui était sur le premier plan manque entièrement, la face de la tête du Christ a été brisée, et celle de l'autre personnage est mutilée.

Le fût de la seconde colonnette est complètement détruit.

Dans le sujet du second Portique il ne reste que les draperies du premier personnage, la tête et les membres sont brisés.

La troisième colonnette est intacte, sa base seule offre une large brèche.

Dans le troisième Portique la tête des deux personnes ainsi que la moitié gauche de l'arceau et le bas du corps du paralytique sont brisés et manquent.

La quatrième colonnette a disparu, il n'en reste que la base mutilée.

Dans le quatrième Portique la tête des deux personnages qui y figurent a disparu, l'arceau de ce portique manque entièrement.

Il ne reste de la cinquième colonnette que le tiers du haut de son fût.

Dans le cinquième Portique le personnage qui est derrière l'enfant a les jambes brisées et les pieds mutilés.

La sixième colonnette présente une brèche à sa base.

Dans le sujet du sixième Portique les deux jambes du premier personnage manquent, et pour le second le bas de la jambe droite n'existe plus; leur chevelure présente aussi de graves mutilations.

La septième colonnette a perdu dans le bas près des deux tiers de son fût.

Dans le septième Portique une partie supérieure du tronc de l'arbre qui y figure a disparu.

Une grande partie du fût de la huitième colonnette n'existe plus.

Telles sont les principales mutilations qu'a subies, en 1793, le bas-relief de ce sarcophage qui n'en restera pas moins une des pièces importantes de notre Musée lapidaire.

Dimensions. — Hauteur des personnages debout : 43 cent.

Hauteur des portiques : 47 cent. — Largeur : 25 cent.

Longueur du sarcophage : 2 mètres 28 cent. — Hauteur : 58 cent. — Epaisseur : 72 cent.

Longueur de la tombe : 1 mètre 80 cent. — Largeur : 53 cent. — Profondeur : 47 cent.

Le transport de ce sarcophage ayant nécessité qu'il fût pesé, son poids est de 1,190 kilog.

Avant de passer au signalement des inscriptions existantes encore et qui sont éparses dans le département du Rhône, nous croyons devoir citer dans ce volume les quelques inscriptions qui sont placées dans la salle des Antiques, afin qu'il renferme toutes celles qui sont réunies dans le Palais-des-Arts, et autant que possible en général, l'épigraphie antique de notre département. Nous nous abstiendrons de trop de détails à leur égard, nous bornant à citer les nos sous lesquels ces objets seront rangés dans la description de ce Musée dont la publication suivra celle du Musée Lapidaire.

INSCRIPTIONS

DE LA SALLE DES ANTIQUES.

n. 85.

Inscription gravée en dessous du manche d'une casserole en argent portant le n° 85, dans la série des objets en or et argent.

Inédite.

(DIDI . SECUNDI
MIL . LEG . II . AVG .
7 MARI .

De Didius Secundus, militaire dans la 2ᵉ légion Augusta, centurion de la centurie Mari...

Nous ne nous occuperons point ici des détails qui se rapportent à cet ustensile culinaire et à son origine; nous parlerons seulement de l'inscription, en renvoyant au volume de la description des monuments qui se trouvent dans la salle des Antiques, dans lequel cet objet est décrit.

Les lettres de cette inscription sont faites au pointillé et d'un mauvais style que nous faisons remonter au temps des guerres de l'empereur Gallien, d'après l'origine de la découverte de cette casserole.

Nous n'osons donner une valeur à la courbe en forme de ç barbare qui précède les deux noms de ce militaire.

Quant au caractère en forme de 7 qui précède le mot MARI, suivant l'opinion d'Orelli et de plusieurs archéologues, il est considéré comme un signe qui indique le titre de centurion; d'après cette manière de voir, Didius Secundus était centurion et commandait une centurie dont le nom incomplet commençait par les deux syllabes MARI. Nous avons des exemples de centuries auxquelles, outre leur numéro, on avait donné un nom particulier à raison de certains événements où elles s'étaient distinguées.

Cette inscription est composée de trois lignes, les lettres ont 2 millim. de haut.

n. 117.

Scarabée en or massif, orné en dessous d'une intaille sur sardoine, représentant Minerve; on a gravé autour en cercle les mots ΣΩΤΕΙΡΑ ΛΥΣΙΜΑΧΟΥ, que nous interprétons par protectrice, conservatrice de Lysimaque, ΣΩΤΕΙΡΑ étant une épithète de Minerve. Les lettres sont d'un mauvais style et ont 2 millim. de haut.

N. 9.

VENE
RI ET TV   Vœu à Vénus et à Tutèle.
TELE VO
TVM

Cette inscription votive est gravée sur une bague en or, qui faisait partie de la découverte qui a eu lieu en 1844 sur le versant oriental de la colline de Fourvière (1).

Elle est composée de 4 lignes et renfermée dans un espace ovale.

A la 3ᵉ ligne, le T et l'E qui la commencent sont conjoints.

Les mots ne sont point séparés, il n'existe aucune ponctuation ; les lettres sont d'un mauvais style, elles ont 1 millim. 1/2 à 2 millim. de haut.

Le nom de la déesse Tutèle, protectrice de la navigation, se trouve sur plusieurs inscriptions antiques, mais il est assez bizarre de le voir associé dans un même vœu à celui de Vénus.

N. 25.

PROXS   *Inédite*
VMIS
TIIRTV

Cette inscription, en lettres d'un style des plus barbares, est gravée sur un autel de très-petite dimension qui, par cette raison, ne figure point dans le Musée lapidaire, mais dans la salle des Antiques, série des pierres sous le numéro 25 ; cet autel est en pierre calcaire et faisait partie du cabinet Artaud. Nous n'avons aucune donnée sur son origine.

Elle est composée de trois lignes, mal alignées, dont les lettres difformes sont inégalement espacées ; elles ont 20 millim. de haut.

Nous n'osons donner le sens et l'interprétation de cette inscription, nous voyons que les deux premières lignes forment un seul nom : celui de PROXSVMIS. Le mot qui compose la troisième ligne, paraît être une invocation. Est-ce un autel élevé en l'honneur d'une divinité topique inconnue, ou bien le monument funéraire d'un enfant ? nous laissons au lecteur cette appréciation.

N. 142.

Sur une plaque en argile jaunâtre, à pâte très-fine, de forme carrée, portant le n° 142 dans la série des antiquités en argile, qui dépendent du cabinet Lambert,

---

(1) Pour les détails qui s'y rattachent, voyez notre mémoire intitulé : *Ecrin d'une dame romaine*, Lyon 1844, et la description des antiquités contenues dans la salle des Antiques.

légué à la ville de Lyon, nous lisons les mots suivants gravés sur les faces de côté :

Inédite.

Nous renonçons à interpréter le sens de cet assemblage de noms et de mots inexplicable ; les lettres ont 5 millimètres de haut.

N. 113.

Sur un autre cachet d'oculiste, de même forme que le précédent, en argile du même genre, mais de plus petite dimension, on lit les mots suivants gravés sur trois faces de côtés :

Inédite

Nous ne saurions donner aucun sens à la réunion bizarre de ces mots dont les lettres sont d'un style très-médiocre ; seulement nous n'y remarquons point de lettres conjointes comme dans la précédente ; elles ont 2 millim. de haut.

Il provient du cabinet Lambert. Nous doutons de son authenticité.

N. 200.

Sur une serpentine verdâtre, en forme de parallélogramme cube, qui a pu servir de cachet et qui porte le numéro 200, série des pierres, on lit sur les deux faces opposées les deux inscriptions suivantes :

      C. ATTICI LATIN   LATINI ET. IVLI
      IVL. CHELIDON   DIABSORICUM

Les lettres ont de 2 à 5 millim. de haut. Il a été trouvé à Dijon.

N. 111.

Sur un anneau en bronze on lit l'inscription suivante gravée sur cornaline.

ΦOPI
OVINA
TA

Les lettres sont d'un mauvais style.

N. 198.

D . M *Inédite.*
NAEVIA SABINA
QVAE. V. A. II. M. VI. D. XI
HV . FECIT .
SARA ACTE
MAT . B . E

Cette inscription en l'honneur d'un enfant existe sur une petite urne cinéraire en argile rouge, de forme amphorique ; elle vient du cabinet Artaud, elle est composée de 6 lignes, les lettres sont en relief.

La construction de cette épitaphe a des formes inaccoutumées.

A la 2ᵉ ligne, les noms de la défunte qui devraient être au génitif sont au nominatif.

Les 5ᵉ et 6ᵉ lignes nous font apparaître le nom d'une étrangère qui a été chargée, par la mère de la défunte, du soin qui se rattache à cette partie des funérailles.

L'inscription a été gravée dans un moule et ensuite appliquée sur la panse de cette urne qui a été fabriquée au tour.

N. 195.

Camée en jaspe vert sur lequel on a représenté d'un côté une Vierge de travail byzantin. Le revers porte une inscription dont l'antiquité nous paraît douteuse ; elle est composée des mots grecs :

A H Σ A T ⌡ *Inédite.*
M E Y K
O K N A

N. 719. *Inédite.*

Sur le dos d'une statuette en bronze, portant le n° 749, on lit l'inscription suivante en forme de fer à cheval, ΛΙΛΟVΝVΙΓΡΠΟ ; nous renonçons à vouloir interpréter le sens de ces lettres de formes mélangées.

INSCRIPTIONS

ÉPARSES DANS LA VILLE DE LYON.

ET DANS

LE DÉPARTEMENT DU RHONE.

Nous avons cru nécessaire dans l'intérêt de la ville et de la science, de donner ici le texte de toutes les inscriptions qui existent dans le département du Rhône, et que nous connaissons. L'administration saura où les trouver quand elle jugera convenable ou que l'occasion se présentera d'en faire l'acquisition, surtout de celles qui se trouvent employées comme matériaux dans des constructions sujettes à être démolies.

Le but de notre publication s'opposant à une description de ces monuments, ce travail est réservé à celui qui les recevra lorsqu'une circonstance permettra leur déplacement, soit que les propriétaires s'en dessaisissent gratuitement en faveur du Musée, soit que la ville en fasse l'acquisition. Nous nous contentons d'indiquer le lieu où ils se trouvent.

1.	2.	3.	4.
D M	D M	ANARRO i	AT I[...] VIR AVG. LVG
LACRIO SYNTRO	CLAVDIAE EGAMIAE	ONSENS . C	ONEI HERMETIS
PHO LIBERTI OPTIMO	SOEMIVS TROPHIVS	MOV . ADRI	HERES CVM SERR
LACRI. LICINIANVS ET PINS	ET MVLPIVS SYN	ANO DEC	NENS CVRAVER.
PATRONI	TROPHVS CONIVGI B. M. E		

1. — Sur un ossuaire en marbre blanc, orné de sculptures. (Cabinet Comarmond).

2. — Sur un ossuaire du même genre. (*Ibid.*)

3 — Place de la Platière, maison Tardieu, dans le jambage d'un escalier qui descend à la cave.

4. — Ancienne maison de Lange, aujourd'hui pavillon Nicolas, situé sur le point nord de la colline de Fourvière; cippe encastré dans le mur de façade, tourné à l'est. Ménestrier, *Hist. cons.* p. 80. Spon, *Recherches*, p. 224.

TOM. I.

5.

D   M
ET QVIETI AETERNAE
DOMITIAE HEVTYCHI
ANAE PIENTISSIM
QVAE VIXIT ANNIS X
VIII. M. III D. XII DOM
VS HEVTICHIANVS
DOMITIA MYNNE
PARENTES FILIAE CARI
SIB VIVI P. C. ET SVB ASC
DEDICAVERVNT

6.

ET QVIETI AETERNAE

7.

FRATRI PIENTIS
TIBER . VIEN . CIVIS
PATERNVS
VONCVLVS
DE SVO FECER
ET SVB A. D

8.

D M
ACILLIAE
M . L
PRISCAE

9.

IOVI
IERA
MAI
ET

10.

L. SENVCIA
V — S

11.

D . M
CAII. CVRONIS
SATTONIS
TREVERI
ANNOR
XVII
SENILIS
AVVNCVLVS

12.

D   M
S Q . S . AVEVSTI
V CONLIBERTI
EIVS PON . C R

13.

APOLLINI AVGVSTO
APPIANVS
V. S.

14.

D   M
DIOCHARIS IVLI CLA
SSICIANI SER QVIETVS
DIS — P.

15.

DIAGLAVCEVM
ACHABISTVM   DICENTETVM
HIRPIDI . POLTTIVM

16.

NERVA . CAES. AVG . P . M . TR . P . COS. II

17.

PRIDIE. K. AVGVSTI. OB. DNA. IVLIANA. ABBSA. SCI. AN
DREE. QVE. MANESAT. DE PPRIO FRIS. SVI. VMDTI. COMIRI. SABAVDIE
ET DE PPRIO. AGNETIS. SORORIS. SVE. GEBENNENSIS. COMITISSE.
RONA. AIALIA. XXTI. III. Q DEDIT. COVENTVI. EIDS. ECCLE VT. IN DIE.
OBIT. SVI. HABEAT. COVENT. SINGVL. ANNIS. XXTI. SOLIDOS.
AD REFECTIONEM. M. C. NONAGESIMO. IIII.

---

5. — Sur un cippe encastré au-dessus du n° 4, dans un mur de façade de la même maison, tourné à l'est; Ménestrier, 22-23. Spon, *Recherches* p. 57. Gruter, DCLXXX, 9.

6. — Partie supérieure du devant d'un sarcophage brisé en deux pièces, et placé dans la façade nord de la même maison.

7. — Sur une cippe placé dans le jardin attenant à la même maison, à l'angle d'une allée; Gruter, DCCCLIV, 1. Spon, *Recherches*, p. 224.

8. — Sur un ossuaire de forme cylindrique en calcaire oolithique blanc orné de figures et de strigilles. (Cabinet Comarmond).

9. — Sur un petit autel en grès, trouvé à Lyon en 1824, cimetière de Loyasse. (Cabinet Comarmond).

10. — Sur un petit autel en forme de cippe en grès, orné de moulures et d'un bas-relief qui représente un phallus ailé, à pattes de chien, ayant un collier et une sonnette; l'inscription est gravée au-dessous de ce bas-relief érotique. (Cabinet Comarmond).

11. — Sur un cippe encastré à l'angle nord-est de la maison Jaricot, montée Saint-Barthélemy. Paradin, p. 426.

12. — Sur une pierre de grès en forme de cartouche, trouvée près de Roanne. (Cabinet Comarmond).

13. — Sur une plaque carré-long en bronze trouvée à Loyasse en 1833; l'inscription est gravée en creux. (Cabinet Comarmond).

14. — Sur un ossuaire en marbre blanc orné de sculptures. (Cabinet Comarmond).

15. — Sur un cachet d'oculiste trouvé dans la Saône, et possédé par M. Thibaud, maître d'études au Lycée.

16. — Autour d'un grand médaillon en marbre de Paros, représentant le buste de Nerva, trouvé à Montbrison. (Cabinet Comarmond).

17. — Guichenon cite une inscription semblable avec une variante dans le texte du dernier paragraphe, d'où l'on peut conclure qu'il existait deux monuments en l'honneur de cette abbesse. (Cabinet Comarmond).

18.

HAVE IN AETERNVM
Q ANCIARI
AETERNVM Q
MARIANE
V. A. L. E

19.

PRO SALVTE DOM
N. IMP L. SEPT. SAVER
AVG TOTIVS Q DOM
EIVS AVFANIS M
TRONIS ET MATRIBV
PANNONIORVM
DALMATARVM
OMPIIANV
G.I MIN
CO VLTO CVM
DTONE ET TABVL
V S

20.

NVMI
NIBVS AVGVS
TORVM

21.

ET MEMORIAE
AETERNAE
RVSTICINI
ERENNI VET
LEG XXX VIC. QVI
VIXIT ANNI LXXXX
PATRI PIENTISSI
RVSTICINIA VR... PONEN
DVM CVRAVIT ET
ESTIVIA VRSA CON
IVX QVAE CVM EO
VIXIT ANNIS XXXXII SI
NE VLLA MACVLA ET
SVB ASCIA DEDICAVERVNT

22.

ET MEMORI
AETERNAE Y
TOSIVS DECEMBER
QVI VIXIT ANNOS XIII
ET DIES XXIII TOVT
AVXILIVS PATER DO
ET IVLIA CATTIA MATE
FILIO KARISSIMO
P. C. ET S. A. D.

23.

VENERI
SACRVM

24.

D   M
Q FIRMIDI
AGRESTI
FIRMIDIA VERA
FRATRI PIISSIMO.

25.

D   M
ET MEMORIAE AETE
RNAE PETRONI
MARCELLI ET ATTI
AE RHODOPENIS
ATTIVS ANNIANVS I.T
PETRON. VITALIS
FILI EORVM PARENTI
IMIS P C

A

26.

ΑΔΕΛΓΡΠΥΕΥΕC

27.

ΓΡΕΔΥ. ΠΟΛΕΛΤΑ

18. — A l'église St-Irénée, près de l'entrée du couloir qui conduit à la crypte située sous l'église à gauche du perron de la façade.

19. — A Fontaine, canton de Neuville; cette pierre sert de pilier à un hangar, dans la propriété de M. Jacquemont. (Paradin p. 419. Spon. *Recherches*, 17. *Miscell*. 106. Ménestrier, *hist. cons.* 128.) Colonia, 245.

20. — Sur une plaque en bronze, ayant dix cent. de diamètre, appartenant à M. Durand de Lyon.

21. — A Lyon, rue des Farges, près de l'église de St-Just du côté gauche en montant. Ménestrier, *Hist. Cons.* p. 58. Spon, *Recherches*, page 51.

22. — A Lyon, place St-Clair dans une cave de la maison Pettoton, à l'angle de l'escalier des Fantasques.

23. — Cette inscription gravée dans un cartouche, sur une pierre calcaire, se voyait, avant 1830, au Chemin-Neuf dans le mur de soutènement du clos de l'Antiquaille. Un éboulement ayant eu lieu, elle a été masquée par un contre-fort élevé contre ce mur pour soutenir le terrain.

24. — A Lyon, chez M. Blanc, près des Carmes Deschaux.

25. — A Lyon, dans le clos Coindre rue des Farges n° 97; sur un cippe mutilé engagé dans un mur de soutènement. Gruter la cite, DCCXXXVI, 6, avec une variante dans les trois dernières lignes.

26. — Cette longue série de lettres également espacées, sans points de séparation, sont représentées en relief, sur le bord du pétase d'un Mercure sculpté à ronde bosse, placé dans une niche. Ce curieux monument a été découvert à Thisy (Rhône), en 1837. (Cab. Comarmond).

27. — Cette inscription est gravée autour d'un large médaillon en pierre de touche où l'on a représenté, en relief, une femme assise, une chèvre et un serpent; le travail en est barbare. Ce monument a été découvert à Bessenay (Rhône), en 1828. (Cab. Comarmond).

28.

D   M
CLAVDII .
VRBANI . CON
IVGI . CARISSI
MI . VIBIA
TROFIMEN.
ET . VIBIA . VR
BANA FILIA

29.

IN HOC TVMOLO REQVIIS
CIT MEMBRI BONE MEMORIE
AVDOLENA BONA KAR ETATE
SVAM † QVI VIXIT IN
PACE ANNS XXX QVIA
HOC HOSSA REMOVIT A
NATEMA SIT OBVIT KALEN
DAS IANVARIAS S

A   †

30.

COLATA SABASSE
EMILE LVCERNAS

31.

CLAVDIA
SVAVIS COLONORVM.
LIB HIC ADQ
ANN XXIX FLACCVS
PIISSVMAE

32.

D   ET   M
MEMORIAE AETERN
VALERIAE POPPAE FEM
NAE SANCTISS. QVAE VI
XIT VNA CVM CONIVG
SVO DECIM. MARCIANO
SINE VLLA ANIMI LAES
ONE ANN XXXIII. M. III D
DECIM. MARCVS SOROR
DVLCISS. PIISS ANIMAE IN
COMPAR. MEMOR PIENTIS.
RELIQVIAS EIVS HOC TV
MVLO DEDICAV. ET SVB ASCIA
D.   D.

33.

D   M
ET MEMORIAE
AETERNAE
AVFIDIAE FELI-
CVLAE
EX AVFIDIVS
MARCVS NV
TRICI PIENTIS
SIMAE PONEN
DVM CVRAVIT
ET SVB ASCIA D. D.

34.

ATT
NATIONIS VRBICI-
QVI VIXIT AN. XXIII
M. VII DIES XIV
CLAVDIA MAXIMA
MATER MISERRI
MA FILIO DVLCISSI
MO. ET SIBI VIVA
POSTERISQ. SVIS P. C.
PROCVR T S EVG.
ET S. A. D.

35.

ET MEMORIAE AETERN
ACVTIAE AMATRICI
FEMINAE PROBISSIM.
QVE CVM MARI
VIXIT SINE VL
CRIMINE QVI
ABSTVLERVNT FA.
INIQVA ANATIS ET
CONIVGE MINO
REM ANNORVM XXX
OB CVIVS MERITA ET
PIETATEM HOC MON
MENTVM CANTIVS
ELVENNVS CONIVG
CLARISSIMAE P. C. ET SVB
ASCIA DEDICAVIT

36.

L. BAEBIVS
LEPIDVS
NVMMVLARIVS

37.

RIVS. CL. FELIX
EX TESTAMENT
SPIRITV CAN

---

28. — Sur une tablette en marbre blanc, chez Me Picard, propriétaire, Grande-Rue de Vaise n° 40.

29. — A Albigny, dans le mur de soutènement d'une terrasse dans la propriété de M. Petit.

30. — Cette inscription figure en relief sur une lampe en argile. (Cabinet Comarmond).

31. — Au Chemin de la Favorite, paroisse de St-Irénée ; engagée près du sol dans le mur de l'auberge du Manteau-Jaune, et exposée à tous les chocs.

32. — A Ecully, chez M. Lebeuf.

33. — A Champvert, dans le clos de M. Marduel ; enclavé dans le mur sud d'une pièce d'eau. (Millin. t. 1. p. 517.)

34. — A Champvert, chez M. le marquis de Belbeuf ; trouvée en 1836 en creusant les fondations de la maison Mathieu, quai de l'Archevêché à Lyon. (Breghot du Lut, Revue du Lyonnais).

35. — A Champvert, chez M. le marquis de Belbeuf ; cippe trouvé en 1836, en creusant les fondations de la maison Mathieu, quai de l'Archevêché. (Breghot du Lut, Revue du Lyonnais, mai 1836.)

36. — A Francheville, dans le parc de M. le marquis de Ruolz.

37. — Au Chemin de la Favorite, paroisse de St-Irénée, dans la maison de l'auberge du Manteau-Jaune. La pierre sert de margelle à un puit.

38.

D   M
CLA. VENERIAE
ALVMNAE. DVL
CISSIME. QVAE
VIXIT ANN. VI
M. III DIES XXI
CLAV. RVFINA
P. C. ET S A. O.

59.

D   M
ET MEMORIAE
ALTERN
LEONIS IVE
NIS. INNOCEN
TISS M. QVI
VIXIT ANN XXV
M. VIII SATTO
NIA VRSA ALVM
NO P. C. ET SVB
ASCIA DEDIC.

40.

D   M
ET MEMORIAE
ETERNE C. ANNI
FLAVIANI VET. EX LEG . XXX
ANNIVS RESPECTVS ET
IVLIA RESTITVTA FILIVS
ET CONIVX QVAE V

41.

L CAVI FIRM
LIBERTI
LVCAVIOGU

42.

D   M
ET MEMORI
AET. CASSIAE
RESTIOLA MAT
PIENTISSIMA
POSVIT
ET SVB ASCIA
DEDICAVIT

43.

IN HOC LO
RI QVIES
CIT BON

44.

D   M

45.

MANDY

46.

BERALL
LOREN
IVGI. KA
DVLCIS
ERNISS
TONNVS
ET FEC
NISSIM
NT ET
DEDI
VNT
OVO

47.

XLCDOV CVSPIVS ET VIRTVTIS AMECVS
OFFERTAE ECLESIAM RECIPIT ET INTIVS ISTA
LAPADE DISSENA   FLVITVR VS IVLIVS IBAT
MORS FVGAT OBPOSINREGIS AD INTITVM

48.

GERMINE SVBLIMI PROBA NOMINE MENTE PROVATA
QVAE SVBITO RAPTA EST HIC TVMVLATA IACET
IN QVA Q D QVIT HABENT CVNCTORVM VOTA PARENTVM
CONTVLERAT TRIBVENS OMNIA PVLCHRA D S
HINC MESTVS PATER EST AVIAE MATRI QE PERENNIS
TITIA . HEV FAGINVS CAVSA PERIT PIETAS
ACCIPE QVI LACRMIS PERFVNDIS IVGE TERORA
MORS NIHIL EST VITAM RESPICE PERPETVAM
QVAE VIXIT ANNIS . V . ET MINSIS VIIII
OBIIT. S. D . III . IDS . OCTVBRIS . PAVLINO V K

49.

ET QVIETI AETERNAE   M
AVLINI ANTONI . VET
LEG . XXXV . PVDIC . TITIAE
D   PRIVATAE CONIVGI EIVS   M
VIVI SIBI ET POSTERISQVE
SVIS PONENDVM CVRAVER
ET SVB ASCIA DEDICAVER

50.

G . IVLIO . HERMETI . CORNELIA . L . F.
TESTAMENTO FACIENDVM

---

38. — Paroisse St-Irénée, à la Favorite, chez les Pères Maristes, dans le jardin.

39. — A la Guillotière, rue de la Mouche, n° 10; encastrée dans le mur de façade de la maison Giraud, près la Madeleine.

40 — A l'Ile-Barbe; dans le mur du cloître de St-Martin et St-Loup. (Paradin p. 438. Spon, *Recherches*, p. 198. Siméoni.)

41. — A St-Irénée, dans la propriété de M. Teste, épicier, à côté de l'église.

42. — A Taluyers, canton de Mornant; sur un cippe qui supporte le bénitier de l'église.

43. — A St-Romain-en-Gall, chez M. Brun cadet.

44. — A Château-Vieux, commune d'Yzeron, à un côté de la porte de l'église.

45. — A Château-Vieux, commune d'Yzeron, à l'autre côté de la porte de l'église.

46. — Rue des Farges, vis-à-vis le pensionnat des D^lles Reynaud, elle est au chambranle à droite d'une porte près de M. Vignier serrurier.

47. — A Avenas (Rhône) sur l'autel.

48. — A Anse, sur un marbre blanc, à l'entrée de l'église.

49. — A la fontaine de St-Rambert, près de l'Ile-Barbe. Spon, *Recherches*, p. 200. Paradin, p. 433. Gruter, p. DXXV, 6.

50. — A St-Irénée, dans la propriété de M. Teste, épicier, à côté de l'église.

51.

C. FVRIO SABINIO AQVILÆ
TRMESITHEO PROC. PROV. LVGVD. ET
AQVIT. PROC. PROV. ASIÆ IBI VICE. XX.
ET XXXX. ITEMQ VICE PROCOS. PROC.
PROV. BITHYNIÆ PONTI PAPHLAGON.
TAM PATRIMONII QVaM RAT. PRIVATAR.
IBI VICE PROC. XXXX. ITEM VICE PROC.
PATRIMON. PROV. BELGIC. ET DVARVM
GERMANIAR. IBI VICE PRAESID. PROV.
GERMAN. INFERIOR. PROC. PROV. SY-
RIAE PALAESTINAE IBI EXACTORI RELI
QVORVM ANNON. SACRAE EXPEDITIO
NIS PROC. IN VRBE MAGISTRO XX.
IRI LOGISTAE THYMELAE PROC. PROV.
ARABIAE IBI VICE PRAESID. BIS PROC.
RATION. PRIVAT. PER BELGIC. ET DVAS
GERM. PRAEF. COH. F. GALLIC. IN HISPAN.
CATILIVS MARVLLVS ARVERN.

ET C. SACCONIVS ADNATVS ME
DIOMAT PATRONO OPTIMO

52.
D M C O F

53.
ATTIO ALCIMO
V. E. PROC FERRAR ;
ARVM
COGITATINIVS IV
NIS B. F. LEG. LE

54.
M APRONIO
EVTROPO
MEDICO ASCIEI
AD IO IuI VIR
AVG. ET
CLAVDIÆ EIVS
APRONII CLAVDII
PARENTIS OPTIMI

55.
ET MEMORIAE ETERNAE
SOLEMNIO FIDO MILIT LEG. I
D MINERVAE IMAGINIFERO M
MATVRINA VICTORINIA CON
IVGI CARISSIMO PONENDVM
CVRAVIT ET SVB ASCIA DEDICA

56.
MATRIS AVG
IN HONOREM
DOMVS SARDIORVM
EVTICHES C LIB
AEDEM CVM ARA
TDA

57.
DEO APOLLINI
AVGVSTO OMASI
C. VI SVLPIANVS
V. L. M

51. — Cette magnifique inscription, l'une des plus importantes de l'ancien Lugdunum, était considérée comme perdue. Ménestrier nous dit qu'elle fut découverte en creusant les fondations de la maison de M. Thomé, ex-consul de la ville, dans la rue Mercière. Grâce aux renseignements qui nous ont été donnés, nous l'avons retrouvée dans l'allée de la maison Lempereur, petite rue Mercière; nous ajouterons même que cet honorable propriétaire l'avait donnée à la ville qui se chargeait de la faire enlever à ses frais et de remplir avec une pierre de taille le vide produit par son extraction.

M. Terme, alors maire, sur notre proposition, nous avait autorisé à la faire transporter au Musée; sa mort et les événements politiques survenus postérieurement ont empêché la réalisation de ce projet; mais nous ne doutons pas que M. Lempereur ne soit resté dans les mêmes intentions, et que M. Vaïsse, dont on connaît le zèle éclairé, n'use de sa légitime influence pour enrichir notre Musée d'un monument aussi précieux. Ménestrier, *Hist. cons.* p. 120. Spon, *Recherches*, p. 141. *Miscellanées*, p. 148.

52. — Au chevet de l'église cathédrale de St-Jean.

53. — Spon, *Recherches*, p. 188. *Miscell.* p. 172. Ménestrier, *Prép.*, p. 35. Colonia, p. 81. Au chevet de l'église primatiale de St-Jean, à Lyon.

54. — Découverte en 1848, A Lumini (Ardèche), sur la limite du département du Rhône, en creusant le tracé de la route qui longe le Rhône. Nous la signalons dans l'espoir qu'elle viendra prendre rang au Musée lapidaire de Lyon.

55. — Montée St-Barthélemy, n° 34 entre la montée du Garillan et des Chazottes. Ménest., *Prép.* p. 27. Spon, *Recherches*, p. 43. Paradin, p. 435. Gruter, DLXII, 1. Colonia, p. 6.

56. — Montée saint Barthélemy, au même endroit que la précédente. Spon, *Recherches*, p. 41. Ménestrier, *Hist. cons.* p. 129. Gruter, p. xc, 3.

Ces deux inscriptions étaient considérées comme perdues.

57. — Trouvée à St-Just, Lyon, sur un cartouche en bronze. (Cabinet Comarmond).

ET DANS LE DÉPARTEMENT DU RHÔNE. 451

58.
SALVE

59.
S. GAVDE

60.
ΕΠΙΠΡΑΤΟ
ΦΑΝΕΥ
ΑΔΜΟΥ

61.
TIBERIS
ZCOTAI
AEBAPIA

62.
ΤΟΥΑΤΙΟΥ
ΜΗΝΑ

63.
ΘΕΟΣ
ΕΣΤΩ

64.
ATACO
NIKCHCEC

65.
DVLCIS
IVL. CLA

66.
VALE

67.
HAEΓΠΝΛΕ

68.
AVCΓΑΛΠΡΟΥ

69.
ΑΘΓΕΙΝΥΚΥ

70.
ΑΓΘΟ
ΝΙΚΕΖ
HCEC

71.
EX. AVG. Q. IVNI. IVSTICI. VR.

72.
AVE DOMIN. COELORVM. AVE.

58. — SALVE — Bonjour. Sur une fibule en bronze. (Cabinet Comarmond).

59. — SEMPER GAVDE, réjouis-toi toujours. Ces caractères sont gravés sur une fibule. (Cabinet Comarmond).

60. — Ces caractères sont figurés en relief sur un vase en argile rose, de forme amphorique. (Cabinet Comarmond).

61. — Sur un jaspe avec intaille, représentant un cheval palmé. (Cabinet Comarmond).

62. — Gravée sur un large médaillon en pierre de touche, représentant une femme couchée, de style barbare, trouvée à Savigny (Rhône). (Cabinet Comarmond).

63. — Cette inscription en lettres d'un bon style et en relief, occupe le champ d'une agathe laiteuse chatoyante, découverte à Loyasse (Lyon) en 1843. (Cab. Comarmond).

64. — Ces mots sont gravés sur une cornaline avec intaille, représentant deux personnages en regard. (Cabinet Comarmond).

65. — Gravée sur un anneau en bronze. (Cabinet Comarmond).

66. — Gravé sur un anneau en bronze, trouvé dans la Saône à Lyon. (Cabinet Comarmond).

67. — Cette inscription est gravée au bas de la statuette d'un homme, en pierre de touche noire, tenant un serpent à la main; elle a été découverte à Yzeron (Rhône). (Cab. Comarmond).

68. — Cette inscription est gravée sur le derrière d'une statuette de femme emmaillotée, à tête voilée; elle est en hématite rougeâtre, découverte au pied du mont Ventoux (Vaucluse). (Cabinet Comarmond).

69. — Cette inscription est gravée sur un bas-relief de style barbare, représentant un homme et une femme debout et en regard, sculptés sur un hématite trouvé à Larbresle en 1833. (Cabinet Comarmond).

70. — Cette inscription est gravée sur une cornaline dont l'intaille représente un jeune homme nu et couché, d'un travail barbare, trouvée près d'Orange (Vaucluse). (Cabinet Comarmond).

71. — Cette inscription est gravée sur un poids en basalte, de 18 onces, trouvé dans la Saône à Lyon en 1833. (Cab. Comarmond).

72. — Cette inscription chrétienne est gravée en relief sur la plaque d'un ceinturon en bronze du bas empire, découvert en 1832, dans la plaine de Loyette (Ain). (Cabinet Comarmond).

73. 74.

MARS ILIA C A LV C T LVS . L. TI. CL. KA. AVG.

73 — Nous reproduisons ici cette inscription qui devait être placée avec celles qui se trouvent dans la salle des Antiques, puisqu'elle y figure sur un vase en argile qui porte le numéro 503, et qui a été omise par erreur. La panse de ce vase est décorée de trois médaillons en relief : sur l'un de ces médaillons figurent Mars et Ilia, indiqués par leurs noms ; sur l'autre on a représenté deux lutteurs. On peut interpréter la ligne qui existe entre les deux combattants C. TOLVS L. par *Caius Tolus affranchi* ; quant aux deux lignes qui paraissent derrière l'un d'eux, à la première ligne on voit un C qui est séparé de la syllabe BA, et à la seconde il n'existe que la syllabe LV ; les lettres qui complétaient ces noms ont disparu par l'effet de la brisure du vase.

74. — Gravée sur un poids de bronze, salle des antiques, série des bronzes n° 499.

Nous devons signaler ici à l'administration plusieurs monuments épigraphiques qui, enfouis dans le sol ou placés dans des murs à une trop grande hauteur, ne peuvent être vus de manière rapporter l'inscription qu'ils portent.

1°. Il existe deux cippes à inscriptions antiques, enfouis à une profondeur de quelques centimètres, dans le sol du chantier de M. Villette, à la Quarantaine, quartier St-Georges. Une masse de bois de chauffage qui les recouvre actuellement empêche toute espèce d'investigation à leur égard.

2°. Sur la place St-Pierre, dans l'ancienne maison Joly, qui vient d'être démolie, à l'angle sud-ouest de cette maison faisant face à la rue de la Palme, il existe à environ deux mètres de profondeur une pierre formant angle, qui porte une inscription antique, d'après les affirmations d'un entrepreneur.

3°. Dans la maison située à l'extrémité du pont de Nemours, au coin du quai de la Baleine et de la place du Petit-Change, on aperçoit distinctement trois cippes antiques placés les uns sur les autres et servant de pierres d'angle. Leur couronnement n'a point été abattu et fait saillie en dehors du mur.

Nous appelons l'attention administrative sur ces monuments antiques, attendu que les premiers cités peuvent être extraits avec peu de frais, et que pour les derniers, le temps ne peut être éloigné où le marteau fera disparaître la façade si disgracieuse de la maison où ils sont enclavés.

INSCRIPTIONS

PUBLIÉES PAR LES ANCIENS AUTEURS,

ACTUELLEMENT PERDUES.

Après avoir donné le tableau de toutes les inscriptions antiques rassemblées dans le Palais-des-Arts, et de celles qui sont encore éparses sur différents points de la ville de Lyon et du département du Rhône, il n'est point sans intérêt pour l'administration et pour ceux qui s'occupent d'épigraphie, de faire connaître celles qui ont été perdues et qui sont signalées dans les ouvrages de différents auteurs qui les ont vues et publiées.

M. Villemain, en nous chargeant, lorsqu'il était ministre de l'instruction publique, de l'honorable mission de recueillir toutes les inscriptions appartenant au département du Rhône, avait bien compris, que les Spon, les Gruter, les Muratori, les Grœvius, les Fabretti, les Renevius, les Orelli, les Zimmermann, etc., avec tout leur profond savoir et le zèle le plus actif, n'avaient pu produire que des ouvrages incomplets : les uns, parce qu'ils vivaient dans un temps reculé, et que depuis eux il a été fait de nombreuses découvertes ; les autres, parce qu'ils ont trop embrassé et que n'ayant pu voir par eux-mêmes, ils n'ont pu éviter de commettre des erreurs en s'en rapportant aux documents qu'on leur faisait parvenir.

Arrivé beaucoup plus tard, nous avons mis à profit leurs travaux, nous avons examiné avec soin tous les monuments existants, en retraçant avec fidélité tous les caractères visibles et qui ne peuvent laisser de doute sur leur valeur grammaticale.

Nous pensons par ce travail consciencieux pouvoir présenter un recueil complet dans son genre des monuments épigraphiques de notre département, et nous sommes heureux d'offrir à l'administration et aux savants ce tableau tracé avec une pénible persévérance et de longues recherches ; ce travail, nous osons l'espérer, ne sera point sans mérite pour les annales de la seconde ville de France et qui avait été l'ancienne capitale des Gaules.

Si, comme nous devons le penser, M. le Ministre reçoit un semblable recueil de tous les inspecteurs des monuments historiques, on pourra avec moins de peine avoir un traité complet sur toutes les inscriptions qui se trouvent éparses dans les auteurs ou qui ont été découvertes depuis.

Nous aurions désiré pouvoir donner en gravure la représentation générale de tous les monuments qui composent le Musée lapidaire; mais les fonds qui ont été consacrés par la ville à cet usage ne nous ont permis d'en faire graver que les plus importants dans leur genre. Nous avons aussi été restreint dans cette publication relativement aux développements que nous aurions pu donner à la partie historique, et nous sommes obligé, par cette raison, à ne reproduire que le texte des inscriptions qui ne figurent point dans notre Musée.

Outre l'intérêt que peut offrir la lecture de leur texte, il est utile de faire connaître le lieu où elles existaient ; on peut espérer qu'elles n'ont point été complètement détruites, qu'elles ont été, comme la plupart de celles postérieurement découvertes, employées comme matériaux de construction, et qu'un heureux hasard peut les faire retrouver dans des démolitions ou des déblais nécessités pour de nouveaux édifices.

On jugera d'après ce tableau quelle perte la ville de Lyon a éprouvée par la négligence et le manque de goût qui, dans les derniers siècles, ont laissé disparaître des monuments importants et dignes de figurer sous les Portiques du Palais-des-Arts.

Nous avons dû nous en rapporter au texte donné par nos chroniqueurs et quelques auteurs ; nous le reproduisons sans observation.

1.	2.	3.	4.
SPLENDIDISSIMAM	NVMINIBVS	DEO INVICTO	VSTO IVLIAE
PERPETVAM VACATION	AVGVSTOR	MITHR	EO MAGIL
L. D. D. N. ARABIC	TIBERIVS BELLIC.	SECVNDINVS DAT.	KANO TI. FILIA

1. — Spon, *Recherches*, p. 109. Ménestrier *Prép.* p. 13. Gruter, cccxcv, 9 Ces auteurs signalent ce fragment comme existant contre l'église de St-Georges à Lyon.

2. — Ménestrier, *Préparat.* p. 20 ; elle existait vers le chœur de l'église de St-Pierre. Gruter, cxii, 5.

3. — Spon, *Recherches*, p. 29 ; elle existait, dit-il, dans une petite rue qui va de St-Pierre-le-Vieux à la rue des Prêtres ; cette pierre était mise à la renverse. Ménestrier, *Préparat.* p. 19, dit qu'elle est à l'hôtel de Chevrière, sur le grand escalier. Gruter, xxxiii, 11. Colonia, 151.

4. — Spon, *Recherches*, p. 144. autrefois rue de la Pêcherie.

ACTUELLEMENT PERDUES.

5.

L. ATELLIVS C. F.
STELLATINA
MILES PRAET
ORIANVS
EX COHORTE III

6.

S. MANIB
TI.M.F.CLA.MARC.L
A RAT. AGRIPP.
———
MILITI COH. XIII VRB
HEREDES
PONENDVM CVRAVER.

7.

DEO INVICTO
AVR. SECVNDI
NIVS DONATVS
FRVMENTAR
C. ET COMMENT
V. S. L. M.

8.

NVMINI
ET IOVI OPTIMO
MAXIMO
AVRELI... OTICA
EX VOTO
V. S. L. M.

9.

D   M
ET MEMORIAE AETERNAE
CAVI MAXIMINI
INFANTIS DVLCISSI
MI QVI VIXIT ANNIS
VII.MENS.VII.D.XII.
FLAVIVS MASCEL. ET
MAXIMINIA MARSA
PARENTES FILIO
DVLCISSIMO PONEN
DVM CVRAVERVNT
ET SVB ASCIA DE
DICAVERVNT

10.

D   M
ET MEMORIAE
AETERNAE
DIVIXTI . CIVIS
SEQVANI. Q. VIXIT
ANNIS. LX. SINE.VLLA
MACVLA. CVM... VA
RVA SEXTIAN. CON
IVGE. KARISSIMA
ANN. XXXIII SINE
VLLA. DISCORDIA
QVAE. CONIVX. KA
RA. PONENDVM
CVRAVIT ET SVB
A   D

11.

D   M
ET MEMORIAE
AETERNAE
AVFIDI MILITARI
QVI. VIXS. ANN. XXII.
CVIVS SVPREMA
TALIA FVERVNT
HIC. IENS. IN. CVRAM
PER. AMNEM ARAR
SVBITO CASV ABREPTVS
HVNC TVMVLVM POSVIT
L. IGNIVS CHARITO
SORORIVS EIVS ET CLAV
DIANVS DVLCICIVS SOROR.
SIBI POSTERISQVE SVIS
ET SVB ASCIA DEDICAVIT

12.

D   M
MEMORIAE AETERNAE
QVARTI VLPI PRIMITIVI
LIBERT. AVGG. QVARTIA
SECVNDILLA LIBERTA ET
CONIVNX PATRONO PIEN
TISSIMO ET SIBI KARISSIMO
ERGA SE BENE MERENTI
CVM QVO VIXIT ANNOS XXIII
M. VII. D. XXV. ANN. XXXXVII
SIBI VIVA POSVIT ET SVB
ASCIA DEDICAVIT

---

5. — Spon, *Recherches*, p. 228. Ménestrier. *Prép.* p. 32 ; cette inscription est donnée par Spon et Ménestrier, sans indiquer où elle se trouvait. Gruter, DXXIII, 8. à l'entrée de l'église de St-Benoît.

6. — Spon, *Recherches*, p. 191. Ménest., *Hist. cons.* p. 51 ; elle existait jadis dans les écuries du palais épiscopal.

7. — Ménestrier, *Préparat.* p. 19. Colonia, 1, p. 250. Spon, *Recher.* p. 228. Gruter, XXXIII, 7. Félix Lajard ; gravée sur bronze en lettres dorées. Paradin prétend qu'elle fut découverte dans un tombeau à St-Just, p. 416.

8. — Spon, *Recherches*, p. 58. Ménestrier, p. 20. Spon dit qu'elle était à la Sarra derrière Fourvière.

9. — Spon, *Recherches*, p. 34. Paradin, 435. Gruter, p. DCLXXV, 9 ; elle existait jadis quartier de l'ouest, rue Juiverie, près de la maison de M. Groslier.

10. — Texte de Gruter, p. MXL, 8 ; Spon, *Recher.*, p. 106, dit qu'elle existait au jardin des Trinitaires.

11. — Texte de Ménestrier, *Préparat.*, p. 34 ; Spon, *Recher.* p. 228. *Miscell.* 171 ; elle existait jadis dans le quartier St-Irénée à Lyon.

12. — Texte de Ménestrier, *Hist. cons.*, p. 59 ; citée par Spon, *Recherches*, p. 60, comme étant au sortir de la porte de St-Just.

13.
MIO PRISCO E
NILLÆ F. III PROV.

14.
DEO
MARTI
AVG
C. TITI
VS DECVMI
NVS
V. S. L. M.

15.
CVLAT.
ASPR.
SEGVSIA.
HONO
FV
CVLATI

16.
D   M
T. CLAVDI AMANDI
IIIIII VIR. AVG.
C.C.C. AVG. LVGVD.
PATRONO
SANCTISSIMO
CLAVDI
PEREGRINVS ET
PRIMIGENIVS
LIBERTI ET HEREDES
P . C

17.
DIIS
MANIBVS
IVLI
CATVLLI

18.
D   M
ET MEMORIAE
AETERNAE
T. FLAVI. FELICIS R
ARTIS. LINTIA
RIAE. QVI. VIXIT
ANNIS. XX. M. VII
FL. MARIVS PA...
ET MER..C..ILL.. MA
TER FILIO K..ISSIMO
ET SIBI..........NT

19.
D   M
FLAVIAE
PLEBEIAE ANI
MAE DVLCISSI
MAE

20.
D   M
TIB. CLAVDI
PEREGRINI
IIIIII VIRI
AVG. LVGVD
CLAVDIA
IA HERES
PONENDVM
CVRAVIT

21.
D   M
AVITIAE SEVERAE
VIVA SIBI POSVIT
POSTERISQVE SVIS
ADFINIBVS ET LI
BERTIS ET SVB ASCIA
DEDICAVIT

22.
D   M
ET MEMORIAE AETERNAE
CRIXSIAE SECVNDINAE
FEMINAE SINE CRIMINE
QVAE VIXIT ANNIS XXVIII
MENS. VIII DIEB. XVIII
CRIXSIVS ANTONIVS
PATER LABORIOSVS
PONENDVM CVRAVIT
ET SVB ASCIA DEDIC.

23.
ET AETERNAE
IVL. VERECVNDI NEC
LAVDECENARI ET IVLIO T
VM VERISSIMI ET VER
ECVNDI FILIORVM
ELLVS AVRELIA-X-Q INEN
CONIVGI FILISQVE
CARISSIMIS CVM QV
O VIXIT AN. XXII. M. V
SINE VLLA ANIMI
LAESIONE P. C. ET S
VB ASCIA DEDIC
AVIT

---

13. — Spon, *Rech.*, p. 146, fragment autrefois rue du Bessard.

14. — Ménestrier, *Préparat.*, p. 20 ; il n'indique pas le lieu où elle se trouvait. Gruter, LVII, 11. Spon, *Rech.*, p. 130.

15. — Spon, *Recher.*, p. 35. *Miscell.* p. 170. Ménestrier, *Préparat.*, p. 8. Ce fragment d'inscription était autrefois rue de Flandre.

16. — Texte de Paradin, p. 425. Ménest., *Hist. cons.* p. 80. Spon, *Rech.*, p. 69. Colonia, p. 289. Gruter, CCCLXXXVIII, 6. Cette inscription existait autrefois dans les murs du cloître de St-Jean.

17. — Paradin, p. 432, autrefois quartier de l'ouest, devant l'ancien hôtel de Roanne.

18. — Ménestrier, *Préparat.*, p. 35. Spon, *Rech.*, p. 229. Parad., p. 443 ; elle était engagée dans les murs du jardin de M. de St-Marcel.

19. — Spon, *Recherches*, p. 29 Cette inscription existait au bas du Chemin-Neuf.

20. — Ménestrier, *H. cons.* p. 3 et 77. Spon, *Rech.*, p. 69. Paradin, 425. Gruter, p. CCCXC,4. Inscription qui existait dans les murs du cloître de St-Jean.

21. — Ménestrier, *Dissert. sur l'orig. de Lyon*, p. 28 ; elle existait autrefois à Bechevelin, près la Guillotière. Spon, *Recherches*, p. 227.

22. — Bellièvre, *Epitaph*. 105, elle existait autrefois à l'église de St-Just.

23. — Spon, *Recherches* p. 77, autrefois à St-Irénée, cour de l'hôtel de la Tête-d'Or.

24.

ET SECVRITATI AETERNAE
IVLIA MARCIA CONIVNX
D M. CAESONI VIRO QVONDAM M
SIBI CARISSIMO IIIII VIR AVG. C. C. C
AVG. LVGVDVNI VIVA IN SVO
POSVIT ET SVB ASCIA DEDICAVIT

25.

CALFIDO A
GALLO PACC
PROVINC MACEDONIAE
RIVIAE TIBVRTIN. VALER. LEG. LEG.
PROVINC. CRETE ET CYRENARVM LEG.
AQVITANIC. VII VIRO EPVLON SODALI H.
CIVITAS LEMOVIC.

26.

D   M
ET
MEMORIAE AETERNAE
Q VIREI LAVRENTINI
IIIII VIRI AVG. C. C. C. AVG.
LVGVDVNI
HOMINIS INCOMPARA
BILIS ET VIREIAE ATHE
NAIDI CONIVGI EIVS MEMO
RIAM QVAM LAVRENTINVS
CONIVGI KARISSIMAE FE
CERAT VIREIVS ATHENA
GORAS FILIVS EORVM
EVNDEM LAVRENTINVM
CVM CONIVGE COLLOCA
VIT ET SVB ASCIA DEDICA
VIT

27.

D   M
Q. IGNI SILVINI
IIIII VIRI
AVG. LVG.
IGNIA HELPIS
COLLIB. OPTIMO

28.

D ET M
MEMORIAE AETER
NAE
POMPEIO FELICI EX
ACTA PROCVRATORIS
QVI VIXIT ANN. LX.
IVLIA VIVENTIA CON
IVX QVAE CVM EO VIX.
ANN. X. SINE VLA ANI
MI LAESIONE PONEN
DVM CVR. ET SVB A. D. D.

29.

D   M
ET MEMORIAE DVLCIS
SIMAE T. TITIOLAE
QVAE VIXIT ANN. XVIII.
M. VII. D. XXIII.
FIRMANVS GALLIAR.
TABVLAR. CONIVGI
PIISSIMAE ET ERGA SE
BENE MERITAE ET SIBI
VIVVS POSTERISQVE
SVIS SVB ASCIA
DEDICAVIT

---

24. — Paradin, p. 429. Ménestrier, *H. cons.* p. 78. Spon, *Rech.*, p. 69 ; elle existait autrefois à St-Irénée, sur un sarcophage.

25. — Spon, *Rech.*, p. 164. Ménestrier, *Prép.* page 30 ; elle existait rue de la Colombe, près de la place St-Michel, sur le port d'Ainay.

26. — Ménest. *H. cons.* p. 79. Paradin, p. 442. Spon, *Rech.* p. 70. Gruter, p. ccccLxxxviii, 8. Parad. dit que cette inscription faisait l'un des coins de la clôture du jardin de M. de St-Marcel.

27. — Spon, *Recherches*, p. 71. Ménestrier *H. cons.*, p. 78 et 113. Gruter, p. ccccix, 5 Parad., p. 431. elle existait au chevet de l'églis de St-Irénée.

28. — Spon, *Recherches*, p. 42. Ménestrier *H. cons.*, p. 124 ; ayant existé jadis dans l couvent des Recollets.

29. — Spon, *Recherches*, p. 106. Ménestrie *H. cons.* p. 18 ; inscription existant autrefo sur la place St-Georges.

30.

ΠΕΝΤΑΔΙ

BONAE MEMORIAE ET SPEI AETERNAE
SPIRITV QVOQVE INCOMPARABILI FE
LICIAE MINAE FEMINAE RARISSIMAE
CASTITATIS EXEMPLI AFFECTIONIS PLE
NAE ERGA OMNES HOMINES IVLIVS PRI
MITIVS DEC. CCC AVG. LVG. CONIVGI INCOM
PARABILI QVAE VIXIT ANN. XXXII MENS. V.
DIES IIII. SINE VLLA QVERELLA SIBIQVE
VIVVS FECIT ET SVB ASCIA DEDICAVIT

ΥΓΕΙΑΙΙΝΕ ΛΟΓΓΟΓΟΣ

31.

ET QVIETI AETERNAE
EVTYCHIANI FILI DVLCISSIMI
PIENTISSIMI ET PRVDENTISSIMI
D REVERENDISSIMIQVE VERGINI M
QVI VIXIT ANNIS XVIII.
M. II. D. III. ROMANVS PATER
PONENDVM CVRAVIT ET SVB
ASCIA DEDICAVIT.

33.

CONIVGI RARISSIMI EXEM
PLI MEIQ. AMANTISS. QVAE
VIXIT MECVM ANN. XXIII. D. XV
SINE VLLA ANIMI LAESIONE
IVL. MARTIANVS DEC. C. C. C.
AVG. LVG. . AEDE Q. FVNC
VIVVS . . . SIBI
POSTERISQ . . SVIS. P. C.
ET SVB ASCIA DEDICAVIT

32.

D M
CALVISIAE VRBICAE ET
MEMORIAE
SANCTISSIMAE
P. POMPON. GEMEL
LINVS IIIII VIR AVG.
LVGVD. CONIVGI
CARISSIMAE
ET INCOMPARABILI
POSVIT

34.

D M
ET
MEMORIAE AETERNAE
C VROGENII VI VIRI AVG.
VROGENIA CONIVGI
INCOMPARABILI CVM
QVO VIXIT ANN. XV
MENS IIII DIEB. V
PONENDVM CVRAVIT
ET SVB ASCIA DEDICAVIT

---

30. — Colonia 1re part. 103. Paradin, p. 426. Spon, *Rech.* p. 69. Ménest. p. 82. Cette inscription placée sur le devant d'un sarcophage existait autrefois dans la muraille du cloître St-Jean.

31. — Texte de Spon, *Recherches*, p. 56. Paradin, après la table de l'histoire de Lyon; à Fourvière, maison Lange, aujourd'hui pavillon Nicolas.

32.—Duchoul, p. 203. Ménest. *H. cons.* p. 77. Paradin, p. 441; Spon, *Rech.* p. 70. elle existait autrefois dans les murs du cloître de St-Just.

33. — Ménestrier, *Prépar.*, p. 24; Spon, *Recherches*, p. 67. Paradin. p. 436. Gruter, cccсxxii, 10. Ce débris d'inscription gravée sur un bloc de marbre était autrefois sous le bénitier de St-Irénée.

34.— Texte de Gruter, p. cccсxc, 9; d'après lui, elle existait dans la maison de l'archidiaconat. Ménestrier, *Hist. Cons.* p. 80. Spon, *Recherches*, p. 70.

55.

VS FELIX FELICISSIMVS
FILI ET HEREDES PON. CVRAVER.
D ET SVB ASCIA DEDICAVER. CVRANT. M
SALVIO DOVICCO ET GLAVCO
TVTORIB. . . . .
. . . . . .

56.

ET QVIETI AETERNAE
AVR. HERMETIS
LIB. AVGG. NN. DD.
TAB. OMINI DVL
CISSIM. Q. VALERIA
MARTINA CONIVGI
KARISSIMO DE SE
B. M. P. C. ET
POSTERISQVE SVIS
ET S. D.

57.

CN. DANIVS CO
MINVSO IIIIII VIR AVG.
LVGDVNI NEGOTIATOR ARGENTAR
VASCVLARIVS SARCOPHAGVM
ALVMNO POSVIT ET ARAM INFRA SCRIPT
VIVVS SIBI INSCRIPSIT VT ANIMAE
ABLATAE CORPORE CONDITO MVLTIS
ANNIS CELEBRARETVR EOQVE FATO

58.

D ⚒ M
ET MEMORIAE AETER
CL. MESSORIS. ET. FL. DIONYSI
DIS. CONIVG. QVAE. SIBI VIVA
POSVIT VTRISQVE. QVAE
VIXIT. SINE. VLLA. QVEREL
LA. QVAE. FVERAT. FELIX
SAT. SI. NON. PLENA. DOL
ORIS. QVAE. FILIOS
DVOS. CARVIT. CVIVS
VNIVS. NATI. MORTEM
NON. INTERFVIT. LON
GEQVE. PEREGRE
QVE. MATER. ORFANA
VIVA. SIBI. ET SVIS
POSVIT. ET. SVB. ASCIA
DEDICAVIT

59.

IOVI. O. M.
Q ADGINNIVS VRBICI
FIL. MARTINVS SEQV.
SACERDOS ROMAE ET AVG. AD
ARAM AD CONFLVENTES ARA
RIS ET RHODANI FLAMEN
II VIR IN CIVITATE
SEQVANORVM

---

35. — Paradin, p. 418. Ménestrier, *H. cons.*
p. 60. Gruter, DCCXXIX, 5. Ce débris d'inscription existait jadis vers la chapelle de St-Clair.

36. — Ménestrier, *H. Cons.* p. 126. Spon, *Recherches*, p. 230. Paradin, p. 419. Jadis dans la chapelle de Saint-Romain, près l'église de St-Jean.

37. — Texte de Spon, *Miscel. erudit.*, p. 66, pour les quatre premières lignes. Texte de Ménestrier, *Hist. Cons.* p. 54, pour les deux dernières. Elle existait à la porte du bourg de St-Irénée.

38. — Texte de Paradin, p. 432. Gruter, p. DCCLXX, 9. Spon, *Rech.*, p. 228. Cette inscription existait dans une muraille du cimetière de St-Paul.

39. — Texte de Ménestrier, *H. Cons.*, p. 74. Paradin, *H. de Lyon*, p. 423. Duchoul, *Mss.* p. 21. Colonia 1, p. 88. Orelli, 4018. Gruter, XIII, 15. Autrefois au bas du clocher de Saint-Pierre.

40.

L. TAVRICIO
FLORENTI TAVRICI
TAVRICIANI FILIO
VENETO
ALLECTORI GALL.
PATRONO NAVTAR
ARARICORVM ET
LIGERICOR. ITEM
ARECARRORVM ET
PONDERATIVM. ET
II. PROVINCIAE
GALLIAE

41.

D   M
SEX. FLAVI
SVCCESSI SIGNIF.
COH. X̄IĪI. VRB
C. EGNATIVS
BASSVS AMICO
OPTIMO

42.

VIXIT ANN. XXXXV
M. II. D. VIII. ARRV
NTIVS VICTOR
CONIVGI PONE
NDVM CVR. ET
SVB ASC. DED.

43.

PATERNO
VRSO
TVRONO
OMNIB. HONO
RIB APVD SVOS
FVNCTI
GALLIAR.
P
EX CIVITATE
SVA
III PROVINC
GALLIAE

44.

D   DVNNI PALLADI QVONDAM   M
AVGVSTIVS AVGVSTALIS TVTOR
CONIVENTE DVNNIO RES
TITVTO FRATRE EIVS ET HERE
DE PONENDVM CVRAVIT ET
SVB ASCIA DEDICAVIT

45.

L. AVRELIO. L. FIL
QVIR. GALLO. CO...
PRAEF. AER. SAT. PRAEF.
FRVM. DANDI. PROCO.
PROVINC. NARBONENS.
LEGATO. AVG. LEGION. III
GALLIC. CVRATORI VIAR.
CLODIAE ANNIAE CASSIAE
MINIAE ET NOVAE TRAI
LEGATO. PROVINC. AFRICAE
TR. PL. QVAEST. PROVINC. ASIAE.

40.—Texte de Ménest. *Prépar.*, p. 34. Colonia, p. 85. Paradin, p. 416. Gruter, p. ccccLxxii, 1. Spon, *Rech.* p. 167. Elle existait suivant Paradin, près la boucherie de St-Paul, et suivant Spon et Ménestrier, dans les bâtiments de l'Hôtel-Dieu près de l'égoût de cet établissement.

41.— Texte de Paradin, p. 444. Gruter, dxlii, 3. Spon, *Recherches*, p. 198. Ménestrier, *Hist. cons.*, p. 95. Cette inscription existait dans le mur du jardin de M. de St-Marcel.

42. — Paradin, p. 441. Gruter, dcclviii, 2. Jadis rue des Farges, à la descente de St-Just, en une vieille masure.

43.—Spon, *Miscell.* p. 172. Cette inscription incomplète a été vue par Spon, vers la porte du jardin d'Alincourt.

44. — Texte de Paradin, p. 440. Gruter, p. ccccii, 6. et dccclxix, 6. Spon, *Recherches*, p. 230. Paradin dit que cette inscription existait en une ruelle du cloître St-Jean.

45. Ménestrier, *Prép.* p. 28 et 32. Spon, *Recherches*, p. 38. Cette inscription gravée sur le marbre, existait autrefois rue de Flandre. Gruter, p. mxci, 8 en cite une semblable à Rome.

ACTUELLEMENT PERDUES. 441

46.

MATRIS AVG.
L. DEXTRIVS
APOLLINARIS

47.

MINERVAE
L AEMILIVS
SVLLECTINVS
PRAEFECTVS
CLASSIS RA
VENNATIVM
DICAVIT

48.

D   M
ET MEMORIAE
AETERNAE
SALVIORVM ASTE
RIS ET VICTORI
NAE CONIVGI
EIVS ET VICTORIN
FILIAE EORVM DOVIO
CVS LIB. PON. CVRAV.
ET SVB ASCIA DEDIC.

49.

MEMORIAE PERENNI QVIETI AETERNAE
TERTINIAE VICTORINAE FEMINAE
XAIPE RARISSIMAE STOLATAE QVONDAM ΥΓΕΙΑΙΝΕ
ΝΙΚΑCΙ SPIRITO INCOMPARABILI TERTINIVS ΝΙΚΑCΙ
SEVERIANVS 7. LEG. II AVG. CVM
PATERNIA VICTORINA ET TERNIA
TERTINIA FILIIS ET S. AS. D.

50.

D ✸ M
ET MEMORIAE AETERNAE
ATTONI CONSTANTIS
VET. LEG. XXII P. P. F. MISS
VS HONESTA MISSIO
NE CASTRIS INTER CE
TEROS CONVETERA
NOS SVOS REVOCATVS
QVIQVE BELLO INTER
FECTVS OBIIT ATTIA
FLORENTINA CON
IVGI CARISSIMO
ET SIBI VIVA PONEN
DVM CVRAVIT ET SVB
ASCIA DEDICAVIT

51.

NOBILIS TIB
CAESARIS AVG.
SER. AEQ. MONET.
HIC ADQVIESCIT
IVLIA ADEPTA CONIVX
ET PERPETVA FILIA D. S. D

52.

IVLIA ADEPTA
HIC ADQVIESCIT
L. IVLIVS CVPITVS
MATRI ET SODALES
DE SVO ET PERPETVA
FIL.

---

46. — Paradin, p. 428. Ménestrier, *H. Cons.*, p. 130. Gruter, p. LXXXIX, 12. Elle a existé près d'Ainay, au confluent du Rhône et de la Saône.

47. — Texte de Ménestrier, *Prép.* p. 21. Paradin, p. 420. Gruter, LXXX, 9. Spon, *Rech.* p. 28. Ces auteurs ne sont point d'accord sur le lieu où elle était : selon Ménestrier, dans la rue du Bœuf; selon Paradin, rue de la Monnaie.

48. — Ménestrier, *Hist. Cons.* p. 54. Paradin, p. 418 Gruter, p. DCCCCLIII, 9. Spon, *Recherches*, p. 230. Autrefois à St-Clair, vers les murs de la ville.

49. — Texte de Ménestrier, *Hist. Cons.* p. 67. Paradin, 421. Spon, *Recherches*, p. 229. Gruter, p. DLXIII, 7. Cette inscription existait sur un sarcophage, servant de bassin à une fontaine près des portes de St-Georges.

50. — Texte de Bellièvre, p. 69. Paradin, p. 434. Ménestrier, *Hist. Cons.* p. 94 et 95. Spon, *Recherches*, p. 229. Gruter, p. DXXIV, 7. Cette inscription existait autrefois devant la porte de l'église de l'Ile-Barbe.

51. — Ménestrier, *Hist. Cons.* p. 98. Spon, *Recherches*. p. 22. Gruter, p. DLXXXIII, 8. Paradin, p. 441. Colonia, p. 36. Dans une maison près de St-Nizier, qui était autrefois l'hôtel-de-ville.

52. — Ménestrier, *Hist. Cons.* p. 98. Spon, *Miscell.* p. 171. *Recherches*, 231. Autrefois dans le jardin Mascrany, à Bellecour.

53.

D   M
IOVINO VALE
RIONI VET. EX LEG.
I. M. IVLIA MA
TERNA CONIVG.
I INCOMPARA
BILI MEMORIAM
POSVIT E MEDIO
CRITATE SVA ET SVB
ASCIA DEDICAVIT

54.

. . . . .
AETERNAE
SALVIO MEMORI
VET. LEG. I. M. EX OPTI
ONE ET ISATIAE
CONIVGI EIVS ALV
DISAS VET. LEG. I. M.
GENERO ET FILIAE
PIENTISSIMAE
POSVIT

55.
IVLIVS NVMIANVS
FRATER POSVIT

56.

D ※ M
ET MEMORIAE AE
TERNAE VROGENO
NERTI VET. LEG.
XXII P. F. ACCEPTIA
ACCEPTA CONIVGI
CARISSIMO ET SIBI
VIVA P. C. ET SVB ASC.
DEDICAVIT

57.

D ※ M
ET MEMORIAE
ALBANI POTEN
TIS VET. LEG. XXII
P. F. FLORENTINA
LVPVLA CONIVGI
ET ALBANIVS PER
TINAX PATRI
F. C. ET SVB ASC. DED

58.
DIS MANIB
TEL. PHOSPHORI
IVLIA CATVLLA

59.
GVSTI L. L. AQVARVM
M. P.
ENS CLARA RECESSIT
AMMA. DEDIT
RATVS. HONESTVS

60.
ET MEMORIAE AETER
NAE VALERIAE CAV
PIOLAE QVAE VIXIT
ANN. XVI DIEBVS XX
PONENDVM
CVRAVIT VALERI
VS ANNATVS ET
PORCIA MATRO
FILIAE PIENTISSIM
ET SVB ASCIA DEDI
CAVERVNT

61.
DIIS MANIBVS
C. AVCI. GAL.
CELERIS IIIII VIR
AVG
C. AVCIVS MACRINVS
PATRI

---

53. — Ménestrier, *Prép.* p. 27, Spon, *Rech.*, p. 226. Cette inscription existait sur le chemin de Trion, à Grange-Blanche, versant du lieu dit des Massues.

54. — Texte de Ménestrier, *Prép.* p. 27, et de Spon, *Recherches*, p. 226. Millin. t. I. p. 457. Cette inscription que les anciens chroniqueurs indiquent sur le chemin de Trion à Grange-Blanche, a été vue par Millin à son passage à Lyon, dans une salle de l'Hôtel-de-Ville; nous ne savons ce qu'elle a pu devenir depuis.

55. — Texte de Ménestrier *Hist. Cons.* p. 54. Spon, *Recherches*, p. 225. Autrefois à la porte du bourg de St-Irénée.

56. Ménestrier, *Hist. Cons.* p. 55 et 94. Spon, *Recherches*, p. 30. Gruter, p. DLXX, 6. Paradin, p. 426. Cette inscription existait jadis dans une petite rue qui aboutissait à celle de St-Pierre-le-Vieux.

57. — Paradin, p. 430. Spon, *Rech.* 229. Gruter, p. DXIX., 6. Cette inscription servait autrefois de dalle au parvis de l'église de St-Just.

58. — Spon, *Recher.*, p. 24. Autrefois sous le bénitier de l'église de Ste-Croix près St-Jean.

59. — Paradin, 422. Gruter, DCCCCLXXII, 1. Autrefois maison Gimbre.

60. Spon, *Recherches*, p. 75. Autrefois rue des Anges à St-Just.

61. — Texte de Spon, *Miscell.* 172. Ménest., *Hist. Cons.* 77. Trouvée autrefois à Vaise.

ACTUELLEMENT PERDUES.   445

62.
D   M
T. FLAVI HERMETIS
IIIII VIR AVG. LVG.
T. ROMANIVS
EPICTETVS ET
FLAVIA MELITINE
PATRONO
OPTIMO ET
FILI EORVM
POSVERVNT.

63.
DEDIC. XVIII. SEPT.
ORFITO ET MAXIMO
COS.

ex alterâ parte.

D   M
ET MEMORIAE
DIOC   N

64.
D   M
ET HRYISEROTI
INOVIANI VIC
TORIS → SER
INOVIANIVS
TELESIPHORVS
FECIT

65.
D   M
RVSP. ATROPHILI
RVSON. SENATOR
COLLIBERTO. DE
SE. BENE. MEREN
TI. IN. SVO POSV
IT ET SVB. ASCIA
DEDICAVIT

66.
SAPPIENA
LYCHNIS
MATRIS
V. S. L. M.

67.
D   M
M. METTI
ONESIMI
SVLPICIA
AGATHEM
ERIS
CONIVGI
CARO
SIBI QVE
VIVA SV
B ASCIA
DEDI
CAVIT

68.
R. ATILLA

69.
MATRIS AVG.
MASTONIA
BELLA
V. S. L. M.

70.
SEX. IVLIO
THERMIANO
SENONIO

71.
C. CARANTIO
IVNIANO
PROC.

72.
DEAE FORTVNAE
RESPECTIVS
HILARIANVS
SPECVL. COMM.
AEDEM DEDICAVIT
IDIBVS FEBRAR.
SABINIANO
ET SELEVCO
COS.

75.
LARIBVS
SACRVM
P. F. ROMAN

62. — Texte de Bellièvre, p. 104. Spon, *Recherches*, p. 190, ne donne pas les quatre premières lignes. Elle existait du temps de Bellièvre dans les écuries de l'Archevêché de Lyon.

63. — Spon, *Miscell.* p. 172. Ménest. *Hist. cons.* p. 16 et 100. Autrefois près de l'église de St-Jean.

64. — Texte de Paradin, 438. Gruter, p. DCCCLXXIII, 8. Autrefois, rue des Farges.

65. — Texte de Paradin, p. 443. Gruter, CCCCLXIV, 9. Spon. *Rech.* p. 229. Autrefois dans le mur du jardin de St-Marcel.

66. — Texte de Spon, *Miscell.* 106, *Recher.*, p. 194. Ménestrier, *Hist. cons.* p. 129. Elle existait rue de la Vacherie.

67. — Texte de Spon, *Rech.* p. 96. Paradin, p. 437. Gruter, DCCCIX, 1. Cette inscription se voyait autrefois vers la porte de Trion.

68. — Spon, *Rech.* p. 225. Ménestrier, *Prép.* p. 21. Autrefois église de St-Pierre.

69. — Spon, *Recherches*, p. 90. Ménestrier, *Hist. Cons* p. 130. Colonia, p. 311. Gruter, p. XC, 2. Au jardin des Trinitaires, près St-Georges.

70. — Gruter, p. DCCCXVI, 11. Cette inscription existait autrefois place du Change.

71. — Texte de Spon, *Rech.* 225. Gruter, p. DCCCCV, 7. Elle existait à l'église de St-Pierre.

72. — Texte de Ménestrier, *Préparat.* p. 21. Cet auteur ne dit pas le lieu où elle existait.

73. — Ménestrier, *Prépar.* p. 22. Gruter, p. CVI, 14. Cette inscription était gravée dans un cartouche placé sur les chaînes d'une lampe en bronze, trouvée en 1525, à Lyon aux Minimes.

74.

D M
ET MEMORIAE AET
MESSI CORNELII
FORTVNATI
QVI VIXIT ANNIS XVIIII
M. V. D. XXVII ET MESSI
COR. TAVRI. INFIRI
MVS MESSIVS AQVI
LINVS ET . . . . . .
. . . SEIS . . . E . .
POSVER . . . .

75.

D. M. ET MEMORIAE
AETERNAE
ARRIO. ATTILIO. HONORATO
LIC . . . . IN. VALERI VERNIORVM . . . C . .
NONARIORVM RIPARIORVM PROCVRANTE
FELICIA FELICVLA AMICA CARISSIMA
SIVE FELICIVS ROMANVS LIBELLICVS
PONENDVM CVRAVERVNT
ET SVB ASCIA DEDICAVERVNT.

76.

L. T FIL Q.
TITIANO
OC. AVG. PROVINCIAR.
G. ET AQVITANICAE PROC
TRIMONI PROC. PRO
LAT T PROC. PRO

77.

D M
ET MEMORIAE AETERNAE
C. LIBERTI DECIMANI
CIVI VIENNENSI NAVT.
ARARICO. HONORATO
VTRICLARIO LVGVDVNI.
CONSISTENTI
MATRONA MARCIA
NI. CONIVGI KA
RISSIMO QVI CVM
EA VIXSIT ANNIS XV.
MENSIBVS III. DIEBVS
XV. SINE VLLA A
NIMI LAESIONE
PONENDVM CV
RAVIT ET SVB AS
CIA DEDICAVIT

78.

ET MEMORIAE AE
TERNAE
Q. LATINI PYRAMI
ANIMAE INCOMPA
RABILIS QVI VIXIT ANN.
XII. M. VIII DIES XVIII
Q. LATINIVS CARVS
ET DECIMIA NICOPO
LIS PATRONI ALVMNO
KARISS. ET SIBI VIVI
POSVERVNT ET SVB.
ASCIA DEDICAVEBVNT
ΥΑΚΙΕΙ ΕΥΚΥΤ

---

74. — Texte de Bellièvre. p. 75. Gruter, dccclxxxi, 2. Paradin, p. 436. Autrefois près des portes de Trion.

75. — Greppo dans la *Revue du Lyonnais*, t. 14. p. 265 et suiv. Spon, *Recherches*, p. 228. Inscription qui se voyait jadis au Gourguillon.

76. Texte de Ménestrier, *Hist. Cons.* p. 123. Spon, *Recherches*, p. 112. Débris d'inscription qui existait dans les murs de la ville en allant de St Georges à St-Just.

77. — Ménestrier, *Hist. cons.* p. 116. Gruter, p. ccccxxviii, 10. Paradin, p. 427. Spon, *Rech.* p. 99; Orelli, 4244. Cette inscription se voyait jadis dans la cour du prieuré de St-Irénée.

78. — Texte de Paradin, p. 439. Spon, *Recherches*, p. 111. Gruter, dclviii, 9. Artaud, *Notice du Musée*, 1818, p. 36. comme étant au Palais St-Pierre. Elle avait été déposée avant mon arrivée au Musée, dans la salle de la pompe. Elle a été, dit-on, emportée comme pierre à bâtir par des maçons qui réparaient le Palais-des-Arts.

79.

ET MEMORIAE. SALVIAE. VALERI
ANAE. QVAE. VIXIT. ANN. II. M. I. D. II. ET
SALVI. FELICIS. FRATRIS. EIVS. QVI
VIXIT. M. I. D. XXV. IN. SVO. SIBI. PO
SITI. SALVIVS. VICTOR. PATER. ET
VALERIA. AGATHEMERIS. MATER
FILIS. CARISSIMIS. PONENDVM. CV
RAVER. ET. SVB. ASCIA. DEDICAVERVNT.

80.

ET CALLEC PRO
MARITIMARVM. PROC. X
B   LEG   VII
GVDVNENSES

81.

D   M
ET QVIETI AETERNAE
C. VICTORI   VRICIS
SIVE GVIGVRONIS CIVIS LVG.
INCORPORATO
INTER VTRICVLAR. LVG. CONS. QVI
VIXIT SINE VLLIVS OFFENSA
ANN. XVIII. M. D. V CASTAVRINA
MATER VNIC. FILIO PIISS. PONENDVM
CVRAVIT ET SVB ASCIA DEDICAVIT.

82.

D   M
ET MEMORIAE
AETERNAE
IVL PV
NATIONE GRAECAE
QVI VIXIT ANNIS I
DIEBVS XX M.
INFELICISSIM
PVSI   CON
IVNX
ELVS   ISOTRO
LIVS   RIS
EORVM PONE
NDVM CVRAVER
RVNT ET SVB A. DEDI
CAVERVNT

83.

I. O. M
CL. ALBINO C. F. V. C. PIO
AFRO ADRVM.
POST B. GAL. AVG. IMP. ET LVG
LIBERTATIS ADVERS.
SEVERVM ACERRIMO
VINDICI

---

79. Texte de Spon, *Recherches*, p. 143. Gruter, p. DCCV, 3. Autrefois dans une cour qui traversait de la rue de la Pêcherie, à la rue de l'Enfant-qui-Pisse.

80. — Texte de Gruter, p. CCCXCV, 11. Ce débris d'inscription existait jadis dans la maison de Lange, sur la colline de Fourvière.

81. — Texte de Spon, *Miscel.* p. 171, et 238; *Recherches*, p. 101 et 199; Ménestrier, *Prép.*, p. 33. Cette inscription existait autrefois à la montée du Gourguillon, et plus tard a servi de dalle dans la chapelle de St-Martin à l'Ile-Barbe.

82. — Artaud, *Notice* 1818, p. 15, cite cette inscription comme étant au Musée. Elle n'y était plus à notre entrée en fonctions.

83. — Spon, *Recherches*, p. 13. Ménestrier, *Hist. Cons.* p. 132. Colonia p. 213. Trouvée, dit-on, à Albigny (Rhône).

84.

D   ET MEMORIAE AETERNAE   M
SEXTI TERENTI LVCILLI PVERI DVLCISSIMI
QVI VIXIT ANNIS XIII DIEBVS XXXXVII
FELICIANVS AVG. N. VERNA EX DISPENSATORIB.
PATER ET SATRIA LVCILLA MATER PARENTES
FILIO KARISSIMO PONENDVM CVRAVERVNT
ET SVB ASCIA DEDICAVERVNT.

87.

D   M
MEMMIAE
IVLIANAE
N.   S.

85.

ΕΥΘΥΜΕΙ
ΚΑΛΛΙϹΤΗ
ΟΥΔΕΙϹ
ΑΘΑΝΑΘΟϹ

D ⚒ M
ET MEMORIAE
AETERNAE
AVR . CALLIS
TES
QVAE VIXIT
ANN . XXIIII
MEN . VIII
DIEB . V . SINE
VLLO IVRGIO
AVRELIA LI
BYE PATR. SEM
NE MATER ET
EGN . IRENEVS
CONIVGI KARIS
SIMAE POSVER. ET
S . A . D.

86.

ARVA
ROVIN
GALLI

88.

MERCVRIVS HIC LVCRVM
PROMITIT APOLLO SALVTEM
SEPTVMANVS HOSPITIVM
CVM PRANDIO QVI VENERIT
MELIVS VTETVR POST
HOSPES VBI MANEAS PROSPICE

89.

D   M
ARTILIAE MARTIAE
T. MVNAT. FELIX
CVR . IIII VIR. AVG. LVG.
CONIVGI INCOMPARABILI
ET SIBI VIVVS POSTE
RISQ. SVIS POSVIT ET
SVB ASCIA DEDICAVIT

---

84. — Texte de Ménestrier, *Hist. cons.* p. 52. Muratori, *Thes.* p. dccclxxxiii, 6. Elle fut découverte près la porte de St-Irénée, sur un sarcophage.

85. — Gruter, dcccxxxiii, 11. Spon, *Rech.*, p. 230. Paradin, après la table. Inscription qui existait jadis au château d'Yvours sur les bords du Rhône au midi de Lyon.

86. — Fragment de cippe découvert dans la seconde pile du pont du Change, rive gauche de la Saône en 1847.

87. — Simeoni, *Mss.*, 64. Autrefois cloître St-Benoit.

88. — Ménestrier, *Hist. Cons.* p. 37. Spon, *Recherches*, p. 155; *Miscell.* p. 302. Colonia, p. 236. placent cette inscription à l'hôtel de M. de St-Maurice à Bellecour. Muratori la cite comme ayant été transportée à Paris. *Inscrip. Append.* t. iv, p. mmxiii, 12.

89. — Spon, *Miscell. erudit.* p. 171. Autrefois à St-Irénée.

ACTUELLEMENT PERDUES.

90.

II VET. FIL. FABIVS SATVRNINVS TRIB. MIL. LEG. II
PPI
IT
ME
ET
IA
ITEM CONTINVI QVADRIENNI

91.

D   M
NAMERIAE
TITVLAE
L. HELVIVS
FRVGI
CONIVGI
SANCTISSIMAE

92.

LIC

ON

I

INI

LOSIDIO
QVIETI FILIO
NERVIO
OMNIB. HONORI
SVOS FVNCT. SA
AD ARAM CAES
PLVM ROMAE ET
TER CONFLVEN
ET RHODA
TRES PROV
ALLIA

93.

RO ALB   RO   IO
L. AVFIDIO MARCELO II COS
SPLENDIDISSIMI VECTIGALIS MASSVE
FERRARIARVM
MEMMIAE SOSANDRIDIS C. F. QVOD
AGITVR SVB CVRA
AVRELI NEREI SOC   VECTIGALIS

94.

MERCVRI
O AVGVSTO L PE
REGRINIVS I
LIBERTVS POM
TINARVLLINVS

96.

M
ETERNAE
IOSI. EQ. DV
E IN ORI
I OP V

98.

. . . .
TRIBVS PROVINC. GALLIIS
IMP. CAESAR. TRAIANVS
HADRIANVS. AVG. DEDIT
TRES PROVINCIAE
GALLIAE

95.

C. IVL. CAMILIO

97.

A
ILLII

99.

TRES

90. — Ménestrier, *Prépar.* p. 31. Autrefois au logis de la Tête-d'Or à St-Irénée ; on avait creusé la pierre pour en faire une auge.

91. — Maffei, *Mus. veron.* p. ccccxvii, 7. Autrefois dans le haut de la vieille ville.

92. — Découverte en 1847, dans la rue Martin, dans la maison de M. Favrot entrepreneur; elle a été coupée en deux assises par les ouvriers, avant de connaître les intentions de l'autorité pour en faire l'acquisition.

93. — Scipion Maffei dit l'avoir vue dans une maison près de Fourvières.

94. — Millin, *Voyage dans le midi de la France,* t. I. p. 518. dans la rue de Trion.

95. — Artaud, *Lyon Souterrain*, p. 49. Autrefois chemin de Choulans.

96. — Fragment trouvé en 1847, dans les fondations de la seconde pile du pont du Change, rive gauche de la Saône ; il a été brisé par les ouvriers.

97. — Fragment de cippe trouvé dans la seconde pile du pont du Change, rive gauche de la Saône en 1847.

98. — Maffei, *Mus.* ccccxviii, 2. Autrefois à St-Irénée.

99. — Bloc trouvé dans les fondations de la seconde pile du pont du Change, rive gauche de la Saône en 1847 ; il a été brisé.

100.

D M
ET
MEMORIAE AETERNAE
MATVCLAE   S
IOVI

101.

D M
C. CATI DRIBVRONIS
CORPORIS VTRICVLA
RIORIVM LVGDVNI
CONSISTENTIVM
CATIVS. PVPVS. PATRI
PIENTISSIMO. ET. CATIA
SILVINA CONIVGI
PIENTISSIMO ET
NVRVS SOCRO DVL
CISSIMO. PONENDVM
CVRAVERVNT ET SVB
ASCIA DEDICAVERVNT.

102.

D M
ET QVIETI AETERNAE
MAXIMI CALVONIVS
BELLVS. MIL. LEG. XXII ET
LVTEA MATER MAXIMO
FIL. QVI VIXIT ANNO
VNO M. XI D. III P. C. ET
SVB ASCIA DED.

103.

L. HILARIANI CINNA
MI CIVIS LVG. NAVT
RHODANICO RHO
DANO NAVIGANTIS
CVRATORIS EIVSDEM Q.
CORPORIS NEGOTIA
RIS ET HARI... ET MASPE
TIVS SEVERIANVS SEX
CEREIVS ET CL. SEVERI
NVS AMICVS IDEMQVE
HEREDES P. C. ET SVB
ASCIA DEDICAVERVNT.

104.

D M
SVLPICIAE
MARTIAE
FILIAE
PIENTISSIMAE
MAGVSATIA
ABILEIA
MATER
POSV

105.

D MINERVAE M
POLLIONIS F

106.

MORIAE AETER
ITIVIANICO
ORIS   CARI
CARNVTINO
IVLIA CONIVGI
KARISSIMO

A
F

107.

ET MEMORIAE
AETERNAE
VALER. SEVERAE CON
IVGI INCOMPARABI
LI QVAE VIXIT CVM
CONIVGE SVO ANN
XXXXVI SINE VLA
ANIMI LAESIONE
CASSIVS PRIMITIVS
MARITVS ET SIBI
VIVVS POSTERISQVE
SVIS FECIT ET SVB AS
CIA DEDICAVIT

---

100. — Simeoni, *Mss*, 66. Autrefois cour du prieuré de St-Irénée.

101. — Muratori, t. I. p. DXXXII, 1. Près de Fourvières à la Sarra.

102. — Scipion Maffei. Autrefois à la Guillotière.

103. — Muratori, *Thes.* p. MLV, 2 *bis*. Orelli, 4213. Autrefois à St-Irénée.

104. — Bellièvre, *Mss. Montp.* p. 1. Autrefois à l'Archevêché.

105. — Spon, *Recherches*, p. 229. Ménestrier, *Dissert.* p. 28. Gruter, p. DCCCCXVIII, 15. Jadis à St Irénée, sur une urne dans le jardin du prieuré.

106. — Simeoni, *Mss*. 53. Jadis vers la porte de Vaise.

107. — Autrefois à l'église des Machabées à St-Just.

ACTUELLEMENT PERDUES.

108.

NVL
TONO
MPL. ROM
LVENTES
PRAEF
CORVM
GALLIAE
E

109.

CNO
ANNO SEX
SPASIANI
AVGVSTI VIX
IT IMP. AVG. L
E. GALLIA

110.

D   M
ET QVIETI AETERNAE
AVRELIAE MVNATIAE
CONIVGI CARISSIMAE ET
INCOMPARABILI QVAE VIX.
ANN. XXIII. MENS. VI. DIEB.
IX QVINCIO AVG. LIB.
TABVLARIVS XXXX GAL
LIARVM SVB ASCIA
DEDICAVIT.

111.

D   M
ET MEMORIAE AETERNAE
TITI VETTI DECIMINI VETE
RANI LEG. VIII IMMVNI
CONSVLARIS HOMINIS
OPTIMI ET VERECVNDISSIM.
ET PROBISSIMI
MERCVRIALIA CASATA
CONIVGI KARISSIMO CVM
QVO VIXIT ANNIS XXIII DIES.
XXV ET DECIMINA FILIA
VIVAE PONENDVM CVRA
VERVNT ET SVB ASCIA DE
DICAVERVNT

112.

AVRELI LEONT.
QVI VIXIT ANN.
XVIII. M. VII. D. V.
ARTIS CARACTE
.. IARI ANTONIA
AMANDA MATER
INFELICISSIMA FIL.
DVLCISSIMO PIENTISSI
MO ET SIBI VIV.
PONENDVM CVRAVIT
ET ASCIA DEDICAVIT

113.

QVI VIXIT
NIS LII. M. V. D
SALVTARIS FI
LIVS ELIVS
P. C. ET SVB ASC
D. D. KAVIT

114.

... PRONIVS A
... STVS Q. FLAM.

115.

LIQ
Q. EIVSD. CO
CIVES
VELIOCAN
V. S. L. M.

116.

MEMORIAE.
A. VITELLII VALERII
HIC ANNORVM X.
IN STVDIIS ROMAE DIS
PARENTES NYMPHIVS
ET TYCHE VNIC.
ET CARISSIMO FIL.

108.—Simeoni, *Mss.*, 41. Gruter, cccoxcviii, 10, avec des variantes. Jadis au cimetière de St-Nizier.

109. — Spon, *Recherches*, p. 230. Autrefois vers la chapelle St-Côme.

110. — Spon, *Miscell.* p. 171. Ménestrier, *Hist. cons.* p. 124. Ces auteurs n'indiquent pas l'endroit où elle se trouvait à Lyon.

111. — Spon, *Miscell*, p. 172. *Rech.*, p. 189. Ménestrier, *Hist. cons.* p. 32-33. Autrefois dans une écurie de l'Archevêché.

112. — Spon, *Miscell.* p. 220. Autrefois au faubourg St-Irénée.

113. · Siméoni, *Mss.*, 83. Fragment trouvé jadis à St-Just.

114. — Spon, *Rech.* p. 57. Fragment de marbre qui se voyait dans un pavillon de l'ancienne maison de Lange, derrière la maison Caille à Fourvière.

115. — Spon, *Rech.* p. 93. Ménestrier, *Prép.* p. 20. Ces auteurs la rapportent sans dire où elle se voyait. Peut-être est-ce la même que celle publiée par Paradin, 418 et Gruter, p. cxxxi, 4, avec des variantes.

ALIQ
AD ARAM
Q. EIVS VELIOCA NIYS
V. S. L. M.

Paradin dit qu'elle se voyait dans la rue de la Fontaine, près du monastère des religieuses de St-Dominique.

116. — Paradin, 434. Bellièvre p. 56. Spon, *Rech.* p. 229. Gruter, DCLIII, 7. Autrefois dans le pavé de l'église de St-Irénée.

TOM. 1.   57

117.

D   M

ET MEMORIAE M. FRATER
INFANTIS QVI VIXIT MENSIB. III D. I
M. FRATERNIVS SATVRNINVS ET
RIA VTERATINA CARISS
CVRAVERVNT ET SVB ASCIA DEDIC.

118.

CLAVDIAE
PHILETI AVG. L. LIBER
TAE HEVRESI VRBA
NVS ET SVRVS FRATRES
SORORI PIISSIMAE.

119.

D ✦ ET MEMORIAE ✦ M
AETERNAE HYLATIS
DYMACHERO . SIVE .
ASSIDARIO. P. VII. RV. I
ERMAIS . CONIVX .
CONIVGI . KARISSIMO
P . C . ET.   S. AS. D.

120.

MEMORIAE
C. IVLI. ALEXIONIS. TITVLI. SIVE
ALEXANDRI. QVI VIXIT. ANN. VI
MENS. VNO. DIEBVS XI
C. IVLIVS. KARICVS. PATRONVS
ALVMNO . DVLCISSIMO . PO
SVIT. ET. SVB. ASCIA. DEDICAVIT

121.

D   M

M. MARCELINI LECTI
MILITIS EX. COH. XIII
VRBANA
QVI MILITAVIT AN. VI
MENSIB. VI DIEB. II
TITIVS SABINIANVS ET
SATTIA SABINA HERE
DES EIVS FRATRI KA
RISSIMO FACIENDVM
CVRAVERVNT ET SVB
ASCIA DEDICAVERVNT.

122.

D. M. ET AET. M. L. IVLII QVAR
TILLI HOMINIS PROBISSIMI AELA
RIA CONIVGI KARISSIMO HILA
RIVS ET ARTEMIVS FILI EIVS ET
PVSINNA SOROR

123.

D   M
AEMILIAE PEDONI
LLAE LIBERTAE PIENTISSI
MAE ET L. AEMILIO
MAVRO LIBERTO VIVO PO
SVIT ET SVB ASCIA
DEDICAVIT
AEMILIA CATIOLA
POSVIT

---

117. — Ménestrier, *Parch.* p. 19. Maffei, *Mus.* cccxvii, 6. Jadis au cimetière St-Irénée.

118. — Muratori, p. cmxcvi, 5. Autrefois près de l'église de St-Irénée.

119. — Muratori, t. II. p. dcxiii, 3. Orelli, 2584. Autrefois près des portes de Trion.

120. — Reinesius, p. 872, n° xxiv. Gudius, p. cccxliv, 13. Autrefois dans la vieille ville.

121. — Autrefois au pont du Change. *Revue du Lyonnais* xxi, 523.

122. — Mémoires de Trévoux, juin 1708. Ce monument faisait partie de la collection de M. de la Valette, hôtel de Bellecour, aujourd'hui hôtel de Malte.

123. — Spon, *Rech.*, p. 230, d'après Reinesius. Gudius, p. cccxl, 8. Autrefois à Lyon, sans indiquer l'endroit.

124.

TI. CLAVD. TI. FIL. PAL. QVARTIN
TRIB. MIL. LEG. III. CYRENAEIC.
ADLECTO AB DIVO TRAIAN. PARTHIC.
IN SPLENDIDISSIMO ORDIN. QVI PAN
NONIAE LEG. PRAETOR. LEG. PROPR.
PROVINC. ASIAE LEG. DIVI TRAIANI
TRAIANI HADRIANI
LEG. PROVINC. HISPAN. CITERIORIS
IVSSV HADRIANI AVG. CAES.
GEMICA ET HADRIANIA

125.

D . M
ET MEMORIAE AETERNAE
CVLATTI MELEAGRI IIIIII VIR. AVG.
C. C. C. AVG. LVG. PATRONO EIVSDEM
CORPOR. ITEM PATRONO OMNIVM
CORPOR. LVG. LICITE COEVNTIVM
MEMMIA CASSIANA CONIVNX
SARCOFAGO CONDIDIT ET S. A. D.

126.

D M
ET
MEMORIAE AETERNAE
MATTONI RESTITVTI CIVIS
TRIBOCI NEGOTIATORIS
ARTIS MACELLARIAE HO
MINIS PROBISSIMI QVI DE
FVNCTVS EST ANNO XXXX.
MEN. III. D. XVIII.
RVTTONIA MARTIOLA CON
IVNX QVAE CVM EO VIXIT
ANN. VIIII. D. VIIII. SINE VL
LA ANIMI LAESIONE ET
MATTONIVS GERMANVS
RELICTVS A PATRE ANN. IIII.
MEN. I. D. XII. ET MATTONIVS
RESPECTINVS MENS. VIIII.
FIL. ET HAEREDES PONEN
DVM CVRAVERVNT SIBI
VIVI SVB ASCIA
DEDICAVERVNT

127.

I. O. M.
NVMINIBVS
AVG.

129.

P. SEXTIVS FLORVS
IIIIII VIR AVG.

130.

COL. IVL. AQVIS ET
COL. IVL. P. AREL

128.

T. MARIVS MARTIALIS TRIB
LEG. XXXV. V. MARIAE NICEN.
LIBERTAE ET CONIVGI KARISSI
MAE FACIENDVM CVRAVIT.

---

124. — Spon, *Miscell.* p. 77 ; *Rech.*, p 95. Ménestrier, *Hist. cons.* p. 29. Gruter, p. cccxc,5. Dans le jardin du couvent de la Trinité, quartier St-Georges.

125. — Spon, *Rech.*, p. 68 ; *Miscell.* p. 170. Paradin, p. 438. Ménestrier, *Hist. cons.* p. 79 et 83. Gruter, p. cccxcix, 4. Autrefois au couvent des jacobins de Notre-Dame de Confort, et transportée à Ternay.

126. — Spon, *Rech.* p. 62. Ménestrier, *Hist. cons.* p. 36. Paradin, p. 457. Colonia, 83. Gruter, dcxlvii, 5. Autrefois hors la porte St-Irénée, dans un jardin à l'angle d'un colombier qui regarde sur le Rhône.

127. — Paradin, 435. Ménestrier, *Prépar.* p. 18. Gruter, iv, 13. Autrefois cette pierre soutenait le bénitier de l'église de St Laurent.

128. — Ménestrier, *Prépar.*, p. 32. Spon, *Rech.* p. 229. Colonia, 51. Gruter, p. dlii, 4. Paradin, après la table. Autrefois dans le jardin d'Ainay.

129. — Gruter, p ccccLxix, 2. Spon, *Rech.* p. 228. Siméoni. Autrefois à l'entrée de l'église de St Benoît.

130. — Gruter, p. ccccLxix, 3. Spon, *Rech.* p. 228. Siméoni. Autrefois à l'entrée de l'église de St-Benoît.

151.

ET MEMORIAE
AETERNAE
DECMIAE DEC
MILLAE CIVIS
SEQ. FEMIN. SANC
TISSIMAE DEC
MIVS DECMA
NVS FRATER
ET SILVINIVS
BALBINVS MARI
TVS P. CVRAVER.
ET SVB ASCIA DEDIC.

152.

VRIO AVC
M   L
C
A

153.

IMP. CAES. M. ANTONIVS GORDIANVS PI
VS FELIX AVG. PONTIF. MAX. TR. POT. VI
COS II P. F. P. R. O. C.
NOMINA. MILITVM. QVI MILITAVERVNT IN COHOR
TIBVS. PRAETORIS GORDIANIS DECEM. I. II.
III. IIII. V. VI. VII. VIII. VIIII. X. PIIS. VINDICIBVS
QVI PIE. ET FORTITER MILITIA. PVNCTI. SVNT.
VSTRIBVI. CONVBII. DVM TAXAT. CVM. SINGV
LIS. ET. PRIMIS. VXORIBVS. VT. ETIAM. SI PERE
GRINI. IVFIS. FEMINAS. IN MATRIMONIO SVO

IVNXERINT. PROINDE. LIBEROS. TOLLANT AC. SI
EX DVOBVS. CIVIBVS. ROMANIS. NATOS. AD. VII. ID. IAN
L. ANNIO. ARRIANO. ET
C. CERVONIO. PA   O COS
COH. II. PR. GORDIANA P. R.
C. IVLIO. C. F. DECORATO.
TIANO. SILICINO.

DESCRIPT. ET RECOGNIT. EX. TABVLA. AEREA. QVE FIXA EST.
ROMAE. IN. MVRO. POSTEMPL. DIVI. AVG. AD. MINERVAM

---

151. — Paradin, p. 443. Spon, *Recherches*, p. 230. Gruter, DCCCXLVII, 11. Autrefois dans la clôture du jardin de M. de St-Marcel.

152. — Trouvée au télégraphe en 1848, non loin des trois inscriptions qui figurent au Musée.

153. — Ce congé militaire gravé sur deux plaques de bronze fut découvert en 1781, en creusant les fondations d'une maison sur le quai St-Vincent, à côté de l'ancienne poudrière.

Ce monument épigraphique fut acquis aussitôt par le R. P. Janin, vicaire provincial des grands Augustins de Lyon, qui fut une des victimes de la révolution de 93.

Ce congé militaire fut offert à un espagnol qui s'occupait de sciences (M. Péris-Bayer). M. l'abbé de Tersan l'avait, dit-on, entre main, et M. Seguier en avait reçu une copie. Depuis cette époque, ce monument a disparu sans qu'on ait su ce qu'il était devenu. Il y a six ans environ, qu'un voyageur se présenta à moi de la part de M. le comte de Vesme pour avoir une copie de ce congé, qui selon lui, existait au Musée. Je fis de vaines recherches soit au Musée, soit à la grande Bibliothèque. Le hasard m'en fit parler à M. Barre, alors sous-archiviste de la ville, qui vint me tirer d'embarras, en m'annonçant que jamais ce congé n'avait appartenu à la ville, que depuis la mort du R. P. Janin, on ignorait ce qu'il était devenu, mais qu'ayant acheté les livres et papiers de Tabard, bibliothécaire de la ville, il avait trouvé parmi des notes écrites de la main du P. Janin, relatives à ce congé ainsi que sa copie. Il m'offrit leur communication en faveur de M. le comte de Vesme auquel j'écrivis à l'instant cette découverte. Ce dernier fit un voyage à Lyon, les porta à Turin et me les remit plus tard pour les rendre à M. Barre, j'ignore ce qu'elles sont devenues à la mort de ce dernier.

M. le comte de Vesme qui a fait un savant travail sur les congés militaires connus jusqu'à ce jour, a eu la bonté de m'en offrir deux exemplaires et c'est sur ce bel ouvrage, que je reproduis ici la copie textuelle de celui-ci dont l'un des verso avait été brisé.

134.

D
ET MEMOR
AETERNAE POPILII NATIO
SEQVANO CIV
LVGVDVNENSI
NEGOTIATORI AR
TIS PROSSARIAE
ADPERTINENS
HONORATO CORPOR.
VTRICLARIORV.

135.

D   M
ET MEMORIAE
AETERNAE
CORNELIO VIC
TORI VET. LEG. XXI
CORNELIA PAVLI'
NA CONIVGI CARI
SSIMO QVI MECVM
VIXIT ANNS. XXXX. SINE
VLLA ANIMI MEI LAE
SIONE PONENDVM CV
RAVIT ET SVB ASCIA DEDICA
VIT.

136.

D   M
ET MEMORIAE
AETERNAE
AVREL. CATTAE
QVAE V. A. XXIIII
M. VIII. D. V.
SINE VLLO IVRGIO
AVRELIA F. MATRI
IRENEVS CONIVGI
CARISSIMAE
POSVER.

137.

L. BLANDIO PATER
NO MIL. COH. XII
VRB.
L. BLANDIVS PIVS
HERES FRATRI
KARISSIMO
P. C.

138.

GEN. COLL. AVRELIANI
CEN. COLL. AVRELIAN
L. SEXTO EGLECTVS
IIIII VIR AVG. D. D.

139.

M
ERINI
XIII VRB.
ROM.
TINVS
VERVS
ES
ISSIMO
RENT

140.

APOLLINI
SIANNO
ANNVA STIPE

141.

D   M
ET MEMORIAE AETERN
C. TERTINIANI IIIII V. FAB.
AVG. PATRONO. FABR.
LVGDVNI CONSIST.
ANIMI COSS. DVLCISSIMI
TERTIN.   OSIREL
LEG. TER. VRXINVS
FILIVS PONENDVM CVR.
ET SVB ASC. DEDI.

---

134. — Spon, *Rech.*, p. 102. Ménest., *Dissert.* p. 3, et *Préparat.* p. 33. Paradin, p. 444. Gruter, p. DCXLIX, 7. Autrefois dans le jardin des Pères de la Trinité.

135. — Gruter, p. DXXXIX, 2. Spon, *Rech.* p. 230. Autrefois dans la maison de Lange.

136. — Spon, *Recherches*, p. 229. Gruter, p. DCCXXI, 8, et DCCCLXIII, 2, d'après Siméoni. Autrefois à St-Just. Peut-être est-ce la même que le n° 86, avec des variantes.

137. — Gudius, p. CLV, 12. Autrefois à l'église de St-Irénée.

138. — Gudius, p. LXVI, 10. Sur un marbre faisant alors partie du cabinet des Pères Jésuites, à Lyon.

139. — Ménest. *Prépar.*, p. 31. Autrefois au logis de la Tête-d'Or à St-Irénée; elle avait été coupé à moitié, pour servir au seuil d'une porte.

140. — Ménestrier, *Prépar.*, p. 20. Gruter, p. MLXVI, 6. Autrefois à l'église de St-Pierre.

141. — Gudius, p. CXXXIX, 6. Autrefois à Lyon, sans indiquer l'endroit.

142.

MARTI SEGOMONI SACRVM
ANNVA
VRBICI FIL. MARTINVS
SACERDOS ROMAE ET AVG.
MVNATIO PANSA COS.
IN CIVITATE SEQVANORVM
TRES GALLIAE HONORES
ET SVIS DECREVERVNT.

143.

C. AVFIDIO
POMPONIAE. QVINTAE
PATRI ET MATRI
PAVLLAE NOSTRAE

144.

145.

ET QVIETI AETERNAE
TITIAE SEIAE DEFVNCTAE
Ð ANN. XXII. MENS. V. DIEB. XXV M
P. SEIVS ASCLEPIODOTVS
PATER FILIAE INCOMPARABILI

---

142. — Ménestrier, *Hist. cons.* p. 74. Paradin, p. 423. Gruter, p. LVIII, 5. Colonia, 237 et 242. Spon, *Recherches*, p. 134. Autrefois au bas du clocher de St-Pierre.

143. — Gruter, p. DCCXXI, 5 d'après Siméoni.

Elle était autrefois à l'entrée de l'église de St-Irénée.

144. — Sur un cachet d'oculiste.

145. — Gruter, p. DCCIX, 7. Autrefois à l'église de St-Pierre.

NOMS ET MARQUES

DES DIFFÉRENTES FABRIQUES,
DES OUVRIERS SUR MÉTAUX, ARGILE CUITE, OS, IVOIRE,
ET DES ARTISTES SUR PIERRES GRAVÉES.

Pour rendre plus complets les documents épigraphiques qui appartiennent à l'ancienne capitale des Gaules ou à ses environs, nous croyons utile de publier ici la nomenclature de toutes les initiales et des noms plus ou moins complets, qui se trouvent gravés en creux ou représentés en relief sur les objets en argile cuite, métaux divers, pierres, verre, os ou ivoire, que nous avons recueillis depuis près de quarante années.

Nous nous sommes appliqué surtout à ne reproduire que les marques que nous avons vues sur les objets, en laissant de côté celles que nous aurions pu trouver dans Grivaud de la Vincelle et d'autres auteurs. Nous n'avons fait ces recherches que dans les collections des Musées de Lyon, dans celles de quelques particuliers et dans notre propre cabinet où figuraient plus de 900 pièces en argile cuite, 1500 pièces en bronze, 400 pièces os ou ivoire, 52 pièces en plomb, et environ plus de 200 intailles ou camées sur pierre dure.

Les sceaux des potiers qui nous sont parvenus sont en général d'une assez grande dimension et n'étaient employés que pour les pièces massives faites au tour et qui offraient assez de résistance pour ne pas être déformées par la pression du sceau. Ils s'appliquaient non seulement sur les grands vases, mais encore sur les objets servant de matériaux de construction, tels que les carreaux, les tuiles et les briques; on se contentait alors de marquer ainsi quelques pièces; aussi dans une construction gallo-romaine faite en matériaux de même nature n'en trouve-t-on que quelques-uns portant la marque de la fabrique. Quant aux objets d'art en argile moulée, les noms et marques des potiers étaient gravés sur le fond ou sur les côtés du moule; il est présumable que les fabriques en réputation, ou voulant s'en faire une, n'oubliaient point ce mode de publicité pour recommander leurs ouvrages aux consommateurs.

Les sceaux de potiers sont généralement en bronze et très-rarement en plomb, ils portent les noms des fabricants, des chiffres ou des signes particuliers. Le plus ordinairement ils sont de forme carré-long; le corps de l'inscription est encastré dans un listel de même hauteur; la disposition des lettres figure en petit une planche d'imprimeur et nous sommes étonné que leur vue, après avoir traversé tant de siècles, n'ait point donné plus tôt l'idée de l'imprimerie. Ces sceaux n'étaient guère employés que pour les pièces en argile d'une certaine dimension, dont la pâte encore molle offrait néanmoins assez de résistance à la pression nécessaire pour que la partie en relief du sceau pût la pénétrer, et que l'empreinte fût nette et bien visible. La configuration de ces sceaux démontre cependant qu'il ne fallait pas une grande force pour obtenir ces empreintes, attendu que presque tous n'ont pour poignée qu'un simple anneau, ou un faible appendice. Pour les objets céramiques délicats qui le plus souvent étaient fabriqués dans des moules, les marques de fabrique étaient gravées dans le moule lui-même.

SCEAUX DE POTIERS.

Les marques que nous allons citer existent au Musée de la ville, ou faisaient partie d'autres collections. Dans ces sortes de sceaux les lettres sont placées à rebours de manière à être reproduites dans leur vrai sens sur les objets fabriqués.

1. ATIMETI
OLI. PISCARI
SABINI

De ATIMETVS OLVS PISCARVS SABINVS, quoique cette série de noms ne soient point interrompue par la particule ET, nous penchons à croire qu'ils n'appartiennent point au même individu et nous n'osons à l'exemple d'Artaud, considérer OLI et PISCARI comme se rapportant à des substances huileuses et résineuses qui indiqueraient une fabrique de vases destinés à les contenir; ces noms ne seraient point intercalés entre les deux noms du fabricant. Il est plus naturel de penser que ces quatre noms appartiennent à des associés, ou que le fabricant en titre y a joint celui de son prédécesseur. Musée n° 472.

2. BELLICI
L. D. POLI

De BELLICVS affranchi de DECIMVS ou DECIVS PAVLVS. Musée n° Cette marque de fabrique est suivie de la représentation d'une amphore, ce qui indique le genre de fabrication de cette usine.

3. CÆLI FELICIS
ET NONI PII

De CAELVS FELIX et de NONVS PIVS, cette raison de commerce était composée de deux associés. Musée n° 471.

4. .CIANI

De CIANVS, ce nom est gravé en creux sur un sceau carré-long, de petite dimension. (Cabinet Comarmond).

5. HCYXIOY

De ESYCHIVS, ce sceau est de grande dimension, les caractères sont grecs et le nom est suivi d'une palme. Musée n° 478.

SCEAUX DE POTIERS.

6. FELIX — Sceau en forme de croissant, du potier FELIX; le dessus est décoré d'une palme, et les pointes du croissant, de deux étoiles. Ce sceau simule la lune à son dernier quartier. Le potier a-t-il voulu y ajouter deux étoiles comme symbole du ciel. Musée n° 452.

7. C. M. R. M. Q. — Ce sceau est en forme de carré-long, une palme en creux décore le dessus de la poignée. Ces cinq lettres peuvent être considérées comme des initiales de noms qu'il serait téméraire de vouloir expliquer. Musée n° 473.

8. I. C. H. F. — Ces initiales sont figurées en relief, et suivies d'une palme, sur un sceau de la forme d'un parallélogramme. Il a été découvert à Loyasse (Lyon), en 1832. (Cabinet Comarmond).

9. IMFPR NKSSER — Il est prudent de ne point chercher à donner un sens à cette série de lettres ainsi figurées en relief sur un sceau de forme carré-long. Musée n° 475.

10. I. TVRP. F — On pourrait l'interpréter ainsi, *Julius Turpianus fecit*, IVLIVS TVRPIANVS a fait. Sur un sceau découvert à Ste-Foy-les-Lyon, en 1827. Il est de forme carré long. (Cabinet Comarmond).

11. L. RVL. MART ET M. PATER — Qu'on peut interpréter ainsi : LVCIVS RVFVS MARTINVS ET MARCVS PATERNVS. Les noms de ces deux potiers sont suivis de la représentation d'une amphore ; les lettres sont en relief ; le sceau est d'une grande dimension ; la personne qui nous l'a cédé, nous a affirmé qu'il avait été trouvé à Grigny, près Lyon. (Cabinet Comarmond).

12. L. VETVRI HERMETIS — De la fabrique de LVCIVS VETVRIVS HERMES. Ce sceau est de même forme que le précédent et présente les mêmes dispositions. Musée numéro 476.

13. MIH. F — Devons-nous considérer les trois premières lettres comme des initiales et lire *Marcus Julius Hermes* a fait, ou MINVTIVS HERMETIS. Toutes les interprétations de ce genre sont très-arbitraires; ce sceau est de forme carré-long. Musée numéro 484.

14. M. LVCANI — De la fabrique de MARCVS LVCANVS. Ce sceau est en forme du croissant, le dessus de la poignée est orné d'une palme. (Cabinet Comarmond).

15. M. VENVSI SEVERI — De la fabrique de MARCVS VENVSVS OU VENVSVS SEVERVS. Ce sceau est en forme de croissant; on remarque sur l'anneau qui sert de poignée les traces d'une palme. Musée, numéro 781.

16. M. PATERN F — MARCVS PATERNVS a fait; ce sceau de forme carré-long, est décoré d'une palme et d'une amphore. Nous retrouvons les noms de ce potier au sceau portant le n° 11, c'est peut-être le même qui était associé avec LVCIVS RVFVS MARTINVS, et qui avait fabriqué seul avant son association ou après sa séparation. Ce sceau a été découvert à Tassin près Lyon, en 1837, (Cabinet Comarmond).

17. Q. SEVI FOR TVNATI. SEP TIMIA. CRESCES — Dans cette marque de fabrique nous voyons les noms de QVINTVS SEVVS FORTVNATVS associés à ceux d'une femme nommée SEPTIMIA CRESCES. Il est assez présumable que cette femme était propriétaire de l'usine, et que FORTVNATVS était le fabricant, ou que ce dernier en étant devenu possesseur,

avait conservé le nom primitif de cette usine. Ce sceau est de forme carré-long ; les lettres sont en relief. Musée, numéro 480.

18. T. H A. E. X Ce sceau est en plomb, de forme arrondie, les lettres sont en relief, un anneau sert de poignée ; les caractères séparés par des points sont placés en cercle ; l'interprétation est trop arbitraire pour l'entreprendre. Ce sceau a été découvert en 1838, à Vaison (Vaucluse), dans un ossuaire en calcaire oolithique blanc. (Cabinet Comarmond).

19. T. CLAVDI
 * PESIMI Noms du potier TIBERIVS CLAVDIVS PESIMIVS. Ce sceau est de forme carré-long ; pour régulariser la longueur de la dernière ligne on a figuré une astérisque avant le P. Musée, numéro 470.

20. T. V. R. Cette marque se compose de trois initiales que nous ne tenterons point d'interpréter. Ce sceau est de forme carré-long, les lettres sont en relief et d'une assez grande dimension. Musée, numéro 474.

21. VAL. GIL.
 AES. LV
 CILLES. Noms du potier VALERIANVS OU VALERIVS, GILAESIVS, LVCILLES OU LVCILLESIVS. Ce sceau est de forme carré-long ; les deux L dans LVCILLES sont en regard. Musée, numéro 479.

22. ZZ. Sur un sceau en forme d'anneau, qui porte une plaque carrée, on a figuré deux Z en croix. Musée, numéro 483.

Tous les sceaux que nous venons de citer ont presque la même facture ; la plupart ont la forme d'un carré-long surmonté d'une espèce d'anneau servant de poignée ; tous sont en bronze, moins un seul qui est plomb. Les ornements ou symboles le plus souvent adoptés, sont des palmes et des amphores.

MOULES DE POTIERS.

Les moules gallo-romains de potiers sont assez rares, aussi les faussaires ont-ils essayé d'en augmenter le nombre, en contre-moulant des vases antiques avec de l'argile ; ces sortes de contre-façons ont eu peu de succès et sont faciles à reconnaître. Ces ustensiles faisant partie du mobilier des potiers, ce n'est guère que dans les découvertes des anciens fours et agencements de fabrique de poteries qu'on les a rencontrés. Le Musée de la ville en possède plusieurs d'entiers et un assez grand nombre de fragments ; dans notre collection particulière nous en avons recueilli cinq avec inscription. Tous ceux dont nous allons parler étaient destinés au moulage de coupes d'une assez grande dimension et dont les parois extérieures étaient couvertes d'ornements. Ils représentent des sujets variés ; des rangées d'oves, des colonnettes, des arceaux, des rosaces, des animaux ; quelques arbres et des personnages y figurent ; ils sont en argile d'un rose pâle ou rouge brique. Nous avons remarqué qu'ils étaient d'une grande dureté, sans doute à raison d'une cuisson plus forte et de la qualité de l'argile qui contenait une plus grande quantité de silice. Cette qualité était nécessaire pour résister à la pression et à l'usure.

1. CEKIALIS — cekialis : la construction de ce nom est bizarre, l'a et l'l sont placés sens dessus dessous. Cette marque existe sur les parois de deux moules à sujets différents. Musée numéro 626 et 627.

2. CIAVITI. OF — De l'officine de ciavitvs. Cette marque existe sur la paroi antérieure d'un moule en argile rose orné de colonnettes, de personnages et d'animaux. (Cabinet Comarmond).

3. COBNERTVS. F — cobnertvs a fait. Ce nom bizarre se voit dans l'intérieur de deux moules de coupes à sujets différents, en argile d'un blanc rosé, venant de Reinzaberhn. Musée, numéro 628, et Cabinet Comarmond.

4. HERACLYDES. FEC — heraclydes a fait. Dans l'intérieur d'un moule d'une coupe, d'une grande dimension, venant d'Arles. (Cabinet Comarmond).

5. LAV. SEC. OF. — lavivs ou lavinvs secvndvs. Sur un moule d'une coupe à relief, de petite dimension, et à sujet érotique ; découvert à Serin (Lyon). (Cab. Com.).

6. L. MANIL. M. — De la main de lvcivs manilivs. Sur un moule de coupe découvert à Tassin (Rhône). (Cabinet Comarmond).

7. RVFINVS. F. — rvfinvs a fait. Cette marque de potier existe sur un moule de coupe de grande dimension, trouvé à St-Romain-en-Gall. (Rhône). (Cab. Comar.).

MARQUES DE POTIERS

Les potiers voulant désigner leurs œuvres et appeler sur elles l'attention publique afin d'accroître leur clientèle, n'avaient point adopté de règles fixes pour marquer les objets céramiques qui sortaient de leurs mains. Le plus souvent, ils écrivaient leurs noms en toutes lettres, en abrégé ou par des initiales ; quelquefois ils plaçaient une série de consonnes sans valeur, qu'ils adoptaient comme marque de leur travail. Mais ils ne se bornaient point aux lettres, nous avons au Musée des vases qui ont pour marques des chiffres romains, isolés, plusieurs fois répétés ou mélangés et qui figurent dans de petits cartouches. D'autres fabricants choisirent des signes, des représentations particulières ; ainsi sur le fond d'une lampe chrétienne (Musée n° 258,) nous voyons une ancre en relief ; sur le fond d'une lampe (Cabinet Comarmond), il existe un poisson ; sur un autre, un cygne ; sur une petite amphore, nous voyons la représentation de trois vases de formes différentes ; sur deux lampes qui sont au Musée, on voit une ligne chevronnée en relief en dessous de la base ; sur d'autres, un feston dans un cartouche ; une autre lampe est marquée par deux espèces de Z en croix, et quelques-unes par des signes formés de traits enlacés.

Si nous nous sommes permis d'interpréter un grand nombre de noms incomplets qui figurent sur ces objets céramiques, nous avons choisi le sens le plus probable, sans prétendre vouloir imposer notre leçon.

L'art céramique est celui qui nous a fourni le plus grand nombre de noms et de marques de fabrique; il s'étendait non seulement aux usages domestiques, mais encore aux objets de luxe; d'après nos observations sur les lieux de découvertes, sur la nature et le gisement des argiles dont se servaient les potiers de cette époque, il paraît constant que dans la vallée du Rhône, depuis Lyon jusqu'à Vienne, le commerce de la poterie et de la tuilerie avait une grande activité et beaucoup d'importance. Il est probable que pour les matériaux de constructions et la poterie grossière, les fours étaient placés dans le voisinage des rives du fleuve, afin de faciliter le transport de leurs produits; mais pour la poterie fine, pour les objets de luxe, les fabricants recherchèrent non seulement le voisinage de la matière première, mais encore autant que possible celui des grands centres de population où se trouvaient les débitants et les consommateurs riches. Ainsi à Serin, à Francheville, aux Massues et à Ste-Foy, on a découvert des ruines de fours de potiers où se fabriquaient ces objets céramiques. St-Romain-en-Gall, entre Givors et Ste-Colombe, paraissait être un centre pour les matériaux de construction, tels que tuiles, briques et carreaux de dimensions et de formes très-variées, passant du carré au rond, au demi et au quart de cercle, pour la construction de colonnes.

Les couches d'argile qui existent à Francheville, à Ste-Foy furent très-exploitées à l'époque gallo-romaine. Certaines couches de Francheville sont fortement colorées par le fer, c'est à elles que nous devons rapporter les beaux vases rouges et à reliefs dont les nombreux débris sont épars dans le sol de l'ancienne ville. Nous pourrions aujourd'hui obtenir le même genre de vase en tamisant cette argile et la décantant plusieurs fois.

Les potiers autrefois comme à présent obtenaient des nuances variées par des mélanges. En général les vases en argile noire et brune sont grossiers de formes, et la pâte est peu fine. La grosse poterie, comme celle des amphores, est en argile rouge ou blanche, qui n'a subi d'autre préparation que le pétrissage.

Nous avons remarqué que, pour les vases communs, la marque de fabrique était placée en dessous de la base; pour les amphores elle existait sur l'anse; mais pour les vases de luxe elle était au fond du vase, et enfin sur les beaux vases à relief elle se voyait en dehors sur les parois, dans le vide des ornements, plusieurs fois répétée.

1. A. ALLVRI. O   De l'officine de ALBINVS ALLVRVS; marque en relief, sur une lampe en argile blanche, découverte à Ste-Colombe (Rhône). (Cabinet Comarmond).

2. A. AR.   Cette marque de fabrique existe sur une anse d'amphore. Musée Lapidaire, numéro 616.

MARQUES DE POTIERS. 461

3. OF. ABA. — De l'officine de ABACVS, ou d'un nom qui se termine différemment. Sur une lampe venant de Vaison. (Cabinet Comarmond).

4. ACENSEM. — Cette marque existe sur un fragment de brique en argile rouge. Musée Lapidaire, numéro 382, et Cabinet Comarmond.

5. ACILIS. F. — ACILIS ou ACILISVS a fait. Sur un fragment de vase en argile rouge. Musée, numéro 596.

6. A. CIR. O. — Est-ce de l'office de AELIVS, de ALBINVS CIRIVS ou CIRINVS ? Sur une lampe. (Cabinet Comarmond).

7. AETERNI — De AETERNVS; sur une lampe trouvée à St-Just (Lyon). (Cab. Comarmond).

8. AGAS D. M. — De la main de AGASSIVS, sur un débris de vase en argile rouge, découvert à St-Just (Lyon). (Cabinet Comarmond).

9. AGSAT. — Est-ce AGSATVS ? sur une anse d'amphore. Musée des Antiques, n°.730.

10. A   I. — Cette marque de fabrique existe sur un flacon chrétien en argile blanche; l'A est séparé de l'I par un poisson symbolique. Musée, numéro 597.

11. IA. O — Cette marque de fabrique inintelligible se compose d'un A lié avec un I; ces lettres jumelles sont suivies d'un O et surmontées de deux traits simulant le chiffre 11. Sur le fond d'un vase en argile. Musée, numéro 964.

12. ALBANI — Sur un vase en argile rouge, appartenant à M. Garapon de Lyon.

13. ALEVCI — De ALEVCVS; sur deux fragments de coupe en argile rouge, trouvés à St-Just (Lyon). (Cabinet Comarmond).

14. OF. ALVM — De l'officine de ALVMNVS, la terminaison de ce nom est incertaine; sur un vase en argile blanche. (Cabinet Comarmond).

15. AMA — AMANDVS ou AMABILIS, ce dernier nom est commun; sur deux lampes. (Cab. Comarmond).

16. AMAND — AMANDVS, sur une lampe trouvée à St-Romain-en-Gall (Rhône). (Cab.Com.)

17. AMCEIS — AMCEIS, ce nom existe sur une lampe en argile. Musée, (Cabinet Lambert).

18. ANC. F — ANCVS a fait. La terminaison de ce nom peut être tout autre; sur un fragment de vase en argile rouge. (Cabinet Comarmond).

19. ANNI. F. — ANNIVS ou ANNIOS a fait; il est probable que c'est le même nom que celui du potier qui se trouve en toutes lettres au numéro suivant. Sur le fond d'un vase en argile rouge. (Cabinet Comarmond).

20. ANNIOS — ANNIOS; sur le fond d'un vase en argile rouge. Musée, n° 963.

21. A. PAC — Peut-être ALLIVS ou ALBINVS PACATIANVS; sur une lampe en argile rouge venant de Vienne (Isère). (Cabinet Comarmond).

22. A. PIR — ABLIVS OU ALBINVS, PIRAMVS, ces initiales rendent peu certaine la construction des noms de ce potier. Sur une lampe venant de Vaison (Vaucluse). (Cabinet Comarmond).

23. APOLONI — De APOLONIVS; sur l'anse d'une amphore. Musée, numéro 749.

24. APRI. OF — Devons-nous interpréter de l'officine de APRIVS ou de APRICIVS? Sur un tesson de vase à relief. (Cabinet Comarmond).

25. APRISCVS — Ce nom figure sur un fragment de vase en argile noire. Musée, n° 599.

26. APRONI. OF — De l'officine de APRONIVS, sur une coupe en argile rouge. (Cab. Comarmond).

27. ARIN O — De l'officine de ARINVS ou ARINIVS. Sur un débris de lampe en argile brune. (Cabinet Comarmond).

28. OF. ATICI. — De la fabrique de ATICVS ou ATICIVS. Sur une lampe en argile blanche. (Cabinet Comarmond).

29. ATIMETI. — De ATIMETVS, ce nom se trouve associé à d'autres dans le sceau de potier n° 1, déjà décrit. Il existe sur une lampe et une coupe. (Cab. Comar).

30. BAS. O. — De l'officine de BAS... dont nous n'osons terminer le nom. Sur le fond d'une lampe en argile noire, découverte aux Massues (Lyon) (Cab. Comar.).

31. OF. BASSIC. — De l'officine de BASSICVS; sur un tesson de coupe en argile rouge avec ornement en relief, découvert à St-Just (Lyon). (Cabinet Comarmond).

32. BELLIR — Est-ce BELLIRIVS, ou toute autre terminaison? Sur une anse d'amphore. Musée, numéro 722.

33. CABILLI OF — Cette marque de fabrique se trouve sur un vase en argile noire grossière, découverte à Gorge-de-Loup (Lyon). Devons-nous considérer cette marque comme le nom du potier CABILLIVS ou lire CABILLIO, et le rapporter à une fabrique de la ville de Châlon. Grivaud de la Vincelle a trouvé le mot CABILLO sur un fragment de vase découvert dans les fouilles du palais du Sénat. (Cabinet Comarmond).

34. CACABI — De CACABVS, nom bizarre par sa construction, et qui est cité par Artaud, dans son manuscrit sur l'art céramique.

35. C. ACILLIAN. — CAIVS ACILLIANVS; sur un fragment de vase en argile rouge avec bas-relief, découvert au chemin de Loyasse (Lyon). (Cabinet Comarmond).

36. CAESIVS. SABIN. — CAESIVS figure sur l'un des côtés du bord du bec d'une coupe, et SABINVS sur l'autre; elle est en argile blanche et appartient à M. Lafond de Lyon.

37. KANNIA. M. — De la main de KANINIA OU KANINIANA; il est possible que dans la basse latinité le K ait remplacé le C, et que cette marque de fabrique soit une suite de CANINIA citée plus bas; cette leçon est fréquente dans nos inscriptions : CARISSIMA est écrit par un K. Sur un fragment de brique. Musée Lapidaire, numéro 395.

38. CAMRVS. F. — CAMRVS a fait; ce nom existe sur une coupe en argile. Musée, n° 533.

MARQUES DE POTIERS.   463

39. CANINIA.   Nom existant sur un antéfixe. (Cabinet Comarmond).

40. CANINIANA. Nom existant sur un fragment de brique. Musée Lapidaire, numéro 401.

41. CARBES. F   CARBES OU CARBESIVS; sur une lampe, découverte chez M. Desault, à Tassin, (Cabinet Comarmond).

42. CARINIA   CARINIA OU CARINIANVS; ce nom existe sur deux lampes, poussées dans le même moule. (Cabinet Comarmond).

43. OF. CAS.   De la fabrique de CASTVS OU CASSIVS; sur une anse d'amphore. Musée, numéro 557.

44. CASSIA. O. De la fabrique de CASSIA OU CASSIANVS; sur une lampe en argile rose. (Cabinet Comarmond).

45. CASTI. F.   De la fabrique de CASTVS; sur une lampe en argile blanche, venant de Vaison. (Cabinet Comarmond).

46. CATISIVS   Sur l'un des côtés du bec d'une coupe en argile blanche, nous lisons CATISIVS, et sur l'autre GRATVS. Les lettres sont d'un beau style; ce vase d'une
    GRATVS   forme peu commune, appartient à M. Garapon, antiquaire de Lyon.

47. CATVL.   CATVLVS OU CATVLIVS; sur un antéfixe. Musée Lapidaire, numéro 397.

48. OF. CELI   De l'officine de CELIVS; sur un débris de vase en argile noire grossière. (Cabinet Comarmond).

49. OF. F. CER. Probablement de l'officine de FELIX OU FABIVS CERIALIS, ce dernier nom étant commun; sur le fond d'un vase. Musée, numéro 967.

50. CERIA. M   Vraisemblablement de la main de CERIALIS; d'après les deux noms qui suivent; sur un vase en argile rouge. Musée, numéro 616.

51. CERIALI OF. De la fabrique de CERIALIS; sur un vase en argile rouge. Musée, numéro 627, et Cabinet Comarmond.

52. CERIALIS   CERIALIS; ce nom est très-commun, il existe sur un vase en argile rouge. Musée, numéro 624.

53. C. CESSI   De CAIVS CESSIVS; sur une lampe trouvée à St-Irénée (Lyon): cité par Artaud, *Art cér.* p. 53.

54. C. I. A. C Initiales séparées par des points; sur un fragment en argile rouge. Musée, numéro 770.

55. OF. CIAM   De l'officine de CIAMVS; sur un fragment de vase à reliefs et en argile rouge découvert à Loyasse (Lyon). (Cabinet Comarmond).

56. CIATIVI   De la fabrique de CIATIVVS OU CIATIVIVS; sur un vase. Musée, numéro 629.

57. CIC. SVB   Ces deux syllabes qu'il serait téméraire d'interpréter, existent sur une anse d'amphore. Musée, numéro 744.

58. CIL. VRO.   Ces trois syllabes que nous n'essayons point d'interpréter existent sur une anse d'amphore. Musée, numéro 759.

59. CIMIL. M.   De la main de CIMILIS ou CIMILIVS; sur un vase en argile blanche. Musée, numéro 604.

60. CIN.   Cette marque de fabrique dont nous laissons l'interprétation, se voit au fond d'une coupe. Musée, numéro 521.

61. CIRIL.   CIRILVS, CIRILIVS ou mieux CIRILIS; se voit sur une lampe. Musée, Cabinet Lambert, numéro 107.

62. CIRIVS. F·   CIRIVS a fait. Se voit sur un vase en argile rouge. Musée, numéro 767.

63. CIV. NIXAC·   Nous n'osons interpréter cette marque qui existe sur un ossuaire en argile. Musée, Cabinet Artaud, numéro 415.

64. C. IVL. SEC.   CAIVS IVLIVS SECVNDVS; sur un antéfixe. (Cabinet Comarmond).

65. C. IVNI   De CAIVS IVNIVS; sur une lampe. Musée, numéro 359.

66. CL.   Ces deux initiales qu'on pourrait traduire par CAIVS LVCINIVS OU LVCANVS ou peut-être qui sont les deux premières de CLARIANVS ou CLARIANA, noms communs, existent sur un carreau découvert à Ste-Colombe. (Cab. Comar.); nous les avons retrouvés sur deux carreaux découverts en 1852, dans les ruines des bains romains de Fézin (Isère).

67. CL. AND.   L'interprétation de cette marque étant trop arbitraire, nous nous contentons de l'indiquer; sur une coupe en argile blanche. Musée, numéro 623.

68. CLARIA A. DECIAL.   De CLARIA, CLARIANA, ou CLARIANVS et d'AELIVS ou ALBINVS DECIALIS, qu'on doit considérer comme deux associés; cette raison de commerce existe sur une brique découverte à Montauban (Lyon), dans la propriété de M. Vincent qui la possède encore.

69. CLARIA. DECIAL   CLARIA, CLARIANA OU CLARIANVS DECIALIS; sur un fragment de brique. Musée Lapidaire, numéro 389.

70. CLARIANA   CLARIANA était le nom d'une fabrique des plus en vogue dans le bassin du Rhône, à l'époque gallo-romaine; il est rare que dans les édifices publics et privés où entraient des carreaux, briques et tuiles, on ne rencontre pas ce nom depuis Aix en Savoie, jusqu'à Arles.

71. CLARIA-NVMADA
72. CLARIANA-NVMADA
73. CLARINA-NVMADA   Ces trois marques de fabrique nous annonce une réunion de l'usine entre NVMADA avec celle de CLARIANA et de NVMADA avec CLARINA. Nous voyons ces noms isolés et réunis, ce qui nous indique que les propriétaires de ces fabriques ont d'abord travaillé seuls, se sont réunis, et peut-être ensuite se sont séparés. Musée Lapidaire, n° 383, 385, 386, 402, 442, etc.

74. CLARIANI
75. CLARIANVS   Nous devons croire que ces deux noms, l'un au génitif, et l'autre au nominatif, appartiennent au même personnage, ils sont du reste communs. Nous ferons observer que ces deux noms ainsi que les cinq marques de fabrique précédentes se rencontrent seulement sur des matériaux de construction, et que nous ne les avons point vus figurer sur des vases et des objets en argile de fabrication délicate. Musée Lapidaire, numéros 394, 393, etc.; il est peu de collections qui ne possèdent de ces marques de fabrique.

76.	C. LEVICI	De CAIVS LEVICVS OU LEVICIVS; sur une lampe. Musée, Cabinet Lambert n° 98.
77.	C. LICANI.	De CAIVS LICANVS; sur un vase en argile noire. (Cabinet Comarmond).
78.	CLOVII. OF.	De l'officine de CLOVIVS; sur un fragment en argile brune grossière. Les lettres sont d'un style barbare. (Cabinet Comarmond).
79.	C. M.	Nous avons remarqué ces deux initiales sur deux lampes en argile blanche. (Cabinet Comarmond).
80.	COCIOPIC'	Peut-être COCEOPICVS, ce nom bizarre existe sur une patère. Musée, n° 553.
81.	COCIN. F.	COCINVS ou COCINIVS a fait. Sur un tesson de coupe en argile rouge et à relief. (Cabinet Comarmond).
82.	COMMVNIS	Le nom de COMVNIS est très-commun. Nous possédions quatre lampes por-
83.	COMVNIS	tant ce nom avec un M, deux où cette lettre est redoublée, et une dont l'I et
84.	COMVNI	l'N étaient conjoints. Le Musée des Antiques en possède une semblable à cette dernière, numéro 375.
85.	COPIVS. VPA	COPIVS VPA; nous n'oserions interpréter le mot VPA et le considérer comme un nom, l'V et le P sont conjoints; sur une lampe. Musée numéro 518.
86.	COS. F.	Nous laissons l'interprétation de la syllabe COS, peut-être est-elle le commencement d'un nom tel que COSSVS, COSSIMVS etc., sur un vase en argile noire. (Cabinet Comarmond).
87.	CORVIN.	CORVINVS ou CORVINIVS, sur une lampe. Musée, numéro 104.
88.	C. S. C. DOV.	Cette marque dont l'interprétation est trop arbitraire pour l'entreprendre existe sur un fragment de vase en argile rouge. Musée, numéro 768.
89.	CRESCES	Nous possédions deux lampes où figurait cette marque de fabrique, il en existe une dans notre Musée.
90.	CRISPINVS	Ce nom existe sur une lampe en argile rose. (Cabinet Comarmond)
91.	OF. CRISTINI.	De l'officine de CRISTINVS, sur un vase en argile jaunâtre. (Cab. Com.).
92.	C. R. M.	Ces trois initiales existent sur l'anse d'une amphore. (Cab. Comarmond).
93.	CVAS ET VRNA.	Cette marque que nous n'osons interpréter semble indiquer une réunion de fabricants; sur une brique. Musée Lapidaire, numéro 891.
94.	CVSPII.	De la fabrique de CVSPIVS, sur une lampe en argile rouge. (Cab. Com.)
95.	C. VICILAR	CAIVS VICILARIS ou VICILARVS, sur une lampe. Musée, Cab. Lambert n° 101.
96.	C. VOLVS	CAIVS peut-être VOLVSIANVS, sur une lampe venant d'Arles. (Cab. Com.).
97.	DARIS. M.	De la main de DARIS ou DARISIVS, sur une lampe venant d'Apt. (Cab. Com.).
98.	DECIM. F.	DECIMVS a fait, sur une lampe découverte au Pouzin (Ardèche). (Cabinet Comarmond).

TOM. I.

99.	DESSI	De la fabrique de DESSIVS, sur une lampe en argile. Musée, numéro 830.
100.	DIVICI	De la fabrique de DIVICVS, sur une lampe. Musée, Cabinet Lambert.
101.	EHE	Cette marque dont nous laissons l'interprétation existe sur l'anse d'une amphore. Musée, numéro 765.
102.	E. Q. F. A.	Ces quatre initiales se voient sur l'anse d'une amphore. Musée, n° 731.
103.	ERACLID	ERACLIDES, sur une lampe. Musée, Cabinet Lambert, numéro 102.
104.	FEBRISCVS	Ce nom existe sur un fragment de vase en argile noire. Musée, n° 599.
105.	FELIX	Ce nom de potier est très-commun, le Musée possède un sceau en bronze qui porte ce nom. Voir sceaux de potiers numéro 6.
106.	FELICI	De la fabrique de FELIX, sur une anse d'amphore. Musée, numéro 766.
107.	FESTVS	Ce nom est commun, nous possédions plusieurs lampes où il se voyait.
108.	FLACI	De FLACVS, ce nom existe sur le couvercle d'un vase, en lettres d'un style barbare. Musée, numéro 584.
109.	FORTIS	Nom des plus communs parmi les fabricants de poterie. Sur des lampes Musée, numéro 371, 372, 373, 826, 827, etc.
110.	FORTI. M.	De la main de FORTIS, sur une lampe. (Cabinet Comarmond).
111.	GALL.	Sans doute : GALLVS a fait ; sur une lampe venant d'Autun. (Cab. Com.)
112.	GAST. OF.	De l'officine de GASTVS ou GASTINVS, sur une lampe. Musée, numéro 520.
113.	GEM. O.	De l'officine peut-être de GEMIVS ou GEMINVS, sur un fragment de vase à relief. (Cabinet Comarmond).
114.	GILI.	De GILVS ou GILIVS, sur un anse d'amphore. Musée, numéro 764.
115.	GLOLDIA	Cette marque de fabrique existe sur un fragment de vase et une lampe. (Cabinet Comarmond).
116.	GLVC. M	De la main de GLVCIVS ou GLVCINVS, sur un fragment de vase à relief, en argile rouge. (Cabinet Comarmond).
117.	G. P.	Ces deux initiales se voient sur un fragment de brique. Musée Lapidaire. numéro 444.
118.	GRAECVS F.	GRAECVS a fait, sur un fragment de vase à relief en argile rouge. Musée, numéro 771, et peut-être 776, où ce nom est mutilé en partie.
119.	HERVM. OF	De la fabrique de HERMANVS, sur un vase en argile rouge. (Cab. Com.).
120.	HOREP	Cette marque existe sur un vase venant de Vaison (Vaucluse); (Cab. Com.).
121.	HV. E.	La terminaison de ce nom étant trop arbitraire, nous la laissons; sur un ossuaire en argile. Musée, numéro 198.

MARQUES DE POTIERS.

122. IAN. F — Devons-nous lire IANVS ou IANVARIVS, sur un fragment de vase en argile rouge. (Cabinet Comarmond).

123. IBIT. MAN. F. — IBITVS MANLIVS OU MANILIVS; ou plutôt, fait par la main de IBITVS. Cette marque de fabrique se voit sur un fragment de vase en argile rouge. Musée, n° 769.

124. IC. COC. — Marque de fabrique que nous n'essayerons pas d'interpréter, au fond d'un vase. Musée, numéro 559.

125. INERTI. M — De la main de INERTVS, sur le débris d'un vase à relief, en argile rouge (Cabinet Comarmond).

126. IOBHXSOS — Ce nom bizarre, d'origine grecque, existe sur une lampe. Musée. n° 354.

127. IONCIOR. O — De la fabrique de IONCIORVS, nom bizarre qui se trouve sur le tesson d'un vase à relief, en argile rouge. (Cabinet Comarmond).

128. IROBI — Nom bizarre du potier IROBVS, sur une lampe. Musée, numéro 291.

129. IV. IL — Marque sur une coupe en argile blanche. (Cabinet Comarmond).

130. IVLI. M. — De la main de IVLIVS, sur le fond d'un vase. (Cabinet Comarmond).

131. IVL. EGN — IVLIVS EGNATVS, sur une anse d'amphore. Musée, numéro 763.

132. L. A. L — Ces trois initiales se voient sur une anse d'amphore. Musée, numéro 736.

133. LANIESIAN. — De LANIESIANVS, sur une anse d'amphore. Musée, numéro 758.

134. L. C. F. P. C. O. — Marque de fabrique sur une anse d'amphore. Musée numéro 743.

135. LECINN O — De l'officine de LECINNVS, les deux N sont liées; sur le fond d'un vase en argile rouge. Musée, numéro 535.

136. L. HOSCRI — De LVCIVS HOSCRIVS, sur une lampe. Musée, numéros 248 et 270, et Cabinet Lambert, numéro 90.

137. LIBERTI OF — De la fabrique de LIBERTVS, sur une lampe. (Cabinet Comarmond).

138. LIMIANI. O — De l'officine de LIMIANVS, sur une lampe. (Cabinet Comarmond).

139. L. MICRANVS — LVCIVS MICRANVS, sur une coupe en argile blanche. (Cabinet Comarmond).

140. LIPANI. M. — De la main de LIPANVS, sur une lampe (Cabinet Comarmond).

141. L. LAE. — Peut-être LVCIVS LAENIVS, sur une brique. Musée Lapidaire, numéro 381.

142. L. L. LAV. O — De l'officine peut-être de LVCIVS LVCANVS LAVIVS, sur un tesson en argile noire. Musée, numéro 598.

143. L. SAR. — LVCIVS SABINVS OU SARIVS, sur deux anses d'amphore. Musée, n° 741 et 742.

144. L. S. L. P. — Initiales sur une anse d'amphore. Musée, numéros 732 et 748.

145. LVPVS — Nom qui existe sur une lampe et un vase. (Cabinet Comarmond).

146.	L. VAL. V.	LVCIVS VALERIANVS OU VALERIVS de Vienne. Dans VAL, le V est lié avec l'A ; sur une anse d'amphore. Musée, numéro 761.
147.	MACCARI. OF.	De l'officine de MACCARIVS, sur une lampe. (Cabinet Comarmond).
148.	MACELLI. M.	De la main de MACELLVS, sur un petit vase en argile rouge appartenant à M. Vincent propriétaire à Montauban (Lyon), découvert dans ce lieu.
149.	OF. MAC. GAL.	De l'officine de MACRINVS GALLVS, sur le couvercle d'un vase en argile noire. Musée, numéro 962.
150.	MACOR	MACORVS, sur une anse d'amphore. Musée, numéro 740.
151.	MACRIN. M.	De la main de MACRINVS, sur un fragment de coupe à relief. (Cab. Comar.).
152.	MACRINVS	MACRINVS, sur un vase. (Cabinet Comarmond).
153.	MARCELL. M	De la main de MARCELLVS, sur un tesson de coupe en argile blanche. (Cabinet Comarmond).
154.	MARCELLI	De MARCELLVS, sur une lampe. (Cabinet Comarmond).
155.	MARCELLVS.	Nous avons remarqué ce nom sur un carreau, dans les ruines des bains gallo-romains de Fézin (Isère).
156.	MARIN. M.	De la main de MARINVS, sur une lampe venant d'Orange. (Cab. Comarmond).
157.	OF. MASCVLI	De l'officine de MASCVLVS OU MASCVLINVS, sur un vase en argile rose, découvert au Pouzin (Ardèche). (Cabinet Comarmond).
157.	MARTIALIS.	Nom commun sur des lampes.
159.	MATVRVS.	Ce nom existe sur deux anses d'amphore. Musée, numéros 779 et 780.
160.	MAX. M.	De la main de MAXIMVS OU MAXIMINVS, sur une lampe. (Cabinet Comarmond).
161.	MAXINI. F.	MAXINVS OU MAXININVS a fait ; sur un vase en argile. Musée, numéro 958.
162.	MEF. VLP. O	De l'usine de MEFIVS VLPIVS, marque commune. Musée, numéros 721, 733, 734, 735, 745 et 747.
163.	MIAPSI.	Peut-être MIAPSVS, sur une anse d'amphore. Musée, numéro 755.
164.	M. IVD	Peut-être MARCVS IVDICIVS, sur une brique du Musée Lapidaire.
165.	M. IVN. M	De la main de MARCVS IVNIVS, sur un vase en argile noire. (Cab. Com.).
166.	M. LIL	MARCVS OU MAXIMVS LILIVS, sur une coupe en argile rouge, appartenant à M. Garapon de Lyon.
167.	M. O.	On pourrait interpréter ces deux initiales par officine de MARCVS.
168.	O. M. O. M.	Peut-être de l'officine de MOMIVS, sur une coupe en argile rouge. Musée, Cabinet Lambert, numéro 77.

MARQUES DE POTIERS.   469

169. M. P. R.   Ces trois initiales, existent sur un fragment de vase en argile rouge. Musée, numéro 737.

170. C. M. R.   Cette marque se voit sur deux anses d'amphore. Musée, numéros 750 et 724.

171. M. R. T.   Cette marque existe sur une anse d'amphore. Musée, numéro 762.

172. MVS   Cette syllabe dont nous laissons l'interprétation, se voit sur une lampe en argile. Musée, Cabinet Lambert, numéro 108.

173. MYR.   Vraisemblablement MYRON. Ce nom existe sur deux lampes. Musée, n° 254 et 376.

174. NAR.   Nous laissons l'interprétation de cette syllabe; sur une lampe venant de Vienne (Isère). (Cabinet Comarmond).

175. NEP.   Peut-être NEPIVS OU NEPOTIANVS; sur une lampe. (Cabinet Comarmond).

176. IIII. NORM. SNL.   Nous n'entreprendrons pas l'interprétation de cette marque de fabrique qui existe sur une anse d'amphore. Musée, numéro 752.

177. NOTVX   Marque ou nom du potier NOTVX ou NOTVXVS; sur une coupe en argile rouge. Musée, Cabinet Lambert, numéro 77.

178. N. SECVND. F.   Est-ce NONIVS OU NVMERIANVS SECVNDVS a fait? Sur un fragment de vase Musée, numéro 774, et peut-être 772.

179 NVMADA.   Marque de fabrique qui se voit sur des briques; elle se trouve isolée, et réunie à d'autres marques, comme nous l'avons indiqué plus haut.

180. NYMPHI   De NYMPHIVS, les lettres sont liées deux par deux, sur une anse d'amphore. Musée, numéro 754.

181. OCTAV. M.   De la main de OCTAVIVS, sur une lampe venant de Vaison. (Cab. Comar.).

182. OCTAVI   De OCTAVIVS, sur une lampe. Musée, numéro 335.

183. OL. F   Peut-être OLVS a fait. Sur un tesson de vase en argile rouge. (Cab. Com.).

184. OLLOCIAN   OLLOCIANVS. Ce nom existe sur une coupe. Musée, numéro 538.

185. ONVPHRI. M   Sur un fragment de vase en argile rouge. (Cabinet Comarmond).

186. OPMON   OPMON ou OPMONIVS, nom bizarre, il existe sur une coupe. Musée, n° 556.

187. OPPI   De OPPIVS, sur une lampe. Musée, numéro 406.

188. OSINIT. F.   OSINITVS a fait. Sur une lampe. Musée, Cabinet Lambert, numéro 99.

189. OSPOTIM   De OSPOTIMVS, ce nom bizarre existe sur une anse d'amphore. Musée, numéro 760.

190. OVARTVS. F   OVARTVS a fait. Sur une coupe en argile rouge. (Cabinet Comarmond).

191.	OVIRRI	De OVIRRIVS. Sur un vase en argile. Musée, numéro 605.
192.	PANIR	Peut-être PANIRVS, sur une anse d'amphore. Musée, numéro 756.
193.	PAR. F.	Cette marque existe sur une anse d'amphore. Musée, numéro 726.
194.	PATERNVS	Nom commun sur les lampes.
195.	P. F.	Ces deux initiales se voient sur une lampe. Musée, numéro 328.
196.	P. FAC.	Peut-être PVBLIVS faisait. Sur une anse d'amphore. Musée, numéro 595.
197.	PHLO	Cette marque existe sur une anse d'amphore. Musée, numéro 725.
198.	POLI	De POLVS ou POLIANVS, sur une anse d'amphore. Musée, numéro 723.
199.	POLIA	Vraisemblablement POLIA ou POLIANVS, sur un fragment de vase en argile rouge. Musée, numéro 119.
200.	PONN. F.	Peut-être PONNIVS a fait. Sur un vase. (Cabinet Comarmond).
201.	PRIAMVS. F.	PRIAMVS a fait. Sur un fragment de vase. Musée, numéro 773.
202.	PRIMI. OF.	De l'officine de PRIMVS, sur deux lampes. (Cabinet Comarmond).
203.	PRIMVS. F	PRIMVS a fait. Sur deux fragments de vase. Musée, numéro 777 et 778.
204.	PRIMIGENI. OF	De l'officine de PRIMIGENIVS, sur un débris de vase en argile rouge. (Cabinet Comarmond).
205.	P. SA. A. AR.	Cette marque de fabrique existe sur les anses d'une amphore. Musée Lapidaire, numéro 616.
206.	PRICIAN	PRICIANVS, sur une lampe. (Cabinet Comarmond).
207.	PVLCHRIS O	De l'officine de PVLCHER ou PVLCHRISSIMVS; sur une anse d'amphore. Musée, numéro 753.
208.	PVTRIN F	PVTRINVS ou PVTRINIVS a fait. Artaud cite, p. 77, *Art cér.*, un LVCIVS PVTRINIVS, sur un débris de vase en argile rouge et à reliefs. (Cab. Comarmond)
209. 210.	PYSTILOS PYSTILVS	Nous lisons le premier de ces deux mots sur une statuette représentant une maternité gauloise. Musée. Cabinet Artaud, numéro 12. Le second se rencontre fréquemment sur des vases découverts à Autun; nous n'osons considérer ces mots comme des noms ou marques de fabrique, nous pensons qu'ils ont une signification symbolique. Nous avons possédé et vu des monnaies celtiques où se trouvait le mot PIXTILOS, ayant une grande analogie avec les précédents.
211.	Q. A. CEME¹	On pourrait peut-être les interpréter par QVITVS ALBINVS CEMERIVS. Cette marque existe sur deux anses d'amphore. Musée, numéros 738 et 739.
212.	Q. HORAHYLA	QVINTVS HORAHYLAS. Cette marque de fabrique existe sur une lampe. Musée, numéro 255.

MARQUES DE POTIERS.

213. Q. OCL. — Peut-être QVINTVS OCLIVS ou OCLINVS, sur une anse d'amphore. Musée, numéro 727.

214. Q. MESI — De QVINTVS MESIVS, sur un tesson de vase à reliefs. Musée, numéro 775.

215. Q. RVFI OF. — De la fabrique de QVINTVS RVFVS. Sur un antéfixe. (Cabinet Comarmond).

216. RANN M. — De la main de RANNIVS, sur une lampe. (Cabinet Comarmond).

217. ROMANI — De ROMANVS ; l'M et l'A sont conjoints ainsi que l'N et l'I ; sur deux anses d'amphore. Musée, numéro 728 et 729.

218. ROMOCELLI — De ROMOCELLVS ; ce nom de potier est cité par Artaud dans son manuscrit sur l'*Art céramique* p. 43.

219. ROMVLI F. — ROMVLVS a fait ; sur un fragment de vase en argile rouge à reliefs. (Cabinet Comarmond).

220. RONI — De RONVS ou RONIVS, sur une coupe en argile rouge. (Cab. Comarmond).

221. ROTI. M. — De la main de ROTIVS, sur une coupe en argile rouge. Musée, n° 554.

222. RVCAN O — De l'officine de RVCANVS ou RVCANIVS, sur une coupe. (Cabinet Comarmond).

223. RVF — Sans doute RVFVS ou RVFINVS, sur une lampe. (Cabinet Comarmond).

224. RVFI — De RVFVS, sur la base d'un antéfixe. (Cabinet Comarmond).

225. RVFVS — RVFVS ; sur un antéfixe. Musée Lapidaire, numéro 398.

226. SAB. O — De l'officine de SABINVS, sur une anse d'amphore. Musée, numéro 746.

227. SABIN LV. TROPHIM. — Ce premier nom SABINVS, existe sur une des anses d'une amphore, et les seconds LVCIVS TROPHIME, sur l'anse opposée du même vase. Musée Lapidaire, numéro 614.

228. SABINVS — Ce nom en toutes-lettres est commun, il se rencontre sur des vases et des lampes.

229. SAR. V — Doit-on lire SABINVS, de Vienne ? sur une lampe. (Cabinet Comarmond).

230. SAVIN. M. — De la main de SAVINVS ou SAVINIVS, sur une lampe. (Cabinet Comarmond).

231. SCOTVS. F. — SCOTVS a fait. Au fond d'un vase en argile noire. Musée, numéro 600.

232. SEB. M. — De la main de SEBIVS, SEDIVS ou toute autre terminaison de ce nom ; sur une lampe. (Cabinet Comarmond). Sur une patère. Musée, numéro 555.

233. SECVNDVS — Ce nom se rencontre assez fréquemment, non seulement sur de la poterie grossière, mais encore sur des pièces en argile fine et ouvragée.

234. SECVND. F — Fait par SECVNDVS, cette marque est encore très-commune.

235. SECVNDI. RVFI — De SECVNDVS RVFVS, sur deux antéfixes. Musée Lapidaire, numéros 387 et 390.

236. SECVND. RVFIN.   SECVNDVS RVFINVS, sur une coupe à bec, en argile grossière. (Cabinet Comarmond).

237. SECVNDVS. RVFVS   Sur un antéfixe. Musée Lapidaire, numéro 690.

238. SEV. VOL. F   Peut-être SEVIVS VOLVSIANVS a fait. Sur le fond d'un vase. (Cab. Comar.).

239. SEVVO. F   Cette marque où les deux V sont à égale distance et sans point de séparation, pourrait être celle du même potier que le numéro précédent, sur un vase. Musée, numéro 601.

240. SEVVO FECIT.   Cette marque qui ne diffère de la précédente que par le mot FECIT qui est en toutes lettres, pourrait aussi s'interpréter par SEVVON ou SEVVONIS. Sur un vase. Musée, numéro 966.

241. I. SEXINVRI.   De IVLIVS SEXINVRVS ou SEXINVRIVS. Sur une anse d'amphore. Musée, n° 751.

242. S. M. R.   Ces trois initiales existent sur une lampe venant du cabinet Chavernod. Musée, numéro 836.

243. S. N. L.   Ces trois lettres existent sur une anse d'amphore. (Cabinet Comarmond).

244. S. Q. M.   Devons-nous lire, de la main de SEXTVS QVINTVS ? sur une lampe (Cabinet Comarmond).

245. S. T.   Peut-être SEXTVS TITVS, sur une lampe. Musée, numéro 289.

246. STROBILI   STROBILIS ou de STROBILIVS, sur une lampe. Musée, numéro 845.

247. S. V. L.   Ces trois initiales existent sur une lampe. (Cabinet Comarmond).

248. SVL. O   Peut-être de l'officine de SVLPICIVS. (Cabinet Comarmond).

249. S. Z   Sur un débris de vase à relief en argile rouge. (Cabinet Comarmond).

250. TALVSSIVS   Sur une coupe en argile rouge. (Cabinet Comarmond).

251. TARIN. F   TARINVS ou TARINIVS a fait. Sur une lampe. (Cabinet Comarmond).

252. T. M. O   Ces trois initiales existent sur un vase en argile noire. (Cab. Comar.).

253. TVTELA   Est une marque protectrice, le potier avait-il emprunté le nom de la déesse Tutele ? nous n'osons l'affirmer, il se voit sur un débris de vase. Musée, numéro 614.

254. VRET. OF   De la fabrique de VRETVS ou VRETINVS, sur une lampe. (Cab. Comar.).

255. VRTEPA   Marque de fabrique, sur une anse d'amphore. Musée, numéro 757.

256. VRTRICI. M.   De la main de VRTRICVS, sur une lampe. (Cabinet Comarmond).

257. VTILI. OF   De l'officine de VTILIVS ou VTILIS, sur une lampe érotique. (Cab. Com.).

258. VARINVS.   Ce nom existe sur un vase en argile rouge, appartenant à M. Vincent propriétaire à Montauban (Lyon); il a été découvert dans son clos.

MARQUES SUR MÉTAUX DIVERS.   475

259. VERNAC   Ces deux noms, le premier VERNACVS, et le second EILVS, existent chacun
     EILVS   sur l'anse opposée de la même amphore. Cabinet Comarmond, et Musée,
                      numéro 594.

260. VIRIORVM   Cette marque est commune, elle se voit sur une anse d'amphore et sur
                      des briques. Musée Lapidaire, numéro 396 et 399.

261. O VIRI   Qu'on peut interpréter ainsi : de l'officine de VIRIORVM ou VIRILIS. Cette
                      marque est commune sur des briques.

262. RIOR.   Se voit sur deux fragments de brique, il est probable que c'est le centre
                      du mot VIRIORVM. Musée Lapidaire, numéro 548.

263. O. VIRI CINIAEL. Cette marque de fabrique est d'une interprétation difficile, l'O qui pré-
     CHASPICVS. O   cède et celui qui suit ces noms, semblent indiquer deux officines, peut-être
                      l'une où les pièces se dégrossissaient, et l'autre où elles étaient achevées.
                      Devons-nous lire VIRII, VIRIORVM ou VIRILIS et CINIAELVS CHASPICVS, et considérer
                      comme associés ces propriétaires de fabriques. Cette marque existe sur un
                      vase. Musée, numéro 605.

264. OF. VIRIL   Peut-être de la fabrique de VIRILIS, sur un fragment de brique. (Cabinet
                      Comarmond).

265. VITALIS   Nom très-commun sur les poteries gallo-romaines de nos environs.

266. OF VITAL.   Sans doute de l'officine de VITALIS, sur une coupe. (Cabinet Comarmond).

267. VITVR. O   De l'officine de VITVRVS ou VITVRIVS ; sur un vase à relief en argile rouge.
                      (Cabinet Comarmond).

268. V. M. G.   Ces trois initiales existent sur un vase. (Cabinet Comarmond).

269. VIC. SEC. OF   Qu'on peut interpréter ainsi de l'officine de VICTOR SECVNDVS, sur un frag-
                      ment de vase. (Cabinet Comarmond).

MARQUES DE FABRIQUE SUR MÉTAUX DIVERS.

Nous plaçons sous ce titre toutes les marques de fabrique sur métaux. Nous ferons observer que toutes celles qui se rencontrent sur le plomb sont générale- ment en relief, et que la plupart figurent sur des tuyaux de conduite d'eau, qui n'étaient point laminés en feuilles, mais fondus en plaques de la dimension voulue pour le calibre adopté, et que la marque du fabricant était gravée en creux à l'extré- mité de chaque moule et presque toujours encastrée dans un cartouche à filet.

TOM. I

Le plus grand nombre de celles que nous avons vues ou possédées sur bronze, sont au contraire en creux. Nous n'entrerons dans aucuns détails sur leur description et leur origine pour tous les objets qui appartiennent au Musée ; on pourra les voir dans la Description des monuments de la salle des Antiques.

MARQUES SUR OR.

1. VER — Cette syllabe, est figurée au pointillé sur une bague antique, en or. Musée, numéro 55.

2. O F. — Ces initiales existent sur une bague en or massif, qui est décorée du buste d'une déesse. La lettre O est placée derrière cette divinité, et la lettre F au devant, on pourrait l'interpréter par ops. felix. Musée, Bijoux, numéro 205.

MARQUES SUR PLOMB.

1. B. IX. — Ces caractères sont gravés sur une plaque en plomb, de la largeur d'un moyen bronze; nous devons considérer cette antiquité comme une tessère, et peut-être interpréter l'initiale B par balnevs, et le chiffre IX par l'indication de la place; elle a été découverte à Loyasse (Lyon), en 1839, avec deux sifflets en os. (Cabinet Comarmond).

2. C. AVREL. MARIN ET C. L. MERCATOR. L. F. — Cette inscription peut s'interpréter ainsi : caivs avrelivs marinvs et caivs lvcivs mercator, fabricants de Lyon. Elle nous donne les noms de deux associés; les lettres sont en relief dans une espèce de cartouche allongé; cette marque est placée aux deux extrémités d'un tuyau en plomb. Il a été découvert à Dessines (Isère), en 1853. Musée numéro 36.

3. CHARI. DE. M. FAC. — charinvs ou plutôt charis a fait ou faisait de sa main; cette inscription est figurée aux deux extrémités d'un tuyau; dans l'une les lettres sont à rebours, est-ce un caprice ou une erreur ? nous l'ignorons. Musée, n° 5, et Cabinet Comarmond.

4. C. LI. SENIERV. F — caivs licinivs, ou tout autre nom, seniervs a fait. Cette inscription existe sur un tronçon de tuyau. Musée, numéro 2.

5. C. SAVERN. L. F. — caivs savernvs de Lugdunum *faciebat* vel *faber*, faisait ou fabricant. Cette marque existe en relief sur un large débris de vase en plomb, retiré de la Saône, en 1826. (Cabinet Comarmond).

6. C. SEC. MARIN. V. — caivs secvndvs marinvs de Vienne; cette inscription existe sur le tronçon d'un tuyau en plomb. Musée, numéro 22.

MARQUES SUR MÉTAUX DIVERS. 475

7. C. SEVERIN. F.   CAIVS SEVERINVS a fait. Cette marque de fabrique existe sur un tronçon de tuyau en plomb, trouvé à St-Just (Lyon), en 1832. (Cabinet Comarmond).

8. C. REGNAT. F   CAIVS REGNATVS a fait. Sur un fragment de plomb assez épais, dont nous ne saurions déterminer l'usage; trouvé aux Massues (Lyon), en 1843. (Cabinet Comarmond).

9. C. VAL. EVTY-CHIANVS. F   CAIVS VALERIVS OU VALERIANVS EVTYCHIANVS a fait. Cette inscription existe sur un tuyau en plomb, découvert il y a quelques années à Bel-Air près d'Anse (Rhône).

10. IVS PAVL. LVG. FAC. L. TERTI-NIVS. F.   Cette double inscription figure sur un tuyau en plomb, chacune d'un côté opposé; nous ne chercherons point le nom qui se termine par les lettres IVS; nous lirons ainsi la première, ...*ius Paulus Lugduni* vel *Lugdunensis faciebat*; ...IVS PAVLVS de Lyon faisait; et la seconde, *Lucius Tertinius faber*; LVCIVS TERTINIVS fabricant-ouvrier; on pourrait en conclure, que la première marque est celle du propriétaire de la fabrique, et la seconde celle de l'ouvrier. Musée, numéro 6.

11. IVL. VALERIAN L. FAC.   IVLIVS VALERIANVS de Lyon faisait. Cette marque de fabrique existe sur un tuyau en plomb, découvert dans une vigne, à Lyon, versant nord de la colline de Fourvière, en 1839. (Cabinet Comarmond).

12. L. V. BELLICVS V F   LVCIVS VERVS OU VIBIVS BELLICVS de Vienne a fait; sur un tuyau en plomb. Musée, numéro 11.

13. L. PAVLVS LVG. FAC.   LVCIVS PAVLVS de Lyon faisait. Sur un tuyau en plomb, découvert sur le versant de la colline de Fourvière, clos des Recollets, en 1825. (Cabinet Comarmond).

14. M. LVCRIN. F.   MARCVS LVCRINVS a fait. Cette inscription existe sur le bas d'un médaillon de 15 centimètres de diamètre, représentant une bacchanale en relief, et qui a été découvert à Vaison (Vaucluse), en 1832. (Cabinet Comarmond).

15. M. SAB. F   MARCVS SABINVS a fait. Cette marque de fabrique existe sur le bord du couvercle d'un ossuaire en plomb, découvert à Vaison (Vaucluse), en 1829. (Cabinet Comarmond).

16. M. V. SECVND. L. F.   MARCVS VALERIANVS OU VERVS SECVNDVS fabricant de Lyon. Cette inscription en relief dans un cartouche, existe sur une large plaque épaisse et carrée, découverte lorsque l'on fit l'ouverture du chemin de Loyasse à Lyon. (Cabinet Comarmond).

17. S. ATTIC. APOLLI-NAR. L. F.   SEVERVS OU SEPTIMVS ATTICVS APOLLINARIS fabricant de Lyon. Nous possédions deux débris de tuyaux portant cette marque; découvert au dessous des vignes du clos de l'abbé Caille, à Fourvière, en 1826. (Cab. Com.).

18. S. ATTI. APOLLI-NARIS. L. F.   SEVERVS OU SEPTIMVS ATTICVS APOLLINARIS, fabricant de Lyon; sur un tuyau en plomb, découvert à Lyon, en 1820, clos des Lazaristes. Musée, n° 13.

19. SACROV. F   SACROVIR a fait. Nous terminons ainsi ce nom qui nous paraît être d'origine

gauloise. Cette marque existe sur une espèce de culot en plomb, percé d'un trou, et que nous croyons être un contre-poids; découvert en 1843, chemin de Loyasse. (Cabinet Comarmond).

20. SENEC. O. ET MATVS..... De l'officine de SENECIVS ET MATVSVS. Le commencement et la fin de cette inscription sont altérés. Sur un tuyau en plomb. Musée, numéro 10.

21. S. VENECRIVS ET EVTYCHES. L. F. SEVERVS OU SEPTIMIVS VENECRIVS ET EVTYCHES, fabricants de Lugdunum. Nous trouvons ici une raison de commerce représentée par deux associés; cette inscription existe sur le tronçon d'un tuyau en plomb, découvert en 1853, à Dessines (Isère).

22. ...RIAN SEVER. F. FAC. Cette inscription a beaucoup souffert, on pourrait l'interpréter ainsi : CLARIANVS OU VALERIANVS SEVERVS OU SEVERINVS fabricant a fait. Cette marque existe sur un tronçon de tuyau en plomb. Musée, numéro 3.

23. REMIGENI De REMIGENVS; ce nom existe sur une plaque en plomb. Musée, n° 8.

24. TAT. POP. V. F. On pourrait interpréter cette inscription ainsi : TATIVS POPILIVS, fabricant de Vienne. Sur un tronçon de tuyau en plomb. Musée, numéro 13.

25. TI. CL. Devons-nous lire, TIBERIVS OU TITVS CLAVDIVS? Ces lettres sont en relief sur un débris informe, déchiré, en plomb, trouvé clos Donat à St-Just (Lyon), en 1821; le cartouche étant brisé après les lettres CL, il est probable que ce fragment dépendait d'un tuyau semblable à celui-ci dont parle Colonia, et que ces lettres étaient suivies des syllabes CAES, alors nous lirions TIBERIVS CLAVDIVS CAESAR. (Cabinet Comarmond).

26. TVIR. FORTVNAT V VNAT. V. F Sur le tronçon d'un tuyau en plomb, découvert à Vienne; nous lisons d'un côté TVIR. FORTVNAT V, et de l'autre VNAT V. F. Nous interprétons cette double marque par TVIRVS OU TVIRINVS FORTVNATVS, fabricant de Vienne. Musée, numéro 4.

MARQUES SUR BRONZE.

1. A. DECIVS. AVRELIVS, ANTONIVS OU ALBINVS, DECIVS. Sur le débris d'un vase, découvert à St-Just (Lyon), en 1833. (Cabinet Comarmond).

2. AMON Sur une fibule en bronze, venant d'Orange (Vaucluse). (Cab. Comar.).

3. C. A Ces deux initiales sont incrustées en argent sur un poids en bronze, de la forme d'un sphéroïde tronqué (triens), trouvé dans la Saône à Lyon, en 1837. (Cabinet Comarmond).

4. C. ERECTVS CAIVS ERECTVS. Ces noms sont figurés en relief, sur une fibule en bronze, trouvée au fort Lamotte, en 1837. (Cabinet Comarmond).

5. CYOIS Ce mot est gravé en creux sur le débris d'une plaque en bronze, dont nous ignorons l'usage; découverte en 1841, à Tassin près Lyon, chez M. Dussaut. (Cabinet Comarmond).

MARQUES. SUR MÉTAUX DIVERS. 477

6. C. GALL. L. F. De la fabrique de caivs gallvs de Lugdunum. Sur le manche d'une casserole, trouvé à Lyon dans la Saône, en 1834; les lettres sont gravées en creux. (Cabinet Comarmond).

7. C. GIL. XXI Ces deux commencements de noms et ces chiffres sont d'un bon style et en relief; sur une plaque en bronze de forme ronde, moulée, assez mince et de la largeur d'un décime; nous considérons ce petit monument comme une tessère, il a été découvert à Lyon, quartier St-Just clos Donat, en 1828. (Cabinet Comarmond).

8. DRACCIVS. F draccivs a fait. Ce nom est représenté en relief sur le manche d'une belle casserole, découverte à Villeurbanne près Lyon, en 1852; elle appartient à M. Sicard de Lyon.

9. DVLCIS. Nous devons considérer ce mot plutôt comme une épithète de tendresse, que comme un nom de fabricant; il est gravé sur un anneau en bronze, trouvé à Lyon dans la Saône, en 1841. Déjà, sur un autre anneau, cité aux inscriptions existantes, nous trouvons cet adjectif suivi de deux commencements de noms. (Cabinet Comarmond).

10. G. REGN. F Peut-être gallvs, granivs, gordianvs regnatvs a fait. Ces lettres sont gravées en creux sur un couvercle de vase en bronze, trouvé aux Charpennes (Lyon), en 1832. (Cabinet Comarmond).

11. HERCVLI De hercvlvs ou hercvles, gravé en creux sur le bord d'une petite coupe en bronze, trouvée à Vaison, dans un ossuaire en grès, en 1824. (Cab. Comar.).

12. IB. QOIS Ces lettres sont incrustées en argent, sur un poids en bronze, de la forme d'un sphéroïde tronqué, pesant 12 onces; découvert dans la Saône, en 1842. (Cabinet Comarmond).

13. L. MINVTIVS. F lvcivs minvtivs a fait. En relief sur une boucle de ceinturon, fabriquée dans un moule, d'époque gallo-romaine, découverte au Pouzin (Ardèche), en 1839. (Cabinet Comarmond).

14. M. ALVMIN. F marcvs alvminvs a fait. Ces lettres sont gravées dans le fond d'une coupe en bronze, dont nous ignorons l'origine. (Cabinet Comarmond).

15. OPI
OVINT
TA
Ces syllabes sur trois lignes, dont nous n'essayerons point de donner l'explication, sont gravées sur un anneau en bronze. Musée, numéro 111.

16. S. C. P.
VI
Ces caractères sont gravés sur une petite plaque carrée en bronze découverte à Lyon, sur le quai de la Saône dans les déblais qu'avait apportés l'inondation de 1840. Nous considérons cette antiquité comme une tessère. (Cabinet Comarmond).

17. TI. CL. KAE. AVG Ces syllabes séparées par des points, sont gravées sur un poids pesant 98 grammes; on doit les expliquer ainsi : tiberii clavdii kaesaris avgvsti; Musée, numéro 499.

18. VALE Nous ne pensons pas que ces deux syllabes gravées sur une fibule soient

le commencement du mot VALERIVS; nous pensons plutôt qu'il représente ici l'impératif du verbe VALERE, VALEO. (Cabinet Comarmond).

19. B ↓ EYTYX — Cette inscription existe sur vingt-quatre poids en bronze, de la forme d'un sphéroïde tronqué, ces poids vont en décroissant depuis le poids de quatre livres romaines, jusqu'à celui d'un gros; les caractères sont incrustés en argent; le B est séparé du mot EYTYX par une feuille de lierre, figurée en argent. Ces poids ont été retirés à Lyon, dans la Saône, par la drague, en 1841, avec deux fléaux de balance. (Cabinet Comarmond).

20. C. NERESELER. — CAIVS NERESELERIVS; ces noms sont gravés sur un manche de miroir. Musée, numéro 377.

21. CXII — Nous devons interpréter ces caractères par le nombre 112; ils sont gravés sur une plaque carrée. C'est peut-être une tessère qui indique au porteur la place 112, dans un établissement privé ou public. Musée, numéro 627.

22. I. N — Ces deux initiales sont gravées sur une fibule. (Cabinet Comarmond).

23. M. G — Ces deux initiales d'un très-bon style, sont également gravées sur une fibule. (Cabinet Comarmond).

MARQUES SUR MATIÈRES DIVERSES.

MARQUES SUR IVOIRE ET OS.

1. G. P — Ces deux initiales d'un beau style, son gravées sur un cylindre en ivoire, découvert au fort de Loyasse, en 1839. (Cabinet Comarmond).

2. MACER. IV. — Cette inscription est gravée dans le champ, sur une plaque ornée de filet fait au tour; découverte à St-Just (Lyon). Nous considérons cette antiquité comme une tessère. (Cabinet Comarmond).

3. SEV. — Cette syllabe est gravée sur une plaque carrée en os. Peut-être est-ce le commencement du nom SEVERVS ou SEVERINVS. (Cabinet Comarmond).

4. P. X — Ces deux caractères sont gravés sur une plaque ronde en ivoire, nous la considérons comme une tessère. (Cabinet Comarmond).

5. M. VII — Ces caractères sont gravés sur une plaque ronde en ivoire, que nous croyons être une tessère; découverte aux Minimes (Lyon). (Cab. Com.).

6. S. C. P VI — Caractères gravés sur une petite plaque en ivoire, découverte près du fort du télégraphe, en 1837. (Cabinet Comarmond).

7. T. V. — Ces deux initiales sont gravées sur un anneau en ivoire, découvert clos Rongniard (Lyon), en 1835. (Cabinet Comarmond).

MARQUES SUR MATIÈRES DIVERSES.

MARQUES SUR VERRE.

1. IMY. F — IMY a fait. Ce nom est figuré au dessous du fond d'un vase antique en verre blanc, les lettres sont en relief. Musée, Verre, numéro 169.

MARQUES SUR PIERRE.

1. ΑΠΑ V — ΑΡΑ. V. Nous ne cherchons point l'interprétation de ces deux syllabes suivies d'un V; elles sont gravées en creux sur une cornaline, avec intaille représentant un bige conduit par l'Amour. (Cab. Comarmond).

2. EGI. CAP. — Ces deux commencements de mots sont gravés sur une cornaline avec intaille représentant un crocodile. Musée, numéro 157.

3. E. K. Ω. — Ces trois initiales sont gravées sur une cornaline, dont l'intaille représente un berger portant un chevreau sur ses épaules. (Cab. Comar.).

4. EVITAAT — Sur un camée en agate-onyx, représentant deux personnages debout. Musée, numéro 137.

5. Γ. Τ Δ. Χ. — Ces initiales sont gravées sur une calcédoine, dont l'intaille représente deux têtes laurées affrontées. (Cabinet Comarmond).

6. HV. — Ces deux lettres sont gravées sur une cornaline avec intaille représentant un guerrier agenouillé. (Cabinet Comarmond).

7. HYLAS — Ce nom est gravé sur un sardoine cornée, dont l'intaille représente l'Amour assis sur un dauphin. (Cabinet Comarmond).

8. IXEAG — Cette inscription est gravée sur un jaspe rouge, et forme un carré dont la lettre X occupe le centre, toutes ces lettres sont conjointes. Musée, numéro 172.

9. KIKTOI — Ce mot est gravé sur une cornaline dont l'intaille représente une tête radiée d'Apollon. (Cabinet Comarmond).

10. ΛΟΠΑV V. — Cette inscription est gravée sur une sardoine, dont l'intaille représente une prêtresse devant un autel. (Cabinet Comarmond).

11. NVRDI — Ce nom est gravé sur une agate-onyx (dite nicolo), dont l'intaille représente le buste d'une femme. (Cabinet Comarmond).

12. OCC. K. T. — Ces lettres sont gravées sur une agate (dite nicolo), dont l'intaille représente l'Amour monté sur un âne, et devant lui un personnage qui lui offre une palme. Musée, numéro 51.

13. ΟΥΣΗ — Ce mot est gravé sur une cornaline avec intaille représentant l'Amour et un cygne. (Cabinet Lambert).

14. POPYΓ Ce mot est gravé sur une cornaline, dont l'intaille représente un coq. (Cabinet Comarmond).

15. * TA Cette syllabe précédée d'un astérisque, est gravée sur une cornaline, dont l'intaille représente le dieu Mercure. Cabinet Lambert.

16. TA. NI. ZS. NP. LS. NC. Sur une cornaline de la forme d'un duodécaèdre, découverte à Loyasse (Lyon), en 1832. Chacune de ces lettres accouplées figure sur six faces, et les chiffres de I à XII sont gravés sur les six autres faces; nous considérons cette pièce comme étant un jeu, dont les chances étaient représentées par les lettres et les chiffres. (Cabinet Comarmond).

17. YΔIΠ Ce mot est gravé sur un onyx à deux couches, dont l'intaille représente un Priape et un coq. (Cabinet Comarmond).

TABLE

PAR ORDRE ALPHABÉTIQUE DES NOMS DES PERSONNAGES
EN L'HONNEUR DESQUELS ONT ÉTÉ GRAVÉES LES INSCRIPTIONS.

INSCRIPTIONS DU MUSÉE LAPIDAIRE.

A

ADIVTORIA PERPETVA,
numéro 169. page 135.

AELIA FILETA,
numéro 45. p. 53.

AELIA GERMANILLA,
numéro 336. p. 237.

AELIVS MAXIMVS POLY-CHRONVS,
numéro 635. p. 373.

AEMILIA HONORATA,
numéro 66. p. 64.

AEMILIA VALERIA,
numéro 424. p. 274.

AEMILIVS VENVSTVS,
numéro 375. p. 254.

AESTIVVS VRSIO,
numéro 625. p. 367.

AGAPVS,
numéro 147. p. 117.

ALAIN RASSINE,
numéro 284. p. 201.

ALSONIVS ELICION,
numéro 132. p. 106.

A

ANICETVS,
numéro 288. p. 205.

ANTONIA TYCHEN,
ANTONIVS SACER,
ANTONIVS POLYTIMVS,
numéro 622. p. 365.

ANTONIVS CANDIDVS ET ANTONIA SACRA,
numéro 479. p. 301.

APIDIVS VALERIVS,
numéro 319. p. 224.

APOLLO,
numéro 481. p. 303.

APOLLO,
numéro 715. p. 389.

APPIA,
numéro 568. p. 338.

APRICLIVS PRISCIANVS,
numéro 437. p. 281.

APRONIVS,
numéro 179. p. 141.

AQVINIVS VERINVS,
numéro 405. p. 261.

ARISTODEMOS,
numéro 373. p. 253.

A

ARV. BIT,
numéro 200. p. 156.

ATES SATIA,
numéro 340. p. 240.

ATILIA VERVLA,
numéro 447. p. 285.

AVCIVS MACRINVS,
numéro 449. p. 287.

AVRELIA SABINA,
numéro 295. p. 209.

AVRELIVS CAECILIANVS,
numéro 15. p. 11.

AVRELIVS MA.....,
numéro 601. p. 357.

AVRELIVS PRIMVS, ET MODESTINVS PERIGRINVS,
numéro 317. p. 222.

AVRELIVS TERENTIVS,
numéro 577. p. 344.

AVRICVS,
numéro 602. p. 357.

AVXILIVS,
numéro 163. p. 131.

TOM. I.

TABLE DES NOMS

B

BALBVS, BITVRIX,
numéro 111. page 92.

BELLAVSVS,
numéro 59 p. 61.

BELLIEVRE (CLAVDE DE),
numéro 264. p. 192.

BELLIVS BELLIOLIVS,
numéro 326. p. 229.

BESIVS SVPERIOR,
numéro 110. p. 90.

BLANDINIA MARTIOLA,
numéro 498. p. 311.

BONA MENS AC
REDVX FORTVNA,
numéro 304. p. 214.

BVLLIOVD (PIERRE),
numéro 257. p. 188.

C

CABVTIVS SEXTVS,
numéro 435. page 279.

CAECILIVS VRBICVS,
numéro 487. p. 305.

CALPVRNIA SEVERA,
numéro 212. p. 160.

CALTILIVS, HILARVS,
CATILIA FELICVLA,
CALTITIVS, STEPHANVS,
numéro 505. p. 314.

CAMILLA AVGVSTILLA,
numéro 629. p. 370.

CAPITONVS PROBATVS,
numéro 359. p. 247.

CARANIA SECVNDINA,
numéro 679. p. 382.

C

CASSIANVS LVPVLVS,
numéro 197. p. 155.

CASSIVS IVLIVS,
numéro 286. p. 202.

CASSIVS LVCINVLVS,
numéro 228. p. 166.

CASSIVS MELIOR,
numéro 180. p. 142.

CATIA SEVERA,
numéro 611. p. 360.

CATVLLIA SAMILLA,
numéro 119. p. 99.

CATVLLINVS DECIMVS,
numéro 247 p. 178.

CELERINVS FIDELIS,
numéro 237. p. 172.

CELSVS et son fils,
numéro 717 p. 391.

CERIALIA AVLINA,
numéro 236. p. 171.

CLARI...,
numéro 742. p. 406.

CLARIA-NVMADA,
numéro 442. p. 284.

CLARIANVS,
numéro 460. p. 291.

CLAVDIVS LIBERALIS,
numéro 249. p. 180.

CLERMONT (FRANÇOISE DE),
numéro 276. p. 196.

CONSTANTINIA IVLIA,
numéro 133. p. 107.

CORNELIA PIA,
numéro 202. p. 157.

C

COSSVTIVS PRIMVS,
numéro 28. p. 41.

CRASSIA DEMINCILIA,
numéro 161. p. 129.

CRIXSIVS ANTONIVS,
numéro 623. p. 366.

CVRTILIVS,
numéro 504. p. 313.

CVRTILIVS, ANTHIOCVS
ET IANVARIVS,
numéro 555. p. 331.

CVRVELIVS ROBVSTVS,
numéro 599. p. 355.

D

DALECHAMPS, (IACQVES),
numéro 260. page 190.

DECCIVS ERECTHEIVS,
numéro 677. p. 381.

DECORA MERCVRINA,
numéro 137. p. 110.

DELAFOREST ET DESFRANÇOIS,
numéro 282. p. 199.

DEMETRIVS ET SATIA,
numéro 451. p. 288.

DEVILLE (ANDRÉ NICOLAS),
numéro 283. p. 200.

DIANA,
numéro 420. p. 270.

DII CVNCTI,
numéro 309. p. 216.

DOMITIVS LATIS,
numéro 232. p. 169.

DONATIVS QVARTVS,
numéro 407. p. 264.

E

ECOLE ROYALE MILITAIRE,
numéro 270. page 194.

ELARINA,
numéro 148. p. 119.

EPICIESVS,
numéro 56. p. 59.

ERVIDIA, et VESTINA,
numéro 194. p. 152.

EVNOMIOLA,
numéro 62. p. 62.

EXOMNIVS PATERNIANVS
numéro 348. p. 243.

F

FAVSTINVS,
numéro 494. p. 307.

FI..... INNOCENS
numéro 166. p. 133.

FLAVIA SYNTICENIS,
numéro 445. p. 285.

FLAVIVS FAVSTVS,
numéro 332. p. 234.
et
FLAVIVS FAVSTVS,
numéro 371. p. 252.

FORTVNA,
numéro 480. p. 303.

FORTVNATA,
numéro 250. p. 182.

FOVRNIER (CLAVDINE),
numéro 277, p. 196.

FOVTIVS INCITATVS,
numéro 583. p. 347.

G

GAVIVS FRONTO,
numéro 436. page 280.

GEMINIA QVINTIANA,
numéro 440. p. 283.

GRANIA,
numéro 293. p. 208.

GRATTIVS PROCLION,
numéro 342. p. 241.

GVILLAVME DELAFOREST,
numéro 130. p. 105.

H

HELVIVS FRVGI,
numéro 310. p. 217.

HERACLIDA MARITIMVS
HERMADION,
numéro 105. page 82.

HERENNA ...NNIS,
numéro 44. p. 52.

HOSTILIVS NESTOR,
numéro 575. p. 342.

HVMBERT MAGNIN,
DE MOYRENC,
numéro 127. p. 103.

I

IAN,
numéro 135. page 109.

ILLIOMARVS APRILINTIA-
RVS,
numéro 465. p. 293.

IRATVS,
numéro 427. p. 275.

I

INSCRIPTION en vers latin
en l'honneur de trois saisons.
numéro 261. p. 191.

INSCRIPTION sentencieuse,
funéraire, en vers latin, sans
noms.
numéro 723. p. 401.

INSCRIPTION renfermant la
série des noms, probablement
d'une corporation.
numéro 516. p. 317.

IEAN FV... et CATHERINE,
numéro 262. p. 191.

IEAN IVGE,
numéro 275. p. 195.

IOVIS,
numéro 151. p. 120.

IOVIS DEPVLSOR,
numéro 409. p. 268.

IVLIA FELICISSIMA,
numéro 8. p. 7.

IVLIA HELIAS,
numéro 600. p. 355.

IVLIA MARC...
numéro 143. p. 114.

IVLIA THERMIOLA,
TVLLIVS THERMIANVS,
numéro 93. p. 74.

IVLIA QVINTINIA,
numéro 193. p. 131.

IVLIVS ALEXSANDER,
numéro 171. p. 137.

IVLIVS IANVARIVS,
numéro 297. page 210.

J

IVLIVS FELIX,
numéro 422. p. 272.

IVLIVS M.....
CARNVT,
numéro 134. p. 108.

IVLIVS PLACIDINVS,
numéro 628. p. 369.

IVLIVS SEVERVS OPTIMVS,
numéro 740. p. 406

IVLIVS SEVERINVS,
numéro 120. p. 100.

IVLIVS TAVRVS,
numéro 718. p. 396.

IVLIVS ZOSIMVS,
numéro 372. p. 252.

IVSTINIVS MARCELLVS,
numéro 423. p. 273.

IVVENTINIA AVSPICIA,
numéro 584. p. 349.

L

LABENIA NEMESIA,
numéro 330. p. 232.

LABIENA SEVERA,
numéro, 47. p. 54.

LANINA GALATIA,
numéro 35. p. 47.

LANNIANVS SPERATIVS,
numéro 251. p. 182.

LARES,
numéro 587. p. 351.

LATINVS REGINVS,
numéro 335. p. 237.

L

LIBERALIS,
numéro 463. p. 292.

LICINIVS,
numéro 466. p. 294.

LICINIVS TAVRICVS,
numéro 339. p. 239.

LVCRETIA VALERIA,
numéro 170. p. 136.

LVCRETIVS,
numéro 195. p. 153.

LVDOVICVS XIII,
numéro 278. p. 197.

M

MAGLIVS PRISCIANVS,
numéro 109. p. 86.

MANES,
numéro 118. p. 98.

MANES,
numéro 313. p. 220.

MANSVETVS BRASVS,
numéro 97. p. 79.

MARCELLA.
numéro 722. p. 401.

MARCELLINA,
numéro 226. p. 164.

MARIA et EVGENIA,
numéro 158. p. 126.

MARIA MACRINA,
numéro 559. p. 334.

MARINIA DEMETRIAS,
numéro 636. p. 373.

MARIVS FLORENTINVS,
numéro 456. p. 290.

M

MARIVS PERPETVVS,
numéro 473. p. 297.

MARS,
numéro 131. p. 106.

MARS,
numéro 238. p. 174.

MARTIN DE FVER,
numéro 139. p. 111.

MATERNVS MATVRVS,
numéro 114. p. 95.

MATRIS AVGVSTIS,
numéro 90. p. 71.

MATRIS AVGVSTIS,
numéro 91. p. 72.

MATRIS AVGVSTIS,
numéro 350. p. 244.

MERCVRIVS et MAIA,
numéro 719. p. 397.

numéro 720. p. 399.

numéro 721. p. 400.

METILIA DONATA,
numéro 478. p. 300.

METTIVS FIRMIVS,
numéro 150. p. 120.

MINTHATIVS VITALIS,
numéro 181. p. 143.

MINVCIA ASTTE,
numéro 556. p. 331.

MVCCASENIA FORTVNATA,
numéro 477. p. 299.

MVNATIVS LVCENS,
numéro 406. p. 263.

MENTIONNÉS DANS LES INSCRIPTIONS. 485

M

MYRON (CLAVDIVS),
numéro 549. p. 329.

N

NAVTAE RHODANICI,
numéro 303. p. 213.

NI. DES, LOCA
numéro 199. p. 156.

NVMINA AVGVSTORVM,
numéro 196. p. 154.

NOMS MUTILÉS
ou DÉTRUITS,

numéro 54. p. 58.

numéro 115. p. 96.

numéro 140. p. 112.

numéro 141. p. 112.

numéro 149. p. 119,

numéro 153. p. 122,

numéro 162. p. 130.

numéro 165. p. 132.

numéro 172. p. 138.

numéro 176. p. 140.

numéro 185. p. 146.

numéro 230. p. 167.

numéro 248. p. 179.

numéro 252. p. 183.

numéro 258. p. 189.

numéro 259. p. 189.

numéro 291. p. 206.

numéro 337. p. 228.

N

numéro 345. p. 242.

numéro 355. p. 245.

numéro 360. p. 249.

numéro 362. p. 249.

numéro 374. p. 254.

numéro 421. p. 271.

numéro 448. p. 287.

numéro 457. p. 290.

numéro 467. p. 294.

numéro 517. p. 318.

numéro 518. p. 319.

numéro 519. p. 319.

numéro 522. p. 320.

numéro 529. p. 321.

numéro 535. p. 323.

numéro 536. p. 324.

numéro 537. p. 324.

numéro 544. p. 326.

numéro 554. p. 330.

numéro 638. p. 374.

numéro 745. p. 407.

numéro 751. p. 409.

numéro 752. p. 409.

numéro 755. p. 410.

numéro 761. p. 413.

O

OCTAVIVS PRIMVS,
numéro 29. p. 43.

OLIA,
numéro 754. p. 410.

OLIA TRIBVTA,
numéro 30. p. 44.

OPPIVS PLACIDVS,
numéro 496. p. 309.

P

PACSVS (MICHEL),
numéro 126. p. 102.

PALLARON (SEBASTIEN),
numéro 265. page 193.

PATINIVS,
numéro 333. p. 234.

PETRVS St.
numéro 146. p. 116.

PLACIDA,
numéro 39. p. 49.

PLACIDVS PERVINCIVS,
numéro 112. p. 94.

POMPEIA POTITA,
numéro 579. p. 345.

PONCE DE VAVX,
numéro 145. p. 115.

PONCIVS.
numéro 64. p. 63.

POTITIVS ROMVLVS,
numéro 33. p. 46.

PRELECTA,
numéro 216 p. 161.

PRIMA,
numéro 21. p. 17.

P

PRIMIVS EGLECTIANVS,
numéro 152. p. 121.

PRIMVS SECVNDIANVS,
numéro 208. p. 215.

PROFVTVRA,
numéro 10. p. 11.

R

...RANIVS TREVERVS,
numéro 558. p. 333.

REGINVS MASCELLIO,
numéro 613. p. 362.

RICHARD (COMTE),
bas-relief avec inscription,
numéro 142. p. 113.

RICHARD,
numéro 285. p. 202.

RICHARD TIEBELY,
numéro 128. p. 104.

RIPIA (GVILLAVME DE),
numéro 279. p. 198.

ROMANVS,
numéro 164. p. 131.

ROMVLVS,
numéro 434. p. 278.

RVBYS (FRANÇOIS DE),
numéro 281. p. 199.

RVFINVS,
numéro 186. p. 147.

RVSONIVS SECVNDVS,
numéro 18. p. 13.

S

SABINVS AMANDVS,
numéro 43. p. 51.

S

SALVVS MERCVRIVS,
numero 545. p. 327.

SAPAVDVS RVSTICA ET
RVSTICVLA,
numéro 184. p. 145.

SARAGA ...VS,
numéro 117. p. 97.

SATRIA VRSA,
numéro 94. p. 75.

SATTON.. ALEX...
numéro 334. p. 236.

SATVRNINA,
numéro 431. p. 277.

SECVNDIVS SATVRNINVS,
numéro 121. p. 101.

SECVNDVS OCTAVVS,
numéro 1. p. 1.

SECVNDVS,
numéro 576. p. 343.

SECVNDVS FRVENDVS,
numéro 253. p. 184.

SEPTICIA GEMINA,
numéro 472. p. 296.

SERENVS LICINIVS ET IVLIA
VEGETA, ET GRAECINVS,
nméro 343. p. 241.

SERVILIVS MARTIANVS,
numéro 292. p. 207.

SERVILIVS SEVERINVS,
numéro 560. p. 335.

SEVERA FUSCINIA,
numéro 358. p. 247.

SEVERIA VALERINA,
numéro 316. p. 221.

S

SEXTVS ATTIVS IANVARIVS,
numéro 298. p. 211.

SEXTVS C. ELIVS PYRINVS,
numéro 557. p. 132.

SEXTVS IVLIVS HELIVS,
numéro 318. p. 223.

SEXTVS LIGVRIVS MARINVS,
numéro 327 p. 230.

SEXT. SELIVS HOMVLLINVS,
numéro 453. p. 289.

SICVLINA PLACIDA,
numérn 154. p. 123.

SILVANVS,
numéro 605. p. 358.

SILVANVS,
numéro 630. p. 371.

SIQVANA,
numéro 156. p. 110.

STATIONARI,
numéro 156. p. 125.

SVTIA ANTHIS,
numéro 96. p. 77.

T

TABVLAE CLAVDII,
numéro 27. p. 30.

TALLONVS PERVINCVS,
numéro 107. p. 85.

TAVROBOLIVM,
COMMODVS,
numéro 160. p. 128.

TAVROBOLIVM,
SEPTIMVS SEVERVS,
numéro 227. p. 165.

T

TAVROBOLIVM,
MATRIS AVGVSTIS,
numéro 255. p. 186.

—

TAVROBOLIVM,
AELIVS HADRIANVS ANTONINVS,
numéro 287. p. 203.

—

TAVROBOLIVM,
SEPTIMVS SEVERVS ET ALBINVS,
numéro 320. p. 225.

—

TERTINIVS ET TERTINIA,
numéro 17. p. 12.

—

THALASIA,
numéro 155. p. 124.

—

TIBERIVS ANTISTIVS MAR-CIANVS,
numéro 495. p. 308.

—

TIBERIVS POMPEIVS,
numéro 106. p. 83.

—

TITIA FORTVNATA,
numéro 168. p. 134.

—

TITIVS PRIM....
numéro 344. p. 242

—

TITVS HELVINVS,
numéro 246. p. 177.

—

TITVS IVLIVS VIRILIS,
numéro 233. p. 170.

—

TITVS SERVANDVS GRATVS,
numéro 328. p. 232.

T

TOVTIA APRONIA,
numéro 338. p. 239.

—

TRI TRE,
numéro, 506. p. 314.

—

U

VMBERT,
numéro 167. p. 133.

—

VRSVS,
numéro 57. p. 60.

—

VRSVS,
numéro 174. p. 139.

—

VXASSONIVS NIGER,
numéro 220. p. 159.

—

V

VALENTINE,
numéro 129. p. 105.

—

VALERIA CVPITA,
numéro 409. p. 265.

—

VALERIA NOCTVRNA,
numéro 376. p. 255.

—

VALERIA TROPHIMES,
numéro 2. p. 3.

—

VALERIVS INGENVVS,
numéro 254. p. 185.

V

VALERIVS MONTANVS,
numéro 245. p. 176.

—

VALERIVS SACER,
numéro 612. p. 361.

—

VELITIVS RVFINVS,
numéro 3. p. 4.

—

VENANTIA ADONIS,
numéro 585. p. 350.

—

VERINIA INGENVA,
numéro 159. p. 127.

—

VERVS MAXIMVS IMP. CAES.
colonne milliaire.
numéro 188. p. 149.

—

VESTA, VVLCANVS,
numéro 95. p. 76.

—

VINCENTIVS MONICVS,
numéro 173. p. 139.

—

VINDICIA LVPERCA,
numéro 571. p. 339.

—

VIPPIVS POTITVS,
numéro 290. p. 206.

—

VITALINVS FELIX,
numéro 311. p. 219.

—

VIVENS PRIMITIVIA MER-CATILLA SIVE MASTICHVS ET M. PRIMITIVIVS MER-CATOR.
numéro 67. p. 65.

—

INSCRIPTIONS ÉPARSES DANS LE DÉPARTEMENT DU RHONE.

A

ACILIA PRISCA,
numéro 8. p. 426.

ACVTIA AMATRI...
numéro 35. p. 428.

ANCIARVS,
numéro 18. p. 427.

ANNARVS.
numéro 3. p. 425.

ANNIVS FLAVIANVS,
numéro 40. p. 429.

APOLLO,
numéro 13. p. 426.

APOLLO,
numéro 57. p. 430.

APRONIVS EVTROPVS,
numéro 54. p. 430.

ATTIVS ALCIMVS,
numéro 53. p. 430.

AVDOLENA,
numéro 29. p. 428.

AVFIDIA FELICVLA,
numéro 33. p. 428.

AVLINVS ANTONIVS,
numéro 49. p. 429.

AVE DOMINA COELORVM,
numéro 72. p. 431.

AVEVSTVS,
numéro 12. p. 426.

B

BAEBIVS LEPIDVS,
numéro 36. p. 428.

BERALL... LORENT...
numéro 46. p. 429.

C

CAIVS CVRON.. SATTON...
numéro 11. p. 426.

CASSIA RESTIOLA,
numéro 42. p. 429.

CLAVDIA,
numéro 31. p. 428.

CLAVDIA EGAMIA,
numéro 2. p. 425.

CLAVDIA MAXIMA,
numéro 34. p. 428.

CLAVDIVS VRBANVS,
numéro 28. p. 428.

D

DECEMBER,
numéro 22. p. 427.

DIOCHARIS,
numéro 14. p. 426.

DOMITIA EVTYCHIANA,
numéro 5. p. 426.

DVLCIS IVL. CLA.,
numéro 65. p. 431.

E

EX. AVG. Q. IVNI. IVSTICI. VR.,
numéro 71 p. 431.

F

FELIX,
numéro 37. p. 428.

FIRMIDVS AGRESTVS,
numéro 24. p. 427.

FVRIVS SABINVS AQVILA TEMESITHEVS,
numéro 51. p. 430.

G

GAVIVS FIRM....,
numéro 41. p. 429.

H

HERMES,
numéro 4. p. 425.

HIRPIDVS POLYTIMVS,
cachet d'oculiste,
numéro 15. p. 426.

I

INSCRIPTION sans nom,
numéro 6. p. 426.

MENTIONNÉS DANS LES INSCRIPTIONS.

I

INSCRIPTION sur une lampe, numéro 30. p. 428.

INSCRIPTIONS sans nom, numéro 43. p. 429.

numéro 44. p. 429.

numéro 52. p. 430.

INSCRIPTION grecque sur le bord du pétase d'un Mercure, numéro 26. p. 427.

INSCRIPTION grecque autour d'un médaillon, numéro 27. p. 427.

INSCRIPTION grecque sur un vase en argile, numéro 60. p. 431.

INSCRIPTION grecque sur un médaillon, numéro 62 p. 431.

INSCRIPTION grecque sur agate, numéro 63. p. 431.

INSCRIPTION grecque sur une cornaline, numéro 64. p. 431.

INSCRIPTION grecque au bas d'une statuette d'homme, numéro 67. p. 431.

INSCRIPTION grecque au bas d'une statuette de femme, numéro 68. p. 431.

INSCRIPTION grecque sur un bas-relief de style barbare, numéro 69. p. 431.

INSCRIPTION grecque sur une cornaline, numéro 70. p. 431.

I

INSCRIPTION de l'autel d'Avenas (Rhône), numéro 47. p. 429.

IOVIS, numéro 9. p. 426.

IVLIANA, ABBESSA, numéro 17. p. 426.

IVLIVS HERMES, numéro 50. p. 425.

L

LAGRIVS SYNTROPHVS, numéro 1. p. 425.

LEO IVVENIS, numéro 39. p. 429.

M

MANDY, numéro 45. p. 429.

MARS ET ILIA, numéro 73. p. 432.

MATRES AVGVSTAE, numéro 56. p. 430.

N

NERVA CAES. AVG. numéro 16. p. 426.

NVMINA AVGVSTORVM, numéro 20. p. 427.

P

PETRONIVS MARCELLVS, numéro 25. p. 427.

R

RVSTICINIVS ERENNIVS, numéro 21. p. 427.

S

SALVE, numéro 58 p. 431.

SENVCIA, numéro 10. p. 426.

S. GAVDE, numéro 59. p. 431.

SOLEMNIVS FIDVS, numéro 55. p. 430.

T

TAVROBOLIVM,
SEPTIMVS SEVERVS, numéro 19. p. 427.

TIBER. numéro 7. p. 426.

TIBERIS, numéro 61. p. 431.

TIB. CL. KAE. AVG. numéro 74. p. 432.

TITIA, numéro 48. p. 429.

V

VALE, numéro 66. p. 431.

VALERIA POPPA, numéro 32. p. 428.

VENERIA ALVMNA, numéro 38. p. 429.

VENVS, numéro 23. p. 427.

INSCRIPTIONS PERDUES.

A

ADGINNIVS VRBICVS,
numéro 39. p. 439.

AEMILIA PEDONILLA,
numéro 123. p. 450.

ALBANVS POTENS,
numéro 57. p. 442.

ANTONIVS GORDIANVS,
congé militaire,
numéro 133. p. 452.

APOLLO,
numéro 140. p. 453.

ARRIVS ATTILIVS HONORATVS,
numéro 75. p. 444.

ARTILIA MARTIA,
numéro 89. p. 446.

ATELLIVS,
numéro 5. p. 435.

ATILLA,
numéro 68. p. 443.

ATROPHILIS RVSON..
numéro 65. p. 443.

ATTONIVS CONSTANS,
numéro 50. p. 441.

AVCIVS GAL. CELER.
numéro 61. p. 442.

AVFIDIVS,
numéro 143. p. 454.

AVFIDIVS MARCELLVS,
numéro 93. p. 447.

AVFIDIVS MILITARI..
numéro 11. p. 435.

A

AVR. CALLISTES,
numéro 85. p. 446.

AVRELIA CATTA,
numéro 136. p. 453.

AVRELIA MVNATIA,
numéro 110. p. 449.

AVRELIVS GALLVS,
numéro 45. p. 440.

AVR. HERMES,
numéro 36. p. 439.

AVRELIVS LEONT.
numéro 112. p. 449.

AVITIA SEVERA,
numéro 21. p. 436.

B

BLANDIVS PATERNVS,
numéro 137. p. 453.

C

CALFIDVS GALLVS,
numéro 25. p. 437.

CALVISIA VRBICA,
numéro 32. p. 438.

CARANTIVS IVNIANVS,
numéro 71. p. 443.

CATIVS DRIBVRON,
numéro 101. p. 448.

CAVVS MAXIMINVS,
numéro 9. p. 435.

C

CENTVSIMVS BLANDIVS,
cachet d'oculiste.
numéro 144. p. 454.

CLAVDIA PHILETIS,
numéro 118. p. 450.

CLAVDIVS AMANDVS,
numéro 16. p. 436.

CLAVDIVS PEREGRINVS,
numéro 20. page 436.

COLL. AVRELIANVS,
numéro 138. p. 453.

COL. IVL.
numéro 130. p. 451.

CORNELIVS VICTOR,
numéro 135. p. 453.

CRIXSIA SECVNDINA,
numéro 22. p. 436.

CVLAT. ASPR.
numéro 15. p. 436.

CVLATTVS MELEAGER,
numéro 125. p. 451.

D

DANIVS MINVSO,
numéro 37. p. 439.

DECMIA DECMILLA,
numéro 131. p. 452.

DIVIXTVS,
numéro 10. p. 435.

DVNNIVS PALLAS,
numéro 44. p. 440.

MENTIONNÉS DANS LES INSCRIPTIONS. 491

E

ERINIVS,
numéro 139. p. 453.

EVTYCHIANVS,
numéro 31. p. 438.

F

FABIVS SATVRNINVS,
numéro 90. p. 447.

FELICIA MINA,
numéro 30. p. 438.

FELIX FELICISSIMVS,
numéro 35. p. 439.

FLAVIA PLEBEIA,
numéro 19. p. 436.

FLAVIVS FELIX,
numéro 18. p. 436.

FLAVIVS HERMES,
numéro 62. p. 443.

FORTVNA,
numéro 72. p. 443.

FRATER...
numéro 117. p. 450.

H

HILARIANVS CINNAMVS,
numéro 103. p. 448.

HRYISEROTVS INOVIANVS,
numéro 64. p. 443.

HYLAS DYMACHERVS,
numéro 119. p. 450.

I

IGNIVS SILVINVS,
numéro 27. p. 437.

ITIVIANICVS,
numéro 106. p. 448.

IOVINVS VALERIONVS,
numéro 55. p. 442.

IOVIS ET ALBINVS,
numéro 83. p. 445.

IOVIS, NVMINA AVG.
numéro 127. p. 451.

IVLIA ADEPTA,
numéro 52. p. 441.

IVLIVS ALEXION.
numéro 120. p. 450.

IVLIVS CAMILLVS,
numéro 95. p. 447.

IVLIVS CATVLLVS,
numéro 17. p. 436.

IVLIVS MARTIANVS,
numéro 33. p. 438.

IVLIVS NVMIANVS,
numéro 55. p. 442.

IVLIVS PV.....
numéro 82. p. 445.

IVLIVS QVARTILLVS,
numéro 122. p. 450.

IVLIVS VERECVNDVS,
numéro 23. p. 436.

L

LARES,
numéro 73. p. 443.

L

LATINVS PYRAMVS,
numéro 78. p. 444.

LIBERTVS DECIMANVS,
numéro 77. p. 444.

M

MARCELLINVS LECTVS,
numéro 121. p. 450.

MARIVS MARTIALIS ET MARIA NICEN,
numéro 128. p. 451.

MARS,
numéro 14. p. 436.

MARS,
numéro 142. p. 454.

MATRES SAPPIENA LYCHNIS,
numéro 66. p. 443.

MATRES AVG.,
numéro 46. p. 441.

MATRES AVG.,
numéro 69. p. 443.

MATTONVS RESTITVTVS,
numéro 126. p. 451.

MATVCLA,
numéro 100. p. 448.

MAXIMVS,
numéro 102. p. 448.

M. CAESONIVS ET IVLIA MARCIA,
numéro] 24. p. 437.

MEMMIA IVLIANA,
numéro 87. p. 446.

MERCVRIVS,
numéro 94. p. 447.

M

MESSOR et DIONYSIS,
numéro 38. p. 439.

MESSVS CORNELIVS FORTV-
NATVS,
numéro 74. p. 444.

METTIVS ONESIMVS et SVL-
PICIA AGATHEMERIS,
numéro 67. p. 443.

MINERVA,
numéro 47. p. 441.

MINERVA,
numéro 105. p. 448.

MITHRA,
numéro 3. p. 434.

MITHRA,
numéro 7. p. 435.

N

NAMERIA TITVLA,
numéro 91. p. 447.

NVMINA AVGVSTORVM,
numéro 2. p. 434.

NVMINA et IOVIS,
numéro 8. p. 435.

NOMS MUTILÉS
ou DÉTRUITS.

numéro 1. p. 434.

numéro 4. p. 434.

numéro 6. p. 435.

numéro 13. p. 436.

numéro 42. p. 436.

numéro 59. p. 442.

numéro 80. p. 445.

N

numéro 86. p. 446.

numéro 96. p. 447.

numéro 97. p. 447.

numéro 98. p. 447.

numéro 99. p. 447.

numéro 108. p. 449.

numéro 113. p. 449.

numéro 114. p. 449.

numéro 115. p. 449.

numéro 132. p. 452.

O

ORFITVS et MAXIMVS cos,
numéro 63. p. 443.

OSIDIVS,
numéro 92. p. 447.

P

PATERNVS VRSVS TVRONVS
numéro 43. p. 440.

POMPEIVS FELIX,
numéro 28 p. 437.

POPILIVS,
numéro 134. p. 453.

Q

QVARTVS VLPIVS PRIMI-
TIVVS,
numéro 12. p. 435.

S

SALVIA VALERIANA et SAL-
VIVS FELIX,
numéro 79. p. 445.

SALVIORVM ASTER et VIC-
TORINA,
numéro 48. p. 441.

SALVIVS MEMOR,
numéro 54. p. 442.

SEPTVMANVS,
numéro 88. page 446.

SEX. FLAVIVS SVCCESSVS,
numéro 41. p. 440.

SEX. IVLIVS THERMIANVS,
numéro 70. (p. 443.

SEXTIVS FLORVS,
numéro 129. p. 451.

SEXTVS TERENTIVS LV-
CILLVS,
numéro 104. p. 448.

SVLPICIA MARTIA,
numéro 104. p. 448.

T

TAVRICIVS,
numéro 40. p. 440.

TEL PHOSPHORVS,
numéro 58. p. 442.

TERTINIA VICTORINA,
numéro 49. p. 441.

TERTINIANVS,
numéro 141. p. 453.

TIB. CAESARIS AVG.,
numéro 51. p. 441.

TIB. CLAVD. QVARTINVS,
numéro 124. p. 451.

T	V	V
TITIA SEIA, numéro 145. p. 454.	VROGENIVS, numéro 34. p. 438.	VESPASIANVS, numéro 109. p. 449.
TITIANVS, numéro 76. p. 444.	VROGENVS NERTVS, numéro 56. p. 442.	VICTORINVS VRICVS, numéro 81. p. 445.
T. TITIOLA, numéro 29. p. 437.	VALERIA CAVPIOLA, numéro 60. p. 442.	VIREVS LAVRENTINVS, numéro 26. p. 437.
TITVS VETTVS DECIMINVS, numéro 111. p. 449.	VALERIA SEVERA, numéro 107. p. 448.	VITELLIVS VALERIVS, numéro 116. p. 449.

TABLEAU SYNOPTIQUE

DES DIFFÉRENTES CATÉGORIES D'INSCRIPTIONS.

Dans la description du Musée Lapidaire de Lyon, nous avons été obligé de suivre l'ordre des numéros dans lequel sont rangés les monuments sous nos portiques, sans en former des catégories ; mais pour obvier à cet inconvénient et pour faciliter toute recherche, nous avons groupé, dans les tableaux suivants les numéros des monuments qui appartiennent à chaque série. Ce travail donnera d'ailleurs une idée plus précise des richesses de notre Musée ; nous avons adopté la division suivante :

Divinités, Empereurs, Sacerdoce, Dignités civiles, Dignités militaires, Corporations, Professions, Spectacles, Personnages sans titres ni qualités, Inscriptions mutilées ou dont on ne peut tirer aucun sens.

Pour compléter le tableau de l'épigraphie du département du Rhône, nous grouperons aussi de la même manière, avec les numéros qu'elles portent dans notre ouvrage, les inscriptions qui existent encore sur différents points du département, et celles qui ont été perdues, mais qui sont citées par les auteurs.

TABLEAU SYNOPTIQUE
INSCRIPTIONS DU MUSÉE LAPIDAIRE.

DIVINITÉS.	SACERDOCE.	FONCTIONS CIVILES.		PROFESSIONS.	NOMS MUTILÉS OU DÉTRUITS.
90	64	15	527	18	
94	154	18	535	55	54
95	145	106	559	150	115
151	164	110	405	147	158
155	175	120	406	154	140
151	250	134	407	171	144
160	247	156	420	179	149
196	276	161	421	184	155
227	282	179	422	260	162
258	285	180	436	262	165
255	291	184	449	284	172
287	292	185	456	508	176
504	527	195	475	514	185
509	555	257	479	555	248
520	559	247	495	559	252
550	466	252	504	442	258
419	475	257	545	460	259
420	496	264	571	478	291
480	600	281	583	498	557
481		298	602	556	545
587		508	612	585	555
605		540	622		560
650		548	747		562
715		549	748		574
719					421
720					448
721				THÉATRE.	457
		FONCTIONS MILITAIRES.		199	467
	CORPORATIONS			200	516
		17	285	506	517
	18	28	504		518
	59	29	514		519
	110	45	517		522
	120	66	548		529
	179	94	575		555
EMPEREURS OU ROIS.	181	106	405	ÉTABLISSEMENT PUBLIC.	556
	297	112	419		557
27	505	107	465	270	544
160	508	150	495		554
188	510	159	554		658
227	457	197	599		745
278	465	255	604	EN L'HONNEUR DE 3 SAISONS.	751
287	546	257	628		752
520	585	246		264	755
					764

DES DIFFÉRENTES CATÉGORIES D'INSCRIPTIONS.

INSCRIPTIONS DU MUSÉE LAPIDAIRE. (SUITE.)

PERSONNAGES SANS TITRES NI QUALITÉS.						INSCRIPTIONS RELIGIEUSES.
1	97	154	228	530	434	571	142
2	101	155	252	532	435	575	145
5	105	158	256	534	440	576	725
8	109	159	245	536	445	577	
10	111	161	249	538	447	579	
21	114	165	250	540	451	584	
50	117	166	251	542	455	585	
55	119	167	253	543	456	611	
39	121	168	254	544	472	612	
44	126	169	265	558	477	615	
45	127	170	275	571	487	625	
47	128	174	277	572	494	625	
56	129	184	279	575	498	629	
57	132	186	286	576	505	655	
59	155	193	288	406	549	656	
62	156	194	290	407	555	677	CIPPES D'ATTENTE.
66	157	202	295	409	557	679	
67	159	210	295	425	558	722	
93	145	212	516	424	559	740	118
94	148	216	526	427	560	742	513
96	152	226	528	434	568	745	549

INSCRIPTIONS ÉPARSES DANS LE DÉPARTEMENT DU RHÔNE.

DIVINITÉS.	SACERDOCE.	FONCTIONS MILITAIRES.	PERSONNAGES SANS TITRES NI QUALITÉS.		PROFESSIONS.	
9	17	21			15	
10	47	40	1	29		
15		49	2	51	NOMS MUTILÉS OU DÉTRUITS.	
19		55	5	52		
20			5	53		
25			8	54	6	52
56	FONCTIONS CIVILES.	INVOCATIONS.	11	55	7	60
57			12	38	26	61
75	4	58	14	39	27	62
	56	59	18	41	30	64
	51	65	22	42	57	67
EMPEREURS.	53	65	24	46	45	68
16	54	66	25	48	44	69
74	71	72	28	50	45	78

TABLEAU SYNOPTIQUE DES DIFFÉRENTES CATÉGORIES D'INSCRIPTIONS.

INSCRIPTIONS PERDUES.

DIVINITÉS.	FONCTIONS CIVILES.	FONCTIONS MILITAIRES.	PERSONNAGES SANS TITRES NI QUALITÉS.		SACERDOCE.
2					55
5	16	5	9	74	59
7	20	6	10	78	92
8	24	25	11	79	108
14	25	41	12	82	142
39	26	50	17	84	
46	27	55	19	85	
47	28	54	21	87	
66	32	56	22	89	**PROFESSIONS.**
69	33	57	23	94	
72	34	90	29	95	18
75	36	102	30	100	88
83	37	111	31	104	112
94	39	121	52	106	126
105	40	124	55	107	134
127	43	128	58	110	144
140	45	133	42	116	
142	51	137	44	117	
	59	139	48	118	**NOMS MUTILÉS OU DÉTRUITS.**
	61		49	119	
	62		52	120	
	63		55	122	4
	71		58	123	13
	75		60	130	15
	76		64	131	59
	80		65	136	86
	89	**CORPORATIONS.**	67	138	96
	92		68	143	97
EMPEREURS.	93	1	70	145	99
	98	77			113
85	125	84			114
109	129	104			115
133	141	105			132

LISTE

DES NOMS DES PERSONNES QUI ONT FAIT DES DONS AU MUSÉE LAPIDAIRE.

Nous nous faisons un devoir de réunir et de publier les noms de toutes les personnes qui ont fait des dons au Musée Lapidaire, soit lorsque Artaud en était le conservateur, soit depuis que nous lui avons succédé dans ces fonctions; nous avons recherché les uns dans sa notice sur le Musée, et les autres dans un catalogue où nous les avions soigneusement recueillis, quelles que fussent la valeur et l'importance des antiquités offertes.

Cet hommage rendu à tous les bienfaiteurs de ce Musée ne pourra blesser leur modestie; ils ont le double mérite d'accroître nos richesses et de donner un exemple de générosité qui aura sans doute des imitateurs.

Nous ne signalons dans cette liste que les noms de ceux qui ont augmenté la collection étalée sous les portiques du Palais, nous réservant de donner à la fin du second volume, où seront décrits les objets antiques et du moyen-âge contenus dans les salles du premier étage, une autre liste où seront inscrits les noms des bienfaiteurs de ces collections diverses.

ALHUMBERT, curé de St-Pierre, une inscription numéro 180.
ARTAUD DE LA FERRIÈRE, un cippe numéro 29 et un sarcophage n° 35.
AUDET, propriétaire à St-Georges, une inscription numéro 283.
BELBEUF (le marquis de), premier président de la Cour royale, une inscription des plus importantes, celle de Celsus, numéro 717.
BENOIT, propriétaire rue de Trion, une inscription numéro 455.
BILLET, propriétaire à la Sara, une inscription numéro 504.
BONALD (Mgr. le Cardinal de) Archevêque de Lyon, une inscription numéro 193.
BONDY (de) préfet du Rhône, un médaillon à bas-relief numéro 620.
BONTHOUX, propriétaire, rue de Bourbon, un dauphin n° 530, et une tête d'ange ailée n° 534.
BOUÉE (curé d'Ainay), un conduit en argile pour calorifère.
BREITTMAYER, négociant, quatre amphores numéros 329, 367, 369, 614.
CAILLE (l'abbé), un sarcophage numéro 545.
CARVILLE, ancien notaire, fût de colonne numéro 143.
CHABOT et GUINON, teinturiers, fragments de marbres sculptés numéros 73 et 569.
CHAZELLE, adjoint au maire de la Guillotière, une inscription numéro 536.

Chinard, statuaire, corniche en marbre numéro 439.

Chrétien, maire de Condrieu, un bas-relief en marbre numéro 552.

Cocuard, conseiller de préfecture deux inscriptions numéros 162, 253; et un bas-relief en marbre numéro 618.

Comarmond (le docteur), une inscription sur pierre numéro 436, onze fragments d'inscriptions sur marbre, deux de briques, un de mosaïque, huit débris de bas-reliefs, ornements et statuettes en marbre, numéros 740 à 762.

Danguin, employé de l'octroi, un vase en argile noirâtre numéro 470.

Dejean (l'abbé), directeur du Jardin-des Plantes à Vienne, une grande amphore.

Deleutre fils, un bas-relief numéro 678.

Dolbeau, ancien membre du conseil municipal de Lyon, une inscription numéro 358.

Donat, propriétaire aux Minimes, un taurobole numéro 160.

Duchatelet, propriétaire près le Point-du-Jour à St-Irénée, une inscription numéro 344.

Dumarest de Chassagni, une inscription importante numéro 495.

Dupré, propriétaire à Champvert, une inscription numéro 472.

Dutilleu, propriétaire, six inscriptions pleines d'intérêt numéros 126, 227, 291, 292, 333, et une des pierres du numéro 230.

Fesch (Mgr. le Cardinal), Archevêque de Lyon, une inscription numéro 210.

Fournet, propriétaire à Montauban, un antéfixe en argile numéro 398.

Foyatier, sculpteur, statue de femme en marbre numéro 108.

Frangin, curé de St Just, une inscription numéro 447.

Frèrejean, négociants, une inscription numéro 420.

Gauthier, marchand de sel, une inscription des plus importantes numéro 287.

Gay, architecte, un petit buste numéro 503.

Genod, peintre, et Raymond, propriétaires, une belle inscription numéro 494.

Gilibert (le docteur), une inscription numéro 174.

Guibert, ancien vicaire de Saint-Paul, ensuite curé de Saint-Irénée, trois inscriptions numéro 28, 142, 348.

Guillermain, maire de Vienne, un architrave en marbre numéro 485.

Jaquemont, entrepreneur de bâtiments, une inscription numéro 130.

Jouffroy (chirurgien), propriétaire, quatre amphores de forme élégante, trois portant les numéros 735, 736, 737.

Klein, propriétaire, modillon du quinzième siècle numéro 739.

Lafitte, entrepreneur de travaux publics, deux inscriptions numéros 583 et 585.

Laurencin (le comte de), une inscription numéro 2.

Laya, entrepreneur en bâtiments, deux inscriptions numéros 303 et 498.

Macors, pharmacien, une inscription numéro 715, et trois amphores.

Mangin, colonel du génie, une inscription et trois amphores.

Marduel, propriétaire à Champvert, huit inscriptions numéros 21, 149, 150, 250, 481, 522, 529, 629.

Martin, propriétaire, une inscription numéro 181.

Michoud aîné, de Ste-Colombe, une inscription numéro 330.

Missol et Bouchardy, propriétaires à la Guillotière, une inscription numéro 328.

Mouraud, ingénieur, membre du conseil-général, trois conduits gigantesques en argile numéros 765, 766, 767.

Murat, entrepreneur de bâtiments, une inscription numéro 718.

Paturle, propriétaire à Fourvière, un torse en marbre numéro 183.

Peilleux, négociant, une inscription numéro 677.

Pinoncelli, propriétaire aux Massues, une inscription numéro 463.

Pollet, architecte, un couronnement de niche en marbre blanc numéro 581.

Poncet et Savoye, architectes, quatre amphores numéros 727, 728, 729, 730.

Puzin (veuve), propriétaire à Ste-Colombe, deux inscriptions numéros 163 et 184.

Riboud, négociant, adjoint au maire de Lyon, une inscription numéro 278.

Rollin, cafetier, une inscription numéro 625.

Rougnard, propriétaire à Choulans, une tête de statuette numéro 85, une inscription numéro 196, et un pied de statue grandeur naturelle en marbre blanc numéro 520.

Rozières (de), un chapiteau historié numéro 234.

Salma, entrepreneur, trois amphores numéros 474 et 475.

Saulnier, négociant, une amphore, et une tête antique numéro 25.

St-Try (de), propriétaire au château de St-Try, genou humain numéro 218, fragment de jambe gauche de cheval numéro 219, tête de cheval numéro 220, en calcaire oolithique de Tournus.

Savaron (de), une inscription numéro 556.

Sédy, pepiniériste, un larve cyclopéen numéro 65, un dessus de tombeau en pyramide numéro 546, et une inscription numéro 555.

Tinner, propriétaire, une inscription numéro 466.

Valluy, propriétaire, une inscription numéro 304.

Vauxonne (le baron de), conseiller à la Cour royale, une inscription numéro 431.

Vial (veuve), un magnifique larve numéro 353.

Willermoz (le docteur), une inscription numéro 30.

Wetter et Coubayon, propriétaires, une inscription numéro 559.

TABLE

PAR ORDRE DE NUMÉROS DES MONUMENTS REPRÉSENTÉS SUR LES PLANCHES.

n°	page			Pl.
1	1	Secundus Octavus.		10.
2	3	Valeria Trophimes.		14.
3	4	Velitius Rufinus.		14.
8	7	Julia Felicissima.		16.
17	12	Tertinius.		12.
18	13	Rusonius Secundus.		13.
19	16	Statue mutilée.		9.
22	18	Tête de Jupiter.		6.
26	19	Sarcophage de St-Irénée. Triomphe de Bacchus.		1.
27	29	Tables de Claude.		2.
28	41	Sex. Cossutius.		11.
29	43	Octavius Primus.		10.
33	46	Potitius Romulus.		11.
34	47	Statuette de l'Abondance.		7.
35	47	Lanina Galatia.		8.
39	49	Placida.		17.
63	62	Corniche du bas empire.		7.
65	63	Masque Cyclopéen.		7.
80	69	Fragment de statue drapée.		9.
90	71	Matris Augustis C. Titius.		13.
91	72	Matr. Aug. Phlegn. Med.		6.
95	76	Augustæ deæ Vestæ.		3.
106	83	Tib. Pompeius Priscus.		3.
107	85	Tallonus Pervincus.		11.
109	86	Maglio Prisciano Segusiavo.		3.
120	100	Julius Severinus.		3.
126	102	Micheles Pacsus.		10.
160	128	Taurobolium (COMMODVS).		3.
168	134	Titia Fortunata.		17.
170	136	Lucretia Valeria.		14.
171	137	Julius Alexsander.		2.
179	141	Apronius Raptor.		15.
180	142	Cassius Melior.		15.
181	143	Minthatius Vitalis.		15.
187	148	Bas-relief Q. ARIO.		6.
195	153	Lucretius Campanus.		11.
196	154	Numinibus Augustorum.		13.
197	155	Cassianus Lupulus.		10.
220	162	Tête de cheval.		6.
221	163	Fragment de corniche.		7.
227	165	Taurobolium (SEPTIMVS SEVERVS ET M. AVRELIVS ANT.)		8.
229	167	Torse de statue.		6.
234	170	Chapiteau de pilastre.		6.
238	174	Deo Marti Aug.		13.
243	176	Chapiteau antique.		6.
247	178	Catullinus Deciminus.		11.
255	186	Taurobolium (MATRIS DEVM)		3.
287	203	Taurobolium (HADRIANVS).		4.
292	207	Servilius Martianus.		17.
297	210	Julius Januarius.		14.
303	213	Nautæ Rhodanici.		10.
304	214	Bonæ Menti ac Reduci Fortunæ.		8.
308	215	Primus Secundianus.		9.
311	219	Vitalinus Felix.		2.
317	222	Aurel. Primus et Modestin.		15.
318	223	Sex. Julius.		17.
319	224	Apidius Valerius.		11.
320	225	Taurobolium (SEPTIMVS SEVERVS ET ......).		4.
327	230	Sex. Ligurius.		13.
332	234	Flavius Faustus.		9.
371	252			
348	243	Exomnius Paternianus.		12.
353	245	Larve de tombeau.		7.
359	247	Capitonus Probatus.		16.
372	252	Julius Zosimus.		9.
405	261	Aquinius Verinus.		8.
406	263	...natius Lucens.		15.
410	266	Bas-relief.		18.
419	268	J. O. M. Depulsor.		13.
437	281	Apriclius Priscianus.		5.
438	281	Bas-relief de Mercure dans une niche.		7.
441	284	Débris de chapiteau.		6.
465	293	Illiomarus Aprilintiarus.		5.
472	296	Septicia Gemina.		17.
473	297	L. Marius Perpetuus.		2.
479	301	Antonius Sacer et sa famille.		19
622	365			
480	303	Fortunæ.		12.
481	303	Numinibus August. Deo Apollini.		12.
483	304	Autel pullulaire.		18.

TABLE DES NUMÉROS CONTENUS DANS CHAQUE PLANCHE. 501

n° 487	page 305	Cæcilius Urbicus, ossuaire.	18.
494	— 307	Faustinus.	16.
495	— 308	Tib. Antistius Marcianus.	8.
496	— 309	Oppius Placidus, haruspex	5.
498	— 311	Blandinia Martiola. . .	8.
556	— 331	Minucia Astte medica. .	5.
558	— 333	.....ranius.	15.
559	— 334	Maria Macrina.	14.
571	— 339	Vindicia Luperca . . .	14.
574	— 340	Suovetaurilia, bas-relief.	18.
575	— 342	Hostilius Nestor, ossuaire.	18.
576	— 343	Secundus, ossuaire. . .	18.
577	— 344	Aurel. Terentius, ossuaire.	18.
582	— 346	Tête de roi parthe. . .	6.
583	— 347	Foutius Incitatus. . . .	12.

n° 587	page 351	Augus. Laribus. . . .	6.
589	— 353	Statuette d'Apollon. . .	7.
599	— 355	Curvelius Robustus. . .	16.
605	— 353	Deo Silvano Aug. . . .	17.
630	— 371	Silvano Augusto. . . .	16.
678	— 382	Bas-relief, soldats casqués.	5.
711	— 388	Sarcophage d'un personnage consulaire. . . .	7.
717	— 391	C. Julius Celsus. . . .	5.
718	— 396	Jul. Taurus.	9.
719	— 397	Mercurio Aug. et Maiæ Aug.	5.
723	— 401	Inscription religieuse. .	17.
764	— 413	Sarcophage de St-Maurice d'Ardèche.	19.

TABLE

DES NUMÉROS CONTENUS DANS CHAQUE PLANCHE.

PLANCHE 1.

n° 26. page 19. Sarcophage de St-Irénée. Triomphe de Bacchus.

PLANCHE 2.

n° 27. page 29. Tables de Claude.
171. — 137. Julius Alexsander.
311. — 219. Vitalinus Felix.
473. — 297. L. Marius Perpetuus.

PLANCHE 3.

n° 95. page 76. Augustæ deæ Vestæ.
106 — 83. Tib. Pompeius Priscus.
109 — 86. Maglio Prisciano Segusiavo.
120 — 100. Julius Severinus.
160 — 128. Taurobolium (COMMODVS).
255 — 186. Taurobolium (MATRIS DEVM).

PLANCHE 4.

n° 287 page 203. Taurobolium (HADRIANVS).
320 — 225. Taurobolium (SEPTIMVS SEVERVS ET ....)

PLANCHE 5.

n° 437 page 281. Apriclius Priscianus.
465 — 293. Illiomarus Aprilintiarus.
496 — 309. Oppius Placidus, haruspex.
556 — 331. Minucia Astte medica.

n° 678 page 382 Bas-relief, soldats casqués.
717 — 391 C. Julius Celsus.
719 — 397. Mercurio Aug. et Maiæ Aug.

PLANCHE 6.

n° 22 page 18. Tête de Jupiter.
91 — 72. Matris Aug. Phlegn. med.
187 — 148. Bas-relief Q. Anio.
220 — 162. Tête de cheval.
229 — 167. Torse de statue.
234 — 170. Chapiteau du V° au VI° siècle.
243 — 176. Chapiteau antique.
441 — 284. Bas-relief, débris de chapiteau.
582 — 346. Tête de roi parthe.

PLANCHE 7.

n° 34 page 47. Statuette de l'Abondance.
63 — 62. Corniche du bas empire.
65 — 63. Masque Cyclopéen.
221 — 163. Fragment de corniche.
353 — 245. Larve de tombeau.
438 — 281. Bas-relief de Mercure dans une niche.
589 — 353. Statuette d'Apollon.
711 — 388. Sarcophage d'un personnage consulaire.

TABLE DES NUMÉROS CONTENUS DANS CHAQUE PLANCHE.

PLANCHE 8.

n° 35. page 47. Lanina Galatia.
227. — 165. Taurobolium (SEPTIMUS SEVE-
RUS ET M. AURELIUS ANTO.)
n° 304. — 214. Bonæ Menti ac Reduci Fortunæ.
405. — 261. Aquinius Verinus.
495. — 308. Tib. Antistius Marcianus.
498. — 311. Blandinia Martiola.

PLANCHE 9.

n° 19. page 16. Statue mutilée.
80. — 69. Fragment de statue drapée.
308. — 215. Primus Secundianus.
332. — 234. } Flavius Faustus.
371. — 252. }
372. — 252. Julius Zosimus.
587. — 351. Aug. Laribus.
718. — 396. Jul. Taurus.

PLANCHE 10.

n° 1. page 1. Secundus Octavus.
29. — 43. Octavius Primus.
126. — 102. Micheles Pacsus.
197. — 155. Cassianus Lupulus.
303. — 213. Nautæ Rhodanici.

PLANCHE 11.

n° 28. page 41. Sex. Cossutius.
33. — 46. Potitius Romulus.
107. — 85. Tallonus Pervincus.
195. — 153. Lucretius Campanus.
247. — 178. Catullinus Deciminus.
319. — 224. Apidius Valerius.

PLANCHE 12.

n° 17. page 12. Tertinius.
348. — 243. Exomnius Paternianius.
480. — 303. Fortuna.
481. — 303. Apollo.
583. — 347. Fontius Incitatus.

PLANCHE 13.

n° 18. page 13. Rusonius Secundus.
90. — 71. Matris Augustis C. Titius.
196. — 164. Numinibus Augustorum.
258. — 174. Marti.
327. — 230. Sex. Ligurius.
419. — 278. J. O. M. Depulsori.

PLANCHE 14.

n° 2. page 3. Valeria Trophimes.
3. — 4. Velitius Rufinus.
170. — 136. Lucretia Valeria.
297. — 200. Julius Januarius.
559. — 334. Maria Macrina.
571. — 339. Vindicia Luperca.

PLANCHE 15.

n° 179. page 141. C. Capronius Raptor.
180. — 142. Cassius Melior.
181. — 143. Minthatius Vitalis.
317. — 222. Aurel. Primus et Modestinus.
406. — 263. ...natius Lucens.
558. — 332. ...ranius.

PLANCHE 16.

n° 8. page 7. Julia Felicissima.
359. — 247. Capitonus Probatus.
494. — 307. Faustinus.
599. — 335. Curvelius Robustus.
630. — 371. Silvano Augusto.

PLANCHE 17.

n° 39. page 49. Placida.
168. — 134. Titia Fortunata.
292. — 207. Servilius Martianus.
318. — 223. Sex. Julius.
472. — 296. Septicia Gemina.
605. — 358. Deo Silvano Aug.
723. — 401. Inscription religieuse.

PLANCHE 18.

n° 410. page 266. Bas-relief.
483. — 304. Autel pullulaire.
487. — 305. Cæcilius Urbicus, ossuaire.
574. — 340. Suovetaurilia, bas-relief.
575. — 342. Hostilius Nestor, ossuaire.
576. — 343. Secundus, ossuaire.
577. — 344. Aurel. Terentius, ossuaire.

PLANCHE 19.

n° 479. page 301. } Antonius Sacer et sa
622. — 365. } famille.
764. — 413. Sarcophage de St-Maurice d'Ardèche.

TABLE DES MATIÈRES.

Avant-propos. . . . . I.
Introduction. . . . . VII.
Notice sur le Palais-des-Arts. . . . . XIII.
Explications préliminaires. . . . . XXI.

Diis Manibus.	XXI.	Adjuteur.	L.
Sub ascia.	XXII.	Adlecteur.	L.
Tres provinciæ Galliarum.	XXV.	Inquisiteur.	LI.
Tribus.	XXVI.	Préposé.	LI.
Légion.	XXVI.	Appariteur.	LI.
Nones.	XXIX.	Exacteur.	LII.
Calendes.	XXIX.	Décurion.	LII.
Ides.	XXX.	Centurion.	LIII.
Taurobole.	XXX.	Porte-enseigne.	LIV.
Sportule.	XXXII.	Emérite.	LIV.
Sénat. — Sénateur.	XXXII.	Vétéran.	LV.
Colonies. — Municipes	XXXIII.	Patron.	LV.
Chevalier romain.	XXXIV.	Affranchi.	LVI.
Consul. — Proconsul.	XXXV.	Matrone.	LVII.
Questeur.	XXXVII.	Joueurs de flûte.	LVII.
Tribun	XXXVIII.	Naute.	LVII.
Préteur. — Propréteur	XXXVIII.	Utriculaires.	LVIII.
Prêtre.	XXXIX.	Dendrophores.	LVIII.
Pontifes. — Suprême Pontife	XXXIX.	Centonaires.	LIX.
Flamine.	XL.	Argentiers.	LIX.
Augures. — Aruspices.	XLI.	Mythes.	LX.
Saliens. — Luperques. — Arvales.	XLII.	— Jupiter	LX.
Galles. — Archigalle.	XLII.	— Apollon.	LXI.
Vestales.	XLIII.	— Diane.	LXII.
Sibylles	XLIII.	— Vesta.	LXIII.
Duumvir.	XLIV.	— Mars.	LXV.
Quinquennal.	XLV.	— la Fortune	LXV.
Sévir Augustal.	XLVI.	— Dieux Mânes.	LXVII.
Décemvirs.	XLVII.	— Sylvain.	LXVIII.
Quindécemvirs.	XLVIII.	— dieux Lares.	LXIX.
Procurateur.	XLVIII.	— déesses Mères.	LXX.
Curateur.	XLIX.	Carrières des Romains.	LXXI.

TABLE DES MATIÈRES.

Description du Musée Lapidaire. . . . . . . de la page 1, à la page 390.

Supplément. . . . . de la page 391, à la page 420.

Inscriptions de la salle des Antiques . . . . de la page 421, à la page 424.

Inscriptions éparses dans la ville de Lyon et dans
le département du Rhône. . . . . de la page 425, à la page 432.

Inscriptions publiées par les anciens auteurs. .
actuellement perdues. . . . . de la page 433, à la page 454.

Noms et marques de différentes fabriques, des ouvriers sur
métaux, argile cuite, os, ivoire, et des artistes sur pierres
gravées. . . . . page 455.
    Sceaux de potiers. . . . . — 456.
    Moules de potiers . . . . — 458.
    Marques de potiers. . . . . — 459.
    Marques de fabriques sur métaux divers. . . . . — 473.
    Marques sur matières divers. . . . . — 478.

Table par ordre alphabétique des noms des personnes en l'honneur
desquelles ont été gravées les inscriptions. . . . . . page 481.
    Inscriptions du Musée Lapidaire. . . . . — 481.
    Inscriptions éparses dans le département du Rhône. . . — 488.
    Inscriptions perdues. . . . . — 490.

Tableaux synoptiques des différentes catégories d'inscriptions. . page 494.
    Inscriptions du Musée Lapidaire. . . . . — 494.
    Inscriptions éparses. . . . . — 495.
    Inscriptions perdues. . . . . — 496.

Liste des personnes qui ont fait des dons au Musée Lapidaire. . page 497.

Table par ordre de numéros des monuments représentés sur
les planches . . . . page 500.

Table des numéros contenus dans chaque planche. . . . . page 501.

FIN.

APPENDICE AUX INSCRIPTIONS ÉPARSES.

Nous venons réparer une omission relative à une inscription dont le manuscrit s'était égaré à l'imprimerie et qui appartient à la catégorie des inscriptions éparses dans le département; nous la citons en continuant les nos de cette série, et nous espérons qu'elle arrivera un jour sous nos Portiques. Elle nous paraît importante à raison du mot GVSIAVIS que nous remarquons à la quatrième ligne, car nous avons tout lieu de penser que la syllabe SE existait dans la partie détruite, alors nous lirions SEGVSIAVIS; ce mot nous rappelle un peuple dont nous avons cherché à rétablir le vrai nom (1). Nous en rappelons une autre que nous avons publiée dans la catégorie des inscriptions perdues, page 442, n° 56. et que nous avons retrouvée. Enfin nous en ajoutons deux qui sont venues depuis peu à notre connaissance.

75.

```
OS . FE
IVS . VR
CVRAT
GVSIAVISM
MORIAE
TRONI
OGEMIN
MARC
MARC
```

76.

```
        D        M
ET MEMORIAE AE
TERNAE VROGENO
NERTI VET  LEG
XXII P F ACCEPTIA
ACCEPTA CONIVGI
CARISSIMO ET SIBI VIVA
PC ET SVB ASC DE
      DICAVIT
```

77.

```
HIC IACE II NOM
SANCT MONIALIS
NEAVENIINA QVAR V
ANNOS XXXV QVA
BI SVB DIE VIII K
AVG
```

78.

```
IN HVC LOCV REQVIEVIT LEVCADIA
DEO SACRATA PVELLA QVI VITAM
SVAM PROVT PROPOSVERAT
GESSIT Q VIXIT ANNOS XVI TANTVM
BEATIOR IN DNO CONDEDIT MENTEM
   PTS CONSV THEVDOSI XIII
```

---

(1) Voir l'inscription n° 119, page 86.

75. — Sur un bloc en calcaire jurassique dans l'angle d'une maison qui fait saillie, chemin du Pont d'Alaï, à peu près en face du chemin de la Favorite.

76. — Retrouvée en 1854, rue de Talaru, au milieu à gauche en entrant par la rue des Prêtres dans le chambranle d'une porte.

77. — Sur une plaque en marbre blanc, chez M. Julien, rue des Farges, 22, dans les latrines.

78. — Sur une plaque de marbre blanc, rue des Farges, 22.

POSTSCRIPTUM.

Malgré le profond dégoût que nous éprouvons à répondre aux attaques que M. de Boissieu s'est permis d'insérer contre nous à la fin de son ouvrage, nous croyons devoir descendre dans l'arène qu'il nous a ouverte pour réduire à néant cet assemblage d'assertions et d'insinuations mensongères et calomnieuses.

Le volume de la description du Musée lapidaire de la ville de Lyon était achevé, lorsque nous avons appris que M. de Boissieu avait jugé indispensable de terminer son recueil des inscriptions antiques de Lyon, par quelques lignes inqualifiables et d'une rare outrecuidance, soit à l'adresse de M. Monfalcon, soit à la nôtre ; nous n'avons pas à nous occuper de celles qui concernent le savant auteur de l'histoire de Lyon, il saura sans doute répondre. Nous nous bornerons à citer le début de son attaque, qui peut s'appliquer à tous les deux.

« J'aurais désiré, dit-il, que ce dernier adieu à mon livre ne contînt que les témoignages de
« ma gratitude envers ceux qui ont bien voulu en être les patrons ; mais l'intérêt de la justice
« et le soin de ma propre dignité m'obligent à descendre dans une arène d'où mes habitudes
« m'éloignent d'ordinaire. »

M. de Boissieu a grandement raison de remercier les savants qui l'ont aidé dans ses travaux ; il aurait dû surtout en signaler deux d'une manière toute spéciale qui ont une large part dans le patronage.

Quant à la justice et au soin de sa propre dignité qui semblent le forcer à descendre dans une arène qui ne lui est pas habituelle, on en jugera plus loin ; nous connaissons depuis longtemps l'aménité de son caractère.

Arrivons à ce qui nous concerne particulièrement.

« Tout tableau demande un pendant ;... »

Nous félicitons M. de Boissieu sur son goût artistique qui lui fait une loi de ne point laisser de tableau sans pendant, et nous le remercions sincèrement de l'honneur qu'il nous fait en nous choisissant pour en servir à M. Monfalcon. Mais deux tableaux dont le même personnage est le héros, sont encore plus en harmonie. Nous engageons donc les lecteurs à mettre en regard ce que M. de Boissieu pensait de M. Monfalcon, lorsqu'il publiait sa première livraison, avec ce qu'il en pense et public dans la sixième, ils pourront juger de la flexibilité et de la hardiesse du pinceau de l'artiste, et de son habileté à passer du blanc au noir.

Il ajoute :

« Et quelque pressé que je sois de quitter ce fâcheux terrain, il me reste encore une petite
« exécution à faire. »

Ne frémissez point, lecteur ; il ne s'agit point de hautes œuvres ; le terrible exécuteur se borne simplement à épancher un venin peu subtil, dont nous avons trouvé sans peine le spécifique ; nous sommes tenté de lui dire :

Parturient montes, nascetur ridiculus mus.
Hor. *Ars poet.*

Poursuivons :

« Je me suis plaint souvent dans le cours de cet Ouvrage, que, depuis la Notice d'Artaud,
« éditée en 1816, il n'eût paru aucun catalogue, aucun livret sur notre Musée lapidaire.
« J'ignorais, et tout le public ignorait avec moi, que le conservateur actuel de nos richesses
« antiques eût publié en 1847 un gros volume *in-quarto* sur ce sujet. Or, le fait commence à
« s'ébruiter ; et, bien que le volume en question soit encore aujourd'hui un mythe pour tout
« le monde, il paraît qu'il s'élabore à la sourdine. »

A qui s'adressent les plaintes de M. de Boissieu ? Est-ce au digne Artaud qui resta conservateur jusqu'en 1830 ? Est-ce à M. Thierriat qui lui a succédé comme conservateur des Musées archéologiques jusqu'en 1841 ? nous ne le pensons pas ; le sévère censeur s'adresse à nous seul, et cependant, sans s'en douter, il englobe ces deux fonctionnaires dans son anathème.

Nous lui répondrons, que nommé conservateur en 1841, nous nous sommes immédiatement mis à l'œuvre, que notre manuscrit a été fini, revu et corrigé au commencement de 1847, et livré immédiatement à l'impression ; à la fin de la même année, le tiers *du gros volume in-quarto* était imprimé, et au 28 février 1848 il y en avait la moitié ; tout le public qui prend le moindre intérêt au Musée en était instruit et M. de Boissieu lui-même, malgré ses affirmations contraires. Nous ne parlons point ici du public illettré ou indifférent derrière lequel il s'abrite et avec lequel il a le tort de se confondre. On doit être d'autant plus étonné du langage de M. de Boissieu, qu'il savait très-bien que nous nous occupions activement de ce travail *puisqu'il est venu dans notre cabinet nous proposer de le faire conjointement avec lui.*

Il s'abuse étrangement sans abuser personne, en avançant que notre ouvrage s'élabore à la sourdine, et en le comparant à un mythe, lorsqu'il est avéré pour tout le monde qu'il est terminé. Quant au format gros *in-quarto* qui parait le choquer, nous en sommes très-peiné, et nous regrettons qu'il nous ait été imposé par l'administration, qui aurait pu l'ordonner in-folio sans l'agrément de M. de Boissieu.

« L'auteur a, dit-on, déposé, en 1847, son titre et une première feuille, pour prendre date,
« et puis, à loisir, il a rédigé ses commentaires, présentant comme inédites les inscriptions
« apportées au Palais-des-Arts depuis Artaud. La méthode, quoique peu honnête, est assez
« nouvelle pour être signalée : c'est un plagiat par antidate. »

Ici, l'attaque est plus sérieuse, mais elle décèle l'ignorance ou la mauvaise foi par l'insinuation qu'elle contient. Non, monsieur, nous n'avons pas déposé en 1847 notre titre et notre première feuille, pour prendre date et rédiger nos commentaires à loisir; nous avons déposé les troisième, quatrième, et cinquième feuilles de la seconde série de notre ouvrage, lesquelles jointes aux dix feuilles de la première forment le tiers à peu près de la description du Musée lapidaire, et nous le répétons, notre manuscrit achevé, revu et corrigé a été remis à l'imprimeur au commencement de 1847.

En indiquant comme inédites les inscriptions apportées au Palais-des-Arts depuis Artaud, nous étions complètement dans notre droit : 1° parce qu'aucun ouvrage traitant de ces monuments n'avait paru au moment où nous faisions notre travail. 2° Parce que, assistant aux fouilles et aux démolitions et faisant apporter de tous les points de la ville et du département les inscriptions qui s'y trouvaient, il était juste de nous en conserver la priorité; d'ailleurs, comme membre correspondant du ministère de l'intérieur et de l'instruction publique, nous nous sommes empressé d'envoyer à chaque ministre une notice sur les monuments qui entraient au Musée et qui étaient inédits; 3° Nous avons cru devoir, en 1846, pour corroborer notre droit, faire imprimer une brochure intitulée : *Lettre à MM. les Ministres de l'Intérieur et de l'Instruction publique, relative aux monuments découverts sur le sol lyonnais jusqu'à nos jours*, où sont publiés tous les monuments inédits entrés sous nos portiques depuis 1841. Afin d'éviter à M. de Boissieu d'aller fouiller dans les cartons des ministères pour s'édifier sur ce fait, nous sommes prêt à le lui prouver, s'il l'ignore.

Ce grave chef d'accusation *de plagiat par antidate* disparaît donc de la légende. Nous ne l'abandonnerons cependant pas sans y joindre une observation à l'adresse de M. de Boissieu.

Si la place de conservateur des Musées archéologiques ne confère pas à celui qui l'occupe, le droit rigoureux de priorité lorsqu'il veut publier les nouvelles découvertes, il est certaines convenances à cet égard qu'observent vis-à-vis de lui les personnes qui se respectent et dont les gens bien élevés ont le tact. Chercher à lui dérober le fruit de son zèle à recueillir les monuments antiques est une faute grave, dont il n'y avait pas encore eu d'exemple. Et à ce propos nous pourrions appliquer à M. de Boissieu ses propres expressions : *la méthode, quoique peu honnête, est assez nouvelle pour être signalée.*

Au lieu de nous reprocher d'avoir présenté comme inédites beaucoup d'inscriptions, M. de Boissieu aurait dû nous savoir gré de lui avoir fourni une assez grande quantité de matériaux pour son ouvrage, attendu que depuis notre entrée au Palais-des-Arts, nous avons plus que triplé le nombre des monuments qui y figuraient à notre arrivée.

« Malheureusement il sera fort difficile à M. Comarmond de faire admettre le millésime
« de 1847, lorsqu'après sept ans aucun exemplaire de son ouvrage n'a encore vu le jour ;
« ajoutons que l'année dernière la commission municipale a voté les fonds nécessaires pour
« l'impression. »

Oui, malheureusement l'impression a duré sept ans ; au 28 février 1848 la caisse de la ville a été fermée pour nous, et la presse est restée inactive pendant plus de quatre ans, durant lesquels nous avons été obligé de nous soumettre aux volontés des administrateurs qui se sont succédé. Il ne pouvait en être autrement ; mais il n'en demeure pas moins constant et avéré que le millésime de 1847-1854 imprimé sur le titre général de notre ouvrage, énonce une vérité, et que nous avons bien légitimement le droit d'indiquer ces dates et de les faire adopter, même à notre contradicteur.

« Quant aux inscriptions offertes comme inédites, l'auteur aura la ressource de déclarer au
« public qu'il n'a pas eu connaissance de mon Ouvrage, quoique plusieurs de ses gravures aient
« été notoirement exécutées d'après les miennes et sur mes épreuves, quoique enfin il doive
« être constaté par les registres de la bibliothèque du Palais-des-Arts, qu'il a emprunté et gardé
« assez longtemps un exemplaire de mes livraisons. »

Nous n'avons pas à revenir sur l'accusation des inscriptions citées comme inédites, cette question est réglée.

Quant au fait de l'emprunt des livraisons, il est exact en lui-même ; seulement il existe une grande différence entre les insinuations de M. de Boissieu et ce qui est la vérité. La description du Musée lapidaire était terminée depuis plusieurs semaines et la table des matières déjà sous presse, lorsque nous avons demandé la communication de l'ouvrage de M. de Boissieu ; nous n'avions donc pas à le consulter ni à lui faire le moindre larcin. Si nous nous sommes permis une telle indiscrétion, nous y avons été poussé par un simple motif de curiosité, qui reposait sur plusieurs points, entre autres : 1° nous voulions savoir si M. de Boissieu

avait suivi la leçon des anciens auteurs dans certains passages des Tables de Claude ;
2° si le jeune archéologue avait considéré comme appartenant au même monument, où elles se touchaient, deux pierres dont l'une trouvée aux Génovéfains est depuis longtemps au Musée, et l'autre trouvée à Vaise en 1846, n'y figure que depuis cette époque ; tel est le seul motif de l'emprunt qu'on nous reproche avec tant d'amertume.

Quant à l'accusation que M. de Boissieu porte contre les graveurs de nos planches, qu'il se rassure encore ; il en existe 19, sur lesquelles 17 étaient déposées chez l'imprimeur lorsque sa première livraison n'avait pas encore vu le jour ; quant aux deux autres, nous ne pouvons affirmer que le graveur n'ait pu voir l'ouvrage de M. de Boissieu ; mais ce que nous pouvons annoncer, c'est qu'elles ont été faites sous nos yeux et qu'elles contiennent un grand nombre de sujets dont il n'est pas question dans son livre.

« Je lui conseille plutôt de justifier la propriété et la légitimité de son œuvre actuelle, en
« invoquant le souvenir et l'autorité de ses précédentes publications. »

Nous avouons avec franchise que nous n'avons pu parvenir à comprendre le sens de cette attaque, si toutefois c'en est une, même en consultant tous nos souvenirs.

L'honorable critique termine sa boutade par le paragraphe suivant :

« En voilà assez et trop peut-être sur d'aussi vilaines matières. J'aurais désiré n'y pas tou-
« cher : des amis sincères et des juges fort compétents ont fait violence à mon dédain. »

M. de Boissieu aurait bien fait de suivre sa première inspiration et de résister à la prétendue violence qui lui a été faite. Nous le plaindrons de sa faiblesse et d'avoir pris peut-être des adulateurs pour des amis sincères et des juges fort compétents, surtout en matière de convenances ; car ils lui ont conseillé de *vilaines choses*, qui méritent tous les *dédains possibles*, et qui sont indignes d'un beau caractère.

« Le respect scrupuleux avec lequel j'ai restitué à chaque auteur, vivant ou mort, les moindres
« faits et les plus légers emprunts dont j'ai pu enrichir mes commentaires, me donnait le droit
« d'exiger d'autrui les mêmes procédés d'honneur et de délicatesse. »

Il sied très-bien à M. de Boissieu de parler de scrupules et de vanter son honneur et sa délicatesse que personne n'attaque ; nous admirons surtout son respect scrupuleux qui, d'après le précepte de l'Evangile, lui fait une loi de rendre à César ce qui appartient à César.

Cependant malgré ce respect scrupuleux, il passe sous silence, nous a-t-on dit, un gros in-4° manuscrit d'Artaud sur le Musée lapidaire de Lyon. Ce manuscrit a été couronné par l'Institut, et la mort d'Artaud en a empêché l'impression.

Nous connaissions ce manuscrit, puisque c'est nous qui fûmes chargé par la ville d'aller recueillir à Orange les legs que lui avait fait le défunt; nous fûmes chargé aussi de rapporter cet ouvrage à celui qui en était légataire. Sachant où il était, nous aurions pu le consulter, tout comme M. de Boissieu ; mais par délicatesse, non celle dont il se pare, nous avons voulu le laisser intact à son propriétaire et ne point y faire tort par des emprunts. Par la même raison nous ne devions pas révéler en quelles mains il se trouvait, à M. de Boissieu qui nous sommait de lui communiquer toutes les notes qu'avait laissées Artaud sur le Musée ; mais à force de recherches à Avignon, à Paris et à Lyon, M. de Boissieu est parvenu à le découvrir dans son humble retraite, il l'a emporté et l'a gardé autant qu'il lui a été nécessaire, c'est un fait qu'il ne pourra contester. Qu'il nous permette de douter que pendant la longue possession du manuscrit Artaud, il l'ait entouré de son respect scrupuleux. A dater de cette époque, M. de Boissieu a cessé de nous gratifier de lettres *peu honnêtes* avec signification de lui livrer des notes que nous ne possédions pas.

Nous n'avons point encore lu l'ouvrage de M. de Boissieu, il est estimé et il doit l'être, lors même qu'il est *d'ordre composite* ; il n'a pu qu'y gagner dans l'intérêt de la science et des lettres ; en fait d'histoire et d'antiquités, on invente peu de chose.

La double sortie que fait M. de Boissieu contre M. Montfalcon et contre nous, loin d'ajouter au mérite de ce bel ouvrage illustré, nous semble le déflorer. Dans son intérêt personnel, il aurait dû moins s'occuper des autres et un peu plus de lui, en conservant les convenances que se doivent réciproquement les hommes qui se respectent.

RÉPONSE AU POST-SCRIPTUM
AJOUTÉ A LA DESCRIPTION DU MUSÉE LAPIDAIRE DE LYON PAR M. COMARMOND,
Membre d'un grand nombre d'Académies.

Je ne peux ni ne dois laisser passer sans réponse l'inqualifiable *Post-scriptum* ajouté par M. Comarmond à sa Description du Musée lapidaire. Ne m'attachant qu'aux faits, et renvoyant les injures à leur auteur, je tâcherai d'être, dans ma défense, aussi précis et aussi bref que l'attaque est ambiguë et prolixe.

En terminant mon travail sur les Inscriptions antiques de Lyon, j'ai dit qu'un ouvrage traitant à peu près le même sujet était sur le point de paraître; que l'auteur l'avait daté (je le croyais du moins) de l'année 1847, et que, bien qu'il eût pris connaissance de mon livre, il présentait comme inédits des monuments publiés par moi depuis plusieurs années. J'ai qualifié ainsi qu'il le méritait un tel procédé. Si j'eusse gardé le silence sur ces faits, mon droit d'antériorité eût pu être méconnu; et moi qui, depuis sept années, ai constamment livré le fruit de mes études au public, moi qui ai systématiquement négligé le puéril avantage d'inscrire en regard d'une inscription l'épithète, quelquefois utile mais si souvent ridicule, d'inédite, j'aurais été censé profiter des découvertes d'autrui et m'emparer d'un travail tout fait, sauf à le disposer dans un autre ordre. Un tel rôle ne pouvait me convenir, et j'ai dû le repousser.

A ce droit, exercé, j'en conviens, avec une franchise un peu rude, qu'a opposé M. Comarmond?

Que « son manuscrit a été fini, revu et corrigé au commencement de 1847 (1), et livré « immédiatement à l'impression; à la fin de la même année, le tiers *du gros volume in-* « *quarto* était imprimé, et, au 28 février 1848, il y en avait la moitié. » Si le manuscrit n'a été livré à l'impression qu'en 1847, pourquoi dater le nouveau frontispice de l'année 1846?

On me dit que « ces faits étaient connus de tout le public qui prend *le moindre* intérêt au Musée, et que moi-même j'en étais instruit. » Il y a ici une légère distinction à établir : le public de M. Comarmond, *qu'il ne faut pas confondre avec le mien*, ce que j'accepte sans réclamer, savait que cet auteur préparait le livret de la collection antique du Musée, mais il n'en savait pas davantage, et je n'étais, pour mon compte, pas plus avancé que lui. Quand deux personnes, dont l'une est encore vivante, ont fait auprès de M. Comarmond une démarche tendant à ce que l'ouvrage qu'il projetait ne fît qu'un avec celui que j'imprimais, il ne pouvait pas être question de m'adjoindre à son travail, qui n'existait pas en 1846, mais bien de l'associer au mien, qui était dès-lors en cours d'exécution; c'est quelque peu différent.

Le manuscrit de M. Comarmond, achevé, revu, corrigé (il ne dit pas augmenté), a été remis à l'imprimeur au commencement de 1847. Or, dès la feuille 12 de son ouvrage, l'auteur signale un monument découvert seulement à la fin de 1847; vingt autres inscriptions n'ont vu le jour que dans le courant de cette année et plus tard encore (2). L'achève-

---

(1) Dans la pièce qui précède l'Avant-propos on lit : *les manuscrits ont été achevés dans les derniers jours de 1847.* Ils ont donc été revus et corrigés onze mois environ avant d'être achevés.

(2) On trouve, pp. 415 et suiv., une longue dissertation sur un sarcophage qui n'a été donné à notre collection que vers la fin de 1853. Les chapitres des inscriptions éparses et des inscriptions perdues n'ont donc été publiés qu'après cette date.

ment, la révision et la correction n'étaient donc pas, au commencement de 1847, aussi complets qu'on veut bien nous le dire.

Toutes ces assertions, d'ailleurs, ne signifient rien en présence du fait de la publicité. Un ouvrage prend sa date le jour où il paraît; jusque-là il est à la discrétion de l'auteur, qui le revoit, l'amende, l'améliore avec ses propres ressources ou bien avec celles d'autrui. Or la Description du Musée lapidaire n'a paru qu'en 1854, c'est-à-dire deux ans et demi après la publication faite par moi de tous les titres antiques appartenant à l'époque païenne de Lyon, et trois ou quatre mois après ma sixième et dernière livraison. La date du dépôt légal doit en faire foi.

Cependant, pour être juste, je veux tenir compte d'un renseignement qui m'est parvenu ces jours-ci et qui prouverait qu'une petite partie de l'ouvrage de M. Comarmond a été connue, non pas en France, mais à l'étranger, bien avant l'époque de sa publication officielle. Voici ce que m'écrivait, à la date du 30 septembre dernier, un archéologue dont on ne peut récuser le témoignage : « Ce que vous dites de M. Comarmond est très juste, « son livre était tout-à-fait inconnu : toutefois je dois vous dire que j'en possédais depuis « longtemps un premier fascicule allant jusqu'à la page 168. C'est mon frère qui me l'a « envoyé de Londres, où il l'avait acheté. Il est daté de 1846, mais il y est question de « faits postérieurs à 1847. » Ainsi amende honorable pour 168 pages! Le tiers de cette œuvre toute locale, commandée par l'Administration et sans doute payée par elle, ne se trouvait ni à Lyon ni à Paris, mais on le vendait à Londres! On me pardonnera de n'avoir pas pu m'en douter.

J'absoudrai donc ces 168 pages du reproche de plagiat, mais non pas de celui d'antidate. Pour le reste du volume je maintiens la double accusation. Je ne suis pas intéressé d'amour-propre à en découvrir des traces dans les commentaires qui accompagnent les inscriptions du Musée, mais il ne faut pas une bien grande perspicacité pour les reconnaître aux chapitres des inscriptions éparses dans la ville de Lyon et des inscriptions publiées par les anciens auteurs. Signaler les emprunts en détail et montrer la corrélation des textes produits par moi, d'après les leçons comparées des premiers épigraphistes, avec ceux qu'a adoptés M. le Conservateur de notre Musée lapidaire, serait un travail long et minutieux auquel les adeptes seuls pourraient prendre quelque intérêt. Je me bornerai à deux simples faits appréciables pour tout le monde.

M. Comarmond rapporte (p. 427, n° 18) une petite inscription ainsi conçue :

```
        HAVE IN AETERNVM
        Q ANCHARI
        AETERNVM Q
        MARIANE
        V · A · L · E
```

La note correspondante à cette légende indique ainsi le lieu où se trouve ce monument : « à l'église St-Irénée, près de l'entrée du couloir qui conduit à la crypte située sous « l'église, à gauche du perron de la façade. » Dans ma cinquième livraison (p. 502, note 3), on lit le même renseignement et dans les mêmes termes : « près de l'entrée du couloir qui conduit à la crypte située sous l'église, à gauche du perron de la façade. » Ce n'est là, sans doute, qu'une coïncidence accidentelle; M. Comarmond, qui n'a pas lu mon ouvrage et qui ne l'a gardé assez longtemps que pour vérifier deux passages sans importance, a bien pu se rencontrer, mot pour mot, avec moi sur une indication de lieu, et la phrase est assez mauvaise pour que je ne la revendique pas. Mais il y a quelque chose de plus extraordinaire : M. Comarmond, n'ayant pas lu mon ouvrage, a dû découvrir lui-même, dans ce fameux couloir, l'inscription d'Ancharius, que, seul jusqu'ici, j'avais donnée. Or comment se fait-il que, pendant qu'il était à l'œuvre, pendant qu'il déchiffrait au bas d'un mur et engagé dans la terre ce petit cippe peu apparent, M. Comarmond n'ait pas aperçu un énorme sarcophage chrétien orné de symboles et d'une légende? Comment n'a-t-il pas remarqué onze inscriptions chrétiennes engagées dans le mur de ce dépôt? Aucun de ces monuments ne figure au chapitre des inscriptions éparses dans notre ville, et cependant ils entrent dans la décoration du lieu même où se voit la tombe d'Ancharius. Hélas ! ce couloir, que vous savez, n'est peut-être pas très clair et j'avais oublié d'y laisser mon flambeau; ou, pour parler sans figure, ma sixième livraison, contenant les inscriptions chrétiennes, n'avait pas paru lorsque M. Comarmond emprunta mes livraisons précédentes à la bibliothèque du Palais des Arts, pour ne pas les lire.

Autre petit fait, tout aussi significatif :

Dans mon chapitre des Corporations, j'ai donné (p. 421) deux inscriptions de *Nummularii*. L'un de ces titres est tiré de Maffei *(Gall. antiq., ep.* xvi, p. 81) ; j'ai relevé l'autre sur un monument qui se voit à Francheville, dans le parc de M. le marquis de Ruolz. M. Comarmond, qui a tracé le tableau des inscriptions perdues, *avec une pénible persévérance et de longues recherches*, n'a pas aperçu chez M. de Ruolz la belle inscription qui s'y trouve, et il y a placé, en revanche, celle de Maffei qui n'y a jamais été. De deux choses l'une : ou M. Comarmond s'est rendu à Francheville, et il n'a pas dû y découvrir l'inscription publiée par Maffei; ou il a feuilleté Maffei, et il n'a pas dû y voir la fausse indication qu'il donne. Il resterait bien une troisième supposition à faire : c'est que M. Comarmond ne s'est égaré ni sur le chemin de Francheville, ni dans le livre de Maffei; c'est qu'en faisant *ses longues recherches*...... dans mon ouvrage, il a tout simplement confondu deux titres que l'ordre des matières m'a forcé de placer en regard l'un de l'autre. Mais l'extrême susceptibilité de M. Comarmond me fait un devoir de rejeter cette supposition. Je me permettrai seulement de lui dire que, s'il est difficile de savoir lire avec fruit, il est souvent plus difficile encore de savoir n'avoir pas lu.

Après cela, on a bonne grâce de venir parler de dégoût, d'assertions mensongères et calomnieuses! on est bien reçu à faire de l'indignation!

Pour ce qui est des gravures, je ne m'amuserai pas à revendiquer tel ou tel monument; à rechercher des traces de copie, plus ou moins appréciables. J'avouerai même que le plus grand nombre des planches de la Description du Musée a été exécuté dans un esprit fort éloigné de celui dont j'étais pénétré, et plus éloigné encore de l'antique. Je me garderai bien d'invoquer des témoignages qui ne doivent pas intervenir dans ce débat. Je me réduirai à une seule observation, au sujet de l'une de ces planches que M. Comarmond a *fait exécuter sous ses yeux*. Mais là aussi le fait sera palpable et l'argument sans réplique :

Quoique je me fusse interdit d'admettre dans mon ouvrage toute espèce d'ornement étranger à l'épigraphie, j'avais cru pouvoir me permettre une exception en faveur de la première page, et j'avais accepté un bandeau représentant un de ces sacrifices antiques connus sous le nom de *suovetaurilia*. Ne devant pas interpréter ce monument, j'avais laissé au graveur une certaine latitude, et j'avais sacrifié l'exactitude des détails à l'effet du travail artistique : ainsi l'angle droit du marbre qui manque totalement, à partir de l'avant-dernière figure, avait été restitué, dans le style antique, pour compléter la justification de mon format; le second personnage de gauche avait été orné de sa tête et d'une partie de torse qui font défaut dans l'original; le dernier personnage de droite, affreusement mutilé, avait été supprimé; enfin, certains accessoires avaient été trop nettement rendus. Comment se fait-il que M. Comarmond, qui devait offrir la plus fidèle représentation de ce charmant bas-relief confié à sa garde, l'ait précisément orné (pl. xviii) de toutes les restitutions et de toutes les suppressions que j'ai laissé opérer dans ma gravure? et, si aujourd'hui, armée de la planche officielle, l'Administration lui demandait compte de l'angle, des têtes et accessoires qui manquent au monument, il serait fort embarrassé pour les retrouver ailleurs que dans le bandeau de mon premier chapitre.

Restons-en là; mais, avant de finir, réduisons au néant des insinuations qui, pour tout lecteur compétent, ne mériteraient pas de réponse.

« J'aurais dû, prétend-on, signaler deux savants qui ont une large part dans le patronage de mon livre. » J'avoue sincèrement ne pas les connaître, et je nie formellement avoir reçu de qui que ce soit un renseignement de quelque valeur dont je n'aie pas attribué le mérite à celui qui me l'avait fourni. Que M. Comarmond nomme ces deux savants, et je lui promets d'avance trois démentis pour un.

« J'ai eu entre les mains le manuscrit d'Artaud, et je lui ai fait des emprunts sans les avouer. » Voilà une belle découverte! Certes, j'aurais été bien négligent si, connaissant l'existence du manuscrit d'Artaud, je n'eusse pas cherché à le consulter. Il m'a été confié, je l'ai lu, je l'ai examiné avec soin; quoiqu'il ne me parût pas ajouter beaucoup à la réputation de son auteur, et qu'il fût, pour la forme comme pour le fond, très inférieur aux travaux de la science actuelle, j'ai proposé de l'acquérir de mes deniers, pour l'adjoindre aux manuscrits d'Artaud que possède la bibliothèque de St-Pierre; j'avais stipulé les conditions de sa publication ultérieure; le projet de traité relatif à cette acquisition est encore entre mes mains. On conviendra que, si je voulais me parer des dépouilles d'Artaud, je prenais un singulier moyen de dissimuler mon larcin, puisque je restituais, à mes frais, dans un dépôt public le titre qui m'aurait condamné et que j'en provoquais l'impression. Je n'ai, du reste, cherché et trouvé dans ce manuscrit que les provenances de certains monuments sur lesquels M. le Conservateur me refusait toute espèce de renseignements. Si pour ces quelques indications je n'ai pas cité le manuscrit d'Artaud, que personne ne peut consulter, j'ai toujours renvoyé à l'ouvrage que l'on doit considérer comme le brouillon de ce manuscrit, c'est-à-dire à la première édition du Musée lapidaire, qui se voit au Palais des Arts, édition interfoliée et toute chargée des notes d'Artaud.

Que reste-t-il donc de ce long *Post-scriptum* dirigé contre moi, de ces phrases incorrectes qui visent à l'esprit, de ces accusations ambiguës qui frisent la malice? Rien, absolument rien. Je laisse à d'autres de décider s'il restera davantage du livre tout entier.

ALPH. DE BOISSIEU.

Lyon. — Impr. de Louis Perrin.

PL. 1

26 - P. 19

Impr. Suirch. Lyon.   CHEVRON SC.

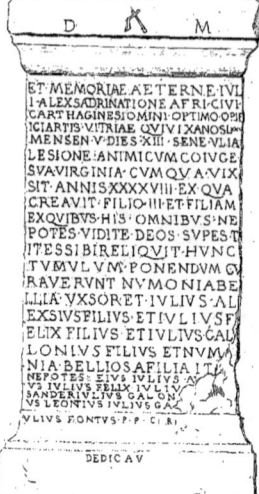
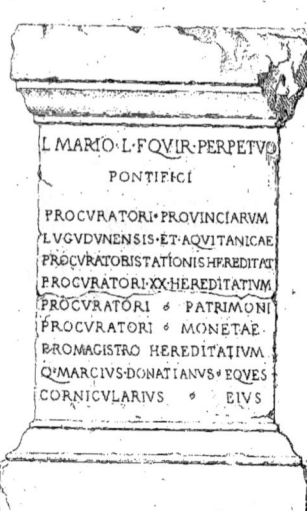
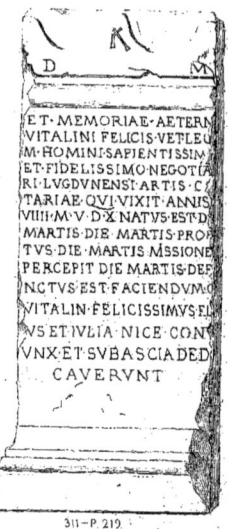

ET·MEMORIAE·AETERNE·IVL
I·ALEXS·ADRINATION·E·AF·RI·CIVI·
CART·HAGINES·IOMINI·OPTIMO·OPI
ICIARTIS·V·TRIAE·QVI·VIXANOS·I·
MENSEN·V·DIES·XIII·SENE·VLIA
LESIONE·ANIMI·CVM·COIVGE
SVA·VIRGINIA·CVM·QVA·VIX
SIT·ANNIS·XXXXVIII·EX·QVA
CREAVIT·FILIO·III·ET·FILIAM
EXQVIBVS·HIS·OMNIBVS·NE
POTES·VIDITE·DEOS·SVPES·T
ITESSI·BIRELIQVIT·HVNC
TVMVLVM·PONENDVM·CV
RAVERVNT·NVMONIA·BE
LLIA·VXSOR·ET·IVLIVS·AL
EXSIVS·FILIVS·ET·IVLIVS·F
ELIX·FILIVS·ET·IVLIVS·GAL
LONIVS·FILIVS·ET·NVM
NIA·BELLIOSA·FILIA·ITE
NEPOTES·EIVS·IVLIVS·
VS·IVLIVS·FELIX·IVLIVS·
SANDER·IVLIVS·GAL·ON·
VS·LEONTIS·IVLIVS·GA
VLIVS·FONTVS·F·P·C·R·

DEDICAV

L·MARIO·L·F·QVIR·PERPETVO

PONTIFICI

PROCVRATORI·PROVINCIARVM
LVGVDVNENSIS·ET·AQVITANICAE
PROCVRATORI·STATIONIS·HEREDITATIV
PROCVRATORI·XX·HEREDITATIVM
PROCVRATORI ∻ PATRIMONI
PROCVRATORI ∻ MONETAE
PROMAGISTRO·HEREDITATIVM
Q·MARCIVS·DONATIANVS ∻ EQVES
CORNICVLARIVS ∻ EIVS

ET·MEMORIAE·AETERN
VITALINI·FELICIS·VETLEV
M·HOMINI·SAPIENTISSIM
ET·FIDELISSIMO·NEGOTIA
RI·LVGVDVNENSI·ARTIS·C
TARIAE·QVI·VIXIT·ANNIS
VIIII·M·V·D·X·NATVS·EST·D
MARTIS·DIE·MARTIS·PRO
TVS·DIE·MARTIS·MSSIONE
PERCEPIT·DIE·MARTIS·DEF
NCTVS·EST·FACIENDVM·C
VITALIN·FELICISSIMVS·F
VS·ET·IVLIA·NICE·CON
VNX·ET·SVBASCIA·DED
CAVERVNT

MAEREBVMVS   STII   TEST·SANE
EQVIDEM·PRIMAM·O CVM·ILLAM·COGITATIONEM·HOMINVM·QVI   NOV   DIVVSAV   DNA   VSET·PATRVVSTI
MAXIME·PRIMAM·OCCVRSVRAM·MIHI·PROVIDEO·DEPRECOR·NE   CAESAR·OMNEM·FLOREM·VBIQVE·COLONIARVM·AC·MVNICIPIORVM·BO
QVASI·NOVAM·ISTAM·REM·INTRODVCI·EXHORRESCATIS·SED·ILLA   NORVM·SCILICET·VIRORVM·ET·LOCVPLETIVM·IN·HAC·CVRIA·ESSE·VOLVIT
POTIVS·COGITETIS·QVAM·MVLTA·IN·HAC·CIVITATE·NOVATA·SINT·ET   QVID·ERGO·NON·ITALICVS·SENATOR·PROVINCIALI·POTIOR·EST   IAM
QVIDEM·STATIM·AB·ORIGINE·VRBIS·NOSTRAE·IN·QVOD·FORMAS   VOBIS·CVM·HANC·PARTEM·CENSVRAE·MEAE·AD·PROBARE·COEPERO·QVID
STATVS·QVE·RES·P·NOSTRA·DIDVCTA·SIT   DE·EA·SENTIAM·REBVS·OSTENDAM·SED·NE·PROVINCIALES·QVIDEM
QVONDAM·REGES·HANC·TENVERE·VRBEM·NEC·TAMEN·DOMESTICIS·SVC   SI·MODO·ORNARE·CVRIAM·POTERINT·REICIENDOS·PVTO
CESSORIBVS·EAM·TRADERE·CONTIGIT·SVPERVENERE·ALIENI·ET·QVIDAM·EX ORNATISSIMA·ECCE·COLONIA·VALENTISSIMA·QVE·VIENNENSIVM·QVAM
NI·V·T·NVMA·ROMVLO·SVCCESSERIT·EX·SABINIS·VENIENS·VICINVS·Q   LONGO·IAM·TEMPORE·SENATORES·HVIC·CVRIAE·CONFERT·EX·QVA·COLO
DEM·SED·TVNC·EXTERNVS·V·T·ANCO·MARCIO·PRISCVS·TARQVINIVS   NIA·INTER·PAVCOS·EQVESTRIS·ORDINIS·ORNAMENTVM·L·VESTINVM·FA
PROPTER·TEMERATVM·SANGVINEM·QVOD·PATRE·DEMARATHO   MILIARISSIME·DILIGO·ET·HODIE·QVE·IN·REBVS·MEIS·DETINEO·CVIVS·LIBE
RINTHIO·NATVS·ERAT·ET·TARQVINIENSI·MATRE·GENEROSA·SED·INO   RI·SERVANTVR·QVAE·SO·PRIMO·SACERDOTIORVM·GRADV·POST·MODO·CVM
VT·QVAE·TALI·MARITO·NECESSE·HABVERIT·SVCCVMBERE·CVM·DOMIRE   ANNIS·PROMOTVR·DIGNITATIS·SVAE·INCREMENTA·VTDIRVM·NOMEN·LA
PELLERETVR·A·GERENDIS·HONORIBVS·POSTQVAM·ROMAM·MIGRAVIT   TRONIS·TACE·AMETODI·ILL·VB·PALAESTRICVM·PRODIGIVM·QVOD·ANTE·IN·DO
REGNVM·ADEPTVS·EST·HVIC·QVOQVE·ET·FILIONE·POTIVS·EIVS·NAM·ET MVM·CONSVLATVM·INTVLIT·QVAM·COLONIA·SVA·SOLIDVM·CIVITATIS·ROMA
HOC·INTER·AVCTORES·DISCREPAT·INSERIT·VSSERVIVS·TVLLIVS·SI·NOSTROS NAE·BENIFICIVM·CONSECVTA·EST·IDEM·DE·FRATRE·EIVS·POSSVM·DICERE
SEQVIMVR·CAPTIVA·NATVS·OCRESIA·SI·TVS·COS·CAELI·QVONDAM   MISERABILI·QVIDEM·INDIGNISSIMO·QVE·HOC·CASV·V·T·VOBIS·V·TILIS
VENNAE·SODALIS·FIDELISSIMVS·OMNIS·QVE·EIVS·CASVS·COMES·POST   SENATOR·ESSE·NON·POSSIT
QVAM·VARIA·FORTVNA·EXACTVS·CVM·OMNIBVS·RELIQVIS·CAELIAN   TEMPVS·EST·IAM·TI·CAESAR·GERMANICE·DETEGERE·TE·PATRIBVS·CONSCRIPTIS
EXERCITVS·E·TRVRIAE·EXCESSIT·MONTEM·CAELIVM·OCCVPAVIT·ET·ADVCE·SVO QVO·TENDAT·ORATIO·TVA·IAM·ENIM·AD·EXTREMOS·FINES·GALLIAE·NAR
CAELIO·IT·A·APPELLITAVS·MV·TATO·QVE·NOMINE·NAM·T·VSCE·MASTARN   BONENSIS·VENISTI
EI·NOMEN·ERAT·ITA·APPELLATVS·EST·V·T·DIXI·ET·REGNVM·SVMMA·CVM·F TOT·ECCE·INSIGNES·IVVENES·QVOT·INTVEOR·NON·MAGIS·SVNT·PAENITENDI
PVTILITATE·OPTIN·VIT·DEINDE·POSTQVAM·TARQVINI·SVPERBI·MORES   SENATORES·QVAM·PAENITET·PERSICVM·NOBILISSIMVM·VIRVM·AMI
VISI·CIVITATI·NOSTRAE·ESSE·COEPERVNT·QVAM·IPSIVS·QVA·FILIORVM·E CVM·MEVM·INTER·IMAGINES·MAIORVM·SVORVM·ALLOBROGICI·NO
NEMPE·PERTAESVM·EST·MENTES·REGNI·ET·AD·CONSVLES·ANNVOS·MAG   MEN·LEGERE·QVOD·SI·HAEC·ITA·ESSE·CONSENTITIS·QVID·VLTRA·DESIDERA
TRATVS·ADMINISTRATIO·REI·P·TRANSLATA·EST   TIS·QVAM·VT·VOBIS·DIGITO·DEMONSTREM·SOLVM·IPSVM·VLTRA·FINES
QVID·NVNC·COMMEMOREM·DICTATVRAE·HOC·IPSO·CONSVLARI·E   PROVINCIAE·NARBONENSIS·IAM·VOBIS·SENATORES·MITTERE·QVANDO
RIVM·VALENTIVS·REPERTVM·APVD·MAIORES·NOSTROS·QVO·IN·A   EX·LVGVDVNO·HABERE·NOS·NOSTRI·ORDINIS·VIROS·NON·PAENITET
PERIORIBVS·BELLIS·AVT·IN·CIVILI·MOTV·DIFFICILIORE·V·TERENT   TIMIDE·QVIDEM·P·C·EGRESSVS·AD·SVETOS·FAMILIARES·QVE·VOBIS·PRO
AVT·IN·AVXILIVM·PLEBIS·CREATOS·TRIBVNOS·PLEBEI·QVID·A·CON   VINCIARVM·TERMINOS·SVM·SED·DESTRICTE·IAM·COMATAE·GALLIAE
LIBVS·AD·DECEMVIROS·TRANSLATVM·IMPERIVM·SOLVTO·QVE·PO   CAVSA·AGENDA·EST·IN·QVA·SI·QVIS·HOC·INTVETVR·QVOD·BELLO·P·ER·DE
DECEMVIRALI·REGNO·AD·CONSVLES·RVSVS·REDITVM   QVID   CEM·ANNOS·EXERCVERVNT·DIVOM·IVLIVM·IDEM·OPPONAT·CENTVM
RIS·DISTRIBVTVM·CONSVLARE·IMPERIVM·TRIBV·NOS·QVE·MI   ANNORVM·IMMOBILEM·FIDEM·OBSEQVIVM·QVE·MVLTIS·TREPIDIS·RE
CONSVLARI·IMPERIO·APPELLATOS·QVISENI·ET·SAEPE·OCTONICRE   BVS·NOSTRIS·PLVS·QVAM·EXPERTVM·ILLI·PATRI·MEO·DRVSO·GERMANIAM
TVR·QVID·COMMVNICATOS·POST·REMO·CVM·PLEBE·HONORES·NON·IMPER   SVBIGENTI·TVTAM·QVIETE·SVA·SECVRAM·QVE·A·TERGO·PACEM·PRAES
SOLVM·SED·SACERDOTIORVM·QVOQVE·IAM·SI·NARREM·BELLA·A·QVIBV   TITERVNT·ET·QVIDEM·CVM·AD·CENSVS·NOVOTVM·OPERE·ET·IN·ADSVE
COEPERINT·MAIORES·NOSTRI·ET·QVO·PROCESSERIMVS·VEREOR·NE·NIM   TO·GALLIS·AD·BELLVM·AVOCATVS·ESSET·QVOD·OPVS QVAM·AR
INSOLENTIOR·ESSE·VIDEAR·ET·QVAESISSE·IACTATIONEM·GLORIAE·PRO   DVVM·SIT·NOBIS·NVNC·CVM·MAXIME·QVAMVIS·NIHIL·VLTRA·QVAM
LATI·IMPERI·VLTRA·OCEANVM·SED·ILLOC·POTIVS·REVERTAR·CIVITAT   VT·PVBLICE·NOTAE·SINT·FACVLTATES·NOSTRAE·EXQVIRATVR·NIMIS
                                                              MAGNO·EXPERIMENTO·COGNOSCIMVS

P·MAGLIO·PRISCIAN

SEGVSIAVO

PATRI·P·MAE·PRISCIAN
LIAE

AVGVSTAE · AVG
DEAE   D
VESTAE   VO[

TAVROBOLI[
MATRIS·DEVM·A
BILLIA·T·FIL·VENE[

L D   D   [

TIB·POMPEIO
POMPEI·IVSTI·FIL
PRISCO·CADVR
CO·OMNIBVS·HO
NOR·B·APVD·SVOS
FVNCT·TRIB·LEG·V
MACEDONICAE
IVDICI·ARCAE
GALLIARVM·III
PROV·N·C·GALLIAE

NVMIN·B·AVG·IOTIVSQVE
DOMVS·DIVINAE·ET·SIT·CCC
       AVG LVGVD
TAVRIBOLIVM   FECE
RVNT DENDROPHORI
LVGVDVNI·CONSISTENTES
   XV·KAL·IVLIAS

MARCO·SVRA SEPTIMIANO
COS   EX·VATICINATIONE
PVSONI·IVLIANI ARCHI
GALLI   SACERDOTE
AELIO · CAS TRENSE
TIBICINE·FL·RESTITVTO
HONORI   OMNIVM
CL·SILVANVS PERPETVS
QVINQVENNALIS·IN·PEN
DIVM·HVIVS·ARAE·REMIST
   L   D   D   D

Q·IVLIO·SEVER
SEQVANO·OMN
HONORIBVS·I[
TER·SVOS·FVNC
PATRONO·SPLEN
DISSIMI·CORPO[
N·RHODANICO[
ARAR·CVI·OB·IN[
MORVM·ORDO·C
TATIS·SVAE·BIS·STAT[
DECREVIT·IN·QVIS
RI·GALLIARVM·T[
PROVINCIAE·GAL

Impr. Storck. Lyon.

Pl. 4

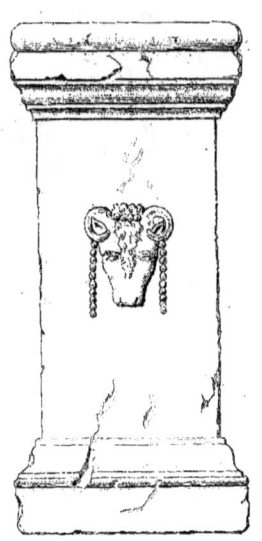 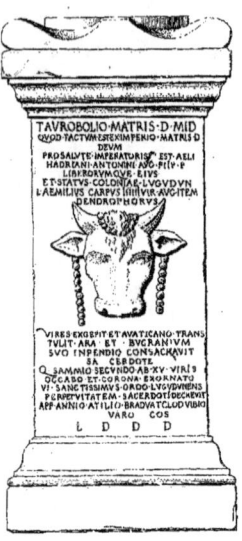 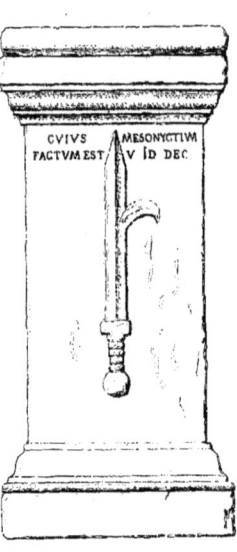

287 - P. 203

 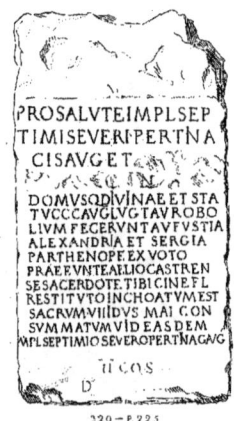 

320 - P. 225

Impr. Storck, Lyon.

MINVCIA
⊃·L·A·STTE
MEDICA

ET·MEMORIAE·AETERN
ILLIOMARI·APRIL·NTIA
RI·EX·CIVITATE·VELIOCAS
SIVM·SVBLECTO·IN·NVMER
COLONOR·LVG·CORPORA
TO·INTER·VTRICLAR·LVG
CONSISTENTIVM
QVI·VIX·ANN·LXXXV·SINE·VL
LIVS·ANIMI·SVI·LAESIONE
APRIVS·ILLIOMARVS·FIL·PA
TRI·KARISSIM·P·C·ET·SVB·A·D

D   M
ET·MEMORIAE·AETER
NAE·APRI·C·LI·PRISCI
ANI·CONSISTENTIS
LVGVDVNI·PERTI
NENTIS·AD·COLLEGI
VM·FABROR·REDEM
PTOS·HONOR·QVAES
TOR·EX·S·IRC·ART·CRE
FECIT·SIBI·VIVOS·ET·TI
PIOLAE·CON
AET

MERCVRIO·AVG·STO
ET·MAIAE·AVGVSTAE
SACRVM·EX·VOTO
M·HERENNIVSM·L·ALBANVS
AEDEM·ET·SIGNA·DVO·CVM
IMAGINE·TI·AVGVSTI
D·S·P·SOLO·PVBLIC·FECIT

D   M
M·OPPI·PLACIDI
HAR·PRIM·DE·LX
CVI·LOCVM·SEPVLTVR
ORD·SANCTISSIM·LVG
DEDIT

C·IVL·C·FIL·QVIR
CELSO·MAXIMIANO
ADLECTO·ANNOR·VM·QVATTVOR
IN·AMPLISSIMVM·ORDINEM
AB·IMP·T·AELIO·HADRIANO
ANTONINO·AVG·PIO·P·P

C·IVL·C·FIL·QVIR·CELSO
A·LIBELLIS·ET·CENSIBVS
PROC·PROVINCIAR·LVGVD·ET·AQVITANIC
PROC·PATRIMONI·PROC·XX·HEREDITAT·ROMA
PROC·NEAPOLEOS·ET·MAVSOLEI·ALEXANDRIAE·PRO
XX·HEREDITAT·PER·PROVINCIAS·NARBONENS
ET·AQVITANICAM·DILECTATORI·PER·AQVITANIC
XI·POPVLOS·CVRATORI·VIAE·FLIGNARIAE·TRIVMPHAL

APPIANVS·AVG·LIB·TABVL·RATION·FERRAR

PLANCHE 6

243 - P. 176

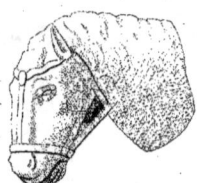
220 - P. 162

234 - P. 171

229 - P. 157

187 - P. 148

441 - P. 284

582 - P. 340

91 - P. 72

Impr. Storck, Lyon

PL. 7

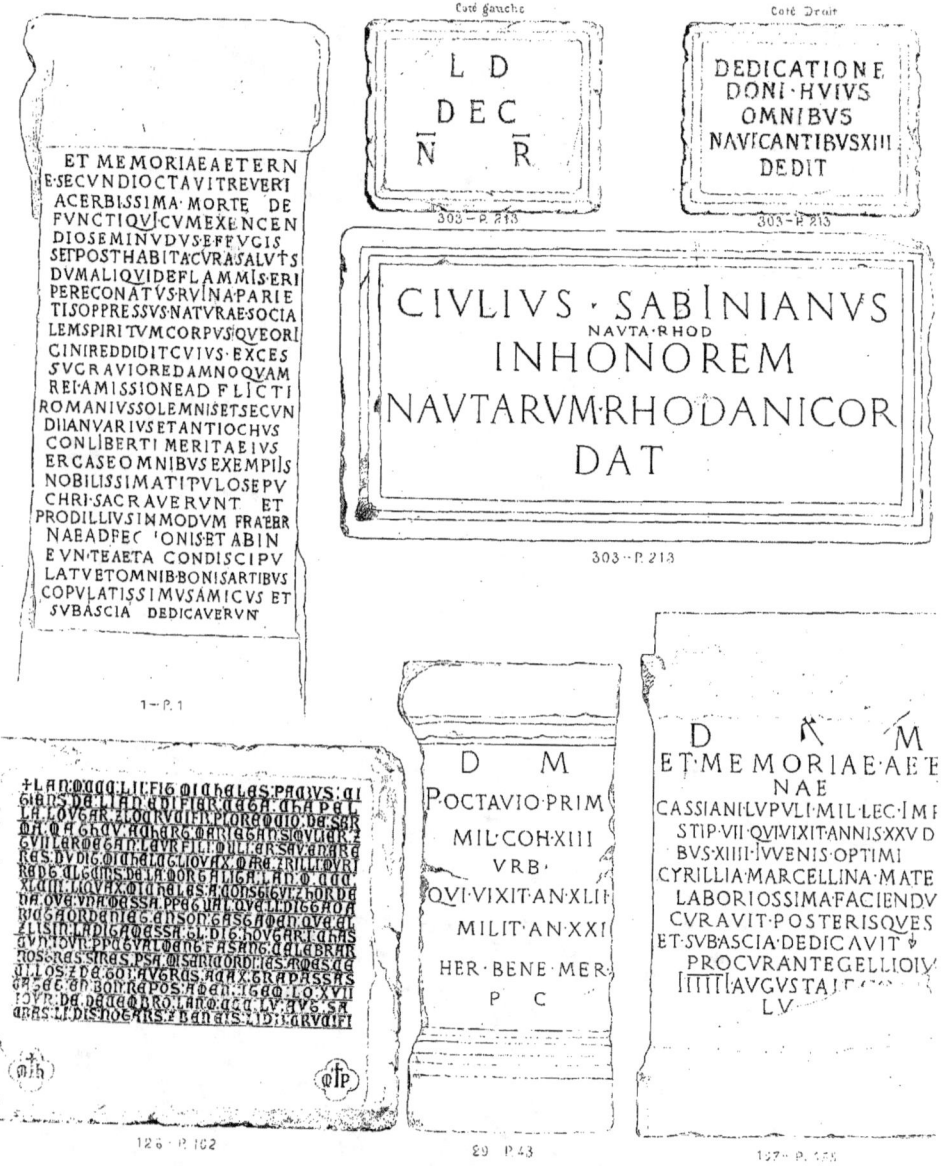

PL. 16

Coté gauche
L · D
DEC
N̄   R̄

303 — P. 213

Coté Droit
DEDICATIONE
DONI · HVIVS
OMNIBVS
NAVICANTIBVSXIII
DEDIT

303 — P. 213

ET·MEMORIAE·AETERN
E·SECVNDI·OCTAVI·TREVERI
ACERBISSIMA·MORTE·DE
FVNCTI·QVI·CVM·EX·ENCEN
DIO·SE·MINVDVS·EFFVGIS
SET·POSTHABITA·CVRA·SALVTS
DVM·ALIQVI·DE·FLAMMIS·ERI
PERE·CONATVS·RVINA·PARIE
TIS·OPPRESSVS·NATVRAE·SOCIA
LEM·SPIRITVM·CORPVS·QVE·ORI
GINI·REDDIDIT·CVIVS·EXCES
SV·GRAVIORE·DAMNO·QVAM
REI·AMISSIONE·AD·FLICTI
ROMANIVS·SOLEMNIS·ET·SECVN
DII·ANVARIVS·ET·ANTIOCHVS
CON·LIBERTI·MERITA·EIVS
ER·CASE·OMNIBVS·EXEMPIIS
NOBILISSIMATI·TVLOSE·PV
CHRI·SAC·RAVERVNT·ET
PRO·DILLIVS·IN·MODVM·FRATER
NAE·AD·PEC·ONIS·ET·ABIN
EVN·TE·AETA·CONDISCIPV
LATVE·TOMNIB·BONIS·ARTIBVS
COPVLATISSIMVS·AMICVS·ET
SVB·ASCIA·DEDICAVERVN

1 — P. 1

C·IVLIVS · SABINIANVS
NAVTA·RHOD
IN·HONOREM
NAVTARVM·RHODANICOR
DAT

303 — P. 213

†LAD·ØØQQ·LIEFIG·ØIQ·HGLGS·PAQIVS·QI
6IQS·DG·LIAD·QDIFIAR·QGQA·QHA·PGI
ØA·QA·GHQV·RQHARC·ØARIAGADS·QVLQGR
RGS·DVDIG·ØIQHGLGLIOVAX·QRG·TRILLEØVRI
XL·III·LAVQVAX·ØIQHGLAS·AQQNSQI6VIT·HQRDG
DA·QVG·VIIA·QGSSA·PPG·VIAT·QVG·LLDIG6·HQA
RIQ·GAQRQANIAS·QHSQN·QSG·HQQ·AQRT·QMS
GVDLQVT·PPAG·VALQQHG·FASANG·GLGBRAR
GLISIA·LA·DIG·AQGSSA·SA·DIG·HQVGART·QMS
RQS·RGS·SIRS·PSA·ØI·SARQQDQLGS·ØQGS·Q9
ILQSZ·DG·QOT·LVGRQS·HQR·X·GRA·PASSAS
GRSGG·QN·BOIR·QPOS·HQ·GN·IGGQ·LOXVII
IOVR·DG·QGQ·QBROLAN·QGQ·LV·RVS·SA
QRGS·LI·DIS·HOGARS·F·BENLAS·IDI·QRVQIFI
(IHS)   (IHP)

126 — P. 102

D   M
P·OCTAVIO·PRIM
MIL·COH·XIII
VRB·
QVI·VIXIT·AN·XLII
MILIT·AN·XXI
HER·BENE·MER
P   C

29 — P. 43

D   M
ET·MEMORIAE·AE
NAE
CASSIANI·LVPVLI·MIL·LEC·IMP
STIP·VII·QVI·VIXIT·ANNIS·XXV·D
BVS·XIIII·IVVENIS·OPTIMI
CYRILLIA·MARCELLINA·MATE
LABORIOSSIMA·FACIENDV
CVRAVIT·POSTERISQVES
ET·SVB·ASCIA·DEDICAVIT
PROCVRANTE·GELLIO·IV
[····]·AVGVSTAL·
LV

127 — P. 175

PL. 12

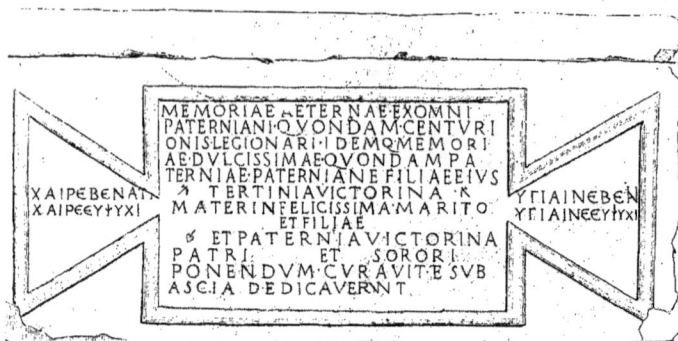

348 – P. 243

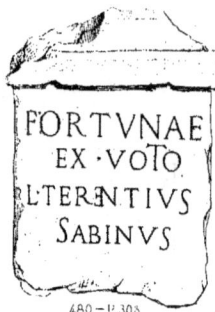

480 – P. 303

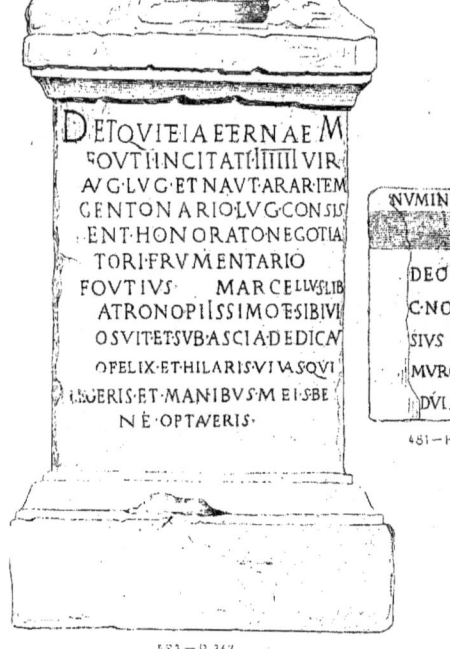

PL. 14

Pl. 75

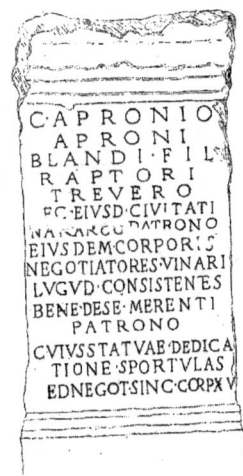

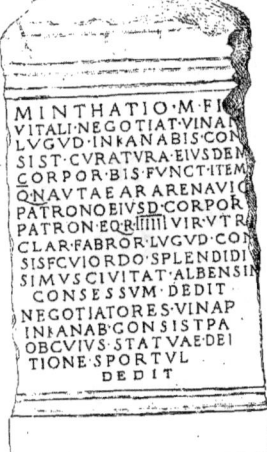

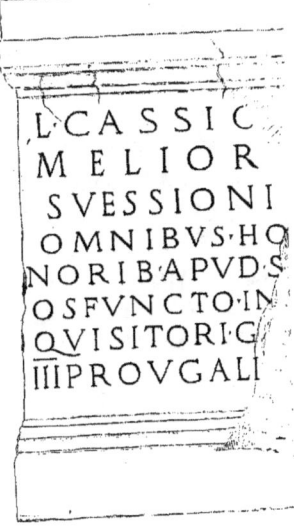

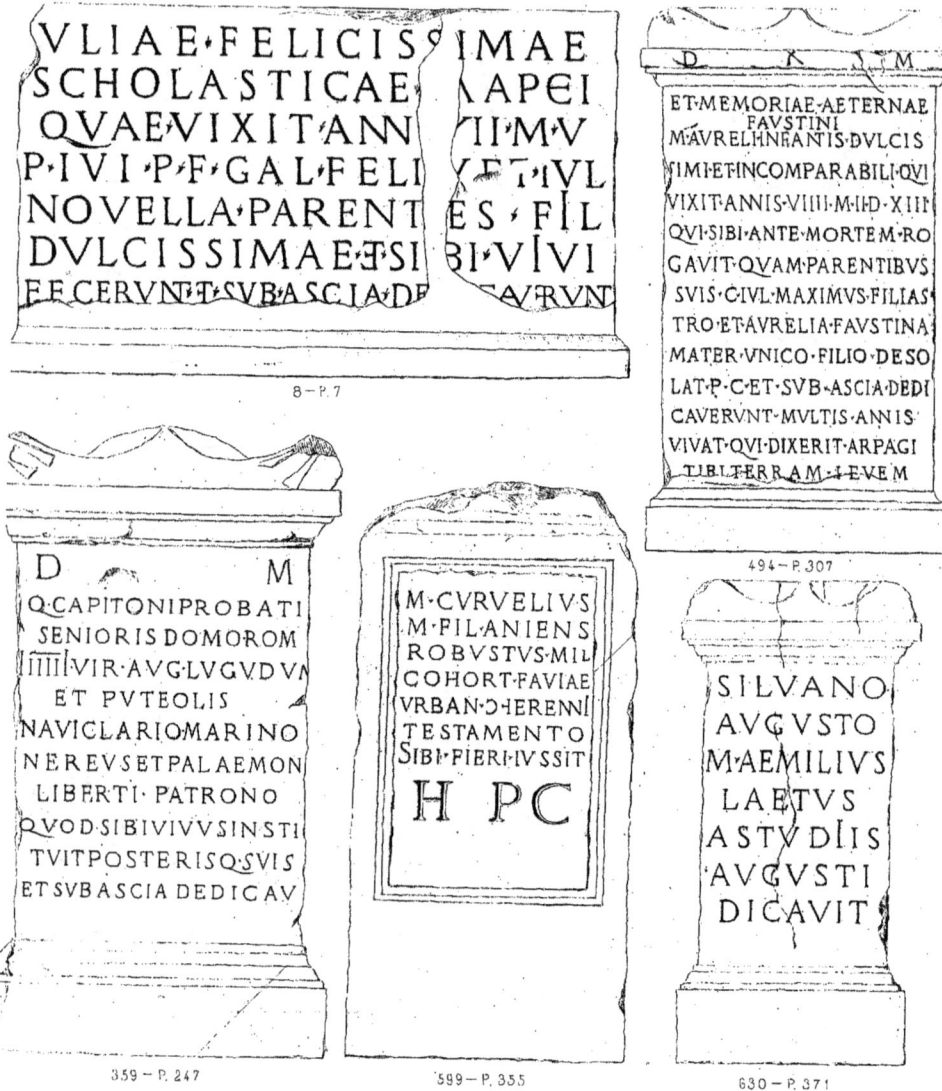

PL. 17

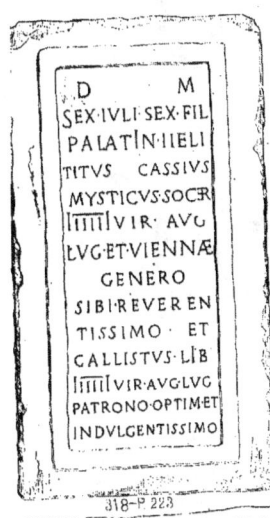

318 — P. 223

292 — P. 207

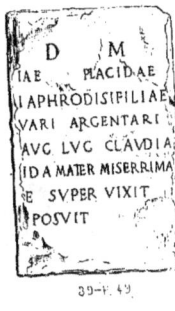

39 — P. 49

605 — P.358

168 — P. 134

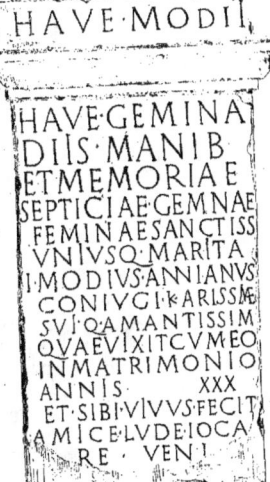

472 — P. 236

Imp. et Grav. de H. Storck, Lyon.

PL. 18

487 — P. 303

483 — P. 304

577 — P. 344

576 — P. 343

410 — P. 266

575 — P. 342

574 — P. 340

DECHAUD DEL ET SC.

Impr. Storck, Lyon.

PL. 19

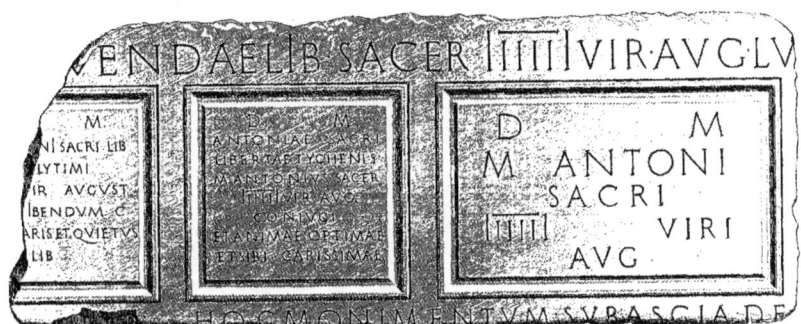

622 — P. 363

764 — P. 413

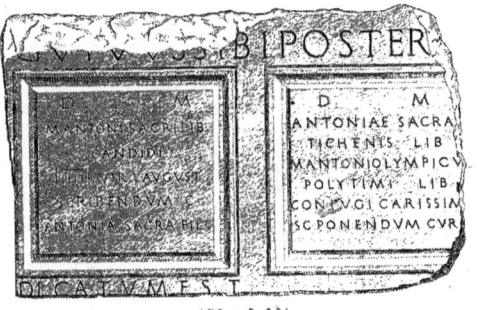

479 — P. 301

Impr. Storck, Lyon.

www.ingramcontent.com/pod-product-compliance
Lightning Source LLC
Chambersburg PA
CBHW060405230426
43663CB00008B/1398